"三普人"手记

第三次全国文物普查征文选集

国家文物局第三次全国文物普查办公室
中国文物报社　　　　　　　　　　　　编

文物出版社

责任印制　张道奇

责任编辑　李　东

图书在版编目（CIP）数据

"三普人"手记：第三次全国文物普查征文选集／国家文物

局第三次全国文物普查办公室编 . —北京：文物出版社，2009.9

　ISBN 978-7-5010-2829-0

　Ⅰ. 三… 　Ⅱ. 国… 　Ⅲ. 文物－普查－中国－文集 　Ⅳ. K87－53

中国版本图书馆 CIP 数据核字（2009）第 158931 号

"三普人"手记

第三次全国文物普查征文选集

国家文物局第三次全国文物普查办公室
中国文物报社　　　　　　　　　　　编

文物出版社出版发行

（100007　北京东直门内北小街 2 号楼）

http：//www . wenwu . com

E - mail：web@wenwu . com

北京君升印刷有限公司印刷

新 华 书 店 经 销

787×1092　　　1/16　　　印张：26

2009 年 9 月第 1 版　2009 年 9 月第 1 次印刷

ISBN 978-7-5010-2829-0　定价：80.00 元

出版说明

　　第三次全国文物普查是国务院部署的一项重大国情国力调查，是深入学习实践科学发展观、提高国家文化软实力、确保国家历史文化遗产安全的重大举措，是当前我国最大规模、最首要的文化遗产保护工程，对我国文化遗产保护事业和国家经济社会发展全局具有重要意义。

　　20 世纪 50 年代和 80 年代，我国先后开展了两次全国文物普查，由于当时各方面条件所限，漏查甚至根本没有开展普查的情况相当普遍。比如，在第二次全国文物普查中，就有 320 个县没有开展普查，占当时全国 2650 个县区的 12.1%。此后的 20 多年间，大规模基本建设、城乡建设和文物调查中新发现了大量的不可移动文物，另有许多文物因人为或自然原因遭到损毁甚至消失，而乡土建筑、工业遗产、文化景观、文化线路、文化空间、老字号等重要文化遗产品类，由于当时认识的局限，在前两次全国文物普查中没有得到应有的重视，因此前两次全国文物普查成果已很难准确反映我国文化遗产保存的实际状况。

　　开展第三次全国文物普查是文化遗产保护事业发展的需要。通过第三次全国文物普查，不仅可以准确掌握第二次全国文物普查以来不可移动文物的实际变化情况，而且还会根据文化遗产保护事业发展的需要，将新的文化遗产品类纳入普查范围，扩大文物保护工作范畴。这时促进文化遗产全面、有效保护具有十分重要的作用。

　　第三次全国文物普查工作启动后，全国共有 45017 人参与到这项工作中，其中一线普查队员 26981 人。在各级政府正确领导和全社会关心支持下，通过全国文物普查工作者的辛勤劳动，第三次全国文物普查在第二阶段就已取得阶段性成果，圆满完成了国务院第三次全国文物普查领导小组第二次（扩大）会议各项进度要求。截至 2009 年 4 月 30 日，第三次全国文物普查共调查登记不可移动文物 406658 处，其中新发现 256998 处，复查完成率为 51.06%；大部分省的工业遗产、乡土建筑、20 世纪遗产等新类型文化遗产调查取得突破性进展；有的地区已将发现的文物点公布为相应级别的文物保护单位。

　　为认真贯彻国务院《关于开展第三次全国文物普查工作的通知》精神和国务院第三次全国文物普查领导小组第二次（扩大）会议精神，落实全国第三次文物普查办公室主任工作会议的要求，进一步宣传第三次文物普查工作的重要性，使文物普查工作不断深入人心，掀起新一轮宣传高潮，推动第三次全国文物普查工作深入开展，国家文物局于 2008 年底开展了第三次全国文物普查征文活动，这项活动由中国文物报社承办。

　　征文活动得到了关心文化遗产事业特别是第三次全国文物普查工作的社会公众，亲身参与第三次全国文物普查的文物工作者，各文博单位和各地文物行政部门的极大关注和支持。截止到 1 月 31 日，征文活动办公室共收到 600 位作者（联名按实际人数计）的近 700 篇投稿，总计 125 万字。

　　征文活动办公室邀请有关专家，根据征文活动的要求，对全部征文进行了初选，然后组织评委会对通过初选的征文进行了终评，最终评选出 216 位作者的 205 篇征文获得优秀奖。这些获奖征文作品结集编成这本《"三普人"手记——第三次全国文物普查征文选集》。

　　征文活动自始至终得到了国家文物局的大力支持。国家文物局第三次全国文物普查办公室刘小和同志悉心指导，提出了许多宝贵的指导性意见。中国文物报社领导班子对征文活动高度重视，使征文活动得以顺利开展。李让同志受主办单位和承办单位委派，具体承担了征文活动的组织工作和征文作品结集出版的统稿工作。李文昌、马丽萍、张晨、严叶敏、马怡运等同志参与了编辑工作。孙毅、解冰、彭常新、张自成、曹兵武、乔梁、黄润华等同志，在审稿方面花费了很多精力。

　　在组织征文活动以及征文作品结集出版过程中，我们深深感到：第三次全国文物普查已经取得的不凡成绩中每一个闪光的数字，都凝结着"三普人"的心血与汗水。他们跋山涉水，风餐露宿，忍饥挨饿，付出极大的辛苦，克服极大的困难，去发现、探知、确认每一处文物点。"三普人"——无愧是新世纪全国文博考古行业最可爱的人！

　　向"三普人"致以崇高的敬意！

国家文物局第三次全国文物普查办公室
中国文物报社
2009 年 9 月

目　　录

内蒙古自治区

辽宁省

吉林省

黑龙江省

上海市

安徽省

福建省

江西省

山东省

普查随感——清水镇民居古建筑群

门头沟区文物事业管理所　张　旭

2008 年 6 月 12 日，门头沟区第三次全国文物普查队进驻清水镇，在张家庄村发现了一处古建筑群。张家庄村位于清水镇大西沟，在清水河的西岸，崖古岩前，上安沟、大安沟之间的一片开阔地上。根据明正德四年（1509 年）兴隆寺碑刻记载，张家庄村最迟在明正德初年已成聚落。

张家庄村主要有新、老两条街，古建筑群全部集中在老街上，由古戏台、古民居及一片露天场院构成。10 余套保存完整的四合院和三合院，均为明清时期所建，大多数建筑都是坐北朝南，面向场院。

戏台位于场院的东侧，保存基本完好。约建于清代，西向，面阔三间，建在 1.3 米高的台基上。悬山卷棚顶，壁题有墨迹"光绪乙未丰收年，唱戏酬神……"戏台前有古杨一株，径达三米，高耸天际，环境优雅。每逢庙会、过年，村里都要唱大戏。起初，都是村民从河北口外请来河北梆子戏班，后来，村里凑钱请房山清土涧的人来教戏，那时，教戏叫"大戏"，不打演员就记不住戏谱，学不好戏。因此，当地村民都说：好角都是打出来的! 村中演的戏有《下河东》、《夜长梦》、《斩黄袍》、《铡美案》、《薛仁贵征西》等，村中人自娱自乐，直到上世纪 50 年代，还经常到周围村演出。

场院北侧就是古民居。门头沟处于山区到平原的交界地带，古建筑群中的民居院落似乎也受地理环境的影响，既没有北京城四合院的简洁，也没有山西晋商四合院装饰的繁缛，所以建筑整体极具地方特色。

据村里老人说，明清时期当地人主要以农业、养殖业、商业为生，能盖得起如此精致的四合院，不是地主就是养殖业主了，此外还有少部分的经商者。地主雇佣长工或是短工，等到秋收时用收获的粮食兑换成铜子，有了钱之后接着置房子置地，使自己的产业不断扩大；那些养殖业主是以养骡马为生，因为当时的运输工具只有骡子或马，他们把骡马卖给经商者，或是索性从商，也便有了自己的商队；经商者由很少一部分人组成，当地人管这一部分人叫"跑大海儿"的。他们把当地的土特产，如山核桃、山杏儿等加工后，自己背着或者用成把儿（成把儿是当地对骡子数量的称谓，五头骡子等于一把儿）的骡子把货物驮运到北京或是河北涞水、涿县、张家口外兑换成银子。

各家经济状况的好坏，一般从门楼装饰就能看出来。门头沟山区的门楼一般是如意门，如意门的砖雕或繁缛或简洁，根据主人的经济实力和审美取向而定。大多殷实富裕的士民阶层，他们不受官阶等级限制，门脸装饰非常灵活，为炫耀自己的富有，往往都不惜重金装点门面。

张家庄村民居的门楼装饰十分精美。门头由倒挂门楣、冰盘檐、栏板、望柱等部分组成。雕刻的内容题材十分广泛，仅墙腿石就有福禄寿喜、梅兰竹菊、文房四宝、博古八宝等纹饰图案，随房主人的理想抱负、志趣爱好选择题材。门楼内右侧的墙上设置门神龛，主要是用来辟邪驱鬼祈福的。龛洞呈长方形，由砖砌成，在龛洞的四周添加纹饰，主要有莲花、梅花、曼陀罗枝等，还有鱼与花、花与兽、花与文字的组合图案，尽管在方寸之间也雕刻的十分精美。

说完门楼就要属影壁了，由于地理位置所限，门头沟四合院基本都属于山地四合院，宅基地相对狭小，影壁也就主要是靠山影壁了，基本都坐落在东厢房的南山墙。出入院门，第一眼见到的就是影壁。因此，影壁也成为装饰的又一重要部位，一般都做得很细腻。影壁主题墙面上用砖雕出柱枋的形象，俨然像一座压扁了的建筑。门头沟的影壁装饰主要有两种：一种是硬心影壁，所谓硬心就是用砖雕的形式装饰影壁心。另一种是软心影壁，也就是用墨在白灰影壁上画出来的。影壁上的内容以梅、兰、竹、菊，以及书写吉祥文字为主，也都是根据主人的兴趣而设计。

门头沟古建筑装饰精美之处还有屋脊上的砖雕。和门头沟其他地区一样，张家庄的屋脊一般都是清水脊，这种屋脊在民居中常用。清水脊两端高高翘起两个鸥尾，也就是俗称的"蝎子尾"，在蝎子尾下方是花草砖雕。这种装饰也分两种，一种被称为"跨草"，一种被称为"平草"。跨草是高于砖雕托盘的砖雕花饰；平草是平压在蝎子尾之下，花饰在托盘以里的。雕刻的花饰多以四季花草、松梅竹菊等为题材。一般蝎子尾两端的装饰纹饰不同，但数量基本都是一样的。如一侧是牡丹，另一侧会是菊花或者是梅花。

张家庄保存下来的古民居相对其他村镇的古民居来讲分布比较集中，十分精美。据当地的老乡讲，这些房子基本都建在老街的核心区，之所以能保持下来，并不是由于贫困盖不起红砖绿瓦的房子，而是因为这种四合院盖得结实，砖雕精美，跟现代的房子比起来冬暖夏凉，加之当地的人们对这种精美的四合院都有着深厚的感情。此外村里的许多年轻人到山外去谋生，生活较富裕，山里的房子长期以来处于闲置状态，也使得这些古民居保留了下来，形成富有特色和传统的张家庄古建筑群。

清水镇在门头沟区的最西侧，东面是门头沟区斋堂地区，南面是房山区，西与河北省接壤。张家庄村向北15公里通往灵山风景区，向南20公里通往百花山风景区，向西25公里通往野三坡自然风景区，交通便利。相信在不久的将来，具有浓厚乡村特色和地方特色的古建筑群的张家庄村，将对门头沟区提高经济、文化和旅游开发方面发挥不可估量的作用。

"三普"记行长城梦　燕山磊落此登临

门头沟区文管所　顾大勇

早晨天有点阴，四周的山显得闷闷的。

大村，这个门头沟区雁翅镇西北的一座小山村，是几条古道出入北京的必经之地。昨天去了南尖岭大岭梁到小岭梁的北齐长城遗址，那里就有一条出入大村的古道。今天，我们还将在大山小村里找寻古长城的蛛丝马迹。

去马套村的盘山路上，车在一马鞍形山口停了下来。我们下车，就见到了在公路右侧很深的出水沟里有一段古挡马墙残址。为了得到墙体两端具体的 GPS 坐标，我们必须下到深沟里去，硬着头皮，往下滑，一步一步地挪，腿沉得像灌了铅，木木的。脚也没有昨天灵活在了了，踩下去没有方向感，所以往下没走几步，腿就一软，一屁股坐倒。右手硬撑在了碎石坡面上，立刻就破了皮，生疼，倒是警醒过来，全神贯注地往下滑走。

一天的热身就是这样开始的，我们完成了作业，上车去马套村，看有没有人可以告诉我们，这里的古长城在哪里，怎么能够找到。

一个放羊的老者愿意作向导。车到沟的深处停下来，我们下车，跟随向导往西南方向登山而行。半小时后，我们经过一个杏树林，杏树林右侧的土台上有一座土墙小木房，里面堆着一张床，上面还有草席等居住的物品。向导说，这是看园人的房子，挡挡风避避雨。在它右边还有一个大的蓄水池，是用来浇杏林的。沿着台面往西，经过荒草离离稍显空荡的台面，右边有一座坟墓，两旁的灌木枝上挂满了白塑料，风忽的吹过，意象荒凉，天色阴郁。

转折而上，一段古长城坍塌在荒草中，明显是一段古挡马墙，年代肯定在明以前。方向为东南—西北走向。向导说，这里是旁路沟东台岭，沟里有小路通往河北，这段墙体，其用意仍然是防止敌人偷袭，从小路入侵。

往回走，是早晨十点左右，我和小付瑞及向导走在前面，老加和老齐在后面说事情。到了停车的路边，向导突然问："你猜我有多大了？"

这个老人头发凌乱，胡子拉杂，一身黑衣服，皮肤黑得发红，但他上下坡的脚步轻便，身子硬朗。我说"你最多四十多岁"，他不屑地看我一眼，说"我都快六十了"。我差点晕倒。倒是小付猜他五十多岁，我对年轻人的眼力很是讶异。向导奇怪的问话，那深深的寂寞的眼神，给我留下了极深的印象。这个印象与早晨阴郁的天气混合在一起，压在我身上，我的腿变得更加沉重了。

　　好在上午的工作就这样结束了，我们决定开车去河北怀来县的镇边城看看。镇边城在大村的西北4公里外，与门头沟接壤。车往漂亮的公路上一开，我的心情有了些许好转。山形变得开阔了，两边的大山往后退却，我们的眼前也逐渐开阔起来。过了一会儿，镇边城到了。

　　我们开车绕进城阜内，这个小城，充满了平庸、灰暗的气氛，常有柴油三轮小卡车（俗称"狗骑兔子"）从不宽的城内街道上驶过。我们在城内四处走走，看见好多古民居都被改建，旧有的民居被严重损坏。心痛之余，老加说，因为镇边城位于河北省边缘，长期被忽视，没有得到应有的保护和重视。我说，要是划给我们门头沟区多好啊，极有保护与开发价值，可惜了啊！

　　小城的建筑的材料主要是石头，城墙是石头砌的，房子是石头筑的，街道是石头铺的。石头成了这个小城生命元素的主要构件，长长的条石，细细的碎石，玲珑的卵石，一应俱全。

　　小城分三街六巷七十二胡同，南北为街，东西为巷。四合院大部分为石头砌成，只有在特别显眼的地方或需要修饰的地方才用青砖砌成，现在留存的已经不多；城中间有一座钟鼓楼，"文革"时已经毁了；城里曾经有12座寺庙，现在能看到的不过一二；城里的那座大佛寺现在已经成为村委会所在地。

　　这里的村民们都是守边将士的后裔，来自四面八方，当地的人喜爱戏，尤其是老调和蹦蹦，平时隔三差五地哼一段，过年过节村里的戏班子就在戏台上唱几天。城中有一个戏台差不多已经300年了，几经修葺，原来是雕梁画栋，现在梁上的彩绘仍依稀可辨。如今戏台已经成了村民的柴房，戏台前的广场也堆满了木头，墙缝、石缝、木头缝里顽强地长出了茂盛的荒草，显得芳草萋萋。

　　参观完毕，感觉镇边城地界已经有了平原的味道，可是一个小小的城阜，怎能挡得住铺天盖地而来的骑兵和步兵呢？有了开阔的平地，城池也显得极不安全，还是觉得山里的挡马墙显得"一夫当关、万夫莫开"。山里的小道尽管四通八达，但在紧要处修建的古长城，处处透着古人的智慧，若不了解四周的地理，就难以在关键处设卡来阻挡偷袭。心里暗暗的佩服着古人，又伤感着古长城的荒芜和坍塌。草有半人高，在山风中瑟瑟摇曳，古代久远的金戈铁马的声音再也不能在崇山峻岭里回响了，只有我们，还在侧耳倾听着长城废墟的呻吟。

　　午饭后，小憩片刻。四个人倒头就睡，不一会就鼾声四起，大家都累了。

　　一点半左右，另一向导带我们去大村，那里有从东山岭到西南德圣寺的一段古长城残迹。门外的风变得冷冽了，吹在身上让人有点心惊肉跳……

　　停下车，我们在一个叫刘家坟的山坡开始往上爬，坍塌的古长城触目惊心，堆得整个山脊都是。沿山脊往西南约有一百米，往下又有五十米，又往上有一百多米，我们停下来，风更大了，零星雨点已经滴落眉心，一切变得紧迫了。再往上，一段极陡的墙体沿着山脊呈六十度往上，大约有百米左右。老加和老齐年纪大了，上去太危险。付瑞开车回去，到另一头德圣寺山沟出口处接我们。我和向导决定上去测点，我紧跟在他后面，不一会就气喘吁吁，手脚并用。呵！这一百多米真陡啊。眼睛只敢紧紧盯着地面，手抓紧突出的石块，脚蹬踏实了，才能往上。终于到了尽头，和向导坐下来，大口喘气。向导点了支烟，和我聊了起来，于是我知道了他姓刘，是大村村委会主任，今天中午喝了些酒，身上还充满着酒气，凛冽的山风也无法消除这些酒味。他说，翻过上面的山头，上面还有一段长城呢！我说，那就上去瞧瞧？他说，好的，上！鼓起勇气，我跟着他又冲了上去，跟打仗似的，呵呵。想象自己就是古代的士兵了呢！雨渐渐大了起来，蓦地添了一种悲壮的气氛。

在山脊顶部，我们发现了一个烽火台遗迹，全部坍塌，仅有方形建筑痕迹。上面山脊平缓往下，还有一百多米的残墙，真有收获呢！我和向导被很大的山风吹着，我的帽子差点被风给吹跑了。向导张开双臂，替我挡住些急雨和大风，我在定点，我在记录，我在完成作业。我和向导在这一瞬间似乎有了友谊。人与人之间在患难时真的是很容易友爱的，这种兄弟般的情谊是我今天最大的收获！

在山顶，向导指着西南方山谷里松树突显的地方，告诉我，那里就是德圣寺。又指着一处，说那里有一个山洞，山洞旁还有一段古长城，他不久前还带着区永定河协会的人爬过那里。在大风雨之中，他镇定自若，指点江山，是这般的意气豁如！任何人心中都会有英雄浪漫的情怀和抱负！因此，我对这位姓刘的向导，这位纯粹的大村山里人有了敬意！

我们在风雨中往山下走去，老齐很担心我们的安全，两次打电话催我们下去，我的心里又是一阵温暖，那是我的老师和同志呢！他和老加还在山坡中间的风雨中等着我呢！

向导找到一条比较缓和的小路带着我往下走，尽管还是很陡，但是我并不觉得很危险。很快，我们下到了山坡处与老齐老加汇合，我他们说了上面的情况，他们也是很意外，因为有了新的发现！就在这时，雨忽然停了，好像在说，探险的过程结束了，一切将变得缓和平安！

我们四人沿着山间小路往德圣寺走去，四周荒草春意未萌，半人高的金黄的茅草遮掩着我们。在迷离寂静的山中行走诗意盎然，我突然想大声唱歌，我明白那是一种自由的感觉！似乎还带有一种成就与骄傲的情感！但是我没有唱，我在心里洋溢着感动，在轻快的行走。

在一处土坎，老齐摔了一跤。我从后面去扶，不小心也跟着失控，左手大拇指生生撑在了地面的石块上，痛死我了！老齐在前面爬起来对我说，你啊，要么不跌，要么就狠狠地跌！我心里一顿，感觉像是谶语，或许老齐对我的了解真的很深呢！这句话几乎成了我前半生路程的总结，于是许多的往事在我脑海里浮现着，那些人生快意，那些成功，那些失败，那些挫折，我泪光晶莹了，真的是跌得很重呢！一下子跌到人生真正的谷底！

德圣寺，大约是晚明时建的庙宇，四周松树青翠，柏树环绕，庙宇建筑几乎全毁，零落不堪。向导说这里曾有棵大柳树，日本兵在砍它的时候还往外流过血呢！尽管是传说，但也恐怖得很。

德圣寺真是一块风水宝地，三面环山，一面敞开，有路通向谷外，似乎这里应是一座墓地，庙宇可能是为守墓而建的呢！会是谁的墓？葬在这里的人要么是世外高人，要么是名官大臣，但这些仅仅是我的猜测而已！

在德圣寺的东南面，我们看到一座戍所，往北连着坍塌的墙体，我和向导上去定点，又是很累的山坡啊！好在我都累木了，没感觉了，爬吧，机械地往上就行了，呵呵！

德圣寺的作业也完成了，天色暗了下来，之后，我们又去大村的另一处有古长城遗迹的山沟里，那个沟似乎叫要井沟。往里走二十分钟，就到了目的地。嘿，那挡马墙两端有大石垒砌，高约 5 米，宽约 40 米，中间已经坍塌，长约 50 米，不知是哪年的古长城遗迹呢。

我跟老加开玩笑说，加哥，什么时候吹集结号呢？加哥也乐了，说就吹、马上吹！攀登而疲累的一天啊！那些山脊，那些古长城，那些荒草小路，那些山风和雨，让我渐渐充实着，融入天老地荒的暮色里。

遗址是一种声音

——记永定河两处遗址

大兴区文物管理所　周泽丹

遗址是一种声音

被时光的海水拍打

被岁月的洪流冲击

到今天

斑驳的遗迹

在落日里表达

过去的辉煌

遗址是一种声音

苍白的现实记录着古老的文化

欲说还休

这是历史的绝响

但愿不要只听到

遗址自己的回音

永定河是北京地区最大河流，海河五大支流之一。永定河古称溹水（或湿水），隋代称桑干河，金代称卢沟水，发源于山西省宁武县管涔山，流经内蒙古、河北，经北京再转入河北，在天津汇于海河，至塘沽注入渤海，流域面积4.7万多平方公里。

永定河流经大兴区西南部边界，此次大兴的实地普查工作首先进行就是辖区的西南村镇，在已完成的四个镇共179个自然村的普查中，基本上对永定河的历史文物有了初步的统计。永定河左堤长55公里，堤内流域面积37.21平方公里，自卢沟桥以下，纵坡变缓，淤积严重，河床逐年增高，自清乾隆年间成为地上河，易决口成灾。清同治十四年（1888年）至1939年的51年中，境内决口17次。自1954年上游官厅水库修建后，决口现象大量减少。由于20世纪70年代以后水资源的过度利用，卢沟桥以下基本常年断流。此次普查中永定河大兴段有两处重要的历史遗迹，一个是求贤坝遗址，一个是永定河神祠遗址，都是研究永定河史的重要实物资料。

永定河被誉为"北京的母亲河"，北京社科院历史所的尹均科先生认为：其一、永定河的洪积冲积扇为北京城的形成和发展提供了优越的地理空间；其二、永定河上的古渡口是北京城原始聚落蓟城形成的重要条件之一；其三、永定河水是北京城直接或间接的主要水源；其四、在金元明清时代，北京城市建设所需用的大量木材和城市生活所消耗的难以数计的木材和木炭，多取自于永定河中上游流域；其五、元明时，永定河北派自看丹口分流东去，下汇白河，有增加北运河水量，以保漕运畅通之功。以上五点，足以说明永定河是北京的母亲河。没有永定河，就难有今天的北京城，北京先民就难以生存繁衍到今天。

但是由于永定河流域内降水时空分布极不均匀，地势高差大，河水暴涨暴落，历史上河患频发。燕人谓黑为卢，金代称其为"卢沟河"，再到元明时期被称为"浑河"、"小黄河"、"无定河"，河水"冲激震荡，迁徙弗常"，金、元、明、清历代都遵行在沿岸修筑堤防的治水方略，并一直把它作为京畿事务中的重大问题。清代更是把永定河的筑堤工程推向高潮。康熙三十七年（1698年），康熙皇帝亲自巡视永定河，"筑南北堤百八十余里，赐名永定"，自此定名"永定河"。根据《清史稿·河渠志三》的记载，清朝从顺治到光绪期间永定河流域一直都有治河工程。

求贤坝遗址就是一处清代建造的永定河溢洪工程遗址，在大兴区榆垡镇求贤村西南永定河大堤外沿，乾隆四年（1739年）在此修筑草坝，乾隆三十七年（1772年）废草坝改建灰坝，同治十三年（1874年）又扩展重建，光绪二年（1876年）重修。原立有乾隆碑、同治碑两块，现已无存。堤坝在曾在文物部门有记载，此次普查又发现遗址对面的一处形似半月的围堰，尚需有关专家考证围堰与堤坝是否为配套工程。堤坝遗址形似簸箕，里沿被大堤掩埋，露出外延，左右两端用石灰黄土夯实、砌筑雁翅。此次普查测量了整个求贤坝，得到如下数据：坝的裸露部分长皆为 19 米，西侧坝的上顶宽 1.7 米，东侧上顶宽 1.4 米，高是 1.1 米；西雁翅露出部分长 19 米，东雁翅露出部分长 20 米；围堰两端长为 310 米，半径 109 米。

治理河道，修筑河堤的同时，为了"祈祷河神，安澜佑民"，清政府在永定河岸修建河神祠。永定河神祠遗址位于大兴区庞各庄镇赵村南 1 公里，永定河左堤下。乾隆三十五年（1770 年）永定河于该地决口，合龙后，清高宗命人建了河神祠。乾隆三十八年（1773 年），高宗视察永定河时曾驻跸该祠，并题御制碑。河神祠坐南朝北，早年废圮，但乾隆御制碑保存完好。碑北向，通高 2.9 米，宽 0.94 米，厚 0.25 米，碑首浮雕二龙戏珠，边框凸刻回纹花边，碑上镌刻乾隆御笔诗章，诗文为"葓薪非不属，堤堰聿观成。终鲜一劳策，那辞五夜索？凭看虽且慰，追忆尚含惊。旧壑原循轧，新祠已丽牲。连阡麦苗嫩，围墅柳条轻。惭乏安澜术，事神敢弗诚？"整首诗记述了该处决口，以葓薪（芦苇）拦洪，培筑新堤，并在此新建河神祠，诚心奉神，以求安澜佑民。该碑于 1989 年被大兴县政府列为重点文物保护单位。此次普查在河神祠碑的南侧新发现了河神祠的遗址，是一处西高东低的缓坡，遗址内可散见河神祠的砖石，遗址南北长 60 米，东西宽 20 米，面积约 1200 平方米。

求贤坝和河神祠不仅是研究永定河历史的重要遗址，也是首都历史文化的重要组成部分，保护这些古迹遗址，对于弘扬首都文化，弘扬人文北京具有重要价值。如今，在风沙的侵蚀下遗址在不断地遭受着破坏，若继续这样，那么这两处二百多年的历史遗迹是否终都将走向被遗忘的结局？遗址是一种声音，在诉说，我们应倾听，应给予回应，不要让她回声在空旷的田野里孤独地回响，所以有这么一种声音：为了更好的让历史的见证存留于世，被更多人理解，请将她们更好地保护起来。

说说文物普查中的惊心事

平谷区文物管理所　秦自强

普查需要采用科学的方法、认真细致地勘查测量，同时因为是田野调查，遭遇寒冬酷暑、恶劣天气，还需要不怕困难、敢于吃苦的精神。我要补充一句，有时还需要有胆量，因为文物普查的对象中就包括古遗址、古墓葬等，不妨给您说两件令人惊心的小事。

一　古墓探险

普查中，我们来到了北张岱墓。这是一座汉代古墓葬，位于东高村镇北张岱村东，原邮电学院分院内，1985年6月公布为平谷区文物保护单位。现邮电学院分院早已搬走，院子已废弃多年，残屋断壁，荒草丛生，松柏枝杈繁茂，满目荒凉，风"呜呜"的叫着吹过院子，真有点毛骨悚然。再往院子深处走，到了北头，见到一座大坟头，高约3米，占地约100平方米，坟头上面和四周长着高大的树木，我不禁想起了《呼家将》中的肉丘坟，心中有些害怕。害怕归害怕，工作还是得一丝不苟，在所长的带领下，我们拍照、录像、测量。

地表数据采集完毕，所长要带我们进入墓室，一听还要钻到坟里边去测量，心里真有点哆嗦，所长笑着说："机会难得啊！不进去后悔。"得，这可把我的好奇心勾上来了，跟着大家钻入墓室，里边漆黑一片，可能是雨水把外面的淤土冲了进来，脚下软软的，不时踩到些碎砖头。有人打开了手电，看清了墓室内的情况：我们刚走过了一条窄窄的甬道，甬道、墓室均为砖结构，券顶，用手在地上一划，发觉地面也铺着砖，被土淤住了。借着手电的光亮，我们进行了测量、拍照，墓室南北长6.3米，东西宽2.3米，高2.9米。测量中发现墓室南侧东西各有一个小券门，高0.9米，宽0.7米，往里黑乎乎的，不知有多深。所长说"这里边也要测量、拍照"，见大家有些犹豫，他第一个从西边的券门钻了进去，有两个同事也跟着钻了进去，我个子大，试了试，不太好钻，就没进去，说实话，也是心里害怕了，这毕竟是我第一次钻到一座古代的坟里，说不害怕那是假的，鬼片中的情景老在脑子里出现。过了好长一段时间，所长带着那两个同事从东边的券门爬了出来，一身的土，脸也蹭黑了，他们带出了珍贵的资料，这条墓道环绕主墓室一圈，里边更窄、更矮，只能爬行，在这种情况下，他们认真测量了数据、拍了照片。我非常佩服他们，佩服他们的胆量，更佩服他们的敬业精神。

这次古墓探险，可谓"惊心之旅"，同时让我感受颇深，领导的身先士卒，同事们的认真态度，令人由衷地敬佩。

二　青蛇惊魂

对田野流散石刻调查，也是文物普查中的一项重要内容。在刘家店镇普查时，在镇文化干部的带领下，我们在集贸市场处发现一通残碑，碑已断为两截，在别人眼里可能没有任何价值，但对于文物普查工作者就像发现宝贝一样，认真拍照、测量、录文。看见我们对石碑又是测量，又是拍照，周围的人很是好奇，都围过来看，这样的情景在普查中经常遇到，于是我们就一边工作，一边进行文物普查的宣传。

经勘测，碑首一段残高 66 厘米，宽 64 厘米，厚 19.5 厘米，碑身一段残高 68 厘米，宽 62 厘米，厚 19.5 厘米。碑首浅浮雕山石牡丹云纹，边框为曲线条图案，一说为"万"字不到头图案，额题"永垂不朽"。碑阳文为：皇清登仕郎讳好仁刘公之墓。看来这是一通墓碑，碑中所刻的这位刘公是个清代登仕郎。要了解更多的信息，就得把碑翻过来，看看碑阴的碑文，这也是我们的职责所在。

碑已断为两截，每截虽说不太大，但很有分量，我们几个人一齐动手，先把碑首翻了过来，碑阴碑首浅浮雕云纹和草叶纹，边框草叶纹，额题"百世不易"。接着，我们又翻碑身一段。当时正是热天，手出汗，有点滑，怕把不牢，我们把手顺着石碑与地面的间隙伸到了石碑下，随着一声"一、二、三、起！"把石碑立了起来。这时忽听围观的百姓有人喊了一声"哎呀，妈呀！"人都退出老远。我们往脚下一看，石碑下盘着一条挺粗的青蛇，头正昂起来向我们吐信。因为毫无思想准备，我们都吓了一大跳，心突突直蹦。看着这条粗蛇，有人喊着："去、去，快走吧！"可能是见到人多，一会儿，蛇才"哧溜、哧溜"地爬入旁边的草丛中。我们赶紧拍照、录文，从碑文中了解到此墓碑为刘家店镇万家庄刘永和、刘永清、刘永福遵其父遗命重新选茔地为其父所立，其先考为豫山公。

工作结束，回想刚才的情景，不禁有些后怕，如果手伸到石碑底下那会儿，被蛇咬一口，可就糟了。围观的百姓也纷纷说"真够悬的，可真得小心点！"有惊无险，我们又圆满地完成了一次石刻调查任务，又一件流散石刻被记入了档案。

这样的事例在文物普查中有很多，我们在紧张有序的工作中体验着新奇、惊险、快乐，同时也在历练中成长、提高。

寻·忆

平谷区文物管理所　贾　娜

据词典的解释，文物是人类在历史发展过程中遗留下来的遗物和遗迹。对于广大的老百姓来说它可能是陈设在博物馆展柜里价值连城的珍宝，而对于我们来讲，只要它从不同的侧面反映了各个历史时期人类的社会活动、社会关系、意识形态，哪怕是小小的一块陶片，都是人类宝贵的历史文化遗产。作为文物工作战线新的一员，我有幸参加了第三次全国文物普查工作，记录下家乡文物的现状，寻找更多沉寂在民间的文物遗迹，同时感触良多。

我们的文物普查工作在春末夏初的五月开始，虽说当时的天气比较适合田野调查工作，可五月的天像是小孩的脸说变就变，给普查工作带来了一定的困难。我们根据全区文物分布的实际情况，决定先对两个乡镇进行普查。在普查过程中，发动群众提供线索和普查队员细致走访相结合，对文物保护点进行复查工作，核实在册文物的数量、分布、保存情况、环境状况及其变化情况。此外，对没有在册登记文物的行政村进行逐一的细致的踏查，寻找可能被遗漏的散落在民间的历史遗迹，这不仅需要我们有一定的业务知识，更需要有一双善于发现的眼睛。

当我们到峪口镇东樊各庄村进行普查时，按计划准备去一处古民居进行实地考察，在前往的途中队员们发现了街道边有一处没有登记在册的古井。古井青石质，井口 1 米见方，井的东西两侧分别有两个支撑辘轳的青石质圆柱，井口已经用水泥封上。据当地村干部说，虽然这口井现在已经失去了使用价值，但村里还是把它保留了下来，出于安全方面的考虑，去年封上了井口。为了解有关这口井的更多情况，我们采访了当地的一位长者。老人已经 70 多岁，身体很硬朗，耳不聋眼不花，从他的父辈开始村里的人就靠着这口井喝水，他小时候依旧如此，说来这口井至少有一百多年的历史了。那时村里的人对这口井都很珍惜，全村的人像个大家庭。现在条件好了，家家都通了自来水，又方便又干净，可是找不回以前的感觉了，老人说完看了井许久……这口井对于有些人来说，可能仅仅就是个废弃的井，但是对于这位老人，却承载了太多他儿时的欢乐和回忆，它本身就记载着一段历史和记忆，见证着村里一代代人的生活变化和发展。

当天下午，我们来到北杨桥村考察北杨桥居住遗址，随着近几年新农村建设的加快，村里的路宽敞了、村民的房子高了，可遗址也随之湮没在了村民的笑容里。在走访过程中，我们了解到该村曾有八座庙宇，但因为一些特定的历史原因和农村的建设，使得所有庙宇全部无存，但是有一些原庙宇的石构件散落在村中。有热心的村民带着我们来到一户人家的墙外，说是有一件东西，可能来自庙里。顺着他指的方向，我们看到一石构件，但已被生活垃圾掩埋在半地下，要是不知情根本找不到，我们在村民的帮助下终于使它"重见天日"。这是一个雕刻较为精美的抱鼓石，应属原庙之物。看着我们大汗淋漓的对它又是照相、又是画图、又是记录，那村民不解地问："这块石头也是文物吗？我们村里的人嫌庙里的东西不干净，都不放在自己的家里，有几块都垫鱼坑用了，你们怎么当个宝贝一样？这东西值钱吗？"。听着他的话，我是哭笑不得。照他所说的情况，我想这块石构件或许是唯一可以见证这个村子曾有过庙宇的物件了……

伴随着国家和个人经济状况的改变，一股收藏热席卷大地，人们的眼光都投向了那些能够增值的古玩字画，并无多少人关注承载着文明、体现着文化价值却不能换钱的东西。而文物的价值是无关乎信仰、无关乎国界，无关乎时限的，都是历史留给我们的财富，它承载着历代劳动人民的智慧，见证着无数人的记忆，诉说着社会历史的变迁，而所有的这些都是弥足珍贵的。

中国这块土地上堆积着太多太厚的人类文明，通过普查，我看到大面积的文物遗产但却缺少相应的保护和关注，而且每天都会有文物面临着遭到破坏的危险。文物是不能再生、不可复制的，更何况文物遗产保护工作是一项巨大的工程，单单只靠我们的文博工作者去努力工作是不够的，应该需要全民动员，唤醒每位国民的意识，使保护文物的意识渐渐深入人心，我想这是文物普查更为重要的意义。不要让历史留给我们的遗迹在我们手中悄无声息地消失，不要让我们的后代仅仅从录像、照片中寻找过往的记忆、感受历史的印记。

伴着夕阳的余晖，在得与失之间结束了一天的工作，我们还将继续寻找湮没于厚厚尘埃中的历史遗迹，论证一段悠悠远去的往事记忆，因为我们知道，需要清晰准确记住家乡历史的决不仅仅是我们……

"知家乡文化遗产，爱天津历史传承"

——天津市百万市民"海选十佳不可移动文物"主题活动

天津市第三次全国文物普查办公室　张　宁　郭　洧

第三次全国文物普查是我国夯实文化遗产保护基础、加强国情国力调查的一项战略举措，是文化遗产保护知识、理念的一次大宣传。为生动活泼地做好天津市第三次全国文物普查的宣传动员工作，2007 年 6 月至 8 月天津市文物局联合天津电视台都市频道、科教频道、北方网、津报网、《城市快报》等媒体共同举办"知家乡文化遗产，爱天津历史传承"百万市民"海选十佳不可移动文物"主题活动。本次活动历时三个多月，由市民自发参与投票，在全市范围内的 104 处不可移动文物中，评选出市民最喜爱的 10 处。据统计，此次活动市民参与数量达到 1003227 人次。百万市民海选天津市不可移动文物主题活动的成功举办，吹响了天津市第三次文物普查工作总动员的号角，声势浩大，影响深远，社会效益显著。

一　保护文物，全市总动员

为组织好此次全民参与的不可移动文物的评选和宣传活动，天津市文物局与天津电视台、《城市快报》等媒体高度重视、精心策划，多次研究活动实施方案，邀请专家在反复讨论、论证的基础上遴选出分布于全市各区县的 104 处不可移动文物，将其分为古遗址、古墓葬、古建筑、石窟寺及石刻、近现代重要史迹及代表性建筑六大类，作为参考名录，并热忱邀请市民推荐应予保护的不可移动文物。充分发挥媒体优势，宣传津城不可移动文物，鼓励市民参与评选。

平面媒体，如数家珍——2007 年 6 月 8 日《城市快报》在头版显要位置刊发活动消息，阐明此次活动意义，以及遴选方式和活动方案。以"评选您心中的文化遗产"为专栏，读者可从中选出最喜爱的文物，也可以提供文物名录以外的线索。如果读者推选的文物有幸入选，可以获赠本市 10 家文博单位提供的参观门票。读者可寄信、邮件、拨打电话、登录津报网点击投票，评选自己心中最喜爱的文物。《城市快报》陆续刊登介绍候选的不可移动文物名录；开设专栏每日公布推荐的前十名文物名单；刊发活动专版，特派记者对读者感兴趣的候选文物进行采访，连续报道了《北方最早的船舶修造厂》、《蓟县皇家园寝》、《恢复原貌的欧式广场》、《这座楼珍藏国宝17年》、《北塘炮台见证英法联军罪行》、《这座小洋楼曾是英国印字馆》等30余篇报道，以图文并茂的方式，介绍候选不可移动文物的地址、年代、文物现状及传奇故事。配合活动刊发活动进展、反响、专家意见，保证评选结果的专业性和公众性的双重效果。

随着介绍文物稿件的刊发，读者参与的热情高涨，每天都能收到很多热心读者的选票。编辑部收到河东区的刘长盛先生沉甸甸的"选票"，包括两本近百页附着照片的《天津市历史风貌建筑》和一份活动剪报，以及精心勾画的80处候选名录："这104处文物我照过一半以上，选票上面的每一个'√'都是我实地考察后，郑重地画上的。"

视频媒体，记忆城市——经过天津市主要媒体一个月的宣传预热，"知家乡文化遗产，爱天津历史传承"活动于2007年7月7日在天津电视台演播大厅——《艺品藏拍》栏目现场正式启动，参选的104处不可移动文物保护单位的候选名单（文字介绍及图片）和选票发布在天津电视台网站和《天津广播电视报》上。本次活动分为两个阶段，第一阶段为104进60的海选，第二阶段是60进10的决赛。由全市市民自发参与投票，以邮寄、电话、短信、网上投票等方式，最终选出10处天津市民最喜爱的不可移动文物。

本次活动开展以来，天津电视台都市频道《艺品藏拍》每期辟出时段重点宣传，介绍候选的不可移动文物。《都市报道60分》配合海选播发"我喜爱的文物我来选"等多条新闻，并于每周六利用短信互动平台开展话题讨论，如"说说您了解的天津中山公园"、"说说您所了解的天津马可·波罗广场"等内容吸引观众参与。科教频道《天津故事》、《科教大视野》栏目辟出专门的节目时间大力宣传本次活动。天津电视台《艺品藏拍》栏目与天津市文物局组成摄制组，投资拍摄《城市记忆》60集系列片。对进入复赛的60处不可移动文物进行专题拍摄，内容涉及建筑本体、历史沿革、价值评估、人物走访、专家点评、公众参与等方面。该系列片采用纪实的手法，讲述天津市不可移动文物鲜为人知的故事，是宣传天津市不可移动文物的一份生动的教材。

二 硕果累累，生生不息

此次海选活动，社会关注，媒体全方位宣传，广大市民热情支持、积极参与，社会反响强烈，取得了良好的社会效果。据市文物局工作人员精心统计，短短三个月的时间，通过《城市快报》收到读者来信、邮件、网络点击等方式的投票389640张，通过电视台投票613587张（其中网络475032条、短信100567条、电话26732个、信件11256封），合计1003227张。主办单位从投票中抽取幸运观众，幸运观众获得由本市10家文博单位提供的套票奖品，并有11位热心参与者获邀亲临颁奖现场。

2007年8月24日，在天津电视台演播厅"天津十佳不可移动文物评选活动揭晓晚会"隆重举行，500 多名来自全市各个区县文保单位的代表和幸运观众来到了现场。天津市著名学者万新平、张利民、张春生、方兆麟、陈克、刘毅等作为特别嘉宾为十佳不可移动文物作精彩点评。晚会现场隆重推出了天津市文物局副局长张志作词作曲的主题歌《津韵沽魂》。伴随悠扬的主题歌，"天津十佳不可移动文物"逐一揭晓，分别是：北洋水师大沽船坞遗址、大港油田的发现井——港 5 井、福聚兴机器厂旧址、津浦铁路线静海站杨柳青站、蓟县旧石器遗址群、马可·波罗广场意式花园住宅建筑群、塘沽火车站旧址、原四行储蓄会大楼、原天津印字馆、造币总厂旧址。最后，由市民代表向获奖单位颁发"十佳不可移动文物奖"。

从海选的结果来看，市民的选择与专家的意向和文化遗产保护理念的趋向惊人的吻合，说明人民群众具有很高的鉴赏水平和文化素养。同时也让我们认识到城市的文化遗产根植于特定的人文和自然环境，和当地居民有着天然的历史文化和情感联系，这种联系已经成为文化遗产不可分割的组成部分。只有当地居民倾心持久地自觉守护，才能维护文化遗产应有的尊严，才能使文化遗产具有强大的生命力。

"知家乡文化遗产，爱天津历史传承"主题活动在社会各界的关注中落下帷幕，但广大市民对津城不可移动文物的热情不减，纷纷为天津市第三次全国文物普查提供不可移动文物线索和资料，为天津市新发现的文化遗产增加了新的品类和内涵。此次活动，搭建了公众参与文物普查的网络平台，扩大了普查信息来源，提高了公众特别是青少年对文化遗产的认知水平，在全社会形成了人人关心和参与文化遗产保护事业的良好氛围。2008 年 2 月 22 日，北京市东城区普查办公室专程来津学习，借鉴活动经验，给予此次活动很高的评价。

这次活动的主旨就是要保障市民的知情权、参与权、受益权，让更多市民了解津城内不可移动文物，知晓文物古迹背后的故事，让文物保护工作贴近老百姓。动员全市人民保护身边每一处文物，积极投入到文化遗产的保护事业中，使文化遗产保护形成强大的社会风气，提升全民文化遗产保护意识，把天津建设成形神兼备的文化名城。

"三普"趣事两则

天津市第三次全国文物普查办公室　沈　岩

参加第三次全国文物普查工作，是我职业生涯的重要经历，全新的工作内容、全新的人员组合，激发着我的热情，丰富着我的阅历，拓展着我的专业视野，使我受益匪浅。其间的体会、收获、心得、感悟颇多，被我信笔记录下来，留作日后回味、咀嚼的记忆。现闻知国家文物局举办"第三次全国文物普查征文"活动，作为这项工作的参与者、见证者，特撷取两则趣事奉上。可能文不达意，可能立意不够宏大与深远，但这些确是我真实的、独特的感受。相信随着"三普"工作的完成和渐行渐远，这些鲜活的、细腻的平凡小事和工作花絮，将长久地留在我们的心里，成为温馨而难忘的回忆。

一　令人哭笑不得的 GPS

今天是我抽调到"三普"办工作以来第一次下现场。清早，我和梅鹏云、郭洧、司机齐师傅一行四人早早上路，带着 GPS，直奔大港区田野数据采集现场——小徐庄而去。

大港区是我市"三普"直属队首批进驻的区县之一，市直属队与区县普查同志经过半个多月的艰苦工作，已经取得了初步的成绩，先后复查了 11 处文物点，新发现 5 处，而且经过市直属队员的传帮带，区县同志已基本具备了独立工作能力，因此市直属队将从这里撤出，赶赴其他区县。今天我们此行的目的就是代表市"三普"办前来进行工作交接。

GPS 是此次"三普"配置的新设备，其目的主要有二：一是为了精准测定文物点的地理方位；二是它的导航功能可以为田野调查人员导航、指路。今天，我们要去大港区小徐庄遗址现场与市直属队会面，那里地处偏远，此行的人中没有人去过，于是大家提议带上GPS，以免走冤枉路。

您别说，GPS 还真的挺灵，按照规程操作后，小徐庄的位置、公里数、行驶线路、所用时间等，很快就一一显示出来了。我们满心欢喜，连连称赞它的神奇，并对它充满了信赖。车子很快行驶到大港区团泊洼地界，GPS 里传出了柔美的女生提示音，告诉我们右拐直行。虽然我们发现它所指示的前方正在修路，远远望去暴土扬长，可我们还是心无戒备地照办了，心想过了这段路就好了，于是我们依旧说笑谈天。渐渐地我们发觉有些不对劲儿了：这条崎岖的路怎么望不到头啊？而且路面越来越颠，车子简直是上下颤抖地在尘土中穿行。密封不好的车厢内，弥漫着浓浓的土呛味。前面车辆溅起的泥土甩在车窗上而后又慢慢地往下滑，好像当年风靡一时的"流沙画"，为止不住的颠簸平添了几分诗意。回头看，一路狼烟看不清后面的车辆，我们仿佛置身于沙漠的腹地，而且正在经历一场强劲的沙尘暴！可是 GPS 里的女声依然指挥着我们向纵深处前行。看看前面还有汽车在开，望望后面淹没在黄尘中的路，我们只能硬着头皮前行。突然，车子一个剧烈的弹跳，车里四个人的头一同撞到了车顶上，大家异口同声地发出了"哎哟"声，接着就见梅鹏云同志左手揉搓着脖子，嘴里嘟囔着"我的脖子错位了"，起初大家还开他的玩笑，说他太脆弱，不禁折腾，可看他一脸严肃的表情和不停地扭动脖子的样子，我们感到他真的受了伤。于是大家连连安慰他，关切地询问伤势，并由衷地庆幸"三普"办为普查人员购买了意外保险，齐声称赞此举明智、必要。

车子还在土路上颠簸，前面的路还看不到头。司机齐师傅忍不住地说："这样的路再跑两趟，'三普'的老爷车就该散了！"于是我们一边连连制止他说这种不吉利的话，心中祈祷着车子千万不要抛锚，一边又在上下颠簸、左右摇晃中，做起了买新车的梦……

GPS终于把我们带上了柏油路，可是大家的兴奋劲儿还没来得及抒发，就见前面的路中央立着一块醒目的牌子：前方施工，请绕行！但见筑路工人正在挥锹举铲铺沥青。没辙，我们只得掉转车头后撤。而此时，GPS中传出的优美女声又把我们带上了另一条土路！于是大家又像"滚元宵"一样重新在车厢里经受折磨。直到中午时分，我们才一路狼烟地到达了目的地——小徐庄田野数据采集现场。抬腕看表，此刻距离出发时GPS为我们估算的时间——40分钟——已经延迟了3倍多，我们整整走了3个小时！

终于和市直属队以及区县同志汇合了，在大家称赞我们"不简单，还真找到了"的时候，我们对手中的GPS真不知是恨还是爱。GPS呀GPS，你在理论上确实为我们指明了一条最超近的道，可是路况咋样，施工与否，你却全然不知，要说能力你真的有，而且不一般，可你就是有点儿缺心眼，你呀，真真地叫我们哭笑不得哇！

二　具有"桑拿"功效的老爷车

"三普"办公室最初配备的小车，是一辆地地道道的"老爷车"，不仅车龄长，外观旧，而且几易其主。最早它是局文物处的车，跑了大概有四五年，在元明清天妃宫遗址博物馆筹建时，被文物处将其派给该馆，协助建馆。再后来，天津博物馆筹建，于是该馆的"建馆办"又成为它新一任主人，送文件、取文件、接人、拉货、购置物品，频繁地穿梭于京津及各区县之间，常常是人歇车不歇，因此用得比较"苦"，也跑得比较狠。2006年天津博物馆建成后，陆续添置了一些新车，它也就光荣地退居了二线，渐渐地淡出了人们的视线，偶尔发挥着"拾遗补缺"的作用。

此次第三次全国文物普查，由于国家经费列支中没有购置车辆的专项经费，因此只得借车来用。经过上级领导的协调，这辆老爷车又在"三普"工作中发挥了余热，为它不俗的履历再添精彩的一笔。

起初，"老爷车"的到来着实令我们兴奋了几天，因为毕竟有了代步工具，和过去相比条件改善了很多。于是我们精心打扮、周到呵护这辆确显老态的爱车。可是几趟下来，它的"四无"又真切地让我们感到"想说爱你并不是一件容易的事"。

这第一"无"是：车窗无法开启。由于车子严重老龄，一侧的车窗已经坏损，无法正常开启，这不仅影响了车内的通风，而且还时常带来一些尴尬。特别是每次下区县与当地同志告别时，由于车窗无法摇下，只能隔着茶色玻璃挥手示意。为此，我们私下里总是感到不安，生怕地方上的同志们误解，以为我们高傲、无礼。

这第二"无"是：油耗无法控制。老爷车是一辆名副其实的油耗子，百公里油耗大，运营成本较高，每次下区县我们都得算好路程，估计好用油量，生怕被撂倒在半路上。

这第三"无"是："黑尾巴"无法消除。烧机油、拖黑烟是老爷车的一大标志，无论路途远近，只要车子一启动，黑飘带就会扬起来，"突突突"地冒一路，因此我们每次上路总担心被以"破坏环保"的名义罚款。

这第四"无"是：车内空调无法启动。2008 年整个夏季是田野调查的攻坚阶段，四个直属队分赴本市郊县，开展督察指导工作，"三普"办公室也因此异常忙碌，马不停蹄地奔波于各区县之间，检查工作、解决问题、慰问队员。每次一坐上老爷车我们就仿佛洗开了"桑拿"，闷热难捱，汗渍淋漓。前排的人顺着脖子流出的汗水清晰可见；后排的人被从尾窗射进来的骄阳烤得如坐针毡，那个难受劲儿就别提了。我们曾经戏谑地说，今后再也不吃蒸活螃蟹了，因为坐在老爷车里的经历，让我们着实体验了蒸煮中螃蟹们的绝望，有道是"己所不欲，勿施于其他生灵"，所以我们发誓不再吃蒸煮活物了。

尽管老爷车有种种不尽如人意的地方，但它为"三普"工作所立下的汗马功劳，已深深地嵌入"三普"办公室每一位同志的记忆中，随着时光的流逝，乘坐老爷车"洗桑拿"的经历，也将成为我们独有的享受。

"三普"工作札记
——意式风情区回眸

河北区文物管理所　马　媛

说起天津引以自豪的特色建筑（小洋楼），就不能不提到河北区的意式风情区。实际上，天津作为中国最早的对外通商口岸之一，城区有 9 块地域被外国列强划为"租界地"。意式风情区就是光绪二十八年（1902 年）意大利强迫天津海关道签订《天津意国租界章程合同》划出的 771 亩土地。

当年的意租界与其他各国租界地相比，地理条件优越，水陆交通便利，环境整洁幽静，再加上租界当局在此进行了认真的规划与建设，时有"世外桃源"的美称。对于租界建筑，1908 年意方公布的章程规定，房屋建造要求纯正的欧式风格，凡干道两侧楼房不得超过二层且建筑样式不许雷同；居住的欧洲人必须具备上等身份和有名望，华人则必须是道台以上品位的高官。因此，在清末民初政体急剧变革时期，在这里寓居的政治家、实业家、军界要人、名流学者等各类达官显贵多达几十人。不仅如此，当时租界内还建有领事馆、兵营、学校、医院、教堂、花园、球场、菜市等设施。

斗转星移，世事沧桑。今天的意式风情区依然保持着原有风格和韵味，它以马可·波罗广场为中心，周围有一批 20 世纪初建成的具有浓郁意大利风格的建筑群落，几乎囊括了意大利各个时期不同风格的建筑，有反映文艺复兴思潮的巴洛克、罗可可式，也有意大利古典建筑中典型的罗马风格，还有在"新建筑"运动期间出现的强调功能、注重经济的欧美现代化建筑。可以说，意式风情区是近代意大利在境外唯一保留的也是最为完整的风貌建筑资源，由此也构成了天津建筑世界博览会的重要组成部分。它不仅折射了天津发展的一个重要历史阶段，同时也保存和记录了中国近代史丰富的实物资料。

2008 年 5 月，适值春和景明，我们普查工作队一行 5 人走进了这片历史街区。伫立在中心广场，静谧的气息将我深深吸引。昨夜的一场小雨，把这片天地洒洗的润润丽丽，路旁的梧桐绽出的新绿晶晶莹莹。眼前一片淡淡的薄雾，近看远看，似有若无。微风吹拂，游人了了，行走在大街小巷，湿润的空气夹带着异国的风情扑面而来，周遭的一切显得是那么宁静和安逸。当清丽的阳光笼罩在这里时，我们开始了一天的普查工作，勘察、定位、测量、绘图、摄影……

这里的每幢小楼均为地上二层、地下一层，而且一直保留着古罗马建筑稳定、平展、简洁的特色。大量采用不对称的建筑体形，多以塔楼与凉亭来增加建筑物的垂直感。美丽的罗马拱将柱与顶连接，柱头柱角细部雕刻手工完成，互不类同。高长窗、弧形拱券、牛腿承檐、精美雕饰，充分体现浪漫风格。角亭高低错落，环绕广场，构成了优美的建筑空间，也因此成为这一区域的典型标志和街景的高潮。意式风格同时注重人文景观的个性、艺术性和实用性的完美结合。如在中心广场建欧战纪念碑（俗称铜人）雕塑，喷水池和园林小品，广场东北、西北、西南三角周边扇形分布着 6 栋庭院式、别墅式建筑，均以希腊神话中的女神命名，如保护历史的女神——柯里欧别墅、专司爱情的女神——埃拉托别墅、专司天文的女神——乌拉尼亚别墅……使这一幢幢小楼有了动感、美感和想象力。广场与建筑相互衬托，从而使这里的建筑群落既形态各异，又和谐统一。

忙碌之余，任遐思飞扬，浮想联翩。解读这些建筑，犹如读一部小说，它有史诗般的凝重和悠长，也有短篇般的简洁和酣畅，它是高雅的，也是通俗的。这里的每一扇门窗、每一面墙壁、每一条街道，都竞相刻印着近代历史的岁月风云，从它们身上我似乎听到了穿越时空的回响，目睹了车轮留下了的征尘辙迹，感受到了历史的鲜活存在。遥想当年梁启超的饮冰室书斋内橘红色灯光常常彻夜通明，高朋满座。在这里，梁启超曾与蔡锷将军秘密策划反袁的护国战争；在这里，梁启超笔耕不辍撰写了 60 多部学术著作，为后世留下了 2000 多万字的煌煌巨著。遥想当年曹禺在这座虽不堂皇却显玲珑的二层小楼里，翻译了莫泊桑的小说，解读了易卜生的剧本，创作了话剧《雷雨》……

无言的建筑所浓缩和留存的是历史的印痕，漫长的岁月磨损了建筑的棱角，却积淀了历史文化的厚重。意式风情区是城市历史演变和文化积淀的缩影。它的魅力在于文化，其最基本的体现也是文化。随着意式风情区的整体修复，风貌建筑得到了保护和开发，历史文化得到挖掘，城市的文化品位不断提高，群众也更能享受到经济发展和社会进步的成果。

学电脑

怀安县文物保护管理所　徐建中

对于参加过第二次全国文物普查的老队员来讲，"三普"中感触最深的恐怕就是 GPS、数码相机、笔记本电脑等现代化科技设备的应用了。

我于 2007 年 10 月起参加河北省的"三普"工作，由于有"二普"的工作经历，在野外调查、记录、绘图、断代等方面较年轻队员稍有些经验，但每当晚上年轻队员把自己白天记录的资料输入电脑，把草图绘成漂亮的 CAD 图时，自己却因不会电脑而插不上手。好在省普查办组队时每个队都配备了一名懂电脑的大学生，自己不会电脑倒也不影响工作。

2008 年 3 月，省普查办安排我当了普查队长。作为队长，对上报省普查办的《不可移动文物登记表》等普查资料需进行初步审核。这样一来，自己不会电脑的缺陷一下凸显出来了，即使是错别字这样的小毛病，也得让别的队员来改，给工作带来了很大的不便。慢慢的，我萌生了一个想法：向年轻队员学电脑！

转眼十几天过去了，看着几乎和自己的孩子同龄，每天叫着自己老师的年轻队员，向他们学电脑，总有点儿不好意思。况且我快五十岁的人了，万一学不会，太丢人了。一次和爱人通电话，我把自己的想法告诉了妻子，她非常支持我学电脑，提醒我说："还记得韩愈的《师说》吗，'弟子不必不如师，师不必贤于弟子，闻道有先后，术业有专攻'嘛。不会就学，有啥不好意思的，不会才丢人呢。"

圣贤的教诲，亲人的鼓励，工作的需要，终于使我下定了决心。当我把自己想学电脑的事向队员小李提出后，小伙子很支持我，说您只要每天学一点，坚持下去，就肯定能学会！

从此以后，每天晚上整理完当天的普查资料，我就向小李学习电脑操作，先熟悉键盘、练习打字，对于比较复杂的处理数码照片、导入 GPS 数据、插入并修改照片等，一下子记不住，就只好先把操作步骤记在本子上，一步步照着做，边做边记。有时在野外调查的路上，也会将前几天学的背上几遍："Ctrl + A"，全选；"Ctrl + C"，复制；"Ctrl + V"，粘贴……

9 月份，普查队转战到了承德市兴隆县，该县地处山区，山高沟深，不仅台地都得查，河流两岸较平缓的山包上往往也有早期遗迹，爬一天山回来，累的快散架了，但我还是每天晚上坚持学习半个小时。

2008年10月14日，是我"三普"工作中值得纪念的日子。我第一次独立在电脑上完成了一份《第三次全国文物普查不可移动文物登记表》的文字录入和插入照片等。年轻队员十分钟的工作，我却干了近一个小时，但是对于我这个年近五十的初学者来说，已经是个了不起的成绩了。三个多月的学习总算有了收获。看着自己亲手输入的资料，心中充满了成就感。我高兴地让我的电脑老师和其他队员看，并且发短信告诉了千里之外的妻子，告诉了正在读大学的女儿，让她们分享我的快乐。

经过半年多的学习，我现在已经能在电脑上比较熟练地输入、修改文字、图片资料，一个晚上可以输三份《第三次全国文物普查不可移动文物登记表》，但是CAD绘图还是没有学会，还需要继续努力学习。

2009年是"三普"工作野外普查的最后一年了，我不仅要保质保量地完成普查工作，还要更加努力地学习电脑知识，学习新技术、新思路、新理念，进一步提高业务能力，为做好今后的文物保护工作奠定坚实的基础！

寻找历史的记忆

——隆化县第三次全国文物普查纪实

隆化民族博物馆　姜振利

隆化，历史悠久，地理位置重要，自古是兵家必争之地。早在战汉时期，这里就建有规模较大的古城，并筑有与之相通的汉代长城、烽燧，形成了完整的防御体系；北魏、辽、金、元更是州城宏大、手工业发达、商贾繁荣时期；清代则是木兰秋狝的重要活动场所，也是多民族和睦相处、开发建设的丰腴之地。

2008年，省文物局组织专业人员在承德全面开展文物普查工作，隆化县的文物普查工作也随之展开。5月8日，普查队来到隆化，同县文物管理所专业人员一起，经过近7个月的努力，对隆化县25个乡镇进行了调查。这次的文物普查组织严密，设备先进，普查队伍业务过硬，在自然条件差的情况下，普查队员克服困难、跋山涉水走遍了县境内所有的自然村。

6月27日，省旧石器文物普查队进驻隆化，历经近一个月的调查，在隆化镇、白虎沟乡、八达营乡、蓝旗镇等发现旧石器时代遗址10处，均属中、晚更新世的遗址。

隆化镇头道营后街遗址，让普查队员为之惊喜。这里的地层出露完整，黄色黏土与红色黏土相间，地层共 10 层，石制品出在第 8 层。队员的初步推测是"离石黄土"的上部，即中更新世的晚期地层。这意味着这处遗址处于旧石器时代早期的时代定位上，也意味着在距今 20 万年左右的时代这里就有人类活动。

8 月 29 日，省文物局副局长、著名旧石器考古专家谢飞，专程来到隆化对这处遗址进行了实地考察，考察后认定"该地区晚更新世地层发育，以往调查曾在这里发现有旧石器时代晚期遗址。这次调查发现，将该地区古人类活动的历史至少推前了 15 万年以上"。这是目前承德地区发现最早的一处遗址，这一重大发现，不仅对研究第四纪考古、第四纪地质、第四纪环境等学科有着重要的意义，而且也对我们以后寻找更早的古代人类化石提供了重要依据。谢飞局长指示要做好保护工作。

2008 年 9 月 10 日《河北日报》以"承德新发现 88 处旧石器时代遗址"为题对此做了相关报道。

隆化县委、县政府领导及主管部门非常重视此处遗址。县文物管理所又对遗址进行了多次调查并再次采集到文物标本。2008 年 9 月，鉴于这处遗址的重要意义，隆化县政府已将"隆化镇头道营后街遗址"公布为县级重点文物保护单位，划定了保护范围和建设控制地带，并要求所在乡镇及县直有关部门做好文物保护单位的保护和管理工作。

隆化县的文物普查工作轰轰烈烈、扎扎实实，像这样的普查工作已经进行了 5 次。

第一次文物普查，还是早在 1957 年，当时虽调查出 140 处古遗址、古墓葬，但因没有专门文物保护管理机构，又值"反右"运动，所以普查资料全部散失。

真正的文物普查工作，是从 1976 年开始的。这次普查发现古代文物遗存 53 处，征集文物 1100 多件。

第三次文物普查是 1985 年，以隆化县文物管理所为主，各乡、镇文化站配合。这次普查对前两次普查进行了复查。确定已发现古代文化遗存 167 处，并将 27 处公布为县级重点文物保护单位。

第四次文物普查是 1990 年春季，由河北省文物局组织普查工作。隆化县普查小组在近两个月的时间里走遍了境内武烈河、伊逊河、滦河、鹦鹉河、伊玛图河等五大河流域的 25 个乡镇、300 多个村庄，普查出古代文化遗址、古墓葬及古代建筑 136 处。这些发现一方面证明了当地数万年前就有人类活动，另一方面把当地的文明史追溯到六七千年。

第五次文物普查是 2003 年，此次普查历时 47 天，共调查登记到田野文物点 86 处。

今年开展的全国第三次文物普查，在隆化已经是第六次了。

隆化县的文物普查工作之所以能够取得这样的辉煌成果，首先得益于他们有声有色的宣传工作。多年来，他们采取专门会议、板报标语、广播影视、街头咨询、知识竞赛等多种形式，加强文物法规的宣传贯彻。隆化县文物管理所还创办了自己的报刊《隆化文博》，用以宣传文物法规、普及文物知识、报道本县的文物工作。同时，隆化县充分发挥县、乡、村"三级文物保护网"的作用，现已聘请文物保护员 2000 多名，涵盖了县直 30 多个部门、25 个乡镇、362 个行政村，形成了村村有保护员、乡乡有保护组织的文物保护网络。1999 年，在隆化县湾沟门乡茶棚村发现的"鸽子洞"元代窖藏珍贵文物，就是文物保护员韩文贵收藏、保存并交给县文物部门的。

正当普查队员进行文物普查时，11 月 17 日，隆化镇头道营村农民王玉福在挖排水井时，挖出了一个长近 1 米、重达 800 公斤的石臼后，立即向县文物部门打电话报告信息，并协助文物部门将石臼运至隆化民族博物馆收藏。

经过 6 次文物普查，隆化县现已发现古代文化遗址 500 余处，收集文物及标本数万件。这些文物有夏商时期的陶器，有春秋战国时期精美的青铜牌饰、青铜武器和青铜工具，有北魏佛造像、莲花瓦当，有唐宋时期的"三彩器"，有金元时期当地兴州窑的瓷器，还有各时代的钱币，更有被誉为举世罕见的国宝——"鸽子洞"窖藏丝织文物。这些藏品记录着中国北方古代多民族发展的历程，并从多方面反映出农耕文化与游牧文化之间的相互影响、相互融合、共同发展的历史面貌。

全国第三次文物普查在隆化即将结束，但文物普查队员们，仍然不辞辛苦地忙碌着、寻找着，也许还会有新的发现，等待他们去探索、去研究。

寻找周家掌烽火台

太原市文物考古研究所　冯　钢

一夜大风，住地的窗户上结满了美丽的冰花，在这"一九"最寒冷的日子里，我们等到了调查"周家掌烽火台"的最佳时机。

周家掌烽火台位于娄烦县天池店乡周家掌村东南 3000 米的山梁之上，是娄烦县烽火台遗址九个子项之一。由于该遗址所在的周家掌村不通公路，仅有一条山间河道可以通行，故参照县文物旅游局的建议，我们决定利用这个最冷的日子调查该烽火台遗址。

早，热车十余分钟之后，乘坐普查车前往天池店乡，由于车内外温度相差较大，车窗上很快就结上了冰花。于是，如同其他日子一样，全车人一起行动，除冰花，看前、后道路的车辆，经过 40 分钟的奔波，终于在 9 点之前抵达了去往周家掌的山口。

通往周家掌的唯一通道就是这条山间河道，河道已封冻，随着山势的转折、河床的约束，冰河也或宽或窄地变化着。我们沿着冰面上的车辙，时而下冰面、时而上河床；时而车载人、时而人推车，走走停停、歪歪滑滑，倒也不觉得特别疲惫。过了兑集沟村，冰面上车辙全无，看着白花花的冰面，大家商议了一下，决定还是继续开车前行，车辆行走在未被惊扰的河面上，听着车窗外越来越大"咯叽、咯叽"的声音，大家的心逐渐提起来，虽然大家都知道这只是压碎冰河表面冰层的声音，但是，冰河能否承受七个人加一个汽车的重量，谁也不能回答。终于，在越来越大的冰裂声中，大家再也承受不住这揪心的刺激，纷纷下车、跳到河床之上，望着渐成网格的冰面，大家才真正体会到了居易老人所写的"心忧炭贱愿天寒"的场景。就这样，人在车前带路、车在冰上滑行，上、下车多次，行驶十余里冰路，于 9 点 35 分抵达周家掌村。

到达周家掌村，按照村民的指示，穿过地垄间的羊肠小路，我们开始了艰难的攀爬：这是一条坡度近 60 度的山间小路，路两侧布满了枯枝，伴随着调查队员的踩踏，枯枝上的浮土也随风飘荡，调查队员在抵御刺骨寒风的同时，也领略到了翻飞尘土的嚣张。

经过近二十分钟的攀爬，队员们爬到山腰处向阳的凹地，上下左右前后地寻找，大家只找到了前些天调查过的"陈家庄烽火台遗址"，但是，周家掌烽火台遗址，你在哪里？是否因为村民的耕种已经灭失？

连续的攀爬、极度的失望使得大家的腿渐渐沉重，顾不得枯草上的浮尘，都躺倒到地上。经过调整、商议，大家决定还是爬到山顶上，到那里才能极目远眺、到那里才能确认烽火台是否存在，到那里才能确定下一步的行动计划，于是，大家又开始新一阶段的攀爬。

到达山顶，四处瞭望，在天际边发现遥远而又熟悉的小黑点，这是我们要找的周家掌烽火台还是其他遗存？大家不知道也不可能知道。由于烽火台太过遥远，中间还间隔着数道山梁，是看好方向后、下山再从对面山脚向上爬，还是沿着山脊翻过这几道山梁，又成了大家商议的重点。简单交流之后，大家同意直穿山脊，用我们的脚步去丈量这个未知的山脉。

穿荆棘、钻草丛、踏碎岩、过沟壑，惊山鸡、逐野兔、翻越了三个小山梁之后，黑点逐渐变大，可以肯定，这就是一个烽火台遗存。但是，在烽火台西侧山梁反切面，我们又发现一个类似的烽火台遗存，看着间距不远的烽火台，大家已经没有了能新发现遗存的喜悦，只是机械地对视几眼，整理了一下大衣，又继续低头前行。

11 点 30 分调查西部的烽火台，12 点 23 分，爬上东部山梁，13 点 17 分下到山脚。乘坐上久违的普查车，打开一瓶已结冰的矿泉水，吮吸着一滴一滴流下的冰水，让麻木的身体斜躺在车座上，这种感觉真好！

千年古堡
——太原市晋源区店头村传统民居一瞥

太原市文物考古研究所　檀志慧

太原市的实地调查工作已历 4 个多月，文物普查，亮点纷呈。通过对不同时期、不同类型文物的深入调查，渐渐拼接出了我们这个城市的历史，仿佛是坐上了时光机器徜徉于漫漫历史长河中。调查给大家带来惊喜的同时，也让我们对家乡有了更深入的了解。

此次普查有一项很重要的收获，就是传统民居发现的在数量和质量上有很多突破。北方传统民居气势威严、高大华贵、粗犷中不失细腻。2008 年 10 月 13 日在晋源区晋源镇店头村的调查，就让我们深刻领会到了传统民居的魅力。该村历史悠久，清光绪三年（1877年），就已有 500 余户人家，3000 余口人，马帮、驼帮、推车帮熙熙攘攘、店铺林立、商贾云集号称"小太谷"。村中保留至今最有特点的要数那些石券窑洞了，村中原有石券窑洞 3000 余间，现存较完好的有 460 间，其余皆倾圮颓废，在洞内至今还保留着过去使用的土石火炕和灶台等物品。据调查有二进院石券窑洞院落 5 处，二层式石券窑洞院落 17

处，三层式 1 处，四层式 1 处。最具特色的几处古民居位于村中心的紫竹林寺周边，建筑格局为楼式窑洞，底层设计宽敞，主要用于开设当铺、磨坊，二、三、四层则多用作书房和卧室。经考证还发现，当地这种独特的窑洞串窑洞、大洞套小洞，上下层窑洞、主院与别院，村里寺庙、村口戏台都有暗道迂回贯通的精巧布局。

这样的建筑布局可能与店头村当年地处交通咽喉要道，考虑备乱和生意安全有关。据记载，西山有五山九峪，风峪即为九峪之首。店头村是风峪八村中的头一村，不仅因地理位置居前，而且历史上人口和村庄规模也居八村之首。相传店头村曾经是古晋阳城通往古娄烦国的重要通道，在盛唐时期就是比较繁华热闹的商贸集镇，到北宋时才开始日渐衰落的。战火扰乱了当时人们的生活，部分商人徙地经营，部分商人从此定居，就演变成店头村的先民。从那时到现在，店头至少该有千年以上历史了。店头村南依龙山，北靠蒙山，太原至古交公路从村前通过，风峪河水自西向东流入汾河。村东约 1500 米有李存孝墓、龙泉寺，龙泉寺南邻童子寺；村东南有文昌阁，村西北有真武庙；村西山腰有王氏祠堂和明代王永寿墓（王永寿在明朝天顺年间曾任兵部尚书）。

店头古村落可以说生动诠释了传统民居的美学、文化、科学价值。一是美学价值。传统民居是追求和谐美的典范。整个村庄在选址、布局及营造单体建筑时充分体现了因地制宜与自然浑然天成的美学理念。在传统的民居建筑中，通过处理建筑的个体与群体、情与理、人工造物和自然环境等相互之间的关系，力图创造出一种和谐共生的审美情趣。各地区民居虽在风貌和意象上各具千秋，却都呈现着异曲同工、和谐统一的美感。民居建筑虽然朴实无华，但有很精致的艺术处理，也有很华丽精致的细工。如富有雕塑美的墙垣，雕刻精美的梁饰、隔扇，庄重气派的屋顶，装饰虽不多，但却给了朴实的建筑以美的魅力。二是文化价值。民居建筑是凝聚民情、民音、乡土特色的一部地方风俗画卷。发掘传统民居文化，对于维护社会的凝聚力、满足人们对于社会及文化体系的认同，是特别重要的。对于现代人来说，浓重的乡土、民情，古老而又和谐。富于文化特色的乡土情节构成了人们对未来、对幸福生活理想的追求。民居建筑是儒家文化精神气质的写照。中国传统文化的核心是儒家文化，儒家思想所倡导的人格修养精神、礼乐仁政、天人合一等文化思想，与建筑艺术紧密结合，形成了我国传统民居建筑特有的文化意象与情趣。因此，民居建筑是人类传统智慧与文化精神气质的伴生物。三是科学价值。传统民居建筑从使用者的需求出发，在实践里逐步形成了一整套适于乡土地域条件的民居建筑方法。民居因地制宜的营造方法，亦包含了珍贵的科技价值、朴素的居住环境生态以及建筑科学理论。民居建筑在借用自然、因地制宜方面反映了：①房屋布局、营建时充分考虑利用自然环境的有利因素，获取人居环境所需要的资源条件。建宅观察风水，仿效自然，力图与山川景物相协调。聚落布局要接近水源，充分利用各种地表水资源。②村落与植树绿化密切结合，改进聚落生态系统的小气候，美化了环境。③村落布局"背山面水"、"负阴抱阳"，充分利用日照条件。④巧妙利用地形，有效节约土地，依山建村。建筑布局密集，以节约耕地。

但是，店头古村落面临着损毁的严峻现实。由于早些年村民均已搬迁至数公里之外的新村，村内建筑年久失修，加之风雨剥蚀、地质灾害等原因，现已倾塌 2740 间，尚存结构墙体较完整的石券窑洞只有不到 10%。如不及时维护，现在的店头古村落在不久的将来很可能成为一片古村落遗址。

店头古村落的困境是现在传统古民居所面临的普遍现象：要么房屋因长期无人居住或房主经济有限，只能眼睁睁看着房屋倒塌；要么房主自行拆旧盖新。历史的痕迹正一点点被擦拭，如火如荼的经济建设又加剧了它消失的速度。民居建筑聚集着浓郁的民音、民景和民情。我们不希望诸多珍贵的、有价值的建筑消失在当代，因为这些历史建筑承载了太多的过去。

周家山抗日避难所的发现

——日本侵华的又一佐证

太原市晋祠博物馆　左正华

太原市文物普查二队在太原万柏林区王封乡进行文物普查时，发现了一处日本侵华的历史遗迹——周家山抗日避难所。

周家山村地处西山腹地，为太原万柏林区最北端，村居山巅，因山而名。这里群峦叠嶂，沟壑纵横。汾河如带，似展开的双臂将村庄的西、北、东三面环抱于胸前，远远望去，这个微缩的"半岛"紧紧地依靠在西山的主峰——石前峰上。而汾河对岸即为故交市境。周家山居古交东下太原的要隘，地势险要，是太原西部的屏障，周边又是西山地区煤炭和制造武器原料——铁、硫磺的重要产地，战略地位异常重要，历来是兵家必争之地。抗日战争时期，日军曾于此驻兵镇守，修建道路、构筑碉堡，与河对岸的八路军、游击队长期对峙，互为攻守。

1937 年 7 月 7 日，抗日战争全面爆发。11 月 8 日，日军攻占太原，进入西山。不久，进入周家山村。周家山的村民在游击队的掩护下借浓雾逃离家园，四散藏进坟墓、山洞和山崖的避难所中，躲避战乱。

村民逃入的这处避难所，位于周家山村西南面的断崖峭壁上，下面是湍急的汾河，上面是蒿草丛生的岩石，周边群山环绕。所谓的避难所，实际上是一处因长期受风化侵蚀而切入山体的凹陷地带，形象地说就像是一个山洞被切除了侧面。但就是这么一个躲避风雨的去处，在日军的铁蹄踏入周家山的那一刻起就成了村民躲避战乱的理想场所，也见证了日军侵略中国的种种暴行。躲入此处的村民在山崖的最边缘上用各种不规则的片石垒成石墙，并同上面的岩石连成一体，彻底与外面断绝了关系。在距外墙平行的一米处又建起了一堵不连贯的石墙，两墙间是行走的通道。墙内再以小墙与崖体分割出一个又一个大小不一、长短不齐、形状各异的单元，构成一座座简陋的房子。房子中有用石头做成简易的灶和炕，这样就可以简单的生活了。这种借助天然的形势而建成简单的避难所具有极强的隐蔽功能，站在山顶上无法俯视到它，在对面的山上根本看不到它，即使在下面的汾河旁也望不到它。

村民在避难所中白天休息，轮流站岗放哨，观察周边的敌情，夜晚则生火做饭，或下汾河打水，或回村取粮，或向游击队提供情报。当时，以汾河为界，这边是敌占区，对岸是游击区。在对敌作战中，游击队员深入敌后也经常潜伏此处，由西山前往延安的进步青年有时也栖身于此。时间久了，日军发现了避难所，遂以武力驱赶村民回村，强迫他们站岗放哨，挖战壕，修碉堡，建炮台。村民不堪忍受日军的暴行，便三三两两偷渡到汾河对岸由我军控制的古交崖头村一带。但避难所仍然是人们的主要藏身之所。日本投降后，人们回到久别的家园，避难所从此逐渐荒废下来。

2008年12月的一天，隆冬天寒，我们冒着刺骨的寒风在悬崖绝壁上艰难攀爬1小时后，终于踏入这个尘封的避难所。刹那间，我们完全被惊呆了，那堵与外界隔绝了60余年的堡墙依然存在，不到一米宽的走道一直弯弯曲曲地延伸到150米的尽头，仿佛在叙述着昨日的故事。拂去厚厚的尘土，残存的石灶、破碎的土炕依然那么清晰可见，20余座长方形、三角形、椭圆形、弧形的房子从三四平方米到十几平方米大小不等地依山崖蜿蜒排列，记载着日本侵华的历史。驻足凝视，抗日的烽火又在脑海中闪现中……

这个避难所是日本侵略中国的又一铁证。就是在这样的恶劣环境下，贫困的中国劳苦大众与中国军人一道同仇敌忾、浴血奋战，击败了日本侵略者。这是活的教科书，是典型的爱国主义教育基地。前事不忘，后事之师！

"三普"日记之大石头岭遇险

大同市考古研究所 尹 刚

今天是个好天气，我们早早起来吃过早饭，准备按计划去复查黄家坡遗址。遗址位于浑源县沙圪坨镇黄家坡村南，距县城约17公里。迎着晨风朝阳，我们一行5人，驱车赶到了黄家坡村。该村位于浑河盆地东南部边缘，处于南高北低的依山黄土坡地上，沟壑纵横形成的一道道南北向狭长台地。据资料记载，黄家坡遗址为新石器、汉代文化遗存，面积约 15 万平方米。

进了黄家坡村，联系了村委会，走访了几位年长者，了解了一些村庄变迁、历史沿革、陶瓷片出土情况等之后，我们 5 个人就分了工，由北向南，两个沿着台地东侧断崖寻找，另外两个沿着西面寻找，我走中间负责摄影。没多久就从对讲机里传来："在西面捡了几片龙山时期的夹砂陶片，在东面又发现了汉代绳纹灰陶等……"不知走了有多远，大家不约而同的在一个地方相聚了。原来这里的断崖上有一道长长的白灰线，这使大家都很感兴趣，想弄个明白。经过细致的观察和分析文化层里面的出土物，大家一致认为这是一处新石器时期的房屋遗址。于是大家又忙了开来，绘图、照相、测量等，不知不觉到了遗址的南边缘。我们把采集的标本汇总、分类、筛选后，做了标签整理装袋，又通过 GPS 计算出了遗址的面积，我们才知道已经走了有 3 公里多的山路。大家带着满意的笑容，沿着山坡向村里走去。下一个目的地是大石头岭村。

大石头岭村，位于浑源县沙圪坨镇最东部、与广灵县交界的山体上，海拔约 1700 米。经过了解知道，大石头岭村虽然是个行政村，但是还没有修通公路，只能从广灵县车型堡村绕道，走山间小路才能到达。还好我们开的是一部 4 驱吉普车，于是就决定走一趟。我们驱车来到广灵县望狐乡车型堡村，和老乡打问了情况才知道，须先经过刘之进村，再向西走 5 公里山路才能到大石头岭村。我们几个正在为不熟悉乡间小路而犯愁时，一位热心的老乡得知了我们是搞文物普查的，就主动提出愿意帮我们带路。经过一番交流和感谢后，我们一行 6 人，由老乡带路向大石头岭村前进。因大石头岭比车型堡海拔高出六七百米，一出村就开始爬山，翻山涉水，跨越沟壑，艰难爬行。此时天气突然剧变，一片雨云聚在山顶上，像一个黑色的草帽。刹那间又刮起了寒风，小雨夹杂大片雪花纷至沓来。本来就是只有一车宽的盘山土路，一侧是深深的冲沟，被雨雪侵袭的路面更泥泞不堪，行进只能中更加小心翼翼。因路窄又没有多余的空间转向，我们只好慢慢的前进，等待天气的好转。当翻过了最高的一座山峰后，终于看到了位于山顶台地上的大石头岭村。大家带着好像登上了珠峰一样的喜悦心情，不顾雨雪都跑下车去走访老乡了解情况，并发放"三普"宣传材料。忙忙碌碌之中，时间过得飞快，不知不觉已是午后，肚子也在咕咕叫了。虽然经过调查没有发现新的文物点，但我们还是给村子做了 GPS 点，准备返程。

真是上山不易，下山难啊！经过了 2 个多小时的艰难路程，我们终于下了山。可这时汽车的发动机舱却发出了"吱吱"的尖叫声，可能是天气的变化，也可能是经过艰苦的努力后发出的声鸣。我们不敢耽搁，继续匀速的向县城返回。在离县城有 300 米远的地方汽车抛锚了，原来是发动机皮带断了。大家早已忘却了饥饿，拖着疲惫的身体，一步一步推着汽车去修理。

深秋的太阳落山较早，夕阳的余晖洒在普查队员的脸上，一天的文物普查工作即将结束。祝愿我们明天的普查会有更多新的发现和惊喜！

山西民族工业的历史见证

——阳泉市矿区简子沟记事

阳泉市城区文物管理所　潘　磊

众所周知，山西省是全国重化工能源基地，煤炭资源极为丰富，而阳泉作为无烟煤基地，也可谓全国之首。据资料记载：阳泉煤的开采和利用至迟始于宋代。在19世纪60年代西方人已发现这块宝地。甲午战争以后，外国帝国主义列强竞相掠夺中国领土和资源，山西的煤铁矿产更成为他们觊觎的宝藏。1897、1898年，清政府和英意资本家成立的"福公司"先后与山西当政秘密签订了开采山西煤铁矿产的章程和条约，随着正太铁路的推进，福公司开始在山西着手勘查、圈地，并强行封闭当地土窑，直接影响到当地民众的生计，遂引发了山西地方的"保矿"风潮。在多方的压力下，光绪三十四年（1908年）一月二十日，清政府以付赎银275万两的代价赎回全部矿权。

1906年山西官绅在积极争矿的同时创立统一的"保晋矿务公司"，把山西境内的各小公司也都并进来，统一办理开矿业务。"保晋公司"是在资金缺乏、极度困难的情况下，通过在山西境内和全国的几个省市大量集股的方法而开办起来的，公司不分地位和身份，采用股份经营制，引进机械化采煤技术和设备，开山西机器采煤之先河。在煤炭生产的提升、运输、通风、排水等各环节上都安装了机器，出现了以蒸汽动力为主的机器生产流程，山西煤炭开采步入了新时期。

"保晋公司"在阳泉正太铁路两侧和平定所设立的煤矿区有：小南坑、燕子沟、简子沟、蔡凹、贾地沟、先顺沟、平坦垴、汉河沟、四角山、桃林沟、李家沟、龙桥沟等。此外，一些零星地区也设有窑场。仅简子沟的储煤区域就有"六方里五百零六亩五分六厘，煤层为十八尺，储煤量为一千四百四十五万零九百四十八吨"。据《保晋公司大事记》载："民国七年（1918年）1月，试办简子沟、燕子沟两矿，民国八年7月，简子沟矿见煤"，时称"简子沟第一分厂"。据民国十九年（1930年）12月统计报表显示："简子沟第一矿厂有采煤工312人，运煤工26人，司机工23人，提水工49人，其他工124人，计534人"。据民国二十五年（1936年）3月的一份报表记："当月产煤70190吨5成5分；运煤2463吨6成8分"。在保晋时期，简子沟矿厂属于阳泉开采较早，规模较大，技术设备较好的矿厂之一。

据历史资料，1912年9月孙中山先生到山西视察期间，途经平定（阳泉），曾两度经过狮脑山下的正太铁路线。孙中山先生看到铁路沿线简子沟至赛鱼段大小煤窑星罗棋布，感慨万分，特别是他曾在《建国方略》中对我国资源的开发、利用有精辟的论述，所以他十分关心山西煤铁资源的挖掘、生产和营运情况。沿途陪同人员向他介绍了山西的争矿保矿情况，在看到阳泉境内铁路沿线丰富的煤铁资源，尤其是亲眼看到沿途坑口、煤场繁忙的工作场面后，他问及矿工工作、生活情况，并在简子沟、铁炉沟等处煤场下车，亲自查看矿场的生产情况并看望、慰问了正在干活的矿工。值得纪念的是当孙中山先生在阳泉与陪同的各界人士交谈中，提出"以平定煤铸太行铁"的宏伟构思。这是对阳泉蕴藏着丰厚的煤铁资源的高度评价，更是对山西人民合理利用煤铁资源，以资源优势促进国家发展的殷切期望。孙中山先生的这一构思，在新中国建立之后得以实现，使阳泉的煤铁资源不断发展，成为了名扬全国的煤铁能源基地。

简子沟位于正太铁路阳泉简子沟货场以南，占地面积约上万平方米，遗址建筑面积约两千多平方米。简子沟现有不固定住家60多户，200余人，一部分人居住在过去矿场遗留的几排平房和窑洞房中，一部分人住在自己搭建的房中，还有几户人是将遗留的选煤楼，加设门窗，改造为住房。在此居住的，有一半是附近煤矿的工人并以老年人居多，还有一些是外来打工的临时租房户。由于早已停止采掘，树木和植被长势良好，这里已形成一座自然生态区。加之原矿厂的坑口、通风口、井架、选煤楼架、运、装煤槽架等一些生产设施架构和办公、生活住房基本完整保留，是一处反映工矿历史的真实见证，应该给以合理的保护。根据简子沟现在遗留下的生产设施和办公、住宅遗址，经市普查组认真普查将这一地区定名为"简子沟煤炭生产流水线"工业遗址。

为了更好地保护和利用好新发现的简子沟工业遗址，为了使此处文化遗产不再受到损失并使其能在新时期发挥积极的作用，笔者根据收集到的历史资料，结合简子沟如今得天独厚的自然环境及本市缺乏工矿专业题材博物馆、展览馆的现状，向有关部门提交了在简子沟建设"工业（矿务）遗址纪念园区"的建议，现已被采纳。

寻找千年的石窟

盂县文物旅游管理局 高 峰

11月的太行山上，草枯叶落，天气逐渐凉了下来。

清晨的雾气还未散尽，我们普查队一行5人已经驱车30多公里，来到了晋冀交界的十八盘。这儿崇山峻岭，深涧险谷，地势十分险要，民间有大盘十八个，小盘九十九之说，自古就是山西盂县通往河北平山的重要隘口和军事要冲，207 国道蜿蜒穿行深沟峡谷之中。

我们此行的目标是位于盘口的宋代石窟。按照"二普"资料记载，石窟在距东关头村东 1000 米的山上，当地的老百姓说在路上就可以看到，所以我们也没有找向导。驱车缓行，观察山势，突然一处岩龛出现在左侧半山腰处。心头一喜，哈哈，看来今天不会跑冤枉路了，那个地方估计就是了。

弃车登山！队员们精神抖擞，迎着朝阳，分开及膝衰蓑草，攀爬而上。清晨的露水打湿了队员的裤腿。所幸山不太陡，半小时后，我们来到半山腰。这儿离路上看见的那处岩龛已经不远了。找了一块干燥的地方，队员们稍作歇息。我打开相机，对准岩龛，拉回来仔细观察。看着看着，心里就有些发凉，怎么好像没什么人工迹象啊？不对，得侦察一下。队员支军是自小在山里长大的，自告奋勇，前去查看。没多久，对讲机里传来支军丧气的声音，完了，又白跑路了！

沿着 207 国道继续前行，眼前盘旋在云雾中的公路越发显得惊心，却又透出壮观的气象。转过一个弯，发现有块开阔一点的地方，下来一看，远远的望见山崖对面有几间房，隐约看到一个人顺着盘山小路从那儿走了过来。上前一问，原来是林场工人。听说要找石窟，把我们领到了一处陡坡前说：那个石窟确实在路上就能看见，不过是转一个盘之后，在山的阴面，你们刚才上去的是山的阳面。而且阳面坡缓易上，阴面陡峭难行。原来还有砍柴的走出来的小路，现在封山育林多年，那条勉强可走的小路已经长满了荆棘，想上去不容易啊。在他的指点下，我们终于看到了那处石窟，也模模糊糊在陡峭的崖壁上看到了一点路的影子，要是不仔细观察，实在发现不了。

队员们看着荆棘覆盖的小路，都傻了眼。怎么办？能过去吗？可要是眼睁睁看到了却登记不了，又实在不甘心。钻吧，反正不能漏掉！整理了一下装备，队员们抱头钻进了小路。进去才知道，根本直不起腰来。一人多高的灌木，四处横生的荆棘遮挡住了去路。我们只能架起胳膊，护住头脸，弯腰硬闯，而且还要时时注意脚下，稍有不慎，就有可能滚落沟底。我只能再三叮嘱队员们小心。支军在前面鼓劲儿，就快到了啊！汗水顺着队员们的脸颊往下流，身上的汗早已湿透了衣服，脚下的鞋里面也滑腻腻的。不知钻了多长时间，我们终于摊在了石窟前。互相打量打量，一个个手上、脸上划得都是道道，有的还渗着血。开路的支军，脸上还扎着刺。

"想亲亲想得我手腕腕酸，呀乎嘿……钻过了柴林呀来寻你，呀乎嘿……"副队长会中扬起脖子吼了一声山歌。哈哈！哈哈哈哈！队员们笑作一堆。

干活儿！踩着肩膀，架起人梯，嘉祐四年的题刻，历经千年的石像，一尊尊摄入了镜头。

寻找艾河关帝庙

长治市文物旅游局　秦秋红

襄垣县第三次全国文物普查实地调查工作已开展了十几天，进展的比较顺利。每天的早出晚归，中午在村里走到哪吃到哪，也就是一碗面条，小王几次抗议要吃一碗大米，实在是难以满足。晚上虽回到县城驻地，但我们就餐的小饭店也只有面食。

按照我们的计划，今天我们要调查五处，其中四处是复查。据昨天的天气预报，今天要降温。早晨六点起床，第一个醒来的是崔国标，我们都叫他老崔，其实他也不过四十几岁。队里的大事小事他都得操心。我虽然是队长，但生性懒散，又大大咧咧，因此，我很庆幸长治市文物旅游局的领导给我安排了一位老大哥。书生气的我与人打交道是弱项，有了这位社会经验丰富的老大哥，让我减了不小负担，省了许多心。

"起床，起床……"老崔连喊几声。我揉揉发困的双眼想发几句牢骚，看看老崔和小王又忍下去。小王是从长治学院来的学生，人家是志愿者，十几天每晚都是夜里一两点才睡，让他多睡一会。抬头看看窗外，玻璃上有一层雪霜，像冰花。那是我们这里降温的第一天。

一碗小米饭和一碟土豆丝是我们的早餐，偶尔加一碗鸡蛋羹。今天天气出奇的冷。我和县里的老杨简单商量了一下今天的普查路线，我们普查组一行五人便登上一辆县里派出的面包车。面包车当地叫蛋蛋车，开车的师傅是一个老司机，车开的又稳又快。我这个一见快车就头疼的晕车族还感觉很好。

县文物局杨局长是全程陪我们下乡的。杨局长是个管业务的副局长。襄垣县那点文物大事小情，老庙旧址、遗址墓群，他基本心里有数。

"今天其他的几个点都好调查，就是那个艾河有点远，好像咱们文物部门没有人去过。那个村是和黎城交界。"杨局长刚介绍完，小王就笑着说："是爱情河的爱河那可得去拜一下，我还没结婚呢。"

车继续向前开，虽然是在车上，但大家还是冻得直抖擞。此时我才明白县里的同志为什么把面包车叫"蛋蛋车"。

车行半个多小时到了八里庄，这是一个旧乡镇，撤乡并镇时，该乡与旧城关镇合并，被改为现在的古韩镇。八里庄有一个当地人俗称为奶奶庙的古建筑，庙位于村中的高地上，庙的北面是一条深沟。据当地百姓讲，那条沟在过去也有水的，只是近几年挖煤矿，水就没有啦。庙门大开，我们直接就进了庙内。院内杂草丛生。按照分工，老崔照相，小王和县里的崔海东负责绘图，我和老杨找碑做记录，县文物局的女士张丽娜拿着 GPS 找点、定位。一个多小时，这一处的田野工作就算做完。我又一次仔细地检查了一次各项记录。野外记录宁多勿少，多了可以删减，如果少了一个项目，那就麻烦，尤其是定位和照相。照相我不必多操心，老崔很注意，绘图也是他盯着。我最费心的就是碑文的载录。有一次回家才发现有一个很重要的碑年代没有记录，再去现场很麻烦。因此现在碑文的记录我必须也盯着。庙里的工作完后，我们又找到村委会，了解了一下村里的风土人情，人口、土地、工业、农业等我们需要记录的问题。时间已是 11 点，按计划我们应该赶往艾河村。从地图上看，艾河距这里的直线距离不过二十几公里，按我的想法，一个小时之内就能到达艾河，哪里好歹是个村，按记载有二百多户，吃一顿饭还是问题不大。尽管县里的老杨反对，想在下面吃点饭再走，看到我的坚持也就不好意思。车继续向西行，走出不到一公里，油路变成了水泥路，逐渐水泥路又变成了石子路。路两边全是山，几乎看不到村庄。行了大约有一个多小时，路越来越不好走。汽车颠簸得人昏昏欲睡，早晨吃的一碗小米饭也早已被消化的无影无踪。肚子咕咕直叫，开始还有人讲笑话，逐渐变得无人说话。我有点后悔，该在前面的村子吃点饭，但很快又想，一会就到，大不了在当地买点面包吃。

路越来越不好走，沿路一辆车没有，据老杨讲这条路是通往黎城的路，由于种种原因，无人管理。车行大约一个多小时，距离艾河有多远，大家心里没底。忽然，路边走过一辆毛驴车，于是我们赶忙停下车。赶车人告诉我们不远，再过一条沟就到。

又行了大约半个多小时，随身带的 GPS 显示我们已到山西黎城界内。这下大家就有点晕，四周看看没有一个村，好在开车的司机师傅给大家出了个主意：原地不动，拿望远镜看看四周那里有树和房子。果然，在路的西北的山洼里有一片核桃树。于是大家背上仪器徒步顺着山间小路向上攀登，拨开两边的荆棘灌木丛行走大约有二十几分钟，终于见到半山崖有几孔窑洞。再转过一个弯，山洼里的村落便出现在我们的眼前。

艾河村到了！这是一个原有二百多户人的村子。关帝庙位于村的东北部，一座创建年代不详的清代建筑，只有一座大殿，规模很小。行走了几十的山路，我们终于找到了艾河关帝庙。

时间已过中午，按常规，饥饿已被忘记。大家没有一句怨言，按分工，老崔继续照相，我继续搞文字和碑文，小王和崔海东一个拉皮尺，一个画草图。唯一的女士张丽娜还在搞她的 GPS。老杨则走了开去，想找个商店买点东西给大家充饥。

闻讯赶来的村民给我们介绍村里的情况。一个自称是村委干部的人告诉我们：村里原有二百多人，现在就这几十个人了，再过几年，艾河村就成空村了。

老杨很沮丧的回来了，说：很对不起大家，这里没有商店。

艾河关帝庙，一座普普通通的清代遗构，我们终于把你登记在第三次文物普查的记录中。

沙峪古村随笔

长治市博物馆 张 慧

2008 年 12 月，我随着长治市普查小组走进了沙峪古村那一刻，眼前如同展开了一幅瑰丽的历史的画卷，首先一条青石铺就的入村古道就牵引住了我们探询的脚步和贪婪的目光，接着古路、古池、古井、古碑、古民居等等更如同涌起的波浪，一排排飞珠溅玉般地迎面扑来，漫步欣赏着村中这一束束历史文化的花朵的同时，仿佛自己穿越时空泊靠在了一处宁静古老的港湾，盘桓在钢筋水泥丛林中的心，好像一下涤去了红尘的喧嚣，浮躁的脉搏回归了自然的恬静与平和。时间在这个古老的村落里仿佛是停滞的，许多在别处已然消逝的生活场景，在这里依然每日上演。古村早已没有了昔日的繁华，显得格外的平静安详，但那些古老的建筑、淳朴的民风，那些在城市化进程中渐行渐远的乡村古典元素，依然在这里繁衍生息，流泻出深沉的韵味，让走进他的人不能不感觉到那份厚重。

入村的那条青石古道，初创于何年，现已无迹可考。不过路东侧留存的清嘉庆六年（1801 年）的重修古路石碑，不仅让我们一窥该路的古老，更记述了村中善士王玉迢为了村人往来便利，捐己资重修古路善举，使得纯善的民风扑面而至。古路的路基完全用青石铺砌，现存青石路面长 25.1 米，宽 1.9 米，至今仍在使用。精明的匠人借助当时路西原有的青石古池来排泄路面的积水。据路碑记载，路西的古池早已存于村中，现我们仍可见池中的青石台阶与入水口，因年代久远，筑池的青石已多有风化，当时入水口的龙形石刻仅可见大概端倪。

进入村中，吸引住我们视线的是一处不知开凿于何年的青石古井，据井旁现存的古碑记载，清乾隆三年（1738 年）村人曾集资对该井进行了修缮。该井井口呈长方形，边长0.46 米，井西边有一长方形蓄水池，长 1.2 米，宽 0.9 米，深约一丈，村人现在虽已不再使用，但仍将其很好的保护着，井口用青石覆盖。古井西侧的墙上嵌有乾隆四十一年的"禁约石碣"一方，碣中禁止村人在井旁团菜、饮畜及抢夺井水，要村人善用此井。村中人对此井之爱护，真可谓"石为身骨水为情，默守古村尚有声"。

村中原有的东顶古寺虽已随着时间的车轮消逝于历史的长河中，但放置在村民孙有枝家宅院中的"沙峪村中二社重修东顶庙碑记"，却记述着东顶庙昔时的辉煌与巍峨。该碑立于乾隆四十三年（1778 年），青石质地，圆首，通高 1.35 米，宽 0.58 米，额题"百世流芳"，首题为"沙峪村中二社重修东顶庙碑记"，碑文内容为初创时东顶庙的盛况描叙及乾隆四十三年沙峪村东二社募资十万重修的事迹。

　　沙峪村留存下来的民居也极具特色，因该村地处五龙山与卧龙山之间的丘陵地带，村民建屋选址多因地制宜，在取向、高低等方面都不对自然做更多更大的破坏性改造。大多是用青石依地势堆砌出平整的地基，之上建三合式院落。并多于正房的中间位置设壁挂式样的天地龛，龛位的外形和民居外形基本一样，龛位内里有砖雕。大门多用精美的木雕做装饰，门楣上更多的有铭文教化式的"寝成孔安"、"勤俭恭恕"、"忠厚传家"等题刻，题字端庄大方，题刻遒劲有力，少有雷同，亦为村中民居极富观赏性的一道风景线。大门的门枕石，又称"抱鼓石"，其功用价值在于加固门框，并和门楣、门扇、门框一起产生整体的装饰效果。门枕石上既有高浮雕的蹲狮，又有浅浮雕纹样，多数为三面雕饰。所雕题材丰富多样，从花鸟鱼虫到珍禽瑞兽，从琴棋书画到飞马走骑，从三羊开泰到历史典故，手法细腻，栩栩如生。院中房屋的墀头更被工匠门精心的雕琢成各种立体装饰图案，窗户下半部分也多用装饰雕刻花纹的裙板进行装饰，这些房屋细部的精雕细琢将原本千篇一律的呆板民居打造的各具特色，精彩异常。

　　走进一处处深寂静谧的老宅，看着老宅中留守的老人，生命曾经的鲜活感觉离他们已经很远很远，更多的感觉是岁月洗礼过后的温和的平静与怡然，尽管外面世界的触角已经侵入到每个村落，但这里的居民基本还保持着"日出而作，日落而息"的生活方式，与世无争、知足常乐的田园生活，就这样在这里延续了一代又一代。祥和，宽容，知足，才是生活的真正要义，也正因为如此，他们才那么执著地守望古村。

襄垣昭泽王考纪

长治市襄垣县文物局　　杨建德

　　在山西省东南部，太行山西麓，上党盆地之北，有一古城因战国赵襄子所筑，故名襄垣。在襄垣城乡及周边各县，建有不少具有浓厚地方特色的古建筑——昭泽王庙（俗称龙王庙）。这些古建筑，虽经历数百年沧桑，但多数完整的保留了下来，不能不说这是一个历史的奇迹。据第三次全国文物普查及 2006 年山西省古建筑保护研究所对《长治市古建筑普查早期木结构古建筑调查阶段性小结》资料显示，长治市各县区现存古建筑"昭泽王庙"约 200 余处，襄垣境内约 50 余处。更值得一提的是在襄垣境内，不出十里就有一座"昭泽王庙"，这些现象的存在让调查者感到十分意外与震撼。昭泽王是谁？有何丰功伟业，能受到历代朝廷的敕封，备受广大民众崇拜并筑庙祀之？

据襄垣昭泽王庙现存明万历三十五年重建碑记、中华民国十七年《襄垣县志》等记载：唐昭泽王姓焦，名方，世居襄垣，唐懿宗咸通九年（868年）七月五日，诞生于韩州长乐乡九师村（今襄垣北底一带），年十三岁（880年），观天文地理，景象之书无不通焉。昭宗景福二年（公元893年）复遇太乙真人授以神符，入龙洞修真遂坐化。自是以来祈雨辄应，无不如意，崇为古韩襄垣之龙神也。唐乾宁间（894～898年），县令苗珂立庙祀之，号"土地将军"，襄邑立祠自此始。墓在襄邑之南，曰"将军墓"，以后历代加封立庙祭祀。后唐清泰二年（953年）封"灵爵侯"，后晋天福四年（939）加封"显圣公"。宋崇宁二年（1103年），敕赐"灵济庙"为额，北宋大观四年（1110年），封"甘泽侯"，北宋宣和年（1119～1125年）封"昭泽公"。金（1115～1231年）晋爵为"王"，元世祖（1271～1294年）加封"海渎王"。明洪武（1368～1398年）封"海渎焦龙神"，清同治二年（1863年）封"灵感康惠昭泽王"，王墓在县城东南500米处，立有"灵感康惠昭泽王墓碑"，遗憾的是，现墓碑已失，墓冢封土也早已无存，取而代之的是现代的高楼住宅。

昭泽王虽距离我们遥远，但传说其有呼风唤雨、驱妖降魔、广施恩泽的本领，备受历代臣民的尊敬和敬仰。其后，民间传说也越来越多，如南神爷出世、小秃子斩旱龙、望儿蛟等。后来，昭泽王的故事很快传遍了山西、河北、河南，各地相继修葺了众多的"昭泽王庙"，供人们祈求甘霖，过上旱涝保收、吉庆有余、国泰民安的太平日子。

在襄垣境内，昭泽王庙遍及城乡，主要有襄垣昭泽王庙，又名龙洞庙，元代建筑风格，位于襄垣县城南街东侧，坐北朝南，据清乾隆四十七年《襄垣县志》载：该庙始建于唐乾宁元年（894年），各代屡有修葺，现仅存献殿和正殿。占地面积330.53平方米。庙内有大明万历三十五年记事碑及重修碑两通。

大殿前为万历时建抱厦，面阔五间，进深三椽，单檐卷棚顶，筒板瓦屋面。大殿，是供奉昭泽王的主殿，始建于唐乾宁元年（894年），现存为元代建筑风格。面阔五间，进深六椽，单檐悬山顶，梁架结构为前乳栿对后四椽栿，通椽用三柱，柱头斗拱五铺作双下昂，昂琴面式，明间要头昂形。其余各间要头蚂蚱式。柱础覆盆式，柱头上施兰额、普柏枋，兰额较薄，以上构件均保持当地元代建筑的特征。前椽拱眼壁为景泰蓝琉璃制作，图案为深浮雕山水人物故事，背面为山水花纹，形象生动，保存完整。1981年3月20日，襄垣县革命委员会公布为"县级文物保护单位"。2004年6月10日，山西省人民政府公布为"省级重点文物保护单位"。根据有关史料及山西省文物局古建专家推断，襄垣昭泽王庙应为所有寺庙的主庙。

其余寺庙有：全国重点文物保护单位"郭庄昭泽王庙"，创建于金大定二十七年（1187年）。市（县）级重点文物保护单位有"西营昭泽王庙"等三处及一般文物40余处。

综上所述，昭泽王世居襄垣，传奇故事甚多，不仅给后人留下了很多宝贵的精神财富，备受历代人民敬仰，而且遗留下的寺庙也为研究中国古建筑史及建筑艺术风格提供了重要的实物史料。

神圣的职责　光荣的使命

晋城市文物研究所　程　勇

夏去秋来，伴随着市"三普"办公室的一声号角，高平文物普查队全体队员精神抖擞地开赴长平大地实地开展境内的第三次全国文物普查工作。转眼之间，2008 已经过去，回顾 4 个月的工作，感触颇多，全体队员肩负着神圣的职责，为了胜利完成"三普"工作的光荣使命，大家集思广益、群策群力，全市的文化遗产调查登记工作取得了丰硕的成果。

工作伊始，全队就召开会议，使大家从社会主义文化大繁荣、大发展的角度，从提升国家文化软实力，从留住逝去的民族记忆的角度，高度认识"三普"工作的神圣性和重大意义。在实际工作中，全体队员克服交通不便、水土不服、语言不通等重重困难，跋涉高山、攀援山崖、往来荆棘，无不以积极乐观的态度面对。言至此刻，不禁让我回顾起"三普"工作中令人难忘的日子。

2008 年 9 月 25 日，我们驱车赶往神农镇满公山石窟，登山途中空气中还残留有夏日的燥热，早上 11 点从山脚下出发穿过长满杂草、荆棘的盘山小路到结束数据采集工作下山已经到了下午 1 点半左右，这时天上已经下起了毛毛细雨，难以继续在野外工作，大家才得以难得的"放松一回"。2008 年 10 月 22 日下午，听赵所长说章庄村有一块反映建国初期兴修水利设施的碑刻，主要记述了村民兴建章庄水库的原因及水库修建的经过，对于研究当地的水利发展史重大历史意义，全体队员顶着四五级的大风赶到章庄村西章庄水库南侧位置进行测量和摄像工作，次日就有两名年轻同志因为突然大风降温天气导致感冒，但他们并没有请求休息，在打针吃药后依然同其他队员一道参加当天的工作，有一股轻伤不下火线的锐气，他们的行为深深地打动了其他队员。久而久之，这种顽强的作风已经成为全队的重要精神支撑。2008 年 12 月 1 日，当日我们驱车行至紫峰山山腰，大家以饱满的热情、克服冬日工作的诸多不便，在崎岖的山路中穿行近半个小时，圆满地结束了紫峰山白马寺的摄像、测绘等数据采集工作任务下山集结准备乘车返回驻地之时，我们的面包车因为山路崎岖狭窄致使后轮腾空、难以掉头，全队的 6 名队员和 2 位向导同心同德，有的推车、有的顶千斤顶、有的搬车屁股，从 15 点 20 开始一直持续到快 17 点，才把车尾摆正，满天星斗之时大家才安然返回驻地，匆匆用过晚饭后，各自又在自己的岗位之上紧张工作，保证"三普"数据的准确、完整收录，为下一步的电脑绘图、录入工作打下坚实的基础。

由于此次"三普"工作制定了许多新标准和新要求，为了做好全市的"三普"工作，高平市文物管理中心的李德文主任特意安排了具有多年工作经验的古建筑研究所赵所长指导我们工作，以弥补年轻人对于不同时代古建筑基本特征上认识方面的不足，提高我们的识别和辨别能力。在工作上，赵所长擅长摄像、喜好碑刻，经常指导我们改进摄像、碑刻句读、绘制建筑图过程中存在的问题，他细致严谨的工作作风对全队队员形成了重要影响；在生活上，他为人随和，关心队员们的思想和生活，尽量为大家创造良好的工作条件，给年轻的"三普"队员树立了良好的榜样。

为了全面做好"三普"工作，我们对全队队员细化了分工，队长负责统筹协调，赵所长主要负责碑刻事宜，历史系的两名研究生负责建筑摄像和 GPS 测点、了解人文环境，CAD 制图人员负责绘制草图和电脑绘图，Photoshop 制图人员负责绘制地理位置图和 PDA 录入，并要求他们团结协作、互相配合。工作之余，大家经常交流工作经验，取长补短、互相学习、互相提携，经过近四个月的磨合，大部分人员都已经成为"三普"工作的多面手，每名队员都基本掌握了 GPS、PDA、CAD 等的基本使用功能，不仅工作起来得心应手，也学习到了许多新知识。自 2008 年 9 月 8 日进入"三普"工作实地电野调查调查阶段以来，全队人员跑遍了高平市 16 个乡镇中的 9 个，行政村 217 个，自然村 410 余个，共调查登记各类文化遗产数量 600 余处，已经形成完善数据资料的 280 处，电脑录入文本 528 处，完成，绘制草图 600 余张，相对地理位置图 320 张，CAD 制图 458 张。数字是空洞乏味的，但是它代表了全队人员辛勤的汗水和忘我的劳动。

作为文物大市，高平文物类型丰富，古建筑、古遗址、石窟寺、特色乡土建筑等皆有分布。为做实、做细"三普"工作，自投入工作以来，全队人员没有了星期天和节假日，积极抄录准备原有文物点、相关县志等线索资料，确保工作中不出现失漏。不管是 50 多岁的赵所长，还是刚初为人父李工，处于甜美爱情滋润中的年轻人，都尽量做到工作和生活的合理搭配，不给全队工作拖后腿，全队人员精益求精的工作作风，通力合作的团队精神和光荣的"三普"工作使命感着实令人钦佩。我们有理由相信，有这样的团队，我们一定会给"三普"事业交上一分优异的答卷。

过去的已经过去，作为一名年轻的文物工作者，经过"三普"工作的洗礼，我对文物工作的重大意义和特殊性质有了进一步的认识。文化是一个民族和国家的核心竞争力，我国是一个具有灿烂历史的国度，各种类型的文化遗产正是辉煌文明的写照。作为文化遗产保护工作的接班人，我将同全队人员一道用自己的聪明和才智全力完成高平市域内的"三普"工作，光荣完成自己的神圣使命。

敬业艰辛　殷殷深情
——记退休不退职的文物普查队员雷云贵

朔州市文物局　孙文俊

在朔州市全国第三次文物普查工作队中，有一位敬业守职、不畏艰辛的老人，他就是朔州市朔城区原文化局局长雷云贵同志。自野外文物普查开始以来，他以年逾73岁的高龄与年轻队员同吃、同住、同行，朝夕相处，一起工作。他不仅在实地文物普查中为我们把关，对文物的定性与大家一起探索，而且还同年轻人一起踏踏实实地做具体工作，退休不退职。他的那种富有激情的工作精神、科学严谨的工作作风，时时刻刻激励着我们大家，影响着普查中的每个人。

一　不畏艰辛的吃苦精神

雷云贵老人看似精神抖擞，实际上他却患有腰椎间盘突出、前列腺肥大、疝气等多种老年病。开始决定聘用他时，同他商量，问他身体行不行，他说："做别的工作，我的体力和应变能力都不行了，可是文物工作能激起我的工作情趣，使我产生工作动力，我看问题不大。"我们朔州市文物部门人员少，所以全队每个人都是个顶个，有的是一人顶两人用。近一个半月以来，每天都是早冒风寒，午顶骄阳，不是走田野、穿河沟，就是爬山坡、攀陡崖。年轻人走到那，他也走到那，背着工具兜，手拿长柄斧，像个拾荒老人一样不停地转悠，寻找着文物遗迹与遗物。有时找来找去找不到，他就到田间地头、农户家中找当地老乡询问，有的老乡说："远看我还以为你是盗墓的，近看又像是寻宝的，原来你是个考古的。"他到处宣传文物普查的重要性，三言两语就能激起农民的热情，有的农民自愿放下田间劳动，带领我们去找寻文物点。踏查遗迹是一项细致的工作，他每到一处，总能以职业性的敏锐眼光，采集到典型的遗物。我们采集的两件有铭文的陶器残件都是他捡到的，一件是上书汉隶"燕侯"字样的陶器柄，一件是戳印汉隶"大吉"的陶罐内底。晚上回到驻地，一吃完饭，他和年轻人一样，加班要干到深夜。每天早上不到六点，他就早早起来赶写简介说明。有的人问他："年龄这么大了，累不累？"他说："乐此不疲，乐而忘苦。我们的工作是艰苦的，但每一个发现却是令人振奋的。"

二　踏踏实实的工作作风

他对文物普查工作富有一种愉悦的激情。他说，没有文物普查，就不会有新发现的文物，千里马没有伯乐会埋没，文物没有普查，也要埋没，甚至遭到破坏，我们找到一处文物遗迹，就是发给这一处文物遗迹的护身符。普查队走到那，他就带头把文物保护的宣传工作做到那。有的群众看到他捡的那些碎陶片、破砖瓦不理解地问："这有啥用？"他说："考证历史，探索文明。一个陶片就是我们古人的一段历史，一种文化。"

有时天气恶劣或要爬高山，考虑到他年老，就让他留在室内编写资料，他执著地要跟大家去。他说："没有充足的实地踏实资料，文字资料是无法编写的。"队里给他分的工作是鉴定，编写简介说明。可是在实际工作中，他总是和大家一起一项一项地进行，从实地找文物点，察看、测绘、认定、登记和寻找遗迹遗物标本等，他和大家总是一起进行。早晚室内工作，他先洗刷捡回的文物标本，编写登记入袋，然后查阅文献资料，进行断代定性，最后再一处一处编写简介说明。夜深了，大家劝他休息，他说："每天室外踏查资料，必须处理完，积累多了，就容易混淆弄错。"

室外普查工作，不仅是艰辛，而且还枯燥，有时在长途中感到乏味时，他除和年轻人一起唱歌、讲故事外，还讲述他一生中从事文物工作的有趣经历或故事，虽是一种闲情逸致，从中也可透知他对文物工作的情趣。

三　探索求证的工作态度

多年来的文物工作，使他养成了一种务实求真的工作态度。在这段文物普查工作中，他那种探索求证的务实工作态度，不仅令人钦佩，而且也影响着年轻人的工作作风。

这次文物普查，我们在右玉县右卫镇右玉城西北发现了一处汉代古城遗址。右玉县文物管理所的工作人员都说是善无古城遗址。省里来的专家说，没有充分的依据，先不要写善无古城遗址，只写右卫镇古城遗址就行了。他说："汉代雁门郡十四县有十个县有了着落，善无县是郡治，很重要，至今没'户籍'。我们应该寻找多方面的资料来考证。"有的队员说，这太难了，我们的工作任务重，时间紧，就定成古城遗址算了，他执意要寻找多方面的资料。在中秋节休息的几天时间，他回家查了文献资料后，又到实地。第二次踏查，从地貌衍变和周围环境分析，终于探索到是善无古城遗址的充分依据。他认为，要定为汉善无县古城，不能仅说史书记载，必须是有据可查的、可信的文献资料。最后，他在《水经注疏》中终于找到了"树颓水，今沧头回……又西北流，往善无县故城西"的记载。在《十三州志》中找到"善无县南七十五里有中陵县"的记载。依照今已认定的汉中陵古城遗址与沧头河同右卫镇城的位置推断，认定汉善无古城遗址，当是无疑，但他认为条件还是不充分。最后他又综合分析，从遗址四周有大量汉墓、雁门郡十四县的分布，以及汉县制设置的条件等几方面考证，才予以认定。

大家在遗址拣回实物标本时，他总要一件一件地从中再拣选。他说，一个遗址，应该有时代的主体，在暴露出的大量汉代遗物中，也可能存在有明清时期的遗物，如构不成文化层，只是少量的，只是汉代遗址，不能说是明清遗址同汉代遗址的重叠。这既是他探索求证的认真工作态度，又是他多年文物工作的一种锐识。

我们在右玉县境除发现有星罗棋布的土堡、烽火台外，还发现有类似烽火台的土墩。当地群众口碑相传说是消息台，有的说是防汛台。在新《右玉县志·军事》中记载有二十三处防汛铺。起初，有的人还以为是防洪水的报汛台，他认为不准，带着这一问题，他又从多方面查阅资料，终于找到依据。防汛台是防汛铺的设置，清朝时期，右玉县杀虎口是我国北方南北商贾通衢，当时盗贼充斥，道不可行，为通道安民，故设防汛铺，日夜巡视，一旦有警，即以防汛台报讯。

不论对每一处新发现的，还是复查的文物点，他总是带领大家充分采集资料，认真进行探索考证。他这种探索求证的工作态度，为全队文物普查科学有序的进行，奠定了一个良好的基础。

敬业的老人、执著的老人、热情的老人、快乐的老人，他以自己的实际行动谱写着一曲老文物工作者对文物事业的奉献者之歌。

"老骥"不伏枥　"三普"再奋蹄

怀仁县文管所　张永涛

塞外隆冬，天寒地冻，"三普"工作开始后，安老拖着病残的身体又出发了。

安老姓安名孝文，是我的前任，是我们文物管理所人人敬重的长辈。他从北大考古系进修结业后，就再也没有离开挚爱的文物工作，多年来尽心竭力、尽职尽责，在极其困难的条件下，修复了坐落在海拔1600余米高的清凉山上的华严寺砖塔，主持发掘了北魏丹阳王墓，并多方努力筹集资金，按照修旧如旧的原则，成功地修复了平城一带少见的北魏大型墓葬，使两处县保单位升格为省保单位。2003年，单位和他个人都受到省委宣传部、省文物局的表彰。

年逾花甲的他经受了两次手术。第一次切除了左肾，时隔两年后的2006年又切除了膀胱，身体受到了极大的损伤。但他仍割舍不下他半生所从事的文物工作。术后不到四个月便咬着牙开始整理以前的工作笔记、文字资料，忍着剧痛赶在老城拆迁改造之前，抢拍资料片、搜集历史传闻。从文物工作角度出发，编写了3本《怀仁古韵》，介绍怀仁县的文物古迹、石刻、老街巷的起始缘由。最近，专门介绍怀仁明、清两代砖雕工艺的《怀仁古韵》第四册也已完成文字撰写和图片归类。

"三普"工作开始后，为了照顾他病残的身体，原本打算原来熟悉的文物点他就不要下乡，在家填写登记表即可。但他说，想高质量地完成此项工作，就必需按照表格要求一一再过目，不敢闭门造车，坚持每点必去，而且根据他多年掌握的信息，提出好多有价值的新思路；又说，"三普"工作虽然繁杂量大，但这也是一个难得的机遇，借此可使全县的文物资料建档工作再上一个新台阶，还可促进提高单位职工的工作能力，一定要把握好这个机会。就是这种对工作的执著的态度、敬业的精神支撑着他的身体，坚持下乡复查踩点，他笑着对年轻人说，我比你们费裤带，需要三条；我把暖壶胆吊在身外了，所以不耐冷。原来他说的三条裤带一条是绗裤子用、一条是控制术后并发的疝气不下用、一条是固定人造尿路底盘用；暖壶胆就是指原本的膀胱成了体外的尿袋。真难以想象他是怎样的为了"三普"而克服忍受这痛苦与不方便。

他很讲工作原则，帮助我工作，但不讲过头话，工作很累，尤其是文字工作费脑子又要下乡调查，不提任何要求，帮助指导年轻人工作，按普通职工行事。普查工作的信息资料、旧点的复查、新点的发现，他都一一了然于胸。

"三普"工作还未正式开始之前，有一次去金沙滩汉墓群检查工作发现了一处抗日工事遗址，他立即意识到这是一个文物点，不顾吃午饭，立马催着保护员找老年人采访，作了详细的记录，之后才去吃饭，他就是这样心里经常想着文物工作。家里的老伴和孩子们都不愿意让他下乡再劳累，下乡活动量大，除了药品护理花钱多不说，创口发炎上火人受罪。但他说，癌还不怕这点小累小痛怕什么、这工作就能忘了病，就是一个疗养静心的好偏方。

"三普"工作开始后一天都不缺，每天都能看到他那辛劳而坚毅的身影。

寻觅历史的足迹

——有感于榆次区"三普"工作

晋中市榆次区文物旅游局 闫 震

盛世谱华章，和谐铸"三普"。当历史的车轮奔向2008之际，这一年我们翻开了新中国文化遗产保护事业崭新的一页。按照国务院 2007 年 4 月《关于在全国开展第三次文物普查的通知》要求，在山西省文物局和晋中市文物局的周密部署下，作为晋中市政府所在地，晋中政治、经济、文化中心之所的榆次区于 2008 年 9 月 1 日正式启动"三普"工作。

我作为文物战线的一名老兵，有幸参与到"三普"工作中来，并担任普查队队长，备感欣慰与自豪的同时也深深地感觉到自己身上承担的责任之重。这次"三普"工作质量的好与坏，能否发现更多的历史遗物（迹），能否为构建和谐社会，增强本地区文化软实力，打造"现代晋商中心区"而贡献文物战士的一份力量，成为我思考的重点。榆次历史上文物古迹众多，名人乡贤云集，近现代工业遗产出众，应当有更多的新发现，但现有的 130 处文保单位中仅有两处国保、一处省保、三处市保，其余为区（县）保单位，无论从总量上还是国保数量上都与其所处的地位不相适应。因此在"三普"开始筹备阶段我便暗下决心，一定要领导队员，在各级领导专家的支持指导下，争取将榆次区更多文物古迹展示在世人的面前。抱着这样的希望和决心，我们开始了"三普"工作……

设备仪器，年初即已到位；人员选拔，所内五名业务较强，素质较高，身体强健，勇于奉献的同志承担此项工作。其中有两名副所长，一名办公室主任。我们先定计划、出方案、拍路线，确定了"由简到繁、由城到乡、由近及远、先易后难"的工作思路，确立了普查队、乡镇、办事处及民间知情人三重机构组成的普查班子，建立起"三普"工作三步走的方式，即先由所内一名有工作经验、能吃苦、肯挑重担、掌握文物线索较多的同志先期走村串户，了解摸排文物线索，记录在册并拍好照片供大部队进入普查现场时参考安排，然后由普查队进入正式普查，随后由专门的信息员总结上报信息。通过实践证明，我们的这种方式非常实用、有效、快捷。同时，在各乡镇领导及文化站同志们的配合下，我们的"三普"工作更是如鱼得水。当我们向当地百姓了解假文物历史时，他们津津乐道，争相相告；当我们向当地领导寻求帮助时，他们不假思索，全力配合；当我们向群众征询线索时，他们争先恐后，热情带路……正是有了这些熟知当地历史热衷于文物保护事业，具有无私奉献精神的众多的好心人士的帮助与支持，我们的"三普"工作才能够顺利进行，少走弯路，多有发现。他们那质朴、认真、不辞辛劳的精神，深深地打动着我们每个"三普"队员的心，队员也暗下决心，一定要用我们辛勤的双手，智慧的双眼，不止的脚步，去探寻那更多的不为人知的历史古迹，让它们重新回归我们的视线，重新散发那历久弥新的清香，重新唤起我们对历史文化遗产的关爱。

在我们的眼中，文物是孩童，需要我们亲切的关爱与呵护；文物是老者，更需要我们持之以恒、一如既往的照顾与保护。正是怀着这样的心情与感觉，我同我们的队员一道早出晚归，迎着朝霞出发，踏着结实的脚步，怀着兴奋与憧憬的心情开始一天的寻古探索。我们一路相互鼓励、相互关怀、相互照顾，入农户、下田野、攀高山、钻密林、趟河流、爬峡谷；访老者、寻遗迹、问历史、觅往事、进学校、到工厂……我们测量、记录、绘图、登记、录入，随着时间的推移，我们的成果也不断的丰满起来；当我们踏着夕阳的余晖，背着一天沉甸甸的收获，收队回营之时，我们的身体虽然略显疲倦，但我们每个人的脸上绽放的却是那迷人的笑容，心里充满的是收获的喜悦，期盼的是更多的发现……

短短几个月的时间，我们这支队伍更团结了，战斗力更强了，而我们的普查成果也更加丰满了。从一开始的庙宇、城墙遗址到古文化遗址、古寨、古堡、古井、古村落、古墓群再到近现代工业遗产、金融商贸建筑、名人旧居、商业街区、六七十年代的戏台、水渠、革命烈士遗迹等可谓五花八门，种类齐全。我深深地感到我们祖先的伟大，更感到我们在当代社会中，在中国共产党的领导下，在科学发展观的指引下，我们的祖国所发生的巨大变化，我们应当为我们的祖先创造的灿烂文化而自豪，更应当为我们当今社会所发生的伟大变革及幸福生活而欢欣鼓舞。历史文化遗产是前人创造的，我们有责任将他们保护好，发扬光大，传之于后世。在我们的生命里，历史文化遗产是我们的骄傲，是我们生生不息为之奋斗的光荣与梦想，是我们构建和谐社会，增强文化软实力的重要源泉与保障。我们当为之欢呼，为之雀跃，为之奋斗不息。

寻佛记

晋中市榆次区文物管理所　　杨　健

早就听说庆城林场场深处有一尊古佛像，据说还挺大，可是我们谁也没有见过，这次"三普"到长凝镇，我们一定要找到这尊神秘的大佛。

我们下定了决心，事先做好了充分的准备，就向庆城出发了。

首先我们来到庆城林场场站联系，向林场的同志说明来意，对方却不同意我们去找大佛。原因是山高林密，道路多年无人行走，大佛地处僻远，很可能找不见，更何况山里通讯皆无，万一发生意外，救援也不方便。总而言之一句话："你们找不见！"

从林场出来，我们商量了一下，意见统一：我们非找到大佛不可。那么多无迹可寻的文化遗存我们都找得到，那么大的大佛我们就找不到？不相信！到离林场最近的王寨村再问问。

沿着盘山路走了有半个多小时，我们到了王寨村。王寨村远离其他村镇，地处林场入口，位于半山腰上，平和静谧，几乎看不见人，只有院里堆放整齐的金黄的玉米垛，站在院墙上趾高气扬的红公鸡和偶尔传来几声犬吠。可惜的是，向导出门干活了，不在家。正好碰到一个年轻人，说起他小时候生病，曾跟随大人去佛前求过药，那条路真不好走，日远年深他也找不到了。郁闷！我们又访问了一个老人，他告诉我们说："我也多年没去了，不过，你们顺着大路走，记得左拐、左拐、再右拐就去了。"

就这么简单，真让人难以置信，但愿如此。

拜别了老人，我们就正式向林场进发了。顺着盘山路一直向前开，两边的林木渐行渐深，我们在树下穿行。虽已深冬，树叶凋谢殆尽，但枝条繁密，阳光零星地投射下来。路旁灌木丛生，横生侧倒，把我们的老爷车老昌河两边刮得唰拉唰拉直响，心疼也顾不得了。这路也不知是几时修的，宽仅容车，土石漫路，困顿坎坷，坡陡路滑，再加上连弯带拐，我们一路颠簸。这都是小意思，就怕我们的老爷车万一不堪驰驱，趴了窝可怎么办？

"这里山深林密，无人来往，通讯又不灵，要是我们回不去，领导的血压还不得升到一百八！"我们一边走着一边开着玩笑。

"左拐、左拐，再右拐"，开车的小周咕哝着。问题是这岔道太多了，每路经一个谷口，总有小路蜿蜒到山后边去了，我们边走边判断，边判断边走，又一个大叉口，老安和老王下了车，又去实地考察，转了半晌回来说："什么也看不见，估计不是这条路。"好，我们向高处继续进发。路更难走了，本来就是草草铺成的土路，经过雨水冲刷，路面下的大石头都像瘦马的背一样支棱出来，小周笑称他开了这铁轨路，都可以去开火车了。

车一直开到了一个高高的梁上，还是看不到大佛的踪影。我们四五个人离开车，到处去寻觅，希望能看到一点人类建筑的痕迹，结果真令人失望。除了这条路，还是这条路。难道我们走错了？每个人心里都在反思着，也许是刚才那条向右的岔路才对？大家一合计，既然这条路看上去不像，那么我们就回去再深入地走走那条路看看。虽然嘴上这么说，可我心里已经肯定了大佛一定在那条路上，只要我们转过那座山，我们一定会看见大佛站在高坡上迎接我们呢。

又经过半个多小时的颠簸，我们从山上下来，回到岔道口。当时已经11点半了。开饭！我们拿出随身带来的干粮，取出水壶，席地而坐，大嚼着，痛饮着，愉快的情绪弥漫在我们的周围，阳光也显得特别灿烂。

前面的路车是不能开了，我们背上工作包，拿上需要的各种工具，一声令下，列队徒步向前进发。这条路也不知有多久都没人来过了，厚厚的落叶在脚下倏倏作响，残枝断梗零落一地，时不时逼得人绕路而行。向上望，高大的乔木遮天蔽日，看不见山顶，向下望，密密的乔灌木从谷底直长上来，与人比肩，眼前只有唯一的一条路，而这条路在转过了好几个山角后也终于在一片果园里画上了句号。我们不死心地四处踏察，到处寻找，怀着最后一线期冀希望有所发现，然而天不从人愿。我们只好踏上归程，一路上无人言语，失落感捆绑住了我们的心、我们的嘴。

当我们返回王寨村的时候，恰巧我们找的向导回家吃饭了。一见我们无功而返，二话不说，就亲自带领我们去寻大佛。又是一路坎坷，我们来到了最初到的那个高高梁上，就在一片荒草芜生的地方，藏着一条久远的小路。天哪！它藏得如此隐秘，难怪我们无迹可寻，临门而返。下了车，背上工具包，我们徒步沿坡而上。顶着海拔1700米处的清寒，迎着凛凛的北风，踏着层层叠叠的夹杂着残雪的落叶，感受着密林深处幽幽的神秘，倾听着向导淳朴有趣的聊天，穿过一片片灌木和小片的丛林，时而能看见小松鼠在林间跳动，时而又听见小鸟在欢快地啼鸣。一直在爬山，却让人忘记了一切的疲惫和劳累。

忽然，当向导的老大爷指着前面不远的地方说："看，那就是了！"喜悦从心底升起，顷刻流遍全身，我们大步向前走去。先看见一两处坍塌的石窟，紧接着就是密压压的荆棘丛，我们拨开枝条，小心翼翼地从底下钻过去，嚯，大佛就在眼前，终于找到大佛了！

大佛为砂石石质，整体圆雕，坐北向南，结跏跌坐于佛台之上，双手相托。像座宽4米，土没至腿，残高4.4米，厚1.6米，因大佛露天而坐，年久日深，风侵雨蚀，风化剥落，加之人为破坏，大佛受损严重。佛头虽在，唇鼻皆残，眼珠被盗，令人扼腕痛心。据其特征来看，头型长方，颈部较长，体态健壮匀称。头上螺发浅小，身穿通肩袈裟，衣纹简洁平浅，粗略判断有隋代造像风格。佛前有碑一通，光线阴暗，不易辨识，仅知为宣统重修碑。

佛之东西各有配殿一座，虽已垮塌，基址犹存。西配殿中间有莲花台，主佛倒于台下，两侧各有石像五尊，为帝王服饰，头部俱失。疑为地藏王菩萨及十大阴王，造像时代应较晚。东配殿造像存十八尊，头部俱失，墙土掩埋至肩，仅能看出有的右衽衣襟，有的甲衣在身。唯有一侍者像倒在殿中，手捧经帛状，像身半残。造像时代不明，应同于西配殿。另有南门基址一座。

真是太奇怪了，不是吗？通常我们见的大佛都是依山而建，面向开阔，慈眉善目，俯视众生。而庆城林场大佛沟的大佛却背对危崖，面壁而坐。说是面壁而坐，又不是真的面贴石壁，前面还有东西配殿、南山门，确切地说，应该是山门几乎贴住石壁，仅仅几米远，这不是太让人费解了吗？谜题还不仅于此，是谁出资在这密林深处、高山之巅修造了大佛？是在什么哪朝哪代，基于什么目的修建的呢？又是哪些工匠历经数月乃至数年寂寞造此佛像？答案等我们去探寻。

我们上下观摩造像，四处寻找可能有的题记，周靖GPS定点、我在绘图、鲁哥在拍照、保平在描述，老安对外围尽可能地踏访。大家自然而然地默契地各干各的，顾不上交流彼此的观感，也顾不上表达自己的喜悦和惊叹，时间流逝的却是那么快，光线越来越暗，太阳已经落到山后了。当向导的大爷一再催促着我们，"天黑了，早点回吧，山里有豹子，太晚了，我们路可不好走！"

我们依依不舍踏上归途，心中澎湃着激动和满足，有一种欢宴归来微醉的飘飘然的欢娱。事情过去已经有一段日子了，可那天的情景还历历在目，让人难以忘怀。

普查日记节录

晋中市文物局　杨羡平

2008 年 5 月 19 日

　　前天开会，市"三普"办主任李文艺在会上又反复强调，4 位队长必须在 20 号之前把普查队带到一线，启动野外调查。我是队长之一，把单位的事情安排好，今天上午带着另外两个县的队员正式来到昔阳县。

　　一进门真是太意外了，没想到县"三普"办给我们创造了这么好的条件：一套 140 多平方米的装修不久的新房子，床上被褥簇新，厨房崭新的灶具一应俱全，若大的卫生间还装了电淋雨器。我们在房间里转了一圈："新房、新床，就差新郎了。"我的话把大家逗乐了！

　　下午，与全体队员讨论，制定普查计划。晚饭后，大家开始翻阅昔阳文管所所长史永红已准备好的、相关文物普查的资料。现在已经晚上 11 点多了，休息！

2008 年 5 月 23 日

　　预报今天有雨，早饭后看上去不会下，我们就出发了。半路上却下大了，就近去了川口离相寺。离相寺是市保，以前川口村叫莲花村，离相寺叫莲花寺，多好听的名字。因村前两河交汇，便更名川口村了。寺内正殿前有一对残存金幢，风化严重，字迹漫漶，但仔细辨认发现有"金大定"纪年。我们当即决定打着伞做拓片。永红刚贴上纸，利军就开始敲沙包拓碑，我打伞。雨越下越大，翟老师把根本还来不及干的拓片抱在怀里就往大殿跑，铺在地上后大家乐成了一片。我们全湿透了，可是不知道为什么，每天的工作都给我们带来无比快乐！

2008 年 5 月 27 日

　　地点：大寨。

　　一进村，沿街商铺林立，从大寨人悠闲的生活面貌可以看出，他们是陈永贵、宋立英、贾进才那一辈人战天斗地、创造新生活的受益人。

1963 年大寨遭受特大洪灾，房屋、庄稼全部被冲毁。从县城开会回来的村支书陈永贵，看着站在村口等他的全村老小，遂召集村干部商讨办法。此后，陈永贵带着大寨人建房屋、修梯田、筑堤坝……谱写了一曲曲自力更生，艰苦奋斗的光辉篇章。党中央、毛主席提倡"农业学大寨"。20 世纪 70 年代前后，大寨曾是全国人民学习的榜样，周总理等国家领导人多次亲临大寨指导。所以，大寨人在特定的历史时期所创造的特殊成果，已成为 20 世纪的重要文化遗产。"相对于那些让人肃然起敬的古代遗存，20 世纪文化遗产最容易被人们所忽视，其流失速度也快得惊人"，国家文物局局长单霁翔说。

我们按照"以调查、登录新发现的不可移动文物为重点"的精神，对大寨进行了全面调查，登陆了新发现：人民公社大院、陈永贵故居、大寨民居、名人遗踪馆、大寨礼堂、团结沟渡槽、军民渠支农池等。今天已是在大寨工作的第四天，立面图也基本搞完了。

2008 年 5 月 29 日

省专家组下来检查，看了我们已经做好的文本后，指出了填写文本中存在的许多问题。下午专家走后，我们把专家指出的不足逐条对照检查，集中讨论，分头更正。发现这十天早起晚睡，天天加班，反复斟酌，下了很多功夫的工作的确还存在很多问题。看来，工作的质量是不能用时间和功夫来衡量的。

2008 年 6 月 14 日

永红背着相机、抱着采集的陶罐残件，利军拎着捡到的残砖，翟老师还低着头寻找，我和艳青把工具装进车里后大叫，好不容易才把他们三个从玉米地里呼叫出来。外界的人根本无法理解，搞文物的人见到残砖破瓦就像着了魔一样，反来倒去的看个没完，还爱不释手。已过中午了，谁都没想起肚子饿，反而被工作的收获兴奋着，坐在车里还兴致勃勃的。

2008 年 7 月 3 日

今天做了四处：南庄遗址、西庄遗址、东山县故城遗址，顺便捎做了库城戏台。

最大的"敌人"是南庄遗址，上午可能没找对地方，下午接着找。我们五个人兵分三路，爬上爬下只捡到三片陶片。昨天刚下过雨，地里很泥，鞋已经不成样子，裤子也湿了半截。傍晚回来的路上，大家已经累得一句话也不想说了，如果南庄遗址有收获的话肯定不是这样的气氛。

2008 年 7 月 29 日

昨晚牙疼，半夜起来又吃了一次药，早上起床后一点精神也没有，永红给我带来了治牙疼的药。上午找冷铺地遗址，翻过一道沟、爬上对面山坡时，好像要窒息了。这几天实在太累了，翻山越岭，爬坡穿地的，头顶上毫无遮挡，大汗淋漓喝不上水。不在野外实在难以想象外面会热到什么程度。坐进车里，后排座四个人挤在一块，皮肤和皮肤接触一下，仿佛火烤一样，心里不由得就会烦躁。晚饭没吃，牙床肿得更厉害了。

2008 年 8 月 15 日

今天去水磨头调查，简直就是暴晒了一天。车开不进去，步行到村里就用了一个多小时。女人是最爱美的，我和艳青现在什么也不讲究了，脸晒得黑黑的，每天穿工作服，像卖烤红薯的大嫂。

傍晚回到住所，饭还没做好，永红歪在沙发上已经睡着了。

2008 年 8 月 29 日

昔阳沾岭山最高峰有座西老庙，海拔 1700 多米。想爬上西老庙就得穿过灌木丛。沾岭山地势高、气温低，炎热的夏天，却感觉冷得发抖。我们找到村支书带路上山，进了灌木丛根本直不起腰来，只能爬行。爬到半山上发现没路了，村支书拿着镰刀凭经验才重新辟出一条路来。汗水、露水、泥水交织在一起，湿透了衣服。永红、利军穿得都是浅色衬衫、半袖，胳膊上一道道血痕看得很清楚，衣服上满是绿色植物划下的痕迹。爬上山顶豁然开朗，寺庙虽然坍塌严重，但是石碑很多，大家高兴极了。拓碑的、拍照的、画图的、测点的，爬山的辛苦一扫而光。

下山后下午两点多了，这里方圆几十里只有一个住着两户人家的小掌村。我们上山的时候，听到村支书和一位大妈随便打了声招呼，下来的时候，大妈拦住我们，说什么也要请我们吃饭。热腾腾的面条真是雪中送炭。身上的汗落了，有点凉，心里暖暖的，能说什么呢，我好想给大妈留点什么，可谁身上也没带钱。即使真带了钱，我们的钱又有多重的分量？

2008 年 9 月 6 日

昨天采集了七处新发现信息，今天计划在室内整理，渠局长来了（他兼任市"三普"

办副主任），我们就一起去了社稷庙、民安遗址。渠局长每次下来都会和我们一起进行一两处实地调查，下午回来他又给我们讲了怎样绘制遗址平面图。经他一指点，电脑上绘出的遗址平面也规范了！

2008 年 9 月 17 日

在昔阳县普查工作已进行了 4 个月，无论走到哪里，都会得到了广大干部群众的积极支持。期间，西寨乡乡长和人大主任曾亲自为我们带过路，深入几个村协调关系、介绍情况；孔氏村支书也曾主动担任普查向导，顶炎炎烈日随我们到田间地头寻找古墓葬；南界都乡 70 多岁的老支书因年长，被谢绝陪同进深山调查后，硬是准备了可口饭菜，在村口等着我们归来共进晚餐；南界都小学教师也曾无私地把他业余时间摘抄的所有碑文资料无条件提供给我们；今天皋落乡的村民第二次自发组织群众再次陪同我们进山探寻文物古迹。

昔阳人民淳朴善良、热情好客，尊重文化，对第三次全国文物普查工作给予了大力支持和帮助，我们常常被感动着，这点点滴滴都留在我们普查队员的心里。

为了人类的梦想与未来

晋中市文物局　　杨美平

晋中市昔阳县"三普"队，有一位年逾六旬的特殊队员，他博学、沉默、温和，曾参加过第二次全国文物普查，默默无闻在文物工作岗位上奉献了二十几个春秋，他——就是前昔阳县文物管理所所长翟盛荣。

老翟曾在县文化馆从事文艺宣传工作，农业学大寨期间，走村串户、深入基层，对农村情况十分了解。20 世纪 80 年代初转行搞文物，更是山野沟壑无所不至，县境内四百多个自然村没有他没去过的。"世上无难事，只怕有心人"，长期的基层工作，他脑子里装了一幅自然的地形、地貌图，对文物分布状况更是了如指掌。县文物局局长翟贵军深知他的特点，将他返聘，专门参加第三次文物普查。此前，正巧有单位聘请他，而且待遇不菲，但老翟深爱自己投身二十余年的文物事业，离职后仍在钻研着，他欣然来到"三普"队，近半年时间，与普查队生活在一起，工作在一起。

这位 63 岁的老文物，甘于清贫，乐于进取，知情人说他：能"吃人所不能吃之苦，忍人所不能忍之事"。他长期奔波在野外搞文物宣传、调查、研究，写出了四万余字的文物调查报告，绘制了很多古建筑平、立面图，将照片整理分类；还完成了《中国文物地图集》、《山西文物全书通俗篇》晋中部分；先后在《史前研究》、《辽金史论集》、《中国青铜器全集》、《山西旧石器时代考古研究》等刊物上发表文章。这次文物普查，老翟将自己多年的积累无条件地全部拿出来。

以他的年龄和资历，完全可以坐镇指挥，没有必要每天跑野外，但在普查队里翟盛荣永远都是"先行军"。乡下很多人都是他的朋友，老翟一出面，干部群众纷纷来协助文物调查，常常会有三五成群的人来给普查队做向导。进山的次数很多，普查队的轿车不适宜走山路，老百姓主动开来他们的大卡车、崭新的面包车送队员进山、给队员带路。他们买水果、带干粮、拉架板，只要工作需要，老百姓就挺身而出。队员们深深赞叹老翟的人格魅力。

翟盛荣对工作一丝不苟，精益求精，搞文物调查常常会听到很多传说，他坚持"以史为鉴"，反对引用没有确切记载和考证过的传说，有价值的碑文、题记休想从他眼前溜掉。这次普查他又整理石碑200余通，由于伏案时间太长，他的颈椎病复发，常常不得不停下来缓解片刻，但他没有叫过一声苦。经他整理出的文字资料，极大地充实了文物档案。

陡家庄半山腰过去有一处摩崖石刻，多方调查得知此前修公路开山炸石已将其破坏，老翟心有不甘，一个人钻进植被覆盖的岩石山中要爬上去看个究竟，太危险了！其他两个队员一前一后赶紧跟上他。另一个队员灵机一动，跑到一个隐蔽的地方大叫"老翟——找到了"。三个人兴冲冲从山上下来，老翟接受了这个善意的谎言，但他依然不舍地站在山下拿着望远镜张望。

翟盛荣"以学立身"、"学以致用"，以前无论做什么他总是先拿出样稿，由别人在电脑上为他完成。文物普查期间，看到队员们用CAD快速制图，他萌生了学习的念头，这个老队员之前连鼠标也没有碰过！由于普查队员每天工作量大、时间长，回到室内电脑空闲的时候很少，老翟得空就请教年轻队员电脑制图的常识，他利用早饭前的时间学习电脑制图。开始学得非常辛苦，一个星期之后竟然成功地绘出一份古建筑平面图，看到老翟乐得孩子般大笑时，所有人从心底里升出一种敬佩。十天后，他的立面图也跃然电脑桌面。

翟盛荣是个责任心很强的人，为了确保馆藏文物安全，他坚持值夜班20余年，退休后仍然继续坚持值班，这次文物普查，无论白天多累，晚上坚持回机关坚守文物阵地，被人们誉为是文物战线的"老黄牛"。他不怕吃苦，甘于奉献，为了不漏掉每一处新发现，比年轻人走的路还要多，在他的带动下，新发现数量是复查文物数量的1.3倍。"寻找的不仅是记忆，发现的不仅是历史，我们挥洒汗水，风雨兼程，为了人类的梦想与未来。"

大寨行——第三次全国文物普查散记

昔阳县文物管理所　史永红

2008 年 5 月 26 日，我们昔阳县文物普查小组一行前往大寨村进行文物普查。一早我们就驱车进入大寨村。

一到村口，就看到门楼上赫然书写着"大寨"两个字；"艰苦奋斗、自力更生"的"毛体"字分列两旁。使人不由想起那个特殊的时代。特别是两旁整齐的石窑洞上的瓦房，倚势而建，阶梯耸立，气势恢弘，蔚为壮观。它是大寨村的标志性建筑，是特定历史时期的产物，属一处珍贵的文化遗产。

我们一行来到村委会说明来意后，村长对我们的工作表示特别支持，派一名姓贾的村委委员协助调查。

沿村道，我们来到陈永贵故居：一处普通的农家小院，前后两院，两院之间有月亮门隔开，前院有北房四间，后院有西石窑两孔，临街大门一座。呈现出典型朴素的农家风格。前院南墙摆放着陈永贵生前使用过的实物，窑洞和北房内陈列着大量鲜为人知的珍贵照片。周恩来、邓小平、叶剑英、李先念等党和国家领导人及外国元首、国际友人都曾在这里做客。

陈永贵这位普通农民，由一个劳动模范走到了共和国副总理的位置，曾引起过多少人的评述，被后人称之为"扎白毛巾的副总理"。尽管众说纷纭，但历史毕竟不容更改，当人们走进这个院内，便能够感受到他作为一个普通的庄稼人的特质与风格，历史沉淀回归后，教育甚至警示意义在此凸显出来，我们便怅然感叹历史遗迹的功能！

随后我们来到隔壁老劳模宋立英家。她也正是英雄贾进才的妻子。贾进才，这位大寨第一任党支部书记，主动把位子让给了陈永贵。他是在"三战狼窝掌"立下了汗马功劳的人物，为开启大寨新的历史做了最大的贡献。

老宋招呼我们到家里坐，讲起了大寨人艰苦创业的历史。大寨在 1963 年遭灾不要国家救济，自力更生，艰苦奋斗，建起了一个新大寨，让世人称道，特别是改革开放以来，村里的变化一天一个样。想想过去，看看现在，人民的生活水平提高了，她风趣地说："这在过去，可是搞资本主义啊！"说到这里，大家都笑了。笑声浓缩了历史。

从宋立英家出来，老贾说："走，我再带你们去看一个地方。"沿着一道缓坡，行走片刻，来到一个旧大门前，大门顶部用钢筋铁皮制作的"大寨人民公社"六个大字映入眼帘；大门两侧柱子上用"毛体"写有"四海翻腾云水怒，五洲震荡风雷激"，柱子的侧壁上还用仿宋字书写的毛主席语录，看上去虽然陈旧，但留有明显的时代特征与烙印。再往北十几米是大寨礼堂，前厅入口为四根水泥圆柱支撑的两层楼式建筑，里面有大厅、舞台、后台组成。老贾介绍说，这里是大寨人过去搞文艺活动的场所，中国舞剧团和许多部队文艺团体及国家乒乓球队都曾在这里进行过演出和表演。在大寨礼堂的北面后墙是"名人遗踪馆"，这里是大寨接待站接待国家领导人和国外元首等贵宾休息的场所，馆内北排房是周恩来、叶剑英、李先念、邓小平到大寨休息的房间。东石窑是外国元首和文化名人参观访问大寨陈列室，还有三孔是江青两次到大寨居住的窑洞。这里陈列着许多珍贵的历史照片，后来搞旅游开发，供游客参观才命名为"名人遗踪馆"。这里珍藏的照片可以说是一个时代的缩影呀！

看完了村里，老贾带我们上虎头山。在通往山上的盘山路上，老贾指着山上郁郁葱葱的的树林说："这几年村里响应国家退耕还林的政策，山上的梯田有一部分都种上了树，狼窝掌、团结构、麻黄沟的梯田仍然保留着原貌。"

我们看到，在虎头山半山腰有个停车场，旁边有个水池，水池边有块牌子上写着"支农池"三个字。"支农池"建于1967年，是解放军和大寨人共建工程，故命名为"支农池"。沿着山路往上走，前面又出现两个水池，老贾说：这两个池叫"兄弟池"，是大寨与井沟村共建共用的水池，故命名为"兄弟池"。

在半山腰一个凌空飞驾的渡槽与对面山腰相连，气势雄伟。弓形的桥孔如巨人的臂膀紧拉双峰。老贾说这就是"团结沟渡槽"。老贾介绍说，你们看到的这些水利设施都是当年为灌溉虎头山上的梯田修建的，还有提水设备3套，地下喷灌滴灌管道1.5万米，各种控制闸阀450余个。

行走在虎头山上，大寨全景尽收眼底：那一片片树林、一条条石头垒砌的石坝、一条条盘山水渠，使人仿佛看到大寨人当年劳动热火朝天的场面。大寨人靠自力更生、艰苦奋斗的精神，把"地无三尺平，出门就爬坡"的旧大寨变成了一个欣欣向荣的新大寨……

在大寨，所见所闻，处处能领略到历史遗迹给我们带来的感慨与启迪，让我们在穿越历史时空中得到灵魂的熏陶洗礼与升华。大寨与共和国走过的路程同步，让我们体味到那个特殊年代一个山村创造的可歌可泣的非凡业绩与"大寨精神"曾经多么强力地鼓舞和激励了那一代中国农民！其蕴含的哲理与教育意义使我们振奋，更加感恩我们的国家与人民。

大寨村的文物普查工作结束，我们的收获是厚重的、双重的：大寨土地上多处文物遗迹记载、见证了大寨人不屈不挠、勇于奉献的经典创业史。这部创业史已熔铸为一种可贵的精神和文化，培育出的"大寨精神"必将继续得到传承。大寨村本身的人文、自然景观又与这文化遗迹交相辉映，折射着中华民族精神的光华。

前来大寨进行文物普查，不虚此行。为此我特写诗一首以示纪念：

轻风做伴大寨行，众多遗迹入眼中。

当年鏖战多壮志,大寨精神天下闻。

改革开放聚民意,承前启后绘新景。

多处景观集虎头,人文光华若祥云。

我很累但很快乐

太谷县文物管理所　李国蕊

从毕业到参加文物工作如今已整整 10 年。从对文物工作的一无所知到如今的胸有成竹,从开始的一脸茫然到如今的珍惜热爱,自己已深深地喜欢上了这份工作。

这 10 年,有幸参加了两次文物的普查工作,2002 年参加的是对馆藏文物的调查,对象是可移动文物,通过这项工作我对馆藏文物有了更全面、详尽、细致、深刻的了解。2008 年 5 月晋中市文物普查工作正式启动,这次工作的对象是不可移动文物。作为一名普查队员到祁县工作,我深感责任重大,怠慢不得。组长分工明确,我负责填写文本,工作中能做到"眼勤、手勤、嘴勤、腿勤",每到一个村庄就积极向村民宣传文物保护知识和文物普查的意义,并且张贴宣传画、散发宣传单,走访村里的老人和知情者,查县志、乡志、村志,搜集详细的资料,不放过任何一条线索,足迹遍及乡村、街道的各个角落。填写文本前打草稿,经与组长多次推敲,确定无误后再正式填写。我以高度负责的态度,尽心尽职地工作。工作之余,闲暇时间,向队友学习 CAD 制图,通过队友耐心的指导和自己的认真学习,从开始的 2 小时绘一张图,到如今的游刃有余,确实付出了许多。持续工作八九小时是司空见惯的,腰酸背痛也是习以为常的,在艰苦、繁重的工作中磨炼意志,增长才干。

和队友在一起工作的日子里有苦有乐。我们会为一处意外的发现而欢呼雀跃,会为濒临倒塌的古建而黯然神伤,有过一起被蜜蜂蛰过的尴尬,有过失足掉入河中,鞋子湿透的窘迫,有过挑灯夜战的辛苦,有过相扶相持的互助,有过一起倾听村民介绍古宅的往事,有过……

时间转瞬即逝,10 月份祁县普查工作已结束,当市局决定让我县自组成队时,我感觉肩上的担子更重了,但是义不容辞,这是领导对我的信任,只能做得更好,责无旁贷。由于时间紧,任务重,专业人员缺乏,我只能身兼数职,有了祁县的普查经验,尽量不走弯路,不走回头路。结合太谷的实际情况,配合领导制定详细的普查方案,本着由远及近,先山区后平川,由易到难,日清日结的工作原则,普查工作井然有序的进行。在完成自己分内工作的同时,帮助队员校对文本,筛选照片,搜集数据,整理资料等。

作为我县唯一一名女队员,工作中不怕艰险,和队员一起吃苦耐劳,跋山涉水。还记得在寻找范村南岭遗址的时候，向数位村民多方询问，村子周围没有这一地名，但队员们没有灰心，分头到范村西南的山脚下开始新一轮的寻找，我们一边仔细寻找陶片，一边向山顶攀爬，这时天色逐渐暗下来，组长嘱咐我注意安全，我鼓足勇气与队员一起向上攀登，功夫不负有心人，我们终于在山顶发现了陶片，大家的心情也随之轻松，但此时天色已黑，下山有了难度，靠着手机联系司机打开车灯后，我们才向着车灯方向寻找路径下山，如今回想起来历历在目，累着并快乐着。

一直怀着一颗炽热的心努力工作着。感激工作给我带来的一切，无论是风霜雪雨、酷暑严寒，无论是酸甜苦辣，它让我学会了坚强，学会了锲而不舍。感谢上级领导给了我一次又一次的学习机会，让我增长了知识和才干。感谢单位领导给了我参加"三普"的机会，让我在不懈的追求中，实现了做人的价值。感谢普查队员给予我帮助和支持，让我在工作中多了一份自信和快乐。感谢我的家人给了我理解和支持，给了我无微不至的呵护，让我可以全身心的投入工作。

这仅是我参加"三普"以来的一些经历和感受，是对自己的肯定，也是对自己的鞭策，希望在今后的工作中能做得更好，走得更远！

民间文化守护神——庞祥新

祁县新闻中心　　刘学斌　　高力刚

在国家历史文化名城山西祁县，有一个神奇而极富魅力的山沟——上庄沟。上庄沟有个名扬天下的小山村，叫上庄村，曾被称为"小北京"。这个古老朴质的小山村山连山、沟套沟，山势雄伟壮观。在松柏环山、绿意盎然的上庄村，金寨沟泉水清澈见底，水中鱼虾嬉戏，小蝌蚪也在欢快地游来游去。今天故事的主人翁，祁县电业局职工庞祥新就是这个美丽小山沟的儿子。已过不惑之年的他没别的爱好，就爱捣鼓文物古迹。古老村寨上庄村那青石铺就的街巷，飞檐挑角的门楼，以及由此衍生出来的一串串故事，还有老树下、古庙里、清泉旁、戏台前流淌的楚楚风情，都留下他追寻、探索的足迹。

庞祥新18岁当兵离乡，到现在已30多年了，可他的心却始终走不出那曲径通幽别有洞天的上庄沟。他热爱这里的山山水水、草木鱼虫、一砖一瓦。当那些曾经为上庄人带来尊贵与荣耀的高墙、门楼在岁月的漠然中一天天损毁坍塌，当那些曾经承载上庄人虔诚与信仰的精美石像、石碑零落在路边或成为踏脚石时，一种挥之不去的惋惜与忧伤袭上了他的心头。

随着晋商文化旅游的升温，一座座晋商老宅如乔家、王家、渠家等大院光华再现，令人惊叹不已时，庞祥新第一次清晰地意识到，面对有"小北京"美誉的上庄村特有的自然生态、人居环境、人文景观、风土人情，他要让世人共同分享这厚重的历史和繁华犹存的既古老又不失时代气息的上庄文化，他要别人知道，上庄那古朴雄伟的建筑群要比祁县的乔家、渠家还早100多年啊！他清楚上庄的价值并执著地坚信，上庄迟早一天会被世人关注。他悄悄地把那些散落村头田间的石碑捡回村里，还与第三次全国文物普查的同志们一起在上庄附近的深沟里发现了5000年前新石器时代的石斧、弓箭箭头，充分印证了这个村庄悠久的历史和灿烂的文化。

在去年的第三次文物普查中，庞祥新作为一名热爱文物的"发烧友"，与文物工作人员跋山涉水，历经艰辛，每天只啃几包方便面，可他不畏艰难险阻，更不怕吃苦。他们先后发现了石窟、彩绘、佛像、菩萨以及石棺、石碾等一批颇具价值的文物。在来远镇、峪口乡这两个最偏僻的山区，他们的足迹印证了这样一个道理——精诚所至、金石为开。有时，他们一天要爬30余公里陡峭的山路，有时一天也吃不上饭喝不上水。可为了文物的保护与开发，这点艰辛又算什么呢！从千年古松、五龙洞到古戏台、奶奶庙，从金寨沟泉水到洞顶山石窟，到处活跃着他的身影。有一次，几个品位不俗的收藏家以及嗅觉灵敏的搜宝者不约而同把目光投向了上庄村，好几辆摩托、汽车开进村，这些人四处游走、找寻，神不知鬼不觉间已从几个院落里撬走了屋檐下的木雕饰物，还揭去了房顶上的猫头滴水，幸亏庞祥新及时发现，从那些饥渴的"搜宝者"手中追回，不然又有多少珍贵文物从上庄村流失。除了丰富的遗物，"神泉与奇松"、"龙驹鸣乱太原府"、"田善友得天书"、"刘秀（东汉光武帝）与桑树"等不少美丽动人的民间传奇，让这个小村庄更增添了几分神秘的色彩。

我们应该感谢像庞祥新这样的民间文化"守护者"、"志愿者"。他以对民间文化、文物古迹的虔诚与挚爱，默默地奉献着。我们期待着庞先生的梦想早日实现，让上庄村特有的自然生态、人文景观带给世人以新的体验与感悟。

峨嵋涑水文物情
——记临猗县"三普"队长王立忠

临猗县文物局　　王　峰

2008年11月7日9点42分，临猗县文物普查队的同志们正在猗氏镇陈范屯丈量一所宅院的尺寸时，清冷的寒风"嗖嗖"地吹着，大家不由裹了裹衣服。此时，由于已连续在野外工作了三个月之久，五位同志有四位患了感冒，你打喷嚏，他流鼻涕，神色疲惫。此时，忽然大家的手机同时响了，奇怪，咋就都有了短信，同志们一起打开手机，屏幕上清晰地出现了一首长诗：风干物燥，五脏浮火，茫茫原野，试看风流；翻沟越坎，爬墙钻洞。披星戴月，几闻鸡鸣。病毒顽疾，屡屡刁缠，看我队员，力乏神倦。困难骤至，群情激扬，思谋良方，自我调剂，其效虽微，其情可喜！精神不倒，方显神奇，堂堂中华，精萃兆亿，"三普"决策，毕其一役，河东临猗，不让当仁，领导有方，队员竭力。当代神功，千秋留史！送"三普"兄弟姐妹以共勉—王立忠。同志们顿时精神一振：呀，这是王队长给咱发的鼓劲诗！大家似乎看到了他期望的目光，看到了他风尘仆仆的身影……

王立忠，运城市文物研究所所长，受市局委派担任临猗县第三次全国文物普查普查队长。前几天带领队员在野外普查时因患严重感冒不得不住院治疗，病情刚有好转，当即拔掉输液针头又赶赴普查现场，因再受风寒二度染病，他只好忍痛放下手头的工作去医治。病床上他想着肩上的责任，想着正在进展的工作，想着风餐露宿、忘我工作的普查队员，一边输着液，一边开着玩笑，发送短信，鼓励队员。同志们动情地读着这滚烫的诗句，顿时心里热乎乎的。王所长同大家一同工作的日日夜夜浮现在眼前：

2008 年 9 月 3 日早 7：30，王所长身着运动服，精神抖擞的来到临猗，他第一句话就是："我来报到，今天开始下乡吧！"县文物局局长王峰热情地说："走，先安排到宾馆住下，工作容后再说。"他眉头一皱，说："住啥宾馆？咱是来工作的，又不是客人！"接着，顺手一指，爽快地说："住你办公室就行！"随即领着四名普查队员下了乡。

文物普查专业性很强，一开始基层的同志们都摸不着头脑，他便一遍一遍地讲，手把手地教。在三管镇新庄复查汉代遗址时，据资料显示，这是一个聚落遗址，在村西 50 米处，但大家跑了几个来回就是找不到，他便现场讲解遗址的类型特征及分布规律，在他的指点下，果然在村西不远处找到了陶片等标本。当下，他还不失时机地向大家传授寻找遗址的办法，即拿着不同时期的陶片让群众辨识，提供线索。就这样，在他的指导下，大家一步一步提升了业务素质，提高了工作效率。

他不但有渊博的知识，更有专家的敏锐感与责任感。在北景乡尉庄村普查时，他发现一个斗拱大门，一个念头立刻在脑海里闪过：这应该是一件文物。便让大家停步，马上赶上前仔细观察，终于在附记板上发现了"民国二十三年"字样。他如获珍宝，立刻带着大家走访家主，几经周折，终于在一处果园内见到了家主，但家主却说，这所场院是他从一位财主手中买来的，具体情况他也不清楚。他又按家主提供的线索找到了那位财主的后人，但这家的后辈也说不下个什么。他并不灰心，又继续寻访知情的老人，整整一个上午，他共找了 5 位老人，才问明了关于这所打麦场的情况。有一位队员问："这所不起眼的场院，真有什么价值么？"他说："当然，这对研究民国时期的农业生产和规模都有参考价值。"

在野外普查有时也会碰上危险，每逢这时，他总是冲在最前面。一次在庙上乡牌首村发现了一处早已废弃的地道，据群众讲，此地道早年四通八达，里面还有锅台，他便深入寻访，在与几位老年人的谈话后得知：牌首村曾有前营、中营、后营之说，村内邓氏家族中有一位先祖曾是明代军队中的一位总旗。于是，他果断决定挖开地道考察。地道口挖开后，里面黑漆漆的，阴暗幽深，队员们望而却步，说："这地道多年封闭，里面肯定缺氧，说不定还有蛇蝎毒虫！"他却说："这是一个难得的发现，如果能确认，这对研究明代军事颇有价值，我有经验，先进去。"说完，他便打着手电，猫着腰钻进地洞，遇到狭窄处，他干脆爬着前行，大约一个小时后，他才满脸通红、满身泥土的爬上来。同志们心疼地说：实在难为你这位大专家了。他却指着照相机高兴地说："我在里面拍下了不少照片，回去咱们好好研究研究。"

白天，他带着同志们辛苦辗转，感冒了吞一把药丸，硬顶着干。晚上，回到那不到10平方米的办公室，趴在灯下，打开电脑，常常熬到午夜。9月中旬，县城因施工，自来水管挖开了，楼上停了水，厕所也不能使用。他累了想洗一把脸，还得跑到外边去打水，有时，很累不想去找水，干脆在用过的水中洗一把。有几个晚上，整理文本的同志实在熬不住了，将文本一推想回家，他忙挡住说，再坚持一会儿，等我检查过，没问题了再走，如果发现文本有不妥之处，他总要帮着改好才休息。

从6月份开始普查，经过数月昼夜奋战，临猗县普查队已普查过280多个村庄，新发现文物点200多处，复查100多处，整体工作走在了全市前列。此时此刻，大家首先想到的是王所长手把手、良师益友般的指导，是他那从地道内爬出的身影，是他那高度敬业、认真负责的文物情怀。在他的模范言行的感召下，队员们每天艰辛而愉快地工作着，满怀激情地期待着一个个"复查"和"新发现"。

"三普"，我们全身心投入

临猗县文物局　王碧新

2008年无疑是我从事文博工作以来最紧张、最繁忙的一年，所幸，每天都能艰辛而愉快的工作着，能如此全身心投入，乐此不疲，也是一种享受吧。

是啊，从事文博工作多年，我常常会问自己：我们能留给后人的就仅仅是这些了吗？有什么办法能让我们交付给下一代时觉得没有遗憾呢？

参加完省里的"三普"培训，我就被安排书写文本工作。从那天起，我就开始着手收集整理所有"复查"单位的现有资料，并以乡镇为单位收集任何有可能是"新发现"的线索，查阅新旧县志、临猗县地名集、文史资料、党史资料、抗战资料等等。自知能力有限而责任重大，不敢有一点懈怠。

有如天助，年初我县新成立了文物局，王峰局长上任伊始即着手狠抓"三普"，召开了全县文物普查工作动员会，安排多位代表发言，发放了普查表，要求各乡镇各村先摸底排查。"三普"开赴野外普查当天，还举行了授旗仪式，并请来电视台予以报道。起初我们嘴上不说，心里却犯嘀咕，具体工作还不就是几个人在完成，何必搞得这么忙上加忙呢？随着工作的展开，我们越来越发现因为宣传在社会上引起了强烈反响，使我们得到了意想不到的支持和帮助。每到一个乡镇，王局长还亲自率领普查队到乡镇政府，联系相关领导，解决吃住问题，安排"助普"人员。在庙上乡，由负责各村的大学生村官陪同，我们请求已经调离单位的老文化站长宋云桥帮助，他当时作了全面口头介绍，回头又迅速书写了两页相关信息表，追到普查点亲自交到我们手中，这样负责任的热心工作者，我们深受感动。在峨阳镇，老文化站长苏旭强参加了县文物普查工作会议即按要求先逐村了解情况，并填写了相关表格，这次又全程陪同队员十多天，他总是提前联系好村长及相关人员，队员们完成一处"新发现"，另一处早已在等候了。他对乡镇的了解可谓得天独厚，每到一处都有熟人，每到一个村都清楚向谁询问就可全面掌握情况；遇到需要当地配合的工作，他也游刃有余。高强度的工作很快就把他累倒了，但得知我们每天晚上回到单位还要加班赶写文本、绘图、输入电脑等，就一边吃药，一边坚持配合我们。我们劝他停下来休息，他打趣道："就像钦差大臣下来定要有地方官员陪同，我不当向导，介绍情况，怕是你们的工作难度就要加大许多。"

随着普查工作的深入开展和县电视台接二连三的新闻报道，所到之处，我们常会听到"文物普查到咱们村了"这样的话，更多的是群众一看到我们专车上醒目的"全国第三次文物普查"标志，就主动上前与我们攀谈，建议我们去找谁。东张镇张仙村吴安有拿出了一沓资料，猗氏镇上里村刘清华老人提供了自己发表的文章和书籍，更有很多热心人主动打电话到普查办公室提供线索……

王局长不仅重视电视宣传，还很重视网络、报纸等新闻媒体的宣传，在他的督促下，《三普简报》一期期刊出；山西文物网站上我们的"新发现"频频闪现；王局长的《真抓实干，搞好"三普"工作》也被《中国文物报》发表；我所书写的有关佛造像碑及唐开元经幢的报道也在《中国文物报》登载，生平第一次投稿即被这样的大报刊用，令人不胜欣喜。

媒体不断促进着我们工作，一些乡镇我们尚未到达，但新线索已排队等候了，又有相关人员一再要求，"到我们村一定叫我陪同前往，队员的吃饭问题我全包了"。群众对文物的珍爱更是令我们感受颇深，作为实地走访人员，每次调查，我都要拉上一个同伴一同询问以查缺补充，保证没有遗漏；每次我都要调整好自己的状态，以恰当的称呼、谦和的态度、愉悦的心情和群众交谈，使自己的言行与这项美好的工作相适宜。

实际工作中困难重重，好在我们有市局派来的专家王立忠所长，每遇疑难，他都详尽予以解答，比如找寻遗址，他都能指明方向并说明具体缘由，教授发现方法，令人受益匪浅；电脑、照相机不够用时，他就带来自家的。他的工作难度比我们要大得多。我们晚上可以回家梳洗放松、替换衣物，而他一来就是一周。长期野外工作，吃住不能尽如人意，使自恃身强体壮的他也感冒了多日，几次不得不输液治疗。尽管身体不适，每晚还坚持像督促学生一样非得要我们完成当天的作业，常常工作到夜里十一二点，又亲自驾车送我们安全到家。王所长还是乐于为他人考虑、风趣的人，每次爬沟上崖，他就习惯地用手铲为我们修一条路，保证我们安全上下；工作间歇，还不时制造一些笑料，使我们每天都艰辛而愉快地工作着。队员们称赞他不愧是"英明领导"，送他一个谐称就是"党"。在他的带领下，我们顺利的登录了一处又一处"复查"或"新发现"，并为之感到欢欣鼓舞。

几个月的朝夕相处，同志们亲如兄弟姐妹，情同手足。这大概缘于起初晓丽的称呼，因为每到一处，大家分工明确，各司其职，而她得有人帮忙拉尺寸，情急之下"哥哥""姐姐"请求帮忙。乔娟是我们的"大姐大"，她几次敏锐地觉察到 PDA 与 GPS 的数据出入，使大家免于返工之劳，立了大功。红武是司机兼摄影，每每开车，常要提醒我们睁大眼睛，注意观察两边，因为我们结合我县实际顺便登录的"可移动文物"，现在登录在册已三百余件。王所长是大家既尊敬又喜欢的专家，有一次，蓦然间，王所长的形象与我弟弟形象相叠在一起：父母曾多次谈起弟弟，担心他忠厚老实，只身闯京城，与同事相处可好？前年我陪同父母前往京城，先是专程走一遍他上班的路，围着他单位的大楼转了又转。虽然我们做亲人的不能明了他的工作状况以及与同事的相处情况，但从他的言谈中，也是与王所长一样吧，在工作中有担当、负责任，与同事相处和睦融洽，能快乐自己，愉悦别人，这也是一种风采吧。我期许自己和亲人也能如此，不断进步。

年届不惑，我对自己说：能躬逢太平盛世，共襄"三普"盛举，真乃人生一大幸事；能全身心投入工作，把工作当作一种享受，乐在其中，就一定会交出一份令自己和社会都满意的答卷。

群众是文物保护的主力

——冯村关帝庙普查札记

绛县文物局　黄　海

绛县全国第三次文物普查工作队在安峪镇冯村进行普查时，在距该村中心 6 公里外的一个叫下柏寨子的山岭上发现了一处没有登记过的关帝庙。该庙修建于清乾隆四十年至道光十一年间，现存正殿、献殿、财神庙三座建筑和 16 通碑刻。

令人惊奇的是在正殿内西山墙上张贴有一张用毛笔正楷书写在梅红纸上的《道光十一

年八月初十日同众清算庙工账目》。账目所列 5 笔收入和 12 笔支出清晰醒目,红纸历经 177 年风吹日晒依然色泽鲜艳,清新如初,实属罕见。

这天,县文物局局长柴广胜,副局长李红双、靳凌雯,局办公室主任崔宝龙一同参加普查。从县城出发到冯村有 50 分钟的路程,出发时我们给冯村村委主任张建设打了电话。赶到冯村时,村支书、村委主任,还有两位老人早早站在村口等我们到来。张建设介绍,两位老人是关帝庙的义务保护员。

关帝庙坐落在距冯村 6 公里外的一个叫下柏寨子的山岭上,沿着崎岖的小路,我们一直向上攀登。一路上冯村的四位同志不停地向我们介绍关帝庙的情况及村民们保护关帝庙的故事。在关帝庙正殿前,我们发现了一个奇怪的现象:每根柱子下面都有一个厚重的"水泥包"。还没等我们问起,张建设主任就告诉我们,那是前几年,有几个文物贩子要盗走柱子下面的柱础,为了保护这些柱础,村里人就用水泥把它包裹起来了。

这个关帝庙的建筑风格比较独特,正殿和献殿之间只有 30 厘米的间距,取数据时转了几圈,不见进献殿的门。原来,他们为了保护献殿内那张清代张贴的红纸账目,把献殿两边的门都用砖封死了。为了让我们亲眼目睹这一宝贵文物,也为了方便我们提取普查数据,张主任当即同意将门打开,并说我们走后他会派人马上堵住。

下山的路上,张主任边走边实地向我们介绍他们去年秋天抓获盗窃文物的犯罪分子的经过。那天晚上,张主任和同村的一个年轻人回家时发现有几个人影在向下柏寨子去的路上移动。他俩就尾随上山,当他俩发现山下有小汽车接应时,当即做出了是盗窃文物分子的判断,张建设马上用手机通知村里的年轻人上山抓贼。盗窃分子发现有人跟踪后,立即逃窜,张建设他们两人穷追不舍,山下上来的上百名村民合围堵截,当即抓获了五名盗窃分子。

冯村村干部极负责任的文物保护意识和冯村村民的行动令我们感动,下山后,在局长柴广胜同志的提议下,局班子成员当即商定,年底邀请县四套班子领导参加,召开大规模的表彰大会,对冯村、南柳村等文物保护先进集体和先进个人进行大张旗鼓地表扬,激励全县群众积极参与文物保护的热情。

神池地窨院

忻州文物管理处　李有成

雁门关外野人家,

不养桑蚕不种麻。

百里并无梨枣树，

三月哪得桃杏花。

六月雨过山头雪，

遍地狂风起黄沙。

说与江南人不信，

早穿皮袄午穿纱。

这首打油诗对神池县来说并非夸张，而是真实地概括了神池县独特的地理环境。高寒的气候，使得神池人为这块土地设计了一种既冬暖夏凉又经济实用的穴居室。最先是选一山坡，顺坡凿穴。后来因山坡有限，就发展成选一块好的平地，在平地上挖坑，然后在坑的四壁上挖穴，于是，便有了天井似的院子和院子中的窑洞，因其形似"井"，故名"天井院"，神池人管它叫"地窨院"。

这种地窨院的分布范围，研究民居的学者一般认为，它分布在晋南一带，尤以平陆县地窨院为其代表。这次全国第三次文物普查忻州市神池县文物普查队，在神池县东湖乡铁炉洼村北侧发现并列一排的 3 座地窨院，其中一座保存较好，平面呈长方形，南北长 10 米，东西宽 14 米，深 9 米，院内四壁存火炕和灶台，东壁窑洞有壁龛，可放杂物；南壁窑洞饲养牲畜；院门位于正南，时代属清代晚期。地窨院在晋西北尚属首次发现，它为研究山西民居地窨院的分布提供了弥足珍贵的资料。

常家墕文物普查日记

忻州市文物管理处　张永正

2008 年 12 月 24 日　星期三　天气晴朗

因为第二天的普查点山高，坡陡，沟深，路途遥远。因此，昨晚全体队员都做好了田野调查的各项准备工作，比平常提早睡了。

早饭罢，驱车直奔目的地——常家墕村。

常家墕，据《中国文物地图集·山西分册》记载，属河曲县楼子营镇，据邻近村民讲现已划归文笔镇管辖。此次普查任务为古建筑三处，遗址一处，都属文物复查单位。

一路上，我们边行边问，车到岱岳殿村边，队长亲自下车叩开一户民居，随着声声犬吠接近，一条大黄狗伴着主人出来开门，主人是一位身板硬朗的老人，经交谈得知此人姓张，是 60 年代复退军人，现年 66 岁，回来后一直在家务农。老人说常家墕现已无人居住，汽车根本无法进入，队长担心沿途不便打探路径，于是请求老张做向导同往，这位敦厚正直的老人痛快地答应下来。在老张的指引下，汽车行驶在蜿蜒崎岖的山路上。路的宽度仅容单车勉强通过。老张告诉我们常家塬因交通不便，吃水困难等恶劣的自然原因限制，前几年整个村子都迁移出去了。现在能进入村子的只有一条废弃的土路。汽车行驶到一处可以勉强调头的地方停了下来，大家背起行装跟着老张弃车而行。

从这里到常家塬十分困难。必须先下到谷底，再爬上对面高崖。此地属土石寒山区。一层厚厚的黄土下便是横向的黑色砂岩。临沟的绝壁如同斧劈刀削，险象丛生。走到半山腰，老张指着远处山顶隐约的树影，对大家说："看！那有树的地方就是常家塬了！"我们极目寻去不由惊叹……因道路久不行人，路旁灌木横生，沙棘不时撕扯着我们的衣裳。一面是深渊，一面是荆棘。每当经过窄处时都提心吊胆，闭气而过。下到沟谷，邬家沟河豁然而现。虽已进入严冬季节，河面上也已结了冰。可河边断崖阳面仍不断有泉水渗出，结成一挂挂抽象的水帘，这些晶莹剔透的冰凌在正午的阳光映照下闪着七彩迷人的光耀，熠熠生辉。从崖壁暗处又隐约传来被寂静放大了的叮咚泉响……这美景，这妙音，顿时让大家忘却了疲惫。虽然个个都饥渴难耐，精力疲乏，但大家仍然乐在其中，并为大自然这神奇的造物之手所深深折服，沉醉其中……当双脚踏上冰面时还能听到冰层清脆细碎的爆裂声和冰面下潺潺流水声。心里的感觉是既新奇同时又有些战战兢兢！一路涉河而过。

过了这条河，紧接着就开始爬山。山路又陡又窄，大家实在累了就立在路边歇口气，经过一个多小时的跋涉，终于来到了荒无一人的村庄。大家纷纷取出随身携带的干粮就着凉水草草吃了几口，补充了些许元气就匆匆开始了紧张有序的工作。负责拍照的仔细寻找着最佳的拍摄角度；绘图人员登高卧低地测量着尺寸；测点的，记录的等各尽其责……山风吹来，气温逐渐降低，工作人员们一个个冻的双手发红，鼻涕直流……

戏台，关帝庙，祖先堂——实测完毕，我们又离开村子寻找下一个目标点，常家塬遗址。因村中无人，无处询问，老张只在早年庙会时来过一回，对遗址一无所知。我们只有按图索骥，依资料记载的大概方位寻去。常家塬处于流域冲积形成的三角洲高塬，两面均为百米深沟，地形地貌被雨水冲刷的支离破碎。我们只能不断地翻山越岭，经过2个小时艰难寻找，方才在被一片榆树林环绕的阳坡处发现了遗迹，顿时觉得那些横七竖八躺在草丛中的残陶片竟是那么可爱！

按照操作规程做了实地调查，采集了标本，重新整好装备准备下山，此时已是夕阳西下，冬日黄昏悄然来临。时间已不允许原路返回，我们只能就近觅路下山。因村中早已无人，连曾经的牧羊小路也被杂草掩埋或是被雨水冲断。大家相互搀扶着趟沟过坎，几乎是连滚带爬的狼狈下山。回到邬家沟河，仰首回望，才发现我们是从另一座山的背面下来的。只有沿着河岸又步行三四里路才绕回上山前的起点。途中又三过冰河，因为弯曲的河道两旁岩陡壁峭，只能来回趟跃穿行。回到车上，大家都满身泥土，神情疲惫。但任务完成后的轻松又让所有人都长长地舒了一口气，成果令人欣慰。

西下的夕阳染红了征程，奔驰的车轮滚滚向前，在这崎岖的小路上，留下了我们的足迹……明天，新的工作又在等待着我们去迎接，去挑战！明天，即将是一个崭新的开始！又会是一个新的发现的开启……

只有亲身经历过、体会过，才能体味到普查工作的甘甜与辛苦。作为一名文物工作者，做好本职工作是我们应尽的职责，我热爱这份平凡却又充满乐趣的工作！

古县文物调查记

临汾市博物馆　祁根斌

2008 年 10 月，按照临汾市文物局的统一安排，文物普查第一小组开始对古县不可移动文物进行全面调查。10 月 7 日，普查一组选择从古县最南面的南垣乡开始调查。在当地乡政府的安排下，普查组就近驻扎距离乡政府不远的一个村委会办公室里，当日便充满激情地展开了文物普查工作，这次文物普查采用地毯式的方式，由山区到平原，由远及近，走遍古县每一个村落，日出而作，日落而息，任何遗址、遗迹都不能放过。从 10 月 7 日到 12 月 25 日的普查过程中，复查和新发现不可移动文物共计 180 处。这次调查让每处古遗址和古建筑有了明确的经纬度坐标，照片和详细的平面图及示意图。

我们普查队员一行 5 人主要在山区工作，白天全在野外，晚上则要绘制平面图，整理资料，将日间记录下的数据和照片以及平面图等输入到文物普查专用软件系统里，为在睡觉前把当天的工作做完常常工作到子夜时分。第二天，一大早吃过饭，又开始出发。每天都是同样的程序：找村长，说明情况，听介绍，走遍全村，一处处查看，几乎没有一刻停歇。到了每个文物点便是寻找碑刻题记、记录、画平面图、测量、GPS 卫星定位、拍照，然后赶往下一处，继续同样的工作。时间一久，队员们就没了刚开始时的新鲜感，随之而来的是重复工作的枯燥。

休息和工作环境虽然艰苦，但当地政府的努力却让我们感到温暖。最让我们普查队员感动的是，到了很远很偏僻的乡村，中午必须在老乡家吃饭时，老乡会想尽一切办法，拿出最好的东西来招待我们。没有肉，老乡就杀了自己家大红公鸡。看到生活在那么艰苦环境里的老乡，是那么的善良、淳朴和热情，队员们劳累一天的疲惫全没了。

MD099 面包车在村落间蜿蜒行驶，掠过远处连绵的黄土丘陵，处处能感受到古县的历史悠久，早在 6000 年前的仰韶文化时期，这里就有人类居住、繁衍；汉代的文化遗址随处可见；抗日战争时期，这里又曾是晋冀鲁豫边区太岳区党政军机关驻扎地，朱德、邓小平、薄一波、陈赓等老一辈革命家都曾在这里进行过革命活动。在刘垣村有处荒草蔓生的废弃院落，就曾是朱德总司令居住过的地方。远离繁闹的城市，感受一下革命老区淳朴民风的熏陶，也算是对自己心灵的一次净化吧。

古县属于山区，海拔较高，10月下旬，气温就很低，常常冻得手都伸不出来。晚上回来又要把所有数据和资料输入电脑，工作时间稍微长一点，手脚随同说话的声音就一起颤抖起来。南垣的普查任务结束后，考虑到气候原因，我们选择了到古县最北面的北平镇。北平镇位于古县北部，平均海拔1333米，沟深坡陡，海拔相对高差变化大。在北平镇工作的半月里，城里人还在穿单衣时，我们就穿上了厚厚的棉袄。总结前段时间野外工作的经验，先难后易，到了北平镇第一天就选择了到距离乡政府20余里的古县"岳阳八景"之一露崖寺进行调查。探访当日，乡政府给我们普查组精心挑选了三位当地人做向导，配备了两台越野车。山路蜿蜒曲折，崎岖难渡，一路颠簸，走走停停，遇到山陡车不能上，就下车用手推，一路上不知推了多少次车，临近露崖下寺，路更难前行，于是弃车徒步，沿小路而上。接近午时，树林间凸现空旷平坦草地，草地上几头黄牛悠闲，牛铃在山间回荡。此时才有了人迹罕至的感觉。远处一座破旧荒凉的建筑孤独的矗立在山脚下，听向导介绍，这才到了露岩寺的山脚下，那座建筑就是露崖寺的下寺。对下寺做完定位测绘，拍照登记，坐在山脚下的巨石上，稍作休息，吃点随身带的干粮，便整装出发，继续真正意义上的登山。

在向导的带领下，沿着多年没人走过的小路，来到了山脚下。抬头看时，陡峭的悬崖似乎要作势向人扑来，其实上山根本没有路，向导也是凭借经验，带领着我们沿着山势自然形成的冲沟向上爬，脚下是很厚的落叶，深一脚浅一脚，每一脚踩下去踩到的不是坚硬的山石就是腐朽的树干，不小心就会被绊一跤；树林越来越茂密，林间古藤缠绕；偶尔听见不知名鸟类在空寂的山谷里发出怪异的鸣叫声。普查队员都被原始森林神秘的色彩所吸引，忘记了疲劳，喘着粗气，勇敢地向山顶爬看，目标就是"露崖寺"。

足足用了三个小时，终于到达了目的地。出现在普查队面前的是一片废弃了的寺院，因年久失修，早已坍塌，从布满青苔的砖瓦，和废墟上长出碗口粗的树木，看出露崖寺毁坏已经很久，残垣断壁，向我们证明它以前的规模。废墟上有两通倾倒的石碑，记录着这座寺院的历史。北平镇也许是因为气候的原因，在这次普查中，发现较多的是明清时期的民居建筑，汉代的遗址只发现了一处。

进入12月份，我们普查小组已经转移到了永乐乡。这里属于黄土丘陵沟壑区，土层较厚，气候与北平镇相比温和的多，古县河冲淤而成的河谷川地土壤肥沃，给我们的祖先的生存、生产创造了很好的环境条件。在永乐乡，发现更多是汉代古文化遗址，绳纹的陶瓦残片在沿古县河两岸台地上随处可见。

旧县镇与永乐乡接壤，309国道东西贯通，土地宽广交通便利，自古就是商贾贸易和军事战争的交通要道，旧县镇发现的有 6000 年前的仰绍文化遗址和文化堆积层，战国时期的古墓群，汉代的古遗址，清代的古建筑，革命战争时期朱德总司令居住过的窑洞。旧县镇的文物发现对古县的历史来说最具有代表性，涵盖了古县从古至今各个历史时期的遗迹。

12 月上旬，北方就已经进入寒冷的冬季，在旧县镇普查的时候，河流就已经结了厚厚的冰，早晚温差很大，每天早上 8 点出发，走村串巷，爬山越沟，晚上住在乡里的小旅店里，睡觉都是和衣而睡，还要盖上两层棉被，窗户上也是结了厚厚的冰。

古人的智慧常让人兴叹不已，脚下的大地却是异常平实。我们普查小组每天都在对已经熟悉的工作不断地重复着，凭借的是对文物工作的热情，凭借的是对第三次文物普查许下的诺言。

"三普"有感

浮山县博物馆　乔　锋

2007 年国务院发布了第三次全国文物普查的通知，掀开了"三普"工作的序幕，我有幸参与其中，现在我谈谈参加"三普"工作几个月来的感受。

我 2004 年到博物馆工作，当时对于我来说是困难重重，一是因为我是学旅游专业的，到文物行业工作是转行，二是学校学的书本知识与工作实际差距较大。但是在领导的关心，同事们的帮助、鼓励和自己的努力下，我克服了工作之初所遇到的困难。经过 4 年的锤炼，我的业务水平有了较大的提高，干起工作来也显得得心应手，正是我的这些进步使我有机会参加 2007 年 9 月在太原举行的"三普"培训。去参加培训的时候我满怀信心，然而听过培训老师们的讲课后，使我对自己的能力产生了怀疑，因为老师们讲的课程有许多我都听不懂。我发现在业务上我还差很多，我害怕自己胜任不了这份工作，一种深深的挫折感油然而生。业务知识的浅薄，使我对文物、文化遗产的理解仅仅停留在概念上，没有从深层次去思考近年来党和政府为什么越来越重视文物工作，重视对文化遗产的保护，理解不了"三普"工作的意义所在。

通过几个月的"三普"实践工作，我慢慢领悟了这项工作的目的所在，同时参加"三普"工作使我对自己从事的职业有了新的认识，"三普"工作还极大程度上提高了我的自身素质。

一、我所在的普查队在浮山调查的第二个村子是天坛镇南王村。南王村三面临沟，交通极不便利，给我的感觉是落后、破旧。但令我奇怪的是我们在村中走访时，没有一个村民说南王村不好，他们异口同声地说南王村是个好地方。村中老者详细给我们介绍南王村的历史，南王村有禹汤庙、玄帝楼、齐氏祠堂等。我们从村中建筑，村民的穿着上，可以看出这个村并不富裕，但令我奇怪的是从他们的脸上丝毫看不出对所处环境的不满，相反他们以身为南王村村民而骄傲。在南王村给我留下印象最深的是齐殿虎老人。老人是个老共产党员、老民兵，得知我们是来调查文物的，表现出了极大的热忱。他带我们到他家参观他收藏的磨制石器，并表示想将这些物品捐给国家。在老人的配合下，我们在南王村新发现了南王西遗址。该遗址分布较广，文化层明显，遗址区发现的陶片较为丰富。在我们结束调查的时候，老人请求我们向政府报告，给他们村修修禹汤庙、玄帝楼，从老人殷切的目光中，我突然明白南王村村民是幸福的。南王村村民的幸福是因为他们的先祖曾在这块土地上创造了辉煌的历史，使这块平凡的土地变得神奇，生活在这块土地上的人民为此而自豪，这种自豪已渗透到他们的血液当中，并代代传承。

一个村的村民尚且为自己村落的历史而自豪，一个县，一个国家，又何尝不是如此呢。我们常说我们是龙的传人，以有五千年的文明而自豪，我们自豪的依据就是我们脚下这片生我们、养我们的土地。古遗址、古建筑、古村落、古桥梁都是历史的注释，记载了中华民族的过去，有辉煌、有苦难、有幸福、有辛酸，所有的一切都是中华乐章上跳动的音符，通过它们我们可以追溯历史的真相，以史为鉴。它们把历史和现实连接起来，是我们前进的动力、奋斗的源泉，多少海外游子抛弃国外优异的条件，投身到国家的现代化建设中来，为何？根的力量。"三普"工作者的职责就是通过普查，认识和准确把握我国文物资源的状况和变化，让人们更好地认清历史，认清现实。一个没有历史的民族，永远不可能成为一个伟大的民族，忘记历史就是否决现在。把"三普"工作做好，既是对历史负责，也是对自己负责。

二、"三普"工作可以让我们摸清家底，认清国情，纠正以往工作中的错误，更好地为经济建设服务。

20世纪50年代和80年代，我国先后开展了两次全国文物普查，对文物保护事业发挥了巨大推动作用。但由于当时各方面条件所限，包括观念、认识水平、工作方法、技术手段等方面的原因，使我们所普查内容可能出现这样、那样的错误。

浮山县诸葛村清微观系山西省重点文物保护单位，县志记载：清微观原名清净庵，始建于唐，宋元元祐七年重建。普查队员在调查清微观时发现其建筑风格明显呈现元代特征，与县志所载不符。然而，清微观省重点文物保护单位的身份使这一问题复杂化了。众所周知，我国现存宋代木结构建筑已存世不多，把一座宋代建筑改为元代建筑，从心里上说，普查队员是矛盾的。而且改年代需要充分的证据，为此普查队员翻阅了大量资料。清版《浮山县志》和民国版《浮山县志》记载的清微观重建年代也均为宋代。普查队员对自己的判断产生了怀疑，是不是清微观确系宋代建筑。在向村民调查的时候，普查队员意外发现了一块古碑。古碑上的字已漫漶不清，在碑首依稀有"重建清微观记……元延祐七年……"的字样，碑阴内容是重建清微观时来贺人员名录，其中发现"晋宁路"这一地名，经翻阅辞海，辞海记载：晋宁路，元代建制。

证据找到了，普查队员以踏实的工作态度，严谨的工作作风纠正了历次编撰县志的错误（清微观重建年代），还了历史一个真相。

三、"三普"工作可以锻炼文物工作队伍，培养大批文物工作业务骨干，大力提高工作人员素质

第三次全国文物普查提出一个全新的概念，改过去的"普查"为"清查"，文物的"内涵"和"外延"都与过去不同，被赋予了新的时代特征。普查采用的是现代化、高科技手段，普查内容与以往比较更全、更广、更细。如何熟练掌握仪器，运用科学方法，完成普查任务成了摆在每个队员眼前的难题。队员们没有被困难吓到，他们认为压力有多大，动力就有多大，所有的困难都是可以克服的。通过查资料，翻书籍，互相讨论，队员们在实践中逐渐熟悉了业务，每个人都抓紧一切机会和时间充实和完善自己，对自己严格要求，使自己的业务水平尽快得到提高。

我相信，在全队队员的努力下，第九小组一定高标准、高质量地完成浮山县的"三普"任务，给浮山人民，给上级领导交一份漂亮的答卷。

金色的油糕

吉县文物管理所　阎雅梅

冬至虽然已过了十多天，我还是五点钟就赶紧起床，洗了一把脸就走进厨房，打开电磁炉把卫生油倒进锅里，开始为梁军他们炸捏好的烫面油糕。

梁军是临汾艺校文物班的高才生，在侯马市文物局工作，文物摄影是他的强项。他小我几岁，是父亲的好友山西省考古研究所梁子明先生的儿子，和我既是同行又有世交。我叫了他爸20多年伯伯，他叫了我20多年大姐。这次全国文物普查他领着单位的赵晋、王涛、赵志远，数九寒天地来吉县工作。用他的话说："这回是来帮大姐盘点家底的，也是市局让大家来吉县学习和锻炼的，咱走时可得多给大姐留下些祖业才对。"所以我准备按家乡"冬至吃油糕，太阳回头照；皮红馅儿甜，娃娃变圣贤"的乡俗，过冬至那天想让他们吃上一顿油糕，到了元旦再吃上一回像样点的年饭。谁

知冬至那天大家都在乡下，元旦日程路线又安排的是沿清水河西去壶口一线，本想乘便到了壶口抽出一点时间让梁军乘着三九时节好好地照几张冰挂景象，没想到从中寺下来已是日落天黑。回到县城，由于太累再加上晚上还要整理资料，为了节省时间大家随便吃了一顿家常饭。三件事一件也没落实。虽然大家都说，"咱吉县是贫困县，吃饱了就行"，可让人心里总是觉着过意不去。今天他们就要回去过年了，由于时间关系壶口去不成了，可我这个东道主还能不给这些天冻得鼻青手肿的小弟和几个年轻娃娃炸几个油糕补一下冬至吗？

我把一个个雪白的、包着糖馅的面糕放入热油内，锅里立即泛起"沙沙沙"的气泡。面糕在锅里不停地翻滚着，一会便变得金黄金黄。这不由得又让我想起了父亲每次吃油糕时总要不厌其烦地说过的话："这油糕原名叫做'罗汉果'。没有入锅前就是佛学上说的'乳糜'（像乳一样白的糜子面），是佛的象征，入油锅炸犹如舍身炼狱，经过一番火与油的高温煎熬，便修成了金身。每年到了四月初八'浴佛节'，佛徒在寺院炸油糕，其一为纪念悉达多王太子舍身向善，食乳糜后在菩提树下修成正果而成释迦牟尼（释迦族的圣人）。其二以油糕施斋周济众生，意在启人向善。油糕象征着小乘佛教修行者所能达到的最高果位。"想着，想着，眼前忽然一亮，梁军和几个出生在晋都到山区参加普查的年轻人不也像锅里的油糕吗？刚来时，一个个白白静静，一派城里后生的样儿，我真还有点不信他们能经受住这三九天的煎熬。十多天来和他们在一起的普查活动中的一次次经历让我不得不用"刮目相看"四个字对他们评价了。

柿子滩遗址是一处国保，20 世纪 80 年代父亲在遗址西北部的防风崖下发现了两方岩画，90 年代又在遗址西南两公里之遥一个叫绵羊疙瘩的崖龛下发现下一方舞蹈崖画。几年来我每次去柿子滩，站在防风崖和绵羊疙瘩中间河谷的高碥上，望着一个个崖龛心中揣摩，今天这些崖龛随着河水的下切已经人迹难至、成了山鸽野雀的栖栖地，两万年前它并没有这么高，柿子滩人光顾和利用过它吗？我向周边村中的每个羊工打听，月前一个老羊工对我说：他记得小时曾听说桐卜岭的崖龛上有仙人留下的手印。于是我立即前往作了实地考查。这次普查启动的当天，我把这一新的发现向市局李兆祥副局长、狄跟飞科长和梁军他们作了汇报，当天大家带着 GPS 定位仪、专业相机与县政府分管县长白占奎、文体局局长强朝辉、分管局长陈振林一行驱车前往桐卜岭测照、录档。

桐卜岭是清水河下游河谷北岸高碥上的一处从北向南迤的山峁，新修的公路从峁中穿过，岩画位于峁梢头和西去河谷交接处偏东的高碥崖龛下。下车后，大家跟着我踩着干枯的白草，在坡度几近垂直的陡崖上往前走，脚下是五层楼高的悬崖，头上是三层楼高的悬崖。我不时回过头看着大家，走着走着，走到了危险的几步时，只见除了 1982 年曾和父亲沿黄河高碥考查过清长城的李兆祥局长，所有人的双腿都在哆嗦，有的人死死地抓住茅稍不敢举步，有的人干脆坐在地上不准备走了。我一下省悟到，梁军他们这些来自侯马平川的小青年们何曾攀过"头顶崖悬不见天，脚踩万丈深沟沿。一脚下去没踩稳，粉身碎骨成馍片"的险山恶崖呢？于是便把父亲传我的"攀崖经"念给大家："两眼往前瞅，不要朝下看。单手扶崖上，踩稳把脚换。"李局长接着说："这比我和雅梅她家老爷子当年在黄河边爬过的'手爬崖'差多啦。你们这些小伙子一定比我这个小老头强。"不知是父亲的"攀崖经"管用，还是李局长的鼓励起了作用，大家总算顺顺当当地爬到了先民留在石崖上的这些红手印、白手印的跟前。尽管满头大汗，个个面露惊惧之色，但大家还是不忘责任所在，各司其职，绘图的绘图，测高程的测高程，记数据的记数据，尤其是梁军，他和狄根飞科长手牵手战战兢兢找角度，手脚并用拍照片。做记录时他问我："时代，内容，怎么写？"我说："这叫手印岩画，距柿子滩第一地点约两千米，距河谷高度60米。根据山间河流下游下切的规律，它相当于二级阶地。这里的岩画和柿子滩裸女、鹿龙岩画遗存同属旧石器时代晚期，是目前我国发现的最早的手印岩画之一。参照国内外研究资料，把手印在崖壁上，可能表示了'占有'、'权力'、'数字'，其目的不外'增强精力'、'祛病除灾'，或是'某种神秘仪式的记录'、'为着人口增殖的祈生巫仪'。它是人类特有的、区别于动物靠视觉和嗅觉划分地盘（领地）本能的意识活动、艺术实践，可同27000年前法国科斯凯洞窟和我国阿拉善深山中、孟根布拉格苏木锡林布鲁格发现的同类岩画媲美。左边的一双左右交叉手印，其作法是用手醮上与柿子滩第一地点裸女、鹿龙岩画相同的赭石磨成的颜色直接印在崖面上的。向右15米的这些白色单手印，可能是醮些白垩土颜料印上去的。其间两处不同色彩和印法所含的内容尚待考究。""时代呢？"梁军问。"旧石器时代晚期或2万至1万年，和柿子滩同期。"返回到公路上时，白县长、强局长、陈局长他们握大家的手连声赞道"辛苦！辛苦！平川小伙子真不简单"。回来的路上车后座不知谁说："艰险！艰险！想起过悬崖我现在还怕！""猜猜我身上的汗怎么出来的？告诉你们吧，是吓出来的！""幸福，幸福！想到和两万年前的古人拍手我觉得值啦！"后一个是梁军的声音。

　　卦甲山坤柔圣母庙是一座独具特点的元代古建，省级文物保护单位。普查的那天遇上了大风降温，西北风可着劲地刮，温度降到 -35℃。梁军指挥大家绘图，测量 GPS、高程。作完记录后太阳已经偏西，是这座坐东向西的建筑光线最好的时刻。他要大家赶紧把借来的竹梯竖在圣母殿西的庙院畔，背着相机就向上爬。我生怕这么冷的天，竹梯光滑，万一有个丁点闪失，便阻止他上梯子。他抬头看了一下说："照片要正投影，只有用梯子才能把大殿的脊刹和瓦作取全。这个殿是省保，殿里的女娲圣母会保佑我的，我小心就是了。"没奈何，我只得让地上所有的人给他扶着梯子，盯着他一节节爬到梯子顶头脱掉手套，左手抓着冰冷的梯子，右手举着相机拍照。我带着手套的手都冻麻了，冷风刀割般吹得脸生疼，可以想见他的双手一定痛得已经钻到心里去了。他照完相从梯子上好不容易地爬下来，发紫的脸上鼻涕直往下流，我赶紧掏出手纸递上去。没想到他一边擦一边却风趣地说："大姐，小弟今天可在咱吉县实实在在地算是风流了一回！"当大家省悟到他说的"风流"指的是被寒风吹得流鼻涕时不由失笑，笑声中我想对成语"苦中作乐"作"勉强欢乐"的注释在梁军身上应当换为"不改其乐"。文物干部这种艰苦的工作中所包含着的收获之喜悦、发现之兴奋、使命之神圣，是局外人很难体会到的。从山上下来返回旅社的途中路过佛阁寺，我看着"佛在心中，心存菩提即成佛；道在足下，足行正道乃得道"的门联在想，成佛得道是佛徒和道家追求的人生最高境界。那对一般人来说什么是生命的意义？不经夏日三伏酷暑，庄稼不会稔熟。不历冬月三九严寒，腊梅不吐清香。软绵的白面糕只有放进火上的油锅炸，身上才能闪出金色的光。还有什么能比"吃油糕"这顿饭能表达我对梁军他们的真心称赞呢？

　　7点半，我把一个个金黄色的油糕小心地放到洁白如玉的搪瓷盘里，用崭新的毛巾包好，双手端着大步向梁军他们住的旅社走去。

大宁文物普查记

大宁县文物管理所　李宁莲

　　隆冬季节，凛冽的寒风吹过重重山岗，吹过道道峡谷，发出阵阵低沉的吼声，往日喧啸的昕水河，如今被厚厚的冰层覆盖，仿佛变成了一条舞动的银色丝带；往日水花四溅的瀑布，如今已经被凝固，仿佛变成了一座座精美的冰雕作品；往日色彩斑斓的花草树木，如今已经褪色，把大地染成了淡淡的黄色。在这黄白相间的世界里，有一道亮丽的风景线格外引人注目。远远望去，有一队人马正穿行在这崇山峻岭中。走在前面的人手执一面色彩鲜艳的红旗，红旗被西北风吹得猎猎作响，旗上写着"全国第三次文物普查大宁分队"13个金黄色大字，后面跟着十多个身着各种色彩服装的人，一字排开，行进在布满荆棘的羊肠小道上，仿佛是一条彩龙在山水间舞动。原来，他们是由临汾市文物普查队梁军队长等四名普查队员和县文管所的六名工作人员组成的文物普查队伍。

　　12月22日，"三普"工作人员决定到"笀篱寨"采集数据。这一天，队员们起了个大早，匆匆吃过早饭带上工作所需的工具便驱车向目的地赶去。笀篱寨位于县城以西25公里以外的徐家垛乡李家垛村的笀篱把上。一路上，同志们精神饱满，情绪高涨，有的讲故事，有的讲笑话，汽车沿着昕水河畔的公路一路飞驰，身后留下一串串笑声。我告诉大家，笀篱寨是清代土财主们为了躲避战乱而特意修建在石头山梁上的防卫性建筑群，海拔1000米左右。在长约四五百米，宽不过30米，窄处仅有10米的山梁上建有5座院落、61孔窑洞、3间石墙房子，还设有碾米用的碾子和水井等等附属设施。此石梁三面悬崖绝壁，只有一面靠山，也只有这里才能进入寨门，地势十分险要，易守难攻，大有"一夫当关，万夫莫开"之势。由于这道石梁看上去酷似我们做饭用的笊篱把，因此而得名。听完我的介绍，队员们个个精神抖擞，摩拳擦掌。此时，梁军队长不失时机的讲了三点意见，一是要求大家注意安全；二是采集数据要准确、客观；三是大家要互相帮助，齐心协力，圆满完成工作任务。

说话间汽车已经来到了山脚下。这里离寨子还有大约两公里的路程，剩下的路都是羊肠小道，只有徒步行走了。我们稍做整理，队员们便迫不及待地背上行囊出发了。刺骨的寒风不停地刮着，而且一阵紧似一阵，似乎能穿透衣服。一开始，队员们为了保暖还尽量把手和脸蜷缩在厚厚的衣服里。坡越来越陡，路也越来越窄，队员们不得不手脚并用往上爬。这是一座孤岛，由于常年无人行走，蒿草、荆棘几乎长满了山冈。越往上走便越没了路，男队员们便拿起镐头在前面开路，有的路段女队员上不去，男队员们便排成队一个个的往上拉。等到了山顶，个个身上大汗淋漓，人人头上热气腾腾。放眼望去，杂草丛中，寨门高筑，寨子里窑洞坐落有致，有的尚且完好，有的已经坍塌。山头的风更大了，吹得呼呼作响。我们顾不上休息，着手清理场地后，队员们有的拉着尺子测量，有的端着画板画图，有的拿着相机拍照，有条不紊地采集着各种数据。为了能够采集到更准确的数据资料，队员们不断出入于荆棘丛中。不知过了多久，大伙又被冻得瑟瑟发抖了，实在无法忍受时，便原地跺跺脚、搓搓手，或者把手放到嘴边哈哈气，或者把手插进贴身的衣服里取取暖，然后接着继续工作。转眼间已经过了中午时分，数据采集工作才刚刚过半。此时队员们饥渴交加，又冻又累，队长梁军决定稍事休息，让大家顺便吃点干粮，喝口矿泉水。可拿出来一摸，饼子和矿泉水早已被冻的冰凉冰凉的，好像刚刚冰镇过似的。看到这种情况，胃口好的还敢吃上几口，胃口差一点的就只能欣赏同伴们在寒冬里野餐了。当吃过午饭，干完所有的工作，队员们拖着疲惫的身躯回到县城的时候，已经是下午4点钟了。这时候我们才发现有的人衣服被挂破了，几乎所有人的鞋都已经伤痕累累。有的人皮肤被划出了道道血口，现在才感到隐隐作痛。

发现新的文物线索是我们普查队员期盼已久的愿望。12月17日，我们来到徐家垛乡的桑峨村进行普查，该村建档文物有龙王庙和清代民居。到了村里，我们按照惯例兵分两路，一路人马核查建档文物，采集数据，一路人马走访群众，调查了解当地的文物线索，尽管是在零下十几度的野外环境中工作，但大家工作起来却格外投入。尤其是在发现新的文物线索时，大家更是情绪高涨。中午时分，当走访群众的工作人员把发现两座民国时期建筑的消息告诉核查人员时，大家欣喜若狂，核查队员们加速干完手头的工作，顾不上吃午饭，便马不停蹄的投入到新的工作中去了。经查该村有两座民居为民国时期的建筑，其中一号民居建于中华民国二十二年（1933），坐北向南，楼阁式门楼，两进院落；二号民居建于中华民国二十七年（1938），坐北向南，门楼有"善为宝"匾额，一进院落。当大家一口气干完各种数据采集工作后，不仅没有感到累和饿，心中反而升腾起别样的满足感和成就感。

累并快乐着

霍州市文物局　闫　雪

随着一阵喜庆的鞭炮声……

随着一阵欢天喜地的锣鼓声……

随着霍州市副市长、临汾文物局副局长、霍州文物局局长一番激励人心的动员……

霍州市文物局迎来了一个特殊的日子——12 月 11 日——全国第三次文物普查·霍州市普查启动日。在这个特殊的日子，霍州文物局的工作人员肩负起了一项为国家文物事业做贡献的重任。

霍州市是一座有着几千年悠久历史和文化积淀深厚的名城，是古代帝王封号"五岳、五镇"的中镇宝地。霍州市历史悠久，气候宜人，文物众多，风景名胜如云。凸显人文历史的名胜有"华夏第一州署"霍州署、闻名遐迩的明代鼓楼、精美绝伦的娲皇庙壁画、清代典型的许村民居等等。此外，还有更多古代遗留的文物遗迹待我们在这次普查工作中去发现与保护。

接下来的日子里，我市"三普"工作人员按照国家文物局"三普"工作的指导方针、任务规划开始了紧张而有序的工作。

每天早晨当大多数的人们仍在享受被窝的温暖时，我们的室外工作人员已经由刘组长带领着出发了。带着各自的装备，迎着凛冽的寒风，工作人员一天的工作开始了，有的做测量，有的拍照片，有的做记录……每到一处文物普查点，我们的工作人员都会认认真真做详细的测量，详尽的记录，全方位的拍照。很多时候，天气寒冷，坡陡路远，但工作人员从不叫苦，每个人都把这项看似枯燥繁琐的任务当成热爱的事业，积极快乐的做着每天的工作；当夕阳西下、傍晚来临，我们的工作人员才带着疲惫与寒冷离开工作地点，带着一天的收获满载而归。

值得我们工作人员欣喜的是，每到一个村庄，都有热心的村民作向导，把我们带到一些未曾发现未曾保护的文物古迹点。更有些热心的村民还捐助了古代的石器，比如石刀等。由此能够见证我们的民族对于保护古代文化遗产，传承中华文明有了更深刻的认识，这些细微的情节也是我们国民素质提高的一种体现。

当室外人员冒着严寒工作时，室内工作人员也不甘落后，积极做好配合，将每天从田野中采集回来的文物的资料、记录、照片、图纸等等逐项输入电脑。在孙副局长的带领下，室内人员坚持做到详细填写每处资料，仔细画好每幅图纸，认真筛选每张照片，严格把好每个环节的质量关，反复核查、校验每项工作……

当我们每个人看到我们共同劳动的成果时，一天的疲惫就已消失殆尽。每个工作人员对自己的工作都是态度严谨、认真努力，尽职尽责。大家分工协作，通力合作，为国家文物事业默默的奉献着，为国家文物事业增砖添瓦。看似一个个简单的测量，看似一次次轻松的拍照，却是这些琐碎又细致的工作为后人留下了中华五千年悠久历史的印记。

我们劳动着，我们收获着，我们紧张着，我们快乐着……

从 12 月 11 日开始短短两周的时间里，我们的室外工作组共普查文物点近 50 处，新发现的文物点 22 处。所有这些文物点的发现使得我们有了更多的历史文献、古代文化遗产留给后人，对研究中国的历史、文化等提供了很重要的实物资料。

12 月 14 日，刘组长带领着工作人员像往常一样出发了，目的地是霍州市大张遗址。大家像往常一样分工协作，测量、记录、拍照……突然传来刘组长的呼唤声，大家闻声而去，一片欢呼雀跃霎时回荡在整个遗址——一件保存较完整、器形较大的新石器时期陶罐出土了。此陶罐的出土为研究我国古代制陶工艺提供了实物资料，同时也为研究古代人类使用器物的情况提供了考证资料。

12 月 18 日，刘组长和工作人员驶往目的地霍州市下乐坪村。在热心村民的带领下，工作人员一行来到了新发现的村民段兴虎的宅院。段家宅院占地面积 260 平方米，保存较为完好，为清代典型的宅第民居。建筑结构分上、下两院，分别为主人和仆人居住。上院建筑保存有大门、二门、正房、东西厢房、南房，下院建筑仅存有大门、正房、西侧便门，内部结构精细讲究，为研究清代建筑结构提供了详尽的实物资料。更值得一提的是，宅院内木雕做工精细考究，雕刻艺术较为精湛，属我国古代不可多得的艺术瑰宝。

大张东岳庙、下乐坪段氏祠堂、西张韩字千宅院、张望城址、贾孟遗址、靳壁汉墓……每一处都是我国古代悠久历史文化遗产的见证，每一处都为研究我国古代悠久历史文化遗产提供了文献资料。

2008 年的"三普"工作已告一段落，虽然有些辛苦，但是我们每个工作人员都很充实很快乐。在普查的日子里，得到更多的是将使我们受益一生的东西：知识、态度、责任、协作、快乐……

文物承载文明，文物增彩华夏；重视文物普查，传承中华文明。我们是新一代的"文物员"，我们愿意为中华五千年文明的传承做贡献。2009 年我们全体工作人员都将满怀信心去迎接新的任务，全力以赴去完成新的工作！

普查札记

交城县文物旅游局　李大斌

10月8日，是野外普查的第38天，天气晴好，无风。早7点整，4名队员已全部到齐，一身戎装，朝气英爽，格外精神。

7点10分，车已发动，队员们携带各自的普查工具登车出发。

按照约定，车顺路到天宁镇镇政府把老王拉上。刚到镇政府大门口，车还没停稳，老王已从传达室里快步走了出来，脸上笑嘻嘻的，脚上穿的运动鞋，肩上挎着一个绿色军用水壶，漆皮已泛黄，水壶的边楞也历经磨砺漏出了铝皮，背着的绿色帆布挎包上面印有红色毛体"为人民服务"，手里还拿着一把镰刀。老王是天宁镇文化站的站长，当兵出身，在这个岗位已干了整整三十个年头了，年底就要办手续退休光荣离岗。八月份，镇政府接到文物普查任务，镇领导考虑到老王年高，况且年底就要退休了，不想再劳驾他老人家，准备另选他人承办。但老王知道后，主动请战，说："咱一辈子热爱的就是个文物工作，领导的关心咱心里明白，保证圆满完成任务，还不行？！"

今天继续在坡底村普查。

坡底村历史悠久，文化遗产丰富，是净土宗祖庭玄中寺"鸠鸽二仙"传说的发源地；村前明代始修的丰乐渠至今仍在浇灌着数千亩农田，是农民丰收、快乐之源泉；村中有古林庵、真武庙、三官庙、戏台、民居等多座古建筑；村东北黄土台地上有汉代遗址，正北荣家峁山顶有国民党阎锡山政权修筑的军事碉堡群；再北有烽火堆遗存，俗称"一箩筐土"；清代、民国时期，村人兴办商贸字号，富商巨贾辈出，闻名三晋，在晋商中独树一帜。坡底村现有人口2130人，以荣姓最多，民国廿四年（1935）石印《荣氏宗谱》（四函廿四卷）记载了春秋至民国时期荣氏八十代世系。荣氏原籍山东省汶上县荣家庄，始祖荣苗于唐代移居交城，落籍坡底村，延传至今已逾千载。

车行大道约20分钟，拐上了乡村公路。窗外的林阴树高大挺拔，农田里的谷穗笑弯了腰，柿子树上的柿子像一个个金色的灯笼，一只只小鸟自由自在的飞来飞去。这就是陶渊明笔下的"桃花源"？

不觉车已驶入坡底村，坡底村依山而建，村口老槐树枝干虬劲，树冠宽广，青砖碧瓦的四合院民居掩映其中，是交城明代"八景"之一：坡底槐荫。树前悬挂的宣传开展第三次全国文物普查的红色横幅，在绿阴的衬托下更加夺人眼目。村老支书看到我们的普查车来了，紧走两步，到路边的果皮箱上磕掉长杆烟锅里的烟灰，缠住烟袋，别在布腰带上，从树下迎了过来。

按照老支书的安排，车停在老槐树下。同志们相互帮助，拿上工具和仪器。上了年纪的老王和村支书也不顾我们劝阻，非要帮我们拿工具，使我们深受感动。我们沿着曲折的小巷前行，路过了在昨天调查时新发现的"山西省牺牲救国同盟会青年干部培训班"旧址，崇敬之情油然而生。这里为我党培养了一大批青年领导干部，为抗日战争的胜利和新中国的建立立下了不朽功勋，华国锋同志就是其中的卓越代表。

今天上午的任务是普查荣家峁山顶的子母碉。我们穿村而过，沿着陡峭的山间小路向山顶攀行。老王一直走在最前头，用镰刀斩断挡路的荆棘，为我们开辟道路。老支书前后照应，一边登山，一边给我们讲述他们交文支队抗击日寇的战斗故事，不时还用手比划。雄浑与悲壮共鸣，震撼着我们的心灵，激励着我们的意志。一路上我们倍感亲切，深受教育。

爬上荣家峁山顶，登临碉群平台，一览众山小。我们首先围着碉群平台走了一圈，仔细察看地形及碉堡的分布状况，将普查前了解到的相关资料与实地考证对应起来，做到了心中有数。然后同志们便开始有条不紊地着手进行调查数据的采集：测量地理坐标、方位，拍摄影像资料，绘图，丈量尺寸，数据录入……

子母碉碉堡呈梅花状分布，以主碉为中心，三个子碉分布在主碉的东南、西南、西北。主碉为圆柱状，下端部分建于地下，地坪上露明部分高 5 米，碉堡内净高 6.5 米，外径 5 米，顶端筑有垛口，居高临下，为站岗瞭望之处。堡墙射击孔分三层布置，孔呈外大内小梯形结构，外口长 0.34 米，高 0.18 米，射击孔侧壁有台阶状防侧滑构造，可以有效阻挡射向射击孔侧壁的子弹进入碉堡内伤人。主碉内原有木构分层楼板，以便守卫人员作战时使用。碉堡外墙面保存有 1948 年 7 月 6 日，中国人民解放军一二〇师十三旅七团、九团在解放县城之前扫除外围障碍，攻克该碉堡时留下的弹药击中、爆炸所致坑槽数十处。子碉采用圆柱状半地穴构造形式，顶部呈圆锥状，子碉内净高 2.65 米，地坪上露明部分高 1.5 米。主碉与子碉之间在地坪之下有石砌交通壕相连接。碉堡壁厚 1.06 米。外壁为砖块包砌，内壁采用混凝土浇注，浑然一体，结构简单牢固。

荣家峁朝南俯视县城，为城北重要军事据点，东、北方向为陡峭山崖，下为磁窑河，是进出岭底、寨上山区的交通要道；西为柏嶂沟，深达数十米，有"一夫当关，万夫莫开"之势，且与建于卦山太极峰及西山梁的两座碉堡遥相呼应，成犄角之势。

该碉堡群建于 1947 年，国民党第二战区司令长官阎锡山为维持其在山西摇摇欲坠的反动政权，下令拆除庙宇建筑，强迫老百姓背砖扛沙，修筑而成，是我县境内现存唯一保存完整的梅花碉军事建筑。建议对子母碉进行保护性修缮，作为爱国主义教育基地实施开放。

红日当空，数据采集工作全部完成。同志们将普查工具收拾妥当，拍拍身上的尘土，在碉堡前席地而坐，领略着故乡的美好河山。司机成师傅专门搬来两个大石块，权当老王和村老支书的"座椅"，在这里就算是"高规格"的待遇了，代表着我们普查队员对二位老同志的崇敬和感激之情。

走近李家山

临县文物旅游局　　刘彦君

野外调查活动开展以来，我们走过了不少地方，但给我印象最深的是黄河边上一处被称作黄土高原上的"立体交融式"乡土建筑村落——李家山民居。

李家山村位于黄河古镇碛口西南约 3 公里的大山深处。多年来由于深藏山中，至今依然保存有原始的古朴。村民们不无庆幸地说，当年日本侵略中国到碛口时，也没有找到此村。

史料记载，李家山村的始祖李端，系明成化年间迁来此地。李氏家族世代繁衍，到清中叶成为当地大户。时值碛口商埠繁荣，李家也开始涉足商业，形成东西两大财主。有了钱的李家人，请来风水先生踏勘，大兴土木。

李家山村有两条向南流的小河，在村南交汇，注入黄河，两沟之间的山峁，形似凤凰头，左右两山则是凤翼了。东财主家在凤身上修建，西财主家在凤的右翼上修建，凤的左翼依然是旧村。东西财主好像在暗暗较量，在几百米约 40 度的高山坡上，精细设计，精心施工，依山就势，高低叠置，从沟到顶，多达十二层，其造型不同，风格殊异，形成了"立体村落"。

东西财主院至今保留有大大小小百十院，400 多孔（间）房舍，住有 220 多户人家，760 多口人。这些清代建筑群，有一些虽破破烂烂，却还基本保存完好。民居建筑均以水磨砖对缝砌筑，砖、木、石雕及精美匾额比比皆是。建筑形式多以砖拱顶（窑洞）明柱厦檐四合院为主，且依山建楼。侧房、马棚多为一泼水和双泼水硬山顶瓦房。街道高高低低，条石砌棱，块石铺面。水道布局合理，沟心券洞，送出村外。

凤的左翼沟里，依然被称作旧村或小村，至今还保留着几处"一炷香"独门独窗土窑洞，可让人想象房屋的主人以前一定过着近似穴居的生活。村民们说在李姓迁来之前，这儿叫陈家湾，住着陈、崔两姓人家。

小村和大村相比，建筑风格完全是两个天地。李家山民居的形态多样，无论是豪华的清代建筑群，还是穴居生活的土窑洞，无不附着中华民族的灵魂，它的确就是民族的东西。正如专家们说，这儿的自然风光与人文景观交相辉映，它蕴藏着黄土民情风俗和丰厚的黄河文化。

10 月正值红枣成熟期，李家山村满山遍野的红枣林，又为黄土高原增添了一道靓丽的景观。盆口粗的枣树，苍劲雄浑，扭腰舞枝；新栽的嫩苗，枝繁叶茂，竞相斗妍。品尝着香甜的鲜枣，倾听着热情洋溢的枣农介绍有关红枣的知识和故事，是普查队员的意外收获。

普查队离开李家山的时候，我脑海里不禁回想起著名画家吴冠中先生的话"这里从外面看非常荒凉，一进去是很古老很讲究的窑洞，古村相对封闭，像与世隔绝的桃花源。这样的村庄，这样的房子，走遍全世界都难再找到！"走过方知，李家山民居不愧被称作吴冠中先生一生重大的三大发现之一。

独特的土地，形成独特的人文景观，这是祖先给我们留下的宝贵遗产，是无法用金钱估量的。记得美国一位领导人曾经说过"北京再过一百年可能如纽约一样繁华，但纽约再过一百年永远不可能象北京一样有韵味。"这韵味指什么？指的就是北京的文化乃至中国的文化。历史是流动的，它会像风像雾一样从岁月深处消失；但同时历史又是有记忆的，这种记忆的载体就是一座座精美的历史建筑。它们是历史深处的玫瑰，是凝固了的音乐，走近它们，用心谛听，你就找到了历史久远的感觉。

我们庆幸这样一个完整的村落能保存至今。层层叠置的古建筑群，藏在大山的皱褶深处，素面清颜、古朴自然、从容雅致，正因为它的不事张扬与喧哗，才躲过了许多人为的灾难。当第三次全国文物普查的春天到来之时，它以完好无损风姿为世人奉上了一道精神大餐。这份厚重的礼物给予我们格外惊喜的同时，也赋予了我们更加神圣的责任。李家山村，我们普查队待了足足 3 天，大家都在用心去做好每一个细节性的工作，这只形似凤凰的古村落，守护在千年万年的黄河岸边，亮翅一展，光彩照人。

"三普"纪实

方山县文物旅游局　崔芳芳

2008 年 8 月，我县普查队员在吕梁市参加了为期七天的第三次全国文物普查培训之后马上成立了方山县文物普查工作小组，制作了"摸清家底，搞好普查"的条幅，为"三普"开始了一系列的准备工作。

在小组的组建过程中，老队员与新队员结合，领导与职工结合，弥补了业务人员少的缺陷，确保了普查工作的正常开展。为了保证普查工作的进度与质量，刘书记结合实际情况，对每个队员进行了明确的分工。纸质文本的登记、建档，电子文档的录入，PDA、GPS 及数码相机的使用都有专人负责，我们有了明确的目标，也把责任落到了实处，既有分工又有合作，从而保证了文物普查工作有条不紊地进行。

李耀东老师是"二普"时的老队员，也是我们小组的骨干。由于博学谦虚，我们尊其为师。他参加这次"三普"，完全是出于对文物工作的爱好，虽然年过半百，但却是最能吃苦的一位老队员。他本着自己对文物事业的执著追求、对文化遗产的无限热爱，每天不辞劳苦、任劳任怨和我们这些年轻的队员始终战斗在"三普"工作的第一线。每次上山他在总是跑在最前面，为我们带路、踩点，多少次累得气喘吁吁也从来没有抱怨过，总是默默地坚持着、坚持着。他这种务实敬业的精神真正践行了一位文物队员的风范，为小组成员提供了强大的精神动力，为文物普查提供了宝贵的精神财富。

刘军龙书记——我们的普查队长，肩负着文物普查的领导重任，身体力行，真抓实干，对工作可谓是精益求精、一丝不苟，白天和我们一起下乡调查，晚上还要加班加点修改登记表。为了给我们查找相关的资料，他亲自查档案、查县志，深入乡村走访老干部、老村长，成为我们全组人员学习的榜样和工作的支柱。

在老队员的带领下，年轻队员也不甘落后，努力把培训中学到的理论知识应运到实践中去。由于专业的限制，英语专业毕业的我对文物工作几乎是一窍不通，本着"干一行、爱一行"的原则，我硬着头皮去熟悉、钻研与文物相关的一些知识，开始了点点滴滴的学习。由于年轻队员们缺乏实际经验，我们利用业余时间经常结合"三普"资料、普查试点培训学习，使业务水平和实际操作能力在潜移默化中提高起来。平时我们把在实践过程中遇到的难点，疑点归结起来，通过电子邮件的形式与省、市文物专家取得联系，虚心请求帮助，在他们的悉心指导下，我县文物普查工作顺利进行。可以说我们的工作是在探索中前进，在前进中发展。

文物普查是一项专业性很强、要求及其严格的工作。调查程序是否科学、信息采集是否翔实、数据录入是否准确规范，会直接影响到我们普查的质量能否达到国家标准。为了准确登记一处遗址，我们不惜长途跋涉环绕半个山头；为了采集一个标本，我们不畏漫山荆棘登上海拔上千米的高山；为了拍好一张照片，我们不惜俯卧地面；为了测准一个数据，我们不惜爬上十几米高的烽火台。

普查工作的成败与队员们艰苦奋斗、敢于拼搏的敬业精神是密不可分的。我县地处山区，道路崎岖，文物点分布广，从普查工作的第一天开始，我们就树立了不怕苦、不怕累的精神。有时候山路难走，光上山就得几个小时的路程，途中累了只能稍微休息有得继续前进。记得是在 11 月份的一天，从上午 8 点到下午 3 点队员们没进过一滴水一粒米，饥渴难耐，途中树上留存的一些散枣就成了我们临时充饥的食物。

由于宣传得力到位，我们的文物普查工作得到了基层群众的理解和支持。人民群众淳朴善良、古道热肠，积极提供线索，为文物普查工作的顺利开展起到了很好的效果。最让人的感动的是 2008 年 12 月份的一天，我们跑了一上午都没找到一处新发现，无奈之下，准备复查武家湾宋墓，可是当普查小组的车刚刚停到村口时，我们犯傻了，找不到路呀，怎么办？还是李老师有经验，马上找了一位上了年纪的大爷问路。鉴于山路难走，大爷自告奋勇，决定亲自带路，绕了好几座山梁我们终于到达了目的地。七旬老人热心助人的精神深深地感动着我们，他们的理解与支持深深地鼓舞着我们。

我的"三普"路

中阳县文物旅游局　李高峰

第三次全国文物普查是我国文化遗产保护领域的一项国家工程。作为一个 2008 届本科毕业生，虽非文物考古专业，却能成为这次文物普查的一员，我感到无比的自豪和荣幸。这条路走的不是那么平坦，但是我一路走来得到了许多意外的收获。

依然记的我第一天上班，是野外调查，当时我的感觉就像刘姥姥进大观园，啥也不知道。PDA、GPS，还有悬山顶、硬山顶、脊、吻、斗拱等一连串的专业性术语，我就是一个听天书的，没有想到就那么一个古建筑有那么多的术语，还要通过建筑的风格断定这栋古建筑的年代。听着高建新副局长的讲解，我无比的好奇，也正因为这份好奇心，使我对工作充满了信心，也把对专业知识的学习与研究当成了一种精神享受。

通过一天的实地调查工作，我明白了课堂给了我的仅仅是知识海洋的一滴而已，我感觉到了知识的严重不足，"书到用时方知少"，如果不经过现实的考验是无法体会其真正的含义。回来后我就将 PDA 的使用方法及应该注意的地方虚心向其他同志请教，通过他们的耐心指导，演示操作，使我对 PDA 的使用功能及应用有了一个全方位的了解。PDA 数据的录入、编号、坐标的定位、坐标跟踪、航迹测量面积、保存、修改、查询，现在我已经得心应手了。

可以说这次普查完全是高科技产品在文物领域的又一次应用和普及，GPS 全球定位系统当时我们局还没有人会熟练操作。针对这个高科技产品，我也是通过说明书及网络有了了解，在野外调查的时候派上了用场。从定位到测量两点的距离，测量建筑占地面积，经过不断的学习反复操作，我终于熟练掌握了其使用方法。

按照对第三次全国文物普查工作规范要求，在野外的各种工作记录和数据，必须全部导入第三次全国文物普查采集软件，工作才算告一段落。

在弄清 2.0 采集软件之后，我又根据"三普"工作的需要，学习了 CAD 制图方法，

POTOSHOP 图片编辑方法，图片的导入、导出。在此期间，乔晋平局长在 CAD 制图方面给了我很大的帮助。

在几个月的工作中有两次野外工作使我记忆深刻：一次是 9 月 30 那天，烈日当空，当别人还在过国庆节和中秋节的休假时，高建新副局长、郭乃源老师和我三人却正在徒步向人迹罕至的深山老林沙焉堡址行进中。我们来回走了 5 个小时，中途还在山林里两次迷路，回来的时候天已经全黑了。我们没有带水和吃的，到了山上，实在饥渴难忍，郭老师不知道从哪里采的野果为我们充饥解渴。郭老师 50 多岁的人了，依然迈着矫健的步伐。作为年轻人，有时都赶不上郭老师，我真佩服郭老师为了工作不惜劳累、不怕跋山涉水的爱岗敬业精神。他的工作精神值的我学习、更值的我们这一代人学习。

还有一次是正值寒流来袭的时候，天气异常的冷，出去不一会手脚都冻的受不了，街上几乎都没有行人。在这样的天气里，高副局长、郭老师和我穿梭在大街小巷里，寻找着湮没的历史，古建筑，近现代重要史迹以及名人住宅。我们要询问、记录，还要照相，更要命的是手脚不听使唤，直哆嗦。高局长身体不好，在这样寒冷的天气里义不容辞的带着我们，使我感到没有克服不了的困难。

"三普"工作不是一个人的工作，也不是一个单位的工作，而是全社会的工作，我们必须在自己实干的基础上，调动全社会来加入到"三普"工作来，给社会交一份满意的答卷，因为这关系到一个地方的历史、现在、未来。在几个月的工作中，我从对"三普"一无所知，逐渐到今天可以独立操作任何一台普查仪器，并且成为了我县文物普查工作中重要的一员。"三普"之路任重而道远，我一定要用青春谱写"三普"。

内蒙古自治区

魏家窝铺红山文化聚落遗址发现始末

赤峰市红山区文物管理所　张艳玲

2008 年的 5 月 18 日，对全世界的文博工作者来说是一个值得庆贺的节日，因为这一天是第 32 个国际博物馆日；而对内蒙古赤峰市红山区第三次文物普查队员来说，更是一个终生难忘的日子，因为正是在这一天，他们发现了魏家窝铺红山文化聚落遗址。

当时，他们的普查工作已经进行到了第八天，普查到的大小遗址也确实不少，但是由于自然和人为因素，所发现的遗址都已经破坏得相当厉害。所以，随着普查工作的一天天的开展，普查队员们的心情却是越来越沉重。内蒙古赤峰市红山区是著名的红山文化发现地和命名地，然而，目前这里却没有完整的文化遗存。而作为红山文化的发现地和命名地的红山后遗址，在经日本人的发掘后，如今已成为一处被自然剥蚀的地点，墓穴和房址都已了无痕迹。

5 月 18 日那天，队员们和前几天一样，一大早就来到红山区文钟镇进行"拉网式"普查。按着原定方案，B 组队员来到了魏家窝铺村东北 1 公里左右山坡上。以前这里是一处荒山，今年春天才有人承包。现在这里经过农民们的辛勤工作，原来的乱石和杂草已经不见，代之是散发着清新的泥土气息的整齐的田亩。当他们来到临近山顶的台地上时，细心的普查队员们很快就发现，在用翻转犁新翻过的陇亩间，明显可见十多个灰土圈。这里会不会是一处遗址呢？队员们带着疑问来到了一条东西走向的新挖的水沟边上，突然发现地表上散落着许多红山文化时期的彩陶、夹砂"之"字纹陶、泥质灰陶等标本。他们又沿着水沟往里找了找，发现这条沟翻出的陶片非常多。队员们立即兴奋起来，很明显，这里肯定是一处新石器时代的遗址了，但保存情况会怎样呢？队员们赶紧向当地老百姓了解情况，"此地以前做什么用了？""是否进行过深翻作业？""在地表捡到过什么东西？"在得知此地并没有使用大犁进行过深翻时，队员们才真正放下心来了。

当联合普查队队长、红山区文物管理所所长赵爱民初次得知这个消息时，虽然也是万分激动，但同时又觉得不敢相信。因为，在去年即 2007 年，中美联合考古赤峰调查队曾经在 9 月份对发现地及其附近进行过一次"扫荡式"调查，难道这一重大发现竟与调查人员擦肩而过，而发现的喜悦、幸运却偏偏眷顾到普查队员的头上了吗？赵爱民反复去发现地进行了细致的踏查，通过对地表遗物和周围环境的分析，初步认定此地为一处保存较好的新石器时代聚落遗址。2008 年 6 月 15 日，应红山区文化局的邀请，中国社科院考古研究所副研究员、内蒙工作一队队长刘国祥来到了红山区文钟镇魏家窝铺村，对这处遗址进行实地踏查和论证，最终确认该遗址是一处中型红山文化聚落址，具有很高的研究价值。

顿时，魏家窝铺发现红山文化遗址的消息像长了翅膀一样传开了，所有的目光都聚集到了这个小小的村落。即使是当地村民也感觉到了这块土地的不寻常，当他们看到一拨儿又一拨儿的专家学者及各级领导纷纷到此踏查时，各种捕风捉影的揣测也开始以讹传讹。社会上一些怀着不同目的的人开始做起了盗掘的打算，不明真相的村民也希望能挖出一些"宝贝"。幸好当时的发现地里长着庄稼，别有用心者忌惮庄稼地主人，不敢在地里轻举妄动。然而，夏天悄然过去了，秋收眼看就要到来，保护的压力也越来越大了。怎样才能使这处难得的遗址得到更好的保护呢？"发现遗址是好事，保护出了一丝差错我们就是罪人。"正是这种高度的责任心，才使得红山区文化局相关领导们为保护遗址而殚精竭虑，寝食难安。而文物管理所所长赵爱民更是三天两头就要骑着摩托车往遗址跑。着急上火使他的感冒久久不愈，但即使输液期间，他也没停下去往发现地的脚步。过度的操劳使他日渐消瘦、年纪轻轻竟然鬓生白发。同为普查队队长的赤峰学院历史系副主任王惠德教授是看在了眼里急在了心上，得想一个能从根本上解决问题的办法了！商讨之后，相关领导最终拍板的方案是：发动群众！

10 月 9 日，红山区政协、文化局、公安分局等相关部门邀请王惠德教授深入到魏家窝铺村，直接给农民上一堂"文物保护"课。当时，正值"三春不顶一秋忙"的秋收季节，无论是领导还是王教授都担心来听课的人太少，没人听，讲得再精彩也达不到效果啊。但没想到的是，由于文钟镇党政领导的积极配合，书记和村长竟然迅速召集了村民代表、村干部、小学校长、土地承包人等，村委会的小院竟坐得满满的。只见王教授把"红山文化"讲得既通俗又生动，使农民们在短时间内就了解了遗址发现地的学术价值及保护意义。接着，区里领导又就发现地发展前景及潜在的经济价值进行了宣讲。在秋收的农忙季节，几十人坐在一起听宣讲，这在农村绝对是十分鲜见的事儿，而宣讲人讲得头头是道，听讲人听得心服口服更是十分难得的事儿。这次宣讲取得了意想不到的效果：首先是镇里和村里迅速成立了相应的遗址保护组织，最为难得的是村民们自我保护遗址的意识真正的增强了。有的村民往场院拉庄稼，想修一条便道，都会主动向相关部门请示能不能挖土；赵爱民带领钻探队的同志前往发现地工作时，竟然被当地的村民"盯梢"。虽然遭到村民的盘问，他还是感到由衷地高兴："这说明农民开始把保护遗址发现地等同于保护自己家的财产了！"

魏家窝铺遗址的发现，打破了红山区只能通过采集到的玉器、陶器和石器来展示红山文化内涵的尴尬局面。加之此处遗址距城区不足 20 公里，是赤峰近城区非常难得的历史文化资源，对赤峰市城区人文旅游资源的开发利用具有重大意义，也是宣传展示赤峰地区辉煌灿烂历史文化的理想场所之一。所以，此处遗址的发现对于扩大红山文化影响以及近城区人文旅游资源的开发利用，特别是对打造文化大市，具有重大意义。

魏家窝铺红山文化聚落遗址是红山周边的考古重大发现，随着这处新发现的历史文化遗存的科学发掘，红山文化研究必将被推进到新的高度，古老的红山也将焕发出新的光彩。我们期待着赤峰地区这一辉煌的考古发现能早日经过科学的考古发掘，向世人展示红山文化更深刻的内涵！

初登岱王山有感

赤峰市松山区文物管理所　高云库

2006 年 9 月 27 日，松山区文物普查队 3 名队员又开始了新的一天的工作，驱车来到上官地镇新地村，踏查当地有名岱王山。岱王山坐落在上官地镇新地村南，村民说因以前住过岱王而得名。山的西北有老哈河支流昭苏河缓缓流过，据史料记载昭苏河古名辋子河、卓索河。"昭苏"系蒙古语，意为"夏营地"。以前是牧民夏季放牧的好地方，这里虽山不高，但名气不小，远近的人们都知道有座岱王山。从北面远远望去，岱王山山体浑圆，山顶最高处隐约有突兀的石包。村民描述，在很久以前长城以北的万里草原，长风猎猎。数支身着甲胄、手执青铜兵器的游牧民族铁骑部队，几经混战，其中一支游战到长城以南便来到昭苏河，以岱王山为中心，占山为王，建立自己的部族，以前山上还有石桌、石凳、青铜大刀等，种种传说让我们普查队员决定上山一探究竟。

我们顺着岱王山东面的山沟开始登攀。沟又长又陡，每登一步，都要付出不少体力，普查队员年纪都不大，身体也不错，因平时普查锻炼也不少，爬起山路和走平路差不了多少，有的队员说笑之间就没了身影，我因感冒没过多久就成了孤独的断后将军。

好不容易爬到半山腰，这里有个堆积的石窝铺，估计是羊倌或爬山者歇脚享用的。我到石窝铺前，里面有两个羊倌抽着烟闲聊，他们说到山顶刚走一半，我真有些累了，真想歇歇，但由于对岱王山的好奇，只好向山顶进发。

越到山顶，山上的路越不好走，走几步就要休息一下，望望前方，弯曲陡峭的山路不见尽头；看看脚下一道道冲沟横在面前，几乎不可逾越；摸摸身上，豆大的汗珠像雨滴一样湿透了衣衫，周身不爽。是进是退心里展开拉锯战，最后干脆坐在一棵树下，等待着自己的最后决定。山风很大，不一会吹干了湿透的衣服，越到山顶也带来丝丝的寒意。不远处只见一老者，手拿镰刀，脚穿破旧布鞋，身背榛柴，慢慢悠悠从山顶下来，不一会就到我的前面，望着渐渐离去的老者，我不禁感到一阵惭愧。论年纪，他比我大，论身体他也不比我强，想到这里，勇气顿生，转身又向山顶爬去。

经过三个多小时的跋涉，我们终于登上岱王山的山顶。山上的风光无限，放眼四周，规模宏大的椭圆形石砌山城主体建在 1080 米的山顶，显示了占山者的至高无上。郁郁葱葱的榛柴遍布山城内外，显得山城更加古老而沧桑，主体面积约 7800 平方米，城门朝南，垒砌规整，三层台面成阶梯状。可能是上山下山的唯一通道，城墙外围有半径 1.5～2.5 米的马面和高大的城墙。显示了当年防御外敌入侵的境界，更重要的是也象征着城内与城外部族森严的分界；在山顶北面略平的地方有现代人堆积的几个敖包，一敖包前摆有石香炉，香炉内积满香灰，说明现代人经常到这里祭祀他们心目中的岱王，主体石城内有大量的陶罐、陶鬲等器皿的残片和少量石器，传说的石桌、石凳已不见踪迹，这其实是一处保存较完整的夏家店山城遗址，也就是传说中岱王山现在的面目。如果你往远处眺望，青翠的群山，环绕群山的昭苏河，黑亮的公路，丰收的农田尽收眼底。山上美丽的风光，是山下人无法看到的。人人都可以上到山上，就看你敢不敢上，有没有坚定的意志是决定能否登顶的关键因素。俗话说"无限风光在险峰"我们文物普查者就是应该有一种"明知山有虎，偏向虎山行"的工作精神，才能发现别人发现不到的古遗址，人生其实也是如此，辉煌与平庸可能尽在咫尺，你咬牙坚持下去了，迎接你的可能就是辉煌的业绩，如果你在关键的时刻胆怯了，等待你的可能只是平庸。相信吧，我们需要的就是坚持。

与岩画有关的日子

——普查工作日记选录

巴彦淖尔市磴口县文物管理所　王　浩

2008 年 6 月 8 日　晴

进入格尔敖包沟工作，工作分工为编号、摄影、拓描、文字描述。小弟不才，由去年的拓片组被搞到了文字描述组，惭愧。记录描述较麻烦，画面不好描述，有些抽象的图案很费力，绞尽脑汁写了别人也不一定能看懂，好在室内整理后要配照片和线描图，应该不会有太大问题。我想描述应主要侧重照片、线图不能反映的东西，如刻痕的深浅、宽度、画面大小、在岩画区的位置以及朝向等，这样形成互补，也不会使工作过于繁琐。

再有就是拓片工作受天气影响较大，主要是风。应多配几套工具，在没风或风小的情况下大家集中力量打拓片，这样既不窝工，拓片的效果也会好很多。

天气很热，从早7：00干到晚5：30，中午野外休息了两个半小时。工作区一片阴凉也没，三四条汉子的胳膊被晒红、发疼，但大家情绪都不错，都没发牢骚，毕竟野外就是这样的嘛。

午休不错，找到了一片柳树林，在我们这里的秃山里能找到树林，真是老天开眼了啊！午餐依旧是馒头、咸菜、肠、蛋，喝的是山里的天然矿泉。吃完铺个毯子沙地上一躺，不时有点小风吹来，好舒服。

下午3点上工可就惨了，石头晒的烫手，酷热。我怕中暑，在沟里把帽子弄湿戴在头上，虽然一下午帽子被晒干了两次，但很管用，这还是我2006年燕家梁考古工地学回来的呢。我想过两天就会推广开的。

驻地条件不好，老苏等七条汉子住一个小屋，相当的拥挤。我和赵馆、高鹏三人一个屋，条件相对好一些，弄得我们很不好意思。但兄弟们都很大度，都没说啥，我很感谢。包伙的食堂不知怎的，老不能按时开饭，可能他们也有难处，但我心里还是很郁闷。

2008 年 6 月 12 日　晴转小雨

今日在第二地点工作，主要在第一个集中区，前期编号至76，后补号77—103号。精品的东西很多，多为一些人面以及符号，无廓人面较多，多用重圈图案表示眼、口，类似青铜器纹饰。好多组合图案较难懂，岩画的想象空间较大，见仁见智，只要能解释的通，至少可以成为"一家之言"。自知道行还浅，但多看、多想总是没错的。

今天个人状态不好，早晨头有些发闷。第二地点的山体陡峭，补的号多在崖壁上，在记录088号时，爬的我腿有些发软，太陡了，心跳的很难受，很佩服菅强这个"山汉"（能爬山的羊是山羊，能爬山的汉子……），编号都是他写的。我在上面喘了好一会才下来，或许是人进中年胆就小了吧。大家都说：虽然买了保险，但还是要注意安全，自己要是不幸"挂了"，那保金还不知红火了谁了呢！

中午馒头有的酸了，忍忍吃吧，大家都没说啥，条件就是这样，谁还没吃过点儿苦！！但今天中午实在是太热了，34℃。午休刮的都是热风，大家都没睡着。好在4：30左右狂风暴雷，提前收工，否则非累"屁"几个不可。

2008 年 6 月 23 日　晴

继续在托林沟第四地点工作，第四地点位于牧人巴特尔家东的一座山顶上。今日放号已至156号，仍有大量岩画被发现，黑石带一直向北延伸，发现岩画应在300幅左右，这应是此次岩画普查发现岩画最多的一次。

发现的岩画内容多以动物、狩猎、人物为主，作画手法有磨刻、凿刻、刻划等方法，时代从青铜时期延续至清代，作画地点也较不同，在一座高 1700 米的山顶上，跨度较大，已知南北跨度已达 400 余米。此次发现的岩画无论从密度还是面积方面，都是历年来所未见的。

在岩画点北部发现汉代烽燧一处，顺便测量、绘图、记录，以后可以给长城普查的兄弟用了。

山顶风力较大，日照强烈，工作环境艰苦，爬山至工作点大概得一个半小时。但大家情绪都很好，毕竟好东西大家都喜欢，东西好吃点苦也值。

2008 年 6 月 25 日　晴

继续在托林沟第四地点工作。今日号已放至 261 号，陆续仍有发现。今日填表 45 张，仍无法追赶大家的速度。今日所见精品较多，图案也较复杂，由于进度较快，许多由赵馆登记的图案本人都未仔细端详，甚是遗憾。

虽然很累，但有件事不可不记：摄影李小宏老师由于女儿高考之事心烦意乱、忙中出错，进入格尔敖包沟加水时才发现自己脚穿拖鞋，如回驻地换鞋则至少一个小时，不得已与菅强换鞋（菅强为本队兼职司机），登山上工。菅强车内休息，倒也无事。不料内蒙古电视台《蔚蓝的故乡》栏目组突然来访，又不知我等行踪，力邀其带路，推辞不得，只好勉为其难。好我的菅强兄弟，果不愧为新一代考古精英，实领一代"山汉"之风骚！竟脚踏一双八块钱的塑料拖鞋，健步如飞，翻越 4 公里山路，突然出现在海拔 1700 米的工地，令我等瞠目结舌，惊为天人。两支烟后，摄制组第一人方抵工地，如此壮举，怎不叫人钦佩！我认为此举难度仅次于奥运火炬登顶珠峰，特记之。

春满街历史街区

——大连市第三次全国文物普查第一新发现记事

普兰店市博物馆 傅文才

　　春满街成为大连市文物普查的第一个重大新发现既是偶然也是必然。这话还得从头说起。

　　2008 年 1 月，为了让更多的市民参与到第三次全国文物普查中来，大连市文化局与《大连日报》联合推出"大连民荐文化遗产"活动，时隔不久，第一条重要线索便出现了，普兰店市市长杨增海推荐的——城子坦镇春满街。

　　城子坦镇位于大连市北部，普兰店东南部，是普兰店三大古镇之一。城子坦镇历史久远，早在六千多年前就有人类居住，建城史则可追溯至明代，是一个历史文化遗存较为丰富的地区。春满街则位于城子坦镇中南部，是一条有着近百年历史的老街。正因为历史久远，历尽沧桑，才略显破败，当地居民用"晴天一身土、雨天两脚泥"来形容这条见证着城子坦古镇历史的老街。于是便有了关于改造城子坦镇老街区的规划，其中有一项是全面拆除"春满街"。刚上任不久的普兰店市市长杨增海独具慧眼，看到了这条老街的历史文化内涵，不但没有同意，还亲自将这条老街以及城子坦镇推荐到大连市文化局。经过大连市文化局专家的实地考察，最终将城子坦镇作为大连市第三次全国文物普查第一新发现上报辽宁省"三普"办，同时将其命名为大连市历史文化名镇。

　　春满街的前身叫"鱼市街"，是 1905 年日俄战争后，由日本人组织当地人和外来劳工劈山挖土造路而成的。当时，北吊桥河在汇入碧流河处的大河沿成为重要的农产品输出地。据日本人于 1921 年出版的《关东州事情》记载，每年初冬，能装百石上下的帆船数十只常在那里停泊。河岸附近相继出现杂货店、烧锅、饮食业与旅店等；当年"鱼市街"东西长 2 公里，至 1920 年已发展为埠头，店铺并脊连檐，生意兴隆。1934 年有"城安线自动车营业所"；1945 年，城子疃镇街还有烧锅、油坊、铧炉、烘炉、染坊、木铺和磨坊等数十家店铺。商业也异常繁盛，有绸缎百货和杂货商 51 家；饮食服务业近百家，其中旅店 9 家（日本人旅馆 1 家），饭馆 60 余家（专卖某种小吃的 30 家，小吃棚 10 家），其他行业 45 家。

　　1961 年，为纪念抢救两名落水儿童光荣牺牲的解放军战士郑春满烈士，将"鱼市街"

改名为"春满街"。

现如今的春满街，虽经历近百年的风雨沧桑，却一直保留着20世纪初的空间布局和建筑风格。原有的商铺大多搬迁到中心路一带，老街除少数店铺仍然保留外，大部分都已改为居住。街区现存1280余米，有房屋建筑460余间，住户150余户。徜徉在春满街上，浏览着街道两旁的老建筑和当年写在房屋墙体上现仍清晰可见的广告"仁丹"字样，仿佛置身于20世纪初期的城子疃。

经大连市文物普查队近一个月的调查发现，春满街区作为城子坦古镇的重要组成部分，较完整地保持了清末民初普兰店地区传统民居的建筑风格与空间布局，具有较高的历史、艺术、科学价值，是大连地区现存规模较大，保存比较完好、具有鲜明时代特色的历史街区。具有特殊意义的是，清光绪三十一年（1905年），日俄签订《朴茨茅斯和约》，战胜国日本将"关东州"扩至城子疃，以城中心街小桥为界将一条街区分割成两部分，南属日本殖民当局管辖，北属伪满洲国复县管辖。直至1945年才回到祖国怀抱。

此后，普兰店市政府责成文体局组织人员制定出《城子坦历史文化名镇保护规划》，同时，在严格保护、合理开发、永续利用的原则上，制定出近期保护开发草案。根据保护规划和古镇的现实状况，抓住"关东州"和"伪满洲国"这一特殊历史时期，将春满街区定位为集居住、旅游、休闲、度假、影视基地等为主要功能，兼商业服务功能，具有宜人生活环境和浓郁地方特色的古镇历史文化街区。并划分出文化娱乐、手工业作坊、商业服务等区域。

后经辽宁省和大连市文物专家组到城子坦镇进行实地考察论证，一致认为城子坦镇文物遗迹众多，类型齐全，人文和自然景观结合较好，总体价值较高。并要求地方政府注意处理好文物保护和展示利用，本体保护和环境整治，眼前投入和长远产出，政府主导和民众参与等方面的关系。

一条线索引发了一个古镇的新生，这既是第三次全国文物普查的意义所在，又是城子坦古镇焕发青春的契机。

爱，源自平凡

——我的"三普"老公

辽宁钢城正大律师事务所　孔　霞

我的老公叫张旗，他是鞍山市博物馆考古部助理馆员、第三次全国文物普查鞍山市普查队的一名普查队员，没有什么辉煌的经历，也没有做出什么值得人景仰的成就，而仅仅是一名普普通通的普查队员。但是，就是他，在 2007 年 5 月第三次全国文物普查开展工作以来，经常挑灯夜战地整理相关普查所需文献资料、"二普档案"及照片，还经常为新发现了一处珍贵的不可移动文物而兴奋的夜不能寐。就是这个既普通又平凡的"三普"队员，让我又爱又怨又心疼！

2006 年 7 月份，我北京大学法学院硕士毕业，年末时老公在北京大学考古文博学院考古学专业的两年进修也快结束了。当时还是我的男友的他就已经给我下"最后通牒"了——跟他回鞍山的最后期限。最后决定跟他回鞍山的那一刻，我知道我对北京其实还是很恋恋不舍的。北京虽然不是我的家乡，但是，我毕竟在这座城市学习工作了多年，这里有我的老师、同学、朋友，还有很多的是机遇和挑战。但是，老公的理由很简单，我是单位派来北大进修的，我必须回单位。其实，说实话，老公这么辛苦的工作学习，当时每月也只有 1240 元的工资，如果留在北京只需要给单位打个辞职报告就可以了。但是如果放弃北京，那么他放弃的则就是很多的发展机会了，而这机会在一个人的一生中是不会有很多的？当时因为拗不过他，又舍不得放弃这个男人，我便决定回鞍山，毕竟嫁鸡随鸡，谁让我嫁给了鞍山市博物馆干考古工作的老公呢！

老公对工作的激情，只能说我小有体会，因为我毕竟没有像他一样经常会激动的夜不成眠，我也不会像他一样总是把家庭放在末位。儿子还未出生的时候，老公就一直积极参加文物普查的培训及相关业务学习工作，根本没有时间陪我们。每次下班我也只能自己走回家，再也不能像刚来鞍山时，下班后可以跟老公两个人牵手从二一九公园里走回家，想来那段浪漫的岁月是一去不复返了。儿子的降生又是添了很多意外。距离预产期还有一个月的时候，儿子便早早地到这个世界来报到，由于体重太轻只能在新生儿监护病房进行特别护理。在我们母子还在医院病房留院观察的时候，也就是儿子出生的第六天，老公则因为参加省"三普"培训班奔赴距鞍山三百公里之外朝阳市去了，这一去就是十几天。期间，全是由婆婆一个人护理，大人小孩的两个病房跑，出院后便大病一场，而公公当时在台安护理九十岁高龄的爷爷，根本没有时间来照顾我们。如今，儿子一周岁多了，虽然学会说的第一个单词就是"爸爸"，但是，跟爸爸却是最没有感情的，每次见到外出归来的爸爸就像是见到陌生人，甚至都不愿意让爸爸抱一下，更不会让爸爸亲一下。这也许是老公欠儿子的吧。

作为独生子的老公，在工作上一点都不娇气。每次单位里有活动，他总是最积极的，不管是打杂跑腿或者协助其他部门工作，还是专业考古调查，他总是跑在最前线。有时去沈阳、朝阳参加省里的培训，有时要到岫岩县的深山野地里普查，反正哪里有普查工作，那里就能看到老公的身影。遇到搞不懂的问题，还经常自搭经费去找专家咨询学习或者购买相关书籍。而且一出门，忙得连个电话都没有时间往家里打，偶尔主动给他打个电话，他也老说"我正忙呢，等会再打"，就都"啪"的给挂了。每当这个时候，我就在想，老公也太不讲清理了，根本就不顾家。可是每次回来一责问他，便来个口头禅，那就是"我不是共产党员，但时刻都要以一个共产党员的标准来要求自己"。我每次听了，却只得笑笑，心里在想，还共产党员呢，看你什么时候能入党？

由于"三普"老是野外工作，他那一身的装备在我们看来，就是一个地道的"农民"。对了，自从"三普"后，我老公还多了一个习惯——收集工作服。单位虽然给他们每个队员都配发了一套工作服，但他衣服已经磨损的差不多了，之后他向在鞍钢工作同学要了套鞍钢工作服，再向作警察的表妹夫要一套旧的警察作训服，呵呵，这个习惯不太好啊。另外，每次回家来的第一件事就是洗澡换衣服。由于野外普查时，经常住在当地百姓家里，吃饭住宿都很不方便，每隔十天半个月的才能回家一次。这样就总有那么一股"特别"的味道——全身都是臭臭的。所以，每次老公回来，我的家务活自然也多了一份——那就是要洗一大盆的衣服。还有就是，给他做点好吃的，多多的买肉，反正不管是馋嘴鸭、沟帮子烧鸡还是火腿等等的熟食都是老公的最爱。但是，老公吃饱喝足之后要做的事情不是陪我和儿子，而是打开电脑整理照片，在每张照片的属性上填写完整的资料，之后还要把此次出行的所见所闻整理成工作总结。每每半夜起来给孩子喂奶时发现老公还没睡，唉，真是不知道该心疼他这么劳累还是该埋怨他不注意身体了。不过，老公的努力没有白费，就在今年10月份由国家文物局主办的第三次全国文物普查摄影作品展中，老公的作品《"三普"之夜》在参加摄影展全部1800多幅作品中获得优秀奖，是我们辽宁省唯一的获奖作品。

也许是文物工作者的原因吧，老公对很多具有历史意义的建筑物情有独钟，经常一个人拿个相机出去对一些国家级、省级文物保护单位进行拍摄，说是要用照片来见证岁月的痕迹。就在今年的8月份，那座为鞍山老少几代人服务了54年的鞍山第一座钢混横跨铁路桥——"虹桥"——被拆迁时，老公好几个夜晚都睡不着觉，而且每次吃晚饭的时候，老是自言自语的说着虹桥意义有多大，拆了给后代的损失有多大等等等的话。从来没见老公对什么事这么在意过，但是，虹桥拆了对他来说比割了他一块肉都心疼。其实，尽管老公对于虹桥的拆掉是那么的心疼，但是很多的老百姓对此却是拍手称赞，认为旧的不去新的不来，根本不会在意到这座桥背后的悠久历史。而在老公眼里，这些凝聚历史的文物建筑一旦被拆掉，所付出的历史代价是沉重的。作为一名普通的文物工作者，老公只是默默的拿起相机摁下快门，拍下一张又一张的照片，让后代子孙也能看到虹桥的影子。

老公只是鞍山文物普查队员中的普通一兵，但是，正是他对工作的激情、执著与坚持不懈的努力让我觉得这个男人很实在！也让我觉得，我应该为鞍山有这样的文物工作者感到高兴，他们的辛勤劳动能够给党和人民交上一份满意的答卷。

希望我国的文物保护事业蒸蒸日上！

征服大顶子山

抚顺市抚顺县文体局   刘   杰

大凡我们踏访过的自然村的村名一般是根据最初的大户姓氏、户数决定，或依所处周边自然环境特点形成，或按照一段历史传说而得名。地处海浪乡东南边缘的前楼子村，也不例外。

进驻该村走访的第一天，五六十岁以上的村民听说我们的来意后，大都对大顶子山一百年前日俄战争遗址津津乐道。有的说小时候经常去玩，那上面的战壕又长又深，大石头上清晰可见子弹孔和炮弹坑；有的说前些年的大洪水，冲下来不少战刀、子弹壳甚至人骨……但谁也拿不出物证来，也无人说得清遗址的现存状况。经研究，我们决定当日上午登大顶子山探询究竟。

决定登大顶子后，我们开始在受访村民中寻找合适的向导，却没有一个人答应，一位中年男子道出原委：去大顶子山高路远，车开到第一道山口就没路了，要再徒步 10 多里路才能到山脚下，村民平时去那里的田间劳作都打忧，没半天时间根本回不来。陪同的乡文卫助理老高多年前在村干部的陪同下，曾经登过大顶子山，便主动承担起向导的角色。

一出村子便都是土路，有的地方很难分清是土路还是田间，满载"三普"人员的车子按照村民所指的方向，沿着蜿蜒曲折、坑洼不平的田间小路徐徐开进。车子颠簸了 20 多分钟后，来到一道山口，前面山坳深处的云雾中隐隐约约有一道西南—东北走向的山脉呈现在我们眼前。文卫助理老高说那条山脉应该就是大顶子了。我们的心情随之激动起来，恨不得马上就到山下。此时司机却停了下来，告知我们由于山路窄、石头多，旁边又是深山沟，为安全起见只能徒步前行了。

大家深一脚浅一脚地又走了 10 多分钟，面前出现三个沟岔，纵深不一，浅的最少也有两三千米。究竟从哪个沟岔登顶省时、省力，队员们发生了分歧。有的主张直接登最高峰，但纵深莫测，茂密的山林、荆棘丛生的灌木使人望而却步；有人认为先易后难，选择好登的山峰，上去后可以顺着山脉进一步攀登，但肯定会走重复路，时间不好掌握。面对僵持的局面，文卫助理老高介绍说，面前的整个山脉从西南至东北呈"厂"字形状，统称大顶子山脉，主要由大顶子、二大顶子、楼子顶及雪花顶四个山峰组成，日俄战争遗址便布整个山脉。楼子顶基本属于中间位置，站在楼子顶仰望大顶子、俯瞰雪花顶可以一览无余，因此他建议先登楼子顶，然后再视情况决定下一步路线。另外，楼子顶上是一块硕大的石头，四壁陡峭如刀削一般，山前山后两个自然村因此得名：前楼村、后楼村。听此，大家停止了争论，一致赞同先登楼子顶。

　　稍事休整后，我们沿着最右侧的沟岔、踏着水沟干涸后形成的蜿蜒小路，搜寻着楼子顶的大石头开始艰难地行进。楼子顶的大石头像捉迷藏一样始终掩映在山峰之间，时隐时现、一会儿远一会儿近，我们那急迫又好奇的心情随之一阵紧、一阵松！五人组成的登山队伍也被拉长到20多米，直到个个大汗淋漓、上气不接下气的时候，那块大石头总算出现在我们的头顶，露出一副幸灾乐祸的面孔看着我们。此时此刻，已届60岁的高助理显示出了农民兄弟特有的体力优势——竟然片刻不歇径直向上爬去。

　　满山都是柞树，密密麻麻，干枯的叶子上零星地挂有雪白的茧蛹，想必是蚕农们采摘时遗漏的，而此时的我却分不出一丝多余的力气去顾及它们，每登一步都要紧紧攥着柞树枝，用手使劲向上拉，初始的那种热情与好奇早已被远远地丢在了山下。不知爬了多久突然感觉凉爽起来，抬头一看不禁为之一震：期待已久的大石头就赫然立在20余米远的眼前了！浑身疲倦顿时全消，脚下也倍觉轻松，三步并作两步一口气登到了大石头脚下。

　　大石旁的山风足有五六级，帽子几次险些被吹跑，只好摘下放进背包里。我站在大石头的东南侧仔细端详它：东南、东北、西南三面如刀切一般，西南侧略前倾，东南、东北两侧呈上下笔直状态。总体呈长方形，东南、西北略长，约15米；东北、西南略窄，约10米；高约4米。随着阵阵山风的吹动，眼前这块巨石似乎随时都要向西南倾落下去，不免令人有些生畏。忽然，乡文卫助理站在巨石顶上，向我喊着说，西北侧有一斜坡通向上面，但你至少要绕半圈才能过来。巨石两侧立陡石崖，绕半圈无异于重新登一次山。这时，我发现巨石正面偏左处有一近半米宽的石缝，一直通到顶端。这可是一处难得的捷径啊！当看到石缝底部的左侧不到一米处就是悬崖，我开始胆怯了。一旦攀缘就没有后路，若滑下来，落脚地很可能就是那万丈深渊！但不登上这巨石顶又等于白登一次楼子山，我心一横——登！我把鞋带重新系了一遍，又紧一紧裤带，把背包挂在背后，胆战心惊地开始攀爬石缝。为助我一臂之力，老高找来一根长长的树枝伸下来，我凭借着脚的登力、手的撑力和老高的拉力，用了近十分钟的时间顺利"走"过了这条4米长的捷径！巨石顶上的山风又强劲了许多，想直腰站立都十分困难，随时有被吹跑的感觉。突然，一阵强风把我放在石头上的数码相机吹动，并径直朝崖边滚去，我不假思索地一个跃步，幸好踩上了背带，此时机身已悬到崖下，我低头弯腰慢慢地把相机从崖下拉了上来，然后坐在石头上再也不敢站立，惹得大家先是一惊、随后是一阵好笑！我猫着腰对巨石四周进行探察，这海拔近300米的楼子顶真是一处天险啊——西北侧虽然呈缓坡状，但仅有1米多宽的石头坡两侧同样是立陡的悬崖，大有"一人守顶、万夫莫上"的壮观！

　　正在我感叹之际，老高大喊：老刘看这，都是枪眼，还有几处炮弹坑的痕迹！虽然已无人能够来验证眼前的枪眼或炮弹坑，但昔日强盗般的日俄军队，无视中国的主权与尊严跑到这里大打出手却是不争的事实！那山岭上绵延数十里虽已被树叶深深掩埋但却隐约可见的战壕静静地躺着，凝固了我国近代发展史上的一段屈辱！如此巍峨、美丽、壮观的大顶子山脉，有谁知你曾满目创痍的历史、又有几人晓你那伤痕累累的痛苦记忆！

我忽然感觉手中的数码相机亦或GPS定位仪，虽然具备了现代化水准，但要详实、全面记录这段沧桑历史，它们又显得多么的微不足道啊！

圆满地完成此次调查任务后，我们沿着不同的方向下山。此时我却没有丝毫的轻松感，伴随着柞树的摇曳，那风声、树叶声嘈杂不休，似乎在向我倾诉着那段早已鲜为人知的悲壮历史！

在路上

本溪市博物馆　姜大鹏

2008年4月，作为一名普查队员，我亲身参与到本溪市第三次全国文物普查工作中。此时，距离我初来市博物馆报到、成为一名职工的时间，不过5个月而已。我深深知道，这次普查意义深远，而成为普查队员，对于我这样的文博新兵，更是光荣而难得的机遇。就这样，带着一颗珍惜和感恩的心，还带着丝丝青涩和懵懂，我走进了普查队，成为我市最年轻的普查队员。

一年来，行走在普查的路上，行走在本溪境内的山水之间，寻觅那一处处历史的遗存，聆听专家和前辈们的专业讲解，时刻感受着本溪地区历史的丰富与厚重。

本溪县草河口、碱厂、清河城等镇，为明代六大边堡所在，至今仍遗存部分边堡城墙和大量烽火台，这些军事防御工程，主要是明政府针对日益强大和难以控制的建州女真而建。普查中，我们新发现了许多明代烽火台（墩台）。世传六堡地区"五里一墩，十里一台"，实不为过。这些烽火台建于交通要道旁的山上，大部分保存较好，多呈圆丘状，有的土筑，有的石砌，连线分布，彼此间呼应。史载当时有警则"传烽"，昼点狼烟，夜则举火。

站在这些烽火台上，寒风烈烈中，遥望昔日古道，一种怀古的幽思泛上心头。呵，你看那儿，一队队的骑兵呼啸往来，那是李成梁的骁骑，抑或是努尔哈赤的儿郎？狼烟直起，兵戈相连，尘土飞扬间，早已是沧海桑田。东来的一队人马，可是进贡的外邦使团？车马辚辚，缓缓西去，走过连山关，渐行渐远。

高句丽发祥之地就在本溪桓仁。自西汉末年，朱蒙在今日的桓仁五女山地区建立了高句丽政权以来，这一地区更是留下了为数众多且深具高句丽特色的历史遗存。高句丽山城如五女山城、高俭地山城等等，虽然时隔千余载，城墙依然坚强屹立，遥遥望去，其威武雄壮，一如当年。而古代高句丽人高超的筑墙工艺，实在让人深深钦佩，叹为观止。米仓沟将军墓四海闻名，董船营大型阶坛积石墓令人惊叹，还有那大大小小的积石墓，浩如繁星，散落在桓仁大地上。独特的高句丽文化，怎能不让人浮想联翩，心神往之？

而寻找抗联遗址，则是我们思绪最为跌宕起伏的时候。在桓仁老秃顶子山区，当地老乡至今都在深深怀念着杨司令（杨靖宇），还有"瞎部长"韩震（韩震时为东北人民革命军第一军第一师军需部长，战斗中被打坏一只眼睛，后来当地群众就亲切地称其为"瞎部长"）。老乡们的述说，仿佛就在说着自家父兄，鱼水之情，溢于言表；而老乡们对抗联将士的怀念，就在这些或平淡或激昂的述说中，深深感染了我们，震撼着我们的灵魂。

深山密林中，走着当年抗联路，看着简陋的密营，眼前浮现出一群抗联战士的影像：衣衫褴褛、风餐露宿，却又斗志昂扬、坚强不屈，他们如铁的面庞，昭示着一个民族的不屈与坚韧。可我的心又在痛着，感到深深的悲哀——想我中华，这样一个大国、这样一个古族、这样一群好男儿，竟然被逼迫欺辱到如此田地！一切只因当时我国力不强，才使得倭人敢生觊觎之心。这是什么？是耻辱啊！落后就要挨打！正所谓"知耻而后勇"，我想这就是抗联留给我们的最宝贵的遗产：传承坚韧勇敢的同时，勿忘国耻、自强不息！

还有那大井新石器时代遗址、北后山青铜时代遗址、上砬头汉代大石盖墓、吴荣沟明代建州女真遗址；还有中国第一片人造红松林——喜鹊沟红松林、比红旗渠历史还要悠久的桓仁哈达渠、留下一代文学大家舒群生活印迹的舒群故居……

一处处不可移动文物，一段段尘封已久的历史，一幅幅生动而厚重的画卷，让我一次次以惊诧而欣喜的眼光重新打量本溪和她的历史，让我一回回内心深处无可抑制的震撼和激动——就这样，一路走来，一路看来，一路想来。

可以说，一年来的普查和思考，已经改变了我对本溪历史的一贯看法。在普查之前，我对本溪的历史的概念是零碎的、不连续的、平淡单薄甚至欠缺的地方史。然而今天，我真的要为以往的武断和浅薄，深深抱愧于我的家乡。诚然，二十五史中，记载本溪的历史少之又少，但并不说明本溪历史轻薄。一年来文物普查证明，本溪历史丰富、悠久、精彩。庙后山遗址的发现，将本溪的历史上溯至 40 万年前，马城子遗址叠压着新石器时代和青铜时代两个时期的文化遗存，高句丽研究方兴未艾，而本溪就处在研究的焦点位置！建州女真的兴起，清王朝的建立，与本溪地区均有着千丝万缕的联系。抗日战争、解放战争，多少仁人志士甘洒热血在这片黑土地上，又有多少忠骨留葬在这里的青山之中！

我们有理由相信：通过本次文物普查，本溪地区的历史将以立体、生动、连续和丰富的姿态展示给世人。这次文物普查，给我们提供了最好的机遇，去收集、梳理、汇总和认知历史留给我们的记忆载体。

我真诚地感谢第三次全国文物普查，并不仅仅是感谢其给予我一个机会，走遍本溪的山山水水，对本溪的不可移动文物有了一个包括品类、数量和形制的、全面而深入的认识和了解；更要感谢其给予我这样一个机会，去思考和修正自己关于家乡历史的误判，让我在亲历亲为亲见的基础上，自觉严肃学习历史、思考历史的思路和方法。而这种切身的体验，不是在书本和课堂上能够得到的。可以说，是在普查的路上，我完成了从大学毕业生向文博工作者的转变和升华。

是的，在路上，在普查的路上，我一边走着，一边思考，脚步越来越坚定……

"三普"随想

锦州市文物考古研究所　尹世丹

寂静的冬夜，有那么一种凄凉，窗外是皑皑白雪映着惨淡的月光；有那么一种思绪，就像手边的那杯清茶，氤氲袅袅，一点点飘散。"三普"工作野外调查的200个日夜，曾经的点点滴滴，就像一幕幕电影，在眼前或远或近地闪现。也许只有这样静静的夜里，曾经的故事才会从心灵的角落里蹒跚而来，走进视野的最前端，让自己温暖的手可以轻轻触碰。

200多个野外调查的日日夜夜，对一个女人来说，虽然有太多的辛苦，但更多的却是感动。那一丝丝的感动汇聚在一起，常常让我在深夜不能入睡。第一个让我感动的是一个老妈妈。我们因为工作的关系需要住在老乡家里，第一次驻外，是在锦州最偏远的一个山区小镇：班吉塔镇。当地的条件很差，我们几个女同志被安排在一个寡居多年的女人家里。女人看起来并不是很老，但是很黑。刚开始的时候我们都不怎么敢和她说话，不为别的，只为她满嘴脏话，我们不知道如何与她交流。慢慢的一点一点熟悉了，才发现她是一个心地极好的女人，30岁守寡带着4个孩子生活，和我们说话的时候她会流露出对儿女们生活的满意，对她而言，这是一种成绩，一种很值得炫耀的成绩。刚开始野外调查的时候是4月，北方的4月，天气还很凉。我们的到来加重了她的负担，她生怕冻着了我们，每天早早起床给我们准备好热水，每天我们下山的时候，她会守在村口，一看到我们的车子回来了，就急匆匆的回家给我们准备好一大锅热水，把炕烧热。对于我们，她就像一个慈祥的母亲。忙碌的日子总是过得很快，一个月班吉塔的工作就在我们的汗水中结束了。我们离开的时候，她有很多不舍还有忧伤，但是她没有说一句舍不得离开我们，可能她心里清楚工作中的我们是无法挽留的，只是反反复复的叮嘱我们下次来的时候一定要到家里坐坐。走的那天雨下得很大，可是她还是在雨中送了我们很远很远。班吉塔的老妈妈，我们只是她生活中的一个短暂的过客，我希望她好人一生平安。

第二个让我感动的是我们的队长，一个50岁的老考古工作者。我们的队长别看年龄比较大，但是工作起来比我们年轻的同志更有活力，每一次都是去条件最艰苦的地方普查。他处处照顾我们这些年轻的同志，只要是有时间有机会他就会给我们讲很多考古调查的经验和教训。记得我们在 4 月份的田野调查中，有一次我们从山上下来被一条大河拦住了路，我们要回到驻地，必须到河的对岸去。当时已经是午后 2 点多钟了，大家早已是筋疲力尽、饥肠辘辘，沿着河岸走了很远也没有找到过河的地方。看着疲惫的队员，我们的老队长毅然做出了一个果断的决定，他说别走了，我来背你们过河吧，说完人已经站在了冰凉的河水里。我们这些年轻的同志实在不忍心让他背，可是他诚恳地说，天气很凉我已经湿了，你们就快点吧，就这样来来回回好几趟他把我们一个一个都背过了河。当我伏在他宽厚的背上的时候我流泪了，我被他深深地感动了。每一次他在水里趟起水花的时候，我看见每一个队员的眼中都有泪光闪动……

我们在工作中也常常会被那些朴实的乡亲们感动。我记得我刚参加"三普"田野调查的第三天，我们要去一座海拔近 500 米的山上复查一个遗址。从清晨 7：30 开始上山，进山以后才发现满山都是齐腰深的野草，所谓的路就是当地人走的一条痕迹而已。2 个小时后我们在半山腰找到了三户人家，山里的老人很热心的告诉我们怎么走才能到达我们的目的地，特别强调有岔路的时候别走错了。我们仔细询问以后就继续向山里走了，走了大约有 5 里地，发现真的出现了岔路，我们几个商量以后决定走左边的路。可是当我们开始走在左边的小路上的时候，听到有人大声呼喊。我们回头一看，是那个老人，他大声喊着告诉我们走错了，应该是另外一条路，否则我们会在山里打转转走不出去。一个七旬老人，因为怕我们走错路，尾随我们走了这么远的山路，当时我们几个人的心情，简单的谢谢两个字是难以表达的。

野外调查工作中真的有太多太多的人和事让我感动，"三普"的工作还没有结束，会有越来越多的故事铭记在我的脑海里，即使"三普"工作结束，我想这些记忆也会伴我一生，给我不断的鼓舞与激励，让我在考古这条路上踏踏实实地走下去。

五登烙铁山

营口市博物馆　魏耕耘

烙铁山，海拔 317 米，位于营口市鲅鱼圈区红旗镇红旗堡何家沟村。山顶有人工堆砌的人工石墙，经判定为青铜时代的山城。该山城面积约 2400 平方米，残存城墙约 70 米，宽 1.2～1.5 米，高 0.5～0.8 米，城门在城的东南角，南面加筑一道城墙（外城）。城内遗物丰富，有褐色、红褐色夹砂夹云母陶器口沿、器底、器足、器耳等残片，遗物种类、数量丰富。烙铁山山城的发现，引起了营口地区轰动，辽宁省、营口市新闻媒体纷纷采访报道。

2008年5月，当我们普查到鲅鱼圈区红旗镇红旗堡何家沟村时，据当地村民介绍何家沟村烙铁山上有一红军洞和人工堆砌的石墙。

5月13日下午，我们开始了第一次攀登烙铁山，登至半山腰时发现了红军洞，靠着微弱的手电光穿过长长的漆黑山洞，测量长度，定位GPS，然后画图，照相。黄昏时返回。

为了山顶的石墙，2008年5月14日上午，我们一组三个普查队员第二次攀登烙铁山。想登到山顶，就得攀登一块又一块巨大的岩石，徒手攀岩谈何容易！尽力把手放在岩石上能抓住的地方，脚下的鞋在光秃秃的岩石上打滑，呼啸的北风不时地拍打着耳朵。才登了20分钟，和我们一起上来的司机吴师傅果断的下山了，"小魏，你怎么样？"，细心的他大概发现了我的极度紧张，我才回过去半边脸就感到从心脏到大脑的眩晕！因为眼睛的余光已经提醒了我正处在直上直下、立陡立隘的处境！我不自信的"嗯"了一声，可是趴在那块大岩石上我一动不能动，因为我找不到下一处手抓和脚蹬的地方，脚试着往上蹬，可每次都打滑，脚每滑一次，我的心脏就紧抽一次！爬在前面的崔姐和建华大哥回过头等我跟上来，看到我的窘境，他们两个异口同声地大喊"别上了！自己找块安全的地方，等我们回来。"，我的小腿因为过度用力，开始抽筋了，我不得不选择了放弃。懊恼的3个小时焦急等待之后，终于看见崔姐和建华从山上向我移来，看见我的第一句话，建华大哥说："山顶的风更大，吹得我心都颤！我还是第一次登山感到害怕！"

"有收获吗？没有标本吗？"我迫不及待地问。

"有啊！但是今天风大，太危险了，不好找！"崔姐从手里瘪瘪的标本袋里掏出5小块标本。其中两块只有硬币那么大。

"是夹砂陶片，青铜时代的啊。"

"照片效果怎么样？"

我们三个兴奋地讨论着……

2008年6月1日上午，风和日丽。为了进一步确定山城的重要性，我们一行6人和崔德文老师第三次攀登烙铁山，因为有了上一次的经验，这一次我们找到了安全的上山之路。踩着山顶的岩石，我在心里狠狠地说"我到了！"。在明确了山城的范围之后，我们找到了大量口沿、器耳、器底等陶器残片，虽然我们3点钟才下山吃到午饭，但是拎着沉甸甸的标本，我们没有一丝疲惫！

2008年7月4日，全体普查队员登烙铁山现场学习，营口电视台《关注》栏目记者跟踪采访，我开始了第四次攀登海拔370米的烙铁山！虽然是7月天，可是因为怕晒伤，我们女队员都穿着长袖汗衫，带着普查帽，帽子外面又围着头巾，脸上还带着由两个口罩自制的大口罩，烈日炎炎下，那种被太阳烧烤的滋味可想而知。

烙铁山的青铜时代山城的发现，引起了辽宁省电视台"新北方"栏目的兴趣，2008

年 7 月 15 日在瓢泼大雨下陪同省电视台记者登山采访！我第五次攀登烙铁山！雨衣根本穿不住，当爬到山顶时，我们已被大风大雨刮得全身湿透了。

两个月内，五登烙铁山，一登平常，二登懊恼，三登兴奋，四登烦热，五登湿冷。五次攀登的感受各不相同，相同的是每次登山的意义，烙铁山青铜时代山城的发现，反映和代表了营口地域文物特点，对进一步研究营口地区青铜时代的社会变迁及发展提供了可靠的物证和理论依据。

文物普查随笔
——请不要忘记他们

盖州文物管理所　　沈迪楠

转眼间，2009 年已来到，而第三次全国文物普查工作也已经进入最后一个年头，这是一次对全民族历史文物遗产的全面普查。也许一片瓦、一块砖就是一段历史；也许一块石头、一块残碑就是一个故事；也许一个传说、几句碎语就是一个空间……总之，我们文物普查队员就是找寻昨天的历史，延续今天的文明的使者，不辞辛苦地为中华民族明天的辉煌贡献力量！

我们作为成千上万的文物工作者中的一员，以对事业的执著痴迷和对祖国文化遗产的无限敬重热爱之情，投入到文物普查工作中去。从平原到高山，从海滩到雪地，一路行来，值得仰视的地方很多，值得思考和探索的地方也很多。在这片土地上，为了寻找历史、传承文明、探索古今。我们在无边的孤独中行进，狂风、烈日、暴雨、冰霜，都在考验着我们的意志，我们就这样披星戴月，依然一路走来。无怨无悔地奋战在普查第一线，以自己的实际行动，创造了一次又一次的辉煌。

首先，这是一种崇高的敬业、吃苦耐劳精神

先敬其业而后才有其成。敬业，是事业成功的首要条件，也是一个合格的文物普查队员的必备素质。数月间抛妻别子，爬涉在荒山野岭，靠的是这种敬业精神；不图名，不为利，不计条件艰苦，环境恶劣，体现的是这种精神；不单追求更好，而是追求最好，更是这种敬业精神的升华。这种精神，与那些胸无大志，做一天和尚撞一天钟，甚至只领薪水不撞钟的"混混客"格格不入。正是有了这种精神，这次文物普查工作才顺利展开，捷报频传。文物普查是一种艰苦的重体力劳动。一个文物点，一个新发现，浸透了普查队员几多艰辛，几多血汗。回到驻地，录入数据，又有多少个难眠之夜！这些令懒汉们避之不及的苦差事，普查队员却乐此不疲。普查就要爬山，就要轻装上阵，于是我们背着仪器，到达山顶后，汗水几乎湿透了衣背，但是我们不顾劳累去寻找遗址、采集标本，然后用 GPS 全球定位仪、测距仪、照相机等设备，去记录与丈量每一处遗址的珍贵数据。从早晨到日落西山，我们有时饿着肚子行走在山梁之间。冷了，就原地做跳高运动；渴了，就将冰冷的矿泉水放在手中来回搓动，使劲地去舔吸这世界上最美的甘醇。当一天的调查结束后，我们回到驻地，打上几盆凉水，就开始清洗采集当天采集回来的标本，洗去尘封它们多年的风尘。夜深人静的时候，坐在电脑前，我们要将当天采集回来的数据进行录入，处理照片，绘图，编写宣传资料与日记，有时甚至工作到凌晨一两点。

其次，是科学求实、勤奋求知的精神

文物普查是一次专业性很强，技术规范要求严格的国力调查和文化资源调查。调查程序的科学与否，信息采集的详实程度，数据录入的准确规范情况，直接影响到普查的质量。为了采集一个烽火台的科学信息，普查队员不惜爬上海拔数百米的高山之巅；为了证明一个复查点的存在或消失，队员们耗费了一两天甚至更多的时间……这种科学求实，一丝不苟的较真劲儿，使得普查资料更加科学详实，经得起时间的考验。在工作中，只有向别人学习，善于思考问题，才会使自己的工作能力得到进一步的提高。我们学会了聆听专家、队友们关于某一个遗址，某一件标本，某一个问题的看法，学会了他们在野外调查，室内整理资料的一些好的经验，使自己的工作能力在实践中得到了提高。没有克服不了的困难，没有到达不了的彼岸，在世界辉煌的创造史中，有一种最美丽的成功，那就是超越孤独与严酷，战胜困难与无知。在遥远的探寻征途中，没有观念，就没有目标，就没有胜利的存在，就没有促使我们前进的强烈欲望与动力。这次普查工作，是对我们所有文物工作者的鼓励与鞭策，使我们的工作方法得到彻底改变，人生观与价值观得到了充分地体现，终将促进文化软实力建设，为祖国的繁荣富强起到积极的推动作用。

请不要忘记他们

有一次在清洗标本时，有一位村民看见我们正在整理碎陶片时，惊奇地问道："你们是不是收瓦片？烂瓦片什么时候也值钱了，一斤能卖多少钱？我的地里就有。""弄这些破玩意干么？吃饱了撑的没事干了吧？"还有很多类似于这样的发问萦绕于耳际。这样的询问实在是令我无言。的确，当我们从山上背回一袋袋的标本时，只有老百姓才能真正地看到我们工作的艰辛，而很多人是不了解我们的工作的。在普查的日子里，所有的队员远离家庭、远离亲人，此时此刻的我们最需要的就是理解与支持。

现在，历时 70 多天的 2008 年盖州文物普查工作结束了，望着那丰富的工作成果，这70 几天的辛苦也值得了。当我们沉醉在喜悦之中时，请大家不要忘记那些默默无闻工作在第一战线上的普查队员们，许多同志是带病或克服家庭困难坚持工作的，并在工作和生活中给了我很多无私的帮助，令我十分感动，有工作起来一丝不苟的孟丽孟'队长'、无私奉献的'厨师'赵维果兄、天天精打细算的'总管'高巨鹏兄，还有许多战友，这里就不一一列举了，在此对他们表示诚挚的谢意。2009 年里，我们无需再喊什么口号，送上成龙的一首歌《壮志在我胸》，让我们启程，开始新的一年精彩的普查工作吧！

　　拍拍身上的灰尘　　振作疲惫的精神

　　远方也许尽是坎坷路　　也许要孤孤单单走一程

　　早就习惯一个人少人关心少人问

　　就算无人为我付青春　　至少我还保留一份真

新开河的由来与演变

盘锦市文物管理委员会办公室　　杨洪琦

　　新开河是辽宁省目前已知的第一条人工运河，其开凿与营口开埠有密切关系。

　　咸丰八年（1858 年），英法联合发动第二次鸦片战争，迫使清政府签订《中英天津条约》，于 1860 年 4 月 6 日公布在北京街头，其中第 11 款是"……牛庄、登州……府城开口"等字样。牛庄系营口东北的一处河口码头商业集镇，并如期于 1861 年 4 月 3 日开埠，从而打开了封闭的东北大门。5 月 23 日，英国驻上海领事馆翻译官托马斯？泰勒？密迪乐成为英方驻牛庄的首任领事，此人乘"斯福因库斯"号军舰驶入大辽河口，以行家的眼光进行实地考察，赫然发现营口的自然条件远远优于牛庄，不仅港深河阔，且南岸是天然徒坎，极利于修筑码头，便援引出潮州移至汕头、登州移至烟台的先例，将《条约》中的牛庄港开在营口。营口当时属牛庄防御尉管辖，是海城县属地，于《条约》无违，清政府只好予以默许。从此，欧美各国皆称"营口"为"牛庄"，营口也就此成了东北三省唯一的对外通商口岸，先后有九个国家在此设立领事馆，经营海运与河运等贸易。

　　营口对外开埠后，大量花旗布、洋线、洋火、洋油等由海外运至营口港码头。营口背依大辽河，是连接辽河上游两岸贸易的腹地，辽河河运就成为营口港贸易的中心。东北各地的粮食、大豆等土特产品通过河运运至营口码头，再海运出口而发往五洲四海，同时将海运而来的货物转运至东北各地。辽河水运由此成了海运与河运贸易的枢纽。

　　然而河运存有很多问题。辽河中下游是在冲积平原，其土壤异常酥松，湍急的水流对两岸的侵蚀较大，使河床经常移位，河道变形而弯曲，河面宽窄不一，河面宽时水浅，反之则水深，给航运造成了很大困难。各国列强便强迫营口辽河工程局使原本流入双台子河的河水注入外辽河河段，使外辽河水位增高。这种方法虽然解决了通航问题，但却对周边土地造成了侵害，海水涨潮时流入河滩而盐碱化了大片农田，致粮食减产，并在汛期存有严重的水灾隐患，遭到当地民众的强烈反对，各国列强不得不寻找新的治理河道之法。经过数年的实地勘察，最后商定由六国出资，在双台子河与大辽河之间开凿一条人工运河。

1922年至1924年，驻营口外国列强强迫营口辽河工程局开凿人工运河，即新开河。新开河北起二道桥子的北河口，向南流经南苇塘、林家窝棚、双井子、西灰岗子、西拉拉屯、周家、王金桥至夹信子南河头流入大辽河。盘锦市全国第三次文物普查队于2008年11月，对新开河展开了实地徒步调查，用GPS定位，测量其南北全长25.9公里，东西平均宽度为40米。

为了阻拦辽河水，使由双台子河入海的辽河水可顺畅转入新开河，从而壅高新开河水位，缩短通商行距，辽河工程局还在开凿新开河的同时，在双台子河上建筑了一道拦河大闸——马克顿闸。此闸由日本冈崎博士设计，四先株式会社负责整体施工，闸门制作和安装由英国马克顿公司负责，因此得名。建成后的闸门共有7个孔，每孔净宽11.5米，南北横跨双台子河长88.5米，东西宽15.8米。

新开河是一项贯穿于双台子河至大辽河的巨大工程，与马克顿闸共花费银元128万元，耗时两年而建成。

新开河上有夹信子码头、二道桥子码头，此外在古城子镇上网村周家三队的新开河东岸，还建有一座船坞，当地村民称之为"坞坑"。我们走访了6位老人，据他们回忆，这个坞坑呈圆形，范围有2里地左右，用水泥砖砌筑，上面有大方木铺面，船通过方木上岸，进行维修。航运期这里会停靠很多过往船只，由此上岸"捻船"。解冰期一到，大量商船再涌进新开河，又是一片繁荣景象。1949年还有船只驶入，以后就废弃了。1958年，曾在坞坑内挖出一艘大木船，1960年又挖出过一艘小木船。

九一八事变后，日本侵略者于1939年在盘山成立了"土地开发株式会社盘山事务所"，派水利专家和水稻专家对新开河两岸进行实地勘探，利用新开河的水利规划兴建了水利灌溉工程，特别是在新开河西岸堤坝，建造了7个闸门，指望将周边土地变成灌溉区，以便开发种植水稻以维持其侵略战争，然而工程还未全部完工，日本侵略者就投降了，这些水利灌溉系统也一度荒废。

新中国成立后，人们对这些灌溉系统进行了修复与改良，使失去了往日航运作用的新开河，作为两岸土地的灌溉水源及排涝河道仍在发挥作用。这时的新开河已在两岸修建了10多座抽水站，特别是北水南调和南水北调，都是灌溉的重点水利工程。新开河东岸的沙岭镇与古城子镇，处于外辽河、大辽河与双台子河之间的狭窄地带，以往这里河泥淤积，土质肥沃，但却连年水灾，而西岸则是盐碱地洼地，不适宜耕种，经过对新开河的多年改造，时下两岸早已成为肥沃的水稻田。新开河的存在，就是这些良田得以出笼的根基。

综上所诉，根据辽宁省第三次文物普查办公室专家的指示精神，认定新开河是辽宁省唯一一条人工开凿的运河，要求我们对其进行认真调查。通过查阅大量的文献资料，我们认为这条河的地理位置十分重要，利用28天时间对两岸居住的老人进行走访，徒步新开河两岸全程，对新开河的发展进行了分阶段的研究。勘探这条河的专家认为，新开河的最初开凿只是为了航运，但在它的航运功能失效后，却仍然在造福于两岸百姓。

田庄台古镇：甲午末战遗址群

盘锦市文物管理委员会办公室　王　冶

辽宁古镇田庄台具有 500 余年历史，因其紧靠辽河，属水陆汇结之地，遂成为交通要塞，数百年来一直是商股云集，百业俱兴，满眼繁华。它踞守在辽河右岸，西望营口，东连锦州，南面渤海，成为控制由海上入侵内河的要津。也正因如此，古镇田庄台自古以来为兵家必争之地。1894 年甲午战争打响之后，田庄台遂成为日军觊觎的焦点，亦是清政府抵抗侵略的最后一道防线。次年 3 月，日军一路顺风将战火燃到田庄台，在今日的末战主战场遗址之地，进行了一场惨烈的激战。

甲午末战主战场遗址位于辽河西岸，现建有垛口、瞭望台和仿古城墙。遗址所在当时名"东粮市"，属田庄台最主要的商业区，南北一公里有余，宽百余米，满街商号林立，店铺栉比。3 月 9 日，日军集结二万人、百门大炮汇聚于此，强渡辽河，与清军展开了对轰以至肉搏。这是甲午战争以来日军动用兵力最大的一次进犯，亦是导致清政府全面溃败的最后一次战斗，给甲午之战划上了耻辱的句号，为丧权辱国的《马关条约》的签订打开了通道。在炮火的轰炸之下，东粮市的满眼繁华尽随硝烟而去，粮栈粮仓的大火三日不熄。时至今日，敲开封冻的地面，向下深掘，仍有大量被战火滤过的高粱、稻米等在此沉睡，强劲的北风一吹，倏然而醒，扬扬撒撒地布满一地。

日军攻入田庄台，自然发挥其一贯伎俩，无外乎烧杀抢掠，尽逞惨无人道之兽性。有权威资料说，那次的烧杀抢掠曾持续 4 天，居民死亡 600 余人，民居商房焚毁千余间，民船商号被毁 300 余只。据说此战清军共阵亡 2000 余人，其中有数百名被俘的清军被人家用铁丝链起，泼上煤油，而后开枪射击，活活烧死。

战后，当地居民在盘点自己的伤口之余，自发地集结起来，把清军的尸体分头掩埋在三处：鬼王庙西，白家屯北，辽河沿木厂附近。沧桑百年，其中两处已无法确定其确切位置，只有鬼王庙一处还有迹可寻。此处遗址位于田庄台西南 1.5 公里处，占地万余平方米。原有土冢一座，掩埋着清军阵亡将士数百人。墓前曾立一青石碑，高 1.8 米，宽 0.7 米，前书"英雄之古墓"五字，后为碑文："光绪乙未，帅自南来，抖抖旗舞，血战世界，英名万古，以为致哀"。"文革"期间此碑曾被人用拖拉机拽至镇内，至今下落不明。

现被定为省级文物保护单位的清军坟遗址，已是别样的庄严与肃穆，高大的围墙，电动的门，不锈钢的栏杆，伟岸的雕像，最终给予了我们的烈士们以应有的尊严。

炮台遗址位于田庄台西 2 公里的碾房村，占地约 1 万平方米，始建于明代，公元 1860 年曾再度进行修护。其与辽河对岸的营口炮台遥遥相望，规模与设施亦完全相同。甲午战争期间，清政府曾增设重军日夜守护，但也最终没能挽救得了日下的山河。飓风吹来吹去，带走了迷漫的风沙，也带走了炮台的砖砖瓦瓦。而今炮台遗址上已建有民房，以及农家的菜园和柴垛。辽河水在昼夜不停地奔流，似乎把一切都已涤荡得干干净净清清爽爽。

辽河河道的淤积，使田庄台曾经引以为豪的水上交通渐成过往烟云，而陆路的飞速发展，又使其沦为世人的无痛之痒。既然条条大路通罗马，那么田庄台在人们心中的淡出也就不足为奇，人们对田庄台自然的冷落也就不能称之为过。凡事都有个时限，历史在不知疲倦地奔走，不知道会无意中成全了谁，又疏远了谁。

田庄台对此安之若素。它守着末战的几处遗址，仍在刻守着旧有的勤劳朴实和安分守己。它不争春，不邀宠，这似乎已经成为它固有的操守——我认定这是一份难得的操守。

我欣赏并尊重这种自足的淡泊。我在有意无意中，把这种自足的淡泊划为历史的伤，我无法相信，这种品质这份操守，会与战火无关。

八棱观塔随笔

朝阳市龙城区文物管理所　　孙　航

2008 年 4 月第三次全国物普查工作在朝阳顺利的开展起来，在这个春意盎然的季节里我作为一名文物保护工作者，带着自豪、喜悦和全部的热情投入到了"三普"工作中。这次普查工作使我又一次得到了很好的锻炼，在我的工作历程中留下了美好的记忆。

5 月 5 日，我们普查的项目是八棱观塔。八棱观塔坐落在辽宁省朝阳市龙城区大平房镇八棱观村的塔山山顶。所谓"八棱观塔"实为一座佛塔，只因在清代有一座名为"八棱观"的道观建于山腰处，香火旺盛，当地村庄和此塔由此得名，沿用至今。塔山南坡下是朝大公路。隔塔山下的塔营子村向南即是大凌河，由西向东流过。虽说现在已经是春天，但是对于东北来说冬的脚步似乎显得厚重迟缓，春的气息中还夹杂着冬的寒冷，上山的路陡而且滑，爬到半山腰同事们就有些气喘吁吁了，停下脚步望望山顶上的古塔却没有一个人歇息，因为她太美了，晨雾中就像一位披着薄纱的少女屹立在山顶上牵动着我们每一个人的心。到达山顶我们的倦意被阵阵冷风吹得早就没有了踪影，很快投入到工作中了。我们的任务是考察塔的结构，进一步确定它的年代。

八棱观塔平面为八角形，十三层密檐式砖筑佛塔，高34米，省级文物保护单位。此塔由塔基、须弥座、塔身、塔檐、塔刹构成，造型与雕刻别具一格，塔体结构精巧玲珑，塔身为高浮雕坐佛，每层檐下以砖构仿木斗拱承托，但逐层斗拱结构不一，实属古塔中的精品。

塔身每面高浮雕坐佛一尊，佛顶宝盖蔽尘，佛光普照，祥云缭绕，下有金莲捧足，结跏趺坐，佛像神态端详、造型优美。佛像两侧雕刻胁侍菩萨、飞天及灵塔，每面雕刻的内容相同但造型却不相同，画面谐调生动。除东、东北、北、西北、西和西南面佛像残破，皆保存较好。转角砌筑倚柱，上承普拍枋、阑额。

建塔所用材料皆是粗绳纹青砖，比唐朝的绳纹砖略大一些，纹式略粗一些，可以看出深受唐代影响。由此推断此塔可能为辽早期建筑而成。

朝阳地区在辽代属中京道大定府管辖，中期又升为兴中府。在前代发展的基础上，朝阳地区的佛教辽代达到极盛，成为辽国境内佛教兴盛的地区之一，辽代帝王权贵崇佛信佛，当时辽国在建塔上也是互相攀比，所以说辽代建塔之风盛行，朝阳现存辽金时代的佛塔共15座，八棱观塔与其他的塔相比，造型秀丽挺拔，斗拱的数量最多，形制也最复杂，也是少见的一座塔身为高浮雕的辽代佛塔。可以说是一座辽塔中的精品。它的每一块砖瓦如同跳动的音符演奏着古老的乐章，让人心动，让人折服，让我由衷地感到祖辈们的聪明才智，劳动人民伟大的力量。

普查工作完成后我站在古塔下，远望蜿蜒的母亲河——大凌河，在大凌河的南岸偏西是朝阳县木头城子镇，也是辽代早期的建州城所在地。此建州城是辽太祖耶律阿保机为安置所俘汉民经修葺唐代昌黎故县城而设置的。后因屡遭大凌河水害，至圣宗时迁至大凌河北岸的现在黄花滩村所在的位置。在塔山下南侧约200米处的大凌河北岸台地上，有一处辽代建筑遗迹，现仍保存有石墙痕迹及砖瓦残块和建筑构件等。专家认为这是一处与辽塔有关的寺庙建筑遗址。

这些遗迹让我浮想联翩，徐徐的春风拂面而来，带着远古神秘而又质朴的气息，引人入胜；满身沧桑的辽塔向人们讲述着古老的文明，发人深思，我仿佛也置身于千百年前的大凌河畔。先人们农耕渔猎，日出而作，日落而息地生活繁衍生息，日月沧桑变换，烽烟四起，一代代地传承，直到今天。这里边有过多少不为人知的秘密，蕴涵着多少历史文化，我作为一个文物工作者可以穿梭在这样一个时空中，简直太幸运了。想到这里，我心犹如这个时节的小草，带着一份新奇和向往从复苏的大地中一窜一窜地钻出头来，大地上欣欣向荣，和煦的春风，绚丽的阳光，甜美的春雨，哺育着我成长。在成长的过程中，我要用心灵与古人沟通交流，用我的双脚踏遍这里每一寸土地寻求他们的痕迹，用我的双手和智慧将这些文明传承，我要用身心保护这些文物，延续祖国的文明。让先人留给我们的文明之花在我们朝阳龙城这块土地上开放的更加璀璨辉煌吧！

激情在"三普"中飞扬

东北沦陷时期辽源矿工墓陈列馆　刘宏颖

全国第三次文物普查已经全面展开，自建国以来我们国家进行了两次文物普查，差不多隔二十年进行一次，而这第三次竟然被我这个文物战线的新兵赶上，感觉真是荣幸之至。"初学文物者，会在普查中学到很多东西"，这是我们的老领队说的。他是经过第二次文物普查的学习历练，而后在自己苦心钻研下，成为专业人士的，被我们的领导称为"辽源文物战线上的大熊猫"，国宝级的，了不得！有他在，我们这些初涉文普工作的人心里特有底。

"三普"工作在我们的脑子里很简单，无非是寻找文物线索，然后定点、记录、摄像、绘图、整理等一些工作，平时也经常出外进行文物调查，轻车熟路嘛。可是当真正操作起来的时候，却感觉到了自己的力不从心。它所涉及的范围之广，所需知识之专业性，所付出辛劳之巨大，是我们从来不曾体验的。虽然它艰巨，但我们却以自己飞扬的青春、执著的信念、无限的激情，在"三普"之路上刻下了自己的印记。

文物普查是一项与生活和现实极为贴近的工作，它不同于平时的野外调查，因为那是有的放矢，而文物普查却是有"的"而不知何处，有着极强的茫然感，必须要细心观察，运用智慧找到那些深埋于土地之内的"物"的历史。"三普"对于我们这些第一次参加的队员来说，有"三难"。第一是找线索难。文物普查不仅仅是和文物打交道，更多的时候是和那些朴实无华的农民交流，以通俗的语言和他们拉家常，找到与人沟通的兴奋点，从而得到文物线索。而我们这些在城市里呆久了的人，见到那些忙碌的农民却不知道如何才能和他们说上话，或者鼓足勇气刚一开口就被"不知道"三个字击得粉碎，哑口无言。好在，我们有一位经验丰富的老领队。只见他不慌不忙，像唠家常一样，热情而主动的和农民搭讪，三句两句就能问出头绪来，令我们不断在心里为他竖大拇指，把他视为学习的楷模。第二是遗址位置难确定。辽源地区现存的文物志是在1982 年进行第二次文物普查后撰写的，经过二十多年的社会发展，城市变迁，现在的交通路线、所在村的名称及周边环境与二十年前相比，都发生了很大变化，有些地名，找年轻人问，人家只会摇头，即使他站的位置就是我们所寻找的地方，他们也会说"不知道"。经过几番周折回到原处，除了苦苦的笑，再没有别的表情。第三采集文物标本阻力重重。每到一处遗址，都要先辨别它的类型，书本的东西应用到实处，感觉到了自己的肤浅，有一种"书到用时方恨少"感觉。秋天，庄稼已经成熟，该割的都割了，散放在地里，对寻找遗物造成了很大的障碍。为了寻找地表和地层堆积里残存的文物，我们低着头，弯着腰，一点一点向前移动，眼睛盯着地面上的每一块石头瓦块，仿佛找宝一般。每找到一个典型的标本都会兴奋得大叫，举得高高的，向同事们炫耀，脸上的笑容如孩童般灿烂。不做不知道，"三普"有苦也有甜。在文物考古界流传着这样的顺口遛：远看捡破烂，近瞧找陶片，手拿标本袋，晒个红脸蛋。这些诙谐的语言，浓缩了普查队员的辛苦与乐观向上的斗志。

　　烈日下，风雨里，几天下来，普查队员们就已经晒成了古铜色，大家开玩笑说，这是当下最流行的肤色。平时在人们眼里娇滴滴的小女生，现在也没有了一点娇气，和男队员一起，长途跋涉，不落人后。耗子皮色的迷彩服替下了五颜六色的花衣裳，长长的秀发被束成髻绑在脑后，皮肤被秋风蹂躏的脱了皮，嘴唇被吹的干裂，但她们的眼里没有一丝报怨和委屈。

　　正值秋季，每天和最忙碌的农民打交道。有的热心异常，放下手里的农活，给我们当向导，领我们翻山越岭的找遗址；有的根本就不明白我们是做什么的，什么文物不文物，不知所言何事，把我们拿的标本翻过来调过去的看啊看的，"这是什么啊，不就是些破瓦片子吗？"、"有什么用啊，领你们找到了给钱吗？"弄得我们哭笑不得。我们耐心地给他们讲文物普查的意义，告诉他们这些先人留下的生活遗迹，对研究人类历史的发展有怎样的意义。懵懵懂懂的人们明白了一些，然后就会七嘴八舌地讲起自己看到的这些类似文物的东西，我们是以宁可多走一处也不放过一处的精神，跟着线索去踏查。望着山就在眼前，可是走起来就不是那么回事了，"望山跑死马"，真的是那样的！有时山很高，上到半山腰的时候就有种上气不接下气的感觉，心跳的像要蹦出来一样。领路的老向导，有的已经年逾七十却依然行走如飞，走山路如履平地一般，身体硬朗的让我们这些年轻人敬佩不已。深秋的山风有着刺骨的威力，可以轻易的穿透厚厚的秋衣，但没有一个人退缩，也没有一个人甘愿落后，都奋力的向上攀登。费了好大的劲，终于走到指定的地点，寻宝般仔细的搜查着，找到了，有一种极为欣慰的感觉，粗质的夹砂陶片仿佛变的异常精美，连布纹瓦也感觉很亲切，放在手里，沉甸甸的！但也有费了九牛二虎之力而没有找到的时候，虽然有些遗憾，但却没有人说一句报怨的话，每个人都干劲十足。应该感谢"三普"，它把我们这些年轻人带到一个更为广阔的天地，为我们提供了一次极佳的锻炼自己的机会。

　　随着普查工作的深入，"三普"工作的紧迫性与文物保护的急切性显现出来。由于人类的生产生活活动和一些自然的因素，有许多遗址被人为破坏，还有一些因为地质环境的变化或其他因素的影响而荡然无存。记得到东孟村复查一处清代建筑遗址时，这里已经因地表下陷而被旁边的水塘淹没，望着那片白茫茫的，闪着银光的水面，只能长长的叹一口气，记下它的定位坐标，拍几张相片，留下它曾经的痕迹。在自然的面前，人力是渺小的，即使文化内涵再丰富也抵不过岁月的变迁和流逝。保护好现存的文物，深入了解文物存量，应是保留历史的一个关键所在。

文物普查还在继续，"保护为主，抢救第一"的文物工作方针已经深深地刻在每一个普查队员的脑子里。我们在普查的同时，不断地向人们普及文物保护知识，以我们对文物的热爱打动身边的人们，也许我们做的有限，但我们的期许无限。在一次次翻山越岭中与我们的先祖做最亲密的接触，用深情感知远古的文明，用执著留住那逝去的足迹，让我们激情在"三普"中飞扬。

牢记"三普"誓言：寻找的不仅是记忆，发现的不仅是历史，我们挥洒汗水，风雨兼程，为了民族的光荣与梦想，加油！

漫步乌兰塔拉

白城市文物保护管理所　胡晓光

乌兰塔拉，陌生的名字。起初知道乌兰塔拉这个名字，还是行前在网上查阅略知一二，在蒙语中"乌兰"意为红色，"塔拉"为草原之意。

深秋十月的一天下午，我随通榆县文物普查队一行七人，从县城出发，驱车前往位于吉林省通榆县西部霍林河南岸的向海蒙古族自治乡乌兰塔拉村，对"乌兰塔拉遗址"进行实地调查，有幸亲眼目睹了这片神秘的草原。

乌兰塔拉遗址是距今五千年至七千年的新石器时期遗存，是白城古代文明的发端起源，她北枕吉林省西部最大的季节河流霍林河，南濒全国著名的向海自然保护区。这是一片湖泊交错，泡沼棋布，水草丰美的草原，天苍苍，野茫茫，风吹草低见牛羊；这是一座百花浪漫，万紫千红的花园，蒙古黄榆、红柳、山杏、芦苇及各种山花野草竞相生长；这是一所物竞天择的野生动物的天堂，各类野生动物繁衍生息，此生彼亡，如猛犸象、披毛犀、野牛、草原狼、黄羊、狍子等。时过境迁，沧海桑田，猛犸象、披毛犀、野牛早已成为化石……

遐想之中，一片墨绿色的蒙古黄榆和广袤的草原被抛在我们脑后。感觉车有些颠簸，我们的车辆缓缓驶近乌兰塔拉村，向东望去，立刻呈现出一片被斜阳映射得发着黄褐色的一不大的村落。村里显得很安详宁静，家家户户的房顶上、院子里都堆满了葵花头、蓖麻果、红辣椒和苞米穗。看见几个村民正在用蒙古语进行交流，几头红牛在柴草垛前悠哉游哉吃草倒嚼，村头牧归的羊群中有一只刚出生不久的小羊在母亲肚子底下一下一下地撞，吃奶，母羊的目光充满了温柔、慈爱，神态那么满足、平静。

车辆行驶到村东头，我们改为步行轻轻踏步前往"乌兰塔拉遗址"，唯恐惊动了寂静的小村。斜阳时分，我们才徒步到达"乌兰塔拉遗址"腹地，呈现在我们眼前的是一座座黄色沙丘和犹如一条条楚河相隔的田地。文物标本采集，GPS 测量，绘图，拍照……就在调查接近尾声之时，从村东头走来一位老人，"您好，大叔，我们是县文物普查队的"，随行的王队长走上前去向老人打招呼。"好，好啊，欢迎，欢迎，天凉了，到屋里坐会儿喝碗茶吧"，蒙古族老人用生硬的汉语热情地招呼我们。"大叔，时间不早了，我们还要到其他地方看看，您在周边是否发现陶片和类似石片的东西吗？"老人马上用手比划着回答说："在东南不远处农田边有一块圆形的石头，不知是啥东西？我带你们去看看。"我们怀揣无限遐想和喜悦，驱车沿着崎岖不平的小路前去寻找。

行进了大约十几分钟，我们来到了一座慢岗。慢岗灰得纯净，丛生的灌木叶子早已零落，再没有别的颜色。片刻就不断有人在裸露的灰黑色地面上发现陶片、刮削器、石核、灰坑等遗物和遗迹，这是一处新石器时期人类遗存。在老人的引导下，我们情不自禁去寻找圆形石头。功夫不负有心人，终于在灌木林中发现了圆形石头，也正是我们遐想中的古人遗留下来的石磨盘！惊叫声还没有落，又有人发现了石磨棒！大家和我一样掩饰不住内心的喜悦和好奇，端详和抚摸着，这不仅是简单毫无生气的石器，而是一页记载着人类同大自然同生共处的史料，一篇记载人类发展进化的日记，一串草原文化发端起源的明珠。

惊喜之余，我的心却变得异常晴朗。我沉思地望着眼前古人遗留下来的文明遗迹，望着远处好一片大田野，望着莽莽苍苍的乌兰塔拉草原，望着极远极远的地方……我望见一幅无比壮丽的景象。

一时间，我又觉得自己不仅是在看画卷，却又像是在零零乱乱翻动着一卷历史稿本。一恍惚，我觉得中国历史的影子仿佛从我眼前飘忽而过。我仿佛来到了五千多年前草长莺飞生机盎然的乌兰塔拉草原，看到了我们祖先在这片美丽富饶的土地上，狩猎渔牧，驯养牲畜，栽稿稼禾的场面，听到了我们祖先春天放牧的呼哨，夏天打鱼的小调，秋天收获的欢呼，冬天捕猎的吼叫。那情景仿佛是一曲曲人类原始生活的赞歌，一首首人类适应自然顺应时代的诗篇，一幅幅人类挑战自然超越自我的画卷。

今日的乌兰塔拉，遗址沧海变桑田。当我站在灌木覆盖的山岗上，面对信手拈来的遍地遗物，思绪不禁信马由缰，陡然发出一番感叹：山中方一日，世上已千年！

火红的太阳把灌木林和人的影子长长地印在山坡上，远处大大小小的山丘，又慢慢由黄色变成橙黄，再变成红色，直至笼罩在夜色里。眼前的田野和灌木林，演绎着由黄变红的奇幻，最终沉浸在红黑相间的壮观夜色中，她又孤独着……夜色中，我们依依不舍离开了乌兰塔拉。

田野调查札记

大安市博物馆 孙恒臣

2008 年 11 月 6 日清晨，我们普查组准备好田野调查的用具，带上野炊的必备用品，便驱车前往大安市两家子镇三家子村进行实地调查。

队员们在三家子村走访时，遇到两位牧羊人，其中一位老者，身体显得格外硬朗；另一位是四十多岁的中年人，身材高大，黑里透红的脸庞，一看就知道非常健康。我们和牧羊人聊了一会儿之后，队长问：你们放羊去的地方多，发现哪里有青砖或陶片了吗？他们说：前些日子放羊去碱草甸子，看到很多沙丘附近有陶片。大家听了马上活跃起来，队长请他们引领，一起去有陶片的地方查看，中年牧羊人爽快的答应了队长的请求，他和老者交代一下，便引领我们驱车向三家子村南的碱草甸子驶去。

驱车行驶的途中，经过了一个大土岗，牧羊人说：这个土岗上什么"东西"都没有。队长问：你们常来这里吗？牧羊人说：不，只是偶尔来这里。继续前行约一公里，便有很多高低起伏的沙丘映入我们的眼帘，还没等牧羊人说话，队长就说：应该是这些沙丘吧。牧羊人笑着说：就是这里。我们下车来到最西侧的一个沙丘查看，沙丘周围和沙丘之上真的有很多陶片、瓷片和兽骨等遗物。这时，队长高兴地说：谢谢你对我们工作这么支持。接着两人互留了电话号码。看着牧羊人憨厚纯朴的面容，我从心里敬佩这位普通农民对文物事业的关心和支持。我们谢过牧羊人，用车把他送回三家子村。

发现这些沙丘，普查队员们都非常兴奋，干劲很足，都各自努力去完成自己的工作。我们从最西侧的沙丘开始，依次对每个沙丘进行详细的调查，发现有价值的遗物就采集，有特殊的地方就拍照，同时还细心观察地形、地势和周边环境。队员们对每个环节都做的非常认真、细致，生怕遗漏了某个角落。

通过对每个沙丘的调查及采集到标本的分析，此处应为新发现的辽金时期古遗址，此遗址位于两家子镇三家子村南三公里处一望无际的碱草甸子之上，由十个大小不同、高低起伏的沙丘组成，每个沙丘都互不相连，为群体文物，我们把此遗址命名为三家子村南群山遗址。

由于此遗址是由十个互不相连的沙丘组成，又是新发现的古遗址，为了更详实的记录下古遗址的特征，我们决定在每个沙丘的最高处采集特征点坐标。当用 GPS 采集这十个沙丘之上的特征点坐标时，刮起了西北风，又飘下了零星的雪花，老天还算照顾我们，幸好雪下的不算太大。在这一望无际的碱草甸子上，我们的普查队员，为了要采集这十个沙丘之上的特征点坐标，手拿 GPS 迎风冒雪站在沙丘的最高处，这不能不说是一幅美丽的画卷，是我们普查队员亲自绘制的精美画卷。采集完第七个沙丘之上的特征点坐标时，由于天气寒冷，队长召集队员们到车里暖和一会儿、休息一下。当我们来到最后一个沙丘要采集特征点坐标时，突然从沙丘之上的草丛里飞出十多只五颜六色的野鸡，看到这么大群的野鸡，队员们都兴奋的叫了起来。现在的农村，成群的野鸡真的很少了，我想这一带过去肯定有很多草丛、泡沼和野生动物。听老人们讲过去的北大荒是"棒打獐子，瓢舀鱼，野鸡飞到饭锅里"的丰饶之地。可以想象，辽金时期这里一定是适合人们生活居住的好场所。发现此处古遗址，对研究辽金时期的历史和文化有很大帮助。虽然我们很冷很累，但却非常高兴，今天的收获真是不小。

队员们商议，由于古遗址边缘处地势比较平坦，面积又较大，适合用车载着使用 GPS 的队员，利用"航迹法"来测量古遗址的分布面积。使用 GPS 的队员坐在车内，手拿 GPS 伸到车窗外，头也探出车窗，开始熟练操作 GPS，当使用卫星达到四颗以上时，队员就点击了 GPS 上的"航迹法"，又点击了"开始"。普查队员一直把头和手伸到行驶的车外，迎风冒雪，靠着坚忍不拔的毅力出色完成了古遗址分布面积的测量任务。测出的古遗址分布面积为 603836.328 平方米，遗址东西长、南北宽略呈长方形。

雪停了，天也渐渐的晴了，可风还在继续的刮，队员们开始寻找避风处做午饭，我们在遗址附近找到了一个还算避风的土坑，决定在这里埋锅造饭。队员们点着了柴禾，把菜炖进锅里，玉米饼放在上面加热。我们一边烧火炖菜一边取暖，有说有笑，大家都说，这才是真正的野炊。把菜烧好后，普查队员们席地而坐，队长把一锅热气腾腾的大鹅炖土豆端了过来，诱人的香味顿时扑鼻而来，我们口水都要流出来了，真的饿了，都已经下午两点多了，我们吃着在野外自己烹饪的"美味佳肴"，觉得很满足。不能不说这是一种福气，感觉真的好极了。此时，我们早已把寒冷和疲劳丢到九霄云外，我们更为发现这处辽金时期古遗址而兴奋，我们的成就感远远超过了田野调查中的苦与累。

历史的呼唤

——尚志市"三普"调查工作札记

尚志市文物管理所　邓树平

一　从普通农民到文博"新兵"，我懂得了珍惜

2007 年 6 月 1 日，我以特殊人才的身份被引进到尚志市文物管理所，成为文博系统的一名"新兵"。

我能被破格录用为文博系统的公职人员，源于多年的不懈努力。在此之前，35 岁的我只是一名狂热的考古"发烧友"，"正宗"身份为农民。多年来，我一直自学考古知识，熟练考古专项技能，在弥补专业知识不足的同时，靠自己的双脚，走遍了宾县、尚志市、延寿县的崇山峻岭、沟壑平原，获得了许多办公室里得不到的收获。

多年的工作实践使我深刻体会到，在现今的商品社会，要想在考古方面获得佳绩，必须耐得住"寂寞"。因过于痴迷考古，我的生活很不像样子，2006 年以前的全部家当，用 3 个纸箱就装完了。有一次，家里只剩一碗米，蒸出饭来妻子让我吃，我让妻子吃，结果两个人谁也没吃，只能看着不懂事的孩子大口地吃饭。断炊时，还多次向邻里讨要过。

生活的清贫，伴随我十多年，坎坎坷坷我们并没在意。所幸，在尚志我遇到了"伯乐"，一位开明和具前瞻眼光的领导。2007 年我被破格调进尚志市文管所后，我有了固定收入，生活小有改变。我十分珍惜这个机遇，以感恩的心，将所有的精力全部都投入到刚刚展开的第三次全国文物普查工作当中。此前，尚志市发现有 10 处遗址（现均已损毁或被改成水田），库存文物仅有 6 件。没有新发现 1 件文物，也没新增 1 处遗址。几十年的考古成果，仅体现在 6 件文物上。刚刚走上文管所的新的岗位，我根据史料线索，沿着蚂蜒河流域调查，发现新石器遗址 100 余处、辽金遗址 19 处。省文物专家对我采集的文物标本进行权威鉴定后，认为尚志的历史至少可提前到六七千年之久。我的考古研究成果，发表在《北方文物》及参加省和国家级学术研讨会。

二　6 天走 150 公里山路，我体验了考古的艰辛和对意志的磨炼

以前的考古，阿城发现了金上京遗址，牡丹江发现了渤海文化遗存，位于两地之间的尚志却没找到任何相关古迹。面对这一现状，我觉得这是考古工作者的遗憾。我暗暗下决

心，一定要用实际调查来改变这一状况。终于，我历时6天行程150公里，沿现301国道附近的尚志与阿城交界处——虎峰大岭，发现了金代女真人的交通驿站。2008年9月份，我撰写了题为《尚志境内发现金代女真人的交通驿站》的学术论文，提交到第九届中国辽金契丹女真史学术研讨会上。

2007年，我国展开了第三次全国文物普查，尚志市委、市政府、市文化局各层领导对此十分重视，对我的考古踏查全力支持。抱着满腔热情，我全身心投入到野外调查，对任何地质变化，我都格外留神。山水冲开的地沟，山地里出现异样的土质，我都要蹲在那里看上半天。为找到古人类生活的遗迹，我在发现的遗址里跪爬，在田垄中翻找，不放过任何一个物件。困了，就睡在用塑料布和泡沫板临时搭成的"帐篷"里；饿了，跑到看山人那里"蹭"饭吃；渴了，到小溪里舀水喝。2007年11月初，我和向导来到苇河镇南沟调查古迹，在野外连续住了7天。最后一天的傍晚，突然雨雪交加，山上的温度骤降，我俩已无法下山，由于穿得单薄，半夜我俩冻得发抖，就钻进农民留在山上的玉米秸秆里，熬过了寒冷而漫长的寒夜。

2008年5月中旬，为了查清古代驿站的分布，我从尚志与阿城交界处开始调查，连续8天时间，以步行为主，沿阿什河、乌吉密河、蚂蜒河直至与海林市接壤的虎峰岭，200多公里的野外调查线路，有一多半是步行完成的。

三 两年间新发现了125处遗址，我获得了无穷乐趣

"功夫不负苦心人"，2007年秋，凭着坚忍不拔的毅力，我在亚布力镇"东山"周围半径约2.5公里的范围内，发现了依次排列的遗址10处，发现了文化类型一致的桥状耳、柱状横耳、鬲足、乳突状纹陶片，断定为同一时期。面对这样的结果，我产生疑问：为什么唯独"东山"没有发现类同的文物？我由下至上仔细找寻，在山顶附近发现了一个入口高40厘米的洞穴，爬进后我发现洞穴很深，洞穴顶部南侧的岩壁上有些类似刻凿的图案，并在洞穴周边捡拾到些诸如陶器残片和石器的古人类遗留物。2008年4月28日，我再次进入该洞，在洞穴里发现了夹砂黑陶残片。

黑龙江省考古所的两位专家先后考察了这个洞穴。看着这个洞穴时，省考古所的专家对我说："也只有你敢往里爬。"在洞内，省考古所专家发现了用火后烟熏的痕迹，结合在该洞内发现的陶片，断定古人曾于战国至两汉时期在此洞穴居住过。

工作是美丽、快乐的。我作为一名进入文博系统的"新兵"，在"三普"开始后的两年里，查获了各历史时期遗址125处，俄式建筑300余座。

我感到骄傲，因为有领导的支持和我的努力，尚志市曾经被割断的历史被新发现的各历史时期的文物连贯起来了，尚志这个以英雄名字命名的城市的历史向前推进了数千年。从一项项成果中，我获得了无穷乐趣。

复查孟常烈士墓随笔

依安县文物管理所　聂永义

初秋的空气格外清新，也带着几分凉意，早晨文物管理所所长、县第三次文物普查队负责人丁尚友带领我们三名普查队员登上"吉利"汽车，"老年工作队"（这是本市同行对我们的戏称。因为我们的平均年龄已经达到 50 周岁）出发！新的一天的工作开始了。

今天，我们要对我县双阳镇孟常烈士墓进行复查。孟常烈士墓坐落在双阳镇孟常村 2 屯东 500 米依龙镇至双阳镇公路南侧的漫岗上。距县城 50 多公里，该陵园是 1946 年修建，安葬着土地改革时期为保卫胜利果实而被还乡团活埋的农会主席孟兆义和民兵队长常明昌两位烈士。

汽车驶上了乌裕尔河大桥，隔着车窗向外望去，茫茫草原虽然没有"风吹草低见牛羊"的景象，却也带着几分苍凉，静静西流的乌裕尔河好像在叙说着"昨天的故事"。解放泰安战役、宝泉阻击战、四烈村剿匪、鳌龙沟子事件……我仿佛看到革命先烈前赴后继为了新中国浴血奋战的场面。

在田间的土路，"吉利"喘着粗气极不情愿地向前爬行着，经过两个多小时的颠簸，终于来到了双阳至依龙的乡间公路旁边。望着横在前面平坦的水泥路，司机兴奋地说："上了道儿再走 3 里多地就到了。"为了保险，大家还是下车，让司机开着空车往水泥路面上，砰的一声，"吉利"的前轮吻了一下水泥路牙子就慢腾腾地退了回来，再加油，汽车不但没向前走，反而顺着路基的斜坡滑了下来。司机刹车，下车，打开的引擎盖。我们的心也仿佛与引擎盖一起被提了起来，不敢想的事终于发生了。"球头断了，得找人修"，司机说着沮丧的坐在地上。经过商量，决定司机留下联系人修车，我们四人徒步去遗址复查。

翻过高岗，孟常烈士墓展现在眼前，看到绿树环绕着的烈士墓，大家马上忘记了劳累，按着分工认真地工作起来，负责摄影的全志伟选择最佳的拍摄角度把烈士墓的全貌及各主要部分用数码相机分别记录下来，李芳用 GPS 卫星定位仪对纪念碑处和陵园的四角认真打点测定，把坐标记录到 GPS 中，丁所长和我绘制草图、测量、计算面积、现场记录、整体描绘……全部复查工作紧张有序地进行着。

回到汽车旁，司机说："双阳、依龙、中心这几个地方都没有零件儿，弄不好就得拖回去了。"看到司机那无可奈何的样子，心里阵阵的发冷，中午的太阳也没给我们带来暖意。在这前不着村，后不着店的荒郊野外，我们就要"同车共济"了。最后决定把车推到北边 3 里多地的双兴 2 屯去。由于是上坡，又加上饿，推了 500 多米大家实在是推不动了。看到大家筋疲力尽的样子，司机说把车推到开阔地那吧，没什么挡着，别人不能动。这种做法不由得使我想起了三国时的"空城计"。

几经周折，我们搭车到了公路旁边，坐在路旁等通往县城的客车。等车时李芳向附近农户的小孩要了两个西红柿，问我们吃不吃。看着这两个不大的柿子大家都说不吃。实际上大家早都饥肠辘辘。

末班车终于来了，一块石头落了地，虽然还得绕行，但不用推车了，只要向前走一定会到达目的地的。

这一天的经历使我想到，在第三次文物普查这条战线上有多少文物人在辛勤的工作着，他们没有豪言壮语，只有默默地工作。他们没有过高的奢望，只想把这次文物普查工作情况完整地、客观地留给后人。他们不需要什么表彰奖励，他们只想用自己的实际行动来圆满地填写历史的这一页，只希望后来人说他们曾经认真地，实实在在地工作了。

神渡碑与界壕边堡

讷河市文物管理所　刘庆富

为了寻找嫩江左岸的界壕边堡遗迹，我们一行四人于 2008 年 9 月 19 日迎着呼啸的秋风来到讷河市二克浅镇托拉苏屯以北的鸡冠山上。南北走向的鸡冠山西临嫩江干流，海拔231 米，东坡南坡半缓，西坡北坡陡峭。峭壁岩石突起，状如鸡冠，每逢云雾笼罩此山，隐约可闻鸡鸣。北来的嫩江水流经这里，每遇大风，江水就会掀起波涛，扑向山崖，激起浪花，蔚为壮观。

相传，公元 12 世纪初，达斡尔族的祖先萨吉哈尔迪汗曾率领部下向北迁徙，当来到鸡冠山上欲在此渡过嫩江时，正遇大风，江水汹涌，惊涛拍岸，又无船可渡。此时，无数鱼鳖从江中跃出，自动搭成一座桥。萨吉哈尔迪汗和他的儿媳率部先行在桥上过江，儿子断后。汗等人过江后，问部下是否所有人都过来了，答曰都已过来。于是，汗下令鱼鳖散去。不知正在桥上的儿子落入风急浪高的江水中。儿子在滚滚江水中大喊"阿查尼涅（沙滩）"，不幸被江水卷走。从此汗的儿媳与汗结怨，互不相见，各自率部修南北两道界壕。汗的部下年轻力壮，而派给儿媳的都是十四五岁的未成年人。日复一日，年复一年，汗的部下逐渐衰老，而儿媳的部下都长成壮劳力。因此，儿媳率部修的南线界壕墙高壕深；汗率部修的北线界壕墙低壕浅，至今仍清晰可见。

为纪念祖先的丰功伟绩，现代达斡尔文史学者乐志德等人于 2005 年在鸡冠山树立了神渡碑，并把这段悲壮的历史传说撰刻在石碑上。

站在神渡碑旁眺望对岸的大兴安岭群山，两条墙垣随着山岭的起伏伸向远方，虽经八百多年的风雨剥蚀至今仍然可以看出它当年的雄伟身躯。公元 12 世纪，金代女真人在其北方边境地带修筑了大规模防御工程——界壕边堡。界壕一道在大兴安岭以北，即岭北界壕；另一道在大兴安岭以南，即岭南界壕，全长七千多公里。岭北界壕东起内蒙根河南岸，向西经满洲里穿越俄罗斯深入蒙古境内止于肯特山南麓，长七百公里。岭南界壕东起嫩江之滨，沿大兴安岭东南麓向西翻越兴安岭和草原沙漠，进入蒙古境内再伸向内蒙古，止于武川县上庙沟南山，长六千五百公里。

金灭亡后，界壕边堡被历史的长河所湮没，直至五百年后的清代乾隆皇帝在河北围场狩猎见到界壕时竟不知为何物，当地人告诉他："此古长城也，东始黑龙江，西止于流沙。"此后，清代的《黑龙江外记》也记载"布特哈有土城，因山起伏，西去数千里……"20 世纪初，国学大师王国维曾撰写《金界壕考》，从此，界壕边堡称谓一直沿用至今。至 20 世纪 30 年代以来，很多学者对界壕边堡都进行过田野调查，使它的起点、走向、结构逐渐清晰，认为它是以城墙为主线，有城堡、关隘、烽火台、水口、道路等天然险阻与人工设防相结合的大型军事防御工程。多数学者认为，岭南界壕起自尼尔基以北的七家子附近嫩江右岸的沼泽中，沿大兴安岭支脉分南北两支西行。也有学者认为岭南界壕在嫩江两岸都存有遗迹，因为嫩江是界壕最大的水口工程。

20 世纪 90 年代初，时任黑龙江省文物管理委员会主任的干志耿先生曾提出要在嫩江左岸寻找界壕边堡遗迹的建议。按他的提议，1995 年 4 月 16 日，我来到与嫩江右岸界壕边堡隔江相对的鸡冠山上寻找界壕边堡遗迹。当时的鸡冠山森林密布，人迹罕至，非常荒凉，常有狼出没。我手执木棒在密林中仔细寻觅遗迹，枝头残留的枯叶和林下堆积的落叶伴着迟到的春风和沉重的脚步在林间沙沙作响。穿过一片密林后，在山坡的疏林荒草间，我发现疑似人工痕迹的墙垣和沟堑，时段时续向山上延伸。我沿着痕迹前行，又在山上林间发现围城方形的墙垣和沟堑，周长约 400 米，疑似未完成的古代人工墙垣，其规模远不及嫩江右岸的界壕边堡遗迹。由于当时无法确认，只好待日后再邀有经验者同行调查。

2008 年又来此田野调查。没想到仅仅十三年时间这里就发生了沧海桑田的巨变：鸡冠山上原有的森林都已被砍伐并开垦为耕地，山下的江水也因水库蓄水从 185 米上升到 216.5 米。十三年前我在森林中发现的疑似界壕边堡的痕迹已经很难寻找。这时，在神渡碑附近牧羊的葛环老人为我们指引了界壕遗迹的位置。他说，早年每到春季他常来山上砍柴，遇大风即到壕里躲避，随即带我们到曾经避过大风的界壕地点。可惜，此地已被夷平为耕地。他又带我们到山坡下一座渔窝棚，称在附近也有界壕遗迹。渔窝棚的新主人告诉我们，老主人早已作古，山坡下的界壕遗迹也已经被江水淹没。

此时，日近西山，天色也渐渐昏暗下来，我带着深深的遗憾离开了鸡冠山，后悔未能在十三年前确认疑似界壕边堡的遗迹。

鸡西市第三次全国文物普查纪实与探析

鸡西市第三次全国文物普查办公室　王凤武

鸡西是黑龙江省东南部的一个边陲城市，煤炭资源丰富，民风淳朴，百姓生活殷实，有"塞外小香港"之称。

过去人们认为鸡西市没有什么文物遗迹，但随着国家改革的深入，经济的发展30年的变化翻天覆地，广大民众物质文明提高的同时逐渐向精神文明过渡，各种新闻媒体的广泛宣传，极大增强了人们对文化遗产的求知欲望并对文物产生浓厚的兴趣。2007年10月份鸡西市按照国家的要求相继成立了鸡西地区第三次全国文物普查机构和领导小组，文物普查也在有条不紊地开展起来。随着文物调查的深入，大量的文物遗址浮出水面，这些遗址的出现，又把我们带入远古时代。

2008年10月19日，鸡西市文物普查队来到恒山区张鲜村进行调查。这是一处包含汉魏与金代遗存的遗址，地处张鲜村耕地之中，遗址的四周为群山相连，遗址的南侧是一条古老的河流"黄泥河"，北侧是通往市区的乡间公路，由于通往遗址的道路比较狭窄，只能通过小型车辆。我们到达张鲜村已是下午1点钟左右，通过对村民了解，我们直接找到在此居住73年的老人黄金山，从他的叙述中我们了解到20世纪90年代他家的邻居在挖水渠时曾挖出一个黑色的缸（瓮），由于村民对此没有太多的认知，认为是不祥之物，最后被弃之损毁。接下来我们又得到一个重要线索，该村的潘慧勤爱好收藏一些石器和陶片，于是我们在黄金山的带领下来到潘慧勤的家。潘慧勤得知我们来意后，显得很兴奋，他把在田间的耕作时捡到的石器让我们观看，经队长常志强的辨认，确定是汉魏时期的石杵，常队长分析和讲解了石杵是古代人用来研磨稻谷的一种石器。潘慧勤老人对此感到认同，并主动把石杵捐献给了我们。潘慧勤还曾在山上的耕地里捡到一个石矛，由于老伴的无知被当作废石头给扔掉了。这使我们感到十分惋惜。在这次调查中我们还了解到村民在盖房挖地基时还挖到了人骨、铁战刀，由于认知上的误区都被抛弃掩埋，而相隔时间太久又很难找到抛弃、掩埋的地点。这使我们感到些许的遗憾。从村民的房前、屋后和耕地中都可以采集到的夹砂黄褐陶片、灰色陶片看，与汉魏时期的陶片是相同的是属同一类别罐类器物。早在1957年由村民黄金义发现一枚金代的铜印并上交恒山区政府，后由恒山区上交到国家博物馆，现保存在黑龙江省博物馆的展厅内。在 1981 年文物普查时对此有简短的介绍，由于资料较少，所以我们此次调查中重新界定了范围，进行详细地登录。这时，不知不觉天色渐渐地暗了下来，我们只好打道回府。

第二天，我们又驱车来到张鲜村一组，找到了潘慧勤老人，我们想让他给我们当向导，领我们去大顶子山去实地调查，因常队长怀疑在山顶上也可能有古人类聚居的痕迹。带着这样的疑问，我们随同向导潘慧勤沿着崎岖的山路来到了山顶，最初没有什么发现，我们有点失望。在常队长的指挥下我们分两队进行向南探查，最终由常队长在山顶向南 200 米处首先发现了遗址，我们都感到很兴奋，快步赶到遗址所处的位置。幸运的是我们还采集到了比较完整的石斧、石刀等石器和大量的陶片。

从整体来看张鲜一组、大顶子山古遗址只是汉魏时期古遗址的一部分，和我省佳木斯市、七台河市、双鸭山市汉魏时期的古遗址应属同一区域。由此可以判断出古人在此生息繁衍的场景。从距今 6000 年密山新开流遗址、刀背山墓地至汉魏时期的小四平山古城址到辽金时代的锅盔山城址、金城城址再到清代虎头关帝庙无不演绎着时代的变迁和人类的生存与繁衍。这些古迹无不印证这一地区历史朝代更替、兴衰变化。作为鸡西市古人的生活方式是什么样呢？这给了我们很大的想象空间。这里冬季漫长、干燥阴冷，夏季短促少雨，生活环境极其恶劣。从遗址出土的陶片上我们可以想象到古人类生活虽然困苦，但不失乐观的积极向上的生活理念。这也给了我们这些现代人很多的生活启迪。

在我市的近代遗存中有很多是日伪时期遗留下来的罪证，每每看到这些遗址有如伤口撒盐一般，噩梦连连。这也许是挥不去的痛，从滴道万人坑、炼人炉矿工血泪的控诉到虎头地下要塞、半截河要塞劳工惨死的见证诉说那一时代的悲哀。

20 世纪 50 年代，国家为发展经济，号召开发北大荒，由王震将军率领的十万大军首先开赴北大荒，接受着时代的风潮和洗礼。东北这块土地既神奇又陌生，虽然这里冬季非常寒冷，但是那时的自然环境是相当优越，有清澈的穆棱河，蓝蓝的天空，肥沃的黑土地。"棒打狍子，瓢舀鱼，野鸡飞到饭锅里"，就是当时生活的真实写照。如今很难看到以前那种碧水蓝天，河鱼满塘的景象。工业的发展破坏了原有自然环境。现在国家正在着力于生态环境资源保护，使我们生存的自然环境得以恢复。望着林林总总的 20 世纪工业遗产，我们的思绪万千，虽然它们已退出了历史舞台，但是它为我们国家发展做出重大历史贡献。我曾经这样问自己，我们留给子孙后代是什么呢？答案是肯定的，20 世纪的工业遗产是我们要用笔和现代化的工具详细记录父辈们留给我们的宝贵财富，让我们把当代历史完整地展现在现实的世界里，让文化遗产这个载体承载我们的情思与未来构建起永不朽毁的情感桥梁，让那美好的瞬间完美地再现给未来，让人类艺术的结晶结出丰硕的果实，让我们带着精神强健与自信跨越岁月的时空永驻心灵，让艺术的精华永远屹立于历史尘埃之上。

文物普查队员

鹤岗市文物管理站　董红磊

背一只包，带一把探铲。

星光中走进村屯庭院，

风雨中深入田间地埂。

探寻一段段不为人知的历史，

挖掘一处处深埋地下的秘密。

拿一支笔，提一摞表格。

踏着崎岖的乡间小路，

穿行于崇山峻岭密林深处。

记录着历史精彩瞬间，

感悟着华夏辉煌灿烂。

一只包，一只载满祖国重托的包。

一把探铲，一把开拓创新的探铲。

一支笔，一只书写先贤文明的笔。

共同打捞起岁月长河中的文化遗产。

看那一行行诗句，

是你额头流淌的汗珠，

化做连接古老的文明的丝带，

牵绕着你的魂梦。

那曾经与你为伴的日月星辉，

见证着你今生无悔的选择。

文物普查的热心人

——记伊春市老区建设促进会副会长陈廷璧

伊春市全国第三次文物普查办公室　郝怀东

第三次全国文物普查，是历史上规模最大的一次文物普查活动。此次普查涉及的范围之广、覆盖面之大，是绝无仅有的。如此浩大的工程，需调动社会各方面力量一起努力，其中文物工作志愿者就是一支不可忽视的生力军。在伊春的"三普"工作中就不乏志愿者的参与，其中最典型的就是热爱历史、热爱家乡用心发现历史的陈廷璧老人。

伊春地处祖国东北，小兴安岭腹地，汤旺河流域，北与俄罗斯隔江相望，面积达32872平方公里。在近百年的历史岁月里，屡遭沙俄、日寇的侵略。抗日战争时期，这里的人民和英勇的抗日联军，在中国共产党的领导下，与日寇浴血奋战长达14年，捍卫了神圣的土地和宝贵的资源，谱写了伊春历史最悲壮的篇章，同时用汗水、热血和生命留下了许多可歌可泣的动人故事和大量战斗、生活遗址、遗迹。然而这些历史遗存曾长期被人们所淡忘。以史为鉴，才能继往开来。在第三次全国文物普查工作中，伊春市普查办，根据普查要求，将新增文化遗产品类普查列为重点，科学规划、统一部署，及时与市老区促进会、地名办、史志办等有关部门沟通，查询线索。

怀着对家乡的热爱，带着一份责任，陈廷璧老人，从伊春市政府秘书长岗位上离休后，来到伊春市老区建设促进会担任副会长的职务，带领一批曾长期在基层任领导职务，对伊春市的历史和人文比较熟悉的离、退休老同志，和各县（市）区局老促会成员，一起致力于伊春革命斗争史的研究，做了大量的工作。他们不顾年老体弱，查阅资料、走访当事人、实地踏查抗联遗址，先后认定抗联遗址150余处，并撰写了《伊春革命斗争史》、《小兴安岭抗日斗争简介》、《伊春革命老区》等专著。

陈廷璧老人了解到全国要进行文物普查，二话没说就到了市文物普查办公室，坚决要求做义务文物普查队员。他亲自参加"三普"会议，为市普查办提供全市抗联遗址分布图；还主持召开了全市老区促进会会长会议，研究部署老促进会在"三普"工作中的工作任务，要求各地老促会将参加文物普查工作列为近两年工作重点，积极配合，全力支持；他充分利用"三普"机遇，使抗联遗址得到认定，确定为相应的文物保护单位。为了更好的配合"三普"工作，陈廷璧老人不顾80高龄，到嘉荫县与市、县普查队一起研究制定普查线路、方案，并指派县老区促进会会长陪同调查，经过一周对一乡两镇的普查，在历史遗存的调查取得重大发现的同时，还认定抗联遗址 8 处。除了亲自到一线寻找，陈廷璧老人还亲自主持制作了一部文物普查的幻灯片。幻灯片图文并茂，其中有关于全国第三次文物普查的法律法规、如何辨别文物和保护文物等一系列内容。他把资料送到各个社区学校，主动上门进行文物普查宣传。

这次文物普查，多亏了这些老同志，不仅在一定程度上弥补了普查队伍力量的不足，而且提供了许多有价值的信息，也在全社会宣传了文物法和文物知识。

通过老区促进会的帮助，伊春全市已新发现近现代文物遗址 32 处，极大的丰富了我市文物依存的类别。相信，有像陈廷璧老人这样的志愿者的支持，我们的"三普"工作一定会取得更大的成绩。

桃温万户府故城踏查小记

汤原县文物管理所　钱　霞

香兰的桃温万户府故城是第六批国家级文物保护单位，我上班 13 年以来因为是女同志，一直从事内业工作，从来没有去过乡镇遗址点，虽然我对"国保"的档案很熟悉，但完全是理论上的理解，我一直期盼着能亲眼见见我们"国保"的真面目，如果不是这次普查，我和"国保"的会面不知要等到何年何月。一早我匆忙的把孩子安排在午托，换上普查服装和胶鞋，带齐设备，来到汇合地点，因为是第一次普查，心情很激动，坐在车里心绪也无法平静。一路疾奔，很快到达遗址附近，剩下的路车辆无法靠近，只能步行，侯所长带头，我们三个在后面排成一对，也许是身穿统一的军用服装，使我们觉得身上有使不完的力气，正是农忙的季节，不少农民向我们张望，猜测我们的身份。

我们在玉米地里步行了 30 多分钟，才来到桃温万户府故城脚下。我飞快地跑到 3 米多高的城墙上，四周张望，在心里印证核实每一个角楼的位置、瓮门的数量及城墙的存无，我此时此刻更加理解了理论和实践的关系。我们开启了设备，开始测量、照相、记录，我们一边走一边观察地面，捡拾了不少青花瓷片和夹砂陶片，这时就听侯所长"哎哟！"一声，我们的视线都转向了他，只见他蹲在地上。我们急忙跑过去。原来是苞米扎穿了鞋底，大家扶他坐下，只见，血顺着鞋底淌下来。把鞋脱下一看，鞋底就像筛子网似的，已经扎了很多次，最后终于扎了进去，大概是注意力都集中在找文物上了，忘记了脚下。大伙建议他就地休息，我们继续前行，他把鞋放在手上"啪！啪！"拍两下，看看脚心上扎的苞米杆儿，使劲挤了挤说："没事儿，继续干活。"然后把鞋穿上，一瘸一拐的非要继续。看到这情景说实话我有点难受，侯所长今年50岁了，跟着我们年轻人一起普查，一步都没少走而且还带头，脚忙着嘴也没闲着，很怕我们理解不上去，应付了事。我心想："唉！我们腿脚好的都深一脚，浅一脚，你都瘸成这样了得多疼啊！"这时我们队伍中的年轻骑士小卢不知从哪捡来一根棍子，递给侯所长说："头儿，给你龙头拐杖。"也许是为了安慰我们，也许是怕我们担心，侯所长笑着说："嗨！小事儿一件，比这严重的我都经历过，现在还有你们和先进的设备，以前就我和老马两个人，什么设备都没有，满山走，用步量，唉！我知道，我不跟着你们也能完成任务，我只是想把我知道的利用现场实例传输给你们，你们是文物事业的接班人，以后这种到现场的机会不是很多了。"说到这我实在听不下去了，我转过脸叹口气，内心翻江倒海，真想大喊："不！侯所长，没有您我们完不成任务，您是基层文物系统的专家，没有您，我们和文物事业衔接不上，您拥有我们所没有的知识和经验，您就是我们的字典，有了您我们少走多少弯路啊！"

考古，充满神秘和魅力的事业

勃利县文物普查队　于　玲

"勃利县有古迹？瞎扯，不可能！"

今天，当我参加了文物普查队，兴致勃勃地到处宣传、游说我的考古发现时，听到的，是这样一片质疑声。别怪他们的孤陋寡闻，要在几年前我未接触文物工作之时，有人说勃利县两三千年前就有人类居住，我就第一个不信。因为我七十多岁的母亲就是勃利生人，我更是一个土生土长的勃利人，我自认为我了解勃利的历史，而这一切都源于童年的记忆。

我的外祖母八十年前就从辽宁来到了勃利，那时的勃利还处在"棒打野鸡瓢舀鱼"的时代，吃盐都要赶上大车拉着粮食到60余里外的二道河子（今双河镇）去换。儿时多少个夜晚，我们围坐在外祖母的身边，听她讲述早年间的种种奇闻和故事。蛮荒而富饶的北大荒深深地印在了我的头脑里，使我认定，我的祖辈们就是勃利的早期开拓者；勃利的历史，也就是上百年的历史。所以，当人们对我今天的讲述充满怀疑和惊奇时，我理解他们，并无一点儿早知早觉的沾沾自喜，而是感到肩上有一份沉甸甸的责任和压力。作为文物工作者，在一座座古城面前，在我亲手抚摸那些似乎还留有先人手印和气息的件件石器、陶器的残断碎片时，它给予我的，不仅仅是前所未有的震撼！

　　勃利县三千年前就有人类活动，这的确是大多数勃利人都不知道，也不相信的。找出物证呈现给世人，已成为普查工作的重要意义之一。这次普查，我们共发现和复查了4处距今大约三千年左右的古遗址，采集到打制、磨制石器和手制粗砂席纹陶片等文物标本，这种花纹质地的陶片，在勃利地区还是首次发现，出土这种陶片的遗址在勃利也是目前为止发现唯一的一处，这不但说明三千年前就有人类在此活动，也告诉我们这一地区还可能会有类似的遗址存在。这让我们对此充满了希冀，也给予了我们继续探索的动力，我勤劳勇敢的祖先，你的印迹还留在了哪里？我要把它找出来，呈现给世人，帮助人们找到他们远古的根。

　　这次调查给我的又一个震撼是，二千多年前在勃利的某些区域，人群要比现在还密集。倭肯河畔的长兴乡，本是一个不大的乡镇，村屯也就十多个。目前发现的仅汉魏时期的遗址就有21处，遗址间遥遥相望，站在某个城址的山头上，遥望远近大大小小的古遗址，脑海中呈现出当年的点点炊烟，我似乎还隐约听到了当年这一带人来人往的熙攘喧闹，这让我有一个惊奇的发现，那就是，这里现在的村落远没有那时的密集。还有勃利东南部原考古空白区的小五站镇，一下竟发现9处汉魏古城，仅偏脸子村的后岗上1公里内竟有4座古城，而与它们相伴几十年的村民竟不知其为何物，殊不知，二千多年前，这里的人口未必比如今偏脸子村的人口少啊！这里向南岗下是一条小河和一片开阔的平原，岗上往北又是一片平坦的土地，先人们选在这里筑穴而居，你敢说他们的聪明智慧低于我们么？早在二千多年前，在这群山围绕的寒冷地带，竟有那样兴旺的烟火，谁不为之震惊？

　　来自考古第一线的又一个震撼是，有些古城竟完好得令人叹为观止。在调查中发现许多古城、古迹遭人为破坏，看着残破的城墙，满地散落的陶片，我们心痛不已，而当我们发现一座完好得无可挑剔的古城时，又令我们欣喜万分，莫名惊奇。在人烟相对稀少的地带，我们发现的几座古城，虽经千年的风雨，而如今毫发无损地静静躺在那里，除了荒草凄凄，一切都好像人们刚刚离去，站在高高的古城墙上，我久久地思索一个问题，在缺乏金属工具的年代，他们是多少人要多久才营建出这么高大完美的城池，要知道，在今天，当我们拿着铁锹，想挖一小块找找标本的时候，都很难挖得动呀！而像燕子衔泥一样垒出的土城，历经千年却岿然屹立，这怎能不说是一个奇迹！

　　考古，它真是一个神秘而又充满魅力的事业，它给你震撼，给你惊喜，给你启迪……明天，不知道还有多少秘密在等着你。它，深深地吸引着我，吸引着我的团队，我们每天满怀新的希望出发。我们相信，勃利县的历史，将在我们的手里，揭开它神秘的面纱……

"三普" 记事两则

勃利县文物普查队　姚雪峰

勃利县没有文物管理所，文物工作以前一直由七台河市文物管理站代管，只在近年交给勃利县图书馆兼管。由于没有专业人员，我们几个普查队员都是从来没有参加过考古调查的新手。但我们却豪情不减，干劲冲天，每天早 6 点出发，日落回家，一路艰辛，一路笑声，期间又有许多难忘的日子，难忘的记忆，难忘的人和事，在这里随便采撷几朵，与同行们分享。

"标本专家"

出于工作性质的需要，我们普查队雇了一个私家车，司机小孙是个品质优秀，勤劳又聪明的人，我们常常庆幸找了一个既优秀又合适的司机，他不但熟知勃利境内的所有道路，山山水水，还以他的勤奋热情和聪明好奇迅速地爱上了考古调查，成为一个普查队编外队员，每到一处遗址，在我们开展工作之时，他即拿上小铁锹，努力瞪着一双可爱的小眼睛，开始找标本，再难找的地方，只要有，他都能找出来。我们给他起了个绰号叫"标本专家"。我们几个队员碰巧都是近视眼，标本少的地方，有时恨不能趴在地上也找不到，这时有队员就会说："快叫'专家'找吧！他小眼睛聚光"。他真的从未叫我们失望过，找一个司机，却增加了一个队员，我们真是赚了。更加难能可贵的是，他还成了我们铁杆宣传员，他人品好，朋友多，时常呼朋会友，每次在朋友面前都兴奋的讲述着今天的新发现，可第二天，又一脸无奈地告诉我们："人家都不信，都以为我在吹嘘。"为了向朋友证实他说的是实话，在一个木化石遗址上，他捡了许多小块化石，分送给朋友，以示物证。第二天我问他："这回人家信了吧？""还是不大相信。"唉，没办法，人们头脑里固有的观念是多么的根深蒂固。好在播种了就会有收获，凭他的执著，小孙真为我们找到了一个重要的文化遗址，一个拥有三千多年历史并带有独特特征的遗址，这个遗址地表已无任何痕迹，如果不是这里建一个养鸡场，挖出一些奇怪的陶片和石器，如果不是场主正好是小孙的朋友，可能我们永远发现不了它。小孙听朋友说他的鸡场有陶片出土，第二天一大早就带我们直奔那里。在这个遗址，我们采集到了勃利境内从未发现的席纹抑或回纹的手制粗砂陶片，对照标本我们翻阅了一下资料，确定这些都是肃慎时期的标本。我们兴奋异常，再次感到，这个可爱的司机，真是上天的一赐予，在勃利县第三次全国文物普查的记载中，真应该给他也记上浓重的一笔。

踏雪前行

北国龙江的 12 月，早已进入北风呼啸，银装素裹的冬季，在这个隆冬季节，我们普查队不畏严寒仍活跃于勃利的乡村山岭之间，继续进行着"三普"工作。似乎每天的工作都遵循有固定的规律，就是一天的工作结束时总会留有一些悬念去吸引我们第二天进行新的探索和发现。俗话说"欲知山中事，去问打柴人"，现在我要补充一句："要知山中事，去问牧羊人！"这是我们田野调查的收获之一。牧羊人常年奔走于山川田野之间，在他们那里，我们总能得到一些有用的线索和启示。这不，昨天在登记完最后一个遗址的时候，两个牧羊人指着脚下的居住坑说："就这啊，柳毛河村东山就有，东胜东山那边也有，不过，离这老远了！"牧羊人虽然轻描淡写地一说，但我们可好像听到了进军的号角，个个摩拳擦掌，兴奋异常，带着新的希望结束了前一天的调查，第二天早上 7 点不到，我们踏着积雪向着心中的目标进发了。

恰巧天公不作美，今天的天气格外的寒冷，刺骨的西北风刮得人站立不稳，恶劣的天气丝毫没有削弱我们的斗志，来到目的地后，我们迎头而上，踏着小动物们在雪地上留有的脚印步履维艰的往柳毛河东山上爬，同时彼此之间大声地鼓励着，我们普查队员自诩是东北抗联战士，这点困难对于我们来说早就习以为常。这座山可真不容易爬，坡陡面滑，好不容易来到南侧的山头，我们眼前一亮，果真牧羊人没有骗我们，这里真的有遗址存在，马上我们投入了实地考察工作。测算完南侧山头的遗址数据，我们沿着居住坑分布方向的向北侧的山头进发。不一会到达了北侧的山头，环目四望，发现这里分布有一个独特的一尺多高的矮城，而城内竟有 15 个居住坑，这么矮，又这么大的城，我们还是头一回见，况且是在这荒凉的山顶上。除居住坑外，古城内外还散落着一些奇怪的石头，它们是一些黑色页片状石，文物监察员许吉贵说："这里是做石刀的取料场。"回忆起资料记载，我也怀疑它们是石刀、石镞的料场，另外还发现有一些石块，上面布满蜂窝状的小孔，形状像极了松籽，皮是皮，瓤是瓤，太奇妙了。可惜，狂风吹的我们无法驻足，白雪又为我们披上了一层神秘的面纱，为了安全，我们只好匆匆离去，待明年冰融雪化，我们再来探究它。

下一个目标，长胜东山。这是一座远离村屯的大山，山林寂静，雪地上还没有人行的痕迹。我们兵分三路向山顶进发，刚刚来到普查队工作的大学毕业生百通直奔山顶，我们老队员从山腰绕行。不一会儿，一个大居住坑赫然出现，我们立即欢呼："有啦！"队员随即分散查坑。不一会，那个先遣兵，百通兴奋的用手机向队长报告："山顶发现一个从未见过的大城。""好，你先开始工作，我们一会就到。"我们一边查坑，一边向山顶会合，到山顶一看，果然眼前一亮，一个高大完整的大城呈现在我们眼前，城内有 6 个大居住坑，这又是一处独一无二的发现。观察、登记、测量，标注，一阵忙活，队员们的脸不知是冻的还是兴奋的，个个红红的。最辛苦的要数年龄最小的队员百通了，他负责操纵 GPS 定位仪，在平地还好，可在这雪没到小腿的大山里，沿遗址的外围走一圈可不是件容易的事，队长问他："一个人可以吗?""没问题的!"真是初生牛犊不怕虎呀。可是当他久去不归时，大家还是有些担心，不队员们不停地放开嗓子大声呼唤起来，随后下山兵分两路寻找。好久，他才打来电话，回到城边，果然，他说："差点迷路了，可是，没有白走，那边还有居住坑。"顺着山梁寻去，在下边的一个山头上，有一个同样形式只是小了一号的一座古城。嘿! 太棒了，今天的收获真是"大大"的。当我们走出这座高山的时候，天早已过午，回到车里，暖气一热，鞋子和半截棉裤已湿，可队员们仍然干劲十足，匆匆吃了点便饭，又奔向葫芦头沟。

北风依旧呼啸，雪花再次飘洒，勃利文普人在雪中不断前行……

"三普"心路
——一个年轻文普人的一天

勃利县文物普查队　李百通

考古是一份需要极大付出与等待的工作，这种耐心不是说自己在岗位上干几年或十几年，而是需要一个人或一个团队用一生的时间去努力践行，才能有所收获! 这份等待是寂寞、甚至是枯燥的，但换来的是最后的笑容。去年我刚刚来到勃利县文物普查队，有幸参加第三次全国文物普查，有机会进行实地考古调查工作，我切身的体验到了这份工作的艰辛与汗水……

早上，当曙光还在大地里深藏，手机闹铃就如期地召唤了我，起床、洗漱、弄了点早饭，收拾完毕以后，快到 6 点了，专职司机"小孙"早已等候在单位门口，等人员聚齐、"全副武装"之后，我们迎着北国的寒风，驱车前往今天的目的地——长兴乡柳毛河村。大约经过 50 多分钟的行程，我们来到了柳毛河村。为了及时、准确、全面的了解发现新遗址，我们在附近的村子请了一位向导，此人是当地的文物保护员，也是民间考古爱好者"老许"。"老许"虽然已入花甲之年，但体格健壮、声如洪钟，在车里说话时的音量足以盖过吉普车马达的声音，和他交谈时我们总是不由自主地把脑袋歪向另一侧，生怕自己的耳朵震出毛病来。"孙哥"调侃说"看这老头的底气，活到一百岁，肯定没问题"，随之引来一阵哄笑。"老许"可是这一带有名的考古发烧友，20世纪80年代第二次文物普查时，他就是向导。听别人讲，"老许"年轻时自学了不少考古的知识，多年来几乎走遍了勃利全境的大河山川，收集了不少古董文物，"藏匿"在他家里的古董文物不乏价值很高的藏品。可这个老者着实吝啬，总是舍不得把他的这些宝贝"贡献"出来，还给我们开了个"天价"。

在"老许"的带领下，我们来到了距柳毛河村东北方向四公里处的东胜东山。站在山脚下仰望群山真是令人望而生畏！根据几个月的工作经验目测此山起码海拔400米以上，而且由于前天夜里下了场大雪，此时的东山早已被冰雪覆盖了白茫茫的一层，不禁让我联想到了《林海雪原》这部电影中的情形，而且山顶是否有古遗迹存在还是个未知数。既来之则安之，再硬的骨头也得啃，我们馆长身先士卒，率先冲入山林之中，几秒钟，就不见的了身影，我马上意识到自己落队了，随即跟上。提起我们馆长真可谓女强人，虽然还有三年就将退休，但对待工作认真负责、兢兢业业、毫不懈怠。每次和馆长在一起工作，我们都激情饱满、干劲十足。北国的山不像南方那样曲折蜿蜒，大多坡度很大，这给我们普查带来了很多困难。最危险的还不是坡度，而是山中的冰溜和荆棘，更可怕的是很多不在表面，而在大雪下面。我们几位队员紧跟着馆长前行，馆长对新来的我说："平时没事情得加强运动锻炼啊，以后比这高的山还多呢。"几经努力，我们终于到达山顶了，我的手脚早已被冻的冰冷，身体时不时的还打着冷颤。放眼望去，果真不虚此行，山顶真的存在一座汉魏时期的古城，古城遗迹虽然已被冰雪覆盖，但大体的形状仍清新可见。为了能在天黑前安全回家，馆长催促我们赶快工作，大家顾不得身体上的疲惫，卸下各自背包里沉甸甸的装备，开始了实地考察：馆长对遗址及其周围地貌进行拍照，另两位队员记录数据查看地形，而我操控GPS测量方位坐标及面积，大家各司其职，井然有序地忙碌着。这时我们的司机"小孙"也来帮忙了，看着他挥动手里的探铲，拨开雪层仔细的寻找着标本。真像个专业人士，当找到一个标本时，他高兴的简直要跳起来。"小孙"为人热情实在、乐于助人，也是文物发烧友，这让我们很感动，也让我感觉到其实社会很多人关心文物，关注文普进展。两个小时过去了，我们的数据正在核对中，馆长突然地兴奋道："大家伙都过来。"我们闻声而去，看到馆长站在山的另一角。馆长说："大家看，这里还有一座古城，我在这又发现了好多居住坑，你们看。"我们随着馆长手指的方向看去，果真在大雪下面还有一座土城，四周还散布着许多居住坑。大家伙兴奋的飞奔过去，对馆长的新发现进行数据测量。馆长接着又催促我们继续采集陶片样本，分类整理保存以待回去研究。积雪层太厚了，标本采集难度很大，但我们没有屈服，用手铲、探镐进行地毯式的搜寻，一小时、两小时……

忙过这一阵已经是下午了，我们在山下的汽车里简单地吃着面包，馆长嘴里还惦记到："这两处古城离得这么近，一点人为破坏的痕迹都没有，这里应该是一处遗址群，周围还应该有古城存在。"新来的我不解其意，但"老许"一听就领会了馆长的意思，说：

"大家伙，咱们再去测测，在天黑前仔细核对这座遗迹的特征和数据，看看有没有新的发现。"我们"二进宫"，来到山顶古城中间。馆长说："小李，你和小陈顺着山脊往北走，绕过山梁，看能不能有新发现。"我半信半疑的和小陈顺着山脊一路向北，四处瞭望，快到北侧山腰时，果然发现一处带有明显古城特征的地方。对这一发现我们兴奋不已，立即通知馆长，说："馆长，你是不是一早就知道这里还有古城。"馆长很平静的笑着说："这几处古城相距不远，规模庞大，而且保存如此完好，可以申报国保级单位了。"

夕阳不知几时躲入地平线，留下的是大山里的漆黑。忙碌了一天的我们早已饥肠辘辘，手脚酸痛，但是汽车里却充满着欢声笑语和文普人快乐的目光，透过车窗，我看见了树在灯光下的舞动，在有雪的夜里着实美丽……

不可磨灭的记忆

牡丹江市文物管理站　杨枢通

我是文物战线上的一名新兵，每当单位里参加过"二普"的老同志提起"二普"时的往事，那神态和情形都会令我无限向往，因为我深深地知道那不仅仅是这些老同志的阅历、经历和功绩，更是这些老同志们傲人的资本、学识和人生之中不可多得的财富。

2007 年，我有幸遇上了全国第三次文物普查，随着普查培训的结束，也展开了我心目中的"梦幻"之旅。2007 年 11 月，普查队展开了为期 18 天的"三普"实地田野调查实习，目标是离市区 15 公里远牡丹江左右两岸的村屯地域，我抑着激动的心情、带着能够亲手找到珍贵文物的想法踏上了征程。然而在这 18 天里无论我多么努力，找到的也只是陶片，心里有的只是泄气和失望。在 12 月的总结会上老同志一席语重心长的话让我纠正了这一错误的想法：是呀！文物工作者的任务是能够恢复古人类生活的场景。文物是中华民族传统文化的载体，就是一片小小的陶片也能反映出当时古人类生活生产、制作工艺水平、地域文化等许多方面，也是具有研究价值的。

牡丹江市地处山地丘陵地带，重峦叠嶂，溪水纵横，自古就有"九分山水一分田"之说，这给普查增加了难度。车是无法爬山的，只能沿着公路开到村屯，剩下的全靠普查队员"铁脚板"走街串巷的访问，翻山越岭、跋山涉水的查找，一天走个三四十里是常有的事。为了少做无用功，把有限的时间充分地利用起来，普查队员常常饿着肚子直到把既定的地域调查完再下山吃饭，经常是肚子很饿但瞅着饭就是吃不下去——已经饿过劲了。三四和 11 月份天气是冻人不冻地，冷风刮过，队员们的鼻涕就没有停止过。七八月份耕地里的秧苗已长到膝盖高，天气炎热，一天下来队员们脱下能拧出汗水的衣服，肩膀被汗水浸的都是红肿的。

2008 年 5 月初普查到磨刀石镇，早饭时听当地人说南部水停沟发现过陶片，我们 5 人兴匆匆地开车来到沟口，由北向南纵深 10 多里、用时 1 天的时间走遍了水停沟的岭上和谷底的每一块土地也没有找到任何遗物。第二天普查队员开车来到地名叫对头砬子的山沟，在对头砬子处山沟分岔，一条向北，一条向东。东岔没有道路，在谷底只有一条由东向西流淌的小河，队员决定先到东沟调查，没想到车刚刚沿着小河滩开出三四里路就连人带车陷入了河滩中。司机马师傅挂上前加力想一下冲出河滩，没料到轱辘越转车陷的越深，最后车底盘被河滩架住，四个轱辘"刨"出四个大坑，火也打不着了，车是彻底的不能动弹了，河水朝车厢里直灌，没有办法，大家抱着设备踏着河水冲到上河岸，鞋是彻底灌包了。司机上岸打电话联系拖车，这时是上午 9 点多钟，天又开始下起了阵雨，冷风夹着雨点拍打着我们。为了不让设备被雨淋到，队员们都脱下外衣把设备包住。这里离镇上有 30 多公里，拖车最快还得 5 个多小时才能到达。不能就这么等着，队员统一认识后先由我和另外一名队员找村落借锹，回来后两个人拿铁锹挖托住底盘的河沙，其他 3 个人到上游垒河坝，让河水改道。经过我们 5 个人 4 个多小时的努力，河水改道了，车也基本被挖了出来，这时拖车也到了，拖车在前面拽，我们在后面推，陷在河里的车终于被拽了出来，队员们全身都湿透了，脸上腿上沾满了河沙。下午 2 点多回到驻地后，队员们都一头倒在床上睡着了，午饭与晚饭又是一起吃的。

当然普查过程中也有令人兴奋的时候。在调查市郊一处南北长 20 多公里、东西宽 10 多里山沟的时候，我们发现了一组遗址群，先后在这发现了 25 处古遗址和 1 处古墓葬群、复查 2 处古遗址，看得出队员们都很兴奋，也增加了责任感。印象最深的也给我带来最大惊喜的一次是 2008 年 5 月中旬调查到四道林场，我们由山沟的最南端向北边走访边拉网式查找，但走了 20 多里路、整整一个上午也没有发现任何遗物，队员们锐气尽泄，只是拖着腿机械地朝前走着。快到长岭子村的时候，耕地边上有 2 位村民在休息，队员们也没抱多大希望地拿出陶片标本向前询问，不想村民看过之后对我们说："这个东西前边长岭子村北部、靠山边的大地里有的是，还有带图案的。""在什么地方？"队员们都兴奋起来。"就在村儿北不远，道边有棵大榆树。"队员们立刻加紧脚步过村找大榆树。等来到大榆树前，队员们被深深震撼了，道边的护路沟里堆满了大量的陶片、布纹瓦、瓦当，越过护路沟来到山前耕地，大地里也到处分布着大量的陶片、布纹瓦、瓦当和础石等建筑饰件。据当时正在翻地的村民介绍："听老人说这儿原先是一座庙，庙不知什么时候被拆毁。地里的这些东西太多了，每年我们都用土篮子捡出来倒在道边的沟里，捡也捡不净。"队员们快速的测量、记录，我们每一个队员心里都是沉甸甸的责任感。

我坐在车里看着逐渐消失的大榆树心里感叹不已，这个古庙不知什么时候、什么原因被毁掉，千百年来它只有用自己的遗物和方式向世人一遍又一遍地诉说着自己昔日的辉煌和这里曾经发生过的故事，多少年来能听懂的又有几人？就像被埋在荒漠之中的楼兰古城一样，在那山林大地中又有多少传统文化在等待着考古工作者去发现，去记录，去辨析，这就需要每一个考古工作者的使命感和强烈的责任感。

全国第三次文物普查还没有结束，我想在结束的那一刻，也会瞬间成为永恒，也会成为每一个参加过"三普"考古人记忆深处不可磨灭的烙印。每当你看青山微笑的时候，青山不也在看着你微笑吗？

迎着朝阳出发

牡丹江市文物管理站　王玉宝

大雪飘下来了，漫山遍野一片洁白，天气真的冷了。记录不能做了，草图不能画了，GPS 不灵敏了，照相、摄像设备也不听使唤了。牡丹江边墙田野调查终于在冬至这一天收工了。回想将近半年的田野调查，有累、有苦、也有险，但是留给我们更多的是快乐，因为我们每天迎着朝阳出发！

每天迎着朝阳出发，首先感受的便是久违的回归大自然的舒畅。我们踏遍了家乡的山山水水，跑掉过车轮，遭遇过蟒蛇，对峙过野猪。虽然是土生土长，但是还从来不知道家乡如此般美丽。山川灵秀，沟谷纵横，鸟儿在林中歌唱，小动物在山间奔跑。大地就是我们的餐桌，山溪就是我们的清泉，享受和煦的阳光，沐浴山间的清风，看花开花落，望云卷云舒，大有把酒临风，其喜洋洋的快意！

每天迎着朝阳出发，每天都一次又一次的惊喜。11 月 2 日，我们正为墙迹失踪而郁闷，爬至 619 米高点时，突然出现一段以石碴子做基础又加人工砌筑的山险墙，宽 2～4 米、长 290 米，曲折变化，参差错落，内外绝壁。仿佛一条神龙蜿蜒腾挪，舞动着千年不朽的生命。正在唏嘘赞叹之时，我的目光又遭遇了另一重惊喜：前方的一座石碴子小山，极似一个面朝东方的国王，头戴王冠，额、眉、鼻、口、颌分明。他神态凝重，仿佛正在指挥千军万马。不知是上苍派下的天将在庇佑我的先民，还是先民们把他们心中的英雄雕成不朽的石像。由于风雨剥蚀，已看不清是自然的杰作，还是先人的鬼斧神工。再向前行，有一段坍塌严重的石墙，残留 6～12 层不等，内侧有 2 段砌有 9 米×1 米凹槽，明显是为方便站人瞭望或者射击之处。间有几处高 2 米、3 米×3 米的正方形石台，似烽火台。还有一个直径 3 米、用大石围成的圆圈，似山泉取水口。不远处有 10 米×10 米正方形石砌房基，房基西侧有 2 米×1.8 米长方形空心石台，似是灶台。能看到这么密集的先民遗迹，我们再次震动。边墙向东北 59 米，又与长 202 米、高 600 米的大石砬子山相接。然后沿着东偏北方向连续排列 5 座大石砬子，石砬子间隔 14～23 米不等，均以土墙或者石墙相连。我惊呼："这不是碉堡加铁丝网吗？"同事们会意地说："原来小鬼子那套是从咱们祖先这里学去的呀！"

每天迎着朝阳出发，每天都对先人的智慧一次又一次地崇敬。11 月 10 日，我们沿着边墙向正北下山，临近谷底，边墙突然向西连续拐了 9 个直角，间隔 10～39 米不等，然后才向对面的山上爬去。开始，我们很不理解，这不是白费功夫吗？翻越了几座山谷，看得多了，我们终于明白了古人的用心，是故意在临近交通要冲处，修筑多个转角，功能相当于马面，以加强对沟谷或者路口的防守强度。我们不由对先人的智慧深表崇敬。当然先人的智慧远不止此。他们因地制宜，就地取材，有石头的地方修筑石墙，没石头的地方修筑土墙，水患地带内侧包石，江河沿岸居高临下，最令人称奇的是他们把自然山险利用得出神入化。我们做了一个初步统计，山险墙大约占到了百分之七十。11 月 16 日，我们沿着边墙开始爬高，先后翻越了海拔 629 米、643 米、658 米、662 米和 706 米五座山峰。这五座山峰都是由大石砬子和险峻的山梁连接，形成了总长 2700 多米的自然山险。山崩地裂，乱石穿空，壁立百丈，狂风呼啸，林涛怒吼。不用说千年前的金戈铁马，就是一支现代化军队也难于穿越这道天险啊！

每天迎着朝阳出发，每天都感受到一份沉甸甸的责任。牡丹江边墙蜿蜒于牡丹江中游、长白山余脉的崇山峻岭之中，从无文献记载，初步研究为唐代渤海国修筑的具有长城性质的军事防御设施。可它究竟筑于何年何代？除了目前三段还有没有其他段落？这三段起自何处、止于何方？为什么都是同一走向？南城子遗址是不是与它隔江呼应的防御配置？岱王山城址是不是它外围的制高点？边墙内外哪里又是当年鏖兵的战场？这些历史之谜都有待于通过我们的调查和研究来破解。

"折戟沉沙铁未销，自将磨洗认前朝"。千年的烽火硝烟早已徐徐散尽，只留下千年智慧的灵光还在沉寂的边墙上隐约闪现。能不能还原一段真实的历史，能不能留给子孙一份满意的答案？我们只有不断地努力！

每天迎着朝阳出发，心中时时充满着激动与神圣。千年边墙的断裂由我们链接，古人智慧的灵光由我们采集。我们在广袤的土地上追寻祖先远去的背影，我们在时间的长河里打捞民族失落的记忆……

"踏遍青山人未老，风景这边独好！"

林口县"三普"工作纪实

林口县文物管理所   李静华

林口县县域 7138 平方公里，12 个乡镇，200 个自然村，人口 44 万。2007 年林口县"三普"工作开始启动，深秋季节，在普查队队长衣晓白的带领下，由李静华、张美东、王亮、王思源等组成的普查队，首先进入了奎山乡普查区。在进行山脉线的普查过程中，我们爬上了华山主峰，对华山区域进行调查。站在山上举目四望，这里山峦起伏跌宕，地势险峻。山林是由柞木、松木为主的混交林，由于地壳变迁，山石突起，有的山石长满青苔，有的山石中还有贝壳化石清晰可见，由此可见在千万年前这里曾经是汪洋大海。当走到距离主峰还有两百米，我们被眼前的情景惊呆了，山体因自然原因从中间断开，中间仅能容纳一人通过，这就是"一线天"。通过"一线天"沿山路前行，古人生活过的石穴原来就在这里。它位于主峰的侧面，洞口向里延伸 5 米，直径 1.5 米，洞口左右有岩石遮挡，洞口上有一块突出的岩石，能起到挡风遮雨的作用，洞口前有十几平方米的空地，下方是陡峭的悬崖。古人利用山势险峻，在这里居住。普查队员忘记登山劳累，对石穴和古道作了详细的记录并采集了标本。

这就是两年来我们普查工作场景的一个缩影。清晨 4～5 点钟背起行囊，踏着晨露奔向普查区域，进行野外调查。普查队员干劲十足，对田间地头、山谷洞边认真缜密排查，不放过任何一件可疑物，不留任何死角，已成为林口"三普"工作的常态。

有一次，我们沿着乌斯浑河南岸徒步走到古城镇，绕过林口林业局，但是没有发现一处遗址，普查队员并没有放弃，稍做休息，沿着河北岸往回走，继续"寻宝"，在全体队员的努力下，终于在木炭厂和新利村附近发现了两处辽金时期的遗址。当普查队员拖着沉重的双腿，相互搀扶着回到县里的时候，已经是下午 4 点多钟。此次行程 48 公里，普查队员没有一个叫苦叫累。队里最小的一个女队员，坐在桥头上，眼含泪水，大家你看看我，我看看你，却露出了甜蜜的微笑。

在普查工作中，队员们克服了重重困难，有的脸被吹晒露出了血丝，有的双脚走出了血泡，2007 年 11 月 18 日，普查队在亚河乡利民村遭遇暴雪、冰雹袭击。2008 年 4 月 24 日，在兴华村普查队有三名队员中暑晕倒在田野中。2008 年 5 月 28 日，在三道通镇江东村，又有两名普查队员中暑晕倒在田野中。队长衣晓白在队员病倒的情况下，将爱人补充到普查队中参加普查。副队长李静华和队员王亮、张美东也都是带病参加工作。队员王思源即担任司机工作又负责 GPS 的测点和档案的整理工作。林口普查队开创了寒带地区开展文物调查的时限，2 月 28 日在冰雪还没有融化时，开始田野调查。目前林口普查队，已经完成了总普查面的 80%。

经过两年来的艰辛工作，林口普查队新发现各类遗址 404 处，复查 26 处。林口普查队取得了阶段性的胜利。

古往今来，圣者贤人们的创业足迹，无不印证着一个朴素的道理，有拼搏就有胜利，有探索就有成功，林口县文物管理所普查队员同样用这种"不抛弃、不放弃"的精神，验证了这一真理。

庆华，庆华

北安市文物管理所　郭　昕

真应了"熟视无睹"这句成语，我想。倘若不是一位曾经是庆华厂职工的友人送给我一枚"纪念六二六厂北迁五十周年"的徽章，我大概不会想起这座地处北安市区东南隅，曾经十分神秘的枪厂，也应在全国第三次文物普查之列。六二六厂是我国创建的唯一的冲锋枪厂，中国人民解放军在抗美援朝、中印边境自卫反击战、对越自卫反击战等战争中所使用的制式轻武器大多出于该厂。六二六是代号，庆华工具厂是第二厂名，实际上它们是同一家军工企业。对于外界来说，则习惯简称为庆华厂。

庆华厂占地 457.7 万平方米，是一家经历 80 余年历史变迁的枪厂。它的前身是 1921 年张作霖在沈阳创建的东三省兵工厂枪厂，几经起落浮沉，新中国成立后因抗美援朝战争需要，于 1950 年由沈阳迁来北安，改名为国营六二六厂。当时，谁都认为，这仅仅是一次紧急战备搬迁，谁也没想到竟会在北安这座边陲小城驻留五十多年。

翻开在"三普"前期准备阶段寻觅来的《庆华厂史》，一时间不觉五味杂陈。感慨庆华人创业之艰难，骄傲庆华枪械制造精良，也感受着庆华厂在经济困境中顽强拼搏，直至停工、破产的悲壮……由于庆华厂与北安地方很少有业务往来，加之庆华厂警备森严，在过去，我仅进入厂区两次，目的都是为东北军政大学旧址寻找一些相关资料及照片。

庆华厂厂址所在地最早是日本侵华时期的兵营，俗称"东大营"，光复后又为从吉林通化迁来的东北军政大学所使用。东北军政大学在北安期间，培养了 2700 多名学员，这些学员为解放战争的胜利和东北的建设做出了杰出贡献。由于房屋年久失修或不利于工厂建设，与东北军政大学旧址相关的建筑被庆华厂渐渐拆除，直至消失。这不能不说是一件遗憾的事情。

经典的中国56式冲锋枪已经逐渐淡出人们的视线，庆华厂在2006年也终成为了历史。只有建于20世纪30至60年代的车间、铁路专线、文化宫、行政楼等建筑还静悄悄地矗立在北国烈风中，像是证明它们曾有的辉煌。在第三次文物普查中，庆华厂将作为黑河地区目前发现的唯一一处军工遗址载入文物普查数据库。

庆华，庆华，这个伴随新中国获得重生的共和国长子，生于沈阳，长于北安，最后在许昌、营口等地分流，这是成长之痛，也是历史的必然。

从日本侵略者的东大营，到东北军政大学再到庆华厂……不过是那一堆一块的地方，风水轮流转。历史继续向前，留下来的人还得继续生活。送给我徽章的友人略带伤感的说："你们要更加认真、更加仔细的将庆华厂记录下来，一点也不要遗漏。庆华厂再不会有六十年纪念了，你们现在的工作将是对一个风起云涌、激情燃烧的辉煌时代，最后的念想与祭奠。"

我默然。细细想来，庆华选择北安，北安接纳庆华，并有幸保存一代军工巨子的"旧居"，这是彼此的造化。而记录、保护、传承庆华人艰苦创业、尊重科学的精神，不也正是文物普查的意义所在吗？

什么都不用说了，努力工作，努力工作吧！

"中市桥" 遗址采访记

徐汇区漕河泾街道办事处　吴建国

　　我是一名基层文物普查员，热爱传统文化，对"保护、普查"工作有着深厚的感情。年过半百的我，儿时曾在老镇玩耍度过印象深刻的寒暑假生活。自 2008 年 4 月投入普查工作以来，不断学习充实专业知识，查阅历史资料，获得了许多珍贵的信息。

　　漕河泾位于上海西南，地处江南水乡，河港交叉，原先建有 18 座多种结构的桥梁，岁月更替，如今保存下来的只有一座中市桥。中市桥跨漕河泾港上，俗呼庙桥，因居城隍庙前而得名。为了考证历史原貌，原生态全面反映客观情况，经多方盘察，寻访到了漕河泾镇志办的元老王静华先生。年逾 7 旬的王老是一位老漕河泾，思路清晰，对老镇情况了解甚多，据他介绍：中市桥建于清同治六年（1867 年），历三年竣事。桥以石构筑，长 10 丈，面宽 1 丈有余。桥为南北向，拱形，三段，每段并铺三块长石条，桥桩两排，桩上为一条横石条，上呈鱼脊状，下凿暗石槽，嵌入石槽。此桥建筑风格大气，结构牢固，是漕河泾老街风貌特色之一。

　　王老自信满满地叙述着石桥的原貌情景，接着话题一转："那是在公元 2000 年间，为了建造住宅《漕河景苑》拆桥修路，在动土打桩时从地里挖出了庙桥石碑三块。"王老当时在现场，看到石碑上清晰的碑文，激动不已，连声说到，这可是宝贝啊，不能遗弃。话到此间，王老打开《漕河泾镇志》指着上面的文字记载说，这就是石碑上的原文："鳞屋接参差劫历烽烟留福地，鲸波来浩渺功施疏凿溯贤侯。百步桥通看水抱湾湾帆随转，五茸城还指峰横点云共天地。"两幅对联气势磅礴，令人赞叹。更让我敬佩的是王老为保护文物和爱护文化遗产的崇高意境。

　　采访结束后，我邀请镇志办的同志一同前往存放石碑的现场查看。大家来到康健路 58 弄内"漕河景苑"的小河旁，一眼望去桥桩石巍然屹立在风景秀丽小河旁。桥桩石高 4 米，宽 0.6 米，厚 0.4 米。横条石上刻"漕溪中市桥"五个字，横条石长 7.2 米，宽 0.8 米，高 0.4 米。著名书法家曹文仲先生为石桥题词"庙桥遗址"的石碑，一同排放在"漕河景苑"小区内，形成了一道靓丽的风景线。桥桩石上的对联还清楚可见："百步桥通……云共天地。"桥桩石和横条石上的碑文清晰、鱼脊状刻纹呈现，中市石桥原物保存良好。普查人员及时在现场采集数据和登录信息，并按文物保护要求以电子版本形式报区文物办，同时归入漕河泾资料库。

中市桥的变迁反映了漕河泾百年古镇、古寺、古桥和近代名宅名人发展过程的实情列案，保留了传统与近代历史文化相融的重要史料。城市的发展、历史的变迁不断地告诫人们，保护文物与保护人类文化遗产是我们义不容辞的义务与责任。

让老洋房的迷人魅力永远传承下去

徐汇区湖南街道安抚居委会　薄黎英

2008 年徐汇区第三次全国文物普查工作开展期间，湖南街道举办了社区老洋房故事征文和演讲，优秀建筑的展示。湖南社区虽然仅有 1.73 平方公里，但这里却集中了上海近 15% 的老洋房，在高大的梧桐树掩映下显现出独特的人文特色和深厚的文化底蕴。挖掘和保护老洋房里面的故事，有着重要的文化价值、历史价值、精神价值和社会价值。

安福居委沿长乐路、华山路、武康路、安福路和五原路一带也有好多老洋房，居委通过各种形式广泛宣传，动员社区居民积极参与到学习节此项活动中来，挖掘老洋房里面的故事，参与写征文和演讲，共同做好历史文化遗产的宣传保护。文物普查员重点走访老的居民，召开座谈会，获得了不少有价值的线索：

五原路 288 弄 3 号是著名的漫画家张乐平的故居，经常有海内外来客慕名寻访到此参观。张乐平先生从 1950 年居住在此直至去世。张乐平先生的画室至今保留着原来的模样，硕大的画桌原是一个西式大餐桌。就在这张桌上，张乐平创作了《三毛翻身记》、《三毛日记》、《三毛今昔》《三毛迎解放》等三毛系列漫画。可惜的是"文革"期间遭到抄家，有些张乐平喜爱的摆设被损毁了。现在张乐平的几个子女居住在此，他们非常配合这次全国文物普查工作。怀着崇敬的心情向我们讲述父亲的生平之事。张乐平为人谦和，人缘很好且十分好客，在这里曾经接待过许多文化界和艺术界的知名人士。兄弟姐妹从小就养成了热情待客的文明礼仪。父亲经常教导子女做人要正直，要尽量帮助别人。

五原路 228 弄 1 号的花园洋房，是孙科为他女儿建造的。新中国成立后，花园住宅住着华山医院的职工。20 世纪 80 年代孙科的女儿和后代从国外回来专门来看住宅，还在花园内照了相。

五原路 252 弄原名"大通别墅"，11 号原是包达三故居。在这栋老洋房里留下过周恩来、董必武等多位历史名人的足迹，见证了新中国成立前我党团结民主人士推动爱国民主运动的一段珍贵历史。1946~1948年期间，许广平等11位爱国民主人士在包达三居住的11号内，举行过100多次聚餐会，周恩来、董必武等也曾经多次造访。包达三在此接受了中共老一辈革命家的影响，最后坚定地走上了社会主义道路。

马路两旁还有许多西洋风格的老房子，外形就像一件件珍贵的艺术品在绿树婆娑的掩映下各显风姿。走进里面可看到五彩斑斓的窗户玻璃，马赛克地砖拼出的美丽图案，铸铁雕花的楼梯蜿蜒向上，还有精致的壁炉等等。

现今上海，现代化的大厦鳞次栉比、高耸入云。但总可以看到许多外国游客带着照相机在马路上、甚至跑到一条条弄堂里寻寻觅觅，对着老房子左拍右拍。还有许多外国人甚至在老房子里租住下来，重温老上海的历史。

居住在这里的居民这样说："老房子里有着深厚的文化底蕴，我们能住在这里深感荣幸。可是现在大多数老房子里住着过多房客，老房子负担实在太重了，不免叫人心痛"。

将历史建筑文化作为一个课题，与社区文化教育相结合非常必要。我们要通过培养居民对老洋房艺术外观美的欣赏，同时感受内在蕴含的优秀历史文化。让更多的人来欣赏它、爱护它、保护它，使这些老洋房的迷人魅力永远地传承下去，进一步促进和谐家园建设。

"大通别墅聚餐会"旧址寻访记

徐汇区湖南街道文物普查办公室　郁世荣

著名爱国人士包达三（1884~1957年），系中国同盟会会员，早年参加辛亥革命。后因故弃政从商。在新民主主义革命时期，包达三和一批上海的民主人士积极参加了爱国民主运动，还作为赴南京请愿代表经历了险恶的"下关事件"。期间，他接受了我党老一代革命家的直接影响，人生观、价值观发生了彻底的转变，坚定地跟着中国共产党走社会主义道路，成为中国工商实业界的杰出人物。他在开国大典登上了天安门，历任第一届政协常务委员、浙江省副省长和民建浙江省主任委员。1952年，包达三将自己的所有财产，包括在上海、杭州等地的房地产全部捐献给国家，支援社会主义建设。

上海徐汇区湖南街道普查办的领导和普查员回顾了寻找包达三旧居的过程，不仅为他曲折而光辉的人生所感染，深感寻访他作为民主人士活动场所的旧居的深远意义，同时对于普查工作在发动居民，依靠组织，深入查访历史建筑方面取得了一些经验。

"大通别墅"今何在?

2008 年 7 月,还是上海湖南街道开展全国第三次文物普查之初。在查阅地方志和民主人士回忆录时,史称"大通别墅聚餐会"引起了普查员的注意:从 1946～1948 年,上海著名的爱国民主人士陈叔通、马寅初、马叙伦、盛丕华、周建人、许广平等人,定期在包达三的寓所赵主教路的大通别墅举行了一百多次聚餐会,研究上海爱国民主运动。包达三还邀请董必武、李维汉等中共领导前来聚餐会演讲。周恩来经常在此约见民主人士,宣传党的主张,推进国统区反内战要和平的爱国民主运动。

赵主教路就是现今的五原路,可是普查员找遍了五原路却不见大通别墅。湖南街道普查办向五原路沿线的两个居委发出了《协查通知》,发动广大居民参与和支持普查工作。

唐女士留下了电话

家住五原路 282 弄的唐婉琪女士看到《协查通知》后主动在居委留下了自己的联系电话。普查员从电话里听到她热情的邀约,由物业管理员小温陪同上门拜访。唐女士是从 1953 年居住至今的老居民,她说我们这条弄堂原来就叫"大通别墅"。至于对解放前居住在此的包达三的情况却不甚了解。邻居张老先生虽然听说过包达三,但也不知详情。大家并不气馁,唐女士挨家挨户地回忆他们的居住时间,最老的居民要数夏邦琦老人,可前不久他也搬走了。小温知道夏老还在本社区参加文化活动,便自告奋勇地说由他来联系。不久,两位普查员再度来到 282 弄,小温与夏老接通了电话,普查员终于从电话里听到了夏老的指认:当年包达三就住在他家隔壁 11 号!

浙江民建提供了包家后人的信息

然而,当普查员深入访问 11 号住户时,得到的信息却是房东姓董,并不是包达三。为寻求直接的人证,新一轮的调研就沿着寻找包家后人的方向展开。曾任民革上海卢湾区委常委的包达三的儿子已经出国多年了。于是普查员拜访了中国民主建建国会上海市委,试图通过包达三就职过的民建组织找到包家其他后人的线索。民建上海市委的王国民先生十分重视,当即打通了民建浙江省委的电话,委托他们查询。不久,普查员收到了王国民从浙江获得的信息:两年前使用过的包达三的女儿包启亚上海复兴路的住址和电话,但电话一时无人接听。

终于见到了包达三的女儿

10 月 21 日，普查员试着登门拜访。没想到接待他的正是包达三的后人、82 岁高龄的包启亚及其女儿。老人家很高兴地听到自己和父亲的旧居在文物普查中受到重视，显得很兴奋。她当即确认了自己和父亲当时就住在大通别墅 11 号，弄堂到底的那幢楼，并解释了普查组的疑问：原来房东确实姓董，她父亲租借了董家的整幢房屋。花园里有一座假山，和现住户的反映也基本相符。包启亚还深情地回忆了当年周恩来冒险来到他家的情景，她至今还珍藏着周恩来亲笔签名的与邓颖超的合影。至此，五原路 282 弄 11 号系包达三的旧居、大通别墅聚餐会的所在地得到了同住人的确认。

这样，经过社区居民和相关机构的多方协作，历时三个月，跨越沪、浙两地的不懈努力，终于取得了成果：具有较高的历史人文价值的周恩来在上海团结社会贤达开展统战工作的一处重要场所、爱国民主人士包达三的旧居——"大通别墅聚餐会旧址"最终被确定，普查人员的脸上又一次露出了满意的笑容。

调查、核实、申报挂牌，
奏响文物普查三部曲

徐汇区文物文化管理办公室　李家麟

你知道被誉为"三毛之父"的张乐平先生吗？通过本次文物普查，我对张乐平其人其事有了进一步的了解。上海五原路 288 弄 3 号的张乐平旧居，是上海市徐汇区第三次全国文物普查中新发现的不可移动文物，张乐平于 1950 年 6 月～1992 年 9 月在此居住。

去年下半年，徐汇区文物普查办和湖南街道普查组成员深入社区进行地毯式排摸，在一次寻访五原路居民时，从附近小区楼组长那里获悉线索，径直来到五原路 288 弄 3 号，发现了昔日为人低调，以创作抗日漫画和著名的三毛漫画，为普及家庭、儿童教育和宣传事业作出了积极贡献的张乐平旧居，奏响了普查的"三步曲"。

第一步曲：是上门慰问寻访，掌握第一手资料。那天黄昏，普查人员冒着风雨来到张乐平旧居（二楼），发现这里依然保持张乐平生前工作室原貌。在和张乐平子女交谈中，获悉在张乐平耳濡目染的影响下，其大儿女张娓娓从小喜爱画画，是学校的美术老师，退休后继续画画不止，其大儿子张融融传承与发展了父业，担任三毛形象有限公司代言人，三儿张苏军继承父亲漫画事业，1997 年在新民晚报连续 50 余期创作"新三毛漫画"系列，四儿张慰军擅长油画是公司的美术编辑等。多年来，儿女们以父母生前的"大事清楚，小事糊涂"、和谐相处的家庭生活为榜样，相敬如宾，团结友爱，大家齐心协力先后出刊三毛系列书近百部，还建立了三毛网站，收集有关张乐平报道 300 余篇，为普及家庭、儿童教育和宣传事业作出了积极的贡献，社区居民羡慕地夸赞他们是"三毛之父家有传承"。从他的子女那里，我们了解了张乐平生前的一系列鲜为人知的生平、居住、性格、爱好等情况，为普查申报掌握了第一手资料。

第二部曲：是收集历史资料，深入把握情况。我们还到张乐平原单位上海世纪出版股份有限公司少年儿童出版社、到物业公司、档案馆及上网，通过多种渠道深入调查和寻找有关张乐平生前的历史资料，逐渐了解他生于 1910 年，浙江海盐人，毕生从事漫画创作，画笔生涯达 60 个春秋。他是中国儿童连环漫画的开创者，中国当代最杰出的漫画家之一。1937 年抗日战争爆发，张乐平冒着连天战火，创作大量宣传抗日的漫画，投身抗日救国行列，以画报国。1945 年，张乐平从广东至上海，开始新的漫画创作生涯。他笔下的三毛漫画形象在上海诞生，其奇特的造型立即引起广大读者的强烈反响。1949 年 4 月，在宋庆龄的支持下，张乐平举办了三毛原作画展，并义卖三毛原作及各种水彩、素描、写生画，筹款创办"三毛乐园"，收容流浪儿童。他笔下的三毛影响了我国一代又一代的读者，他被誉为"三毛之父"。张乐平曾任上海美术工作者协会副主席、中国美术家协会上海分会副主席，历任中国美术家协会理事、常务理事、顾问，中国文联委员，全国政协委员等。1992 年 9 月 27 日，张乐平病逝于上海，享年 82 岁。张乐平的艺术生涯是多姿多彩的。除了画漫画，他的年画、插图、速写、素描、水彩画、剪纸、国画都达到了很高的水准。1983 年，张乐平荣获"全国先进少年儿童工作者"称号。1985 年，又获首届中国福利会"樟树奖"。张乐平晚年为海峡两岸的文化交流倾注了巨大的热情。1991 年以《我的"女儿"三毛》一文，荣获中央人民广播电台"海峡两岸情"征文特等奖。从而比较完整地了解掌握了张乐平先生的有关历史史料。

第三步曲：是申报挂牌，准备对外开放。徐汇区普查办公室认真做好张乐平旧居的现场勘察和调查访谈工作，规范填写"三普"登录表，按照国家文物局关于"文物普查与历史文化遗产保护相结合"的精神，区文化局及时做好新发现文物点的论证、公布和保护工作，巩固阶段性普查成果。经徐汇区人民政府批准，2008 年 12 月 8 日，徐汇区举行张乐平旧居揭牌暨区第四批文物保护单位（12 处）、区第三批登记不可移动文物（8 处）公布仪式。在公布的 20 处名单中，有六处为本次普查中新发现的不可移动文物：五原路 288 弄 3 号张乐平旧居被公布为徐汇区文物保护单位；永嘉路 345 弄 6 号住宅、五原路 283 号住宅、太原路 200 号住宅、岳阳路 195 弄 2 号花园住宅、岳阳路 195 弄 23 号花园住宅等五处被公布为徐汇区登记不可移动文物。对认定、公布新发现的不可移动文物，严格按照国家《文物保护法》等规定采取保护措施。当我们重新翻开这历史旧档，忆及张乐平先生当年创作时的意气与艺魂，心头依旧充溢着昔日的激动：三毛永生，乐平不死！

　　普查实践使我们处于一线的普查员深切地领悟道："尽管文物普查困难很大，但只要发扬深入现场、依靠群众、善抓线素、顺藤摸瓜、跟踪到地、锲而不舍、过细工作的精神，一定能够实现普查成果最大化！"

杨树浦，故乡、摇篮

杨浦区文物管理办公室　张海翔

　　我毕业分配在区文化馆，已工作了 30 多年。第三次全国文物普查活动开始，区文化局将我调至区文物管理办公室，以加强文物普查及文物管理工作。时光逝过了 20 年，现在因第三次全国文物普查工作，使我又重新踏走杨树浦。

　　杨树浦位于杨浦区的南部，成陆在唐末宋初，已有千年以上的历史，现面积约为全区面积的五分之一，东、南面濒临黄浦江，近代工业必需的航运、用水条件十分优越。上海开埠后，英租界的核心在外滩南京路一带，1869 年租界工部局从外滩黄浦江向东修一马路至杨树浦，命名"杨树浦路"。修了路后，杨树浦地区自此开始了新的历程，成为了上海近代工业的发源地。

　　杨树浦，杨树浦路，我祖孙三代与它们紧密相关。我祖父 30 年代初从安徽合肥郊区挑着两桶食油来到杨树浦谋生，通过打拼奋斗，在杨树浦开办了一家被单帐子织造厂。我父亲出生在杨树浦，长大后在自家厂里协助祖父经营。公私合营后，祖父与父亲仍在同一家厂里工作，直至退休。我母亲在杨树浦路北面的一家纺织厂工作，提前退休，让妹妹顶替上班。杨树浦路全长 5 公里半，由东向西，基本全在杨浦区境内，我出生在此地，我家就住在这条路中段北面的一条上海石库门弄堂里。遥想当年，走在杨树浦路两旁，所听到的差不多都是来来往往的货车喇叭轰鸣声，所看到的大多数是匆匆忙忙上下班的产业工人，能接触到的就是一派"促生产"的繁忙景象。我在杨树浦居住了 30 多年，熟悉杨树浦的大街小巷和各类厂房，直到结婚搬到市中心区、苏州河畔，才很少走向杨树浦，尤其是走在杨树浦路上。但只要一听说杨树浦，我仍会不由得涌起一股热流。

　　根据文物资源实际情况，杨浦区文物普查工作的重点之一就是：重点开展对老工业建筑比较集中的滨江地区的调查，结合黄浦江开发，对重要的工业遗产资源制订切实可行的保护和利用规划。普查期间，我和办公室的同志及街道社区的文物普查员们一起顶着烈日，冒着风雨，从早至晚进出杨树浦地区的那些老工业厂房与车间，对已登记的不可移动文物进行复查，并调查、登录新发现的不可移动文物。尤其是对杨树浦路南面的沿江工业码头区的工业遗产进行认真、仔细地梳理式的调查。有些厂区进入调查的难度，是非普查参与者可想像的。有的厂区反复到达五六次，才得以进入。有的企业从门卫开始联系直到副总经理来接待，中间要经过七八个层次。但我们就是认定一个理：无论要反复多少次，无论要经过多少层，决不漏查一个点，决不少查一幢房。如今我们对杨树浦地区的近现代工业建筑及附属物已复查了 16 处，新发现 7 处，并计划进一步深入调查、挖掘发现。

2008 年 10 月中旬，一个阳光明媚，天高气爽的星期天，国家文物局单局长在市文物管理委员会领导的陪同下，兴致盎然地来到杨树浦路，进入杨树浦水厂视察。区文化局领导及本办公室的全体同志全程陪同接待，我也有幸第一次进入水厂厂区。杨树浦水厂于1989 年 9 月由上海市人民政府公布为"上海文物保护单位"，花园式的厂区面积有 15.73万平方米，哥特式的建筑面积竟有 9.3 万平方米。整片建筑呈铁锈红，大门的东西两端各有一个与主楼垂直相连的双层城堡式层楼，其他建筑的墙顶均为雉堞缺口，犹如城墙。三角形的屋顶下，还标着不同的建造年份，最悠久的年份为 1882 年。厂房现在都依旧作生产车间使用，鹅黄色的内墙配以木质的窗户，还有铜插销，一看就是老古董。难怪国家文物局单局长身处这一片美轮美奂古典城堡式的近代工业建筑中，手中的卡式数码相机按个不停。视察后，单局长对区文物行政主管部门与文物保护建筑使用单位能妥善保存利用珍贵的近代工业遗产，给予了充分肯定。这样的肯定，对我们文物管理部门与文物普查工作是最好的激励与鞭策。

经过第二阶段文物普查的洗礼，我们这些专业人员得到了锻炼，我区基层社区文物保护队伍的整体素质也得以提高，而我另深有感触，我对杨树浦和杨树浦路的历史，有着迫切了解的渴望。我去了档案馆，也进了图书馆，我从档案中，我在资料里真正地了解了杨树浦、认识了杨树浦路。

如果要追寻中国城市近代工业史，上海便是一个典型，而以杨树浦为代表的黄浦江工业码头区，则是上海近代工业化的一个缩影，1937 年，杨树浦境内已有中外企业 358 家。到了 1949 年 5 月，杨树浦境内共有工厂 800 家。然而，建国后的三十多年时间内，杨树浦工业每年所创造的利税要占全市的六分之一，即上缴中央的税收占到全国的三十六分之一，如此工业重镇，在全国无能出其右。杨树浦是上海近代工业发展最早、最集中的地带，也是上海现代最大的工业区。

近代上海的繁盛，历史已证明杨树浦及杨树浦路的繁忙是功不可没。杨树浦，杨树浦路还创造了许多上海乃至中国工业的"第一"。1882 年，在杨树浦路建造了第一家官督商办的民用工业企业——上海机器造纸局。1890 年，中国第一家机器棉纺织厂在杨树浦路投产开工。1883 年，中国第一座现代化水厂在杨树浦路正式建成。此后，又相继出现了规模在中国均属第一的现代化发电厂和煤气厂。公用事业的水、电、煤企业迅速发展，它对上海的城市现代化发展、人民的社会生活进步所起的作用是非常重要的，杨树浦不仅是上海近代工业的发源地，还是上海城市崛起的根据地。

当年，上海以得天独厚的优势成为外商投资的首选之地，杨树浦又成为外商投资上海的重中之重。如今，杨树浦沿黄浦江一带的老工业建筑群、老工业码头，仍连绵不绝，让人遐想当年黄浦江上帆樯林立，沿江企业汽笛声声的壮观气象。这些大多数由外商投资巨额建造、极富时代气息而又别具特色的老工业建筑，值得我们今天重视、保护和开发利用，第三次全国文物普查给将这些老工业建筑重展历史风貌的机会。作为文物普查及文物管理工作者，继往开来，我们决不能辜负时代赋予的重任，必须通过对老工业建筑调查、发现与登录，协助政府对重要的工业遗产资源制订切实可行的保护和利用规划来。

历史已为杨树浦留下了丰富的工业文明的遗迹，更为杨树浦独有的后发优势留下了巨大空间。随着上海东外滩地区的大开发，杨树浦路的沿江工业码头区，也将迎来昔日的繁忙，别样的风光。

杨树浦，我的故乡；杨树浦，近代上海工业的摇篮，我为你骄傲！我也为我是杨树浦人而自豪！

不可忘却的"纪念性建筑"

南京市栖霞区文化局　管秋惠

说到南京历史的悲怆，只要对南京历史有稍微了解的人，都会联想到那场令人永远刻骨铭心的——侵华日军南京大屠杀。

我的家乡南京市栖霞区，坐落在南京城的东、北郊，这一风景如画的美丽之地，在71年前曾遭受侵华日军南京大屠杀血雨腥风的蹂躏，栖霞人民饱尝了被侵略的痛苦与辛酸。那年的12月份，在燕子矶江滩上，侵华日军在这里屠杀了数万名无辜群众和放下枪杆子的中国军人，鲜血染红了滔滔东流的扬子江水，在栖霞，还有"棺材塘"、"北家边"、佛教名刹栖霞寺、江南水泥厂的难民营，这些地方都无声地控诉着日寇犯下的滔天罪恶。

23年前，燕子矶江滩竖起了纪念碑，2008年初，当年国际友人京特、辛德贝格与日军斡旋的江南水泥厂"小黄楼"和为难民们诊治疾病的房舍被公布为南京近现代建筑风貌区……一些蕴涵历史价值的建筑都被认定为文物而受到保护。

然而，在刚刚完成的栖霞区文物普查野外调查工作的经历中，我们对日寇的罪恶行径又有了进一步的认识，我以为，我们仅仅记住燕子矶江滩、北家边、棺材塘，记住江南水泥厂的难民营还不够，因为普查中的新发现使我们进一步看清了日军发动这场侵略战争的罪恶目的，是揭露日军侵略行径的物证。那么新发现的是什么呢？这就是至今还保留在我区的一些有关日军占领南京后的由日方建造的建筑物。这些具有特殊意义的建筑，今天对我们来说是不可忘却的，将来也不能忘却！

在文物普查过程中，我们穿街走巷，地毯式的排查，惊奇地发现了在家乡竟然还存有日军发动那场大屠杀之后的有关建筑，这些建筑记载了日军在南京发动惨绝人寰的大屠杀后，对我国矿山资源的掠夺，围绕掠夺，日军还用军事手段控制工厂、车站、码头等。南京栖霞地区是矿产资源丰富、建材业发达的地区，又因为栖霞位于大江之滨，京沪线铁路穿境而过，交通十分便利，因此栖霞成为日军掠夺的重要地区之一。

通过调查走访，听取了这些建筑目前使用者及其周围百姓的介绍，确认反映相关日本侵华罪行的建筑主要有以下内容：

1. 中国水泥厂日式住宅建筑　1937年11月23日中国水泥厂停产，日军占驻该厂以军管名义将该厂交日商三菱系统的磐城水泥株式会社经营，后日军管理工厂整理委员会欲收买该厂，遭到中方拒绝，中国水泥公司被迫以租赁形式租给株式会社经营，日方经营期间，在厂北建造日式住宅，供日方管理人员居住，老工人反映，这里原来还有座花园洋房，现已无存，今仅存两排建筑，前排为卧室，后排为厨房，共 20 间，砖木结构，水泥瓦屋面，旧时卧室内还铺有"榻榻米"。新中国建立后，中国水泥厂职工居住时将"榻榻米"改造掉。当地住户告诉我们，前排房子的屋梁上至今还保留有日本文字。

2. 龙潭火车站日式住宅建筑　1937 年日军占领南京后，控制了南京的交通枢纽，当时京沪线上小小的龙潭火车站也被日军接管，其时龙潭镇以盛产水泥等建筑材料而享盛名，日军在接管龙潭火车站期间在站房之南侧建有一水塔（现已无存），站房东南侧还建一住宅房供日方人员居住。该建筑南北向，四面坡顶，砖木结构，上有天花板，寓所内原也有"榻榻米"（新中国建立后被居住户拆除），现仍可见房屋墙壁下方由当年建造时留砌的透气窗孔。

3. 储油罐　位于燕子矶江畔，共有两个，南北相距数百米远，南侧油罐用钢板焊接而成，油罐可储油三千吨，钢板外用砖砌成圆形保护建筑，四周留有射击孔，北侧油罐目前仅剩外围砖混建筑，内侧钢铁油罐已被拆除，该油罐外围建筑呈椭圆型，四周留有射击孔，以前有人曾在此建筑内捡拾到三八大盖枪子弹，目前，该建筑内仍有一"洋"吊钩，上面的商标全为外文字母。当地老百姓反映，这两处大油罐均为日军侵华时所建，油罐附近山上还建有碉堡等防御工事，经现场调查，果然发现两座碉堡。

4. 马群机场跑道遗址　根据有关资料记载，民国三十二年（1943 年），侵华日军在马群南湾营村建飞机场，跑道全长约 3000 米、宽约 120 米，拆用民房的残砖、破瓦、碎石等铺成。机场主要用于起降战斗机。日军在跑道周围的南头山、石坝山、马房山等处开挖若干大小不一山洞，大者用于隐藏飞机，小者用于储存汽油、机械。日军战败后，机场废弃，遗址尚存，近年在该遗址上兴建了南京市南湾营经济适用房。

此外在栖霞区还有数座"洋桥"，龙潭的"洋桥"，是一铁路桥，属于中国水泥厂外运水泥的铁路专用线，今天仍在使用。据龙潭火车站老职工严荣喜介绍，他父亲是龙潭火车站的最老一辈职工（已去世），严荣喜听他父亲说过，当年日军占领中国水泥厂后，在龙潭火车站与中国水泥厂之间的便民河上架设了这座铁路"洋桥"，还安排了五节货运车厢，称为"小五挂"，日方通过铁路直接将装载水泥的"小五挂"运到下关码头。尧化门天桥附近"洋桥"已在多年前拆除，栖霞街道东边的"西沟"，尚有一座公路洋桥存在，据西沟辛姓老人介绍，这座"洋桥"是日军在其侵华期间所建而栖霞山上的黑石宕则是日军当年在这里强迫当地劳工开采矿产资源，由于劳工流血致使山上岩石变成血黑色，故被当地老百姓称为"黑石宕"。

以物证史，我们文物保护工作者，应该把这次普查中新发现的重要文物，向社会公布，同时保护好这一重要发现，作为一个栖霞人，不仅要记住大屠杀的血泪，还要认清日军侵华的真正目的，以激发我们的奋勉之情。不妨来看一看我们新发现的"纪念性建筑"，你一定会有收益的。

关注古井保护，留住城市记忆

苏州市文物局   徐苏君

一   概述

随着全国第三次文物普查工作的全面推进，古建筑、构筑物的普查成为地面文物普查的重要内容。苏州历代就是文物之邦，众多古建筑散落在苏城大街小巷，穿行于小巷中，俯身拾起的并不是历史的残砖断瓦，而是一段离我们并不遥远的醇香往事。如果说古建筑是苏城文化历史血脉的话，那散落在其中的古井、古牌坊、古砖雕门楼、古驳岸等，便是缀连起苏州历史文化的珠链。保护好这批古构筑物，便使苏州的文脉顺畅并且血脉贲张。这批古构筑物中，当属古井与百姓生活最为密切，他们犹如古城的眼睛一般，惹得我们前去探索，欣喜的同时也有深深的遗憾。

二   苏州古井现状

都说水是苏州魂，也许正是这至柔之物才孕育了诗画一般的城市和苏州人柔美的风骨，而在历史学家眼中，古井更记载着一个地域建水的历史。2003 年苏州市古构筑物普查，普查人员寻访了古城 2000 多口井，并最终确认现存古井 639 口。实际上，清朝末年，苏州古井在两万口左右，解放初古城内古井也大约在万口之上，随着城市的建设和自来水的普及，一批历史久远，雕刻精美的古井在这几十年中陆续灭失了，如滚绣坊沧浪区少年宫前的袁泉（光绪八年，自治局官井）和流芳泉（光绪三十四年）、灵迹司庙内的止疟泉（传说饮此井水可治愈疟疾）、十全街带城小学前电气厂五眼公井等。但所幸通过此次文物普查，又调查出一大批内涵深、造型精美的古井，这批古井犹如空谷幽兰般瞬时惊艳。

三   古井的分类

古井的井栏（井圈）又叫银床、井床，是水井的重要构件。这批古井按形制分，有单眼井、双眼井（羊王庙长寿泉、玄妙观市民公井等）、三眼井（品字形，永定寺弄公井、坎泉等）、四眼井（天库前源源泉、大石头巷电气厂公井等）。而单眼井的造型则有六角型、八角型、圆筒型、覆钵型、鼓型、匏瓜型、莲花型、盂型、须弥座型和石柱围合型等，甚至还有更艺术化的动植物和器物造型。不少井栏上还雕刻文字和图案，形成"石古、字秀、图美、型奇"的井栏四绝。井栏上的深深绳痕，更铭刻下了岁月沧桑。一些古井还配置井亭，形成井与亭的完美结合。井圈的质地也有青石、黄石、武康石、花岗石、湖石、水泥和砖砌之分。如果按开凿目的划分，可以分为官井、义井、公井、带有纪念性的水井、公共场所内水井和私家用水井 6 大类。

1. 官井

官井为当年负责苏州城水务管理的部门定点挖掘的井，如周急局官井和自治局官井。光绪十四年（1888 年），周急局曾在苏州城区开凿一批公用水井，井栏均采用黄石，作圆筒状；井栏外壁阴刻大字"官井"或泉名，阴刻小字"光绪戊子年周急局经浚"，并分别刻有所在地及所属县"吴邑"（吴县）、"长邑"（长洲县）、"元邑"（元和县）。苏州城现存的周急局官井有：西百花巷 31 号前元邑官井、白塔东路 32 号元邑官井等不足 20 口。

自治局是清光绪三十三年（1907 年）在当时预备地方自治的名义下苏州成立的自治性组织之一。自治局成立次年，曾在苏州城区浚治一批公用水井。井栏多用花岗石，少数青石井栏系旧井栏改制，形制多为内圆外八角，口小底大，间或有六角形者。外壁统一纵刻楷书小字两行"光绪戊申年自治局官井"于一面。城区现存的自治局官井有十梓街观音弄口双眼挹注泉、小曹家巷 4 号前惠民泉等，现存数量当在 30 余口。

苏州的大街小巷中还保存有相当数量的其他官井，如雍熙寺弄的乾隆官井，桃花坞河西巷 43 号内的乾隆官井等。

2. 义井

义井为一些社会人士捐助或合资修建而成。如原家居三茅观巷的保大钱庄老板沈惺叔民国二十三年（1934 年）老来得子，发愿行善：在苏城捐建了 18 口义井，名留韵义井，现尚存 6 口。

苏州城内著名的义井还有坎泉，三眼，在史家巷书院弄口。民国二十四年（1935 年），陶耕荪祝母朱太夫人七旬寿辰，欲将寿资凿井以惠邻里，苦无适当之地，后得冯公湛相助，割让先祖冯桂芬祠堂照壁墙边空地，井乃成。司帐致吉利词"上九坎"，故取名"坎泉"。苏城中还有不少义井乃丧户为超度亡灵所凿，如，当时苏州城里最著名的宋代二井栏之一的"复泉"原在十梓街古籍版本目录学家顾廷龙（1904～1998 年）故居中，此井与"亨泉"一起被著名金石学家叶昌炽记于《语石》一书。1981 年底，顾廷龙慨然将"复泉"井栏捐献予苏州博物馆收藏。

3. 公井

公井为当时市民公社或社会团体、组织或百姓筹资自发开凿的井，现存的如：天库前西口，民国十三年（1924 年）金阊市民公社重浚，并将品字形三眼井圈改成花岗石回字形四眼井圈。大石头巷中的电汽厂公井，由苏州电汽公司开凿于 1936 年，四眼水泥井圈，井内壁圆形水泥砌，是苏州保存较少的民族资本所凿公井。

4. 带有纪念性质的水井

民众为纪念某人所做的贡献而开凿的井。如闾邱坊巷中段有双眼井，名"金泉"，凿于民国二十一年（1932 年），系当地居民纪念为救火而舍身的义士史金奎（消防员）而捐资开凿的。另有天宫寺弄的仲英泉，是民国十五年（1926 年）临平（临顿路、平江路）市民公社（自治组织）为纪念前社长陆仲英而凿的花岗石六角井。

5. 公共场所内水井

这类古井多位于古时的学苑、寺庙道观等公共场所，如七姬园内的七姬井，井身为六角青石须弥座井，井的六面均雕刻有浮雕花纹，造型优雅古朴，为苏城罕见。如天宫寺弄的永安泉，为花岗石六角井，井圈上"永安泉"三字极具书法功底，可惜该井已于近年灭失了。还有如当年普济院（瑞光禅院）内的青石六角唐井，据考证为苏州现存最古老的水井。

6. 私家用水井

私人开凿的井多位于宅第民居内，为主人自行请人开凿，以便家用，这类古井造型多样，多反映了主人家的喜好。大量的私家园林里的古井，有拙政园里的明代玉泉井、天泉等。十全街李根源故居内的九保井，井圈为李根源亲笔题字。"顾地流泉"位于娄门内石板街 1 号，为一顾姓房主凿于清末，井下以楠木铺底，水质极清。

四 已灭失的著名古井

苏州在日新月异的城市发展过程中牺牲了一批珍贵的古井。如，著名的宋代二井栏之一的"亨泉"；东北街灵迹司庙止疟泉，井圈雕有 3 只神态各异的狮子；蔡汇河头汤宅内的千佛井，井圈镌佛像甚多；铁瓶巷口仁寿泉（双眼，同治甲戌年怡园主人顾文彬凿）；因果巷消防队门前菩提井（光绪三十四年）；天宫寺弄永安泉等等。这些被毁古井中尤以松鹤楼内的蟹脐井和玄妙观运木古井最为著名，其他散落于大街小巷的其他古井也正以惊人的速度迅速消失！

一口井，滋润过千百代人，千百口井养育了古城人，从远古时期直到今天，两千多年来，她与我们世代相处。深深地镌刻在井栏圈上的绳索勒痕，便是祖先留给我们的印记，而倒映在井口的月光，也就是古时候的那轮明月。深藏在历史厚土里的古井，就是这样神奇地把古城人的昨天和今天紧紧地衔接交融在了一起。我们不可能将古井全部保留下来，可是，一些有价值的古井，还是有权利继续生存下去的，关注古井保护，便是留住城市的记忆，引水思源是中华民族的美德，我们要保护好古城赖以生存的生命之源，用心呵护，使得她们源远流长。

"五老"寻宝结硕果

常熟市文物局 陈 俊

2008 年 6 月 12 日,常熟市文物局和市委老干部局启动了"五老三宝"活动,组织全市老干部、老专家、老文化、老常熟、老知识分子通过"查宝、寻宝、护宝"参与文物普查。在各镇老干部党支部的发动下,各地老同志踊跃报名,经过选拔,最后有 90 名老同志参与了此次活动,他们的平均年龄达 70 岁,其中最大的为 87 岁。他们发扬艰苦奋斗和一丝不苟的精神,用心血和汗水换来了丰硕成果。在"查宝"阶段他们通过查阅史料和实地走访,共提供了 111 条文物线索;在"寻宝"阶段,他们冒着高温酷暑,满怀激情帮助文物普查队实地调查,协助发现文物 40 处,占此次新发现文物的三分之一;在 2009 年的"护宝"阶段,他们将参与到资料整理和保护新发现文物的工作中去。在整个活动过程中,涌现出了一些先进个人和事迹,令人感动。

今年 79 岁的陈涵树是支塘中学的退休历史老师,从事文化和文物工作已近 20 年,从参与第一次全国文物普查至今,他提供文物线索近 10 条,为姚厅、张宅等一批文物得到修复提供了热心支持。1990 年陈涵树参与编写乡土教材,后又编写支塘镇志,一边编,一边就留意着一个个文物遗迹和线索。去年 6 月,他参与"五老三宝"活动,寻宝热情更高了。他通过以前编镇志时积累的信息,一次次深入支塘镇村调查摸底,还到镇里年长的老人家里,与他们聊天,从中了解本地历史和文物古迹。但与年长者交谈,往往不能一蹴而就,首先要消除老人们对被询问文物古迹的诸多疑虑,还需要多次引导和沟通。

在反复的交谈与考证中,陈涵树打听到了元末张士诚在支塘的故事,开始寻找张士诚遗址。通过调查,他欣喜地在支塘发现了残存的古城墙,遗址还依稀可辨。他及时向文物部门反映了了解到的情况。日前,经普查专家组调查鉴定,该处确属元末古城墙遗址。

碧溪镇退休教师茹振球也是一位文物保护事业的热心人,他利用搜集整理的大量史料,并结合实地走访,提供了两条有价值的线索,而且认真填写了正式的不可移动文物登记表,文字清晰工整,内容丰富具体,每份表格里都有 5 张不同角度的照片、一张手绘位置图以及一张手绘平面图,在表格后还附有大量史料作为佐证。表格填写的准确性和规范性达到了国家颁布的标准,令普查队员佩服不已,体现了老同志严谨的工作作风和善于钻研的工作态度。他还带领普查队员实地搜寻一处古墓葬,根据他绘制的位置图,准确找到了古墓葬和散落附近的石人石马,为修复这座具有一定规模的墓葬打下了基础。

虞山林场退休干部常建国今年已 81 岁,自从参与活动后,他把 30 多年来收集的虞山文物古迹资料整理成册,记录了 10 多页资料近 100 多项文物信息,并将这些记录提供给身边一起寻宝的老同志。根据多年来的记忆,常建国老人给市普查队提供了虞山多处古墓葬及其碑刻的信息。他根据了解到的情况,结合自己丰富的阅历知识,发现了李家桥李状元的墓葬信息。常建国将这些信息都提供给了普查队,并带领队员实地调查,给他们提供力所能及的帮助。

林场有好几个像常建国这样的老干部,他们都不怕吃苦,在护林防火的同时经常留意虞山古迹,保护山上文物。

方塔管理区老专家李硕鹏正在参与《常熟市志·规划篇》的编写,他利用手中掌握的常熟古城保护规划以及各个历史街区规划等资料,提供了古城区 10 条文物线索,经普查队实地调查确认,这些线索符合此次普查的要求,很有针对性,为普查队在古城区展开调查提供了十分有价值的帮助。在南门坛上君子弄中段,李硕鹏多次细致调查,将"得意楼茶馆"这一名盛一时的老字号"发掘"了出来。"得意楼茶馆"建于清朝末年,三层楼建筑整体结构保存完好,在其墙壁上还能隐约看见"得意楼"三个大字。在平桥街 96 号,他发现了"福民医院",这是常熟最早的眼科医院。在他提供的文物线索中,"得意楼"和"福民医院"等 5 处最终被市文物部门确定为新发现文物。

在沙家浜唐市古镇,该镇老同志和文物普查队发现文物多处,较多为清代、民国时期的乡土建筑。罗越、姚保元、蔡小保等都是该镇退休的老领导,他们利用自己对当地地理人文环境的熟悉,在 36 度高温下坚持为普查队员作向导,在整个古镇区走街串巷,走访群众,由于他们与当地群众非常熟悉,所以采集口头资料的工作进展得非常顺利,在短时间内就可以了解到文物的来龙去脉,使调查工作的效率大大提高。一天下来几位老干部早已大汗淋漓,疲惫不堪,但是他们始终情绪饱满,面带微笑,普查队员对他们致谢时,他们说"沙家浜是历史文化名镇,我们老同志虽然退了下来,但是有责任发挥余热,为家乡寻找出更多的'宝贝'"。此外,81 岁高龄的老知识分子徐应济提供了唐市中学旧址等 3 条文物线索。最终,沙家浜镇新发现文物 23 处,为发现文物最多的镇,这其中凝结着当地老同志们的辛勤付出。

通过这次活动,我们深刻地认识到在老同志中蕴藏着对文物保护事业极大的热情,这是我市文物工作一笔珍贵的财富。经过这次活动的锻炼,90 位老同志已经组成了一支恪尽职守、各有专长的"五老"文物保护员队伍,今后这支队伍不仅要好好保留,还要不断壮大,使其成为我市文保事业的一支重要力量,为国家历史文化名城、名镇、名村的保护工作做出新的贡献。

不在岗的文物普查热心人

建湖县委宣传部　　夏　海

　　一辈子从事文化工作的二伯 2006 年底退休了。退休前，二伯在江苏省建湖县文化局工作，曾两次参加全国文物普查工作，都被表彰为文物普查工作先进个人。去年，第三次全国文物普查工作开始后，二伯有点闲不住了，主动请缨，要求参加普查工作，但因已退休而未能如愿。

　　前两次普查，自己都参加了，是不是自己老了，单位不让干了。不服老的二伯回家后有点弄不明白，与文物工作沾上边，是一个缘分，是自己怎么也解不开的结。单位不让干，就自己干，做个既不在编又不在岗的文物普查热心人。二伯是个很倔强的人，说干就干，就是九头牛也拉不回头。

　　二伯从事文化工作 40 年，从基层文化站干起，少年宫、文化馆、博物馆，"一站三馆"什么活儿都干过，吹、拉、弹、唱，说、写、评、鉴，样样在行。但说起钟情的事情，二伯还是最喜爱文博工作。无论是文物法规宣传、文博业务知识，还是文物鉴定、收藏，二伯都手到擒来，是周围几个县市文博方面出类拔萃的行家里手。两年前二伯退休了，不愁吃穿，生活其乐融融。在别人的眼里，他该是一个享受天伦之乐的老人了。可平时惯于工作忙碌的他，一下子清闲下来，心里却感到不踏实，总想为社会做一些力所能及的事情。

　　"三普"开展以来，二伯总感到手痒痒的。单位不让参与普查，就做些与文物普查相关的事情，也算自己发挥余热，做点贡献吧。结合不少群众平时喜爱文物收藏、但文物法律法规知识匮乏的实际情况，二伯决定利用自家房屋紧靠小区路边的优势，干自己的老本行，办一个免费的百姓文物爱好者俱乐部，宣传文物法律法规，交流收藏心得，鉴定文物。起初，不少人甚至自己的家人对他的举动都感到难以理解，认为一个年逾花甲的老人，辛辛苦苦工作几十年了，退休还这么热心地劳碌，真不知道图个什么。对此，他只是莞尔一笑说，活到老干到老，天天有事干，心里才踏实。

　　二伯结合百姓文物爱好者俱乐部工作的开展，萌发了做一个文物法律法规义务宣传员的念头，觉得这是在普查中向群众普及文物法律法规知识的好时机。在县文化局的支持下，二伯决定大干一场。他收集所有文物法律法规方面的书籍和资料，将其中的一些章节编印成小册子，在全县第三次文物普查工作会议上发放。平时，二伯还走上街头，在文物市场摆摊设点，开展咨询和宣传，提高市民法制水平，增强法制意识。在去年 10 月份，为配合县里的文物普查工作，他在自己所在的小区举办了 5 场文物法律法规免费培训班，吸引了许多市民前来听课。周围 5 个小区的市民法制学校听说二伯免费宣讲有关法律知识的义举后，也经常请他去学校对市民进行文物方面的法律法规宣传教育。他便主动担当了这些学校义务法制教员。据不完全统计，3 个月来，二伯已免费接待群众文物法律法规知识咨询 50 多场次，深入小区市民学校义务宣讲文物法规 10 多次。平时，无论家里有多忙，身体状况如何，二伯都从未中断过自己的"事业"。

二伯觉得宣传文物法律法规光靠嘴上说说还起不到很大的作用，如果用一些直观的手法进行宣传展示，效果可能更好些，多才多艺的二伯将自己平时玩赏摄影的爱好用起来，在家里举办一个全县文物摄影展。二伯自费购置摄影器材，深入到全县 60 多个文物点，唐代朦胧古塔、东海王墓、范公堤旧址、望夫台、华中鲁艺纪念处、陆秀夫纪念馆、乔冠华故居等文物点都留下了二伯的汗水和足迹。二伯一个月 500 余里路的行程，用精美的图片展示了全县文物的风采。二伯果然不负众望，把全县文物摄影展办得丰富多彩，好评如潮。

二伯退而不休，余热作贡献，凭着对文物工作的满腔情爱，不计报酬、不辞辛劳，兢兢业业地为文物普查工作奉献力量，深得社会赞誉，被人们称为"不在岗的文物普查热心人"。

开发商为文物让道 "三普"绩效初显端倪
——扬州市第三次全国文物普查札记一则

扬州市第三次全国文物普查小组 朱明松

平凡的生活中，总会有一些不平凡的故事让人感动，就像那一池春水，总会时时跃起一层层水花。在扬州市第三次文物普查工作中，最令我感动、令人欢欣鼓舞的，就是开发商为文物让道，扬州蚕种场育种室得以保留这件事。

2008 年 12 月中旬，我们普查小组在郊区古运河东岸的五台山一带进行文物普查时，发现一处类似厂房的建筑群，建筑风格比较特别，便入内查看。该建筑群东西两路，坐北朝南，前后共八进，所有建筑均空关，无人值守。西路第一进建筑规模较大，楼上下共四层，面阔八间，室内木地板、木楼梯等保存均较为完好。面南外墙上嵌有白矾石碑一块，高 1 米、宽约 0.6 米，楷书"江苏省立原蚕种制造所添建育种室奠基纪念 中华民国二十六年一月一日□□□题"，题名可能在"文革"中被剔除。我们初步判断，这是一处比较重要的新发现文物点。随后我们向周围群众调查了解情况，得知此处原是扬州市蚕种场，地已被开发征用，过两天就将拆迁。情况紧急，我们立即向市文物局汇报此事，并再次对其进行详细调查，做好测量、拍照、现状记录等普查基础工作。

扬州市文物局得知情况后，非常重视，在经过认真调查，证实此处确实已被某开发公司征用，即将开发建设，群众反映情况属实后，随即向市政府汇报情况，并采取与开发公司多次沟通、下文通知拆迁公司暂缓拆迁等多项措施。通过各方面多次协商与积极努力，最终达成一致意见，蚕种场育种室将作为扬州市古运河沿岸文物遗迹点之一予以保留，打造新的人文景观，与运河西岸的市保单位麦粉厂相得益彰，为大运河申遗增加又一亮点。

经考证，扬州市蚕种场始建于民国六年（1917 年），全称为"江苏省扬州模范原蚕良种场"，系全省最早的一个蚕种场，以种苗繁育和蚕桑示范为主，为当时苏、鲁、皖等省发展丝绸事业、繁育原蚕良种的基地。民国二十六年（1937 年），江苏省政府投资兴建原蚕育种大楼一幢，连地下室 4 层，总建筑面积 2000 平方米，定名为第四蚕室。抗日战争时期，扬州蚕种场曾被熊育衡陆军第三师所属汪伪军侵占；解放战争期间，也驻扎过国民党黄伯韬整编 148 师 443 团所属部队。新中国成立后，扬州蚕种场仍为"江苏省原蚕育种场"使用，直至上世纪 60 年代以后，蚕种场渐渐停繁原种，改作他用。

蚕种场保留了，我们悬着的心也终于放下了。通过这件事，我们对第三次文物普查意义有了更深的体会和认识，同时也觉得肩上的责任更加重大。我们一定要把"三普"工作做得更好更细，圆满完成第三次文物普查工作任务。

寻找"坐标"

姜堰市博物馆　王　珊

为加快"三普"第二阶段野外作业的进程，我们决定对以往征集的新石器时代的石钺、石斧、骨箭镞的确切地点进行现场勘查和确定"坐标"。当年这些文物的获得，对研究和见证我市的历史，以及当地的人文地理环境，无疑是提供了极其重要的佐证和参考。

迎着初冬的晨曦，我们驱车向石钺的出土地点溱潼 18 号圩进发。车子来到涵洞闸口，昔日的路径早已荡然无存，我们只得下车，在接连问了几个老乡之后才得以继续前行。虽说大部分道路都已拓宽，但去捐赠石钺的戚同生家还有近三里路程的小土路，我们只有下车步行。约摸半个小时，圩边老戚家低矮的瓦房展现在眼前。老戚见了我们的到来，自然十分热情。1997年下半年，老戚在滩涂挖土时，意外挖到了石钺，当即就送到了市文物部门。经专家考证，为新石器时代器物。他得知我们今天的来意后，长长地叹了一口气。原来，风景区开辟旅游景点，将原先出土石钺的滩涂填为平地。为了寻找当年的确切方位，老戚带我们出发，原本就在他家屋后不到百米之处，而今却被一人多高，绵延几千米长的铁丝网所阻隔，无奈之下我们只有绕道而行。下河的土质很粘，回填的土块干后，硬如石头一般。走了不一会儿，我们个个都解开了衣扣，在旷无边际、高低不平的土块之间艰难前行。绕道花费近一个小时，老戚呆呆地站在那里四处张望，当年的出土地点已是面目全非。好在老戚的房屋一直未变动，出土地点西侧高压线的铁塔还巍然耸立，我们将房屋和铁塔为基点，根据老戚的以步代尺的丈量，再用卫星定位仪确定了经、纬度和坐标。此刻，大家都累得气喘吁吁，两腿宛如灌满了铅似的，脚上的黑皮鞋全让淡褐色的黏土所附。又是近一个小时的原路返回，坐到车上，大家就如同散了的一摊泥瘫在座位上。

车子又向石斧的出土地点，溱潼镇的洲城洲南"黄界田"方向驶去。石斧是1992年下半年，当地农民范荣根在修圩堤时挖到的，后经专家确定为新石器时代器物。因当年捐赠地点在县城，所以，此番寻找出土地点，非当事人莫属。虽时近晌午，大家也顾不得慰劳肚皮，车子开到洲城，向一路边晒草的妇女打听，方知老范的妻子就在不远处清理河道水草。我们好不容易找到了范妻，她带我们向出土地点"黄界田"方向走去。水乡垛、甸子既多相隔又远，加之车子无法通行，只能以步代车。行走了约一公里，我们跨沟渠、穿芦苇、过涵洞，来到一南北走向的圩堤东侧，范妻向我们指点了出土的确切位置，我们快速定位测量。

原路返回时已是中午12点半，领队征求大家的意见：是就近便餐，还是一鼓作气全部勘查完后回城吃饭。大家异口同声：干完了再吃。最后一站的地点是桥头镇"龙尾田"，1997年该村支部书记柳宝荣在田间劳作时，发现了新石器时期骨镞。而"龙尾田"又距石斧出土地有20里之遥，在车上我们就与柳支书通了话，车子开到其村部带他。原本车子可以开到目的地，不料路上被一架设高压线铁塔施工队的窝棚横在路中央，为不影响速度，我们跳下车步行，40分钟后，柳支书带我们来到当年骨镞的出土地点"龙尾田"。我们除用卫星定位仪测出了经、纬度和高程外，还用皮尺将出土地点与周围固定物间的距离，进行了准确的丈量。一切操作结束后，已是下午1：40，此刻大家才感到又累又饿。来时40分钟的路程，返回时，用了近一个小时才赶到停车的地方，两点多钟我们才向县城进发。

此次寻找三处"坐标"的过程，使我们深深体验到了文物考古人除了工作艰辛、生活枯燥环境单调外，从事的还是一个来不得半点马虎和差错的行业，同时，也深感第三次全国文物普查的重要性和必要性。通过寻找三处点的确切"坐标"的经历，不光是让我们找到了三处文物出土地的确切"坐标"，也让我找到了作为文博工作者的人生"坐标"，那就是"敬业"和"奉献"。

水乡"探宝"

姜堰市博物馆　王根林

　　9月23日，时令虽已秋分，但天气仍是艳阳高照。一大早，我们一行五人带着工具和器材，驱车向我市最西北的俞垛镇方向驶去。车子渐渐远离市区，公路两侧的田野上呈现出大面积的金黄色，沉甸甸的稻谷被收割机吞进，又从身后拉出了一座座小山似的稻草堆，拖拉机手驾着满载的稻谷，扬着笑脸朝自家驶去。望着车窗外的景色，就知道农民兄弟今年又是个丰收年，我心中不禁暗自欢喜：我们今天肯定也有收获。

　　40多分钟的行程，车到俞垛镇花庄村，这是一个典型的里下河村庄，外人不知道"里下河"的概念，到了这里一看就明白，到处是沟河港汊。20世纪80年代前，这里的人们出门必乘船，说是以船代步一点不夸张。花庄是一个古老的村庄，据说自有庄名至今，已有四百多年的历史，人们居住集中，不亚于上河小集镇的规模。由于地处偏远，当年交通又不发达，大多古老的建筑、构筑物受破坏的程度较轻。虽然近年随着经济的发展，村庄里的房屋大多已重建，但仍有部分古宅还保存的相当完好。叶氏住宅就是其中之一，至今20世纪50年代的门牌号码仍依稀可见，整个建筑呈四合院布局，天井内两侧的厢房券顶结构完整，整个墙体近百年来仍完好无损。

　　绕过几条巷道来到了水码头，里下河地区的码头，大多如苏南水乡的格局，码头台阶有石质的、有砖列的，一级一级拾级而上。文化站长把我们领上一条小挂桨船，柴油机"突突突"冒着青烟，屁股后面泛起一股股浪花。站在船头，两岸的风景让我们感到新鲜，小桥流水，河滨住宅的幽静，绿阴丛中坐落着临水小楼的典雅，码头上的大嫂、大娘、姑娘们，有的抡着捶棒汰洗衣裳，有的在刷洗农具，有的在淘米洗菜，五颜六色的衣衫，伴着银铃般的笑声……这种画面唯有在水乡才能见到。小船迎着风浪前行，透着一股水草清新的气息迎面扑来，让人心旷神怡，河面上莲蓬亭亭玉立，透过清澈的河水，如茵的水草清晰可见。一艘堆积如山装满水草的小船，船帮已挨着水面，我们真为他们捏着把汗，但船夫却悠闲地坐在船头抽着烟卷，朝我们点头致意哩！这也许是水乡人长年与水打交道而"艺高人胆大"吧。小船驶过港汊，眼前出现了一条南北走向，宽阔而显得气势磅礴的水面，噢，"神童关"到了。我们听着文化站长的介绍，听他讲着传了一代又一代的故事。当地群众当年抗倭的气概令人肃然起敬，循着水面远望，"神童关"的庙宇轮廓逐渐可见，随着小船的步步驶近，"神童关"三个正楷大字映入眼帘。

　　船刚靠稳，我们迫不及待地上了岸，放眼望去，这里地势险要，是通向南、北、东三个方向的要冲，可谓是水上通途的咽喉，难怪当年戚继光派得力干将镇守此处，守此关口就能阻挡来犯之敌向南、北、西方向的进攻。随后，大家开始作业，用卫星定位仪确定高程及经、纬度，并一一记录在册。完后我们来到"神童关"旧址重修的"侯王殿"，侯必大将军的画像映入眼帘，我们向神像三鞠躬，看着殿内的文字介绍，我们耳边似乎响起四百多年前，官兵和民众撑篙划桨的击水声，眼前显现出军民水上与倭寇刀枪剑戟搏斗的场景……

　　挂桨船送我们回花庄，回味着对民族英雄的崇敬和对水乡的眷恋，我们又乘车来到俞家垛庄。拐过几条巷道，来到一户宅前，这里就是清代中医的名医，"内病外治"的创始人吴尚先行医处。门楼坐西朝东，院中西侧一株黄杨，树龄近两百年，虽然主干一半蛀空，但枝头叶茂而郁郁葱葱，有如黄山的"迎客松"之造型，树下立有姜堰市卫生局所立"吴尚先行医处"水泥碑。据介绍，当年吴尚先为避战乱而到此地行医，对风湿病、血吸虫病、妇科病等疑难杂症能药到病除，他是用膏药进行内病外治的第一人。加之医德高尚，对贫者常常不收药费，深得方圆百里百姓的爱戴。他一边行医，一边著书立说，用近20年时间，将其实践中的秘方、偏方于清同治年间，出版了《理瀹骈文》。扬州中医博物馆内，吴尚先排在第一位，并名列《扬州历史人物辞典》。

　　水乡的村庄之间相距较远，虽然一天紧张的登车行舟，到了晚上，大家都感到十分疲惫，但我们的收获颇丰。俞垛镇文化底蕴丰厚，历代名人众多。此次水乡之行，除收集补充了大量普查资料外，还新发现了一批古寺庙、宗祠、古民居，以及民间收藏的一些藏品。通过此次水乡之行，我对自己以往"宝贝都在博物馆"的狭隘认识，作了重要修正，那就是"宝贝原来来自于民间"。

古祠堂，不可忽略的文化遗产

杭州市萧山区萧山博物馆文保考古部　朱国芳

近年来，经济建设的发展突飞猛进，新农村建设的步伐更是与日俱进。然而，在"三普"工作中，我们却发现农村很多有价值的历史文化遗存遭到了无情的摧残和破坏，特别是那些具有一定历史、文物价值的百年古祠堂犹如夕阳残照里一抹渐逝的风景。

日前，我们杭州市萧山区文物普查队在浦阳镇朱家塔村普查到了一座规模较大的朱氏家庙。这是继杭州市文物保护点安山村朱氏宗祠（玉泉堂）之后，又一新发现。据萧山《姓名志》记载："南宋初年，始祖庄公之祖父随赵构南渡，其父曾为萧山县令。庄公成人后，见浦阳镇的径游村一带竹林葱翠，为避暑胜地，遂建宅定居。后发族为前朱、后朱村落。传至七世，福二公从这里析居于同镇朱家塔村……"朱家塔村的朱氏家庙，又称百福堂，清代建筑，坐北朝南，前后二进，四合院式，占地面积约 1000 平方米。

前厅面阔五间，现构架尚存，明间已改建。原正门天花板有彩绘图案，"文革"时期被毁。牛腿、雀替等构件部分保存较好。戏台已毁，现余存两石柱，石柱上有题词，"文革"时期人为涂毁，依稀可见落款，但字迹难辨清。五六个村民在前厅闲聊，有位弹棉花的大姐说："我们都盼着有人带头发心来共修老祠堂，再没人管的话，这老祖宗留下的东西要毁光了。祠堂的戏台，现成弹棉花的地儿了。"大伙儿听后，"哈哈哈……"地哄堂大笑，但我分明感觉出这笑声中掺杂着苦涩与无奈。

西看楼后期改建，据配合我们文物普查的朱老师介绍，这里曾是村办公室旧址。东看楼现做村老年活动室。因常年失修，屋脊变形，看楼内木梁架与柱子间榫卯相嵌处明显看出有松动迹象。由于木料漏雨浸水导致变形，随时要坍塌，状况十分危险。但它犹如一位疾病缠身老者，艰辛而又顽强的站立着不肯倒下。活动室内空间窄小，灯光昏暗，十多位老人在里面打牌聊天。见我进去，他们纷纷站起来招呼我，十分和蔼可亲。"你们是来文物普查的？这看楼的顶很险啊，快要塌了。百福堂的后堂做过学校、工厂，它的墙体、地面大部分被破坏，屋脊急需理漏整修啊……"老人们还和我谈了很多关于百福堂的历史沿革。我从这些老人的眼神、谈吐中深切体会到他们热切盼望这古祠堂能及时得到拯救，以保住祖宗留下的文化遗产。村里配合我们文物普查工作的朱老师语气沉重地说："我也是朱家塔村的朱氏后代，多年来一直提请当地领导重修百福堂的事，至今杳无音讯。老祠堂虽然多处毁坏，但基本保留原貌，很有文物价值，任其自然毁损实在太可惜了！希望通过你们这次文物普查能引起更多人的关注"。

通过对浦阳镇各自然村的实地调查，发现现存的百年祠堂保存状况不容乐观。朱家塔村后朱祠堂原前后二进，规模较大，而今我们看到的祠堂，结构可辨，残破不堪，多处被人为拆毁改建，目前系做工厂；李家埭李氏家庙、桃湖村灵头李氏家庙、木杓山李氏家庙，都很有名气，但目前三座李氏家庙或已荒废、或做工厂，文物价值随时会遭破坏，情况十分危急；汪家埭村汪氏家庙，原前后二进，四合院式，多块牌匾毁于"文革"，现总体构架可辨，主体建筑内部多处残损、改建，已废弃不用。江西俞村永思堂，原规模较大，四合院式，前后二进，现戏台已毁，门厅、东西看楼构架改建较多，后堂残损严重保存较差，因多次做工厂，目前祠堂保存状况令人堪忧。我们在文物普查过程中发现其他乡镇也存在着忽略对百年古祠堂的保护现象。比如河上镇璇山下村的瞿氏宗祠、大桥村杨氏家庙、里都村高都谢氏家庙等，都亟待修复。

我们在古祠堂现场调查时，听到村民说的最多一句话是："我们村经济不发达，村民收入较少，哪有钱来修祠堂？"但也有村民对我们说，主要是大家还没有认识到古祠堂是珍贵的文化遗产。我们也常在祠堂中看到为纪念族人捐钱建宗祠的功德而立的捐金碑记，这一切都是历代先祖用辛勤劳动和血汗智慧换来的结晶，更是遗留给我们子孙后代的精神财富。在普查工作中曾发现一张清光绪十四年的借据，其背后隐藏了我们的先祖借钱建宗祠的感人故事。然今，由于人为和自然破坏以及其他种种原因使我们失去了多少祖先宗祠，有的留下了文献记录，有的留下了传说，有的被历史的车轮无情地碾碎。文物是不可再生的，毁灭了就不可能再有。如若任其发展，那么留给子孙后代的就只有无尽的遗憾与谴责了！

保护好我们的百年古祠堂，护好我们的精神家园，并且保留一定的历史文化风貌，可以教育我们的子孙后代，不忘传统，不忘祖宗，为家族争光，为祖宗添彩。它们像一幅幅历史的画卷，让我们了解到了当地先人曾经生活、奋斗过的足迹；它们也像一部部厚厚的乡土史，浓缩了先人的精神文化生活；它们还像沙漠中的一片片绿洲，滋润着心灵的净土；它们更像一位位饱经沧桑的老人，需要我们后代子孙的呵护与关爱。

保护好我们的古祠堂是一项任重而道远的工程。我们继承先人的文化遗产的同时，也要慎重处理好保护与利用相结合的原则。笔者认为：1. 要依靠民间和社会力量。在保护祠堂的同时，充分利用祠堂来办文化活动中心，让祠堂成农村公益娱乐活动的场所。这样既解决了许多祠堂因无资金，长年得不到修缮的困境，又解决了当前偏远乡村文化活动场地匮乏的问题，满足了当地村民的文化需求，丰富了他们的精神文化生活。2. 一批具有一定历史、艺术价值的祠堂，它们的文物价值被认定后，文物部门应在技术上给以大力支持，这样可以避免古祠堂在重修过程中再次遭到损坏的现象发生。

政府是文物保护的实施主体。只有政府重视，领导重视，并对其他保护力量加以因势利导，才能起到事半功倍的作用。古祠堂是各个族民们共有的文化遗产，唯有子孙后代发心共同光复祠堂之辉煌，共同继承祖宗之遗训，共同保护祖先之遗产，才不会辜负先祖的谆谆教诲及殷切期望。

难忘的拓碑经历

杭州市萧山区萧山博物馆文保考古部　　孔飞燕

8月的萧山是那么炎热，从3月份开始的普查野外工作也在如火如荼地进行着。在普查过程中发现了几块重要的古代碑刻，这些碑刻不仅具有较高的史料价值和科学价值，而且也是集书法、镌刻于一体的艺术精品。因此对发现的重要碑记进行捶拓是一项必须的工作。但由于石碑的性质和拓碑材料的特殊性，这往往又是一项艰巨的任务。它不仅需要工作人员要有过硬的拓碑技术，耐心、细致和对文物保护的责任也是缺一不可的。

自从加入文物普查队后，也经常接触拓碑工作。通过老师的指导和多次的实践，我从刚开始对拓碑工作的一无所知到现在能够独立完成工作。现在回想起自己学习拓碑的历程，那些让人难以忘怀的情景仍历历在目。

第一次拓碑是在去年7月，我跟随吴馆长和张老师去进化镇大汤坞村山上拓碑。由于是第一次拓碑，汤寿潜纪念碑又是市级文物保护单位，生怕出错的我显得非常紧张，拿着拓包的双手手心不时地冒着汗。在拓的过程中张老师耐心地向我传授拓碑的每一个步骤和各种注意事项。我认真地听着张老师和吴馆长的每一句话，不敢有所遗漏。最后，在张老师手把手的指导下上了两遍墨，也算是理论联系了实际。

8月5日，根据普查中的发现，我和普查组的孟组长一起去闻堰镇黄山村的吴越文化园内拓碑。这是我参加文物普查过程中印象最为深刻的一次拓碑经历。

自从上次跟着张老师学习拓碑技巧后，自己也一直在琢磨，这次终于有机会再次实践了。到了吴越文化园，我们在当地村干部的带领下找到了石碑，它位于后山上的一个亭中。大概了解了一下情况后，我们就拿出事先准备的拓包、刷子、宣纸、糨糊、墨汁、喷水壶、毛巾等工具。

拓碑最重要的工具就是拓包，要展现千年古碑的风采，它可是必不可少的。一般拓包需要两个，一个蘸墨汁，拓印用，另一个用于调节拓印拓包上墨汁的干湿浓淡程度，均匀墨色。拓包的制作并不繁琐，但需要些许技巧。先用绸布包好棉花，扎紧成蒜形，再把上端绸布结成手把、用线紧紧包扎，最后将下端用海绵切成圆状，即成拓包。

拓碑的程序首先是清洗要拓的石碑，被尘土覆盖的石碑无法拓出清晰的拓片。由于石碑的不可再生性，不能采取粗放型的清洗方式，需要用喷水壶和抹布从上往下慢慢地给它"洗脸"。首先调整好喷水壶喷头，均匀地将水喷在石碑上部，让水慢慢渗到下部，然后用毛巾沿着水流的方向轻轻地将碑文上的尘土擦去。我小心翼翼地清洗着，生怕哪里出错而破坏它。清洗之后的石碑光洁如新，像是沉睡了数百年后忽然又苏醒了一般，给人一种迎面而来的清新气息。

等碑湿到一定程度后，我们要给石碑做"面膜"了。将宣纸从上往下紧贴在石碑上，由于存在气泡，宣纸的某些部位会出现浮起的现象。这时就要用刷子从中间慢慢往两侧倾斜挤压，把气泡赶出去。这个过程是个细心的活儿，刷子要与宣纸保持一定程度的倾斜，不能垂直或者斜度太大，压的过程中用力也不能过急过猛，否则都可能会使宣纸出现褶皱甚至破碎。

将宣纸上到石碑后，还要做好它的"加固"工作，以免强烈的阳光照射使它翘起。以往曾因忽视这个环节而导致重拓，这次我们特别细心作了准备。先是小心翼翼地用糨糊将宣纸固定在石碑的四个角落，还要不时用湿布轻压被阳光直射而揭起的边角。等宣纸完全固定后，我和孟组长开始用刷子均匀地垂直敲打空白处和字的外形，使字与宣纸完全贴合。在字的凹凸处为了防止由于用力不均匀而导致宣纸破碎，我们特别控制了手力，运用手腕柔和的力量轻轻拍打，某些地方甚至要用刷子轻抚。

敲打完成后，就进入等待宣纸上超量水分蒸发的过程了。宣纸上水量过多不宜上墨，而完全干燥的话可能会使宣纸脱离石碑表面。因此，宣纸的干燥程度要拿捏得恰到好处。所以我们时不时关注宣纸的情况，但也难得可以休息一下了，趁机松松筋骨，为下一步更为辛苦的上墨环节做准备。

闲暇之余，我望着山下紧凑而又规整的萧山城区，看着那些熙熙攘攘的马路，匆匆行走的路人，不禁思绪万千。萧山作为全国百强县之一，拥有强大的经济实力，完善的城市硬件设施，但总让我这个土生土长的萧山人觉得它还缺少点什么。是什么呢？望着身旁的石碑，我恍然大悟，"梦里寻她千百度……那人却在灯火阑珊处"，缺少的不正是萧山的文化韵味吗？萧山并不缺文化底蕴，缺少的是对它的发掘和探索，而我现在所做的不正是为找寻萧山的文化气息而贡献一份力量吗？想到这些，不禁从心底发出一种对文博工作的崇敬感。

"宣纸干得差不多了"，孟组长的一句话把我的思绪拉了回来。见宣纸大部已干，我们就开始上墨了，上墨是一个漫长的过程，不能一次太多，那样会使宣纸一片漆黑，但太少了又很难把石碑上的文字清晰的显现在宣纸上，所以，只能采取"少吃多餐"的办法，每次在拓包内渗入一层淡淡的墨，让它均匀吸收，然后用拓包轻轻地拍打碑文，拍打完成后让宣纸慢慢吸收墨汁，等宣纸干湿适中后继续给拓包渗墨，继续拍打，继续等待，如此要往复十次左右。在上最后一次墨时，为防止过多墨汁渗入碑文后导致宣纸和石碑粘住，要不等宣纸干透，直接慢慢揭起。

上墨对于手臂来说是一件痛苦的差事，由于石碑比较高大，我们不得不搬来板凳，从上往下保持稳定的频率和力道来拍打石碑。一遍下来，手臂已经酸的抬不起来。我和孟组长轮流做着拍打工作。我拍了四次之后手臂已经不听使唤了，只好让孟组长发挥考古部男士的光荣传统，剩下的两次由他包干。

我坐在亭中听着拍打石碑啪啪啪的声响，想象着从眼前这片千古文字中，散发出萧山悠久的历史信息，我似乎经历了萧山的历史，看到了历史的萧山。

"终于好了"，孟组长指着宣纸对我说。我不好意思的笑笑，马上起身和他一起把宣纸慢慢揭下。等到拓片全干之后，将其卷起用报纸包好放入我们事先带来的箱子。最后我们用水将石碑清洗干净，防止残留的墨迹腐蚀石碑上的碑文，使它失去原有的风采。直到这一刻，看着这来之不易的成果，我悬着的心终于放下了。

我们顺着幽静的水泥路慢慢离去，亭子里的石碑仍然默默的矗立着。走到山路口，我不禁回头看了看它。它没有声音，没有动作，没有一丝的生气，在夏日夕阳余晖的映衬下，如同一位暮年老者般孤独而又无奈，我的心中一阵酸楚。随着岁月的流逝和城市的变迁，许多承载着历史文脉的珍贵碑刻正从我们的视野里消失。留住这些记录了萧山悠久历史的碑刻，留住萧山历史的印记，为萧山历史文化研究留下一点宝贵的资料，正是历史赋予我们文博人的重任。

平阳古驿道普查侧记

平阳县文物馆　陈余良

平阳位于浙江东南隅、古东瓯之地，晋太康四年（283 年）建县迄今，已历 1725 年。历史上平阳是座古城，原城外有护城河、城楼、水门等古建筑，经历代兴废，现仅存南大门即通福门。而平阳的古驿道就是从通福门起始的，其历史痕迹仍可在城市深处找寻。

2007 年 11 月 26 日平阳县野外普查试点工作在昆阳镇南丰村拉开序幕。我们的做法是选择一个文物遗存比较丰富的村落做试点，而作为平阳县重要人文景观之一的坡南街区自然而然地成为首选对象。这条千年古街道自明代开埠以来，成为水陆转运的必经之地。沿街店铺林立，有米店、酒楼、客栈、染坊等 36 行，热闹繁荣的景象延续了数百年，形成极具地方特色的古街风貌。这些不同门类的不可移动文物为普查试点工作提供了实践操作的平台。随着野外普查的深入，藏在深闺待人识的平阳古驿道重新进入人们的视野。

驿道是地方联络中央的专用交通线，即古代的官道，始于商周，直到清末才退出历史舞台。宋时，平阳县设有名为"前仓驿、松山驿"的驿站，皆自浙入闽之道。该路自通福门起，经峡屿桥、象山、塘边等处过萧江渡，经萧江渡街、杨梅庄、中平桥等地，直至浙闽交界的分水关。平阳古驿道的主要文物古迹有通福门、东岳观、师儒侍养牌坊、沿河古桥、古民居、古街、古井、古码头、古塔等。

通福门原名通福楼（新中国成立后曾改称"解放门"），始建于清初，因连接通福建的必经之路，故名"通福"，并涵吉利瑞祥之意。道光九年（1829 年），国子监项佩琛（一说项琛）筹金千余，对倾圮已久的通福楼进行了修复并留存至今。现存的通福门为木石二层谯楼式结构，是县内唯一的城楼式建筑，由城墙、梁架、屋顶三部分组成。

穿过城门，便是坡南古街。坡南街南至坡南码头，北至通福门，宽 3.5 米，全长 1440 米。街道以青石板铺筑，路面光滑平整，散发着微光。据史料记载，南宋大诗人陆游就是沿着这条驿道赴福建宁德上任的，途经平阳时应县令卢炎之请，留有诗作《平阳驿舍梅花》。南宋政治家王十朋也曾经这条古道，游历雁荡山。清代的俞曲园自杭州至福宁，往返均从这里经过，并留有《自福宁还杭州杂诗》。如今，商贾游客、天涯游子、文人墨客络绎不绝的景象早已不复，夜以继日长途跋涉的驿卒身影也已淡出历史，唯有道旁苍郁遒劲的古树见证着古道的沧桑与深邃。

沿坡南街而下，不久便来到千年古刹东岳观。东岳观原名宋志观，又名广福宫，现为县级文物保护单位。始建于宋英宗治平三年（1066 年），现存建筑是知县廖重机、沈茂嘉等人在清道光十九年（1839 年）和光绪十七年（1891 年）捐资修建的。道观系合院式建筑，共四进，面积 5000 平方米。平面建筑布局均衡对称，以纵轴线为主、横轴为辅、逐级抬高；纵轴线上依次为圣门、府前门、东岳殿、大罗宝殿、斗姥阁等。斗姥阁内藏有明正统《道藏》及万历《续道藏》共 5485 卷。南宋林景熙、明代吴蕴古及近代的刘绍宽等历代文人在此留下不少诗句。

阳光洒在古道上，沿途风光格外秀丽。穿过百年名校平阳县小学后，便是昔日的水路交通线坡南河道。在以水路交通为主的古代，坡南河在平阳交通运输历史上具有重要的意义。往来的商贾从温州经温瑞塘河、瑞平塘河坐船进入坡南河，穿过九凰山进入鳌江江南平原水道，再走陆路通往福建，而坡南河正是这条水路交通线的关键路段。至今，坡南河上仍完整地保留着 14 座石板古桥：聚星桥、永寿桥、紫云桥、凤仪桥、渡星桥、古仕巷桥、儒林一桥、古仓前桥、通德桥、永宁桥、治平桥、蔡英桥、毓秀桥、隘门桥，桥身雕刻的文字记载着逝去的岁月。河道两旁建有民居、街巷、寺庙、码头等各类建筑，当地人就依傍着坡南河世世代代生活繁衍。受古代"天人合一"思想的影响，临河而建的民居平面布局紧凑，建筑形式灵活、依形就势、高低错落，以青瓦白墙为主色调，保留着浓郁的清末至民国初期浙南传统建筑风格。

古道边上耸立的古塔、牌坊同样是一道别致的风景线。师儒侍养牌坊是为表彰郑思恭忠孝而建。郑思恭（1566～1646年）字允之，号太和，明平阳坡南人，曾捐俸添置教具，赈济贫困生员。后因父年迈辞职回家侍奉终身，有《易学金针》、《东昆先哲录》等著作26种。该牌坊四柱三间，仿木造、悬山顶，通面宽5.5米、高6.5米，匾额南面刻"世沐恩光"，北面刻"师儒侍养"，均为正楷阳文。牌坊上置石刻叠涩斗拱，拱底用悬柱承托，额上镂空雕刻龙、凤、狮等造像。整个建筑做工考究，工艺精湛。文明塔是古道上另一亮点，建于清光绪十年（1884年），是当时振兴文风的标志性建筑，楼阁式砖塔、七层六面、仿木造，设壶门，腰檐檐角起翘设龙头吻，六角攒尖顶，置宝瓶，套托铁制塔刹，并用铁索链与翼角相接。该塔结构严谨、造型古朴大方，是浙南地区清代仿木结构砖塔的典型代表，2005年被列为第五批省级文物保护单位。

随着岁月的流逝，历经沧桑的古道功能早已退化；而近年来，由于缺乏科学合理的编制规划，古街遭受了严重的建设性破坏，许多文物古迹遭到破坏或正面临着威胁：青石板路为便于车辆通行而改铺成水泥路面，一些小巷的空间布局因建筑改建而丧失了原真性；早已荒废的码头繁华喧闹不再，河道被违章建筑侵占，河水污染严重……既然悠悠古道曾经带给我们那么多的色彩和故事，为何我们不礼尚往来，使其历史永续呢？

值得庆幸的是，随着调查的深入，平阳古驿道的历史文化内涵越来越被大家认同，其文化价值日益彰显。2008年平阳县政协开展了坡南历史文化街区保护与开发调研活动，我们也不遗余力地提交了调研材料，建议县政府将普查过程中新发现的49处不可移动文物予以依法重点保护。同年底，坡南历史文化街区保护规划方案编制完成并通过专家审定。根据规划，坡南街将被打造成温州地区历史文化名街的典型样本区。

通过第三次全国文物普查，我们深切感受到：新形势下文化遗产事业对当地经济和社会发展的促进作用愈益凸显，应通过资源调查、科学规划将文化遗产保护利用与当地宏观政策紧密衔接，统筹协调好文化遗产事业与经济社会发展的关系。广大文物工作者应力图通过普查，增强我们对文化遗产的认知能力，全面提升行业管理水平，切实改善文物事业的发展环境。尽管面临着诸多困难，但应满怀信心，朝着既定目标大步迈进。

一位与普查结缘的古稀老人

海宁市文化局　　倪鑫龙

在浙江省海宁市有一位个子瘦长、头发花白的古稀老人，热心投身于第三次全国文物普查活动中，不管在乡村的田野，还是在市区的老街小巷，人们都能看到这位古稀老人的身影。他就是袁建华先生，今年 77 岁，是市税务部门的退休干部。

袁老先生早在上世纪 90 年代初就与文物古迹结缘。退休后，他经常去市图书馆翻阅《文物》、《考古》、《文物天地》、《中国文物报》等报刊，从而丰富了知识，积淀了文化底蕴，于是萌生寻觅家乡古迹，弘扬传统文化的想法。"退休后，身体还可以，在家闲着等于白白地把晚年人生光阴流失，十分可惜。所以，到市区周围和农村乡间寻找被人们还没有注意的文物古迹，为保护祖国文化遗产出点绵薄之力。"老人袁建华这样说。"三普"开展以来，他将发现搜集到的地面文物古迹整理成文、拍摄照片，先后送市博物馆 60 多份共 5 万多字资料，还撰文《海宁古桥》等 6 篇专题，发表于《海宁日报》、《潮声乡韵》等报刊。

袁老先生对海宁古桥特别感兴趣，在今年盛夏季节里，只要感觉精神好，就备点干粮和矿泉水，背上相机，骑着旧自行车，骑行在田间小路、乡村小镇、杂草丛生乱石满地及湿滑的河边，寻找古桥。有一次在长安镇褚石村，寻找到一座"道通桥"，这座古桥上雕有桃子、石榴、牡丹花，是古代高浮雕刻的，件件雕刻精美、秀丽、细腻、典雅、古朴，看到这精美的石桥，他不由涌起一种亲切感，好像母亲找到了失散的孩子一样兴奋。经查阅有关资料，才知道这是一座建于乾隆年间的古桥，历经风雨 200 余年，却依然屹立在河边。在寻找古桥拍摄的那些日子里，有时袁老一天骑车最长时间达 8 小时左右，行路 80多公里。一位古稀老人这种毅力，这是常人难于想象，也是难于做到的。"三普"工作开始以来，他先后骑自行车走过了海宁 170 多个村中的 140 余个村，拍摄了海宁境内自元代至新中国成立前各个年代的古桥 174 座，这些古桥，据他初步考证：有元代 2 座、明末清初 10 座、清代 159 座、民国期间 3 座。

袁老先生对石雕、砖木雕刻和古居也颇有研究，他行走在市区西山公园紫薇阁下的起步石上，发现一块被当作铺路石的石雕，图案为一只花瓶内插三支短戟，古代称为吉祥物"瓶生三戟"，谐音为平升三级。这块石雕特别精细，雕刻细腻，石质坚硬，据他初步认定是一块明末清初的石雕。袁老在市区走街串巷中，看到东关厢 40 号一户人家门前有半块石雕铺在路上，这半块石雕有一只仙鹤在天空云彩中飞翔的图案十分完整。据当地居民讲这是明代费谳山进士墓道遗留下来的石雕，他就告诉市博物馆请他们考证。在寻觅古居时，发现市区河西街 138 号内有一座三层的中式楼房。这是袁老所见到的许多中式楼房中造型最美、木雕最多、楼层最高的一座古建筑。楼房原是清代海宁富商许泰隆瓷器行的栈房，已有 130 多年历史。在栈房顶楼天花板上雕有聚宝盆，寓意招财进宝，日进斗金。特别是栈房屋檐下有一个大龙头，寓意飞黄腾达，吉祥如意。龙头雕得栩栩如生，龙眼炯炯有神，无论从哪个角度观赏，龙眼总是朝着人们发出一道闪光，使人观后感到吉祥如意，流连忘返。

有一天袁老先生骑自行车到离市区 10 多公里的殳山。在半山坞里，有一块奇形怪石，相关县志和民间都称它为"殳山石"。约高 4 米，宽 2.5 米，而底部宽度仅 1 米左右，上大下小，重近百吨，经千万年风化，整块奇石已千孔百洞，形成各种各样的奇形花纹和图案，细细观赏会产生不同的视觉效果。据村里老人讲，古代传说一根丝线可以从其底部穿过。为了考证这块"殳山石"历史，他翻阅了海宁市志和桐乡县志，据《桐乡县志》记载，在明清时期有不少文人雅士游山留下了《殳山记》和不少诗文。因为这块殳山石比较奇特，如果人们把这块巨石轻轻推一下，它会左右摇动，为了避免产生人身危险和名胜古迹的损失，袁老先生就向当地村干部反映，要求切实采取保护措施，让这块巨石永远保存下去，作为一个风景点。

袁老已将收集到的一些文物信息资料提供给文保相关部门。对此，市博物馆领导认为，袁老先生如此关心和热衷于文物保护活动，其精神是十分可贵的，值得赞道。在交谈中袁老说起，他还搜集到一些未被人们发现的文物古迹，并表示要逐步查阅史料，撰写文字，拍成照片，使之起到抢救保护文物古迹和存史资治育人的作用。

寻找湮没的文明

——湖州千金镇古遗址调查手札

湖州市博物馆　闵　泉

2004 年 6 月 28 日，在苏州召开的第 28 届世界遗产大会将中国文化遗产保护成果展示放在浙江湖州南浔区的千金镇，CCTV 现场直播该镇塔地自然村的史前聚落遗址抢救性考古发掘，一个默默无闻的江南水乡小村落瞬间成了街谈巷议的话题，千金镇因了塔地古遗址而远近闻名。

千金虽然只是湖州东南部的一个小镇，却是有着诸多历史故事与深厚文化积淀的古镇。清同治《湖州府志》记载：昔汉吴王刘濞谋自立，铸钱铜岘山（现属德清县），置库于此，故名。又记：千金自古市场繁荣、商贾云集，南宋时置"千金墟"。在《湖州市城乡地名志》一书中，千金一连串仍在使用的句城、商墓、东驿达、西驿达、金城等古地名，令人浮想联翩，它们大多与先秦时期的文化遗存有关。"商墓"村名来自"村中有商朝王室大墓"的传说，事实是该村有一处年代跨度较大的古代聚落遗址，其下限可接马桥文化时期。马桥文化正与中原地区的商代同时期，这是否就是商墓地名的由来不得而知，反正现今村中的桑地里多的是马桥文化时期的印纹陶片。其他古地名则与春秋时期吴越争霸有关，句（音 gōu）城相传为越王勾践所筑的土城，分东西两座城池，东句城在德清新市界，西句城在千金，西句城村子里有座三孔石梁桥，桥名就叫西城桥，是东、西两句城的地界标志。东驿达与西驿达是传说中的越国官家驿馆驿站所在地，当地的老农至今还能演绎出发生在驿馆里的吴越争雄故事。古村名如今仍被各行政村沿用，面积大同小异，都在4平方公里左右，多年的野外工作经历告知我，到这个古老的乡镇搞普查，一定会有更多的类似塔地遗址的发现，所以"古遗址专题调查"就成了我们在千金镇开展文物普查工作的重要内容。

进驻古镇时逢初夏，正是蚕农忙碌的时节，当地的桑地几近耕地总面积的一半，千金古遗址专题调查就是从大片的桑树地开始的。但凡有过江南田野考古调查经历的，都会把当地大面积桑地当作调查重点，尤其是那些通常被称作"台地"、"土墩"的熟土层堆积较厚的桑树地。这些台地、土墩有可能是史前人类群体为躲避水患和野兽，人为堆筑起高地用作生活场所或公共墓地。唐宋时期，当植桑养蚕成为太湖流域重要经济产业后，这些高地就被农民广泛地用于种植桑林，他们年复一年地罱挖河湖漾塘里的淤泥来肥沃桑地，致使原来的土层一再增厚，有的地块甚至会高出地表2~3米不等。田野调查和考古发掘的实践证明，这些凸起的高地表土中往往留有早期人类活动的痕迹。有鉴于此，千金镇辖区内的桑地自然就成了我们"踩点"的目标，而面积较大并有一定海拔高度的桑地更成了重点勘察的对象。

在时间紧任务重的野外调查中，讲求一定的方式方法或可收到事半功倍的效果。"开好一个会、迈开两条腿、用活手中的地图"是我们野外工作的体会。"一个会"指的是行政村的座谈会，把当地德高望重的老人请来开会，不厌其烦地讲解一个话题——文物普查，竭尽"抛砖引玉"之能事，我们还借助一些采集来的陶片、残断石器以及随车携带宣传图片，详尽地传递我们的目的和意图。当老人们话匣子打开后，用七嘴八舌、滔滔不绝来形容座谈会的气氛实不为过，虽然其中不乏道听途说或风马牛不相及的故事，我们所要做的就是从中检索、剪辑出真实的信息为我所用，这个座谈会的基本目的也就达到了。所谓的"迈开两条腿"是工作性质所决定的，也是野外调查人员必须具备的最基本素质。虽然普查队有专用的小车，坐车行驶在"村村通"公路上，既可大大节省途中往返的时间，一定程度上也减轻队员们的体能消耗。但是，寻找聚落遗址有其特殊性，不仅需要队员用心、用脑去思考，还要用嘴去问，最终要落实到用腿脚去跑，在看似机械的一个个自然村转换中，在荒郊野外和阡陌交通的更替中证明自身的价值。所以无论是艳阳高照还是斜风细雨，我们都会背着工具包大踏步地走进每一个自然村的旮旯里，钻进野外每一处茂密的桑树地里。至于"用好手中的地图"，那是我颇为得意的一个发明。我们的工具包里总是装着两份地图，一份是万分之一比例的地形图，是标识新发现文物地理位置的；另一份是《浙江省湖州市地名志》中附录的乡村地图。切不可小视了后者的用途，当今农村面貌变化极快，用任何夸张的比喻来形容也不为过，而唯一不变的就是地名、村名及其方位。我们要做的就是把座谈会上得到的各种文物信息，标识在这份地图所对应的自然村或其他参照物上，这份地图就成了"导航仪"，哪怕是当地的向导不在场，我们都能快捷准确地找到目的地。至于那张万分之一地形图，对寻找已被推平了的台地土墩还是很有帮助的。杭嘉湖地区近年都进行了农村土地平整，田野里的高地基本上不见了，给现代化机械耕作带来了便利，却给我们的野外调查带来难度。地形图测绘于本世纪初，图上仍标识着原有高地的位置与海拔高度，经过分析对比，只需"按图索骥"就能找到这些地方，虽然其地表的土墩已不存在，通过仔细的勘察，还是能从表土下、从河沟的断面上找到一些早期的文化堆积，为遗存的文化属性和断代提供依据。

俺与文物普查

长兴县博物馆　毛　波

第三次全国文物普查在我县轰轰烈烈地开展起来了。博物馆开会动员、县里开会动员、县里组织相关人员培训，听说还派人上省里去接受专家的培训。据领导讲，这次普查可了不得了，是全国文物家底的一次大清查，是国情国力调查的重要组成部分。这些俺不太懂，俺就看见一台台的机器买回来了，一本本的资料带回来了，俺见到了传说中的摄像机、数码相机、GPS 卫星定位仪、激光测距仪、手提电脑，这些可都是俺以前想都不敢想的机器呀！更让俺兴奋的是，俺竟然也被分配使用一台数码相机！俺可是激动得几天没睡着觉！等俺冷静下来，感到肩上的担子可是沉甸甸的。你想啊，国家为这次文物普查可是下了"血本"了，作为一名光荣的文物普查队队员，如果不能做好国家交给我们的这份工作，对得起谁呢？接下来，俺可是憋足了劲，认认真真地接受专家的培训，诚惶诚恐地摆弄数码相机，希望能尽快进入角色，掌握作为一名普查队员所应具有的技能。

经过一个月的准备，俺们终于开始了普查。一开始，古建筑、古墓葬、古遗址……一个字——晕！什么明间、次间、抬梁式、穿斗式，什么这样梁那样枋，"书到用时方恨少"，今天可是切切实实有了体会！怎么办？学呗！不懂不要紧，只要肯学，不耻下问，虚心求教，铁杵也能磨成针，俺就不信学不会！于是，一栋栋老宅子里，一座座古墓葬、古桥梁前，一个初出茅庐求知若渴的愣小子向一位位专家请教着一个个傻乎乎的问题。一段时间下来，一开始晕头转向的俺开始不那么晕了，逐渐基本能够胜任普查的工作。俺知道，学无止境，俺不懂的东西还太多太多，相信经过一个较长时间的继续学习，水平会有一个大的提高。

俺天资愚钝，但俺相信，勤能补拙。再难的事，只要肯吃苦，用心去做，也就不难了。一天，俺们来到一座高山前，村里的老人讲，这座山名叫六墩山，山高林密，荆棘丛生，常有野猪出没，很久已无人上山。俺们领导敏锐地意识到，六墩山，顾名思义有六墩，而俺们这旯儿土墩墓是一大特色，很可能山上有六座土墩墓。于是一声令下，俺们一行三人一头扎进荆棘灌木丛中，直奔山顶。俺的娘哟，这哪有路嘛！没路开路！俺们三人交替在前开路，俺们的手啊、脸啊被刺扎出了一道道血痕，没人叫苦，没人打退堂鼓。山上的荆棘灌木有一人多高，到后来实在不好走，只能从荆棘灌木丛底部开辟一条通道，猫着身子爬过去。一路艰辛，终于上到山顶，当俺们一一找到那传说中的六座土墩墓时，俺们高兴得跳了起来。

领导讲，做好群众工作，充分依靠群众，是做好普查工作的重要保证。俺们每到一村，挂宣传横幅、摆放宣传图片，抓住一切机会宣传文物保护、文物普查。普查中，俺总是随身携带一些陶片标本；在村子里，在田间地头，在山路上，不厌其烦地拿出标本给村民看，向村民打听相关的线索。一天，几个小学生看过俺的标本，说，这东西后面竹林里有很多呢！俺们马上请小孩带路，在他们的指引下，顺利找到一处西周窑址！小孩子们也为自己能帮助普查队发现重要文物兴奋不已！普查队当即决定聘请几个小学生为业余小文保员。俺想，小时候念书，讲"长征是宣传队，长征是播种机"，俺们文物普查不也应该是宣传队、播种机吗？只有让更多的群众参与进来，国家的文物保护事业才能做得更好！

文物普查的故事还很多，一个个故事都浸着汗水，充满了艰辛。相信到普查结束时，这样的故事还会更多。当俺回忆起这一个个故事时，俺的心里满是充实，满是快乐与幸福。

难于忘怀的百姓语录

长兴县雉城镇中心广场博物馆　梁奕建

大年二十六，快下班时，水口乡文化站长给我来电话说："顾渚村协助文物普查的陈幸福给你送只'笨鸡'，他说野外普查太辛苦了，给你补补身体。"我顿时心里热乎乎的。带着老乡送的特殊礼物回到家中，我的心久久不能平静，入夜了，还在床上辗转反侧。那些默默无闻、无私奉献的乡村文物普查协助人员一幕幕动人的故事和难于忘怀的百姓语录浮现在我的脑海。

"经济发展了，我们农民更需要了解家乡的历史"

野外普查开始第三天，我们来到周坞山，这里山清水秀、鸟语花香。这几年依托白茶、水蜜桃为主的种植业，山里人富裕了。村头水库旁别墅林立，翠竹婀娜。

车子一到村委会办公楼，村主任周金泉就热情地迎了上来说："早就盼望你们来了，周坞山这几年经济发展了，我们农民更需要了解家乡的历史。"一边说，一边把我们让进会议室。泡上茶、递上烟，他将早在"恭候"的几位老者介绍给我们后又接着说："这些年村里的没注意文物保护，留下不少遗憾，现在你们来了就好了，文化遗产是经济发展的基石嘛。在周坞山你们要啥有啥，我们全力以赴。"简短座谈会后，普查队分两组行动，村里有八个人配合。由于普查队只有一辆车，为了加快速度，周主任就开上私家车上上下下来回穿梭。谁知中午主管局有急事，让我回县城一趟，车子又成了问题，周主任二话没说又从一农户家中借来一辆。在下五家自然村调查时发现一幢清末民宅，正巧房东不在家，周主任立即借来梯子要翻墙而入。当我们提出不妥时，周主任笑着说："我电话与房东已经联系了，没问题！你们时间紧，不能耽误啊。"

夕阳西下时，我们已经登录了9处新发现文物点。临别我们要支付车费，周主任婉言谢绝了。他说："文物普查是我们共同的义务，车是自家的不用付钱。"而后挥手告别说："有新发现，我们会联系你们的。"隔日，周主任给我打来电话说："山上又有新发现。"

"文物普查是国务院的任务，其他事可以先放一放"

施正亚原系白岘乡党委委员、副乡长，退居二线后负责乡文化工作。出于对老领导的尊重，普查队进入白岘乡前电话联系老施，咨询他啥时有空。出人意料的是老施笑呵呵回答说："文物普查是国务院的任务，其他事可以先放一放，你们什么时候来都可以。"

进入白岘乡后，乡里特忙，而老施分管的文化体育工作今年任务也特多，诸如体育创强、非遗普查、信息工程等等，下乡时他身上的手机会经常响个不停。然而老施除将非处理不可的事让人代办外，总是对对方说："文物普查是国务院的任务，你那事先放一放吧。"有一次，县"八运会"篮球比赛，老施是乡里的领队，为了文物普查他竟然请分管副乡长代理领队，自己还是留在普查一线。

在白岘，老施可谓老马识途，领着普查队跑遍了山山水水，即使海拔610米的长兴第一高峰五通山他也没拉下。白岘乡工作结束后，老施那句"文物普查是国务院的任务，其他事可以先放一放"在全县传开了。

"你们管的是一个县，我管的只是一个村"

八都芥是长兴历史文化积淀深厚的山村。7月14日我们来到潘礼南村时，该村的向导吴坎南足实让我们感动了一回。

吴坎南今年68岁，是远近闻名办事认真的老先生。我们一见面，他就把全村文物普查线索表和一叠文字材料放在我们眼前。好家伙，有古民居、摩崖石刻、水井、泉眼、烈士墓、洞穴等十多处文物线索，还有许多民间传说。镇里集中培训才两天，一位年近古稀的老汉动作何以如此迅速呢？老吴似乎从我们眼神中读出疑问，笑呵呵地说："镇里培训后，我觉得文物普查利国利民，回家后就马上找了一些老朋友一起座谈、寻找，众人拾柴火焰高嘛。其中龙潭芥石刻，还是我爱人年轻时上山砍柴找水喝时发现的，昨天听说我们在找什么古董时，告诉我，我又花了半天时间才找到的呢。"望着老汉朴实真挚的神情，我肃然起敬。

一天下来，12 处文物线索处处落实，其中龙潭芥宋淳右年间石刻题记是长兴目前发现唐宋仅存的二处摩崖中的一处，具有很高的历史、科学、艺术价值。而贞节女子张氏的民间故事也为我们解读先前发现的毛场里贞节凉亭提供了重要线索。临别时吴老汉一句"你们管的是一个县，我管的只是一个村，放心吧，我会尽责的"，又上我们感慨万分。

"文物普查 20 年才一次，流点汗算什么"

2008 年的江南 6 月下旬，天气特别闷热，尽管位于浙北山区的顾渚村山青、水秀、林密，但每天跑下来，还是汗流浃背。

村里配合我们普查的是一位名叫陈幸福的老书记，和蔼谦逊，虽年逾花甲，但跑起山路决不比年轻人差。顾渚村是大唐皇家贡茶园所在地，历史文化遗存十分丰富，且分布在崇山峻岭之间，有时调查一个点要翻上一座山，在荆棘中穿行，非常消耗体力。老陈书记带着弯刀，边砍边走，总是跑在最前面。

第二天，气温升至 37.5 摄氏度，我们向村里建议换位年轻向导，老书记知道后非常诚恳地说"文物普查 20 年才一次，我能参加很高兴，流点汗算什么"，毅然与我们一起出发了。快中午时，一位村民告诉我们石门山顶有一座古寺庙遗址。望着海拔 350 多米的高山和火辣辣的太阳，我决定带领年轻人上。谁知老书记一声不吭又跑在最前面。我赶紧上前对他说："陈书记，山高天热，你就别上了。"他却说"20 年才一次，没问题"，边说边弯着腰向前攀登。望着汗水湿透衣背的背影，我们所有的队员都加快了步伐。11 时 40 分我们登上山顶，所有的人就像从水里刚刚捞出来一样，登录的记录册也被汗水浸湿了。这时，老书记则以长者特有的关心，打来一瓶山泉水，对三位年轻的研究生说："你们做普查太辛苦了，天太热，喝点山泉水吧。"

时钟指向零点，我的思绪还是像脱缰的野马在文物普查的原野上奔驰。2008 年文物普查有许多许多令人难忘的百姓语录；2009 年，以至将来，在文物保护的历程中，还有多少让人难于忘怀的姓名与故事呢。

石马山寻踪

安吉县博物馆　程永军

　　早闻石马山上古迹众多，有古道、关隘、古桥、民居等，一直未有一睹其芳容之机遇，这次适逢第三次全国文物普查，才有幸与石马山作近距离接触。

　　车出安吉县城递铺镇向东约 20 分钟，随着乡村气息的渐渐浓郁，清新的空气扑面而来，连绵的山峰，满目的绿色进入我们的视线。清晨的馒头山云雾缭绕，时隐时现，恰似一位含羞的少女，其独特的形状与陡峭的山体成为县城周边众多山峰中的别具一景。

　　石马山位于递铺镇石马村北，馒头山南。村因石马桥得名，山以村命名。石马山由大岭和小岭组成，夹于两山之间的半岭古道是历史上安吉经高坞岭通往莫干山的主要陆路通道。

半岭古道

　　现存的半岭古道，西始于下村自然村，东止于张家岭自然村，保存完整段长 1800 米，宽 1～1.5 米，沿途上有 4 座石板桥、2 座石拱桥。

　　穿过下村自然村向东进入石马山脚，便见一段块石铺筑的山路。陪同调查的村干部老张告诉我，这就是半岭古道，原来的起点应在村口或更远，现在只能从这里算起。踏着山路不断前进，古道变得越来越规整。拾级而上数十步，是一段较为平缓的路段。路面虽用不规则块石砌筑，但砌筑方式却相当考究。古道两边是茂密的小竹林，竹梢下弯遮蔽在路的上方，加上初冬的晨雾尚未散尽，天空显得深沉而灰暗，朦胧中似乎看不到尽头。露珠洒落在灰白色的石块上，光亮而凝重，古道的韵味真正呈现了出来。

　　向上爬去，古道依山体时缓时陡，蜿蜒穿梭在山间。紧挨古道两侧，发现了多处犹如梯田的建筑基础，一层高过一层。据老张介绍：相传历史上半岭古道一线相当繁华，有民房、店铺、寺庙等。经他指引，在古道中段北侧的一片杨梅林中，发现了一处百余平方米的寺庙遗迹，这应该就是县志中记载的半岭庵。

　　登上北面的馒头山俯视，古道犹如一条灰色的绸带，飘落在青山翠竹之中。依偎在古道旁的是一条清澈的山溪，它们像一对热恋中的情人，形影不离，从山顶一直到山脚。

　　古道上的小桥为古道增添了色彩、丰富了内涵。4 座石板桥、2 座拱桥跨山溪点缀在古道的不同段落。桥的名字更富诗意，有迎翠、龙涎、鸣泉等。石板桥均用两块石板拼合而成；拱桥用卵石砌筑，精巧玲珑，具有鲜明的山区地方特色。小桥驾驭着古道，忽东忽西、忽歪忽直，形成了古道婀娜多姿的体态。

半岭古道始筑年代不详，但对其道上遗存的南宋关隘——高坞关分析，应该是先有道后有关。由此推断，半岭古道应建于宋时或更早。

高坞关

南宋末年，金兵南犯临安（今杭州），宋王朝危在旦夕，为保大宋江山，企望倚天目山两支崇山峻岭的山脉作军事屏障，并修筑了许多防御工事，如烽火隧、关隘等。众多关隘中，虽大部分已毁，但其位置则较明确，唯独高坞关不甚清晰。清同治版《安吉县志·关梁亭渡附卷》载："高坞关在洲南三十里高坞岭。与独松关、百丈关、铜关等诸关皆宋末守御之处。今废，仅存遗址。"由此得知，高坞关在高坞岭。然而，在高坞岭村普查时，并未发现高坞关的蛛丝马迹。那么，是县志记载有误，还是普查出现了盲点，分析两者都不可能。我们只能将搜寻范围扩大，也许，古代的高坞岭并不仅仅局限在现在的高坞岭村，可能也包括了西北面的半岭古道沿线。

在古道中间偏上段，爬上一处陡峭的台阶，人已气息喘喘，抬头仰望，只见一道高高的石墙呈南北向挡住了我们前进的步伐。此时的我，下意识地感觉到目标的出现，兴奋得顾不上劳累，三步并作两步冲了上去。稍作定神，仔细观察，古道穿墙而过，东侧是一方长长高高的用大块石叠砌的石墙，再往东隔山溪是陡峭的山体；西侧是一列垒砌的大块石，然后是自然的巨大岩石峭壁。从石墙所用的石材和砌筑方法分析，明显是由人工痕迹。爬上石墙顶端，在东10米左右的一块自然巨石上，发现从下到上共5个由人工开凿的用于踩踏攀爬的凹痕，巨石顶端则较为平坦。不难想象，当时的人们是通过攀爬巨石并借助其到达石墙上部建筑的。

那么，这一在古道上由人工特意砌筑的石墙和通道是否就是高坞关？回到单位，我迫不及待地查阅起有关高坞关的资料。

在清同治版《安吉县志·艺文卷》中，查到了时任安吉县令刘蓟植写的《石马山赋》（有序），其中写到："州东南三十五里，名石马山……旁为高坞关，接鸣泉桥，水声潺潺如鼓琴……"从"序"中得知高坞关就在石马山。石墙沿古道而下（向西，石马村方向）约20米，有一卵石砌筑的拱桥，紧挨小桥东侧，是一处三叠岩石峭壁，上有飞瀑直下深潭，水声震耳欲聋，与刘蓟植在文中描述的"接鸣泉桥，水声潺潺如鼓琴"相吻合。再者，将石墙与独松关相比较，其建筑形制基本相同，只是独松关建筑规模更大，且列朝都在使用并不断加以维修，因此，保存得更为完整。综合史料记载和残存遗迹分析，我们确定，石马山半岭古道上的石墙和通道遗迹就是宋末守御关隘之一的高坞关。

绣岭遗存

踏古道、跨小桥、过关隘、穿竹林，前面忽然开阔，百亩良田之上有一座镶嵌在绿海之中的村庄，名叫张家岭，古名绣岭。刘蓟植在《石马山赋》（有序）中对绣岭作了如下的描述："州东南三十五里，名石马山，内有绣岭村。四山环列如屏，以迎翠、龙延二桥联属。外挟瀑布，飞泉之胜。与阳龙池相表里，仰见金龟、玉兔诸峰。嵌云碍日，□目□心。……隐见之间，则见绣岭环村。……"绣岭之名取自何意，无从考证，但刘蓟植对绣岭村的精彩描述，让我们联想到绣岭之名与这诗情画意的山水风光是否有着紧密的联系？

来到村口，老张指着一幢老屋告诉我们，那就是张家祠堂。走近观察，外观极其普通，白墙黑瓦一层楼。进入屋内，在阴暗的光线下稍作定神，就会发现粗大的木结构，梁枋上雕刻着各式人物和花卉，虽然历经了百余年的沧桑，略显斑驳和陈旧，但精致的雕刻工艺、舒展的绘画艺术、生动的人物故事一览无遗地呈现。四面泥墙上还留有壁画和"文革"时期的标语。从建筑形制及雕刻工艺分析应为清代晚期建筑。在走访调查中，我们在村内不仅看到了依然保存的迎翠、龙涎二桥，还发现了多处明清时期建筑用石构件和一幢民国时期的民居。在后山，两棵据说有八百年历史的三角枫，巍然屹立，他们像历史老人，见证着绣岭村的历史变迁。

石马山半岭古道沿线集中地展现了多种文物遗存类型，保存了各个时代的历史信息，特别是高坞关的发现与确定，为我们研究南宋末年天目山脉军事工事遗迹提供了新的实物资料。

三登牛头山
——牛头山石构遗存调查随笔

安吉县博物馆　程亦胜

2008 年 5 月 5 日一大早，我们一行三人，从县城驱车直奔良朋镇长隆村牛头山，早早等候在那里的村支书刘公，领着我们从南坡竹林登山。

穿越竹林数十米即进入荒柴间的陡峭山路，攀行百余米至两"牛角"间的山脊，抬头只见顶峰似宝塔直耸云天，虽近在咫尺，山里出生的我清楚，欲登极顶尚需十倍之力。山路陡峭，我等只得拉开距离，否则刘公抬脚必碰及我的脑袋，好在古人于崖壁间凿有云梯。我等顺着云梯往上爬，突然发现沿云梯的岩石面有几个人工挖凿的石孔，推测当属古人为登峰借力而设，惜之构架早已朽去，遗下柱孔令我等望孔兴叹，只得借力于梯傍石缝间长出的青柴一步一步地攀爬。终于爬得临近极顶部，一处人工开凿的石构隐现于道旁柴草丛中，拨开柴草灰泥，一台完好的单堂石灶凸现了出来，锅沿同心圆似的规整，山字形火门，微圆的火堂实乃鬼斧神工。我急忙掏出照相机，横竖上下"喀嚓、喀嚓"摁下了一次又一次的快门。

登至顶峰俯瞰阡陌纵横，顿时有一览众山小之感，煞是心旷神怡。刘公忙着指点江山："那是安徽广德，那是泗安仙山，那隐隐可见的是便是安吉县城递铺。这是石床，这是石灶。据老人说，这些石孔是杨家将穆桂英打仗时插军旗的。"我尚未来得及思考，他迫切地想把所掌握的信息一鼓脑儿兜将出来。没等刘公介绍完，我插了一句："这些石构属人工开凿无疑，但杨家将不可能在这里打仗，怎会留下杨家的遗迹。""那么这些石床、石灶、石孔又是派什么用场的呢？"刘公急切地问。

我仔细揣摩着这些石构遗存，发现山顶两组石孔分布于东西两端，东端一组排列有序，呈东西向两排分布，间距 7 米左右；西端一组呈星点状分布，数量相对多于东端。根据石孔分布推测，应该是建筑遗迹，即这些石孔为建筑柱洞，至于两组柱洞分布各异，是因为东端山体相对平整，便直接用柱子支撑营构建筑，而西端因岩石高低错落，故先于高低错落的岩石面凿孔，用木桩支撑起一个平台再营构建筑，类似干栏式建筑。揣摩中于一石缝间发现了几块绳纹瓦残片，证实了建筑遗迹的推断。寻觅中还发现多处崖刻，惜大部分已风化，唯"天下太平"及"叶金"、"沈云"两个姓名尚可辨认。

不觉已近中午，尚未来得及对所谓的石床作细细观察，偏偏天公不作美下起了毛毛细雨，刘公再三催促："要下大雨了，赶快下山，否则我等将成落汤鸡了。"无奈带着采集的春秋印纹硬陶片和宋代瓷片及绳纹瓦残件，从原路撤下山来。

次日，匆匆咽下早点，普查队全体队员一行七人，会同刘公再登牛头山。我等按照石构遗迹分布进行平面测绘，以提取相关历史信息。七八个人忙了整整一上午，初步摸清了牛头山的大致概况：顶峰山脊犹如鲫鱼背，北侧悬崖峭壁，南侧相对平缓。石构遗迹可分4 个单元，山脊东端建筑遗迹，东西长 10 米、南北宽 6 米；西端建筑遗迹，长宽基本相等边长 12 米左右；两建筑间有一处明显下凹且存有炭灰的烽火台遗迹；南侧避风处自山脊东端延伸至西端，有长近百米的人工开凿的石构遗迹，但已被草灰淹没，只局部露出所谓的石床和石灶。为了进一步弄清所谓石床的确切功用，临下山时嘱托刘公安排民工，对所谓石床分布区的东部作小范围清理。

如此重要的古迹方志不会没有记载，我暗自思忖。于是，回至单位顾不得劳顿便找来了清同治版《安吉县志》和光绪版《孝丰县志》逐条查阅，翻阅了二志的所有山川、古迹，唯《安吉县志·山川卷》记载："牛头山，在州东北五十里铜山乡。"铜山乡属今昆铜乡辖区，一东一西相去甚远，彼牛头山绝非此牛头山，却是同卷马头山记载，从行政区域、方位、距离与此牛头山相对照较为贴切。"马头山〔刘志〕：在州西北四十里顺零乡，俗名石山，上有石屋，诗僧谷神屋此。张书有诗，李志鲁有记。"方志所述之州即安吉州之安吉城，顺零乡辖区即今良朋、郎吴区块。另据《安吉县志·建置卷》载："隋初，大德、故鄣、安吉、原乡四县划入绥安（今安徽广德）属宣城郡。……明成化二十三年（1487年），顺零、荆溪、晏子三乡割附安吉。"至此，恍然大悟，原来顺零乡自隋代划入绥安至明成化才重归安吉，至同治年编修《安吉县志》时，当年的马头山石构建筑"久灭没于辽阔寂寞之区"。后因移居长隆的他乡村民，孰马孰牛遂呼之牛头山，时久约定俗成也就不足奇了。

5月15日，清理基本完成，我们第三次登临牛头山。所谓的石床终于露出了真面目，原来是一处更大规模的建筑基址，一排排柱洞将开间划分得清清楚楚。根据暴露的开间推测，山脊南侧原有一排长达数十米的建筑，石灶达8台之多。据此推测，当时的牛头山可容近百人栖息。这处建筑依山势而建，靠山脊之上坡挖凿岩石，下坡于岩石面挖孔用木桩支撑起与上坡下凿的岩石面水平之平台，再营构建筑。每一单体建筑间均凿有上下极顶的台阶，并凿有排水沟。为了解决山顶缺水之难，每条排水沟最后汇至下坡开凿石坑以蓄水备用。该建筑规划科学，排水蓄水考虑周密。

按常规推断，如此规模的建筑除村寨外唯有寺观或军营。由于山顶严重缺水，所以村寨、寺观等都不大可能建在此处，所以最大可能的就是军事设施。牛头山石构遗存位于浙皖交接部，从极顶的两处石构建筑和烽火台遗迹分布推测，牛头山脊顶之石构遗存应为古代非常时期的军事瞭望和传递军情设施。根据石构遗存开凿工艺及采集的大量文物标本推断，应与宋王朝抵御北方金兵存在联系。

《安吉县志》载："穆王城：在州南二十五里凤亭乡，昔岳飞于此垒土结营，后谥武穆人，遂呼为穆王城。其将坛犹在。城东有上寨、下寨、后寨之名，又有大败地广数百亩，相传金人大败于此，故名。"

宋书记载，南宋建炎三年（1129年），抗金名将岳飞在广德取得六战六捷的战绩，建炎四年（1130年）春平定太湖流寇郭吉、戚方再获战功。岳飞屡破金军，为宋王朝立下汗马功劳，虽遭秦桧陷害，身后于孝宗淳熙六年（1179年）赐谥武穆，宁宗嘉定四年（1211年）追封鄂王，民间为怀念这位精忠保国的抗金名将，尊称穆王。

鉴此可以推定，牛头山石构遗存应该是一处南宋定都临安（今杭州）时期的军事瞭望和传递军情之遗存，即岳家军营构抗金瞭望台，或谓穆王台。

从遗址区采集的印纹硬陶残片分析，春秋时期牛头山就有越人的活动。

又记：10月26日，为陪同国家文物局单霁翔局长视察文物普查工作，又登牛头山。

普查随想——古道

安吉县博物馆　周意群

　　在文物普查座谈时，老人一提起当地有古道时，我就会想起"丝绸古道"、"茶马古道"，想起李白的"咸阳古道音尘绝"、柳永的"长安古道马迟迟"……可对于古道，我又了解多少呢？我想"长亭外，古道边"中的古道是官道、大道，如灞桥送别的古道，繁荣宽阔；阳关古道，荒凉旷远。"古道西风瘦马"中古道是民道、山道，小而崎岖，透着苍凉与悲伤。而对于我们安吉的古道，应属于后者，没有瘦马可驱，却有小桥流水人家相伴，多了些许温暖，少了几多苍凉。

　　古道作为历史遗留下的一种线性文化遗存，也是安吉县这次普查工作的一个重点。在近一年半的时间内，发现了如半岭古道、康岭古道、回峰岭古道等长长短短的古道 30 余条，这些古道都处于环境优美的竹林中，从这个村庄连接那个村庄，从这个岭翻越到那个岭，从安吉县通往周边的各个县。这些古道，只是历史岁月中一条普通的不能再普通的乡间小路。

　　古道由大大小小的块石或卵石铺砌，时宽时窄，沿着蜿蜒的山脊，犹如一条游龙，通向竹林的深处。一级级的石阶，已被数百年的风雨磨砺的平整光滑，清澈的小溪在古道旁潺潺流淌着，无数根滴翠的秀竹相依相绕。走在这长长的古道上，微风轻拂，满目青翠、呼吸着新鲜的空气，静谧的林间仿佛回荡着叮叮当当的凿石声，一种"念天地之悠悠"的情怀油然而生，令人遐想无限。

　　在交通不发达的过去，古道的一头连着外面繁华的世界，一头连着封闭的山村。而如今，古道的窄、小，不便于毛竹的运输，制约了当地山民经济的发展，于是，当地政府对这些古道路段进行了拓宽与改造，被风雨打磨的光滑平整的古道由沙石路代替。当毛竹等山林资源源源不断地运往各地时，这里的经济也得到了快速发展，山民的生活水平已有了质的飞越。在山民们的吃穿住行不再依靠古道的今天，这残缺的古道已完成了它的历史使命，孤寂地躺在竹林中，期待着人们的发现，等待着人们的保护，更企盼着再立新功。

"漓渚小火车"

绍兴市文物局 张钧德

"漓渚小火车"是绍兴人对市区通往漓渚铁矿的专用铁路的称谓。它长仅10余公里，却驶过了从20世纪50年代到21世纪的半个世纪，最辉煌的时候有蒸汽机火车头10多个。近年由于铁矿不景气，退役的火车头也大部分被拆卸当废铁变卖，铁路的去留更成为市民热议的话题，旅游界和房地产商甚至诟病其为"景观污染"……

作为20世纪的工业遗产，"漓渚小火车"能完成时代的转型要求，成为绍兴的工业遗产保护对象甚或颇具特色的旅游资源并带动房地产业的发展吗？

作为特色的旅游资源，利用老式"小火车"开发旅游在国内外不乏成功的例子。美誉度甚高的台湾阿里山小火车没有可比性就不说了；著名的吉林桦甸市夹皮沟小火车有文学名著《林海雪原》作支撑也不提了；江西赣州上饶县森林小火车始建于上世纪60年代初，当时只是为运输木材，后来木材砍伐受到严格控制，小火车近乎呈现闲置状态，为此当地便着手将它开发为特色旅游珍品；此外还有始建于1958年的四川乐山犍为县的"嘉阳小火车"，因为至今仍保留着传统的燃煤式炉膛门、人工手铲加煤、锅炉蒸汽传动、古曲式汽笛、窄小的轮轴和铁轨，竟吸引许多外国人不远万里前来并包了小火车作为"专列"反反复复地开过来开过去；在中国，还有一条国际小火车，那就是法国人修建于1901年的"滇越铁路"，"国保"级的个旧鸡街火车站就与滇越铁路有关，目前个旧市已将"寸轨小火车嘉年华"和"矿业旅游"开发成条件成熟的旅游项目，其中的"寸轨小火车嘉年华"更以民国时代的情景化布置，使游客直接体验到历史的环境与文化。

我曾徒步沿"漓渚小火车"行驶路线走了全程，即从绍兴火车站到漓渚铁矿，发现该段线路大致要经过的名胜就有西郭虹桥（迎恩门）、青甸湖、小云栖、绍兴一中高中部、钟堰庙、快阁、鲁迅祖坟等等，此外还有众多楼盘小区和工厂企业，所以一旦"漓渚小火车"得以作为景观旅游开发利用，不但能带动沿途的房地产升值，而且还能使漓渚镇的开发得以升温。

另外，铁路的一头再向前修几公路即可延伸到兰亭景区的山背后，另一头可以利用杭甬线再向东到达皋埠、陶堰甚至上虞。一句话，"漓渚小火车"完全可以成为"公交火车"并结合铁矿坑道发展颇具绍兴特色的工业遗产旅游项目，为公众提供游憩、观赏、教育、娱乐等多方面的服务。

论文物普查的"五勤"方法

绍兴市文物考古研究所　钟剑华

我国曾先后两次开展全国文物普查，对文物保护事业的发展产生了巨大的推动作用。如今正在开展的第三次全国文物普查，事关我国文物事业发展的全局，是摸清家底、夯实基础、促进社会发展的重大举措。自 2007 年起，笔者通过三个月的浙江省试点及一年多的绍兴市区普查实践，锻炼了业务水平，总结出"五勤"工作方法，供广大普查工作者参考。

一　勤询问

在野外调查中，每到一个行政村，普查工作者首先必须开好座谈会，邀请村干部与熟悉情况者参加，尽快了解村里的气候特征、地理位置、交通状况、自然村落分布、人口经济、风俗习惯等情况。要注意沟通的方式方法，用拉家常式的方式提问，打开他们记忆的闸门，从中了解鲜为人知的事情。提及问题的面要广，尽量从多角度、多层次去了解，便于日后整理筛选。比如村名会随着历史的变迁而有所更改，且往往带有时代的烙印，询问村里的人文环境时，应把村名的更替一一搞清楚。村落的始建年代一般较难考证，而通过座谈可以了解村中大姓是否始居于此，弄清迁徙的脉络，确定至今已传几世，并根据这些信息推算出建村年代。勤询问不只是在座谈会上，在实地调查时一样要做到，不仅要重点了解现存的文物遗存，也要掌握已毁的文物遗存。比如在调查一处台门建筑时，就需询问该建筑位于行政村的哪个自然村，是否有小地名，台门里居住者的情况如何，建筑是家族中何人建造的，原来的布局怎样，后来是什么原因发生了改变；在该建筑的历史脉络中，有过哪些维修，是否作过别的用处，是否有名人居住过，从而通过多层面的了解，在判断其年代、价值等方面有所收益。

二　勤踏勘

文物普查工作分为两步，第一步是野外调查阶段，第二步是资料整理、文本制作阶段。其中野外调查是前提，只有扎实做好原始资料的收集，才能保质保量地做好文本编制。在野外调查中，为达到行政村和自然村普查覆盖率分别为100%和90%的目标，普查队员应该在每次开完座谈会后，由村里有关人员陪同进行调查。这一来是因为村中人员比较熟悉文物遗存的分布情况，有利于提高工作效率；二来是因为村里人员和专业工作者在对文物遗存的价值判断上存在着差异，只有通过挨家挨户的实地踏勘，以认真负责的态度和专业的眼光去合理评判每一处文物遗存的价值，细致地进行分析研究，才能确保证普查的覆盖面和质量。虽然这样做工作强度会很大，但要发现有价值的文物遗存只能如此。在绍兴市马山镇储二村调查时，通过实地踏勘，发现了一座较有价值的台门建筑。这座建筑由于规模一般、破损严重、改动较大，所以座谈会与会人员和陪同者都没有提及。但该建筑屋内构架保存较好，斗拱、雀替，明间、次间梁架均为穿斗式，柱与柱之间用单步或双步月梁相连，梁枋做工精细，雕刻纯朴简洁，从整体判断应是村中现存最早的建筑，是研究当地村落历史的重要实物资料，如果不是亲临现场，很可能会漏过，所以说实地踏勘往往具有查询无法替代的作用。

三　勤记录

文物普查野外调查中，对调查对象应坚持"宜宽不宜紧"的原则，做到随时调查、随时记录。有了丰富的原始资料积累，才可以在编制正式文本时分析研究、去伪存真、有的放矢。在调查每一处文物遗存时，除了大量文字记录外，也不能忽视GPS点、图纸、照片的记录。不论是普通遗存还是价值高的遗存，都应在四至测量GPS点。因为随着时间的推移，文物遗存及其周围环境可能发生改变，但记录的GPS点信息一般来说都是永远有效的，可以在日后准确迅速找到当时的普查对象。对于价值高的文物遗存，必须配以图纸记录：一张是位置图，明确文物遗存与周边环境的情况；另一张是平面图，要做到测量正确、柱网配齐、按标准制图。照片资料虽然在正式文本中所需数量不多，但作为普查工作者，也应严格遵循普查记录标准，按照"四有"档案中照片卷技术的要求来对待，在拍摄内容上尽可能反映出文物遗存的全貌。通过丰富而完整的照片资料，可弥补文字对建筑描述的不足和缺陷，获得更感性的认识。

四　勤整理

普查每天要走许多地方，记录大量资料，如果不及时整理，难免会张冠李戴地混淆。因而不管有多辛苦，每个普查队员都应养成每天整理的习惯，把普查资料按各个街道（乡镇）分开存放，然后把这个街道（乡镇）中每个行政村的普查资料装订在一起，分别编号，最后把需做正式文本的文物遗存资料转录到《浙江省第三次全国文物普查野外记录手册》中，同时把测绘草图也粘贴到手册上。数码照片资料应每天复制到电脑里，先建个文物普查照片的文件夹，在文件夹里按照每个街道（乡镇）分别建夹，然后再分别建立街道（乡镇）所属每个行政村的文件夹，在行政村文件夹里为每处文物遗存建夹，以文物遗存的名称命名，并对每个文物遗存的每张照片分别做好说明，通过科学的整理为日后查找、挑选照片带来方便。资料整理完毕后必须及时做好备份，即使电脑出现故障也不会丢失资料。

五　勤学习

普查工作中会碰到许多以前没有遇到过的困难和问题，只有通过不断学习，才能提高业务水平和解决问题的能力。学习可有多种方式，向专家等学习就是一种。在我省第三次全国文物普查试点中，每组普查队都有省考古所的专家带队，在实地调查中遇到困难可随时请教。而那些从事文物工作多年的人有着丰富的实践经验，可谓良师益友，也应多向他们请教。向书本学习也是一种方法。《营造法式》、《清式营造则例》、《中国古代建筑史》以及国家文物局编印的《中国古代建筑》、《中国考古》等，都是重要的参考材料，可以在实践中进行学习体会，及时解决困难和问题，提高专业技术知识。各普查组互相交流工作经验同样是学习方法的一种。大家通过互相交流，可以取长补短、少走弯路，提高工作效率，起到事半功倍的效果。相互交流应该作为一项制度来坚持，为避免虎头蛇尾，要安排时间进行定期交流，内容主要包括交流范本、讨论解决普查中碰到的问题等。在方式安排上应该是民主交流，大家共同参与、畅所欲言、各抒己见，最后达或共识，把普查工作提高到一个新水平。

在山水之间寻访历史的足迹

嵊州市文物管理处　尹志红

浙江省嵊州市西北部的谷来镇，与绍兴县毗邻。相传"舜耕于此，天降嘉谷"，谷来由此得名。该镇地势高峻，群山环抱，境内山涧溪流呈叶脉状，以小舜江上游竹溪江为主流蜿蜒南北，水力资源丰富，景色秀美。

戊子十月，山乡谷来文物普查喜获丰收：20个行政村共登记文物点111处，其中101处属新发现，特别是38座古桥以及数量可观的砩坝、古道，显示了山乡古文明的独特魅力。而玉成、万年、西成桥因造型独特、建筑精美已被载入《中国科学技术史·桥梁卷》。

在下坂村，普查队还惊喜地发现一座保存完好的20世纪50年代队屋。队屋面阔三间，楼高两层，抬梁结构，二楼前方设宽敞的走廊，底层明间开拱形大门，两扇木门镶嵌菱形拼花内饰五角星图案，门楣堆塑"下坂生产队"阳文楷书，尤为难得的是三面内墙完好保留九个生产小队的收支账目表。这是迄今发现的嵊州市首例从建筑到文化内涵原汁原味保留下来的生产队队屋！此外，谷来是著名的香榧生产基地，榧树既是古树名木，又是山区的致富树，千年香榧林为本次普查提供了新的遗产类型。

谷来这片"天降嘉谷"之地，连绵不尽的青山秀水，丰富而宝贵的人文资源，为本次普查写下了绚丽的一页……

美丽的打石溪

打石溪村由若干小村组成，宽阔的竹溪江沿村而过，风光秀丽。

大桥头地处上游，此段江流清浅，有万年桥横空飞架。桥长26米、宽5米、高8.2米，双孔拱桥，中平两坡，就地红砂石砌筑，两边置实体石护栏。桥中墩分水尖上置八角形小石柱，周身镌刻"南无天神菩萨、南无除灾菩萨……"等镇桥铭文。此桥始建于清道光二十五年，后毁，民国己巳年重建，至今坚固如初，气势雄伟。

桥西岸有路廊与庙连体而建，庙曰"雷镇"，前后两进，以门厅底层作路廊，二楼为戏台后台。登楼倚窗远览，凉风习习，一溪碧水、满目青山扑面相迎。楼下，谷来至崇仁、嵊城的弹石古道穿廊而过。

小桥头有一条小溪注入竹溪江，并建有一座单孔石拱桥，拱券接近蛋形，桥底筑有石砩。溪水淌过石砩，冲积成小潭后汇入竹溪江。石砩、浅潭、阳光、流水……灵动之美在拙朴的拱洞下汇聚、传递。

小桥附近的竹溪江，还筑有一道全长21米的碇步桥，由18块表面平整的自然大岩石砌筑。江水急行其间，碇步稳如磐石，为山民提供过溪之便。

小小打石溪，有弹石古道、路廊神庙、乱石小桥、岩石碇步、规整精致的大石桥……一溪碧水，满眼风光！

山墩印象

记忆中的山墩村质朴、宁静。

头一回去山墩，是2002年春。这个僻远的山村留给我深刻的印象：村口一座小庙三棵古树，其中一棵长在门厅与东厢转角处，并穿屋而上，硕大的树冠遮天蔽日，倍添古意。侧耳静听，庙基下有清泉潺潺流动。村中民宅散淡地依山而筑，沿着块石卵石砌筑的步阶，一直可登上村庄的最高处，石阶一侧奔泻的溪流发出震耳的脆响……

如今，乡村公路已通达每一个村庄，在为民造福的同时，也给普查工作带来了极大的便利，山墩变得不再僻远。永兴庙是文物保护点，这一次属于复查对象。三棵古枫依旧屹立村口，古庙依然是熟悉的旧模样，村民爱惜古庙适时作些维修，民风淳朴依旧。但今天却遭遇一幕好心办错事的场景：村里正在用大红油漆涂刷大殿梁柱，欲为古庙着上新衣，幸被我们当场劝阻。

带着美妙的记忆重走古村道，发现庙侧一段已被改造为水泥坡道，而道旁那条落差很大、水声欢畅的小溪，竟已干涸见底！曾经响彻山墩的天籁之音，莫非只能从记忆的旧谱中温习了？

潭石景观

竹溪江有个大水潭，潭中矗立一块馒头形巨石，村庄故名"潭石"，至今潭石仍屹立江心，但车近潭石村，最先扑入视野的是一座双孔石拱桥。此桥是出入潭石村的唯一通道，全长 23 米，宽 4.7 米，北接公路，南连嵊城通诸暨古道，紧挨古道有潭石村徐氏宗祠。农桑时代，此地上通台温下至诸暨枫镇，人群熙熙攘攘，自古为交通要道，有识之士几度在此行架桥善举。桥头所立清光绪壬午年（1882 年）"天成桥碑"及河床天然岩上清晰可见的方孔，述说着古桥从木制到石砌、从简陋到坚固的演变。天成桥年代明确，规模较大，并拥有古道、宗祠及古村落等一系列良好的历史环境，因而被公布为文物保护点。

嵊州地处山区，历史上旱涝灾害频发，修筑碶坝是山区兴修水利的主要措施。明万历年间，嵊籍工部尚书周汝登主编的《嵊县志》列入碶坝 70 座，至近年，嵊州尚有活动碶坝 11 座，固定碶坝 96 座。在谷来镇尚存大大小小的古老碶坝数十座。天成桥上游即筑有一道弧形碶坝，俗称大溪埠头。它与常见一字形碶坝不同，坝南端沿村基转折向东，延伸成一条水圳，江水流经长约 20 米、宽 2 至 3 米的圳道后，重新泻入竹溪江。村民回忆，早先水圳约有三四十米之长，圳之尽头利用水流落差建有水碓，村民借助水力舂米、造纸。

寻觅古道

嵊州早在汉代已有古道通会稽，南朝谢灵运隐居始宁县时，开通始宁庄园经天姥山至临海的古道。唐代，连通这两条古道并拓建为越州至台州驿道，长约 230 公里。至清代，全县已形成 5 条干路、38 条支路的古道网络，总长约 856 公里。

时至今日，古道网络已支离破碎，平原地区的古道几乎丧失殆尽。而在山区谷来，依然幸存不少路段，如：鸟岭—独卜岭古道、山青岭古道、陶家—铜坑湾古道、城后古道、下郭古道、黄尖岭古道等。这些古道都是翻山越岭而建，是村庄之间或者由村庄走向集镇、县城的必由之路。路面大多由块石或卵石铺砌，宽度在1~2米之间。修筑最为精致的是山青岭古道，全长约300米，无论是弹出中线的卵石路面，还是块石砌成的层级步阶，每逢雨过，光洁莹润古意盎然，且绝无尘杂。遥想当年，亲手铺砌这条古道的工匠们该拥有一棵纯朴而宁静的心！

怀着挥之不去的古道情结，我们踏遍了或长或短的六条古道。循着弹石前行，时而山左，时而山右，走过松间，穿越竹下，在松风竹影间放飞思绪。从城市的拥堵中走出来的我们，把用脚步丈量古道视为雅趣。时过境迁，也许后人再也无法真实地体验先辈肩挑手提为谋生计而艰难跋涉。我们能做的只是，用钦慕的目光感知山青岭古道的完整和精致，用现代化的测距仪记录黄尖岭古道全程2500米的起伏悠长！

比文物更有价值的新发现

嵊州市文物管理处 王荣法

我们一行肩负着历史使命，带着领导的嘱托，马不停蹄地穿梭在城镇乡村、古道老街与田边地头之间，在享受文物"盛宴"的同时，获得了意外的成果，新发现了比文物更有价值的东西，那就是业余文保员献身于文物事业的真情。它似一颗颗璀璨的明珠，在文物事业这片圣土中散发着熠熠的光辉。我们为之而感动，在记录文物史迹的同时，也记下了那令人敬佩的一个个人，那让人难忘的一幕幕场景。

有这样一位业余文保员，他有一种无私奉献的精神，在金钱诱惑面前，心静如水，心无旁骛，毫无一丝邪想杂念，志与秋霜洁。

他，就是年届耄耋的魏文东。

去年初夏的一天，普查队进入嵊州市黄泽镇白泥坎村调查，两鬓白发的魏文东老人毛遂自荐，主动当起了向导。当我们得知他已是83岁高龄，又手拄拐杖，身心憔悴，就劝他不要陪同了，而他执意不肯。整整一天，老人拖着疲惫的身躯，一边带路，一边介绍村史和文物史迹情况。午后，我们见他步履蹒跚，气喘吁吁，身体颤抖，便请他停下休息，他满脸的皱纹舒展开来，笑了笑说："没关系，我这副老骨头就这样。"硬撑着坚持到了调查结束。当我们要离开时，老人依依不舍地将我们送到村口。令我们没有想到的是，这一次相别竟成了永远的离别，时隔一个多月他悄悄地离我们而去。

事后，我们才得知，那次普查，老人已病魔缠身，故意装得若无其事的样子。因此，他的离去，我们感到无比的悲痛。他虽然离开了我们，但他的身影经常浮现在我们眼前，他的奉献精神时时刻刻激励着每一个队员。"公而忘私,乐于奉献"是他一生的真实写照。他自 1986 年担任业余文保员,已有 22 个年头,在此期间,共收集上交文物 117 件,这些文物有石斧、石锛、石镞、铜矛、铜剑、铜镜、陶罐、瓷瓶等等。他将每一件文物都毫无保留地上交国家,且不要一份报酬。

魏文东献宝于国家,引起了大家的议论,有的人说他傻,是的,确实有点傻,在金钱、物欲涌动的社会环境中,谁不想发财致富?在有的人眼里,文物就是金钱,并且有的值大价钱。因而,文物贩子经常光顾他家,向他高价收购文物,但都被他拒绝了。有一次,他刚从村里的一位种植户那里收集到一面铜镜,文物贩子闻讯上门,从口袋里拿出一叠人民币,要收购这面铜镜,见老人不情愿的样子,从三千元加价到一万元。此时的他,火冒三丈,大声地说:"不卖就是不卖,你们再不走,我就要报告派出所了!"文物贩子看到他毫无动容的样子,只好怏怏离去。

像这样的事不知发生了多少次,他没有一次动过心。难道钱对他来说不需要吗?不。他家除了一台 14 英寸彩电外,没有其他一样像样的家具,自己也没有一件好的衣服。可他嘴边常挂着这样一句话:"不义之财我不要,我要的是做人的骨气和良知。"从这句话中,我们找到了他能够做到理直气壮、拒绝诱惑、志同松柏清同竹的答案。

有这样一位业余文保员,他有一种坚忍不拔的毅力,在人生航程上遭受重挫,但事业决不搁浅,在文保航程上永远前行。

去年底,我们普查队进入本市华堂村书圣王羲之墓地调查,从镇干部的介绍、村干部的反映、群众的议论中,得知有一位遇到难处从不低头的业余文保员。

他便是王荣华,今年将近 60 岁,时任村支书。他以文保员和村书记的双重身份担当着省级文保单位王羲之墓地的保护工作。他根据王羲之墓地保护规划,在建控地带内严格控制新建筑。村民对他这种做法很不理解,纷纷指责他、埋怨他、辱骂他,更有甚者扬言要杀死他。他遭受这样的恶毒言论攻击和人身威胁不知有多少回,但他从来没有胆怯过。

然而,劫难还是降到了他的头上:有一天早晨起来,他和往常一样去田头照看花木,一到田里,被眼前的景象惊呆了,自己辛辛苦苦种下的三亩多苗木全部被拦腰砍断,现场一片狼藉。他简直不敢相信眼前发生的一切是真的。经济损失达 4 万多元,本来两个孩子的学费、全家的生活费指望在这田里,现在却成了泡影!他知道,这是有人对他控制建房一事不满,有意报复他。

此时的王荣华,辗转不安,彻夜难眠。他的妻子劝他:"再不要多管闲事了,把家里的事管好就好了。"他的亲戚朋友也好心相劝,多一事不如少一事。是啊,这种得罪人的事能有好结果吗?摆在他面前的有两种选择:一是,睁一只眼,闭一只眼,随它而去,管好自家的自留地;另一种是迎难而上,激流勇进,坚持到底。经过深思熟虑,他选择了后者。他考虑到这是小与大的关系,自己家遭受的经济损失是小事,如果放任自流,原有历史建筑被现代建筑所代替,书圣墓地的历史风貌遭到严重破坏,损失不可估量,这可是大事！

从此以后，他的态度更坚决，处事更果断。胸中有志越高山，心底无私渡难河。在他的坚持下，书圣墓地的规划措施得到了全面落实，环境风貌得到了有效保护，在文物保护功德碑上添上了光彩的一笔。

有这样一位业余文保员，他有一种坚不可摧的信念"人在，文物在"，一往情深，如痴如醉地投身于文保事业，将汗水和理想一起播撒，收获着闪光的希望。

在本市崇仁村建筑群调查时有一件事难以忘记：有一个人对布设在老台门中120多只灭火器所挂的位置、使用方法、灭火类别、换药时间、过期日期等，都说得一清二楚。

这个人就是业余文保员王愉林，他的头脑中始终紧绷着一根弦："安全第一，万无一失。"在王愉林看来，崇仁村建筑群之所以成为历史文物建筑，是由众多文化元素构成的，这种文化元素就是每座建筑及其每一构件。如果少了某一个，就像人体缺少器官一样，会机体不全。他总是这样告诫自己："人在，文物在。"因而，防盗、防火、防毁坏，成了他工作上的"铁心靶"。古建筑群中玉山公祠造型美观，每一构件是精美的艺术品，因而成了不法分子觊觎的目标，经常有来路不明的人打量着它，对此，王愉林忐忑不安，忧心忡忡。正当愁眉不展时，他毅然作出了一个重要决定，把家搬到祠堂，祠堂成了他的家。这样的"家"，灰暗和阴清有余，光亮和瑞气不足，但他一住就是15年。这样还不够，还自己掏钱买了条狼狗一同守护，以防失窃。这样文物是保住了，可他经济上本来不宽余，一条狼狗几乎占去了一个人的口粮，钱紧上加紧了，但他从未向组织提过要求，有人提起此事，他总是淡然一笑，说"东西保住就好了"。

王愉林坚守的实际行为，似乎筑起了一道无形的"围护墙"，并且是那么的扎实，那么的坚不可摧，小偷望而却步，文物贩子不敢靠近，连"火神"也长期"下岗"，从未出现过失火、失窃、失管等现象，整个古村落风貌依旧，完好无损。

一份艰辛，一份收获，由于王愉林的出色表现，2006年他被评为省级优秀业余文保员，受到了省文化厅的表彰。

以上所举，只是普查中幸遇的几位，有更多的业余文保员默默无闻地充当着"守护神"的角色，我们看到了他们肩上的分量，更看到了他们的力量。我们仿佛看见有一支从四面八方赶来，由各方人士组成的文保大军，迈着匆匆的脚步，加入到文物保护这个浩大的系统工程之中，向着自己的守护目标前行。

是的，文物的价值很大，热衷于文物事业的真情更珍贵！

一座 305 名矿工的大墓

武义县博物馆　鲍仕才　陶峰松

日前，武义县如火如荼的"三普"工作中，发现了埋葬着日军侵华期间在杨家萤石矿迫害的 305 名劳工尸骨的坟墓。同时，还找到了半个多世纪以前亲手埋葬这些尸骨的姚炳塘老人。一段埋藏了半个多世纪的历史，逐渐被世人所了解。

一座埋葬着 305 个人的坟墓

在武义县茭道镇东萤社区东侧，一座并不起眼的坟墓，近半个世纪来，一直沉睡着。然而，随着全国第三次文物普查工作的开展，它承载的一段历史也逐渐揭开了厚重的面纱。原来这座当地人称作"大坟头"的坟墓，竟掩埋着 305 名被日本鬼子残忍迫害劳工的白骨怨魂。

在落日的余晖下，我们跟随县文物普查人员的脚步，怀着沉重的心情，拾级而上找到了这座承载着日寇的残忍和劳工的血泪的大坟墓。坟墓依坡而建，坐北朝南，墓冢水泥封顶作穹窿状，墓后有弧形的垣堋。墓前有拜台，两侧有台阶，墓周围绿树环拥，墓台正立面正中的墓碑上刻着"纪念抗日时期被日本帝国主义奴役死亡埋葬在此的三百零五名工人阶级兄弟"，以及"浙江硎矿全体职工立"等字样。墓碑两侧，刻有"原始立墓人姚炳塘徐云从杨海涛"和红漆手写的文字"武义县第一位党支部书记李守初同志一九四三年八月组织抗日游击队被日本鬼子在杨家门口凉亭杀害"。

浙江省武义县文物部门工作人员介绍说，这座大墓是 1957 年 9 月由浙江省硎矿重修而成的，真正亲手收集 305 位被害矿工尸骨的人，是墓碑所记"姚炳塘"等三人。了解到这位原始立墓人姚炳塘老人还健在，普查人员非常高兴有人见证一段历史。

一位八十九岁高龄的老人

在武义县白洋街道东吴村的一个山脚下，我们慕名找到了位已经八十九岁高龄的姚炳塘老人。老人健谈，慈祥，脸上一道道皱纹，留着岁月的忧伤。当我们谈到要向他了解一些关于杨家萤石矿遇难劳工墓情况的时候，老人百感交集，拉着我们的手，嘴里有说不完的话，在慌乱之中，又急忙走进房间里，在自己的百宝箱中寻找一枚新四军纪念章佩戴胸前，显得神采奕奕。姚炳塘老人告诉我们，1942年8月日本鬼子占领浙江武义后，分兵盘踞武义杨家、塘里等萤石矿，并在茭道镇杨家建立了矿业公司，一方面在占领地强派民工强拆民房、祠堂、庙宇，修筑工事，架设铁丝网，另一面抓捕了山东、安徽、江苏等地上万民工，作为苦力，夜以继日修建了金武铁路，疯狂掠夺武义的萤石。当时，他才20多岁，因为会一点做泥水的手艺，被日军抓去，在萤石矿里修建运萤石的"流槽"，搭建挖矿民工住的窝棚。老人回忆，当时矿里的民工们每天在日军刺刀皮鞭逼迫下，在昏暗的矿洞里不停地干活，住的是稻草搭的窝棚，穿的是破衣麻袋片，每天只吃一个饭团。很多人累死了，很多人饿死了，还有一些生病被日军发现就"隔离"到杨家祠堂，既无医生治疗，又不给水喝，任其病饿折磨至死。有的不能干活的矿工就被日寇残忍地杀害了，305名遇难劳工中一位叫郑李货的老乡，他的手脚被日军砍断后作为人体试验，然后他的尸首被丢弃在山野。这些遇难劳工的遗体遍布在整个矿区附近的山坞，许多尸骨被山间的野兽啃食，残缺不全，山林间充满了腐烂的气息。

姚炳塘老人回忆，在1945年5月，日本人撤退以后，由于不忍心看同胞被弃尸荒野，他和徐云从、杨海涛三人商量，千方百计筹集了2000斤稻谷，雇了毛车岗村的徐叶金、麻立畈的邹樟兴等人，花了三个多月的时间，收殓被抛弃在荒郊露裸矿工尸骨共八十多担（挑箕），收集了被日寇杀害的305名矿工的尸骨，进行了集中安葬。最早的时候，大墓修在现在茭道镇政府西侧的牛粪山山脚下，在地上打了一口深井放尸骨，上面是用石灰和黄泥混合封土建了大墓。新中国成立后，由浙江碃矿出资，于1971年4月重修大墓，并撰文题联"牢记民族恨，不忘血泪仇"，1987年因建房被迁现在位址。每年清明，也总有许多人会默默前去祭扫。逝者已矣，坟墓犹在。沉寂的墓台，似乎在提醒着后人，永远不要忘却国家和民族曾经的苦难。这个"大坟头"是日军侵占武义掠夺萤石迫害和残杀矿工的历史见证。

当我们告别离开时，姚炳塘老人念念不忘当初和他一起建坟墓的徐云从、杨海涛，两人已相继离开人世，如今只剩下他一个执著地守护着305个亡魂。老人最劳心的是，日军侵华狂掠夺武义萤石矿造成数千劳工死亡的历史是否会随着时间流逝而埋没，他希望让更多后人铭记这段血泪史。老人这一份责任感，真切地让我们重温了那段慢慢湮灭在历史长河中不堪的岁月。深埋地下长眠的死难的同胞，见证了中华民族衰落，却时刻提醒着我们，要用自己的双手，不断建设一个强盛的中国，决不让这样一段历史重演。

记一次难忘的野外调查

浦江县浦江博物馆　张智强

盛夏，即便是早晨，太阳也毫不吝啬它的热情，强烈的阳光炙烤着大地，也考验着我们一行。我们此行的目的地是一处坐落于群山之中的摩崖石刻，它是第二次全国文物普查时发现的。为了能顺利完成这次野外复查，当天上午 8：30，我们每人带上两块面包和一瓶矿泉水就开始进山了。

对于久居城市的人来说，大山是美丽的，是令人喜悦的，青的草，绿的叶，鲜艳的花，茂盛的树木，甘甜的山涧水，还有那一路伴随的声声鸟鸣。队员们一路说说笑笑，轻松愉快。但随着不断地往前行进，大家起初的兴奋和喜悦逐渐被汗水和劳累所替代，渐渐地少了笑声而多了喘息。据向导讲，山脚离摩崖石刻不过 3 公里，在 25 年前，只要走上一个半小时就到了。可现在山上的情况与前大不相同了，那时山是秃的，树木都被当柴砍了，掉在地上的松针被耙得很干净，连路边的杂草也被村民割去喂牛或作栏肥了。那时进山的人很多，山路虽陡却并不难走，如今由于煤气的普遍使用，已没有村民进山砍柴了，再加上封山育林，山道已经十分荒芜。

刚进山时，山道还依稀可辨。往里走，山道渐渐被众多的柴草和荆棘覆盖，只能靠两位向导凭着记忆，用柴刀斩掉荆棘和柴草开路，还真有点"逢山开路，遇水搭桥"的味道了。在好几处地方，山路被大片大片的荆棘挡住，一侧是山谷，一侧是密密麻麻的树林，根本无法迂回前进，两名向导用柴刀硬是在荆棘丛中掏开一个高约一米、宽约半米、深达数米的"洞"。为避免被荆棘划破了脸，队员们只好依次弯腰倒退着钻过。由于年初遭遇罕见的暴雪，被大雪压倒的松树满山都是，东倒西歪，不时地挡住前进的路线。我们时而需两手着地爬行，时而需跨过一棵棵倒在地上的树。而有一段山路由于塌方，泥土和树木挡住去路，队员们只好手脚并用，互相牵拉，费尽周折才越过土堆。行进途中，有的队员的衣服划破了，有的手臂上划出了血，有的屁股摔疼了。

天气异常炎热，队员们一个个汗流浃背，一瓶矿泉水不一会就喝了个底朝天。幸好在一处山道边有一处山涧，两名女队员也"入乡随俗"，顾不得保持"淑女"形象，伏下身子两手撑地牛饮一顿，然后把矿泉水瓶装满了山泉。稍事休息，我们又继续前行，经过不懈努力，终于在 14：30 左右到达目的地。简直难以想象，这 3 公里山路，整整摸爬滚打了近 6 个小时。一路上所带的面包和矿泉水早已入肚，现在能感觉到的只有饿和累！虽然个个又饥又累,但我们马上投入到工作中,因为此行不是旅游,不是探险,而是带着复查文物的任务来的。

摩崖石刻就在山道左侧,两名向导用柴刀砍掉一些树枝柴草之后,一堵高 1.8 米,宽 2.2 米的石壁显现在我们面前。队员们按照分工,拍照的拍照,GPS 定位的定位,画图的画图,将石刻的地理方位及周边环境进行登记。石壁上题刻文字高 0.7 米,宽 1 米,由于年深月久,历经风吹雨蚀,文字已比较模糊,但笔画遒劲,颇见书法功底。经推敲,题刻文字为:嘉兴乡仙峰里湖山南保君佛弟子潘善安喜助工力修砌路径一条祈在佛光中常安常乐洪武己未年七月□日记。根据推算,洪武己未年为 1379 年,距今已 630 年。从文字推断,石刻应与附近的寺庙有关。经过搜寻,我们果然在山道右侧直线距离约二十米处发现一处比较平坦的山间谷地,数十株参天巨木拔地而起,林木掩映下两间房屋墙基尚存,经仔细观察,墙基由宽大的青砖和石块混砌而成,旁边还可找到一些青瓦碎片。

经过近一个小时的测量登记,我们踏上归途。由于进山时已开辟了山道,回程轻松了许多。下午 5 点钟左右,我们一行七人走出了大山,完成了这次野外复查,而回到单位时,县城已经华灯初上。

文物普查,有苦也有乐。

古稀老人情系"三普"

——记浙江省衢州市衢江区大洲镇文物普查志愿者黄根发

衢州市衢江区文化广电新闻出版局　雷文伟

今年 75 岁的原大洲区农技站退休干部黄根发老人有两大业余爱好,一是中医,业余为群众治病;一是民间文学。从 1963 年起,黄根发就着手搜集民间故事、歌谣、谚语等。1988 年,民间文学普查、搜集工作开始,他写出 53 篇有代表性的故事、115 条谚语寄给县集成办。今年第三次全国文物普查田野调查工作一开始他就主动到镇里请缨,甘当一名志愿者。为了掌握普查业务知识和技能,胜任普查工作,他自己化钱复印了一大本文物普查资料,还买来工具包、指南针、钢卷尺、绘图板等田野调查工具。

大洲镇辖区面积大,文物丰富,但村与村相隔甚远,而且大部分村地处偏远山区。山高、谷深、坡陡,给文物摸底调查工作带来了很多困难。从 2008 年 3 月份起,老黄带上与他一起采药的徒弟黄振猛,组织了一支二人文物普查志愿小组,身背"考古包",以番薯干当午饭,忙碌于山间小径,问老人、找老房、盘点文物"家底"。几个月来的调查登记中，他俩的足迹遍布了全镇大部分行政村，白天进行"地毯式"调查登记，晚上还对白天没有找到的登记对象进行夜访，同时对调查中出现的新问题，他及时与区普查队进行探讨，以确保摸底调查登记工作质量。

从参加文物摸底调查工作开始到现在，他没有双休日，也忘记了节假日。他身体不太好，妻子心疼他，埋怨他自找苦吃，他总是微笑着说："我喜欢这份工作，挑战性强，工作有意义，选择'三普'，我不后悔。"

功夫不负有心人，普查工作取得丰硕成果。目前他已完成后祝、荒圩埂、东阳、济源等10多村田野调查摸底工作，已发现古墓葬145余处（宋代古墓葬群一个），古建筑、古井、石刻198余处。老人搞文物普查不图报酬，全凭义务，他用自己的实际行动为衢江文脉的传承作出了贡献，为衢江区文物普查作了有益补充。

白云深处有人家

江山市文化广电新闻出版局　周晓东

今天是张村乡开始文物普查的第一天，风和日丽，美中不足的是气温特别的高，坐在车中开着空调依旧感觉热浪袭人。尽管如此，我依旧对即将开始的普查充满期待。

我的期待并不是没有理由的。张村，古称秀峰，全村以黄、周两姓为主，至今已有800多年历史。现有两个文物保护单位，一个是黄氏宗祠，一个是周氏祠堂。黄氏宗祠以木雕门楼著称，木雕层次丰富、手法多样、内容及表现形式独特，是江南古建筑木雕的典范，曾有上海客商出价150万元购买此门楼，因其为文保单位而未能如愿，可见其价值之高。周氏祠堂门楼恢弘大气，牛腿雀替雕刻精美，用材硕大，是江山市不可多得的一处祠堂建筑。张村不仅风光优美奇特，古建筑鳞次栉比，而且崇文尚武，历代武官辈出。据康熙、同治江山县志和有关史料记载，仅清朝张村就出武状元1人、武进士6人、武举人10多人。所有这些，都让我期待在张村乡有特别的发现。

张村乡普查的第一站定在双合丰村，这是一个人口只有数百人的行政村，有5个自然村，分布在崇山峻岭之间的峡谷中，一条水泥浇筑的盘山公路蜿蜒而上。一路行去，满眼皆绿，山谷间水声潺潺，鸟鸣啾啾，让人忘却了暑意。

双合丰村的自然村都分布在山谷两侧，十来户人家就是一个自然村，我们决定从最尽头的一个自然村开始。当到达一个山中水库边的时候，基础普查员老周已是等候多时。我们要去的一个自然村车子无法到达，老周说不远，就几分钟的路程。我们还是有心理准备，山里人说几分钟的路程对我们来说往往要费好大劲，此前早有领教。好在一路风景美丽，羊肠小道迤逦而上，小桥流水，郁郁葱葱的绿色中夹杂不知名的野花，分外夺目，很少来大山里的队员们不时对眼前的美景发出惊叹。

约一顿饭工夫，前面半山腰看到几所泥墙屋，老周说就是那里了，我心里不禁一阵失望。越走越近，分布在山坡另一侧的一片房子慢慢展现在我们眼前，这样成片的夯土墙民居群还是第一次看到，我心里又升起了希望，这样的村落里会有一些什么样的文物？那里还有什么古老的东西在等待着我们？探究的心理让我们加快了脚步。

进了村，大家分头行动。我与两位队员和老周去走访老人，其余的队员到村里先进行观察。这个自然村共有十来户人家，在家的大多是一些上了年纪的人，看见我们到来，都以山里人特有的热情向我们问好。我们咨询了一些与大山里面关系密切的一些问题：以前有无红军来过？有没有作坊？村里有没有有特色的老房子？有没有各种矿藏等问题。老人们不是摇头，就是说"毁了，都毁了"。与我们会合的队员们也没有什么收获，看看确实没有什么特别典型的文物点，我们决定将这一大片夯土墙民居作为一个民居群登记，无论如何，这也算是大山里头的一个有特色的历史遗存。忙了近半个小时，大家都圆满完成任务。我们走遍了村里的各个角落，没有发现新的文物点，就在老周的带领下前往下一个目标：一个近现代的瓦窑。

这回车子又不能到达，老周指着对面的山头说，过了那，翻过山就是我们停车之处。穿过一大片竹林，转过山角，眼前展现出一大片梯田。此时正是播种时节，绿油油的秧苗已经成活，生机盎然。在基础培训时，我们已提过类似梯田之类的文物也属于这次普查登记的范围，老周带我们从这里经过也是特意的安排。这片梯田规模不大，但作为进山以来看到的第一个梯田，我们还是作了登记。

下到山谷，在一片开阔地的尽头，就是老周所说的瓦窑。这是一个建于解放后的瓦窑，保存状况比较好，形制与我们在其他乡镇看到的瓦窑不尽相同，其最大的特点是用大块的山石堆砌，窑的内部以红砖叠涩成顶，窑有两门，体量较小。在队员们登记拍照的时候，我意外地发现在窑门上还贴有一张红纸，上书"拜窑为父，祝×××身体健康，寿比南山，福如东海"。老周说，这是他们这里的一个习俗，凡是保留时间长的东西，诸如樟树、水井、老窑等等都会有人拜，老百姓认为这些上了年头还保存着的东西有神灵，可以保佑人。我赶紧叫队员把老周刚刚说的记录下来，相对我们以前掌握的资料，这是一个特殊的收获。

回到停车之处，已是上午 11 点钟，强烈的阳光晒得皮肤生痛。略作休整，我们分兵两路，一组随老周去到对面山里去看一座古墓，其他人员到附近的自然村中进行文物信息调查。听老周说那古墓形制很特别，为求现场目睹，我气喘吁吁地随老周爬了 10 分钟几乎成 60 度角的山路，在一处草木茂盛的平台上看到了这座"方圆数十里都没有看过"的古墓。这处古墓葬的确有些与众不同，一是其碑上部呈半圆形，独立立于墓穴之前；二是其碑文有些奇怪，墓主人的后人姓周，主碑文却书"桂八寿官之墓"，问老周，他也不解其意。我们现场作了登记，回去后咨询了有关专家，翻阅周氏家谱才知道，"桂"乃周氏字辈，"八"为排行，"寿官"是古时对长寿老人的封号或尊称。

下了山与其他队员汇合，日已当中，炊烟四起。老周负责的区域我们都已走过，上午的工作就结束了。与老周告别后，我坐在车中，望着满山的绿色，心想：下午，会有什么新的发现在等待着我们呢？

诗话"文普"之旅

岱山县文化局第三次全国文物普查队　金　鸽

2008 年的日历刚翻过几页，文广局邱科长的来电打破了我平静的生活。他邀我参加文物普查，但"工作苦，钱少"，要我有思想准备。其实，苦点累点不算啥，"苦不苦，想想长征两万五；累不累，想想革命老前辈"。钱少也不打紧，我不吸烟不喝酒，一人吃饱，全家饿不着。

几天后，文普动员会召开，邱科长带我入会。我和新同事们济济一堂，聆听领导的动员指示。会上，我对同事们有了初步的了解。那高高大大、山东汉子模样的，是电视台的高海勇主任；文化馆的赵老师是我的老棋友、袁老师我是初次见面；局里的海燕姐我曾见过，她那标准的普通话使我印象深刻；想不到的是还有一位小张美眉，她娇小玲珑，活泼可爱，工作伊始，风华正茂。加上我，共六人。岱山县的文普小组成立了。

1 月 10，试点从东沙司基社区开始。在东岳宫，我们召开了第一次座谈会。会上，邱科长的开场白极具专业色彩，十足一个岱山通；老伯和大娘们踊跃发言，提供了很多信息。会后，普查正式开始，大伙测点、测量、拍照、绘图、写文字资料，一个都不能少。忙乎了半天，首份作业单新鲜出炉。回来的路上，大伙既疲惫又兴奋，劳累并快乐着。第二天，我们对司基进行了一次文物"大扫荡"，走过的地方真不少，让我大开眼界。只用两天，我们就把司基搞定了，这大出我们的意料，原本计划要一星期。唉！谁让我们岱山经历了两次海禁和"文化大革命"那些特殊的年代。随后的资料整理中，我写下了第一首普查感怀："岱庙居首东岳宫，太平古桥建乾隆；巧夺天工三眼井，回归自然小长坑。"

1 月 14 日，我们转战泥峙社区，程序照旧。在那里，我们发现了一个古窑址，颇具价值。后来，我们又两次拜访泥峙。一次是高主任亲自驾车考察燕窝山，那三九严寒中的燕窝村"风飒飒，涛声声，别有一番景致在其中"！一次是去畚斗岙新石器遗址。那天西北风异常猛烈，这下可冻坏了弱不禁风的小张妹妹，看她瑟瑟发抖的样子，真是我见犹怜！唉！谁叫我们是文普队员呢？我私下对自己说：严冬终将过去，但艰苦的普查工作才刚刚开始。感慨之余，我有了第二首感怀："瓶罐成堆江窑湖，燕窝供奉老相公；石器出土畚斗岙，蓬山书院文笔峰。"

接下来的日子，"雨雪绵绵不曾断，转眼又是一年春"。我们一直没有行动，直到 2 月 18 日，大家冒雨前往桥头社区，我有事未成行，当时我莫名有种失落感，也许我对这项工作、对这个团队已产生了感情。当大伙风尘仆仆归来的时候，我连忙迎了出去，远远就打上了招呼："同志们辛苦了！"大家对我的出现既意外又惊喜。第二天，我归队，我们再向桥头行。那天，在热心的毛华清老人带领下，整整一下午，我们翻山越岭，走过角角落落，收获良多，有诗为证："汤浚故居体完整，杨家老宅院深深；驰名古桥旧貌改，蟑螂山现古墓群。"等毛老伯将我们送上车，已是夕阳西下。高主任和我坐在车尾，当时他疲态尽显，因为他正牙龈发炎。忽然他想起毛老伯回家还有很长的路，不由得连声表达着心中的愧疚之情。确实，自从我们开始文普工作以来，已出现过很多像毛老伯那样满怀热情、可亲可敬的老人们，想到这里，我在心里默默地向他们致敬！

3 月初，我们向东沙挺进。工作的效率明显提高了，高主任"自学成才"，已能独立制图了，大伙的手头活也是驾轻就熟。因为将来要对东沙古镇进行整体登录，所以我们只对一些文物信息点登记在册，具体内容，诗中概述："戊辰河水幽且深，羊府宫内香火清；北畚斗出新石器，东海工委旧址新。"当我们行将离去的时候，我在心底默语："暂别了，东沙。我悄悄地走了，正如我悄悄地来，我挥了挥手，没有带走全部的收获，因为我还会回来，来倾听你古老的诉说。"

3 月 10 日，我们普查岱东镇。同志们兵分两路、两线作战，工作进程紧凑而快速。在岱东，当我们乘着三轮机动运输车，在水泥村道上一路摇摆前行的时候，真是一种全新的体验；在岱东，当我们走进冷坑自然村的时候，感觉就像到了桃花源，那里"山有小口"、"豁然开朗"、"土地平旷，屋舍俨然"；在岱东，当我们连续走上两个多小时，走遍龙头社区，直到中午 12 点半，肚子里一直唱着"空城计"的那种感受，让我久久难忘。至于工作收获，诗中可见一斑："方姓百万豪庄园，沙洋冷坑比桃源；省保单位大舜庙，超果禅寺越千年。"

岱东过后是岱西。首先是青黑社区，那是革命老前辈王家恒曾经生活、战斗过的地方。3 月 20 日，当我们沿着王老先生的革命足迹，从青黑的这头走到那头，足足三小时，直走得我脚底发痛。我想同志们的腿脚肯定也有反应了吧，但一看大伙的脸上，依旧是春光明媚，一副意犹未尽的样子。特别是海燕姐，四十出头的女同志，不容易啊！她笑称自己是"11 号部队"的，走的是"红色革命之旅"。能拥有这样的同事，能加入这样的团队，我感到很荣幸。接着，我们又踏遍了岱西的其他社区。这里，还是用诗做个总结吧："吴王二氏青黑先，怀慈植新革命园；前岸有石题'圣路'，清代众墓历百年。"

我们一直采取的是"农村包围城市"的战略方针，下面该轮到高亭城关镇了。先是南峰社区，在那儿我们发现了岱山最老的墓碑，距今约 240 年，我们及时向外披露了信息。电视台到现场做报道时，鄙人的光辉形象就此上了县台，还一路上了市台、省台，让我过了把小小的"名人"瘾。为此，我特地赋诗一首："南峰古迹天后宫，环龙桥藏水库中；岱山最早墓葬现，板井潭水用到今。"在其他社区，我们几无所获。后来，在石马岙社区，我们碰到了一个"活地图"——於有财先生，他博古通今、口若悬河，对那里的一切都了如指掌，说起来如数家珍，让我们也感受到了石马岙那浓浓的历史文化气息，留诗作证："按谱觅踪状元坟，廿多於姓秀才村；举人府院旧貌在，河清古桥已难寻。"

5月20日，我们开赴第一个外岛——秀山。攻坚战打响了，同志们充分发扬了不怕苦、不怕累、连续作战的精神，顶烈日、冒风雨、穿丛林、爬峭岭，走遍了秀山的三大社区。在那短短的几天里，我们深深地感受到了秀山岛深厚的文化和历史底蕴；我们领略了海洋文化名人——童布端先生的多才多艺；我们也曾四点早起，急行军一小时，去迎接海上的第一缕曙光。那一幕幕，至今历历在目，感触良多，存诗留念："兰秀博物馆藏丰，厉家五房气势宏；长寿禅院始五代，古宅群落拥秀东。"

从秀山回来，大伙休整了一星期。6月2日，我们转战另一外岛——长涂。这次，在当地政府的积极配合下，进展更加神速，只用四天就打了个漂亮的歼灭战。在那里，我们曾坐在摆渡船上来回于大小长涂之间，感受那气势不凡的军港风采；在那里，我们曾颠簸于蜿蜒陡峭的盘山路上，一路欣赏那迷人的海山风景；在那里，我们曾登上东剑烈士陵园，在烈士墓前默哀三分钟，不仅为了那些烈士，更为了在地震中死去的无数生灵；在那里，同志们省吃俭用，其中劳苦，不言而喻，万千语言，诗中留存："长涂海湾海涂长，传灯禅院禅灯传；娘基宫内娘娘坐，抗倭碑树倭井潭。"

几大战役结束，野外工作也进入了扫尾阶段。接下来的几个月，同志们查漏补缺，主要以资料整理为主。临近年底，我的光荣使命也算完成了。告别大伙的那一刻，我是百感交集，真是"剪不断，理还乱，是离愁，别是一番滋味在心头"！

我的文普之旅只能写到这里了。"踏遍岱山人未老，蓬莱风光今胜昔；莫道文普多艰险，一路行来一路诗！"最后，为我可爱的战友们再写上一句："普查尚未结束，同志仍需努力！"

横亘百余年　悠悠孝子情
——普查"孝子牌坊"记

丽水市莲都区文保所　叶春德

"草长莺飞二月天，拂堤杨柳醉春烟。"

2008年春节过后的第二个星期，阳光明媚。新春的鞭炮声余音尤震，人们还沉醉于暖暖的新喜悦之中时，我们就风尘仆仆前往却金馆村进行"三普"工作。

车刚到村口，早已在那等候的赵永兴支书马上热情地迎了上来，兴致勃勃地领着我们走进村庄。一路上，老赵一边拉家常，一边迫不及待向我们介绍着括苍古道、孝子牌坊和石碑等文物的基本情况。

由于却金馆村是地处刘山铺的半山腰间，首先映入眼帘的是中间一条狭长的括苍古道，古道为卵石砌筑，崎岖蜿蜒，两侧林立着一排排的民房。仔细一看，大部分民房为夯土墙、小青瓦、悬山顶的近现代建筑，也夹杂着一些结构简陋和保存一般的古民居。古道自余岭头而下直通老鸦矿村。走在古道上，联想着古人生活、耕作，把我们的思绪一下子带到了远古时代。

在村里绕过了几道弯，前行约百余米，最后一道弯转过，终于看到了我们所要调查的孝子牌坊，队员们立刻欢呼起来，一齐拥向牌坊。

只见它静静的横跨在村尾括苍古道上，高高耸立，像是一位威严的"神父"，同时因它是"孝子牌坊"又显得非常和蔼可亲。

"喀嚓、喀嚓……"普查队随即对孝子牌坊进行了多角度拍摄、文字记录、测绘和 GPS 测定等工作。这时，站在老赵身边一直未开口的村民陈老汉说话了。他说，孝子坊还有一段感人的故事呢。大家立刻围拢过去，催陈老汉快讲。陈老汉说，那是明宣德七年（1432 年）的孟冬十月，时任温州知府的何文渊寄宿在却金馆村。有一天，已是夜深人静，何文渊透过窗外看见距村庄不远处的山野里有如豆的灯火在闪烁，迟迟未熄，便询问店主，原来是一位名叫陈登朝的青年在山里守墓。陈登朝为人忠厚，纯朴老实，孝顺父母。他家里有些薄田、山地和家业，平日勤劳耕作，生活过得还算宽裕。陈登朝的父亲是举人出身，知书达理，颇有名望。两年前父亲亡故，陈登朝不仅为父服丧守孝，而且在墓旁搭起草棚长期守墓。不论刮风下雨，结霜飘雪，他都一夜不缺地守墓尽孝接近三年，是个名闻遐迩的大孝子。何文渊听后深受感动，进京后将此事上奏皇帝，皇帝对陈登朝大加称赏，遂下了一道圣旨，旌表其为"孝子"，还降旨却金馆村竖造牌坊一座，赐名"孝子坊"。

听完了这段感人的故事，队员们感慨万千，增添了几分敬意，更加投入地继续工作。通过详细的调查，我们惊奇地发现，孝子牌坊不但具有重要的历史价值，还深含极高的艺术价值。

牌坊均用条石砌叠，仿木结构，三间四柱，通面宽 6 米，四柱均是方形，而明间柱脚用抱鼓石支撑，从牌坊的明间上部我们还可以看到最下层的为额枋，额枋精雕细刻成月梁形制，额枋下两端以雕刻"暗八仙"图案雀替承托。往上就看到了下坊、上坊和定宽坊，坊两端均做卯紧密插入两侧方柱，中坊阳刻"孝子"两个大字，字为楷书，遒劲有力，并落上款为："皇清咸丰元年孟冬月建，钦命浙江巡抚部院存，浙闽总督部堂刘，浙江省学政赵，三大宪会同题奏。"下款为："（陈登朝）弟：双魁、清华；男：忠良、贤圣；孙：启盛、杨元、堂云、化寅、明印、荣照、鳌；玄孙：文林。"再往上我们就看到了上坊，上坊中部阳刻"鲤鱼跃龙门"图案，图案雕工细致，线条如行云流水，栩栩如生，与坊中文字极其两次间坊间雕刻图案合理搭配，形成了一幅完美的画卷。在往上应是牌坊的屋檐，原屋檐下立诏赐的"圣旨"牌，还雕有两只精致的石狮，遗憾的是包括两次间屋檐现已缺损，尽管如此，牌坊仍显大气恢弘。看到这里，我们不禁起了疑问，从现场来看牌坊是建于清咸丰元年（1851 年），而老人却说是明宣德七年（1432 年）的孟冬十月，何文渊上奏皇帝后起建的。带着疑问我们翻阅了方志，并发现了关于陈登朝与孝子坊的有关记载。

据清同治十三年《丽水县志》卷十一人物载："陈登朝，却金馆人。父殁，庐于墓，以孝称。道光二十六年（1846 年），知县张铣以'纯孝'请旨建坊"。可见县志证明了，在历史上陈登朝是实有其人，"孝子泣墓"亦是实有其事，而牌坊上铭记的"皇清咸丰元年孟冬月建"与《丽水县志》上所载的"道光二十六年（1846 年），知县张铣以'纯孝'请旨建坊"上来看，从请旨建坊到孝子坊的建成相隔五年时间，也是说得通的，可见陈登朝应是清道光年间的孝子，并非是明宣德年间，疑问终于解开。可孝子坊上的屋檐及檐下的"圣旨"牌、石狮又是何时何故而缺损呢？老赵说，话还得从 20 世纪 60 年代说起。

岁月荏苒，在经历了多少个风霜雨雪后，"文革"风暴也刮到偏僻的小山村。当时造反派扬言要推倒孝子牌坊，破除"四旧"。村里的老人们，尤其是陈家后代极难接受现实，可又迫于政治压力，无奈下陈家后代组织人员将"圣旨"牌和两只石狮拆下，再用石灰将牌坊"孝子"两字刷白，还冒险将"圣旨"牌背回家中藏着，算是躲过了一劫，只可惜两只石狮，却没能逃出此劫，被作为"四旧"破除。"文革"结束后，陈家后代将牌坊上的石灰用水擦洗，使"孝子"两字又重见光日，孝子坊算是保下了，孝子坊和陈登朝"泣墓守孝"的感人故事也一直流传至今。

说完了这些，老赵又领着我们来到村里一户农家，找到了当年拆下藏着的"圣旨"牌石刻。"圣旨"牌的重现，既见证了那段历史，又为牌坊今后的修复工作提供了重要依据。

当我们结束了却金馆村的普查后，告别了老赵和陈老汉，踏上回程之路，或许大家从中已经悟到了人生的一些哲理，队员们一路无语。路两边的山花和野草，在微风中轻轻的晃动，像是在无声地向我们诉说着"孝子泣墓"的感人故事。

走进古村落

丽水市莲都区文保所　陈芳红

阳春三月，暖风拂柳，桃花盛开，按照野外普查的线路安排，我们来到莲都区黄村乡的皂坑村进行调查。经历了年初罕见雨雪冰冻天气，迎来风和日丽的春天，感觉特别的心旷神怡，伴着轻松愉快的心情，一路上笑声不断。小车沿着丽水到缙云的 330 国道行驶，到冷水隧道口右拐便进入了黄村乡。清新的空气迎面扑来，两边的青山郁郁葱葱，一簇簇映山红点缀在绿色的树丛中，分外灿烂。山脚的黄村水库，在春风吹拂下波光粼粼，荡漾着醉人的绿波。

沿着水库蜿蜒前行就到了皂坑村，这里古树参天，环境幽静，景色旖旎。本保庙坐落在村口上，护佑着一方平安。踏进村庄，悠悠的古韵迎面扑来，幽深的小巷、斑驳的古道、高耸的古宅……令我们赞叹、陶醉

皂坑村位于黄村乡的东北部，面积为 12.96 公顷。带路的村支书介绍说，这里是金氏后裔的聚居地，原名皂源村，历史上有"丽水虎啸门出城数皂坑"之说。《金氏族谱》里记载，丽水皂源彭城郡金氏系上古五帝中的少昊后裔，少昊去世后被尊为西方大帝。按照古人的五行学说，西方属金，所以少昊被尊为金天氏，金姓就是他的后代。祖先们在陕西长安、河南洛阳京都一带活动，繁衍生息，至南宋宋高祖南渡时，迁居浙江杭州，后散居金华、兰溪、丽水、青田、温州永嘉各地。金氏代有名臣，金炮公官至广东布政，其四世孙即第十三世庭集公，字稀聚，喜游山水，过苍岭，履五云，览仙都，游至丽水皂源，见此地涧碧泉清、松苍竹秀，又有天然八景，真是人间洞天福地，约于元至元年间（1279～1294 年），合家由仙居六都田头树桥徒迁皂源居住，创业繁衍至今已有八百来年历史。

由于历史上较少受到战乱的侵袭，近年来受经济发展冲击也较小，故村中明、清时代原始格局保存较好，整个村庄以一条南北走向的街道为主要骨架，长 1200 米、宽 3 米左右。古建筑大都以大山为屏，依次排列在街道两侧，构成西向为主、向南北延伸的村落街巷体系。在这里，巷道、溪流、建筑布局相宜，色调朴素淡雅；木雕、石雕、砖雕图案精美，雕刻细致。环顾四周，白墙黛瓦、飞檐斗拱；俯首观地，凿花镶字、铺锦缦绣；仰看围墙，浮雕人物、风俗历史，栩栩如生。整个村落保存较好的古民居有 19 幢，祠堂 2 幢，代表性建筑有金氏古居、彭城旧家、金氏宗祠等。

这里的古建筑非常注重装饰，内容广泛，如人物、山水、花草、鸟兽等；题材众多，有传统戏曲、民间故事、神话传说和渔、樵、耕、读等生活场景；手法多样，有线刻、浮雕、透雕、圆雕和镂空雕等。这些装饰尤以门罩上的石雕、砖雕以及厅堂中的木雕最为精湛，体现了浓烈的民族艺术风格。石雕主要表现在祠堂、寺庙及民居的庭院、柱础、石狮等上面，内容多为象征吉祥的龙凤、仙鹤、猛虎、雄狮、麒麟等。砖雕大多镶嵌在门罩、门墙、照壁上，在大块的青砖上雕刻着生动逼真的人物、虫鱼、花鸟及八宝、博古和几何图案。木雕应用最为广泛，从门窗到梁柱、檩板无不雕龙画凤，描金绘彩，内容有日月云涛、山水楼台等景物，花草虫鱼、飞禽走兽等画面，传说故事、神话历史等戏文，还有耕织渔樵、仕学孝悌等民情。这些木雕均不饰油漆，而是通过高品质的木材色泽和自然纹理，使雕刻的细部更显生动。

金氏宗祠的戏台保存完好，数百年来，古戏台上唱的是同一出戏，而台下却换了一代

又一代的观众。欢歌伴着笑语，人间的生离死别与悲欢离合匆匆而去，留下来的除了这戏台，还有人们对美好生活的希冀和向往。走访着一个个被时光浸润的文化渡口，这些体现了古代劳动人民聪明才智和非凡创造力的古村落，见证山川河流，吐纳天地精华。目前，蓬勃开展的新农村建设，给古村落的保护带来了严峻的挑战，但也给文化事业的传承与发展提供了新的机遇。在党中央、国务院的高度重视下，全面开展了第三次全国文物普查，让我们有这样的机会去追寻每一处历史留给我们的记忆，作为光荣的普查队员，我们又怎能不倾其心血，鼎力而为，充分继承和发扬传统文化的精髓，保护好璀璨的人间瑰宝呢?!

福善寺随笔

景宁畲族治自县文化馆　孙美绿

这次到英川进行文物普查的野外考察是我的第二次英川之行了。之前的工作让我见识了很多也收获了很多，所以对这次的野外考察让我充满的期待。

再到英川的途中，看到两旁青山娇翠欲滴，叶叶竹排飘在微微泛蓝的溪涧，一路上优美景色让我忘记了征途的劳累，不禁怀疑已置身于诗里的世外桃源。

漫长的征途在我感觉一点都不枯燥反而很惬意，看着两边的景色不知不觉到英川已是傍晚。找到住的地方后，我们开始找居民了解当地的情况。得知我们的来意后当地一个中年男子很热情的给我们介绍起当地的情况，并很热心的要做我们这次野外考察的向导。在交谈间我们知道了当地香火旺盛的寺院福善寺，据说该寺始建于清康熙年间，香火曾盛极一时，为当地善男信女烧香祈福的胜地，后几经坎坷，毁于战火。现大部分建筑为上世纪90年代兴建，仅剩宴公殿和戏台较为古老。宴公殿疑为清康熙年间所建，该寺院现为英川镇文物保护较好的点。

调查的第四天，下起了绵绵的细雨。早晨出门时我不禁有些失望：看来要在阴雨绵绵中结束我们的英川之行了。思索间我们已经到了寺院的山脚下。该寺建于一小山坡上，抬眼仰望寺院在山间的雾气中若隐若现，似云雾缭绕中的仙境一般等着我们去一探究竟。拾级而上，一座建筑面积颇大的庙宇呈现在眼前。迈入山门首先进入视线的是该寺最古老的建筑"宴公殿"，这是一座木结构歇山顶重檐建筑，飞檐翘角十分古朴气派，屋顶两侧有三角形镂空图案墙面的山花，周下是多对造型精美的牛腿。盘龙、鲤鱼、花草造型牛腿皆雕刻得栩栩如生，尤其是正门前的一对镂空凤凰牛腿，更是亭亭玉立，雕刻线条简洁流畅，用料考究，保存完好，尽显精美。

　　宴公殿西侧是一座高大古朴的戏台。戏台的朝向与其他建筑相反，面向正大殿，对准神位。旧时演戏是为神明、祖宗而演，视神明为救世主，能使天下太平，消灾化险，时运亨通，兴族富民，因而，时逢神明生日或重大节日总要演戏三天三夜，以求保佑来年四季平安、生意兴隆，并举行隆重的庙会活动，以示对神明的庆贺和敬重。戏台左侧设独立厢房，二楼设有楼梯通往戏台，称之为倒挂楼，二楼作为演戏时存放道具、演员休息和化妆之用。戏台演出区与台用木板隔开，后面为乐队的专席，称"后场台"，供乐队吹打之用，演毕拆除。戏台的左两侧都设有厢房，二楼为观赏区，系妇女和儿童专席，旧时讲究男女授受不亲，男女界线很严，规定男子不得上楼。男子只能在戏台与大殿前的天井观赏区观赏。戏台呈正方形，台顶采用较有艺术性的八角藻井修饰，藻井可分为井口、穹窿、井顶三部分。穹窿装修十分考究，采用斗拱画作式。八面彩绘有八仙和其他传统经典故事。井顶画有一条气势磅礴的云龙，盘旋飞舞，峥嵘威武的龙头探出于云海之外，龙头口衔宝珠。它和八面图案构成一幅宏丽壮观的生动画面，令人惊叹不已。牛腿在戏台中纯属装饰，戏台前方柱上雕刻了雕饰雌雄两只狮子，两狮子头面对面，有镇台辟邪之意。狮子形象美观，线条流畅，远观清晰，近看逼真，更蕴涵了吉祥如意、平安吉庆之意。该戏台建筑手法高明，内容丰富，雕刻精美，显现出内部空间的华丽和辉煌。值得一提的是戏台前的天井：天井地面用平整大块石头铺砌，由于祠堂庙宇建筑外墙不开窗，光线取得、通风换气全凭这天井，又通过这天井排出屋面上的泄水，所以这样天井具有观赏功能外，还具有采光、换气、泄水三大功能。小小一座建筑体现出这么多东西，设计的巧妙让我感受到了我们祖先超人的智慧。

　　在即将结束寺院普查工作之时，我暗暗下定决心要寻找湮没于厚厚尘埃中的历史遗迹，保护好每一座祖先留给我们的精美建筑，将它们完好的传承下去。因为我们都知道，需要清晰准确记住这些伟大文化历史的决不仅仅是我们……

探索·发现

——来自古徽道的报告

东至县文物管理所　盛锦朝

徽道虽然没有丝绸之路和茶马古道的显赫声名，但是它的真正内涵不仅仅局限于"商贸"！自唐宋以来，徽道一直是中国南方商旅往来、文武张弛的咽喉要地。如今的故道遗珍足以再现当年的独特魅力。第三次全国文物普查将"文化线路"或"线性遗产"作为新增品类而倍加关注，终于唤醒了这条沉睡数百年的故道，拂去了岁月的封尘。

当年徽道的大致路线是：由徽州（今属黄山市）经祁门、石台、东至三县交界的仙寓山榉根岭，过石台边境进入东至境内的鸡头岭，再走栋源在双篷的三建桥分道：一路过大蜈蚣岭走洋湖，西可通东流县城，北可从小路嘴、雁汊过渡到安庆或沿江上行至湖北武汉等地；一路经小蜈蚣岭过葛公、尚合、徐村，可达建德（今东至）县城，再翻越县城西的梅山通往福建、广东等地。

当年徽商的足迹弥漫着徽道，他们将主营的食盐、木材、布匹、茶叶、文房四宝等贩往沿江的安庆、九江、汉口等地，回程则收购沿江特产如桂鱼、黄鳝、泥鳅、小干鱼等销往徽州山区。上了年纪的双篷人，口述当年进出排篷的徽商时，仍能娓娓细数，情真意切。

排篷，即今东至县徽道村的双篷，当年南来的徽商从这里分道而去，北来的徽商在这里结伴而行，是徽商往来贸易的中转站。双篷西北约100米的碑刻群明确记录当年修造古道的史实。该碑刻群一排六通，计宽7.5米，单碑宽1米，高1.8~2.1米，厚0.15米。其中一通立于清道光十二年，是当时募修徽道的功德碑，其余五通立于光绪十年，记载"修造排篷至栋源十里募化钱银名目"，建德、贵池、祁门乃至湖北汉口等大小商号均有不等数目的捐助。从双篷到栋源再到鸡头岭，路程约8.5公里，是接通徽道的关键里程。该碑刻群所记载的正是有关这段徽道的重要信息。

古徽道上，石板路沿途铺设，每块石板长1~1.2米，宽0.4~0.6米，厚约0.2米，并且每隔3~5华里就有石亭横跨古道，保存较为完好的有"启源亭"、"玉泉亭"、"古稀亭"等。亭内设有石凳，两侧还有耳房，可供行人小憩或食宿，每座石亭内还有建亭时的碑记。沿途众多的石刻、碑刻充满着诗情画意，为我国徽文化研究提供了弥足珍贵的实物资料。鸡头岭岭脚的一通"输山碑",高 1.10 米,宽 0.58 米,厚 0.14 米。该碑立于清道光八年,是禁止在徽道两侧乱砍滥伐的禁山碑,可算是我国明清时期保护生态环境的物证了。

古徽道上,精彩的远不止此。泉井,沿途开掘,有"甘泉"、"玉露"等雅称。这些井的口径大约都在 30 厘米,并大多被淤实,没被淤实的也仅三至四尺深,泉水隐约可见。石刻文字表明这些泉井都是当年的徽商开挖,供客商行旅饮用的。

更引人注目的是,新发现的建于明、清两朝的 14 座石拱桥,且石刻文字记载翔实,年代有据可考。值得一提的是,14 座石拱桥中只有 5 座在古徽道上,而其他 9 座建在徽道的近旁。不过,当地族谱明确记载这些石拱桥的兴建都与徽商密切相关。

徽道始建于唐宋,据光绪六年《贵池县志·兵事》载:"唐乾宁四年,贼夏章假道桦根岭,寇祁门。"《贵池县志·屯寨》载:"元末徽饶间,侯三、侯四拥众劫掠。"从史载文字不难看出,当时的徽道之所以成为贼寇犯众之要冲,多少与其承载那厚重而骄人的历史有关。

自宋代以来,徽州的莘莘学子经由这条故道走向科举考场博取功名,以博学鸿词、才识兼茂受职于封建王朝。从宋嘉定十年到清光绪六年的六百余年间,休宁县先后走出十九位文武状元,演绎了一个又一个感人至深、催人奋进的蟾宫折桂故事,创造了中国第一状元县的科举神话。

古徽道又能见证当年腥风血雨的战斗历程。朱元璋与陈友谅大战鄱阳湖之际,经常"日战鄱阳,夜宿兰溪(今东至)"。从双篷沿徽道东行 7 公里的龙门山"冶铁场"遗址,是朱元璋利用当地资源鼓风冶铁、锻打兵器的后方基地。不仅如此,朱元璋还在此扩军备战、集结军需,并通过徽道转运兵勇、军需到前方与元军对垒。朱元璋能够力克群雄,成为明朝的开国大帝,与徽道的默默奉献不无关系。

徽道还能见证土地革命战争的硝烟。华芝港东上 1.5 公里的"红军洞",洞口高 2.3 米,宽 10.2 米,进深 4.1 米,是红军战士开展游击战争,打击反动统治,传播革命火种的大本营。"红军洞"东上 6 公里的雁落坡上的一幢老宅坐西朝东,建筑面积 18.8×14.6 平方米,三进两开间穿斗架构,黏土夯墙,茅草披顶,它是苏维埃政府"徽州工委"机关所在地。在"徽州工委"的领导下,当地革命形势如火如荼。1936 年 12 月,终因敌强我弱,弹尽无援,斗争失利,烈士的鲜血洒满了徽道。

古徽道上,有多少商旅走卒洒下了汗滴和泪水,有多少达官显宦留下了荣光与骄狂,有多少仁人志士写下了豪情与悲怆。尽管徽道当年的喧嚣和繁华不复存在,尽管徽道的神秘面纱尚未彻底揭开,但它却在默默地诉说着那久远的历史和沧桑,诉说着安徽人的骄傲和自豪。十分珍惜和有效保护古徽道理应成为当代政府义不容辞的责任!

一个将文物工作融入生命的人

——记广德县文物管理所副研究员郑振

广德文物管理所　汪志新

郑振老师给人一种和蔼可亲平易近人的感觉，话语不多，知识渊博。60多岁，对于很多同龄人来说，应该是尽情享受的时光，但对于郑振而言，却依然和十年二十年前并无很大区别，他仍在孜孜不倦地探寻着皖南古老的历史，以自己的学识与身心推动着我县文物保护事业的发展，为文物保护工作的可持续发展奠定坚实基础。他对广德的文物古迹，有着较深的研究，经过多年的不断的努力，他与别人合编的《祠山文化溯源》和介绍广德历史的文物画册《洞讷遗珍》于今年出版了，凝聚着一个老文物工作者多年的愿望和心血。

由于本次普查技术含量较高，尤其对专业知识要求高，对调查，登记、画图、复核各环节不得有一丝误差，我所面临着专业人才短缺，郑振老师以其丰富的专业知识、实践经验及高度的工作责任心被聘为普查工作的顾问。起初，所领导考虑他身体患有多种慢性疾病、且年岁已大，便将他安排在所内负责文字材料审核及文物画册工作。随着野外工作的进展，郑振老师得知普查人员对一些文物分布点不太熟悉，便主动找到所领导说："我曾参加过第一、二次文物普查工作，对广德文物分布较熟悉，还是让我来带路吧！"就这样在他的带路下，普查工作进度大大加快。

普查一线工作是很艰难的，走在乡间的泥泞的小路上，穿刺棵荆棘。有时到下午两点才能将就吃一顿。有些路对我们常人来说都有一些吃力，对年已六十多岁郑振老师来说就需要付出更多。为了了解新四军历史，发掘他们的革命精神。我们在村干部的引领下，去调查新四军天目山反顽战役——牛山桃花山战斗旧址。当时正值酷热当空，气温高达37摄氏度，我们走在山的低洼处气憋的都喘不过来，何况还要登上海拔达661米牛山呢？大家考虑郑老师的身体，劝他不要登山，可他坚持要登，说："不登上山头，怎能体会新四军当年战斗情景呢？一个搞文物工作的，不亲身到现场，就等于纸上谈兵。"他坚持着和我们一起攀上山头，掌握了第一手普查材料。由于工作艰苦，生活缺乏规律，郑振老师住进了医院，即使这样他也不忘普查，当我去探望他的时候，看见他边打着点滴，一边做普查中的文本，看见我，极切的问我："'天津教案'的当事人张光澡墓志铭碑发掘的如何？是否找到？普查进展如何？"当我向他说碑已找到、进展顺利时，他露出了笑容。在他身体尚有好转，马上赶回所里上班。郑振老师就是这样将文物工作当作生命一部分的人。

　　在普查中碰到不明白的问题向他请教时，他便细致讲解，讲得很负责，很有耐心，直到你理解为止。他还不时以拉家常的形式和我们探讨业务方面的问题，让我们在不知不觉中学到很多在书上难以学到的业务知识。他常对我们说："搞文物工作这一行，知识面越广越好，得到的信息越多越好。"因此，在普查中郑振老师就会特别注意和当地村民交谈，了解当地风土人情和历史传说，从中试图发现一些有价值的而没有被发现登记文物线索，如果得到新的线索后，不管路有多远、多难走，他都要带着普查人员赶现场看个明白。我们在郑振老师带领下，紧密依靠群众、联系群众、随时随地宣传群众，通过这种工作方式新发现文物点有90多处，其中有四合红庙的佛塔、裘村的裘氏宗祠双阙、方氏家族牢房等。家族牢房在我县还是首次发现，它的发现，为我们认识封建家族家规与封建伦理提供了珍贵的实物资料。跟他在一起你不会撒谎、也不会偷懒，因为他的真诚与勤奋让你做不了这两件事。郑振老师身上这种严谨治学的精神，我们耳濡目染，深深为之敬佩。在普查的一线他总是走在前面，用实际行动为我们做出了榜样。

　　经历这段普查工作，我真正了解到，为什么很多认识他的人都说："郑振是一个做学问的人，一个将文物工作融入生命人。"

福建省

我和妻并肩作战为"三普"

漳州市长泰县委宣传部　戴福发

真的不知道是世界太小还是我们太巧，做梦也没有想到，难得的缘分、太多的巧合竟然让刚刚走进婚姻殿堂的我们有幸和全国文物普查撞了一下腰。

今年6月，妻根据县教育局的安排，奉命到文化局"第三次全国文物普查领导小组"办公室，协助开展全县普查各项工作，文物普查自然而然地成为妻今年工作的主题。我则是自去年8月调到县委宣传部后，一直在宣传科协助开展社会宣传工作，文物普查宣传这一重任责无旁贷地落在了我的身上。

文物普查，对身为小学教师的妻来说，是一个全新的未知领域。刚开始妻在思想上有点畏难情绪，但在普查办领导、同事的悉心指导和帮助下，妻暗下决心，一定要勇敢地迎接挑战。几天后，妻说普查办是一个温暖的家，在那里不会感到无助、无所适从，因为那里能够享受到被信任的感觉，使自己迅速成长，尽情释放青春的能量。于是，妻不会就学，不懂就问，毅然放弃婚嫁法定休息时间，到福州参加培训熟悉业务。为了不影响工作，我们利用国庆假期简单操办了婚礼。婚后妻立即抓紧时间，加班加点，研究普查方案，熟悉工作流程，为更好地开展普查工作打下基础。

在妻忙于熟悉业务的同时，我也不敢懈怠。我和科室的小郑积极配合县文化局负责宣传的刘副局长开展文物普查宣传工作，马不停蹄地找领导整理下发普查宣传文件，组织召开普查宣传会议，协调广电台、报道组等新闻单位对各地开展普查工作情况进行广泛宣传报道，牵头普查各成员单位在主要街道、各村（居）制作宣传栏和悬挂或张贴宣传标语，大面积发放《致全县群众的一封信》，组织宣传车进村入户巡回宣传，联合移动电信等部门通过短信平台向手机用户发送普查知识和涉及文物普查方面的短信息。上个月中旬，刘副局长找我商量，看能否把有关文物普查的知识用闽南方言快板或芗剧的形式呈现在群众面前，这样更能贴近我县实际、贴近群众，取得较好的宣传效果。说做就做，我们立即动起来。我通过新闻科了解到有一个叫朱清贵的退休老干部有此特长，退休后仍热心于此项工作，马上和老朱联系。可是老朱最近身体欠安，心有余而力不足。我正感失落时，老朱打来电话，向我推荐民政局退休干部戴寅。我们几经周折终于找到老戴，老戴欣然应允。前日，当我们在县城的街头闹区看到老戴带领着县老年大学"夕阳红"合唱团正精心演绎着他自编的文物普查宣传方言快板和芗剧清唱，无数的群众驻足观看时，我的心中不知不觉间竟涌动着一股自豪感。

在开展普查工作期间，我和妻经常在工作时相遇，繁忙的工作中我们相视一笑后又投入了工作。下班后，我们一起探讨学习有关文物方面的知识，共同交流，共同改进提高。12 月份以来，普查工作一直在紧锣密鼓、风风火火地进行中，妻他们单位放弃了所有的节假日休息，只争朝夕，为文物普查工作竭力冲刺。我则主动尽可能地包揽家务，为妻免除后顾之忧，给她加油打气。

紧张的文物普查工作丰富充实了我们新婚生活的内涵。虽然更重的普查任务还在后头，但我和妻都无悔这个选择，我们决定继续携手为文物普查奉献出我们的一切力量。

今后不管生活怎样变迁，我们都会永远铭记这段累并快乐着的文物普查生活，我和妻都这么认为。

一种寻觅

霞浦县文体局　　陈树民

一大早我们来到际头村。际头村是省级历史文化名村，当年读书和练武的风气都浓烈，出了不少文化名士和走南闯北的拳师。走在村子老街巷间，一边是座座古宅，一边是穿村而过的鲤鱼溪，不时可见金鲤跃游的身影。记得前两天细雨中普查这些古宅，一次次从老旧大门进出，撑伞穿行于街巷，看着古宅墙外直直站立的旗杆夹，听巷边潺潺流水，望望空中飘飘细雨，有一种说不出的温馨与美妙，很想慢慢多走走，但无法停留。此时，也只能匆匆而过，要到村外调查黄童墓和远处的铁头和尚墓。

在村文化协管员的带领下，我们穿行在田野间。这些日子市里集中了九区县普查队员到这山区县进行文物普查试点，于是便有了我们现在的三人组合：走在前头任组长的我们县博物馆馆长、后面的是邻县年轻娇小叫欣的女同志和中间的我。

走了一阵，两旁远的山岭往中间收了收，田野不再开阔。我们走上半山腰的窄窄小路。向导说到了。我抬头四处转动，看身旁山壁，望对面山坡和坡下田野，一点没见黄童墓的影子。黄童是什么人？《永乐大典》的编辑，这墓……我正茫然，组长叫："找到了！找到了！"原来，墓就在我身旁。这座用不太规整石块堆砌的小墓，半嵌在山壁间，长满灌木青草。在两块刻有花卉图案的石板间，寻见了不大的石碑，模糊着细细的字，读不出来，还好旁边一块新立的文物保护单位的碑说得明白。

这就是《永乐大典》编辑黄童的墓？我有些意外。不知组长和欣怎么想，他们定位、测量、拍照……上上下下忙开了。我要填写表格中的自然环境和人文环境，赶紧爬到上方坡顶。坐北朝南的黄童墓四周风光还好：左侧山下立着几棵百年大柳杉；前面是一片汪汪水田；稍远一列小山，山上柳杉青竹苍翠，鸟鸣声声；一条清溪伴山路从山下流进村子。

忙一阵继续上路。两边依然是山，前面低处大片田园缓缓抬起，伸展到远方。向导向前指指，说铁头和尚墓他也没去过。

路越来越不好走。我们在山腰上上下下，不时踩上窄窄田埂。前两天下了雨，田埂又软又烂，踩得抖抖颤颤，不小心便要栽进水田。一路上，时而遇到水沟泥坑，有的上面搭块薄薄破木板，轻轻地踩；有的，只能跨跃过去。娇小的欣乐呵呵地走，也一次次在我之后跳跃过去。有一次就差一点，落到泥水里，鞋和半截裤子全烂湿了，爬上来还是乐呵呵地走。她一路不停说话，说我有些年纪，看不出身子还矫捷。我说平日时常锻炼，年轻时下乡挑担在山路田埂走过。说着，跃爬向长满青苔的石岩时，我脚一滑，扑倒，砸了手臂，脚也浸到水里，有点狼狈。

终于踏上干硬的山路，向上走去。往旁边远远望见慈音寺。清雍正年间，朝廷查抄嵩山少林寺，也查抄了泉州南少林寺。南少林法号铁头和尚的陈云济避难出逃，隐居到慈音寺，成了际头一带少林武功的始祖。那天我们是雨中从后山下到慈音寺。禅林寂静，佛宇清幽。在寺中，僧人叫我们看殿堂两壁斑驳的练武壁画。站到寺门边，雨细细地落，一丝丝亮着，最亮的是寺前一片银镜般明眸样高低错落的水田；而远处画屏般层叠的小山岭，在雨中更是格外翠碧清秀又迷蒙如幻……寺里僧人在雨中说，铁头和尚的墓就在那边山上。

我们向山上攀去，越爬越高，慈音寺慢慢落到侧后方，最终被旁边山岗完全遮断。山坡上尽是层层园地，偶见一个农人，问了问，知道铁头和尚墓在这一带。可眼前只有层层田园，再上面就是长着林木和杂草的山顶。找了一阵，觉出点异样——层层园地间突兀几方黝黑石岩，内外灌木杂草丛生。组长带头前去。没有路，在园地间踩来踏去，踩到里面，石岩前几乎没有落脚之处。别别扭扭攀爬进去，见大块石岩下三片石头夹了块石板，上面歪歪扭扭刻了些字："嘉庆二十五年……""碑"前供了个小香炉，插七八根旧香。组长细察数遍，说："就是了。"大家便忙开。我很想站站好眺望，动了下，差点歪到山下，只好勉强立着看：下面只有层层阶梯般田园，两边山岭略远而轻地围着，一条山路长长伸向远处望不见的际头村，也通向铁头和尚当年隐居的慈音寺。天还阴着，却不沉。四周很寂，没有风声，远远传来数声鸟鸣……

离开时走下山路，又回望了望，辨不出那儿有个墓，有个铁头和尚的墓，再想起前头黄童的墓，不免有些怅然。

慢慢走着，慢慢地想，便释然了：铁头和尚只是个有武功的落难和尚，黄童也只是《永乐大典》三千余名编辑中的一人，他们身后的朴实无华和简单随意，其实也自然。记得臧克家有两句诗："有的人活着，他已经死了；有的人死了，他还活着。"人死不可能活着，活着的应该是他们做过的事。铁头和尚死了，因了他际头村一带至今武风浓烈，打造出许多拳师被请到各处传授武艺，特别是当年土匪来袭，际头人凭着武功和豪气将其击退。黄童死了，他参与编辑的《永乐大典》，成了中华民族的宝贵文化遗产，如今人们还在世界各地不遗余力搜集残存的副本，更梦想有一天能见到遗失数百年的正本。

由此，想到这次文物普查。记得第一天来自全市各区县的普查队员集中开会，我有点吃惊：近一半是女同志，有快退休的，更多是清清丽丽年轻的女性。那晚联欢，她们衣妆靓丽，欢歌曼舞，无限风采。第二日外出普查，她们身着迷彩服，一个个又英姿飒爽，精神抖擞。数日下来，看似娇嫩的她们和男同志一样，顶风冒雨，翻山越岭，一身泥水一身汗……我同组的欣，样子娇小，原先我有些担心，却令我刮目相看。想想如今的年代，乡下的都往花花绿绿的城里跑，走空了村子（无可非议）；而我们花一般的女同志却搞普查奔向山野乡间，而且不是三五日，是几十天、两三年……当然，男同志也不容易，要退休的依然上阵。就说我们的组长，遇家庭变故，平日里少点精气神，可一到野外，攀上爬下，往高处险处走，往乱石荒草里钻，生龙活虎，换了个人一般……

《士兵突击》中的许三多说："要做有意义的事。"第三次文物普查是一项浩大的国家工程，意义重大。我们成千上万普查队员就在做这件极有意义的事。他们默默艰辛的劳动和他们普普通通的名字，现在和将来都不大为人知道，更没有人为他们树碑立传；但就是这些普查队员测出的一个个数据、摄绘的一张张图片、描述的一行行文字、填写的一份份表格……最终汇聚出文物普查的丰硕成果，筑就第三次全国文物普查的丰碑。它比《永乐大典》更浩大辉煌，将长久留存于中华民族，留存于世界，留存于未来。

"人是要有点精神的"。中国如此，外国如此，过去如此，现在如此，永远如此。我们的文物普查队员就有这点精神。

江西省

寻找"萍乡哥老会"起义首领罗凤冈墓碑记

时间：2008 年 12 月 1 日

天气：晴

地点：江西省芦溪县新泉乡颜家坊村坎坑组

普查工作人员：龙成前、阳兆中、彭辉、彭玉燕、阳禹文

这是江西省芦溪县第三次全国文物普查工作日记表上记载的文字，也注定了这天是找到"萍乡哥老会"起义首领罗凤冈墓碑的日子。

像往常一样，普查组第四次来到了新泉乡进行田野调查。今天的对象是罗凤冈墓，据有关资料记载，罗凤冈墓有一通无字墓碑，上边刻有凤鸟等图案。确切地说，这天是我们第三次来寻找"罗凤冈墓"了。天气很好，似乎在向我们预示有新的发现。

提起"罗凤冈墓"，当地人知道的也不多。在查阅《萍乡哥老会起义资料汇编》时，书中也只提及罗凤冈墓葬于"大安里磨下凤形屋背"，并未注明具体位置，导致前两次的寻找一无所获。原因是"凤形屋背"会让人理解成凤形山里的房屋后面；再就是山里人的房子由于是择地势而建，零零散散不很集中，寻找起来花费不少时间；再者是"磨下凤形屋背"处在一大片树木覆盖的山区之中，方圆几十里，连走路都困难，何况是要寻找一座不知具体位置的墓了。

车到新泉乡，联系上了分管文化的彭乡长。彭乡长是位年轻的女干部，干起工作来是风风火火，绝不亚于男同志。当她得知我们要去"磨下凤形屋背"寻找罗凤冈墓时，她也一脸茫然："我们也不清楚罗凤冈墓具体在哪个地方，凤形屋背那么大，那怎么好找啊？"我说不急，先到坎坑组凤形里再说。来之前我已经了解到，"磨下"就在现在新泉乡的颜家坊村，而"凤形里"就在颜家坊村坎坑组，我们分析认为，资料上记载的"凤形屋背"有可能随时间的推移，人们口传下来渐渐演变成了现在的"凤形里"，好在"磨下"、"凤形里"是连在一块，这其中或许存在什么因果联系呢。

车往颜家坊村方向行驶了 20 几分钟路程，到一个下坡的地方我看到右边一民房的石柱上写有"坎坑"两字。我决定去打听一下更好，于是就在写有"坎坑"的农户家门前停了车。可能是听到了汽车声，从家里走出一位老伯。我们下车向这位老伯说明来意，请

教是否知道或是见过一个叫"罗凤冈墓"的？得到的答复大大出乎我们的意料。

老伯说："我知道那个墓，以前还见过，是座没写碑文的墓，不知道为什么上面还刻了画，真是奇怪，就在我们坎坑组的香炉山上，只是很久没去，但记得一个大概范围。"

我激动地拉着大伯的手说："真的呀？那太好了！就去那里看看，那极有可能就是我们要找的那座神秘的罗凤冈无字墓碑，希望你能帮我们带下路好吗？"老伯满口答应。于是，我们把老伯请上了车，一同去寻找罗凤冈墓。一路上，老伯告诉我们，他今年已经60多岁了，孩子在外面打工，家里养了鱼，还种了水稻，日子过得舒坦。

左拐右拐，车进到一山窝窝里，由于路窄，车是开不过去的了，我们只得弃车步行。老伯虽年逾花甲，但身体硬朗，脚下生风，边走还边和我们聊天，粗气也不见他喘一口。他说，沿着这条山路再走大约25分钟就到了。

到了香炉山的山腰，老伯止步不走了，回过头指着右边的一片茅草丛说，墓就在这片地里，说着说着就走进茅草丛里去寻找。

看老伯的自信，我以为他很快会找到的，但他找了半天却仍在原地转个不停，满脑子汗倒是真的，嘴里还念叨："噫，以前明明就是在这里看到过的，怎么不见了呢？"看老伯那种疑惑的表情，估计不是我们所想的那么简单。于是大伙一起帮着寻找，这样找了足足有半个多小时，仍然未果。看到到处是人样高的荆棘、灌木和杂草，前面又不见路，有些人的手都被茅草割破了。无奈之下，大家退了回来，拍打身上沾满的枯草落叶。

我站在一座坟墓的拜坪上重新审视这块山地：这是一座海拔456米的高山，居高临下，两边各有一座更高的山脉紧贴连绵而上，由于山高林密，山沟里的泉水只听得见声音却看不到溪流，尽数被灌木与厚厚的茅草遮掩。离我25米远的正前方独立一棵20几米高的枫树，树干粗壮，得要两个人才能合抱过来，可见此树经历了上百个年头。虽然已进入初冬季节，树叶却尽染金黄，特别醒目。枫树的右边即是一片茂密的竹林，尽管到了冬天，却是青翠满眼。我突然想到："枫"与"凤"难道有什么联系吗？为什么要种枫树在这里？又为什么只种一棵？难道是作为标志吗？还有此地名叫"凤形里"，不也有一"凤"字吗？"枫树"、"凤形里"和"凤鸟"之间必定有什么联系！这是前人在向我们暗示或是传递什么信息。再说这里坐东朝西，枫树正对着的西边却是地势低平，视野开阔，按照民间勘舆学来说，叫做风水宝地。

我把目光收回到枫树后边，看见右边不远处有一块约3平方米的隆起部分被灌木杂草遮掩，不仔细看还真是难以分辨出来。这里我们还没有去查看过，我想，或许这灌木丛里真有座墓呢，一定要到这个隆起部分前面去看个究竟。我把荆棘与茅草往两边踩倒，大的灌木用手折断，弯腰躬背从后边径自绕到了隆起部分的前面。这看似十几米的路程，但足足花了有近十分钟。我透过茅草隐约看见这是一块墓碑，只是不很清楚，一座墓那是确信不疑了。我当时也不知道为什么，好像就有那么种预感，这里一定有我们苦苦寻找的那座罗凤冈墓。接着，我小心翼翼地拨开茅草，天啦，一座刻有凤鸟、山冈、菊花的无字墓碑豁然呈现在了我的眼前！我兴奋不已，大声喊道："找到了！在这里！"众人立马围了过来，一起清除覆盖在墓碑上的枯枝杂叶，拜坪也清理出来一了，整个墓碑一览无余。

墓碑高75厘米，宽45厘米，厚3厘米，碑上边还留有一个长2.5厘米的石榫。墓碑正中偏下主要位置琢阳纹凤一只，盘桓其上，凤身后衬托着山冈，上部左右各刻有菊花一枝，祥云两朵。关于罗凤冈墓碑只雕一凤、一冈、一菊、两云，而无墓志铭，我们心存疑惑。这里的老人是这样解释的："因罗凤冈被朝廷视为犯上作乱，罪大当诛不赦而被处斩，家人在墓碑上未敢书写只字。为了表达后人对罗凤冈造反精神的敬佩，故在墓碑上雕琢一凤，表明一凤落山冈，巧合凤冈名字。"这在当时的历史背景下，此法亦不失为高明之举。

一个小时之后，普查组人员已经拍好了照片，纬度、经度、坐标、面积、尺寸等各种数据都已记录完毕。该是离开的时候了，看到无字墓碑上的凤鸟引颈高歌，像是诉说不尽之言……面对此碑，我感慨万千，不免诗情暗涌：

凤形山上草凄凉，谁记当年古战场？

策马萧萧惊殿主，化为凤鸟暗神伤。

"骗"车记
——第三次全国文物普查札记
定南县文物管理所　廖志红

"带上GPS，带上皮尺，今天我们下乡去。"领导说。没车怎么办？局里的出差去了，打个电话给朋友吧，也不在，看来只好租车去了。

一行人来到小车租赁市场，领导说："等下女同胞要充分发挥你们的砍价功夫跟他们杀价啊。""好啊。"女同胞们哈哈大笑。"老板，你的车下乡不？""去哪？""鹅公那边啊。""去多久？""一天，多少钱啊？""180元。""这么贵啊，能不能少点啊？""有什么贵？大姐你知道汽油现在多少钱一升啊！""少点吧，小伙子，我们是去文物普查的，你正好去看一下文物，你肯定没见过吧，去博物馆可是要买门票的，今天我们免费带你去，你的车钱能不能少收点啊。"女同胞们七嘴八舌。司机小伙子说："什么是文物普查？""简单地说就是去各个村看看有没有古桥、古塔、古墓、古屋什么的，如果有，把它登记好，告诉上级领导我们这有这些东西，然后国家就会保护起来，留给子孙后代。""哦！""少点吧小伙子，我们单位比较穷……""怕了你们这些阿姨，就少收你们20元吧，上车。"

出发了，一路上大家讲着笑话，不知不觉到了鹅公镇，叫上正在等我们的乡文化站主任。司机问："还要走吗？不是到了鹅公镇吗？""是啊，小伙子先送我们到柱石的白沙村吧。""啊，白沙呀，那还远着呐""是啊，白沙村有一个古礼治祠堂，还有水打围，我们想上那去看看。""太远了吧，那可是鹅公镇最边远的一个村呀！""是有点远，不过反正你来了，正好顺便去看看，我们请你吃午饭吧！""那好吧！"司机答应了。拐上那新修的村级公路，闻着公路边清新的花香，半个小时后，到了白沙村。在村主任的带领下，我们到了古礼治祠堂。可惜一场大火已经把祠堂烧得只剩下门口的两只狮子了。我们只好到水打围，到了水打围，围屋的主人正在等候我们，我们则按照分工，测量的测量，绘图的绘图，了解围屋历史的了解围屋历史，摄影的忙着寻找最佳的拍摄角度……不知不觉，肚子"咕咕"叫起来，拿起手机一看已经下午一点多了，村主任忙说："大家赶快到我家吃饭吧！"

　　到了主任家，一家大小正在忙碌着，看到我们进来，主任夫人忙端出他家的烫皮、花生，说："这么晚了，大家先吃点东西垫垫肚子吧！"过了一会儿，一桌丰盛的午餐端上了，鸡、鸭、鱼满满一大桌，司机有点奇怪："你们认识？""不认识！""那他们怎么这么热情？""他们是搞文物普查的，你不知道吗？"村主任问。"知道啊。""县上的同志到我们这最偏远的村庄搞普查，保护我们的文物，我们当然要热情！来来来，大家吃吃吃。"在村主任热情的吆喝声中，大家逐渐变得不再拘束。"你们来得好啊，你们来了，我们就知道这些老房子的重要了，就知道怎么保护他了！以前的时候，大家都不知道，认为老房子就没用了，那老祠堂也没人管，不小心就被火烧了，太可惜了……"

　　吃完饭一看时间已经二点多了，如果现在回家，回到县城也四点多了，因此，司机问："馆长，我们回去了吧！""呵呵，小伙子，有个事能不能和你商量一下。""哦，您说。""是这样的，小伙子，刚才听文化站长说，鹅公镇的水邦村也有一个几百年的很大的围屋，能不能麻烦你，别回去那么快，带我们去那里看一下。""水邦不是在那头吗？""是啊！""所以说能不能麻烦你一下，我们包趟车下乡也不容易，如果今天不去，明天又要包车下来，普查经费比较紧张，我们也没那么多钱包车，所以能不能辛苦你一下。""啊，那我今天……"话还没说完，有个阿姨说："少赚点今天，以后如果下乡我们都请你好不好？""可是……？""要不，等下你打开车窗，不要开空调，省点油，好不好？""要不这样，等下回到县城，你算一下，你的油钱和工钱，如果比这个数差很多，我们在补点钱给你，怎么样？""去吧，小伙子，你就当做个好事吧！"村主任在旁边说。

　　经过一个多小时，终于到了水邦村。在村主任的带领下，我们到了均荣岗，均荣岗建在一个山岗上，据村民介绍，围下有一条河从村前迂回穿过，远看围就像在水中央，并且，围能随水的上涨而上移，永远不会被水浸掉，所以又叫船形围，测量完了船形围，我们又叫司机小伙子开车到几个附近的有文物点的村庄，这次司机小伙子一句话也没说，到了目的地，还帮牵皮尺什么的。

　　终于把鹅公镇新发现的几个测量好了，天色也渐渐暗下来了。"回家吧。"馆长终于说话了，可是大家累得都不想动了。"你们在这等，我去把车开进来接你们。""啊，这么好啊！""我本来就这么好啊，只不过你们没发现啊！"司机小伙笑着跑走了，不一会儿，司机把车开过来，我们坐上了车，一个个都不想动了。

"你们那么认真干什么？随便弄一下就行，县城里的人早下班回家，吃完饭散步去了！""不行啊，如果不认真，数字弄错了，我们又要下来，我们哪有那么多钱包车，您想想，全县 100 多个村，如果一天去一两个村，一天 150 块钱，你算算，我们要多少钱，再说如果不准确，就会给上面报去错误信息，影响国家决策，甚至影响子孙后代；再说这些文物，如果不普查清楚加于保护，几百年后甚至几十年后，我们的子孙后代就看不见了，你看那古礼治祠堂，去年我来还在那，现在就只剩下石狮子了，可惜啊，可惜。""哦"司机小伙没说什么。"像你们这样下乡，给多少加班费啊！"一会儿，司机小伙又问。"5元/天。""啊，不会吧，现在什么时代啊！""那还要看到时有没有钱呢！"另一个阿姨插话说。"啊……"张开的嘴巴，许久才合上，看到司机小伙的表情，我们不禁哈哈大笑。

到了县城边上，天已经黑了，馆长对司机小伙说："今天谢谢你，搞得你走了那么远的路，我们就在这下车了，你算算，看还要再补你多少钱？""不用了。""你算算吧，我们再没钱，也不能让你亏本，你也是靠这过日子的，不过你少赚点我们的吧，哈哈！""真的不用了，下次你多叫我去几趟就好了！""那谢谢了，我们就在这下吧！""不用，我送你们回去。""我们不在一个地方，那不是又要浪费你的油。""没关系，县城也不远，用不了多少油，再说，我家也有围屋什么，什么时候请你们去看看，给我们村的百姓上上课。""行，没问题！"在司机小伙的坚持下，我们只好坐在车上，让他一个个送我们回家。

就这样，我们"骗"了司机小伙一天，后来还把他"骗"成了我们的编外普查队员。每次要包车，我们总是请他，问他多少钱，他总是说："随便你们，你们说多少就多少！"

像这样热心文物普查的人还有很多：退休的老馆长，纯朴的乡民，以及深刻认识普查意义的领导……

文物普查的日子

江西瑞金中央革命根据地纪念馆　杨荣彬

瑞金的革命遗迹很多，遗址点也很分散，而我和同事们就奔忙革命遗迹与遗址点之间，伴随晨霞暮色的交替，来来去去。

早已散尽战争硝烟的遗址，大多没有红墙碧瓦，也没有雕龙画凤，只有客家建筑的朴实和历经千年的传统风韵。在这些普查的日子里，遗址是我呆的最多也是最长的地方，是终日厮守在一起的伙伴，彼此在勘测、拍摄、自然和人文环境的描述中交流，有时，这种交流更像是互相对视，在遗迹的往昔里却暗含着金戈铁马、伟人风范。

是啊，再没有比文物普查更令人感到历史的厚重了。70多年前，中国共产党在瑞金建立了新民主主义史上第一个红色都城。这是一个工农当家作主的政权，人民共和国在瑞金的伟大预演，使中国共产党学会了治国安民艺术，因此，被大家誉为"共和国摇篮"。由于中华苏维埃共和国中央政府的驻地的几次变更，形成了独具一格的叶坪、沙洲坝、云石山三大遗址群，留下了180多处中央党政军群的领导机关和领导人的旧居旧址和革命纪念建筑物，其中33处为全国重点文物保护单位。

然而，令我惊奇而又欣慰的是，历尽沧桑的革命遗址从外观上几乎看不出任何改变。中央国家部委在红都的"寻根问祖"，以修旧如旧的方式修复了40多处濒临倒塌的苏区部委旧址。1995年瑞金还在全国首倡"革命文物认护"，其效应不仅缓解了一批革命旧居旧址的保护经费，而且在社会上广泛普及了文物保护意识，以至能在轰轰烈烈的新农村建设中，革命遗址的周边环境依然保持较好的原始生态，仍然充满那个年代的气息。

这些日子大家还在讨论泽覃村民自发修建毛泽覃陵园的事情。我看了《瑞金报》报上的访谈，许多市民通过普查的宣传，认识到名人墓、烈士墓也属于重要史迹。在泽覃乡普查时见到了一座青砖砌柱的纪念亭和大理石墓面的新坟，这是当地自发修建起来的毛泽覃烈士陵园。我问96岁高龄的张桂清，当年毛泽覃牺牲时的情形。她也是村中唯一见过毛泽覃同志的村民。她说，毛泽覃是毛泽东的弟弟，中央红军离开瑞金长征后，奉命留守中央苏区坚持游击战争，时任中共中央分局委员、红军独立师师长、闽赣军区司令员。1935年4月26日早晨，由于叛徒告密，国民党保安团包围了毛泽覃部隐藏的黄田坑黄狗窝，毛泽覃为掩护部队撤离，英勇牺牲。当他们得知毛泽覃牺牲的消息后，悲痛万分。深夜，张桂清和村民冒着危险，秘密将毛泽覃烈士遗体就地掩埋于张屋坪。

在她的引导下，我们一行还走访了毛泽覃献身地白屋子张屋坪、毛泽覃安息地岭背山。经过交谈，对眼前这位老人和自发保护烈士陵园的村民心生崇敬，觉得要做好文物保护工作，既离不开宣传员，更离不开群众的支持，还是应该走社会化之路。

由泽覃村我又想到象湖镇上阳的中国工农红军学校校址。中国工农红军学校旧址是一个杨氏宗祠，列入了省级文物保护单位。前几年一场罕见的暴风雨使旧址屋面大面积受损，杨氏后裔第一时间内捐款数10万元用于校址修复。与其他一些地方日趋严重的破坏遗址之风相比，这是否意味着瑞金重视文物工作，带来的文化素质和文明程度的提高呢？

在文物普查时还能常常听到对革命遗址如数家珍似的介绍，瑞金市民的文物保护意识之高的原因之一，是多年来实行的"革命文物认护"活动和"国际博物馆日"、"文物遗产日"结合实际的宣传，广播、电视、专场电影定期播放革命传统教育片和文物保护知识，文物普查告全市人民的一封信覆盖了所有旧址的乡镇和村落，文物保护人人有责一度成为瑞金人的时尚，探索形成了政府主导，社会各部门积极参与的"瑞金模式"。每想起这些，我都要激动许久，不知道我的同行是否有这种感受。无数珍贵的红色文化遗产，经过我们这次普查，将在电子数据库中更好地延续，在有效保护和合理利用中传承，多令我们自豪。

寻访贺龙入党处

江西瑞金中央革命根据地纪念馆　杨荣彬

我常常为自己是一名文博工作者而感到庆幸，只有我们才有这样的机会探寻历史的踪迹，领悟生命的心曲。

仲冬后的绵江河畔，邓小平题写的"瑞金第一中学"校名，在阳光的照耀下，晶莹透亮，传递着一代伟人魂牵梦萦的往事。一幢别致的赖氏公祠掩映在高大的教学楼里。

在第三次全国文物普查中，我从馆藏走访的苏区老同志回忆材料中，寻找到共和国元帅贺龙就是在赖氏公祠加入中国共产党的信息。校园内的赖氏公祠，始建于1897年，据《祠记》载："后为寝室，前为庭，又前为大门，颜曰：赖氏公祠。"是瑞金及附近数县赖氏为纪念客家先祖赖硕修建的，面阔13.9米，进深45.4米，占地849平方米。1923年，在此筹办了私立绵江中学；也是南昌起义部队起义胜利后，南下广东，1927年8月26日进占瑞金，中共前敌委员会等领导机关的驻地。

南昌起义部队在瑞金期间，发现和培养一批先进青年，9月上旬，在绵江中学帮助下成立了绵江中学支部，这是瑞金第一个中共支部。此时，第二方面军总指挥贺龙表现出了一个共产党人的党性、理想和正气，经周逸群、谭平山介绍，与革命委员会宣传委员会主席郭沫若、革命委员会党务委员会委员彭泽民一道，在绵江中学宣誓，加入中国共产党，从国民革命时期的著名将领，成为解放军的缔造人。6年后，为纪念南昌起义，中华苏维埃共和国中央革命军事委员会在1933年6月30日，颁布了"关于决定'八一'为中国工农红军成立纪念日"的命令。紧接着，中华苏维埃共和国临时中央政府在7月1日作出了"关于'八一'纪念运动的决议"，规定以每年"八一"为中国工农红军纪念日。

这里以前是个热闹的地方。1930年10月、1931年9月，瑞金县第二次和第三次工农兵苏维埃代表大会先后在这里召开。第三次工农兵苏维埃代表大会，选举了瑞金县出席全国第一次苏维埃代表大会的代表。走进赖氏宗祠，我想起了董必武1961年11月重游瑞金时写下的"昔日红都绩尚留，公房简朴范千秋"绝句，作为瑞金新发现的革命史迹之一，她与其他革命遗存一样，真实地记载了中国革命史上的重要一页；我想起了瑞金第三任县委书记邓小平题写的校名，赋予了从绵江中学到瑞金第一中学的历史启迪；我想起了与贺龙入党处朝夕相伴的莘莘学子，贺龙坚强的党性和优良的作风，刚直不阿、坦荡豁达的品格，为我们树立了一个真正共产党人的榜样，这里不正是他们最好的精神家园吗？

略显发黄的校史陈列版面，展现了这些并不久远的往事。我试图解读贺龙那时的政治见解，缅怀久经考验的无产阶级革命家、军事家，视党性如生命的贺龙。从教学楼里不时传来的朗朗读书声中，我听到了，也看到了贺龙坚定的革命信念，对共产主义理想的执著追求，融入了瑞金第一中学，融入了当今学生的品行操守里。

历史已经走进了新的千年，为全面建设小康社会，积极挖掘红色文化遗产资源，打造国内外著名的红色旅游名城已成为瑞金的重要举措。革命遗迹的保护与利用的关系已日益突出，也说明了文物工作对当地经济文化的影响。如何在有效保护和合理利用中，充分发挥像贺龙入党地点这样一大批遗址的作用，推动文物保护工作健康有序发展，是当前文物保护与利用的重要课题。我常想，要做到这点并不难，要始终做好确非易事。目前，尤其要珍惜第三次全国文物普查的时机，边普查边保护，尽快组织申报一批文物保护单位，才能在促进社会主义文化大发展大繁荣中发挥文物部门的独特作用。这些是我们应该面对和解决的课题，也应该是开展第三次全国文物普查的动机和动力。

禾山行

永新县文物局　段金梅

2008 年 9 月 18 日，永新县文物普查队去了一次禾山。

禾山亦名秋山，海拔 1389.3 米，为永新最高峰，距县城西 22 公里，绵延 500 里，其岭平袤。山顶有倚天河、玉兔望月、双童石等自然景观，亦有古寺庙、古石刻等人文景观。我们此行的目的，是找寻位于禾山西坡寡妇桥附近的清末铁矿遗址。

普查队员异常兴奋。一则是久居小城，蛰居在钢筋水泥的建筑中，大家觉得很压抑，想释放自己，挑战自己，看看体能如何，而禾山毕竟是永新最高峰，山势险峻，丛林密布。另一主要原因是自第三次文物普查开展以来我们一直没有发现工业方面的遗址，大家期待通过此次调查有所突破。

我们带着干粮与水，早上 7 点坐车从县城出发，准备从龙田乡沐江村开始登山，领队刘书记是位文艺爱好者，在我们县城小有名气，每年的大型文艺晚会都少不了他的演唱。一路上刘书记歌声嘹亮，而车上反复播放的《我和草原有个约定》的旋律也让我们的心情愉悦。到沐江村后，我们找来了一位约60岁的老农作向导。向农民大叔宣传了文物普查的重要性，并给当地群众散发了文物法及第三次全国文物普查的宣传资料。大叔听后对我们很支持，从家里带来镰刀，做好准备后就带领我们上山。

山间，野花遍地，星星点点的小花红得耀眼。草丛中的芦苇迎风招展，经过一大面平阔的田野，我们来到禾山的脚下，山脚下有一条潺潺的溪流，旁边竖着一个红色约1平方米的水泥路标，标识禾山的路径。因为要在山上测量、记录、拍摄，我们一行大都带着厚重的行囊，一上山路，便感高耸难行，才攀登了几百米，便觉气喘吁吁，大汗淋漓，爬了约十多分钟，大家便停下休息。农民大叔在前面引路，并不断用镰刀将路上的荆棘砍掉。山势越来越险，盘旋迂回，看上去没有尽头。不一会我已面红耳赤，心速加快，有点力不从心，抬头仰望，只见高大的松树林却不见目的地。向导说还远着了，起码要3个小时才能到达，得加快步伐，要不然就得在山上过夜。两位年长的普查队员看上去体力不支，但不好意思喊休息。三个女同志中我是最年轻的，但我也想考验自己的体能与毅力，咬紧牙关，跟上向导的步伐。我找来了一个樟木作拐杖，爬起来稍微轻松。大约过了一个多小时，我们几人便分成了两个阵队，体型偏胖的几个人在后面，我与几个年轻的在前面。大家彼此能听到喘气声。我虽在农村长大，但爬这样的山路还是第一次，几乎没有路，全是杂草丛生，不知名的枝藤挡住我们的步履。走走停停，才两个钟头大家包中携带的矿泉水只剩一半了，身上的衬衫也都浸湿了大半。

又走了近一个小时，终于到达永新与莲花交界的禾山西坡寡妇桥附近，大伙在此停下休息，没水的到桥下装水，饿了的从携带的包中取出包子、饼干充饥……继续向前时有人在前面开始兴奋地叫起来了："咦，这不是铁矿石吗？"颜朗娇首先发现了生铁、矿渣及褐色的铁矿石，大伙于是停下，我负责拍摄，周清华、颜朗娇负责记录，而刘书记与左杰二人则负责测量，周局长则用GPS记录海拔经纬度。通过测量，大家发现了分布面积约4平方公里的铁矿石。现场可见多条深约0.8米、长约20米、宽约2米的存矿槽，槽下中段低处开有2米直径的圆形熔矿坑，坑旁存有初步去杂后的矿石和烧结土。距坑300米开外有用建筑土筑的炼矿炉，现场仍能见到散落的毛铁、矿渣及褐色的铁矿石，据此分析为炼矿区。距其东南方500米处可见生活印记，有陶罐碎片、碎瓦砾和一堵石砌残墙，应是工棚所在地。从该矿址规模及简陋的设备痕迹分析，该遗址原来应为作坊式的小型矿场。大叔向我们讲铁矿开采在当地开始于清末，主要供应永新及莲花县的用铁需求，民国时期规模最大，后渐渐萧条。该遗址的发现无疑对永新工业发展史研究有重要的参考价值。

禾山行，对我们来说，是一次体能与毅力的挑战，同时让我认识到做好普查工作的不易，只有不畏艰辛才能有所发现与突破唯有深入实地调查研究才能做好做细文物普查工作。

银山银矿遗址调查日志

德兴市博物馆　　王　静

2008 年 4 月 30 日　　星期三　　雨

又是一个细雨霏霏的天气,早晨 8 点,我们这些从各单位抽调来的普查队员一行 10 人准时到达银山银矿遗址南山坞的山脚下。

前一个半月我们的脚步踏遍了南山坞、九龙上天、马脑坞、方家坞、蝴蝶坞、前塘坞、仙人架板等方圆十平方公里的山区,共找到 188 个古代矿井。我们称它们为老窿洞。这些老窿洞大小不一、形状各异、深浅不等。普查办将银山银矿遗址初步普查成果向市委、市政府领导作了专题汇报,市委、市政府高度重视,立即召开会议研究,决定成立"古银矿遗址景区开发建设领导小组",把银山银矿遗址保护建设列为市重点工程项目,立即启动,要求将其科学规划保护利用起来。市人民政府还以正式文件下文将银山银矿遗址列为第四批德兴市文物保护单位。

由于前一阶段的工作是初步的野外调查,仅仅摸清了老窿洞的数量和方位,这一阶段我们则是要对所有能进入的洞作一个深入的勘察。今天的目标是 1 号洞和 10 号洞。

下过雨的山路湿滑难行,好在 1 号洞离山脚不远,老窿附近居住着一户董姓人家。到达 1 号洞,我们发现那户人家居然在 1 号洞口搭建了一个棚子,还上了锁。原来我们上次来调查,引起了这户人家的注意。普查队员小叶上去敲门,出来一位老年妇女,是这家的女主人。我们向她说明来意,要求她打开棚子门。她说她男人不在家,钥匙在他身上。博物馆馆长叶淦林要来她男人董火根的手机号,拨通了号码。文广局副局长张志新也同时拨通了银城镇分管副镇长朱雅萍的手机。十分钟后,朱镇长和董火根先后到达。我们告知董火根 1 号洞已被列入市文物保护单位。不能在附近乱搭乱建,要求立即拆除棚子。朱镇长也严肃提出了要求。董火根将棚门打开。普查员张巍和小阮测量洞口,方芳用 GPS 测量坐标,王静记录,叶馆长拍照。张副局长用手电一照,发现 1 号洞内积水很深,他找来一根长约 2 米的木棍插入水中一试,摇了摇头,张副局长和叶馆长商议了一会儿,决定待日后调用机械抽水机将积水抽干再行入内。

我们改向 10 号洞进发。雨依旧下着,但只有几个女同志打着伞,男队员们似乎并没有将这些小雨当回事。10 号洞位于南山坞水濑右山坡一矿渣堆积层上,我们一步一滑地艰难向上攀爬着。普查员姜莉是在平原长大的，没有什么登山经验，瞧她可真够狼狈的：一只手撑着木棍，另一只手用力去抓脚边的野草借力。普查员方芳和小阮连忙提醒她别抓草，也别抓枯树枝，要抓就抓新鲜树枝。有几个男普查队员过来伸出援手，将姜莉连拖带拽拉了上去。在矿渣堆积上高约十几米处就隐藏着漂亮的 10 号洞。洞口宽约 6 米，高 3 米左右。离洞口 4 米处洞顶上方有一宽约 80 厘米的竖井通向外界。再进去 4 米洞里的通道变成较规则的拱形。由于我们的设备条件有限，只有两根手电和两个应急灯。洞内黑黝黝的，似乎深不可测。张副局长和叶馆长决定由他们带张巍、方芳等 6 人进去探个虚实。我们小心翼翼地猫着腰举着手电一步一步前行。进洞大约 15 米处有一滩积水。从洞内传出话来要找石块垫脚，洞外的人忙四处寻找大些的石块，找到后一块一块传入洞内，扔到积水里。可是水似乎有点深，有些石块扔进去便被水淹没了。于是进洞的一组人回来把鞋袜脱了再重新入洞。五月初的天气，脚伸进积水中，仍能感到一股股寒意。一直朝里走去，是一个平巷，没有发现有另外的分支。洞内一直延伸向里足有三十多米。走在其中就如行走在一座造型特殊的宫殿之中。这可真是人类矿冶文明的一处瑰宝！由于这处老窿洞很大，位置又显眼，早在我们来之前的若干年似乎就有人光顾过这儿了，我们走到洞的尽头，除了一些残存的木支护没有在洞内地表发现其他古代遗存物。

撤出洞来，已是中午 12 点了。天公作美，雨停了。普查队伍就在山脚下休整、午餐。大家围坐在一起谈笑风生，只觉得这劳动后的午餐尤其美味。文物管理所副所长张巍拎着相机要给大家拍一张野外用餐的照片，却发现少了叶馆长，有人手一指："呶，在那儿呢。"原来叶馆长正站在十几米处远的草丛里打手机。张巍戏谑地对张副局长说："叶馆长打什么热线电话呀？走得那么远去打，怕我们听见？"这时，张副局长却道出了一个秘密："他儿子前天在学校打篮球摔断了手，做了手术，现在正躺在医院里呢。"张巍一脸不解："那他干嘛不请假？"张副局长无奈地说："我也劝他请假，可他就是不肯。他说'银山银矿遗址是市里的重点工程，目前野外调查到了攻坚阶段，现在咱们市里很重视，有这么好的氛围，要一鼓作气拿下来。早一点做好银山银矿遗址的调查摸底工作，就能早一天规划保护，早一天让这沉睡千年的文物瑰宝展现在世人面前。这对于我们城市的发展意义重大呀。可不能因为我家里的私事耽误了这项重要的工作。'倒也是，咱们普查队确实离不开他，虽然我是普查办主任，可他才是我们市文物界的专家。老窿洞里的情况很复杂，从我们已掌握的情况来看，银山银矿遗址大有潜力可挖呀，在这调查的节骨眼上，离了老叶怎么行？"大家听了，不由肃然起敬。

吃罢午饭，我们又把 10 号洞口蔚为壮观的矿渣堆积进行了定位、测量、登记和拍照。好家伙，矿渣堆积绵延占地足足一千多平方米。

文物普查工作日记

德兴市博物馆 叶淦林

2008 年 3 月 12 日 星期三 晴

上午 8 点，由普查领导小组各成员单位抽调的 14 人组成的文物普查队，正式开始野外文物普查。

根据安排，第一站为古矿冶遗址的调查。因为，德兴古矿冶历史源远流长，"金山、银城、铜都"矿冶文化流传古今。古采银、采铜、采金遗址的调查在称为"铜都"的德兴市第三次全国文物普查工作中显得尤为重要。

今天工作重点是对位于市区的银山矿区的古采银遗址的调查。根据昨天的分工，今天大家分别带上了工作用具：如摄像机、数码相机、GPS、测绘仪、照明电筒、刀、尺和 1:1000 地形图等。

9 点钟我们发现了位于银山矿区南山坞古采银老窿洞，编为一号老窿，横向洞口直径 3.2 米，圆形，洞深 4 米处横向向下分开一洞口，口径为 3 米，宽 1.2 米，洞深 4 米处积水；直向再向下 4 米处积水，水深 1 米，电筒照明见水中再向下方开一洞口，有木支护，洞口呈方形，1 米见方。普查办主任张志新同志表示，日后还将洞中积水抽干再次重点勘探、调查，看木支护是何时遗留物。来自矿管局的何为宾技术员在洞中采集了数块矿石带回考证。

9：30 分，在南山坞左侧的养猪场旁，发现了二号老窿，洞口宽 1 米，高 6 米，呈槽型，周围草丛覆盖。横下朝向，洞深 6 米处积水，洞壁矿物质成分较多，电光照去闪闪发光。距洞二十米处发现一古矿渣堆积层，小山坡上，矿渣堆积高 9 米，宽 12 米。在矿渣堆积层表面发现瓷碎片数块，初步判断为唐宋时期。10 点钟，我们发现了距离南山坞养猪场百米处一特大古矿渣堆积层，高 75 米，宽 68 米，由小石块和小石粒堆积而成。堆积层上方 60 米，即南山坞主扇半山腰中有两个古采矿洞，一大一小，大洞口径 3 米，洞深向下倾斜，洞深 12 米处横向开口，深数十米。

下午 1 点，兵分两路。我们甲组 5 人调查排石场左右山头。据市文物管理所副所长张巍介绍，排石场有一老窿，曾被拍成照片作为《银山矿志》封面，特有欣赏价值和考古价值，我们兴致勃勃地赶往，却甚为遗憾，由于银山矿业公司现代化采矿业发展迅猛，四年前已进行露天开采，日处理数百吨矿石，老窿早已被排石场废石掩埋。

乙组9人，在南山坞田坂路旁发现了两块墓碑，其中一块长1.45米，宽0.4米，厚6厘米，青石上刻："皇明崇祯甲申冬月立，明故先室孺人孙氏名周兰娘之墓，哀夫钟若兰书。"另一块长0.75米，宽0.4米，厚6厘米，青石上刻"乾隆癸卯季冬月，丁山，清先兄讳照昊字弼臣钟公……弟邦政继男……"带回市博物馆收藏研究。

今天共发现老窿共8个，遍布银山矿区南山坞面积0.25平方公里。

收获与感悟：根据古矿渣堆积层中发现的唐、宋时期瓷片初步判断分析，此老窿和矿渣堆积层属唐、宋时期采银遗址，与《德兴县志》记载的采银时期基本吻合。

据《德兴县志》记载，银山矿区银矿，在隋朝大业年间（605～616年）为张蒙所发现。唐总章二年（669年）州刺史、郡守窦俨奏立银冶，获准。唐宋时期采银极盛，年产白银10万余两。北宋天禧五年（1021年），德兴县产银达88.3万余两。德兴银场，唐朝至宋朝，共断断续续开采达170多年。

古银矿遗址遍布银山矿区10平方公里，老窿洞遗存约300余处，面积之广，遗址之多，且原生态状况良好，实为罕见。

古银矿遗址是德兴古矿冶历史文化的重要佐证，是祖国灿烂的历史文化遗产和遗迹。在加强保护祖国历史文化遗产和遗址的今天，我们不能再置若罔闻，不能再让历经沧桑的珍贵遗址被岁月的烟尘寂寞地埋没，特别是随着时代发展，德兴现代化矿业生产步伐不断加快，尤其是露天采矿之后，许多有考古研究价值的古采银、采铜、采金遗址都不同程度地遭到破坏，甚至摧毁，德兴的古矿冶遗址保护管理工作形势十分严峻，十分紧迫！

我们寻找·我们思考·我们快乐

济南市文化（文物）局　于　茸

都说 2008 年的冬天是暖冬，但这个温和冬季却常常抛洒下一股股的冷空气，把温度降到零下七八度，经常悄然而至的冰凉与凛冽，吹荡在天地之间。就是在这样的冷暖变换中，济南市的普查队员们背起行囊，踏上了征程，行走在广袤的田野间，攀爬在苍凉的群山中，奔波在大小不一的村庄里，寻访于质朴善良的村民中……

"我拾到一个石铲，磨制得多漂亮！""我捡到一个鬲足，商代的！""我抠出一个口沿，像龙山的！""我今天运气不好，什么也没有采集到"……晚饭时，简单的饭菜被挪到餐桌的一边，还没有洗涮干净的标本却被摆在了餐桌的中间，队员们一边吃着简单的饭菜，一边分析着标本，谈论着一天的收获，交流着体会与经验，谋划着明天的行程。深夜孤灯下，是队员们趴在旅馆的床前敲击键盘的声音，是队员们翻阅调查笔记的沙沙声，是队员们填写登记表的笔锋声。没有一声抱怨，没有一声叹息，身体的劳累、家中的困难、艰苦的环境，全都被搁置在一边。一份工作的快乐、一份收获的喜悦，一份责任的神圣，在空气中交织、晕染，浓烈而又香醇。

每每来到乡村和普查队员们在一起，我都会听到许许多多的故事，与队员们一起翻看着存在电脑里的照片，倾听着他们的言谈笑语、幽默调侃，分享着他们回忆的快乐、收获的喜悦，感受着他们每天行程的艰辛与劳累。一幅幅感人、生动的画面，始终在我脑海中萦绕、绵延。

有关发现、有关文物的故事，惊喜又欣然：章丘龙山镇遗址一个挨一个，几乎连接成片；历城唐王镇大徐村发现了一处被村民自发保护的革命烈士墓地，烈士们以少抵多、狙击国民党军队的英雄事迹至今在当地流传；历城、平阴、长清都发现了许多建于新中国成立之初的乡土建筑，村民们自发集资维修，把它们当成了村庄的标志物保护起来；历城董家镇与城子崖、西河遗址隔河相望，发现的遗址被深埋在一米以下，很可能有后李文化的遗物；南部山区蜿蜒、磨滑的石板路，经济实用的小石板桥，横架在山谷之间的小型灌溉水渠，它们随着岁月的流转，已与周围的村居、炊烟、山峦、流水、林木和田地溶化为一体，默默地镌刻着很早以前曾经有过的繁荣，向身处繁华闹市、风尘满身的人们释放着故园的魅力……民族文化的风采，被队员们一一发现、拍摄、登录，数不胜数！

有关队员、有关家庭的故事，令人感动又钦佩：王惠明，从事文物工作已二十多年，对历城区的文物了如指掌，对文物事业有着一份执著与热爱，野外调查时总是身先士卒，更有着每晚坚持洗凉水澡、半夜睡不着觉就起床填写登记表的佳话。刘新智，一个非常帅气的小伙子，儿子才出生2个月，就参加了野外文物调查，在外面一跑就是几个月，根本就顾不上管家管孩子，妻子的哀怨、儿子的哭闹都被他默默地藏在了心里，留给大家的是一份份详实的登记表、工整漂亮的绘图、文字清雅的诗词。张泽刚，一个才华横溢的小伙子，爱好文学，出过诗集，文物普查给了他新的灵感，经常是文思泉涌，半夜起来拿着手电筒在被窝里写诗词、抒感悟。郭俊峰，济南市考古研究所的小伙子，好学又沉稳，妻子还有一个月就将分娩，他却主动承担起全市野外文物普查试点的重任，在2008年1月数九寒冬的季节里，冒着寒风大雪，以身作则，带领着普查队员奔跑在王舍人镇、郭店镇的田野、村庄中。李勇，长清区文管所的小伙子，活泼又干练，被借调到历城区参加文物普查，雨天山路湿滑摔了腰背，却还忍痛坚持。蓝秋霞，一个很有事业心的漂亮女子，女儿才两岁半，就丢给了家中老人，参加了章丘市的文物普查，在野外一干就是一个月不回家。此外，还有杨琨、熊建平、乔修罡、马前伟、孙涛、宁述鹏、李健、黄景宝、李芳、王长云、王丽芬、张淑霞、王莹、姜谊、林荣英……他们甘于奉献、舍小家顾大局的感人故事，更是不胜枚举！

有关村民、有关向导的故事，激励着我，也激励着每一个队员：有时，是在田间，队员们在垄行有序的麦田里寻觅无果，远远地看见正在劳作的村民时，就像饥渴已久的人见到了甘泉美食，蜂拥而上，详细地询问着点点滴滴。许多村民被他们刨根问底的询问逗乐、感动，扔下手中的农活，主动带他们到自己知道的文物点去调查。章丘文祖镇山峦密布，一位村民自愿当向导，带着队员们爬山越岭，去调查一个远在几里之外的文物点，一去就是大半天。历城彩石镇一位84岁的老太太，也是主动地带着队员们，冒着小雨爬上附近的一座高山，去调查一个家族墓地，队员们怕老太太走山路有闪失，一直想伸手搀扶，却被老太太自信地挥手拒绝。有时，是在晚饭后，附近一些村民会主动找到队员们居住的旅馆，提供自己所了解的信息，聊着聊着就到了深夜。有的村委会，主动拿出保存已久的村志、祖谱，供队员们查阅、摘录。还有的村委会，得知正在进行文物普查，担心村中保存的古井、庙宇被漏登，主动向文化部门反映情况。朴实、热情、友善、信义，以及对民族文化发自内心的热爱，久违的人性之光在广阔的田野、大小各异的村庄中闪现。它们早已被化作一种精神，注入到队员们的血液中，传递着民族文化再兴的信念。

我喜欢，在文物普查中，每天不断出现新的震撼、新的收获！

我喜欢，在时光隧道中，追寻那个古老而又奔腾不息的中华民族！

踏野望山忆 "三普"

济南市文化（文物）局　王　莹

结束了章丘市春季野外调查，重新坐回办公室，心里似乎仍旧没有离开广袤的田野和起伏的连山。工作伊始便有幸参加了全国性的文物普查，能有机会接触如此之多的文化遗产，对于一个文物工作者实在是莫大的收获和欣喜。

踏野——关于龙山

走在龙山的土地上，每每低头寻捡陶片之时，总有热心的老翁村妇手指一伸，指着东平陵城的方向："捡陶片你们去平陵城啊，那里多的是！"

而回想普查伊始的第一天，走在东平陵故城中，那三十几米宽的城墙，委实震撼了我。沿城墙走了一个整圈，向城内望，是不尽的麦田，城内没有村庄，据世代相传，城内隐居狐仙，因此无人敢居。我站在那里，远眺着前方阴霾薄雾中劳作的农人，看着剥落的均匀结实的夯土，上面匀称分布的夯窝，想着脚下是在风风雨雨中伫立了两千多年的城墙，似乎耳边突然传来一阵阵打夯的声音，这声音穿透过去环绕现在，一时间竟疑惑，数千年的时间，究竟是漫长还是短暂？

就这样，一步一步的，走完了龙山的田野和村庄，密密的遗址铺散着，地表没有陶片的田地竟成了少数。每走到一个地方，常常会有好奇的村民，放下手里的活计，转身弯腰捡一捧陶片："快来看看，有没有你们需要的？"我们的司机老杜，成了义务宣传员，常看到他被村民围住，眉飞色舞讲得带劲。

普查的日子很辛苦，各人又有牵肠挂肚的家事，可是每天我们的车上都充满了欢声笑语，一则互开玩笑和勇敢自嘲带来的笑料使人开心，二则不断的新发现让我们满心欢喜。这样的笑和开心，没有一丝的杂念，就像以前无数次被人问起的，你们发现了宝贝会不会自己藏起来？纯正的考古人，真的不需要所谓珍宝满足私欲的那种快乐，仅仅是发现，仅仅是"这个东西是我发现的"这种感受，就已经是至高的满足了。

望山——关于文祖

文祖，地处山区，群山起伏连绵不断。山多，于是相对闭塞，因此留下的东西也多。

在山区，田地大多是一块块阶梯一样零星的分布在山上，为了使这些瘠薄的土壤不再流失，每块地都有石块垒起的护堰。缺水，于是每个村庄世世代代都建了求雨求水的庙宇，龙王庙、水母庙等保存下来许多，而现在随着机井和蓄水池的修建，这些庙宇便冷清得无人供奉了。也有许多古井，往往都是旱年不涸的好井，井边有多块不同时代的碑刻，记载着在灾荒旱年里这井的救人之德。交通的相对闭塞，使得这些古老的东西得以留存。然而文祖的经济却在章丘排名前列，这源于其独特的发展思路，将引进的工厂项目等都建在开发区，既不占用当地资源，水电交通又十分方便。这给我很深的印象，可见，要发展经济并非一定以破坏古老遗产为代价。

也许是因为每天走过的地方太多，不重复的景致似乎拉长了时间，常常是昨天刚跑的文物点，今天想起来就感觉恍如隔世。

高家围子，是第一天的第一次登高。已是下午，为节省时间，挑选了近路，攀石而上，手脚并用，真正一个"爬"山。终于爬到山顶，近乎完整的围子出现在我们眼前，山门前石头上"大清同治六年三德范庄公立"的字体仍清晰可见，连绵不断的石墙盘踞在山顶，大大小小的石屋遍布在墙内。要说住在这里，听起来似乎很刺激，只有亲眼见了，才切实感受到山上生活的不便，想象到当年村民是在多么的万般无奈下才到此躲避兵乱的。

登胡山，是另一次值得回忆的经历。虽然海拔七百余米，但山路自其余脉开始，蜿蜒曲折，及至到了山顶，花费了一个上午的时间。山腰处有早已废弃的村庄，有碑曰"太平庄"，一两眼深井尚在，八九间石屋林立，几十株桃花盛开，虽杂草丛生，却仍有误入桃花源之惑。近旁有一墓地，古柏龙虬，据一墓碑文才知，此户李姓人家为避荒乱，四处流徙，至此定居下来，才有了太平庄。也许，随着动荡岁月的逝去，他们才弃了这生活不便的世外桃源，追逐山下的花花世界去了吧。

两个月的时间一眨而过，出发时尚着棉衣，归来时已翠枝遍野。身处拥挤的街道中，刚刚离开却已开始怀念在田野在群山的日子，怀念那些遍布村落原野的美丽建筑……

精诚所至　金石为开
——青岛市文物普查调度会纪实

青岛市文物局　李守相

作为国家历史文化名城，青岛的历史文化遗产丰富而独特，文物普查任务非常艰巨。为顺利推进文物查调工作，青岛市创立了文物普查调度会这一模式，其主要功能有三点：

第一，培固文化遗产精神，对各区市普查队开展田野文物普查从方法上予以指导；第二，交流经验，督导和部署文物普查进程；第三，有针对性地开展实地考察和现场观摩，在实践中探索规律。作为从事文物工作时间不长的一位专业人员，我亲历了青岛的文物普查工作，特别是对文物普查调度会的记忆尤其深刻。在此，采撷几片花瓣，与大家共勉。

第一次文物普查调度会　2008 年 3 月 7 日　城阳区

戊子年正月的最后一天，新春的喜悦与期盼写在每个人脸上。一年之计在于春，一道沉甸甸的文化荣光在召唤。"一切历史都是当代史"，与会代表在这种历史感上实现了共鸣，备感文物普查工作使命光荣、责任重大。首次调度会就在这一热烈的气氛中开始。适值全市宣传思想文化建设工作会议刚刚召开，市文物局局长、市普查办主任郑安新传达了会议精神，要求确保年底前完成辖区内 60％面积以上的田野调查工作。各区、市代表汇报了文物普查"五到位"情况和前期普查收获。会议决定完善"每月三个一"工作方法（每月举办一次有针对性的培训班，每月召开一次情况通报会、每月反馈一次工作进度情况），建立普查月报制度。

下午，我们来到小寨子村史馆和崂山邮电支局旧址等不可移动文物遗迹点进行了实地调查。小寨子村一度闻名八方，陈永贵曾以"大寨不大，小寨不小"之言来称赞它。小寨子村史馆原为村民张以詹宅第，建于 20 世纪 40 年代，是青岛地区典型的近代民居，建筑风格上体现出中西合璧的色彩，具有较高的历史、艺术、科学价值。以前，这种近代村落的文物价值未被充分重视，今次现场考察，大家一致认为今后应予以重点关注，以丰富青岛的文化遗产体系。

到达位于城阳火车站旁的崂山邮电支局旧址时，已近黄昏，逆光中，大家对这座建于 1911 年的德式建筑进行了勘察和分析，判断这是德占青岛时所辟"李村区"的一个历史见证，有必要在实地勘验和研究原始档案基础上就其建筑及相关历史文化内涵进行全面评估。

第二次文物普查调度会　2008 年 4 月 18 日　李沧区

4 月中旬，天气渐暖。带着一缕春意，我们来到李沧区，召开第二次调度会。

会议集中总结了文物普查的典型工作方法，就年代认证、文化内涵提炼等难点、疑点问题进行了深入讨论。

这一次的现场观摩首先是与近代史的对话，考察了李村基督教堂和华人监狱旧址等近代史遗迹，在华人监狱旧址现场新发现水牢一处，对历史的拷问变得强烈。在现场，一位年逾古稀的老大爷说起了十梅庵石头围子的故事，很是津津乐道。于是，我们临时决定前往一探究竟。石头围子位于海拔近两百米的山顶上，山路崎岖难行，这对市普查办普查组长宋爱华、胶州市博物馆馆长李文胜等老同志显然是一个不小的挑战。但一旦上路，他们似又焕发青春，一边登山，还一边回忆着二十年前第二次全国文物普查的经历，真有点"一万年太久，只争朝夕"的豪迈之情。终于到达山巅，遗址依稀可辨，审视一番，大家认为这是太平天国时期修筑的防御性工事。从此一点，也就联系起数千年间青岛地区军事要塞以及其他军事史迹的分布情况。当然不仅如此，这一天思路真是开阔，置身峰顶，话题变得多元。这片山岗为崂山余脉，大海就在不远方，而山海之间的文化传承自是耐人寻味。由于有了这样一个恰当的高度，不免引发更寥廓的历史联想。

第三次文物普查调度会　2008 年 5 月 29 日　莱西市

5 月，春色难掩悲情。一见面，大家就说起不久前的汶川大地震，心情沉重，在痛苦中感受着坚毅，加深了对中华民族自强不息精神的理解。各区市有不少已退休的老文博工作者主动要求参加普查，都想为国家多做点事。我知道，我们每一分钟的认真工作都是对大地震遇难同胞的安慰，我们必须把文物普查工作做得更好。

会上，莱西等区市重点介绍了普查经验，总括起来就是传统普查方法与现代科技相结合，文物普查与提高文博队伍整体素质相结合，普查队伍"老、中、青"相结合。莱西是古文化遗址遗迹分布较多的区域，普查队员发扬不怕吃苦、勇于奉献的精神，为节约时间，自带方便面和热水，吃饭、休息不离田间地头。一次，由于路上颠簸，暖瓶碎了，索性干吃方便面，渴了就喝点儿灌溉用的井水，就是凭着这股劲头，他们新发现遗址遗迹17 处。

我们对两处新发现的东夷文化遗址进行了实地田野考察。一处为泥湾头遗址，分布面积达46000 平方米，采集到大量红烧土、灰土和陶片，有鼎足、麻花形鬶把手以及罐、豆、盘、钵的口沿和底足，判断为大汶口文化遗址；一处为咸家屯遗址，分布面积约15000 平方米，灰陶、红陶和黑陶标本皆有所见，初步判断为龙山文化遗址。我们二十多人一同采集样本，进行年代分析。最后，大家聚拢在河边，回味着普查的艰辛与乐趣。无边宁静的田野珍藏着历史的秘密，当下的瞬息与远古联系起来。

第四次文物普查调度会　2008 年 8 月 1 日　崂山区

盛夏来临，奥运来临，第四次文物普查调度会暨半年总结会如期而至，各区市的同志带来了他们的丰富收获。

会议在市博物馆举行，各区市分别汇报了半年来文物普查工作的进展情况和下一步工作的打算。会议传达了山东省第三次文物普查经验交流会议精神，部署了区市级文物保护单位申报工作。崂山区"先景区、后街道，先山上、后陆地"，"晴天实地调查，雨天整理论证"的工作方法受到好评。会议决定，从加强组织领导、落实普查经费、充实普查队伍、创新工作方法、强化监督指导、深入开展宣传等方面，进一步加大普查工作力度。

　　大家集体考察了青岛市博物馆。穿行在历史隧道中，不禁想起当年康有为在意大利的经历，他深刻认识到近代公共博物馆在传承文明和开启民智方面的作用，大力呼吁保护古迹。百年而今，中国的文物保护事业取得了巨大成就，文化遗产保护已成社会之共识，对于提高国家软实力，促进文化大发展大繁荣，实现中华民族伟大复兴有着不可替代的重要作用，我想，这是开展第三次全国文物普查的基本意义所在。

　　潮起潮落，云卷云舒，我们的文化遗产视野越来越澄明。经过广大文博工作者的不懈努力，文物普查收获颇丰。2008 年 11 月 28 日，全国文物普查办公室以《山东省青岛市第三次文物普查工作走在全国前列》为题，编发了专题简报。截止到 2008 年年底，全市共调查不可移动文物 519 处，其中新发现 299 处，复查 220 处，野外调查工作按行政村计算已完成 65%。这过程中，文物普查调度会发挥了显著的协调、推进与提升作用，串起了充满意义的一年时光。作为普查队伍中年轻的一员，我与大家一起经受了历练，知识、情感与责任在普查过程中实现了聚合，在每一天感受着真正的文化遗产精神的增长。我知道，这是有意义的每一个昨天、今天和明天。

回首青岛纺织

——原青岛国棉二厂普查侧记

青岛市文物局　温立杰

　　时值春和景明，我随同青岛市工业遗产保护利用调研组，来到青岛原国棉二厂这处重要的工业遗产旧址，进行实地普查。

一　国棉二厂的历史沿革

　　国棉二厂是青岛纺织历史最悠久的企业，至今已经历了近百年的沧桑岁月，在青岛城市发展史和中国纺织工业史上占有特殊地位。

　　1916 年，当时全称为"大日本内外棉株式会社青岛支店"（简称"青岛内外棉纱厂"）现身青岛，为日本在青岛地区兴建的第一座纱厂，也就是今次考察对象——青岛国棉二厂的前身。早在 1883 年，日本内外棉株式会社即派专人来中国考察原棉生产情况，18 年后的 1901 年，首先在上海投资成立了"大日本内外棉株式会社上海支店"，即上海内外棉纱厂。1914 年日本取代德国对青岛进行殖民统治，开始筹备纱厂，日本内外棉株式会社也趁机扩大在中国的经济地盘，于 1916 年开始在青岛市郊的四方一带圈地建厂。1917 年 12 月青岛内外棉纱厂第一、第二工场正式开工生产，计有纱锭 27200 枚，线锭 11200 枚。至 1925 年中国工人大罢工前，内外棉在青岛已经达到占地 632400 平方米，拥有纱锭 90000，最高时期拥有工人 32000 多人。

1945 年抗战胜利后，该厂被更名为"中棉二厂"，建国后更名为"国营青岛第二棉纺织厂"，今名"青岛联创实业有限公司"，固定资产近 8 亿元，现有在册员工 3000 余人。

二 国棉二厂现存工业遗产状况及保护利用策略

进入原国棉二厂区内，优美宜人的环境映入眼帘，令人惊叹：保持了 20 多年的省级花园式单位干净整洁，清新优美，厂区环境以"蓝、绿、白"为基本色，简洁协调，四季有绿。从厂大门到办公生活区约 200 米，道路两侧有高大的法桐 40 余棵，龙柏 30 余棵，雪松 20 棵，均有数十年树龄；几个小花园内有珍贵花木 10 余种。这条路呈弧形，恰好环抱墙外的中共青岛地方党支部旧址。从管理有序的厂容厂貌，可以看到老纺织企业的缩影，青岛纺织精神的内涵。

该企业目前保留了部分日式厂房和别墅式办公建筑、仓储区、面积可观的厂区绿化带、仍在使用的老水塔、已废弃的铁路专用线等。漫步老厂区，沧桑的历史感油然而生，郝建秀振臂高呼的声音犹在耳边，往日风风火火的纺织生产场面仿佛就在眼前。

随即我们用 GPRS 进行了卫星定位、面积测算和资料统计等工作。公司占地总面积 208565 平方米，建筑总面积 80258 平方米，东靠四方火车站，西临济青高速公路，北与青岛发电厂接壤，南与青岛港区近邻，周边有长途汽车站、杭州路主干道，交通运输极为便利，人气旺盛，便于旅游线路的规划设计。该企业可与中共青岛支部遗址、四方机厂、海云庵共同培育打造"四点一线"四方文化创意产业旅游商圈。

三 青岛纺织业的历史渊源与工业遗产底蕴

国棉二厂是青岛纺织业历史的一个缩影，从青岛纺织的历史面貌也可以更好地认识国棉二厂工业遗产保护与利用的价值所在。

青岛的纺织业历史悠久、基础雄厚、门类齐全、规模庞大，被誉为青岛的"母亲工业"，在近一个世纪的沧桑与辉煌中谱写了一曲岁月长歌，纺织与城市民生的关系十分密切。

    1902年，在青岛已出现了小型的纺织作坊，第一家大型纺织厂始于1916年，从此开始，纺织业成为青岛工业的一个重头。从20世纪30年代开始，青岛的纺织业就已远近闻名，为全国三大纺织工业基地。新中国成立后，纺织业被确定为青岛的支柱产业，上交的利税曾占市财政收入的75%还多，后来逐渐形成了九大纺织厂纵贯南北的格局，为共和国的工业复苏、为中国纺织工业布局和发展、为我市的发展和满足人民生活需要做出了突出的贡献。

    青岛纺织也是早期工人运动的策源地址一，在青岛地方党史和中国工运史上具有重要的地位。震惊中外的"青岛惨案"掀起的反帝爱国运动，其先声就是青岛纺织工人在中国共产党领导下发动的同盟大罢工。1922年大康和钟渊纱厂工人大罢工、1925年青岛日本纱厂工人三次同盟大罢工以及其后的斗争，1929年、1936年和1949年青岛解放前夕的护厂等斗争中铭刻上了不可磨灭的印记。国棉二厂所在的四方区是青岛工人运动的中心，这一带分布着大康、兴隆等几个老纺织厂和四方机厂、青岛港务局、青岛发电厂等，是青岛产业工人反对帝国主义斗争的活动中心，是最早觉悟的产业工人聚居地，王尽美、邓恩铭、刘少奇等老一辈党建和工运重要领导人曾亲临此地开展革命工作，在青岛乃至全国都有着重大影响。

    建国初期，青岛纺织创造的著名的"郝建秀工作法"（亦称"五一细纱工作法"），被认为是工交系统第一个科学工作法，为全国工业战线树立了一面旗帜，极大地鼓舞了纺织业广大职工的劳动热情和生产积极性，激发了一种全新的社会主义劳动竞赛，促使一大批英雄模范人物随之纷纷涌现出来。在青岛，就有以王家祥、王集凯等人为代表的"五一织布工作法"和"五三保全工作法"，规范了纺织企业的操作管理，大大提高了纺织的生产能力和产品质量。

管家大村明代军营遗址考察记

黄岛区文物管理所　李居发

黄岛区红石崖街道办事处　刘正臣

    初夏的原野，一派葱茏，生机盎然。2008年4月28日，按照安排，黄岛区文物普查队来到红石崖街道办事处，第一站考察管家大村明代军营遗址。由于田间道路无法通车，我们一行5人只好把车停在公路上，在当地老乡的带领下，沿着崎岖蜿蜒的小路，穿过茂密的草丛，来到了考察现场。

兵营遗址位于黄岛区红石崖街道办事处大村西侧山岭，当地群众称"大营顶"，意为驻扎兵营的山顶。所谓的山顶并非是山，而是一个较大的丘陵，丘陵面积约有 1 平方公里，岭顶的最高处海拔 32 多米，相对高度不足 20 米，是周边最高的地方。大营顶的北侧和东面就是胶州湾，相距 1 ~ 2 公里。东与青岛老市区隔海相望。南侧是海拔 145 米的龙雀山，山势陡峻，是一个天然屏障。西接内陆腹地，也是通往西南的必经之路。北距胶州城 30 多公里，是扼守胶州湾西半部的海上通道，也是防守胶州县城的最后一道门户。在兵营周边不足 3 公里的范围内有 4 座同时代的烽火台，构成了胶州湾西南岸的一个严密的军事防御体系，战略地位非常重要。从其地理位置可见古代军事家在此选址驻防的远见卓识，独具慧眼。

据清代《灵山卫》记载，"近代自元以来，海氛不靖，倭寇杀掠尤残。元至元十七年春二月壬申，伪宋刘福通遣其党毛贵帅舟师由唐岛进淮子口，乘虚袭胶，金枢密事脱欢死之，屠掠殆尽，其祸更烈。有明深鉴于此，故沿海设立卫所，防御至严"。明洪武五年（1372 年），开始兴筑灵山卫城，下辖三个所，管辖今胶州、胶南、黄岛一带沿海，这座兵营就是灵山卫管辖的一处军事要塞。初步推断，这处兵营的修建年代应与始建灵山卫属同一时代。清雍正十二年（1734 年），灵山卫的军事建制撤销，辖区的军事设施也随之弃用。

据当地的村史记载，兵营撤销，房子移交给当地的军户后裔，因坐落在岭顶，百姓居住不方便，就将房屋拆除，利用拆的门窗、砖瓦在山岭下盖了房子，就成了现在的管家大村和大殷家村，这处兵营也就变成了废墟，但城墙遗址仍依稀可辨。

经现场测定，该遗址为正方形，边长各 130 米，占地面积 16900 平方米。城墙遗址宽约 3 米，残留高度 1 米，最高处约 2 米，城墙主体为三合土夯筑而成，外部包砖。北部城墙有两个门洞，门洞的宽度约 3 米。根据采标本特征分析，应属明代所建，该遗址以往未见公布，这为研究明清时代沿海地区的军事防务，特别是抗击倭寇提供了新的实物资料。

历经数百年的风雨侵蚀，加之人为的毁坏，兵营当年的风采已不见踪影，现仅存坍塌后成地大阡，仅有 100 余米的城墙遗址保存较好，全是坚硬的三合土和石块瓦砾，野草丛生，至今也无法耕种。近年来，当地进行经济开发建设，一条南北公路又从遗址中间穿过，不免觉得有点遗憾，所幸，这段保留较好的城墙遗址没有遭到破坏。

已近中午时分，阳光灼热，忙碌了一个上午，大家一个个汗流浃背，疲惫不堪，又渴又累，正要坐下休息。这时，红石崖街道办事处的宣传委员老管来电话，让我们到办事处驻地吃饭，为了不给当地政府带来麻烦，谢绝了他们的好意。按照我们文物普查工作的制度，生活问题一律自行解决，大家就拿出自带的矿泉水，面包、咸菜，在一棵大树底下吃起了午饭。在附近干活的一位老乡看到我们非常辛苦，就在自己的蔬菜大棚里摘了几根黄瓜送给我们吃。我们婉言谢绝，对这位老大爷说："我们是有纪律的，不能随吃老百姓的东西，要吃也的付款。"这位老乡听了十分感动，"你们真是当年的八路军"，只好收了我们2元钱。大家心里十分高兴，我们虽不能和当年的八路军相比，但老百姓理解了我们，我们的行动为党增了光，为文物普查队添了彩。也许是过于劳累、饥渴，这顿饭吃得特别香，这些黄瓜又是那么甜，因为这里有老百姓的一片心意。

午饭后，大家休息了一会，又开始工作，一直把所有的数据采集完毕，这才舒了一口气。站在这个并不起眼的土岭，抚今追昔，不由得浮想联翩。外国侵略者对美丽富饶的胶州湾一直是垂涎欲滴，虎视眈眈。除明代倭寇的骚扰之外，1898年德国侵略者强占胶州湾，第一次世界大战德国战败，胶州湾沿海一带又成为日本帝国主义的势力范围，1922年日本才交还中国政府。1938年日本侵华战争全面开始，青岛又沦入日寇统治，直至抗战胜利。

以史为鉴，警钟长鸣，历史是不能忘记的，这座兵营遗址是外国列强侵略中国的铁证，它见证了我国数百年来抗击外来侵略不屈不挠的历史，理应得到很好的保护。如果这处兵营遗址保留一段城墙，修建一座纪念馆或纪念碑，可成为一处很好爱国主义教育基地。

保证质量　精益求精

——三访邓家村遗址

胶州市博物馆　刘　娜　吕荐龙

自第三次全国文物普查工作启动以来，对每处调查对象的确定、登记，都饱含着普查员的艰辛。奔田野、登高山、不怕脏险、耐着苦累，逐村进行走访。在历时一年多的时间里，有很多的遗迹从发现到确定都是经过了多次努力和勘查。其中邓家庄遗址的发现，就是我们普查队进行了三次现场勘查，才得以确定。

2008年春，普查队对胶州市洋河镇进行普查时，在邓家村，从对村中老人的调查访问得知，该村西南位于洋河北岸的台地上，前些年耕种土地时，曾经发现陶片。获取此文物信息后，在村民的指引下，我们对此处高台地进行了实地勘查。由于勘查时，正是小麦出穗，天气温暖，草木旺盛的季节，给普查工作带来了很大困难，地表只发现少量陶片，无法确定此处是否为遗址，此处高台地南濒洋河，地形地貌非常符合遗址特征，根据经验和得到的标本判定此处极有可能为新石器时代遗址，由于草木旺盛无法确定，决定先做好记录，待入冬草木枯萎后，再进行详细勘查。

11月初，我们在普查归来时路过邓家村，再次对春天在该村西南的高台地进行实地勘查。此时现场草木枯萎，为调查提供了便利。来到台地时，恰好在河沿上有村民正在挖树坑，挖出一个陶罐，交给了我们。我们又在周围发现龙山时期陶片，根据陶片推测此处可以基本确定为新石器时代龙山文化遗址。由于此时天色已晚，我们决定下次再来详细调查勘探。

第二天，普查队第三次对邓家村遗址进行了详细的勘查，此次勘查在河沿台地上发现豆柄两个，陶片若干，并在河流断崖上发现灰坑多处，在部分灰坑中发现黑色和红褐色夹砂陶片；其中一个灰坑中，还发现碳化物痕迹，采集了标本和土样，待进一步详细分析。对此处遗址进行了划定范围和测量，对发现的每一个灰坑进行了 GPS 测量定位。

这次野外普查结束后，我们按照第三次全国文物普查的工作要求，对普查到的信息进行登记和录入。之后又对标本进行了清理及拍摄照片，通过网络传输给省考古所请专家进行鉴定，确定该遗址最早为新石器时代龙山文化遗址，根据采集的豆柄及陶罐分析，遗址时间延续到商周及汉代。此处遗址的确定，经历了三次调查勘探，辛勤付出总算有了圆满结果。

在野外实地调查过程中，我们克服了天气、道路、车辆、生活等诸多工作困难，对于每一个发现都认真研究、细致调查，直至最终得出结论。无论最后确定还是否定，我们都力争做到一丝不苟，精益求精。

立足本职勤做事　文物普查当先锋

——记胶州市普查队长王磊同志

胶州市博物馆　孙宏林

自 2007 年 9 月份胶州市从博物馆抽调部分同志组成文物普查队以来，普查队克服工作量大，时间紧，经费不足等困难，在完成单位正常工作的同时，走村串乡搞普查，一年多来，新发现不可移动文物 50 余处，复查 20 处，采集标本 200 余件，超额完成总量 60% 的目标。这些成绩的取得，离不开普查队辛勤汗水，也离不开普查队队长的正确组织与领导，他就是胶州市"三普"领队王磊同志，同事们亲切地称他为"王哥"，通过多年相处了解，我觉得只能用三个字来形容他。

一　身先士卒忙普查，重要是一个"勤"

普查的过程中，王哥从来都是走在前头，风里来，雨里去，早上出，晚上归。初冬的田野，麦苗上的露水十点钟都还退不下去，他就在八点钟带领普查队开始工作了。露水打湿了鞋和裤，湿透了脚和腿，浑身上下都感觉到阵阵寒冷，而这时他总会鼓舞我们更要坚持到底，半开玩笑地说，运动开来才暖和，然后再给我们讲几个小笑话，算是苦中作乐了。为了详实记录一个坐标点，有时要穿过荆棘丛生之地，面对沟坎遍布，手划破，脚崴了都是常事，但他从没因此而退缩。有一次，因为天气寒冷，他在转完一个山丘后被北风吹感冒了，但为了普查工作进度，第二天，王哥仍然和我们一起，工作依旧。我市西南乡镇，多为丘陵，道路本来就崎岖，车辆难以通行，有的村庄正在路面硬化处理，只有徒步行走，一天下来，走几十公里是常有的事。到了晚上大家都回家休息了，数据采集，资料整理的事往往是王哥自己拿回家处理，本着对文物事业的热爱，对工作高度负责的态度，他在自己平凡的岗位上默默辛勤奉献着。

二　思维缜密干工作，体现一个"细"字

文物普查是对辖区范围内每处不可移动文物的名称、位置、地理坐标、年代、类别、数量和文物特征等基本情况做出细致的登记、判断，包括文物周边的自然环境和人文环境等都要掌握。为此，王哥到达每个乡镇之前，会查阅这个区域内的有关历史资料，制订科学、合理的工作计划。通过有重点、有针对性的工作方法，有效提高了普查效率。普查过程中，王哥不仅做事周到认真，而且非常细心。有一次普查时我们经过铺集镇黔陬故城遗址之西时，大家都没注意到有什么特别情况，可通过王哥对附近地形地貌的分析，判断出这里很像是一处古遗址，于是我们分头寻找可能存在的遗迹遗痕，但找了很长时间，就是没有什么发现。带着迷惑和不解我们暂时离开，后来王哥又带领我们去了几次，终于，在一处很不起眼，杂草横生的断崖处，发现一个灰坑，出土了一些龙山时期的陶片，最终证明了王哥最初的判断是正确的。还有一次让我印象非常深刻的，是在普查一处丘陵地带时，我们坐在山丘间休息，正在聊天，王哥突然让我们看看周围有什么不同，我们瞅了一圈也没发现什么不一样，然后他起身，拿起手铲，在一处断崖处细细地刮开土层，本不清晰的土层分界线出来了，我们这才恍然大悟，噢，原来这里也是一处墓葬。我又一次被王哥的细心所折服。

三　不断钻研新业务，体现一个"进"字

从事博物馆工作十多年来，王哥一直努力学习，不断提高业务素质。他常说的一句话就是：凡事有终止，进步无极限。针对第三次全国文物普查要求高的特点，需要学会使用GPS定位、掌上电脑等先进设备，为此，在参加省里举办培训班后，王哥回到单位后又自行研究，通过网上查，虚心请教，在较短时间内熟练的掌握了各种设备的使用方法。软件

方面，为学好 autocad 绘图，王哥自费参加了当地学习班，并将学习内容运用到普查中，形成自己的一套方法。胶州普查队除王哥外，都是刚刚参加文博工作时间不长的新同志，经验不足，工作过程中，王哥常对我们说："全国文物普查是我们文物工作者的一次大练兵，对提高业务能力很有用。包括我在内，也是一个学习的过程。"他也是这样做的，为不断提高这方面知识，为我们订阅了《文物天地》、《鉴赏》、《考古与文物》等文物杂志，共同研究，不断学习，不断进步。

这便是我们普查队的王磊队长，一个勤奋、细心、上进的人，一个工作在普查一线的人，一个值得我们学习而且尊敬的人。

侵华日军飞机库、兵营旧址调查

淄博市文物局　傅　强

2008 年 7 月 18 日淄博市文物普查队在张店开发区石桥镇侵华日军飞机场，进行全面实地调查，该飞机场位于鲁中山区与鲁中平原结合处，地理位置优越。据王埠村孙勇书记讲，该机场原为一处龙脉脊背，中间高两边低，下再大的雨也不积水。往东是古树参天的松柏林和墓地，紧靠松柏林是猪龙河，水清见底，长年不断，南北贯穿，与机场跑道平行，从空中俯视是一条银光闪闪的飘带，便于飞机空中发现机场，便于着落。现飞机库遗迹遍布于王埠村、马店村、赵店村、南石村和小庄村，共有 16 个大小不等的飞机库，比较完整的有 8 个。其他均有不同程度的损毁，其形状如扇贝，又如切开的馒头，前后均为半月形拱顶，当地人称为"馒馒屋"，现基本上作仓库用。最大的直径 30 米、高 8 米、厚 0.3 ~ 0.5 米，均为水泥、鹅卵石、钢筋混合浇注而成，异常坚固。飞机库顶部有 2 ~ 3 个蘑菇状透气孔。门大部分朝北，而有小部分朝西，外表与内壁较为粗糙，常有儿童爬到飞机库顶部玩耍。据小庄村 92 岁老人王立平讲，1942 年日本加强了对军事设施的修筑，强行征用当地的强壮劳工修筑工事，日军指挥部首先选好地点，然后用泥土夯实一个完整的圆形的土堆，再从两边拉铺钢筋，接着用沙石水泥开始浇注，等混凝土干透后，再把泥土从中取出，就做成了一个飞机库。当时，白天黑夜不休息，24 小时不停工，常有日军监工，牵着东洋大狼狗，徘徊其中，有劳工被狼狗活活咬死，其状甚惨，目不能睹。飞机就隐藏于飞机库中，并有日军日夜看守。

1941 年太平洋战争爆发，日本加快了对中国的侵略，由于日本的连年战争，军力和装备严重不足。据王立平老人讲，当时飞机场的日军，有 40% 的人是缅甸人或是越南人，被强征来服役。从他们的语言、肤色、与饮食上看与真正的日军有所不同。而且他们还仿造木制飞机，有机翼、有螺旋桨等，以迷惑盟军，充当军事实力。而真正的飞机最多时也就五六架，大部分时间，飞机隐藏于机场东侧茂密的松柏林中或墓地之中。

位于机场东侧的兵营，门高 1.8 米、宽 1.3 米、厚 0.8 米，全部为混凝土浇注而成，外表平整坚固，是日军的掩体与休息处。现只看到掩体出入口，由于掩体内长年阴暗潮湿，有积水，常有蛇和鼠出没，已被村民填埋，只能看到出入口矗立其中。如今 67 年过去了，这些冰冷的日军侵华军事设施依然卧在石桥镇的街道旁、社区中、公园里、村民宅院内，默默地诉说日军残暴横行的史实。但是，无论日军修建多少军事设施多么坚固，仍无法避免失败的结果，侵华暴行终以其宣布投降而告终。

第三次文物普查确立了 1942 年至 1943 年所建的飞机库及兵营，是日本侵华的历史罪证之一，建议有关部门将飞机库完整保留下来，加以保护，使它成为青少年爱国主义教育的场所，让国人牢记历史，勿忘国耻。

三上围子顶

烟台市牟平区博物馆　张凌波

下雪了，跋山涉水的文物普查田野普查工作只能暂时告一段落。坐在明窗净儿的办公室里，望着窗外漫天飞舞的雪花，我不禁想起普查的艰辛，眼前又浮现出三上围子顶的经历。

那是 11 月初的一天，按照计划，我们一行四人在博物馆馆长兼普查队队长兼司机张博的带领下，来到南部山区进行走访调查。在村头的调查中，村民告诉我们：村西南的大山上有石围子。

石围子，当地也称为"长城"，多建在深山密林中，是清末为防捻军而修筑的防御工事。

"那个围子的石棚上还有字！"我们正在做着记录，一个六十多岁的老人插了一句话。

"石棚上有字？"我眼前一亮，在我们发现石围子中，还未见到有石刻的。我忙问："刻字的石棚在哪？是什么样的？"

插话的老人说不上来，因为他也仅是听说而已。再询问周围的人，有的说有，有的说没有，莫衷一是。我们只好记下这一线索，谢过老人，向不远的另一个村庄前进。

一进村，我们先打听石围子的事，想不到，这里的村民不仅知道围子上有字，而且许多人还亲眼见过。他们指着村西南的群山说：围子就在南边最陡峭、山腰上有一片刺槐林的那座山上，字刻在围子里向阳坡的一块石棚上。这个线索使我们异常兴奋，我们交换了一下眼色，张馆长果断地说："走，上围子顶。"

听说我们要上围子顶，村民纷纷围上来劝阻，他们说，围子顶离这里十多里地，大集体的时候，村民上山搂草，曾踩出个毛毛道；单干后，生活好了，再也没有人到那里去了，道早就没有了，现在根本没法上。

我们耐心地告诉村民，我们是在做文物普查，只要有一点线索，就必须到实地进行考察。见我们执意要上，好心的村民告诉我们：从村南走，先上北边这座山，顺着山脊，翻过几道山梁，或许就能爬上了围子顶。

谢过村民的指引，我们整理好背包，开始向围子顶进发。

北边这座山，离村庄不远，山腰以下，已被村民开成果园，我们很快就翻了过去。再往前，虽然山上的草还不算茂密，但已经没有路了，只能凭着感觉走。

又翻过了两个山头，我们都已经累得气喘吁吁。惯走山路的原文物管理所副所长老唐提出从半山腰直插围子顶。想到还要翻两座山，我们心里都有点打怵，便同意了老唐的建议。

山脊虽然也不好走，毕竟还有下脚的地方，而山腰到处都是松树、柞椤树，密密匝匝的。树的间隙里，不但杂草丛生，更可怕的是在杂草中还伴生着一丛一丛的棘子，棘子条又细又韧，上面密密麻麻的刺又尖又硬，一不小心被它划一下，那种感觉，就像在战场上被一排子弹扫在腿上。我跟在他们后面，才走了十几步，就再也无法前进了，眼看着他们消失在树林草丛中，我只好退回山脊，咬着牙快步沿山脊追赶他们。

翻过了一个山头，眼前却是好几个相似的山头。哪一个是围子顶呢？我正在犹豫，手机响了，是张馆长的电话。原来四人都走散了，走在最前面的他已经爬上了前面的一个山头。他让我们一个人盯住一个山头，保持通讯畅通，发现目标，及时互通情报。通完电话，我擦了擦汗，整了整背包，隔着树丛，辨别了一下方向，决定向最东面的一个陡峭的山头发起"进攻"。

到了半山腰，我爬上一块突兀的大石棚，远远地向山头望去，隐隐约约看见山头上好像有几道墙。我忙取出相机，用长焦镜头把山顶拉近，几道石砌的围墙出现在镜头里。我一阵惊喜，顾不上喘一口气，攀着树杈，扯着杂草，一鼓作气爬上了山顶。果然，这就是我们要找的围子顶！

我站在围子顶的最高峰，用手机向其他队员报告了喜讯，并让他们确定了我的方位。直到这时，我才感觉到疲劳，衣服都被汗水湿透了，两腿像灌了铅一样沉，装满普查资料和各种仪器的背包，一下子好像变得重似千斤，压得我一屁股坐在了石头上。

半个小时后，队员们都爬上了围子顶。我们休息了片刻，便按分工开始勘测石围子。在他们上来之前，我已经拍完了资料照片，并对围子顶进行了初步记录，现在，我们测量的测量，绘图的绘图，不一会儿，就完成了对石围子的登录，然后，便开始寻找那块我们心仪的刻着字的石棚。

谁承想，找围子不易，找石刻更难！我们四个人围着围子上下转了好几圈，几乎摸遍了每一块石棚，就是没找到石刻。张馆长看了看表，已经两点多了，从不到九点开始爬山，到现在已经五个多小时了，时间和体力都不允许我们再在这里逗留，只好决定下山。

为了节约时间，我们没有走原路，而是以离围子顶最近的一个小村为目标，从围子顶最陡峭的东坡直接下山。

一路无话。到了山下，我们遇到一个正在修剪果树的老人，当他得知我们正在寻找石刻，就指着围子顶说："你们找错地方了。从围子顶往下看，有五棵松树，刻字的那块石棚就在第二棵和第三棵松树之间。"

回到村里，我们默默地吃着自带的干粮。想到刚刚与石刻失之交臂，普查资料未能圆满，心里都有些不甘。张馆长看了看我们，又看了看远处的围子顶，沉思了一会，说："明天，咱们博物馆全体人员都来，请老人带路，再上围子顶，一定要找到石刻！"

第二天，我们博物馆除留下一名副馆长值班，其余所有人员分乘两辆汽车，直奔围子顶下的小山村上庄沟。

进了村，我们先去找昨天遇到的那位老人，不想他已经上山了，我们只好自己上山。临行前，张馆长进行了分工：他、老唐和我三人作为骨干，先行上山，找到石刻，制作拓片；其他人员随后跟进，副馆长和一名老同志在最后负责安全；并强调要轻装上阵，安全第一。

从上庄沟上围子顶，虽然比我们昨天上山的路近了一大半，但这里山势陡峭，有的地方必须手足并用，攀着岩石才能上去；途中虽然少有棘子，却要穿过一片密密层层的刺槐林。刺槐的刺与棘子不同，又长又硬，扎在身上，针针见血。依然是张馆长和老唐手持砍刀在前面披荆斩棘，其他人紧跟其后，只有目标，没有道路，钻树丛，攀岩石，东一头，西一头，不一会就累得上气不接下气，队伍中的两员女将，更是香汗淋淋，长长的秀发上沾满了枯草和落叶。

我们三人先爬上了围子顶，按照昨天老人说的方位，开始寻找石刻，找了半天，只有石头，不见文字。这时，大队人马也来到了山顶，大家分散开来，在围子周围反反复复几个来回，依然不见石刻的踪影。张馆长和大家商量了一下，决定派两名同志下山，请昨天那位老人山上带路，其他同志暂时在山腰休息。

两个小时过去了，山林中突然传来狗的叫声。随着声音望去，两位老人出现在山坡上。原来下山的同志找到了那位老人，说明了情况，老人为我们执著的敬业精神所感动，又找了一个当年一起上山看石刻的老哥，连午饭都没吃，就匆匆上山。

接上老人，我们第三次爬上围子顶。老人抱歉地说：来的时候，他们俩又一起仔细地回忆了一下，可能是昨天他记忆有误，给我们指错了方位，石刻应在围子里东南的一块石棚上。我们和老人一起在草丛中寻找，终于在一块不大的石棚上找到了石刻。我们怀着激动的心情，记录，测量，拍照，做拓片，有条不紊地完成了围子的登录工作。

这就是我们三上围子顶的经过。爱岗敬业，为后人负责，为历史负责，不畏艰难，锲而不舍，不放过任何一条线索，我想，这就是我们文物工作者的责任感、使命感，这就是我们文物普查的精神所在。

探寻凤凰城址

曲阜市文物管理局第三次文物普查办室　杨　廷

凤凰山，在吴村镇九山之北，是曲阜、宁阳的界山，相传曾有凤凰栖落，故名。山上有石寨，称吴王城，又名凤凰城。清乾隆版《曲阜县志》记载："吴城在九山之巅，或云吴起所筑也。"吴起，战国时期著名将领，相传吴起曾率兵在此打过仗。1970 年在此处曾挖出铜镞及大量人骨，有的骨头上还带有箭头、铜剑等。又相传此处为宋朝呼延庆屯兵的山寨。凤凰城的种种传说，更增添了它的神秘性，我们决定利用这次复查的机会去探寻这座古城的蛛丝马迹。

10 月 24 日上午 10 点，我们邀请吴村镇文化站工作人员作我们的向导，一行十数人，一同探访凤凰城址。曲阜电视台的同志们为了制作一期介绍凤凰城址的专题片，也和我们一道同行。我们从红山子村北的山头出发，沿着崎岖的山路向凤凰山攀登。一路前行，大家兴致盎然。金秋十月，阳光明媚，满眼都是盛开的菊花，散发着沁人心脾的香味，放眼望去，一片片金黄色的橡子树，与附近的奇山怪石相互辉映，构成了一道道美丽的风景线。由于山路不常有人走，有的路段布满了荆棘，我们只得用砍刀一路披荆斩棘穿行而过。翻过几道山峦，豁然出现了一片开阔地，面前矗立着一块巨石，向导告诉我们，这就是老子石了。老子石处于悬崖上，下面是一条山涧，抬眼上望，对面山上竖立着形态各异的怪石，山石挺立峭拔，各有特色；郁郁葱葱的松柏，苍翠挺拔，与奇石相得益彰，描绘出一幅惟妙惟肖的天然画卷，此情此景顿使我们心旷神怡，大家顾不得身心的疲惫，纷纷在此拍照留念。

向导告诉我们，对面的山头就是凤凰山了，大家稍事休憩以后，沿着流水冲刷出来的道路又开始了新一轮的攀登。山路上堆满了石块，其中不乏人工加工雕琢过的各类形状的石块。行走在这苍松翠柏之间，畅想遐思，满身的疲惫顷刻间就销声匿迹了。此段山路极不好走，不时有大石块阻挡着我们的道路，大家互相帮扶着，缓慢前行。又经过近一个小时的攀登，我们终于登上了山顶，山上用石块堆砌的围墙赫然出现在我们眼前，这就是凤凰城址了。围墙顺着山脉，曲折起伏，构成了一道天然屏障。想见先人们，就是利用此围墙，打退了不知多少的来犯之敌。举目四望，连绵的山峦、俊秀的群峰前簇后拥，满山的花草树木在蓝天、白云的衬映之下，勾勒出一幅绚丽的画卷。大家信步向前走，居然看到有一处房舍，虽然向导已经说过山上居住着一对老人，但在攀登了几个小时后，亲眼看到山顶的房舍时，大家仍然压抑不住内心的激动，急速朝那处房舍奔去。房主是一对老夫妇，以前乃是山上护林人家，后来年迈体衰，就长住于此，以此处为家了，在山上，老人养着各类牲畜，开荒种植了多种蔬菜。时间已近下午2点，大家又累又饿，寒暄几句后，便掏出钱向老人买些黄瓜充饥，老人硬是不肯收钱，但我们还是执意把钱给了老人。我们向老人聊起了家常，向他了解关于凤凰城更多的故事。原来凤凰山顶乃是一大片四周高中间略低的平地，我们所见的石砌围墙就分布于四周，除了石砌围墙外，山顶上还分布着望星台、范家寨、北城门、跑马岭、饮马泉、拴马桩、卧龙滩、轿顶台、点将台及多处军事用途的建筑遗址等。另外，他还向我们讲述了呼延庆为避灾祸，而改随他姥姥家的姓，姓王，后来为了避免被夷族，又改为宁姓，取意为宁静之意，至今山北还有个名叫宁家庄的村庄。凤凰城址到底是不是呼延庆屯兵之处，文献记载太少，现已无法考证，但有一点可以肯定的是，凤凰城确实被当作山寨来使用。此处地势开阔，易守难攻，是一处理想的屯兵练兵之所。从地面遗留的遗物判断，多以明清时期为主，因而今天我们看到的凤凰城址估计是一处从春秋战国，历经各朝各代断续修建并使用的古城遗址。

我们随即对城址和各个遗存进行拍照、测量、采集 GPS 数据。由于年久失修和自然力量的作用，城址遭到了较为严重的破坏，原城墙高 3~4 米，现仅存约 1 米，并且城墙多有破损，城址中的建筑遗址也大部分已被破坏，现仅存跑马岭、饮马泉、拴马桩、点将台，且亦遭到不同程度的毁坏。现存城址东西最长 412 米，南北最宽 170 米，周长约 960 米，面积约有 5 万平方米。

当采集完各种数据，时间已近 4 点，我们与老人合影一张，恋恋不舍的踏上了返回的路程。夕阳西卜，金色的阳光洒在树叶上、岩石上，熠光闪闪，好一幅美丽的画面。

刻在曲阜历史的印痕
——元代碑刻"重修曲阜县廨记"随想

曲阜市文物管理局文物科（第三次全国文物普查办公室）　徐　冉　孔凡敏

在全国第三次文物普查之际，我们怀着一份沉甸甸的敬畏之情走进了曲阜市旧县村这古老、历经沧桑的土地。这是一片文化底蕴非常丰厚、留存着人类幼年足迹、充满着神奇的土地。那残存的城墙基址，破败护城河，似乎向我们呈现着曾经拥有的过去。

上古时期这里曾拥有过多彩的辉煌，"三皇五帝"中的多人与这里有着渊源。有史相传"黄帝生于寿丘"，此地即为寿丘，还有"少昊"之陵。

对此地普查过程中，我们在一村民家中发现一通元代碑刻："重修曲阜县廨记"。

该碑立于元至顺年间（1330年），通高2.2米、宽0.8米、厚0.15米。字为魏体，共19行，592字，较为详尽记录了县廨完全被毁于金乱之战的"治无完所"，中统三年（1262年）"创厅所，以聚民"，到至元二十二年（1285年）"创仪门，厨盖房数室"，再到皇庆元年（1312年）"莅政历岁绵以已皆新之正厅"，直到泰定丁卯年（1327年）"使人巍然有所瞻仰，甚为名邑之称"的过程，历经七十余载。落款为：济宁路曲阜县达鲁花赤兼管本县诸军奥鲁劝农道僧　至顺改元冬孟上旬有□日前尉吏王居敬朱公政李伯直立。

此碑的发现对与了解、认知和研究本地的人文、历史提供了真实的实物资料。

在这刀笔世界里，镌写着历史的点滴，笔画中拨弄着我们的思绪。聆听那遥远的刻凿声，震撼着我们的心灵。诞生之初的她凝重的环视着这茫然的土地，被无声地镶嵌在曲阜历史的记忆里。

"重修曲阜县廨记"碑刻的出现，使我们不由地想起了此地始建城池的宋代。宋真宗时这里经历了一阵喧嚣。宋真宗崇信道教，奉黄帝为圣祖。据《曲阜县志》记载：宋大中祥符五年（1012年）帝言轩辕黄帝降于延恩殿，谕群臣曰："朕梦无尊命之日，吾人皇九人中一人也，是赵之始祖，再降乃轩辕黄帝。"黄帝生寿丘，寿丘在曲阜，乃改曲阜为仙源，徙治寿丘。宋人张君房（官上书度支员外郎）在其《云笈七签序》中也自述了其事："臣吏职霜台作稽之吏……冬十月，会圣祖天尊降延恩殿，真宗皇帝亲奉灵仪，躬承宝训，启绵鸿于帝系……"由此看来真宗帝做了一梦无疑。他诚奉道教，竭力尽子孙之孝，于是，在寿丘前大兴土木，建起规模雄伟，崇宏壮丽的景灵宫观，供奉黄帝，又在少昊陵西南处筑建了一新城，即"仙源县城"。至此这里便成为曲阜有了文字记录已知的继周、汉鲁城之后的第三座古城池，同时此地也完成了一次蜕变，以本地域政治中心的面貌登上了历史舞台。

由于宋王朝崇儒重道的影响，致使朝拜黄帝、少昊、周公、孔子的王侯大臣，儒道学士纷沓而至，络绎不绝，经济文化呈现空前繁荣，大修了少昊陵，欲立"庆寿"碑及"无字碑"（俗称万人愁碑）。正当生机勃勃之时，钦宗靖康年间，金兵的铁蹄踏碎了这里的安宁，摧毁了这里的繁荣。北宋王朝营建的县衙、官观、庙宇等建筑及大批珍贵书籍史料付之一炬，化为乌有。欲立的无字碑，也是在这时刻弃之不顾没有完成而产生的。金统治了这块土地。金太宗天会七年（1129年）为证实自己的存在，又把"仙源县"改为曲阜。

这通碑刻的留存，唤醒着人们的记忆，她带着时代的烙印，填充着历史的真实，反映了元代当时曲阜的社会历史现状。

元代统治者也是尊孔的，曾在大德十一年（1307 年）七月"辛巳，加封至圣文宣（孔子）为大城至圣文宣王"。至大二年（1309 年）正月"丙午，定制大至圣文宣王春秋二丁释奠用太牢"。这也说明了儒家思想深刻的影响着元代的统治者。

旧县古城作为本地的统治中心，在历史的风雨中退出了，成为一古城旧址。钟楼、县廨早以消失在历史的长河中。她就像一个破败的历史舞台，留存着许多珍贵的文化元素、文物资源，元代碑刻就是这里的一个小小注脚，向人们昭示着、诉说着过去的辉煌与屈辱。

远远暖人村
——凫村普查随笔

曲阜市文物局文物科（第三次全国
文物普查办公室） 孙 芳

凫村位于曲阜城南 13 公里，东靠马鞍山，西临兖石铁路，南与邹城接壤，白马河从村落中流过，104 国道从村中由南至北穿行，村落现占地面积 190 公顷，2003 年被山东省评选为首批省级历史文化名村。据发掘，此村西 1 公里处，为新石器时代遗址。春秋战国时已形成临河而居的村落，亚圣孟子就生在此村。相传孟母仉氏洗衣于白马河畔，见凫鸟落入水中，视为吉祥之兆，故取名为"凫村"。村中东西大街路北孟子故宅，有门楼 1 座，上悬"孟子故里"匾额。内有正殿 3 间，殿内正中原有孟子父母塑像，现均已换为牌位。东院有神厨和更衣室。故宅西南有池约 3 亩，为孟母池。池之西南有孟母井，井台旁有清光绪年间立的重修"孟母井"石碑 1 座。故宅东有"孟子故里"木质牌坊 1 座。周边有白马河、马鞍山等自然景观。

据史料记载，凫村在清末以小白马河为界，东、西两部分各筑有灰土结构的围墙，高4 米，宽 2.8 米，周长 4000 多米，习称东、西寨。东寨设东、西、南、西南 4 个寨门，新中国成立后，因建房扩路，均已被拆除。此次普查，我们在凫村共发现古民居 15 座、古桥 7 座、围墙基址 1 周、寨沟 1 周、碑刻 4 通。由于人类生产生活活动的影响，大部分古民居已被拆除或者改建，部分古民居濒临倒塌。寨墙只剩基址，寨门现都已不存，仅剩门前石桥，石桥桥面大部分是居民用墓碑改建，寨沟绕墙址依稀可见。凫村古村落传统格局保存较为完整，以白马河环绕围成的村庄中心街区，民居整体风貌和空间特征基本保存，传统建筑空间变化丰富多彩，建筑造型朴素大方，具有一定的规模，在孔孟之乡历史文化传统街区中属于较为完整的街区之一。

小雪镇凫村古村落，寨墙、寨沟及寨门遗迹犹存，约50余间古民居散落其中，闪现着传统的民居理念，类似此村落的保存状况在北方已属少见，此村落的发现对研究当地的建筑风格及历史风俗习惯具有重要的意义。此外，凫村建筑格局错落有致，在空间关系、生态环境等方面具有一定地方代表性，在建筑历史及传统街区、传统民居建筑领域有较高的研究价值。

探寻中国的好望角
——成山头文物普查

荣成市文物管理所　董　娜

成山头，又名"天尽头"，位于山东省荣成市龙须岛镇，因地处成山山脉最东端而得名。成山头三面环海，群峰苍翠连绵，大海浩瀚碧蓝，峭壁巍然，巨浪飞雪，气势恢弘，是中国陆海交接处的最东端，也是最早看见海上日出的地方，自古就被誉为"太阳启升的地方"，有着"中国的好望角"之称，并于1988年被国务院批准为"国家级风景胜区"。

2009年1月9号，我们按照原定计划前往成山头进行文物普查工作。当天预报的陆地气温为-4℃，而三面环海的成山头必然会更冷，但是为了完成工作任务，我们没有退缩。

穿过东天门，一下车就觉得冷风扑面，又听说整个成山头遗址的范围很大，包括始皇庙、秦代立石、国际灯塔、大雾笛、秦桥遗迹以及成山头。其中，始皇庙还要测绘平面图，这就意味着要花比较长的时间用于测量。平时看着十分温柔此时却化身成悍妇的大海，但既然已经来了，而且路途遥远，那就要争取在这一天之内一次性完成所有的工作。

在东天门和成山头气象站简单地测量了几个点的GPS坐标和海拔高度，我们就奔赴始皇庙。

始皇庙位于成山峰下的阳坡上，原是秦始皇在公元前210年东巡成山头时修建的行宫，后来当地居民为了纪念秦始皇曾亲临此地，改建为始皇庙，这里也是全国唯一的一座纪念秦始皇的庙宇。庙内有前殿（日主祠）、正殿（始皇殿）、东殿天后宫、邓公祠、钟楼及戏台。前、正、东三殿青砖红柱、飞檐凌空，殿内日主、始皇巨大塑像金面王冠、神态威严。邓公祠内有光绪皇帝下诏北洋水师爱国将领邓世昌御赐碑及第一代修庙人、第一位老道长徐复昌羽化棺（清代出土物）。

原本想向成山头景区的负责人要一份始皇庙的平面图，可以节省一些画图的步骤，但工作人员告诉我们，经理目前不在，而且门票背面也没有印着景区的示意图，没办法，我们只能一切靠自己了。

拾级而上，跨过高高的门槛，海风吹得我根本无心欣赏始皇庙的神圣，只是在心里庆幸：幸好始皇庙的建筑物并不是很多，而且房屋结构也比较简单，我画图就可以省点时间，少挨点冻了。为了方便测量和数据记录，我必须先把整个庙走全，画出各个建筑的大致布局。冷风仍然不停的吹，不仅不断吹掀我的记录纸，手也冻得有点不听使唤了，肩干脆缩在一起，使我整个人都缩成了老太太。测量完就急着回到车里取暖，连庙门都没能跨进去，心里还是觉得有点遗憾的。

当年秦始皇东巡到成山头时，命丞相李斯写下"天尽头秦东门"6个字，并立碑于成山头山顶峰，即现在的秦代立石。明嘉靖年间，石碑遭雷击断成两截，上半截有字部分落入大海，而存于山顶的底座，高120、宽145、厚75厘米。据专家考证，此碑石质为水成岩，与成山石质不同，成为"秦代立石"记载的一个实物佐证。现在位于成山头的"李斯碑"就是仿秦代立石所建，上面用小篆所刻"天尽头秦东门"。由于秦代立石以前普查有比较完整的资料，我们就没有登上山顶峰。

坐回车里，还没缓过劲来就到了国际灯塔，灯塔东面约10米处为大雾笛，测了这两个点的GPS坐标和面积后，我们就前往真正意义的成山头——中国海陆交接的最东端。

走过观海长廊，当我站在三面通风的那一角时，两侧广袤大海的几股海风汇集在一起迎面向我吹来，强烈的海风推着我向后退，几乎令我喘不过气，也只有在这个时候我才会羡慕吨位比较大的人。

在陆地最东端有一块立石，上书"天无尽头"4个大字。其实这里原先是一块书写着"天尽头"3个字的石碑，但是几千年来的许多巧合使这里流传着一个宿命的说法——到了此处，当官的官运到头，经商的财运到头，治学的才气到头。这当然是迷信，但由于此说流传甚广，致使许多游客对天尽头望而止步，尤其是入海处刻有"天尽头"三个大字的石碑前面，更是一些人心目中的"禁区"。2006年，出于旅游发展的需要，西霞口旅游公司将原先的"天尽头"石碑替换成了现在的"天无尽头"石碑，以寓意"天无尽头，业无止境"，而"天尽头"碑则被西霞口旅游公司妥善保存了起来。

完成了全部的测量工作，返回时，我偶然抬头看天，太阳欲迎还羞，只是有些许光线从云层中透出，远处蓝黄相交的海面被风掀起阵阵浪花，配着海浪拍击岩石的声音，蓝天白云，碧波荡漾，恰巧又有些阴天，观赏此情此景不啻是一种享受，可惜今天天公不作美，没有机会好好欣赏，遗憾，遗憾。

"三普"走访工作中的望闻问切

日照市博物馆　张雪晨

在普查过程中，走访当地群众是不可或缺的一个步骤，在工作中占有相当的分量，从某种意义上来讲，这一步骤对普查工作的成效甚至起着决定性的作用。

在走访时，如何通过多方位多角度地采访走访对象，来获取需要的信息，并对这些信息加以有效而准确的判断，决定着走访工作成果的有效性。所以，我们在实施走访步骤时，不妨借用中医学望闻问切这一诊断手段来进行普查走访。实践证明，这确实是我们将第三次文物普查工作做好的一种行之有效的方法。

望闻问切本属中医诊断用语。望诊就是医生运用视觉来观察病人全身或局部的神色形态的变化；闻诊就是医生凭听觉和嗅觉辨别病人的声音和气味的变化；问诊即通过询问病人和家属，了解疾病的发生与发展过程，以及目前症状及其他与疾病有关的情况；切诊包括切脉和按诊，是切按病人的脉搏和触按病人的皮肤、手、腹部、四肢及其他部位以诊断疾病的方法。望闻问切合称四诊，四诊其实就是全方位观察和判断病症的手段。

将四诊移植到文物普查的走访工作中，是较为合适的调查手段。当然，这里所指的四诊意思已有所变化，并非是对病症进行诊断，而是借用四诊的观察方法，即通过观察环境、聆听叙述、诱导询问和综合判断对群众的走访，继而了解情况，得到我们需要的文物信息。

在文物普查工作中，我们可以将"望"理解为观察环境，并在这一基础之上通过走访得到我们所需的信息：在普查以前通过有针对性地对以往考古调查、考古发掘与第二次文物普查资料的加以分析，了解将要普查地域的自然环境和人文环境，从而判断出当地可能有新发现的不可移动文物以及其分布密度，并在工作中做好准备。这一点非常重要，例如：在日照地区，自上世纪30年代年迄今对遗址遗址的考古发掘和研究，以及中美联合考古项目使用区域系统调查方法证明，日照史前文化极为丰富，其中以两城镇遗址和尧王城遗址（二者都是国家级文物保护单位）为中心聚落遗址的龙山文化遗址和文物点数目达到了创纪录的水平，说明这里曾是龙山时代的中心聚落遗址。所有考古调查和考古发掘都告诉我们：日照地区的史前遗址多位于一些发源于五莲山脉短促河流的山前冲积平原上。所以，我们在去基层进行普查工作以前，在查阅地图和资料的基础上，按图索骥，对每个坐落在平原地带且又距离古河道较近的自然村落及其周边地区，根据其与核心聚落址的距离，仔细调查，在工作中有针对性地重点关注，做好有可能有新发现遗址的思想准备，做到有的放矢。运用这种方法的指导，尤其是再结合走访当地群众所得到的信息，我们在日照市的近水山前台地上，新发现了几处古聚落址。

"闻"指的是聆听叙述：在普查走访中，在时间允许的条件下可以尽量耐心聆听当地人对当地史实乃至传说的介绍，这样有时可以得到意外的收获。如笔者在日照市经济开发区金家沟村普查时，与走访对象座谈了许久也没有收获，但该走访对象最终回忆起多年前平整土地时，曾将近两米高的"蛎碴壳子"推平……这突然提醒了笔者——这可能就是我们多年来苦苦寻觅的"贝丘遗址"（鲁东南地区以前只在日照东海峪遗址发现有一处贝丘遗迹现象，见《中国文物报》3月23日2版《山东日照东海峪遗址发现贝丘遗迹》），于是要求对方带我们去现场调查，调查结果最终证明了我们的判断。可见，认真聆听走访对象的叙述，从中筛选出有用的信息是普查走访不可或缺的一步。

"问"指的是诱导询问：普查走访过程中，在每个村约谈长期生活在当地且有一定文化程度的走访对象，将"三普"工作的意义和目的进行宣传并要求对方介绍当地的文物古迹，一般来讲，这些都易于为走访对象所理解，对方也极易进入角色。但在这一过程中，须注意的是，诱导询问时，避免引导走访对象将普查等同于"寻宝"，且尽可能使用当地群众通俗易懂的方言进行询问，如古墓葬可以称为"老坟"，陶片可以称为"瓦碴"或"缸碴"，陶罐可以称为"泥罐"等等。这样有利于双方的沟通，相应地也就提高了普查工作的效率。多角度多层次诱导询问的沟通也利于我们在工作中纠正谬误——如我们在普查中在某个村庄发现农田里陶片较为富集，本以为可能是聚落址，但再经求证于当地民众和乡里的文化站长期从事文物保护工作的老同志，得知这些陶片是上世纪70年代从一个大遗址用车拉来沤肥所致，所以这种必要的询问就避免了工作的偏差。

"切"在走访工作中指的是综合判断：搞好文物普查走访信息的判断，如何在这众多的信息中去芜存菁、去伪存真，体现了我们专业知识和信息判断等诸方面的整体综合素质，也相应决定着普查的进度。如笔者走访中曾听一位村民介绍说，在一上世纪70年代修建的水库底常常有奇光四射，水下可能有大量金银财宝等等，其虽然言之凿凿，但对于我们要求去现场的要求总是避而不谈。在其后我们走访其他村民时得到的信息皆没有上述迹象的证明，再加上对这一水库周围环境的实地调查，我们以此为虚妄之说，不再浪费时间予以求证。

走访这一手段，早在过去的文物普查工作中就运用过。笔者只是借用了中医学望闻问切这一四诊的名词，再引申到文物普查的走访工作中，从技术角度系统化地细化总结一番而已。四诊虽然分为四个部分，但并不是分割开来的，而是有机的、综合的运用。在文物普查中运用这一手段，其实就是对走访所得到的文物信息，利用文博知识加以正确的综合判断，来有力地支持我们的普查工作顺利进行。

一生难忘的第三次文物普查

五莲县博物馆　孙全利

在经过第三次全国文物普查培训后，我走进了五莲县的山山水水，乡村的每一个角落，为在这块熟悉的土地上调查先祖留下宝贵文化遗产深感自豪。驱动我那激奋的神经中枢，涌动出齐鲁古邦的传统文化积淀，吸引我去追寻先人在这块热土上创造历史文明与现代文明的发展源泉。

现在的五莲县治地域，是 1947 年 5 月始建划定的，别看五莲县建县时间不长，全境总面积只有 1400 余平方公里，人口 50 万出头，可其辖区的历史极其深远，饱经了风雨沧桑。早在新石器时代，这里气候湿润、阳光温和、植物茂盛，自然条件优越，境内河流密布，土地肥沃，就有先人在里聚居、生活、繁衍，靠一双勤劳粗壮的大手创造出灿烂的文明史。迄今已发现的丹土遗址、东城仙遗址、牌古城遗址、董家营遗址、齐长城等多处大汶口文化、龙山文化遗址。

我们普查组由四人组成，馆长郭公仕任组长，成员为王峰、郑德杨和我，一地一山，一村一庄询问、了解、调查。首先看地理位置、深厚黄褐土、沿河高台地、地势开阔。其次看有没有陶片、瓦片、瓷片、红烧土块、文化层深度等都做了详细登记、分析，收获很多。

最难忘的是对九仙山老母阁的实地考察。由于这里山势十分陡峭，令人望而生畏，馆长要求我们必须轻装、胆大、心细、脚稳。远远望去，在山体悬崖峭壁上，有个圆形洞口，既有探寻之心，又令人不寒而栗，我尾随在郭馆长身后吃力地向上攀爬。年长我十余岁的郭馆长竟将我远远地甩在后面，对崖洞的好奇使人脚下生风，绝壁越来越陡，岩面毫无可供支点，只有上面下来一根绳子。峭壁坡度呈 80 度角。稍有闪失就会葬身谷底。正当我奋力向上攀登时，右脚打滑，身体顿时失去重心而下滑，只能下意识用身子紧贴岩石，双手抓紧攀登的绳子。因为绳子紧贴岩壁，手背划破流血，也没有感觉到痛疼，终于下滑身体在一处缓坡上停下，感谢老母阁的老母，总算保佑我逢凶化吉。当时尽管在海拔比较高山壁上，阵阵的春风吹来凉意，还竟然吓出一身冷汗。

在暂停缓坡处稍事休息，调整自己，心中有些犹豫了，是否继续攀登，有点失去勇气，向下望是万丈深渊，让人毛骨悚然，胆战心惊，往上看是很高的峭壁，向四周望，一览众山小，万寿峰、金鸽崖都在脚下。正在进退两难的时候，就听见郭馆长在上面说：一定要坚持、跟上，爬山跟自己人生一样。首先，不要怕，要有勇气去面对，永远不认输，不入虎穴焉得虎子。在郭馆长的几经鼓动下，当我再次匍匐着身躯，紧贴着崖壁向壁虎一样向上移动时，经过再三努力。终于到达老母阁洞口，展现在面前是一种超越想象力的天然洞，洞壁四周光滑如蛋壳。超越习俗的老母造像，造型优美、雕刻精细、惟妙惟肖、栩栩如生。

顾不得欣赏，就开始测量、拍照、绘图、坐标、登记填表。一系列的工作干完，已是中午12点多，每个人的肚子都饿得咕咕叫。我们又结队顺着原路返回，下山后，我们吃点干粮，又开始普查万寿山石刻、慈云石刻。在这一年多的时间里，我们完成了总普查任务的60%。共走访了340个自然村，20余座山头，普查文物点143处，其中新发现38处，复查91处，消失14处，每一处都留下我们的足迹和汗水。

我们踏遍千山万水，吃尽千辛万苦，说尽千言万语，询问千家万户，克服千难万险。对五莲县境内的遗址、石刻、古墓葬、祠堂、古建筑、桥等都有了第一手资料，特别是对遗址、祠堂、古墓葬等地理位置、自然环境、人文景观、自然损坏、人为破坏等都做了详细的记录。为搞清楚捡回来的标本，郭馆长又从省考古队的队长刘延长请来，向我们授课、指导我们学习，使每个时代的陶片、瓷片、瓦片等在我们的脑海里有新的收获。经过系统的理论学习和野外工作实践相结合，我进步很快，完成了从不懂到懂，从懂到专业的转变。感谢第三次全国文物普查，让我一生受益。

在路上

聊城市文物局 田利芳

迎着清晨的第一缕阳光，将朝霞和期冀一起装进行囊，喷薄的朝阳和晶莹的露珠为我们饯行。上紧时光的发条，我们出发了。

将亮铮铮的探铲插入文明的地层，历史伴着苍老沉重的呼吸顷刻间苏醒；用GPS定位坐标高程，一个个找寻中华文明的穴位；手中的卷尺盘旋成文明的年轮，量测岁月的留痕；按下快门，用镜头定格沧桑历史后的容颜；用笔和尺仔细描绘每一处文化遗存的轮廓，就像描画中华文明难以抹去的胎记；怀着虔敬的心，拣拾时光不小心遗漏的一件件标本，就像翻捡一枚枚历史的书签；在键盘上细心敲打每一个字，每一个标点，字里行间都弥漫着历史特有的醇芳和余温。

余秋雨说："废墟是古代派往现代的使节，经过历史君王的挑剔和筛选。"普查是对话的过程，通过"使节"同历史对话的过程；是阅读的过程，阅读各个时代的刻铭，阅读被岁月啮蚀的断简；是追寻的过程，追寻历史的脉络，追寻文明的足迹；是感悟的过程，感悟历史，感悟人生。当温软的手指触碰远古的地层，抚摩破败的断壁残垣，划过石碑清冷的表面，轻抚油漆斑驳的门扉……仿佛穿越时光隧道，真切地感受到历史的余温和文明的心跳。

当你的双脚站在古遗址之上，举目四望，沧桑悲怆之感涌上心头。虽然它被岁月肢解了躯体，被时光带去了血肉，但它的魂魄还在，就躲藏在萋萋的荒草中，隐匿在幽幽的沟壑间。抓一把远古遗址上的黄土，远古的足音在指缝间游走，远古人类用长矛猎取野兽，围着篝火舞蹈的场景浮现眼前；低头俯视被车辙碾压、马蹄踩踏过无数次的古道，多少行旅客商在这条古道上打马缰驰，歇脚打尖，多少战报、文书、牵挂、思念在飞扬的尘土里传递；置身悲壮的古战场，远古的勇士曾用鲜血祭奠过这片土地，金戈铁马，旌旗猎猎，杀声震天，迎面吹来的风里都感觉有一丝血腥味。洞穴址、矿冶窖藏、水利设施遗址、祭祀遗址、桥梁码头遗址、水下遗址……所有的遗址都是历史记忆的载体，因为有了历史的积淀，这片土地才显得格外厚重。

当你走过一座墓葬，仔细辨识墓碑上的文字，跌宕起伏的人生被压缩成一块清冷的碑，其中的酸甜苦辣就嵌在碑文的平仄韵脚里。无论是青史留名的帝王将相，还是名不见经传的贩夫走卒，人生几十载寒暑在历史的长河中不过是一滴水。人有生老病死，历史有兴亡交替，两者的运行轨迹如此相似，都在坎坷中磨砺，在挫折里涅槃。当生命之烛最终熄灭，人就开始永恒的长眠，凭吊逝去的人生，就是凭吊逝去的历史。

当你站在一座古建筑面前，面对的不再是毫无生命的砖瓦，更像是在冬日午后晒太阳的鹤发老者，神态平静而祥和。一座座老建筑孤独地屹立于都市的钢筋水泥丛林中，风吹日晒，斗转星移，始终微笑着面对路人，面对一个不属于它的时代。富丽堂皇的宫殿府邸，红砖碧瓦，回廊构架，多少经世治国的宏论、匡济天下的方略甚至政治斗争的腥风血雨都蛰伏在秦砖汉瓦间，多少家族兴衰、世风流变都掩藏在墨绿的青苔里。普通的民居老屋，灰瓦红墙，油彩斑驳的门楣变作历经风雨的皱纹，屋顶上齐膝的荒草犹如缕缕华发，无声诉说着曾经的家长里短。亭台楼阁、学堂书院、驿站会馆、店铺作坊、牌坊影壁、寺观塔幢、苑囿园林、桥涵码头、堤坝渠堰、池塘井泉……阅读古建筑就是欣赏能工巧匠和岁月共同的杰作，就是聆听一曲曲"凝固的音乐"。

面对一座座风格各异的石窟造像，你会不由得感叹坚硬冰冷的石头经过能工巧匠的雕琢，仿佛受了点化，瞬间有了生命，沾染了些许佛的智慧和慈悲。面对一组组精美的石刻，你会强烈感受到"横竖点撇捺"、"楷草隶篆行"的永恒魅力，一块块顽石经过文人墨客的题记咏叹，无意间偷得三分文采、七分墨香。石窟寺、石刻、碑刻、岩画……经过匠人和岁月之手的点化，石头也有了灵气，成为悠久历史的不朽华章。

当你流连于一处处近现代重要史迹和一座座优秀建筑，眼前随即浮现出中国近现代史的壮丽画卷。100多年风雨兼程，留下多少可歌可泣的故事，留下了多少精英枭雄的足迹，又留下多少重要史迹和优秀建筑。它们是中西文化交融、碰撞的产物，是这段激荡岁月的见证人。推开掩蔽许久的门扉，一段风云际会的历史随之苏醒了。置身荒弃的老厂房，耳边响起机器的轰鸣声，老旧的机器设备被工人的汗水和逝水流年啮蚀得锈迹斑斑。重要机构旧址、纪念地、名人故居、工业遗址、老字号……有些已经在挖土机的轰鸣中消失，它负载的一段历史也随之消失在飞扬的尘土里；有些被妥善地保存着，成为一段历史岁月的标本；有些"华丽转身"被改造成创意产业园区。虽然属于它们的时代已经谢幕，但相信在新的时代它们会重新焕发出青春。

文明的遗迹丰富灿烂，普查的过程充满艰辛，顶风冒雨，翻山越岭，风餐露宿，我们用手中的纸笔和镜头，借助卫星遥感和航空拍摄等技术手段，复查记录在案文物的现状，登录众多新发现的文明印记，记录那些已消失的遗迹，源源不断地充实着祖国的文明宝库。我们用双脚探寻文明的踪迹，用汗水收获希望，心灵也变得丰盈而充实。我们不会忘记酸疼的脚掌、辛苦的汗水、磨起毛边的草帽和手套，不会忘记划疼双颊的玉米叶、让人心惊的犬吠，同样也不会忘记坐下歇脚的青石板、轻叩柴扉讨要的一碗清水、清洗标本的小河……

走过三伏重九，穿过风雨雪霁，跋山涉水，风餐露宿，沾一脚泥，带一脚水，搜寻一峡风干的青史，探寻文明遗存的身世。没有比人更高的山，没有比脚更长的路。在路上，留下一串串或深或浅或隐或现的脚印，经岁月风化，幻化成文字，成为历史的另一种注脚。

纸上得来终觉浅，绝知此事要躬行

——第三次全国文物普查心得

聊城市东昌府区文物保护管理所　姚秀华

东昌府区第三次文物普查工作于2008年5月全面启动，并取得可喜成果。有幸作为普查工作人员，参加了这次大规模的文物普查活动，经过半年多的努力，无论是工作还是自身都受益匪浅。古物遗址的沧桑，让我感受什么是历史；艰苦的工作环境，整日马不停蹄的跋涉，让我知道什么是辛苦；大量民间文物的调查与发现，一个个惊喜的呈现，让我懂得原来辛苦是快乐的。感受有三，总结如下：

一　感受历史的智慧是一种苍凉

随着文物普查工作的开展和进行，我们的足迹开始随着历史的脚步而漫延。从悠久的堠堌汉墓，到近代的范筑先将军纪念塔，还有离我们很近的孔繁森故居，让我全身心的浸在历史的长河中，或凄凉、或悲壮、或惋惜。

我们中国人有一句话"盖棺论定"，一个人好与坏，要在棺材盖下去的时候才可以作结论，在文物遗址的面前显得更为确切。站在民族英雄范筑先将军的纪念塔前，我仿佛感觉了聊城昨天的硝烟弥漫，仿佛听到了那撕心裂肺的冲杀声，我仿佛看到了那高高的范司令在我的眼泪中倒下，我不得不反思，如果在民族大义面前我将如何取舍？真正的民族气节到底是什么？我的步子随着历史的年轮而前行，我来到了那所再普通不过的农村民居前。我的眼睛模糊了，"是七尺男儿生能舍己，作千秋鬼雄死不还乡"的誓言响彻在我的耳边。他，是一位党的好干部，终身献给了异土——西藏阿里。山东聊城是他老家，但他却为了党的事业，毅然两次选择了离开他那熟悉的家乡，离开了他年迈的老母亲，诀别了体弱多病的妻子和还未成人的孩子。孔繁森的精神每一刻都演绎着高尚，也铸造着伟大。他的一生没有注解，他的碑文没有刻着高尚，但是历史的风风雨雨终会将它打磨的雪亮。

也许，岁月能改变山河，也能改变一个人，但历史将不断证明，有一种精神永远不会被改变。那种崇高、忠诚和无私，注定超越时空，矗立于历史洪流之中，成为人类永恒的追求。

二　彻底的文物普查是一种辛苦

除城区以外，东昌府区有一千多个行政村，我们所人手少，加上 GPS 在雨天效果不好，要在国家规定的时间内完成野外普查，任务难度不小。所以不管天上的太阳有多热情，我们依然要出门去。现实中的难度也造成工作上的辛苦，具体体会有二：

一热：记得 7 月 3 日我们去湖西办事处傅家坟复查，傅家坟系清顺治三年状元兵部尚书傅以渐的墓地。茔地坐南面北，占地 80 亩。因 7 月 2 号刚下过一场雨，太阳在天上一照，地面的湿气往上走，人在其中简直像在蒸笼里一般，走一圈下来，衣服湿透了，头也晕了，好几天都没有缓过来。

二险：6 月 26 日，我和同事去堂邑孔繁森陈列馆复查，院子不是太大，种了很多的花草，我正在大厅里里拍照片，忽听一个同事惊叫了一声，忙出去看，只见负责 GPS 定位仪的同事脸色煞白站在那儿，原来他刚才差一点踩在一条蛇身上。虽然知道北方平原地区毒蛇不是太常见，可猛一出现，也真让人心跳过速呀！同事开玩笑地说："不行，咱回去得让领导一人给买份保险，万一因为'三普'工作牺牲了，算不上烈士，咱也能得到点赔偿呀！" 7 月 7 日在凤凰办事处谭氏家庙，谭氏家庙建于清同治十年（1871 年），高大门楼，悬有"谭氏宗祠"匾额，正堂三间，门上有"报本堂"，正堂有"春露秋霜"的匾额。东西两厢六间，皆青砖布瓦，南木架造，院内立有石碑。这是一个保存较好的宗祠，在东昌府区比较少见。局部的照片拍好了，就差一张整体照，没有它就反映不出建筑的整体特点和全貌，环顾四周，没有找到制高点，只有南面民房的屋顶才合适，走过去，敲开老乡的房门，说明来意，老乡倒是很热情，可是没有上房的梯子，只好在墙上放个椅子，椅子上再放个小凳子，人站在小凳子上，再爬到屋顶上去，真有些心惊肉跳。

　　工作虽然辛苦，可是我们总是为能有新的发现，为能拍到符合标准的照片，感到开心和兴奋。

三　可喜的工作成绩是硕果累累

　　普查工作开展以来我们走遍了古城区内53条古街巷，并把足迹遍布到东昌府区的大小乡镇村落，即发现了不少的古遗址，古建筑，同时也让自己在业务上有了长足的进步。

　　这半年我们发现的古建筑有二十几处，石刻有五十多个，遗址有十几处。普查工作虽然很累很辛苦，但我觉得学到了好多东西。以在聊城植物园发现的明朝墓志铭为例，这一合墓志铭均高63、厚15、宽63厘米，保存较完整。一为标题，一为内容。标题的字体为小篆，有30个字，是"明诰赠通议大夫山西按察司按察使可斋韩公暨配封太淑人王氏墓志铭"，内容字体较小，为楷书。为了更好的了解墓主人的生平，我们准备制作拓片。我虽然上班也有几年了，但多是做文字整理方面的工作，制作拓片是第一次。先是把石碑清理干净，按石碑尺寸裁好纸，同事拿出一个喷壶来往碑上均匀地喷水，我问他那里面是什么？他说是用胶水配制的水，其实拓碑最好用白芨水，白芨这种植物在熬煮之后，能制成带有黏性的液体物质，是古人拓碑常用的材料之一，它的黏合性很好，但和我们常用的糨糊不同，用白芨黏合的宣纸从碑上拓下来比较容易。我们没找到，所以就自己用胶水来配制了一些。两个同事一人拿着纸的一端，对准石碑慢慢往下放，还有一个同事迅速用毛刷把纸从中间往外刷，把有小气泡的地方都刷出去，让纸与石碑之间拓平，把纸平服地贴在石面上。在等待纸稍干一些的时间里，同事热心地对我说："用于拓碑的是宣纸中的'皮宣'，拓碑刻用纸也是很讲究的。太薄易破，太厚不能呈现笔锋，此外纸还要有韧性。"我听了点了点头，原来拓石碑还有这么多讲究呀！纸干一些了，同事拿出一块拓布铺到石碑上，就拿起一个很硬的毛刷往布上砸，一人负责拓碑的一角，过了一会，布上竟有一些字的形状了，我看他们砸的起劲，也想试试，接过刷子用力往布上砸，七八下还行，时间长了，手磨得生疼，胳膊也发酸，真是应了那句话了"事非经过不知难"呀！他们说此时还得注意用力轻重适宜，轻了石碑上的字拓不上，重了纸又破了。砸得差不多了，把布揭开，就可以上墨了。用两个拓包上墨，我们的"拓包"是用白布包棉花和塑料纸（用塑料纸是为了防止墨往里渗透的）做成，内衬布两层，一头绑扎成蒜头形。先是把扑包喷水潮润，把墨汁倒一些在盘子里，用扑子揉匀，先干淡轻打，层层打上，墨色逐渐加深。扑三四遍墨见黑而有光就可以了，碑上的文字也渐渐显现出来。但听说也要掌握好时间，纸湿容易渗，纸干了扑的时候又容易起来，拓不好。我感觉制作拓片真是件很繁琐的一件事，它既是体力活儿，又是技术活儿。

第三次文物普查，我们看到了很多从没有见到过的文物遗产，学到了书本上怎么也学不到的东西，更体会到了日常无法体会到的生活。

夕阳西下，天已入冬，当我们拖着疲惫的身躯，捧着丰硕的果实，回到家中。2008 年度第三次文物普查已告一段落，可留给我们的是长长的思考和久久的回味，我们的工作并没有结束，文物工作任重而道远。

东阿县邓庙遗址发现记

东阿县文物管理所　李清洪

2008 年 5 月下旬，正值小麦成熟季节，我们一行三人肩负着历史赋予的神圣使命，首先在姜楼镇邓庙村开展了文物复查试点工作。

邓庙村位于东阿县西南部，距县城约 16 公里。该村现有总人口 1000 余人，以种植农业为主，交通便利，为东阿县新农村建设中的重点村之一。目前，村内坐落着威武庄严的武当庙、雕刻艺术精美的宋元石造像、构筑奢华的汉画像石墓、清代碑刻等，这些文物都是邓庙村的历史见证，更是邓庙文化渊源的载体。

5 月 28 日下午，阳光高照，天气炎热。当我们在进行邓庙汉画像石墓复查工作的同时，又在墓周围和沟壑之间发现了一些散落的陶片。嘿！这里难道是一处古遗址吗？

为了证实这一问题，我们首先用探铲，在汉画像石墓东 15 米处进行了勘探。在耕土层 0.3 米以下见文化层，文化层厚 0.6 米，土质黑色，带有一些碎陶片，此地为一处古文化遗址，确定无疑。

遗址的发现，对于参加文物普查的每个同志来说是件大喜事。那么，遗址为何时代？分布情况及范围如何？对于这些来说，大家都还是一个未知数。为了搞清这些问题，我们按照遗址调查的基本要求，一是标本采集，二是遗址勘探，三是分析论证。然后，我们按照以上步骤，对邓庙遗址进行了全方位的调查和勘探工作。

我们根据勘探情况来看，遗址文化层深浅、厚度不一，有的地方仅淤泥就达 1 米多厚，所以勘探起来十分的费劲。在勘探过程中，同志们对每探铲勘探的情况，都进行了编号、登记，并做了详细的记录（如土质变化、文化层厚度、遗迹遗物等）。同时，我们又在遗址上拣到一些磨光黑陶罐、钵、红陶鬲、鬲足、灰陶罐口沿，纹饰有方格纹、绳纹等陶片。而采集到的这些标本，对于我们研究遗址时代的起源、文化性质等有关问题提供了重要的实物资料。

遗址勘探是田野文物调查工作中的一项体力劳动。同志们经过艰苦的劳作，都不惜余力，虽然累得汗流浃背，手上磨起了血泡，谁也没有叫苦叫累。此时此刻，当地文化站长看到这种情景，深受感动，他说："你们这种工作精神太敬业了，是我永远学习的榜样。"他接着又说，这样不行，你们太辛苦了，明天我给村里的干部说，让他在村里派两个民工来帮助咱们工作。

第二天（29 日）上午，继续对遗址进行勘探和调查工作。然后，我们在昨天下午勘探的基础上，又在遗址东北部进行了勘探，发现文化层厚度达 2 米之多，内涵丰富。当我们在做记录之时，村里派来得两个民工果真到了。我们对他们的到来，深表感谢！

前来帮助工作的两位民工，年龄在 48 岁左右，身体强壮。文物勘探对于他们来说，属于一个新生事物，光有力气是不够的，还得需要有技巧，只有这样，勘探起来才会省劲省力。为此，我们首先向他们做了以下示范，打探铲时，两脚站立要呈"八"字形，铲杆铲眼上下要直等基本要领。他们很快就掌握了勘探的技巧，配合我们对遗址分布范围的边缘进行了勘探。

两位民工热情高涨，谦虚谨慎，我们指到哪里，他们就干到哪里。他们这种吃苦耐劳的工作精神，令人敬佩，给我们留下了深刻的印象。

我们为了赶时间抢速度，顶着烈日酷暑，不怕疲劳，在两个民工的积极配合下，圆满地完成了邓庙遗址的勘探工作。然后，我们又对遗址进行了测量、绘图、拍照、定位等，使整个遗址的基本情况，已全部调查清楚。

邓庙遗址位于邓庙村东侧（现以汉画像石墓为中心），地处北纬 $36°14'06''$，东经 $116°09'47''$，海拔高度为 36 米。该遗址地势平坦，南宽北窄，南北长 246 米、东西宽 140 米，占地面积 34440 平方米。目前，遗址西部紧邻邓庙村，村内三条大街（前街、中街、后街）由西向东一直延伸于遗址，南、北面为耕地，东部尚有一条南北方向的生产路和水渠，西南部有一少部分被村庄所占压，约占压整个遗址的五分之一。邓庙遗址文化内涵丰富，分布范围广泛。我们从采集到的标本可识器形看，主要有龙山文化时期的黑陶罐、磨光黑陶钵、盆口沿、红陶鬲、鬲足、汉代时期的灰陶罐口沿等，纹饰有方格纹、绳纹、弦纹等陶片。再根据勘探调查分析，遗址文化层次明显，遗迹遗物充实，都具有龙山文化早期的特征。此遗址文化性质延续的时间较长，应为一处龙山文化至汉代时期的聚落遗址。可见，邓庙村早在四五千年以前，我们的祖先就在这里繁衍生息了。

一份耕耘，就有一份收获。东阿县邓庙遗址的发现，为我们研究鲁西北地区新石器时代的区域类型、文化谱系等，都具有较高的学术价值。

创新——来源于基层、来自于实践

河南省文物局　陈爱兰

2006 年 6 月 14 日，河南省政府在郑州召开河南省第三次全国文物普查工作动员大会。省委常委、宣传部长、副省长、河南省第三次全国文物普查领导小组组长孔玉芳出席会议并作重要讲话。会上，孔玉芳副省长要求全省 18 个省辖市主管文物工作的副市长和省直有关部门负责人要充分认识开展第三次全国文物普查的重要意义，站在讲政治、讲责任、讲大局的高度对待这项工作，要确保领导到位、保障到位、配合到位，为文物普查的顺利开展提供组织和后勤保障。也许是女同志特有的细心和责任，会后，孔玉芳副省长特意叮嘱我，要把第三次全国文物普查作为河南当前最大的文物保护工程来抓，时段要提前，质量要提高，工作要走在全国前列。肩负领导期望和重托，我深感鼓舞和责任重大。因此，在具体指导文物普查的工作实践中，我十分注重来自于基层的实践经验和工作创新。因为时常感动于普查工作中基层文物工作者的创造和发明，愿于此选择一二与大家分享交流。

一幅影响广泛的文物普查宣传册页

作为第三次全国文物普查试点省份，经过 2006 年的实践探索，河南省文物工作者对文物普查的认识更深刻，准备更充分。因而，当《国务院关于开展第三次全国文物普查的通知》下发后，各种形式的宣传活动随之在全省启动。其中，省文物普查办公室精心创作的一段宣传词影响广泛："河南省第三次全国文物普查工作已经全面启动，这是一次对民族历史文物遗产的全面普查。请把你知道的告诉我们，也许一片瓦、一块砖就是一段历史；请把你发现的告诉我们，也许一块石头、一块残碑就是一个故事；请把你听到的告诉我们，也许一个传说、几片碎语就是一个文化空间……总之，你能告诉我们的，就是我们想知道的。让我们一起把昨天的历史寻找，把今天的文明延续，为中华民族明天的辉煌贡献力量！"这份文物普查宣传册页于 2007 年 6 月全国文化遗产日期间印发后，各地文物普查办公室以不同的形式印制转发，有的是宣传彩页，有的为张贴画，有的则印制成公告或告示。形式各异的文物普查宣传材料张贴到全省各地的城镇乡村、大街小巷。因内容通俗易懂，语言琅琅上口，深受群众欢迎，第三次全国文物普查几乎是家喻户晓。广大群众纷纷参加到普查工作中来，有的提供文物遗存线索，有的做义务向导。仅开封县文物普查办公室统计，在短短的三个月内，他们就收到有价值的普查线索 200 余条。在西华县文物普查座谈会上，一位 92 岁高龄的老人争先发言："让我把知道的都告诉普查队员，如果我不说，以后就没有人知道了。"2008 年 4 月，我到地处偏远的台前县调研文物普查工作，不时可见张贴在街道两旁的文物普查宣传画。当我询问是否知道第三次全国文物普查时，很多群众都知道一二，有的还表述得相当详细，甚至能熟练说出我们的宣传内容。一位曾参加过解放战争的老船工，主动向我们介绍 1947 年 6 月刘邓大军在台前县孙口村抢渡黄河时的事情经过、渡河地点和有关遗迹遗址等等。通俗易懂、活泼多样的宣传，使文物普查深入人心。

一页科学规范的文物普查工作流程图

走进焦作市文物局以及所辖五区四县的文物普查办公室，首先映入眼帘的是一幅规格统一、印制精美的田野调查工作流程图。这个工作流程图分三大部分，每一部分又分别包含多个细流程。这里简要介绍工作流程图第一大部分的定：首先完成前置作业，包括收集本行政区域相关文献档案资料、地理信息资料、区域信息资料。确定本行行政区域内需复查的不可移动文物名录。在这个子项下，制定田野调查工作计划。明确工作目标、队伍组织、人员分工、技术线路、工作时限、资金设备、交通联络、调查方式、保障措施，成果形式等。限于篇幅，这里不再逐一介绍。在这张工作流程图的规范下，焦作市的文物普查工作正在顺利开展。

其实，提起这张文物普查流程图，其设计并不是焦作市的首创。它原是我省另一地市许昌市文物局在工作实践中摸索总结的，后经周口市等地文物普查工作者在工作实践中逐步完善，最后得以在全省推广。焦作市狠抓落实，把这张流程图贴到了焦作四县五区文物普查办公室的墙上，记在了每个文物普查队员的心里，落实到了每一天的工作实践中。同时，他们还精心准备其他文物普查资料汇编，如县乡村文物保护网络图、文物分布一览表、地名词条选、地形地貌图等，为普查工作提供了方便。这些来源实践又在实践中反复修改完善的工作程序，规范了全市的文物普查工作，保证了普查质量。可以说流程图在焦作市生了根、开了花、结了果。

一份感人至深的古建筑普查要诀

古建筑，按群算，

查进数，量长宽，

论朝向，中轴线，

大门、二门、大殿、二殿、寝殿、坐北南。

两厢房，前后院，

顺山房，连着山，

垂花门，建中间，

倒座、平座、照壁、影壁、门楼、有套间。

……

这是郑州市各县（市、区）文物普查队员人手一册的古建筑普查歌，也可以称为古建筑普查要诀。古建筑普查歌共有 13 段，详细体现了古建筑的特色和普查要领。文中仅仅摘录了其中的前 2 段。其内容既是古建筑普查的要领，又是文物知识的积累。要诀的首创者是郑州市老文物干部于小兴、冯百毅等同志。这些退休多年的老一代文物专家宝刀不老，积极投身于此次文物普查第一线。因为参加过第二次全国文物普查工作的同志多数已经退休，这次文物普查的主力多为年轻人，文物知识不全面，以老带新，培养和锻炼青年队伍就成为这次普查的重要任务之一。据 2005 年底一份统计资料表明，河南省文物工作者共 8000 余人，其中半数以上年龄不满 35 岁、从事文物工作的时间不足 10 年。这些人年纪轻，素质高，上进心强，适应工作快。但是，他们缺乏文物普查的基本知识和实践经验，虽然经过层层培训，掌握了一些文物普查的基本方法，但文物普查是知识和经验的积累，老师手把手的传帮带会起到书本无法替代的作用。

一首发自肺腑的文物普查队员之歌

2008 年 5 月 6 日，河南省第三次文物普查工作现场会在沁阳市召开。沁阳市的 20 名文物普查队员满怀激情，为会议代表演唱了由文物普查队员辛中山同志创作的文物普查队员之歌——《我是文物普查队队员》。"我是文物普查队队员，普查的任务担负在肩。祖国的信任是我的骄傲，党的关怀给了我力量无限。我沿着崎岖羊肠板道寻找那前人文化遗产，我在那险要的悬崖壁上，记录着石窟遗迹的文化内涵……"听着文物工作者自己的歌，与会人员群情激昂，整个会场充满了生机活力。辛中山，一位普通的文物普查队员。今年 4 月，我曾在沁阳市的文物普查现场见到过他，看上去，他并不年轻，身体也不算强壮，但在繁忙的普查工作之余，坚持为辛勤的文物工作者搞些创作，抒发基层文物普查队员的情怀，充分表明了对文物事业的忠诚和挚爱。也许，与名曲名段相比，这首歌没有华丽的词藻，没有优美的旋律。但是，它是广大文物普查队员发自肺腑的心声，它给大家带来了力量！我们相信，这首歌会伴着文物普查的逐步深入而传遍中原大地，将随同普查资料的整理归档一同成为祖国珍贵的文化遗产！

河南省的第三次全国文物普查工作正在深入开展，来自于基层的创新和经验推动着我们工作不断取得新的成果。在国家文物局和省委、省政府的正确领导与大力支持下，在基层文物干部和广大群众的热情参与下，我坚信，河南第三次全国文物普查工作一定会百尺竿头，更进一步。

追寻历史的感动——河南文物普查工作札记

河南省文物管理局　王瑞琴

河南省第三次全国文物普查工作已全面启动，这是一次对民族历史文物遗产的全面普查。请把你知道的告诉我们，也许一片瓦、一块砖就是一段历史；请把你发现的告诉我们，也许一块石头、一块残碑就是一个故事；请把你听到的告诉我们，也许一个传说、几句碎语就是一个文化空间……总之，你能告诉我们的，就是我们想知道的。让我们一起把昨天的历史寻找，把今天的文明延续，为中华民族明天的辉煌贡献力量！

河南省第三次全国文物普查工作自启动以来，得到各级政府和社会各界的大力支持，1700余名文物普查队员积极工作，古老厚重的中原大地又一次被这群追寻历史的人们感动，追寻者也被历史感动、被社会感动！

做追寻历史的主导者

毫无疑问，各级政府及其各有关部门是文物普查工作的主导者，河南省的文物普查工作得到了各级政府的高度重视和支持，河南省省委常委、副省长、省第二次全国文物普查领导小组组长孔玉芳在动员会上指出：无论怎么强调开展第三次全国文物普查的重要性都不为过，各级政府及有关部门要站在讲政治、讲责任、讲大局的高度来对待这次普查工作。文物普查是一项政府行为，各级政府要确保领导到位、保障到位、配合到位，为全省文物普查的顺利开展提供保障。就这样，在省政府支持、市政府支持，县政府支持，乡、镇政府支持，各部门支持……河南省的文物普查在一片支持声中扎实有效地展开。

孜孜追寻历史的人

蔡全法、于小兴、张怀银、李德芳……这是一个个在河南文博界闪光的名字，他们都在自己的研究领域作出过突出的贡献，均参加过前几次的文物普查工作，如今大都年逾花甲，但当得知要进行新的文物普查工作时，他们毫不犹豫地承担起了顾问、专家、领队的责任，并且奋勇不减当年地与年轻队员一起工作在第一线。特别值得一提的是三门峡市的张怀银、宁建民等同志不顾年事已高，带领市文物普查队员，认真学习有关文物普查的标准规范，钻研 GPS 卫星定位仪等新技术的应用，从深入老乡家里了解情况到张贴宣传布告，从古建筑测绘到文化遗址调查，从筛选信息到标本采集……他们都一丝不苟地、手把手地教给年轻队员，天气炎热不离开工地，身体不适不离开工地，家里有困难自己想办法克服不轻易离开工地……"那个地方我熟悉，我去"、"这处遗址我过去调查过，还是我去核实吧"、"能为自己热爱的事业尽点力，再累也高兴"……正在进行的文物普查工地经常能听到这些老文物工作者的话语，也正是这些老文物工作者不断提醒、鼓励、言传身教的影响和孜孜追求的精神，确保了河南省文物普查工作在汲取前几次普查经验的基础上得以稳步推进。

用心发现历史的"热心人"

在文物普查现场，活跃着一群既不是文物工作者，也没受任何单位派遣，甚至大都没有单位的"历史老人"，这是一群热爱民族历史、热爱家乡的人，是一群用心发现历史的"热心人"。新密市原政法委副书记郑国顺，一直喜欢文物，用老伴的话就是说"不吃不喝也要鼓捣那些古董"，退休后他更是把全部精力用在了自己钟爱的文物收藏上，这次他从电视上看到新密市要进行文物普查，二话没说就到了市文物普查办公室，坚决要求做义务文物普查队员；市中学退休数学老师裴发明老人退休后一直担任新密县衙文物保护组组长，在这次文物普查中他自发带领一批业余文物保护员在没有任何报酬的情况下，参加普查工作，自觉遵守普查工作制度。尤其令人感动的是新密市电业局退休职工郭焕章，不仅主动参加文物普查工作，并且把自家的丰田越野车贡献出来，喷上"文物普查"字样，自己当司机，免费为普查队服务。笔者到新密市了解文物普查工作时，郭焕章老人正在新密市岳村镇与几位当地的老人登记一处清代名人故居，他对抄写的碑文逐字研读，并不时询问有关问题，其认真程度俨然是一位历史学者。他说："既然搞一次普查，就要努力把问题搞清楚，这样才能对得起祖先，对得起国家的信任。"也就是中原人民这种"对得起"的朴素感情，使得这些"热心人"无私地为文物普查奉献着。"这次文物普查，多亏了这些老同志，不仅在一定程度上弥补了普查队伍力量的不足，而且提供了许多有价值的信息，也在全社会宣传了文物法和文物知识，实际上，这些热心人就是一只义务宣传队伍"，新密市文化局局长吕新中同志如是说。

在追寻历史的梦中成长

河南省现有文物工作者 6400 余人，比上个世纪 90 年代初增加了近两千人。这些新增人员主要来自大学毕业生、外系统调入等途径，大都有较高的文化素养和知识水平，但他们缺少实际工作经验或者说缺少像参加过第二次大规模的文物普查人员的实战经验，特别是那些大学毕业就进入文物系统工作的年轻人，需要艰苦环境工作的洗礼和汲取老一代文物工作者敬业、勤奋、执著的精神。文物普查正是一次很好的历练机会，当这些年轻的文物工作者与老同志一起日出而作、日落而息时；当他们与老同志一样头顶炎炎烈日时；当他们用自己的双脚丈量着大地并企图在看似一样的土地上寻找不同时……他们也许已经忘记了自己曾经的梦想，而新的、艰苦的工作环境又让他们做起新的梦——追寻历史的梦。汪松枝、司马国红、张帆、李慧、李彩、赵清荣、花原……一串串尚不为人们熟悉的名字，一张张被晒得黑黑的面孔，一双双由细嫩变得粗糙的双手，一个个追寻梦想的年轻人。可以断言：这群追梦的年轻人，通过这次文物普查的实战锻炼，必将树立起对文物工作的信心和热爱，锻炼成奉献文物事业的精神，磨炼出坚忍不拔的献身文物工作的毅力，他们中的许多人也许会成为像李昌韬等老一辈文物工作者那样的专家、学者。可以说，这是一批在文物普查工作中追梦，在追寻历史的梦中成长的人！

心的记录

河南大学历史学院06级博物馆系　张燕燕

　　无数次提起笔又无数次的放下，一次次的冲动却又一次次的欲言又止，内心深处激昂的文字无法从容的跃然纸上，是无奈还是酸楚？好像都不是，那是一种用激情沉淀下来的感动，因艰辛而迸发出来的热情……

　　作为单纯的在校读书的大学生，生活几乎没有任何稀奇之事，简单的三点一线，永远在教室、食堂、宿舍之间做规则运动。我们的生活是精彩的，源自于我们拥有足够多类型的书籍，有足够多性格各异的朋友，有足够多富有挑战性的比赛活动。同时，我们还有足够多的空间和时间装点属于自己的多彩世界，我们身处童话的国度，过着王子、公主般的生活，无忧无虑，充实自在，当然生活中会有些许不快，但它们终究只不过是快乐生活的点缀。但同时，我们的生活又是空白的，源自于我们应对外面世界的无知。于是，我们更向往，向往着外面的色彩斑斓。

　　11月初，当身处梦境中的我们被告知要离开学校，踏上郑州市第三次全国文物普查的征程时，全班人顿时疯狂了，激动地相互拥抱彼此。日无思学习，夜无心入眠，谈论的话题永远离不开"三普"：寒冬腊月出门，行囊如何准备？生活用品怎么带？野外工作会不会难找到商店？生病了怎么办？激动一旦达到某种程度，便会导致头脑发热了。接下来的几天，疯狂购物，准备必需品对我们来说已成燃眉之急。一个箱子不够用就再买一个，好像觉得除了自己的用度外，外面的世界全是空白，只有把属于自己的整个之用都搬走了日子才会过得踏实、安心。在倒计时还剩一天的时候，最好朋友间那凄婉动人的告别了，那场景真的不亚于生离死别，因为当时无论在我们心中还是朋友们心中都毫不怀疑的认为我们是要被派往偏僻、荒凉、百里不见人影的悲惨世界了，而且时不时有朋友警告出去后一定要紧跟大部队，以免掉队后无人相救……但当我们入住荥阳市区时，这一切的一切变得是何等的荒唐与可笑之极，原来一切的一切都几近多余……

11月6日早晨，我们前往郑州，在进行了简单的启动仪式后，我们很快就被原定的各个单位接走了，时间很短，仅仅不到一个上午，我们便从普通学生的身份转变为普查的工作人员了。

身份变了，仍个个书生意气甚浓，单纯而真诚，稚嫩的脸庞没有任何风霜的痕迹，依旧简简单单，过着类似校园的生活。简单的只因学校的安排便来到这里；简单的只是因为好奇心的驱使而拼命的工作；简单的只是因为应该做而必须做；简单的因工作未完成而挑灯夜战，同时又在进行着简单的朝八晚五的工作日程以及简单的一日三餐……

每日的普查大同小异，渐渐的工作时便备感单调和乏味了。许多人烦了，包括我在内，于是偷懒现象便发生了，早上起床越来越晚了，工作方面也没刚来那样有劲了，更准确的说是我们缺少了往日对工作的那种新鲜感与激情。任何人都有工作阶段的低谷期，这是理所当然的，世界是可以理解的，但是日子还得继续，看看自己身边的工作人员，他们几十年如一日是如何做到的？他们每天洋溢着的笑脸是如何保持的？他们的那种热忱与激情是如何继续的……一连串的问题激起了我们一阵阵的反思。

我们懈怠了，是因为我们没有意识到文普工作的价值所在。苦、累、脏、破、败、残仅仅是文普工作的表象，历史深埋于泥土，她不能用日新月异来形容，但她的历经沧桑却凝炼了厚重的文化内涵，成就了千古的经典与传奇。我知道，当我第一次独自找到集中分布的千年古陶片时，我为之疯狂过；我知道，当我第一次身临百年古宅时，我为之感伤过；我知道，当我第一次登上千年夯土古城墙时，我为之倾倒过；我知道，无数的记载着历史的石碑将深埋于泥土成为普通的铺路石；我还知道，数不尽的遗址因年代的久远将永远沉默于我们的脚下……历史是有生命的，她需要被展示，也有权利被后人所认知，虽然文普工作恢复不了历史的原貌，但我们的的确确是在不断的填补着历史的空白，我们是在用我们的双手抚平历史的创伤，拼凑记忆里的碎片，为后人能更好的了解历史记录着第一手资料，因此，能够亲临文普现场做一名真正的文普工作者是我莫大的骄傲与荣耀。

我们懈怠了，还是因为我们的肩上缺少了一份责任。责任是什么，责任是一种使命，有了责任才能够保证质量，有了责任才能够充满热情，有了责任我们的工作价值才能得到肯定。作为文普工作者，我们不仅要求做工作，而且还要做好工作，要能够对自己所做的工作负责。单靠做一天和尚撞一天钟的应付心态工作是一种极度低效率低价值的劳动投人，这种工作不仅是在浪费时间，也是在损耗工作人员的体力与精力，无任何快乐可言。文普是在为尽可能全方位深入的了解研究历史搜集第一手资料，也许现在我们只会看到他们均是些零散的，风马牛不相及的片断，但也许在不久的将来，也正是这些曾被忽略的碎片将莫大的历史事件——串联。因此我们要负责任的保证我们工作的每一步，而且要坚决做到最好。

于是，原本简简单单的我们有了成长，至少心态成熟了。接下来的日子里，抱怨少了，热情高了，泪水少了，汗水多了，渐渐的各个脸上又激情澎湃了，因为我们已经知道我们是因价值和责任在奋斗，我们所付出的一切都是有意义的。而且当这种价值和责任真正融入自己的思想成为一种习惯时，便是很难改变的，习惯于每天激情的工作，习惯于承担责任的工作，因热爱工作而工作，能够将有意识的行动转变为无意识的习惯，这是一种境界，也是真正热爱文普工作的体现，同时也是我们的不懈追求。

现在，短短的两个月已经接近尾声，真的不知道该如何表达我此刻的心情，也许正中了一句话：个中滋味自己体会。想想当初刚来时不适应这里的心情，现在转而不适应离开这里了，原本因工作的需要我们被迫踏遍了荥阳的每一个角落；因不得不适应这里生活而被迫习惯；因不得不认识的工作人员到主动相识、相知。但是现在种种被动却转为主动牵动着我不舍的心。两个月来，我们的情感与汗水泪水交织挥洒在荥阳这片热土上，现在我们要离开了，离开曾为之真诚奋斗过的土地，真的是难述千言万语，也许来年生活又翻开了新的一页，但荥阳将永远珍藏于我们的心底，永不褪色！

我发现文物了

郑州市文物考古研究院　汪松枝

第三次全国文物普查以郑州市作为试点，其结果是收获颇丰。2007 年，第三次全国文物普查正式开始，很幸运，我有机会参加这次工作。在我们郑州市文物考古研究院专门成立了普查队，承担起了市辖六区的文物普查任务，由我担任普查队队长。我感觉压力很大，因为郑州处在中华文明的腹心地区，地上、地下保留有丰富的文化遗存，如果普查不仔细，就会遗漏掉珍贵的文物。为了搞好这次文物普查，我做了充足的准备，一是以查代训，就是边普查边培训队员；二是积极带动社会公众参与文物普查，以提供更多的文物信息；三是联系省、市新闻媒体，加大力度对文物普查的意义进行宣传，以造声势。通过一年多的田野调查，获取了大量的文物信息，登记文物 1000 多处，几乎每一处文物的发现都有一段曲折的故事，每一个故事都那么感人。

记得在 2008 年 9 月的一个周末，上午九点左右，我正在办公室整理文物普查的资料，忽然手机响了，拿起来一看是个陌生的号码，我还是毫不犹豫的接了。"请问你是汪老师吗，我在黄岗寺附近发现地表上有好多的瓦片，不知道是不是文物，想请教你一下？"我接了电话，还没有听出是谁的声音，而且他知道我是谁，下意识里就想到是不是在文物普查期间认识的人。但还是想不出来是谁，又怕是熟人没听出声音感觉难为情，于是我就回话："是这样，我在单位，我们单位就在碧沙岗公园内，要不你过来吧。"那边很快就答应下来过来找我。

我在办公室接着整理资料，大概过了半个小时左右，单位值班室电话打过来说有人来找我，我急忙放下手中的活，来到门口值班室，看到两个少年正在往单位院内瞅。我走上前去，其中一个少年说："你就是汪老师吧，我们找你咨询点事。"我明白了，这就是刚才打电话要找我的人，但没想到这么小，于是就把他们领到办公室。请他们坐下后，一个少年开口了："汪老师，我叫张提，我们是郑州市八十九中学生，正在读初中三年级，学校就在黄岗寺村北，最近刚开学，昨天在家写完作业后，就到金水河边游玩，发现金水河边断崖上有瓦片，就采集了几片，后来又到台地上，发现地表上有好多的瓦片，感觉像是文物，就拨打了文物普查热线电话，后来他们把你的手机号码告诉我，就打给你了。"我听后感觉很吃惊，张提同学发现的可能是一处古遗址，是哪个时代的，现在不见标本很难断定。于是我就问张提："你发现的瓦片现在在哪，能不能让我先看一下，以便确定这些瓦片的时代。"张提告诉我说，他们附近有搞古玩的专家鉴定后认为是汉代的，后来就把瓦片留下了。我感觉没见到东西，光凭他说还不能认定是一处汉代遗址。

为了证实张提发现的瓦片是不是文物，是哪个时代的文物，有没有价值？我就和张提约定，下午和你再联系，我们一起到现场看看，说不定还能捡到一些瓦片。张提他们走后，我边整理资料边考虑问题，他说的这个地方我比较清楚，位于郑州市的南郊二七区境内，南三环附近，为城乡结合部。在这一带我带领队员曾经调查过，发现过商代、战国、汉代时期的遗址，而且在调查南水北调中线工程沿线文物、郑州至武汉高速铁路与郑州至西安高速铁路连接线文物时均来过这里，在其附近还发现有汉代墓群。是我们已经发现的文物，还是又新发现一处？我感觉这件事非常重要，就向张院长作了汇报，张院长听后指示，不管是不是新发现的，都应该到现场看一下，即使是我们已经发现过的，现在又被一个初中生发现了，这也是一个很典型的事情，希望这事能通过新闻媒体宣传一下，说不定会起到更好的效果，会争取更多的群众帮助我们发现文物。

我联系了郑州晚报记者，他们听后立即答应一起去看现场。这时已经近黄昏了，我赶快给张提通了电话，说有记者一块跟着来看现场，张提听后也很激动，就约定一个地方等我们。我随同记者一起来到黄岗寺村，张提和他妈妈正在路边等我们，问了具体位置，就一起坐车来到现场。在现场，张提领着我们来到有瓦片的地方，我蹲下一看，有绳纹、方格纹、篮纹的灰陶片，是龙山文化遗址，新发现。我兴奋了，这是一处新发现的遗址，又看了剖面，文化遗存很丰富，有文化层和灰坑堆积。真了不起，这么小的学生就能发现一处古遗址。记者在一旁看着也非常激动，又有稿子可写了，而且可以大力宣传一下。根据陶片的分布范围和地理地貌特征，大致测量了该遗址的面积，大概有 10 多万平方米，按照第三次全国文物普查方案要求给该遗址定名、测量、记录、照相。

经过了解才知道张提不是郑州人，家在淮阳，由于父母在郑州打工，就跟随父母来到郑州上学。据张提班主任、郑州八十九中胡老师介绍，张提是一个很懂事的孩子，平时乐于助人，勤于思考，团结同学，学习成绩也很好，一直在年级前几名，而且经常看一些历史方面的书籍。张提才 15 岁，是初中三年级的学生，但个子不高，大概 1 米 5 左右，显得年龄更小。为上学方便，父母就在黄岗寺村租房住了下来，平时每到周末写完作业就到附近游玩，没想到这次游玩时竟然发现文物了。张提感觉也很兴奋，表示以后有空还要帮忙发现文物，从小就喜欢历史，去年考古队在学校基建过程中发掘时曾看到过陶片，后来路过哪里就留心起来，今年看到郑州市在搞第三次全国文物普查，发现文物后就赶快给文物部门打了电话。"我发现文物了，以后还要发现更多的文物。"张提最后说。

这只是一个很感人故事中的一件事情，已经过去很长一段时间了，但在我的脑海里还是记忆犹新。

洛阳的工业遗产

洛阳市文物局大遗址保护办公室　邓新波

2006 年 4 月 18 日在江苏无锡举行的"国际古迹遗址日"活动的主题是"聚焦工业遗产"，并且在同时举行的首届中国工业遗产保护论坛上也原则通过了对我国工业遗产保护将起到宪章作用的《无锡建议》。国家文物局的单局长十分关注工业遗产的保护，曾专门为遗产日撰写了《关注新型文化遗产——工业遗产的保护》的长文，全面深入地阐述了工业遗产保护的科学内涵。国家文物局也专门下发通知，对各有关单位加强工业遗产保护提出了明确要求。现在作为文化遗产一部分的工业遗产逐渐受到人们的关注，作为古都的洛阳不仅具有厚重的古文化遗存，涧西区的工业遗产也在我国的工业史上写下浓厚的一笔。

在上世纪 50 年代国家"一五"期间，156 个大型项目中的 6 个（中国第一拖拉机制造厂、洛阳轴承厂、洛阳矿山机器制造厂、洛阳铜加工厂、洛阳热电厂和洛阳高速柴油机厂）落户在洛阳涧西区。其中，第一批建设的 4 个工厂和 10 号街坊等配套设施沿建设路连绵 5.6 公里，风格独特，雄伟磅礴，具有重要的历史和文化价值。这些工厂在当时均为同类厂中最大级别的，而且像洛阳这样集中的工业区在全国也是不多的，这不仅奠定了我国建国时期的工业基础，更值得一提的是，它还是前苏联的援助项目，是中苏友谊的历史见证。

洛阳现存的工业遗产大体可分为两部分，一部分为生产方面的设施，包括厂区大门、主楼、厂前广场和部分厂区车间；另一部分为配套建设的职工家属楼（俗称"街坊"）、医院、图书馆、宾馆等生活方面的设施。厂区内的建筑都比较整齐，其主楼的苏式风格明显。

在此以一拖厂和洛阳铜加工厂为代表作一简单介绍。一拖厂的正门为中街楼，两侧为对称的办公楼，中街楼的檐上部正中有由党徽、五星、旗帜、葡萄、太阳花等元素构成的厂徽——苏维埃文化及社会主义工业文化的标志，办公楼为四面坡的"斗篷式"顶，近中街楼部分略高且向外突出。厂区内车间的分布以中街楼北的南北向绿化带左右对称，整体建筑气势恢弘，没有突出的高大建筑，具有独特的社会主义计划经济时期的宏大叙事风格。正对中街楼立有毛主席塑像，为站立式，右手抬起作指挥状，这是"文革"中新增的，也是当时的潮流和时尚。铜加工厂的主楼为一平面呈倒"凹"字形的三层建筑，只是中间部分作成四层，中间高两边低，左右呈中轴对称，每个窗户的尺寸都整齐划一，是典型的苏式建筑。街坊作为厂区的配套设施，与厂区是有机统一的，也多数为苏联专家设计指导建设。一般可以分成三个层次，首先为最高级且苏联血统浓厚的"专家楼"，供当时在华的苏联专家居住。其次是中档居民区和一般居住区，一般住宅楼不仅在建造时间上稍晚，而且建筑风格上也掺合了许多中国传统文化元素。

洛阳工业区建筑不仅是研究现代工业建筑史的实物材料，更重要的是，它也是现存比较集中的苏式建筑群，不仅有厂区，还有生活设施。如何保护这些珍贵的遗产，不仅是文物管理部门的职责，更是政府机关应有的责任。在现实中文物保护和建设开发存在一定的矛盾，如厂区要进行技术革新、扩大规模，职工的住房条件需要继续改善，这些给文物的保持原貌或原样保护带来很大的挑战，我们要尽可能实现工业遗产保护与经济社会发展的平衡互动与和谐共存。可以按照"保护性开发"的原则来进行。

在现代化建设的浪潮中，优秀的工业遗产（特别是涧西区工业遗产还兼有苏式建筑的双重身份）如何得到很好的保护，还需要以后不断的摸索和研究。

县城来的沈队长

——记宜阳县文管所副所长、县第三次全国文物普查工作队副队长沈保宗

宜阳县文物保护管理所　　郭建朝

他45岁，个头一米七八，经常走乡串村，没有扣过风纪扣，一条裤腿挽得高，一条裤腿挽得低，满身土里巴叽，不是握锨铲土，便是拉尺测量。万万没有想到，他竟是宜阳县文管所主管业务的副所长、宜阳县第三次全国文物普查工作副队长——沈保宗。

他酷爱文物保护这一行。2008年4月，他在荒僻的县城南小街行走时，无意中看到几段旧城垣，从中发现三座古城门。他专心注志看城门，两腿小步向前走，竟然一头撞在树干上。他顾不上痛疼，即手掏出尺子和笔记本，在热心群众的帮助下，初步做了测量、调查，又在现今的"三普"文物中他访老问贤，几次组织相关人员座谈交流，查阅了大量的历史资料，撰写了《沉寂中的宜阳古城门》一文。

谁都知晓文物保护这一行是吃苦的行当，可他把苦作乐，总是兴趣盎然。2008年3月6日，宜阳县白杨镇南流村学校在修整操场时，发现一座年代久远的古墓。当电话在他耳边响起的时候，他正在吃饭。内行的他顾不上吃了，丢下碗筷起身就走。通过向市文物局汇报后，他带领本所同志第一时间赶到现场。在当地干部群众的协助下，他立即找来篱笆、栏绳带围住了事发地带保护现场，几百围观群众，把现场围得水泄不通。他耐心向群众宣传讲解了文物法规，逐渐疏散了围观者。当市局文物工作队到场后，所有文物无一缺损。在勘探发掘的一周时间内，他身先士卒，一刻也没有离开，不是挖土就是测量。初春的寒冷，他脱去了棉衣，满头大汗，乐呵呵的。每日三餐他完全可以去白杨镇饭馆吃饭，可他在现场吃的是热心群众的百家饭。寒冷的深夜，他完全可以到提前安排好的镇招待所住宿，可他却和村干部、工作队员一同守在寒冷的工地上看护现场。

说他是个"工作狂"，这未免有些夸张；可以说他是赤诚工作，一片丹心。2008年5月24日是，宜阳县田野文物调查阶段，正在热火朝天地实施进行。29日上午，他陪着市文物局第二督导组来到省级文物保护单位，宜阳县城关乡灵山村灵山寺进行文物复查。在紧张的工作中，他摔倒在光滑的石阶上，十几分钟爬不起来。在同志们的搀扶下，他稍作活动，继续工作。领导和同志们要送他下山就医，他执意不肯。一直坚持到6月11日，又调查了十几处文物点后，市督导组领导和同志再次劝他就医检查，他才去了医院。经X

光胶片诊断显示，他左侧三根肋骨离断性骨折。如此伤情，他仍然坚持下乡普查文物。在领导和同志们的劝阻、关爱下，才离岗休息。

敬业就是奉献。他就是这样工作的。他爱岗敬业达到痴迷的程度。他顺口能背出宜阳境内所有的省、市、县级文物保护单位。为了便于记忆，他把文保单位编写成七律诗和顺口溜。他已经成为宜阳文物工作的"活字典"和"活地图"。顺口能说出文保点的方位、级别和内容。为了贯彻文物法，提高人民群众的文物保护意识，他萌发了"以群众路线保护文物"的思路。他的这一思路得到了所领导的大力支持。从 2008 年 8 月至 9 月底，他走村串户在文物保护单位所在地点结识一大批热心群众，从中择优选出一批业余文物保护员，切实做到"处处有人管，处处有人护，处处责任有落实"，顺利实施了文物保护工作"天天有巡查，月月有检查，季度大检查，年终有总结"的防范措施。

常言说忠孝难以两全，他对这话感触颇深。他的家母已 82 岁，常年体弱有病，卧床不起，妻子下岗为生计在外摆摊卖馍、卖面条，儿子读高中学业正紧。母亲需要他照顾，妻子需要他帮忙，儿子需要他交流。可他说"世界上的事情就这样，咱干的是文物保护这一行，所做的一切是分内工作，是咱的职责，家里的事有时的确顾不过来"。

真是忠孝难以两全！的确，他在母亲面前不是好儿子，在妻子面前不是好丈夫，在儿子面前不是好爸爸。然而，他看到取得文物保护和考古工作的成就，心理是平稳的。他说：这还得感谢组织上培养、关怀，感谢同志们工作上的支持。

一幅印在心中的"全家福"

平顶山市叶县文物管理局 张方涛

2008 年 7 月 3 日，我们正在龚店乡常李村进行文物普查，平顶山市文物局办公室张捷主任打来电话：接省文物局的通知，国家文物局单局长来河南省调研文物工作，其中平顶山市是调研的地区之一，而叶县的文物普查现场，是重要调研内容，请叶县文物普查队做好准备。

消息传开，整个普查队立即开了锅，普查队员小孙边在电脑上录入资料边说："我们的最高首长来看我们了，大家都把自己打扫干净了，可不能像现在一头灰土两脚泥的，还有，把普查工作服都洗干净了。"老曹手惦着定位仪接过话茬道："是啊，小孙这平时的干净人，一到普查现场也不顾这老房子上的陈年老灰了，大家伙连续干了好几天，是该打扫一下自己了，不过，在打扫个人卫生的同时，也要把各自手头上的工作做扎实，领导来现场调查研究，是看我们的工作的，可不是看我们哥几个鲜亮不鲜亮。"正在采集照片的小任举着相机大声说："我看啊，不仅个人要卫生干净，工作更要利索。我有个提议，到时候能不能和单局长来个合影啊。"我笑着接过大家的话头说："大家伙还是按照我们制定的普查计划进行，但是思想上要高度重视，工作上更要精益求精，以饱满的精神状态、良好的工作作风、高标准的工作质量，来迎接各级领导的检阅。至于和领导合影嘛，咱们省文物局杨焕成老局长曾经说过'天下文物是一家，天下文物工作者更是一家'，作为文物普查队领队，到时候我向领导提出，请领导和我们大家合拍个'全家福'"。

转眼到了 7 月 5 日，上午 11 点 10 分，单局长一行乘车来到了我们的普查现场——李家大院，这是一个典型的中原民居建筑群，中轴线上三进主院，大门、一进院已毁，二进院、三进院保留完整，尚有人居住，三进院主房为三间两层楼房，硬山灰瓦，房门正上方有一石匾嵌于砖墙之上，上刻"步云楼"三个大字，在步云楼的东侧，紧接着是一座碉楼式建筑，称为"望娘楼"。中轴线东西两侧尚保留着其他建筑，但均损毁严重。这是我们正在复核的一个文物点。

当单局长走下车来，走进幽深的胡同，我们站在胡同的这头，看到单局长衣着朴素，面目和蔼，不时的和围观的村民打着招呼，和戏闹的小孩逗着乐子。胡同这头是一小块开阔地，我们在这里列队迎接，在距列队四五步的时候，单局长大声说："同志们好!"随后，单局长上前几步，与普查队员一一握手，省局陈爱兰局长、平顶山市委市政府、叶县县委县政府的主要领导也走上前来，向普查队员表示慰问。

各媒体记者手中的相机也"啪啪"的响成一片，宽敞的农家小院霎时变得拥挤起来，每位队员都被领导和记者团团围住，询问普查队员的工作、生活情况，询问正在调查文物的建筑时代、特点以及相关传说。

考察很快结束了，队员们站在胡同口，向考察团挥手道别。突然，我被旁边的小任猛地推了一把，"我们的全家福——"小任急促地说。哎哟，只顾介绍情况了，我们的"全家福"忘照了。望着缓缓逝去的车尘，我喃喃地说："这事闹的，怎么把这事忘了呢，这下我们大伙儿可要遗憾终生了。"

围观的村民慢慢散去，队友们又重新开始忙碌起来，定点、测量、照片采集、数据录入，丝丝相扣，紧张而又有序的工作着。我知道"全家福"没能照成，大家必定要遗憾终生，但是我更知道，单局长的到来，是对我们莫大的鼓舞和鞭策，更加坚定了我们搞好文物普查、扎根文物事业的决心，我们对国家文物事业的明天充满希望。在每一位普查队员的心中，已经深深的印上了"全家福"。

这幅心中的"全家福"我们永远难忘!

走乡串村心系普查

滑县人民文化馆　巫西群　宋慧民

作为一名普通文化工作者，虽然没能参加第三次全国文物普查，但发生在我们身边的一些感人故事至今历历在目，他们走村串乡、进田地、入农户，顶酷暑、冒严寒，忘我、敬业的精神令人难以忘怀。

滑县历史源远流长，古代文化灿若云锦，胜迹遗址星罗棋布，陵寝冢墓随处可见，佛寺道观迹有可寻，可谓文明大邑。基于此，这次滑县文物普查的任务比较繁重。就是在这样的情况下，参加滑县第三次文物普查的全体队员精诚团结，埋头苦干，以对党和国家与人民高度负责的精神，谱写出了一曲动人的华彩乐章。

文物管理所所长张国普具体负责滑县的落实文物普查工作，除参加有关会议外，几乎都在基层。他和普查队员一起，踏进田间勘察，深入农户走访，在普查中不放过任何一处可能埋藏地下的文物，对村民提供的文物线索，不管是否准确，都要细心一一排查，绝不漏掉，对普查中遇到的困难与问题及时协调解决。2008 年 6 月份，在滑县县城东南新区一施工现场发现一古墓群，施工者中有的主张开挖，看里边有无宝物，而懂文物保护法律的则坚决反对。他们互不相让，还差点打起架来。得知这一情况后，张国普不顾感冒初愈身体虚弱在第一时间内赶到现场，让施工人员全部停止挖掘，封存现场，然后立即电告上级文物主管部门，待市县领导及文物鉴定专家到来后才实施开挖。由于保护措施果断、及时，才使得这座古墓群完整出土。针对有些乡村的群众对文物普查的意义不了解，张所长不厌其烦、耐心解答。他说，滑县文物是滑州（历史上滑县曾设滑州）文化的重要载体，通过普查，把埋藏在民间的文物找出来，将其保护、整理、利用和传承，并将其蕴藏的历史、文化、艺术、科技等信息转化为历史力量、政治力量、教育力量和经济力量，对推动全县经济社会大发展和促进我县文化遗产保护工作将产生重大而深远的影响。这是件功在当今利在千秋的大好事。村民听了张所长富有哲理的解说，备感亲切。许多群众纷纷表示，一定要积极配合自觉投入到文物普查当中，为搞好这次文物普查献出一份力量。

普查队员朱广陆对普查工作更是积极主动。一年来，他与同事们一道下乡镇、入村庄，对本县区域内文物遗存情况开展了一场规模空前的大调查。为了能干好这项工作，小朱常常提前半个小时就上班，有时还加班至深夜。一年来，节假日基本上没休息过，有时白天做不完的活，还要加班至深夜。"虽然这项工作苦点累点，但我愿意干，我与文物普查真的结下了缘分。"是的，小朱是这样说的，也是这样做的。比如，2008 年 10 月份，在桑村乡的一座石碑上有几个篆字，他费了好大劲也没弄清楚是什么字，怎么办？不弄清楚不罢休，他干脆就把它拓下来，专门找到县文联的王老师请教，终于弄清楚了是"教泽均沾"（意思是教师的恩泽大家平均分享）四个字，小朱脸上露出了一种难以表达的喜悦之情。另外，广陆工作起来的认真劲也是少有的，记得有一星期日上午，他爱人让其去街上买面条，可他想起来还有两份资料没有整理，就先去了单位，结果，面条之事全给忘记了，为此，爱人还和他磨了嘴，说他对文物普查着了魔。

俗话说得好，火车跑得快，全靠车头带。正因为有像张国普、朱广陆这样的好领导、好队员，才使得滑县文物普查工作走在全市乃至全省的先进行列。据统计，截止 2008 年 12 月底，全县共完成本区域文物普查总任务的 60%。可以肯定的说，按照《国务院关于开展第三次全国文物普查的通知》中的规定，第二阶段的文物普查，第三阶段调查资料的整理、汇总、数据库建设和普查结果，滑县定能按时、保质保量地完成。

内黄"三普"札记

内黄县文物旅游局　张粉兰

内黄县地处豫北边陲，中原腹地，黄河故道，历史悠久，文化灿烂，民风淳朴，底蕴深厚。境内文物众多，分布广泛，年代久远，价值巨大，是名副其实的文物大县。这里不仅有被列入 2005 年度全国十大考古新发现的三杨庄遗址，还有 4500 年前人文始祖"三皇五帝"中的颛顼帝喾陵，更有保存完好的商代第十帝太戊之陵寝。

2008 年，内黄县的普查开展顺利，很快转入田野调查阶段，并取得了可喜成绩。截至目前，已普查登记文物 156 处，其中新发现 85 处，复查 35 处，全县自然村普查率达到 100%。成绩的取得，当然离不开各级文物部门的领导与支持。然而，每位参与普查队员的辛勤劳动和无私奉献。作为文物普查工作队的一员，我深有感触，亲身经历的每一件事都给我留下了深刻记忆。在此，我把点滴记忆落诸纸上，与同事一起回味，供大家共同欣赏。

2008 年 7 月 16 日　晴

一大早，我们就开始准备今天深入乡村调查时所需拓片工具。出发前，普查队长张新文就告诉我们，今天要啃掉一块硬骨头，打一次硬仗。完成刘次范遗址上"大宋新修商帝中宗庙碑"的拓片任务。时值三伏，队员们趁着早晨天气凉快，齐心协力，用四架高梯、四块建房用的搭板，很快就搭好了拓片所需的塔架。

大宋新修商帝中宗庙碑，高 7.55、宽 1.6、厚 0.61 米。是目前河南省保存完好，形体较大，品位较高的大碑。它的碑额雕刻精湛，字迹清晰，且笔法变化多端，妙趣横生，刀刻娴熟，骨力坚凝，堪称一绝。架子搭好后，气温也升了上来，每位队员身上都已渗出了汗水。这时，队员杨合军主动要求上架工作。合军是河南省书协会员，曾多次在书协大赛中获奖。2002 年，在部队服役时，就是小有名气的军旅书法家，曾受过军委副主席、国务委员兼国防部长迟浩田上将的接见，并收藏了他的作品。因此，他对书法、字画、装裱、拓片的技术十分精通。以往，我们做拓片，上纸的时候用力不匀，易损纸，上好的宣纸又易起泡发皱。一旦用上装裱字画的方法上纸，则又快又平。和军上好纸，新文又向大家说了几点注意事项，胡建民、刘永飞、刘景山轮流撞打，宣纸已发白，必须立刻上墨，不然天气干燥，宣纸绷起，白搭工夫。几位"三普"队员既分工又合作，上下、左右穿插于摇摇晃晃的架子上。我作为一名女队员，只能在下面打打下手，递递东西，搞好运输传递工作。老天爷成心和我们作对，天空没有一点云彩，骄阳似火的太阳暴晒在每位队员的身上。树上的知了在尽情的高歌，为我们伴奏，惹得我们心烦不已。王勤芳诙谐的说："今天真是桑拿天，可惜没时间搓背。"挥汗如雨的合军正在赶时间上墨，只觉眼前一黑，一头从架子上摔了下来；万幸，不是最上层，否则后果不堪设想。不出人命才怪呢！队员赶紧围上来，帮他挂彩的胳膊清洗伤口。他只作短暂休息，怕浪费了这张干了一半的拓片，就又投入了"战斗"。第一张拓片下来已过中午，队员们饥肠辘辘的肚子也没能让他们停下手中的活。

已到掌灯时间，万家灯火照在一个个疲惫的脸上，有两位队员的后背被太阳晒得褪了一层皮。他们还嘻嘻哈哈地说："这叫做脱胎换骨，重新做人。今天的普查新手，明天的考古专家。"普查队员心里充满了收获的喜悦。回到单位已是 10 点多钟。简单整理了采集的信息，做好明天下乡的准备。

2008 年 12 月 2 日

今天，天气特别冷。明天就是农历冬至节气，古语可是有"冬至前后，冻破石头"之说啊。从早晨 6：30，我们就开始做汉墓的清理工作。这座汉墓是白条河芳改场村民在打井时发现的。近几天，普查队员已把墓道、甬道、耳室清理完毕，今天必须赶时间把最后一个主墓室清理完。

普查队员王勤芳是这次普查队伍中年龄最长的，又是唯一参加过第二次全国文物普查的老队员。他工作踏实认真，在这次"三普"调查过程中，真正起到了"传、帮、带"的作用。把好的经验传播大家，帮助新队员做记录，带头走访一线调查。这次汉墓的清理工作其实就在他家门口，距现场不足 3 华里。看守工地时，他首先提出，我年龄最大，晚上觉轻，周边的群众都认识，遇到突发事件我有丰富的应变经验，我最适合留下来。普查队员都清楚，他工作在县城，爱人在老家教学，因为普查，他已有 3 个月时间没回趟老家。这是多好的机会呀！他放弃了，新文多次催他趁吃饭的时间到家看看，直到工地结束，他都没能回趟老家。

刚到普查队的刘永飞，28 岁，已到了谈婚论嫁的年龄，这几天，为看守工地，他把与女朋友商谈婚期的时间又推掉了。

傍晚时分，队员们带着清理出的铜钱、陶罐、镇墓兽等十几件文物，心里乐滋滋的，尤其是清理出的汉画像，那可是填补了安阳市的空白，豫北地区的少有。它可是我们用电吹风加热，费了九牛二虎之力，一点一点拓下来的。

我有写日记的喜好，特别是"三普"工作开展以后，每一篇日记都记录了我们队员的喜怒哀乐，摘抄两篇供全国参加"三普"的同行们一同感受和共勉。

我们收集的一片瓦、一块砖，也许就是一段历史；我们发现的一块石头、一块残碑，也许就是一个动人的故事；我们听到的传说、几片碎语，就是一个文化传播空间……总之，我们寻找昨天的历史，延续今天的文明，为中华民族的灿烂辉煌贡献力量。普查队员每个人的故事，平凡而动人，凭着我们对文物普查的热忱，我们有信心、有能力完成"三普"工作的历史使命，给子孙后代交上一份满意的答卷。

说句实话，文物工作者是极其普通的，看上去没有什么惊天动地的故事。然而，在平凡的故事中，的确充溢着感动。正如前文化部长孙家正所说的："寻找与守望，是许许多多文化人的生命轨迹和精神归宿，其征途也漫漫，内蕴着太多的挚爱与忠贞，凝集着太多的坚毅与持守。"我们追求的，就是这种世界。

山高水长路漫漫
——文物普查札记

辉县市文物局　高有生

流年似水，大江东去淘尽了人生旅途中的喜怒哀乐，冲淡了名利场上的荣辱毁誉，也使我获得了一颗平常心。然而，只要回想起近年来的文物普查经历，就有一幅山高水长路漫漫的水墨画卷在我的记忆深处或隐或现，是艰辛？是欢乐？是收获？是神往？个中滋味唯我自明。蓦然回首，一串串脚印歪歪斜斜地延伸。下面从我数百幅调查工作画面中摘取一二，摹声绘色地再现那文物普查中的情景。

峪河红石堰调查日记　2008 年 8 月 14 日　阴，雨

　　今天是辉县市文物普查小组在吴村镇开展实地踏查的第 14 天。早上 7 点半，我与随行的其他 3 名文物普查队员一起离开驻地去复查市保单位竹林七贤故地、县保单位邓城遗址和已登记文物点南宿商周墓地，但由于秋作物玉米影响未能现场采集数据，效果不太理想。沉闷的心情陪伴我们四人在吴村镇度过了简短的 20 分钟午餐时光，之后我们就向下一个目标进军。中午 1：40 时分，当我们骑车行走在通往王敬屯村的路上时，乌云压顶，大风骤起，顿时大雨就地儿把我们四人个个浇注成"落汤鸡"。几分钟过后，雨过天晴，老天再次露出了笑脸。沮丧的心情，狼狈的处境，没有阻挡我们继续前进的步伐。下午 2：45 时分，我们来到王敬屯村大街西头。此时天上再次落下了小雨，看见几个老人在旁边小庙前闲侃，我们上前避雨。我趁机主动与他们拉家常，询问当地的山川地貌，再慢慢聊起文物古迹大搜寻活动的话题。攀谈中，当一老翁提及该村北峪河中至今仍保存有 1700 多米长，宽 8～12 米，高 1.5～3.8 米，且气势恢弘的红石堰时，我心中一亮，那不就是我心仪多年，一直以来探寻的古代水利工程吗？随后，我们详细询问了红石堰的所处方位、现状以及行走路线等情况。此时，我们四人兴奋极了，心情为之一爽。并一致决定次日放弃上坟祭祖，继续抓紧探寻"红石堰"，好让我们一睹为快。下午 4：55 时分，小雨停住。阴云密布的天空，过早地拉下了重重的夜幕，我们也就提前打道回府了，准备一下第二天的工作。

赵长城遗址调查日记　2008 年 11 月 29 日　晴，风

　　今天是我随同河南省赵长城调查队参加在辉县、卫辉二市交界处进行长城资源实地踏查的第 5 个工作日。早上 9：20 时分，我们一行 6 人驱车来到卫辉市太公泉镇郭坡村北二寨山麓。走访该村百姓期间，在村子东北角调查登录了一座明清建筑东岳庙及其碑刻，在村子西北部奶奶庙旧址附近意外发现一座清代石拱桥。上午 11：05 时分，我们爬到村北二寨山坡上开始长城调查。该段长城从东南方向的韩窑村向郭坡村延伸而来，两庄之间消失了近 1000 米，加之二寨山群峰连绵，所以在此寻找长城线索十分困难。6 人分成 3 个小组沿 3 座山梁分头行动，半小时过去了，搜寻工作毫无进展，陷入了山穷水尽的境界。后来几经周折，借助望远镜，终于在山坡西北约 60 米远的对面山坡上发现了长城踪迹。此时已经是中午 12：30 时分，我们 6 人围坐在山头草坪上，在阳光的陪伴下，和着习习山风，就开始了今天的午餐活动，面包、皮蛋、香肠、矿泉水等就是我们丰盛的食谱。20 分钟后，就开始了下午的行程。先穿越一道深壑，然后爬到了对面大寨山麓长城起点处，进

行一系列信息数据采集。在山头处长城墙基外侧发现一处直径5米的圆形建筑基址，且长城走势由此折而西向进入辉县市张村乡麦窖村东南方大寨岭上。长城进入麦窖村后再次神秘般消失。该段长城遗存近800多米，残高0.4～0.9米，是几天来长城踏查中发现的保存相对较好的段落。下午3：45时分，我们进入麦窖村进行走访调查，寻找下一段踪迹。4：10时分，我来到村北头十字的老人聚集处采集信息。在山民王生堂的指引下，不仅找到了长城的脉络延伸线索，而且还有了更大的收获。在这里，我惊奇地发现了一处近现代革命史迹——新乡县抗日民主政府旧址。随后，我对这个红色革命遗存进行了调查登记和信息采集。5：20时分，我们离开了这里，在GPS的指引下向驻地卫辉市区返航。深夜，我辗转反侧，也许是今天的调查收获，对我来说太重要了，尤其是对我们辉县市的"三普"工作太有意义了。麦窖村一个只有20多户人家的偏僻山村，却有着2300多年的历史文化积淀，更有着光荣的革命传统，让人不由对它肃然起敬。

以上两则调查日记，只是我整个"三普"生活的一个缩影，却完整地描绘了我的心路历程。记忆似乎有一种自我保护的功能，会把那些容易令人执著其中的东西渐渐删除，使人轻松。在轻松之余，我对文物普查有些体会：文物普查队员必须具备谙熟社会文化知识、地方历史文献典故，熟练掌握走访当事人或知情人的技巧与方法等专业素质；爱岗敬业，乐于奉献，甘于寂寞的思想素质。当然，文博前辈和专家学者的指导点拨也是十分必要的。

这次系统性的文化遗产大搜寻活动，任重而道远，一路跋涉，山高水长路漫漫。现在的我好似站在一片沙漠中，骑着骏马朝着远方驰骋，扬鞭奋蹄，继续沿着人类长河的古道溯流而上，去拾取被历史尘封的彩石、贝壳、珠玑……

座谈会是文物普查的重要工作

——参加焦作市马村、解放区文物普查的体会

焦作市博物馆副研究馆员　马正元

焦作市文物勘探队馆员　崔振海

一个是年逾花甲、博物馆退休而又受聘的文物战线上的老兵；一个是年富力强的文物勘探队的副队长，我们两人均参与过全国第二次文物普查。而今天，又有幸能参加全国第三次文物普查，成为焦作市文物工作队马村区、解放区文物普查小分队的成员，备感荣幸。从2007年下半年至2008年的年底，普查小分队完成了解放、马村两区管辖16个街道办事处的83个村委会，45个社区的田野文物调查工作。召开各种形式的座谈会120余

次，参加座谈会人员与走访群众达 1000 余人次。共复查、调查、新发现文物计 146 处，其中需要进行绘图、照相、GPS 定位、填表的文物有 122 处之多。新发现有历史、科学、艺术价值较高的文物达 50 余处。

我们俩有幸能参加第二次、第三次全国文物普查是一生的荣幸，也是一个文物工作者应尽的职责。谈起参加此次文物普查的体会，那真是感受颇多，如依靠各级党委政府的支持，是做好文物普查的先决条件；宣传群众，发动群众，依靠群众是搞好文物普查的基础；文物普查队员必备的科学态度与不怕吃苦的精神是搞好文物普查的保证；要注重田野文物调查，同时又要重视普查后期的资料整理工作，才能更好地完成全国第三次文物普查工作任务等。那就先拣体会最深的说起吧：

文物普查是弄清楚本地区的文物家底，进一步做好文物保护的基础性性工作，也是新发现文物的最好手段之一。动员群众、宣传群众、依靠群众，开好各种形式的由老教师、老中医、老农民、老干部、老学究等五"老"参加的座谈会，抓住座谈会上每一条有价值的线索，哪怕是一句话，一个"好像……"等线索不放，就能在文物普查中有所新的发现。两区文物普查新发现的 50 处文物，几乎都是根据群众提供的有关线索，普查队员一追到底实地调查所得到的。

走访群众要做到随时随地，无论是田间地头，饭桌窗前，只要普查队员遇到问题就要虚心向当地群众请教询问。座谈会还要做到"五要"：要有参加座谈会人员的姓名、性别、年龄的登记；要有每个人的发言记录；要有座谈会照片；要把发言中有价值的线索付诸实践，也就是要根据提供线索亲自下去查看；座谈会结束后，行动不便的老人我们就要亲自送回去。只要是群众提供的线索，就要逐条去落实，就要一抓到底，抓住不放，就有可能会有新的重大奇迹的发现。

在解放区上白作办事处小庄村召开座谈会时，村民秦有义（男，51 岁）说："十几年前，在村西南取土时出有动物骨头，有人说可以治病，就让他拿走了。"根据这一线索，我们认为，能治病的动物骨头，可能就是化石，能出鹿角化石或其他动物化石的地方，很可能是个遗址或灰坑。于是，就让他带我们去实地察看。经过调查，这里就是一处"周文化遗址"。虽然没有进行试掘，但地表遗物，单从一个浇地的小水沟内，就拣选了不少的陶片。从地表拣到的陶片来看，多为泥质灰陶，纹饰有绳纹、弦纹等，器型有鬲、罐、盆等。通过这些陶片我们初步判断该处是一处周代文化遗存的古文化遗址。

在解放区上白作街道办事处狮涧村进行走访毋进行（男，60 岁）时，我们首先询问了狮涧古桥的情况。狮涧桥，始建于明崇祯年间（1628～1644 年），单孔青石拱桥，长 13、宽 6.95 米，有石望柱和栏板，后进行过修葺，保存完好。老人说过狮涧桥后又说："我们村的桥，是照着上白作村的桥修的。"我们又问："上白作也有这样的桥？"他回答说："有。"这情况普查队员根本就不了解。随即，我们让老人乘车，和我们一起到上白作村看了那个叫"冯桥"的桥。粗略了看一下，基本与狮涧桥相似。就这样，我们又在上白作村新发现一座明代的石拱桥。

在马村区演马街道办事处的耿村召开的群众座谈会上，一位 75 岁高龄的李恒山老人告诉我们，"文革"期间村中奶奶庙被毁，在旧址处还埋着一块"石碑"，上边还刻有字，不知道是啥东西，年轻时，曾看过这块"石碑"。根据老人提供的线索，文物普查小分队的同志立即赶赴奶奶庙旧址处。老人指了地点，顺着指的方向看去，"石碑"被碎砖、烂瓦块、碎石块和泥土覆盖，地平面上还能隐隐约约看到有一块较大的"石碑"被埋在下边。于是借来铁锹、洋镐、撬杠等工具，经过半个多小时的挖、撬，才把"石碑"挖了出来。经过现场考察，原来所说的"石碑"却是一块石供床。长 1.78 米，宽 0.5 米，厚 0.27 米。上面为素面，无雕刻，供床前立面上，两边刻有文字，中间线阴刻花卉图案与回首欲飞"腾龙"图案。两边阴刻文字计 25 行，每行字数不等，最多的有 11 个字，最少的仅有 3 个字，右边刻有 12 行，左边 13 行，共计 164 个字。右边文字内容记述了"夫东岳者尊为五岳之宗，永保一方之庆，神机莫测，祭之必应，圣意难知，四时致祭，常存香火，炉无所置，慈者，有本村王平、王荣兄弟二人，共发虔心之愿，独施供床于□前，置立镌勒姓名，遗传万古"。左边文字内容是"各村社火捕庶花名下项"，其中有"梗村庄骆驼社捕庶李通等"、"梁家庄捕庶吴宽等"、"马坊簇马直社刘江等"、"中水村太尉直捕庶马廷等"。后为"石匠田聚"、"本村王珪书"。最后落款为"延祐元年孟春下旬有九日记"字样。文字为研究耿村周边村庄的历史、元代民间文艺表演团体的"社火"提供了翔实的资料。腾龙形象逼真，刻工精细、纹理清晰，有腾腾欲飞之动感。耿村"延祐元年供床石刻"是焦作距今近 700 年前有确凿纪年的供床石刻，是我市进行第三次全国文物普查新发现文物中有较高价值的一件。

在解放区上白作街道办事处小庄村文物普查中，根据群众提供的线索，又获重大成果，新发现了清代道清铁路马涧河桥。马涧河桥位于"涵—25 13 685"铁路标志处，长 25、宽 5.2、高 5 米。桥北下有 3 孔拱券，中间拱券高 2.8、宽 5 米，东西两侧拱券部分被泥土掩埋。在两拱券之间的桥壁上，分别镶嵌着 2 块宽 0.95、高 0.45 米的刻石，刻石分别从左向右刻有"PSR"三个英文字母与"1904"阿拉伯数字年号；桥南已垫高成便道，与桥北刻石相对称，同样镶嵌着两块宽 1、高 0.5 米的刻石，刻石从右向左分别刻有书写大方流畅、丰满浑厚的"光绪甲辰"与"福公司"带有中国隶书风格的几个大字。清光绪二十八年（1902 年），英商福公司在焦作下白作开凿了 1、2、3 号竖矿井。为了外运煤炭，清光绪二十九年（1903 年），开始修筑道清铁路（浚县道口镇至河内清化镇），1904 年 2 月又动工修筑待王至柏山段 24.6 公里铁路，全线长 150.446 公里。道清铁路马涧河桥，是中西方文化相互交汇融合的产物，是一座有确切纪年的、大型的拱券铁路桥，是帝国主义，特别是英、日帝国主义及其英商福公司掠夺中国煤炭资源的铁证，也为新中国的交通运输做出了自身的贡献。它的发现，为焦作增添了一处有确切纪年的清代铁路桥梁，也为道清铁路百年的历史增辉添彩。

太行道考察散记

焦作市博物馆　罗火金

焦作市中站区文物普查队　张长杰

太行道又称丹陉，雄踞太行山南端，是太行八陉较为重要的一条。周围峰峦叠嶂，沟壑纵横，古隘丛峙，是豫北通往晋东南的一条重要交通孔道，历史上为南控中原，北抵上党的军事要道。

太行道南起河南省沁阳市山王庄马鞍山，北至山西省的晋城市和阳城县。崇山峻岭间，孔道如丝，蜿蜒盘绕，"北达京师，南通河洛"，是我国古代一条军事、商贸和文化交流的大动脉。自西汉设立"天井关"后，历朝历代这里纷争不断，兵戈迭起，大小战争数百起，给这里留下丰厚的文化积淀。这一带关隘共包括羊肠坂、盘石长城、碗子城、古长城、孟良寨、焦赞营、大口、小口、关爷岭、斑鸠岭、揽车村、天井关等多处要塞。但由于各种资料自相抵牾或语言不详，难以认证。为研究太行道，我们调查小组便从沁阳市山王庄镇开始，北上寻找探究太行古道的踪迹。

过了山王庄，我们即顺着盆窑村东的山谷向北寻找进山之道，反复盘桓于山中小道，但难觅古踪。经当地老者指点沿山谷西侧爬坡而上，在一个东西横亘的山脊前，我们找到了古人为便于攀登砌就的石板古道。这里太行山呈东西走向，山脊上有一缺口，形似马鞍，当地百姓称其为马鞍桥，山被称为马鞍山。缺口南侧的山坡上，保存有一段长约 300 米的石砌古道，道宽 4 米，最宽处为 6.7 米，铺设整齐。道边用石块垒砌，中间用自然石头摆放，青石铺就，青石砌层。厚 0.2 ~ 40 米，蜿蜒北上，沿着古道前行，青石上的马蹄印清晰可辨，深的约有 10 厘米，浅的也有 3 厘米，望着这一窝窝的古代马蹄印，古代战马嘶鸣，马蹄踏踏的商旅驮队负重蜗行的艰辛仿佛就在眼前。从山凹处翻越了马鞍山后，一条小道蜿蜒向西北延伸，前行不远，又发现了一段长约 500 米的石板道。此段坂道的长度和完好是太行道中保存最好的。道宽六米全部是青石铺砌，非常整齐，显然是古代太行官道。但是我们在考察时见到当地村民正在进行矿产石料开采，轰隆隆的挖掘机将千年古道挖断、掩埋，使得这一段古道正蒙受劫难，遭受严重破坏。古道断续相连，一直延伸到一个叫关爷坡的山顶，太行古道就在关爷庙两侧通过。现在关爷庙早已荡然无存。我们在荒草中反复寻觅，终于在一片荆榛丛中，找到了庙宇倒塌后残留的残砖断瓦和房基。

从关爷坡一直前行，古道时隐时现，大部分已辟成大道，一直延伸到张老湾村。张老湾村是个较大的村子，人口千余，古时商旅、官衙盘桓到此，多要小憩打尖，歇息进膳。村中仅有一二座明清民居建筑尚能使人想象当年古道的盛况。出张老湾村，北上到常平村，沿途的古道已被现代化的晋—豫公路所代替。常平村是沁阳市最北的村庄，村后为碗子城山，山后便是山西境界。村后有百米长原为沟壑，相传宋太祖征北汉经过此地，崎岖难行，下马负一石掷于山中，士兵见此，皆负石投掷于此，即日成为大道，称宋太祖道。山前古道史书记载就是我国古代最为著名的羊肠坂。

羊肠坂，是古代南通中原，北连上党，直达河洛的交通要道，蜿蜒于崇山峻岭之间。一旁危崖高悬，一旁沟壑深涧，阔三步，现存石砌坂道长约百余米。其他的地方被五、六十年代开辟的公路所破坏，道上蹄痕轮迹仍依稀可见，羊肠百折盘绕，险象环生。道旁的峭壁上现存有摩崖题刻《修太行道记》，另有石刻盘若经一方，字迹风化严重。清代同治元年题刻的"古羊肠坂"四个大字，苍劲有力，相传为清同治初年翁同龢所书，现湮没在荒草荆棘之中，亟需保护。

在碗子城山的半山坡有一座青石叠垒的圆形城池，由于其地狭窄，形似饭碗，故名碗子城。碗子城东西设门，城墙现存高度4.8～7米，墙厚4.8米，城内直径19米。东门洞高3.54、宽3.1、进深6.3米；西门洞高3.56、宽3.07、进深5.96米。据《怀庆府志》记载："太行山顶，其路羊肠，百折中有一城，地仅一亩，唐初筑城，置此以控怀、泽。甚小，故名。"现城址为1861年重修。当时为阻击获嘉李占标农民起义，凤台知县集资两仟余缗而修，"置墩台以塞城外之路，另筑牛马墙十余丈，属于台，以护城"。又害怕义军从西侧小口村入关，所以也在小口村重修城墙以捍卫。连接碗子城西的盘石城墙，高约4、厚1.5米～2米，沿山腰西行，长约1000余米。民国二十八年（1939年）3月，国民革命军40军39师凭此与日军相持5日，此段城墙是战斗的主掩体和主阵地。

出了碗子城，西北行2.5公里，即到大口村。大口，古称横望隘，位于太行绝顶，为晋豫古道的重要关口。横望之名由来颇有典故，据《泽州府志》记载：唐宰相狄仁杰，自汴州迁并州路过此地，登山遥望，但见太行莽莽，白云横飞，想起留在河阳的父母，横望感慨。泽州知府朱樟为之刻石纪念，遂称横望隘。从村南拾级而上，古道始终穿行于村中，百折绕行，清晰可见，马印车辙，蹄印深达10厘米，浅者也有3厘米，踩踏碾压痕迹比比皆是。遥想当年，商旅马帮，繁盛之景，跃然入目。村中步道宽1.5～2米，在村中一老者指引下，拾阶而入，关门内现明清建筑几十余间，皆为旧时馆驿和驻兵居所，现已呈现颓败之象。村北有一券门关口，宽2、高约2.3米，上刻"三晋雄关"，系明代崇祯年间所刻，因年代久远，风吹雨淋，字迹斑驳。行至村北高处，已达太行绝顶，沿步道前行，见一坟冢，据村人介绍，此处系国民革命军39师一营长，抗战时在此坚守拒敌，殉国于此。我们拨开杂草，追抚烈士英灵，追思之情油然而生。

顺步道前行约三百米，即到一磨盘寨，当地百姓言因北宋杨家将部将孟良在此抗辽，故又称孟良寨。我们在一村民家中，发现建寨石碑一通，碑泐损严重，碑文模糊不清，依稀可见"河南□□怀庆□□"等字样。此寨呈不规则方形，南北长 34.3 米，东西宽 29 米，墙高 5、厚约 4 米。该城南北设门。寨北有一泉，应为据此守寨的戍卒用水所在。寨西为断崖深涧，北望群山耸立，如巨蛇蜿蜒，中间为山脊，古道即从此山脊通过。寨墙东连长城，长城大致呈"U"形走向。调查人员邀村中老者为向导，沿长城考察。此段长城宽 2~4 米不等，用方石和石片垒砌，方石之间以三合膏黏合。随天然山势，长岭跨山越谷，或削山为堑，或片石构筑，残墙最高处 3 米左右，蜿蜒东向，直达河南沁阳天池岭村西北的断豁处。

从大口向北约 3 公里，即到揽车村，揽车村古称星轺驿，为太行古道上的重要驿站，历来出入豫晋路经此地的朝廷官员和使臣均在此下榻歇息。另有众多文人墨客也曾光临此地，如王维、李白、白居易、刘长卿、司马光、于谦等，给这里留下了丰厚的文化底蕴。现村中街道从南至北约有 4 里多长，街道两旁多为明清建筑，雕梁画栋，楼阁耸立。村北有一两层过街楼阁，一楼中间为石券拱门，券顶由五块青石组成，券石之间皆用燕尾铁槔紧紧扣连，门的北面镶嵌匾额，上书"河东屏翰"。旁边有一农家，墙上保存有"揽车镇"三字石刻，系光绪十九年间郡痒生韩识荆所书。村东现有明清时修建的一座关帝庙，坐北朝南，殿堂廊房齐全，外观颇为气派，建筑精美。

离开揽车村不远，向北过石槽村、山尖村，即到天井关村。村以关得名。天井关雄踞太行山的山巅，古道从村中南北穿过，村中古关门虽破旧凋敝，但仍岿然屹立。关楼面阔三间，上下两层，来往车马行人从券洞中通过，正面楷书"天井关"，关内左边有石砌台阶，可达二层阁顶。台阶上尚存有一断碑方形边，长 0.7 米，上刻一"元"字，应为清乾隆四十九年（1784 年）泽州知府姚学瑛书"太和元气"之手迹。在关南头，古道西侧，一块高 3 米许的巨碑赫然在目，上刻"孔子回车处"。据《孔子家语》记载：鲁哀公二年（前 493 年），"赵简子使使聘，夫子将如晋，及河，闻窦鸣犊，舜华见杀，乃临河而叹曰：'美哉水，洋洋乎！丘之不济，此命也。且丘闻之……鸟兽之于不义尚知避之，而况于人乎？'遂回车而旋之卫，还息于陬，作《陬操》以哀之。"这是见于文献的资料，然而据考证孔子还车恐怕不是在这里，其中"及河"、"临河而叹"的"河"在我国古代是黄河的专用名词，应该是指黄河。这样看来孔子回车之处不在这里，真正回车之处，应是在河南省濮阳一个古代叫"棘津"的地方。但是在天井关一带的传说却是：春秋时，孔子从鲁国到晋国讲学，途经天井关星轺驿，途中遇数小儿嬉戏，中有一儿不戏，孔子问他说："独汝不戏，何也？"小儿说："下及门中，心有门争，劳而无功，岌无好事，故乃不戏。"遂低头以砖瓦片筑城。孔子责之曰："何不避车乎？"小儿曰："自古及今，为当车避于城，不当城避于车。"孔子理屈。前行又见道旁有一黄鼠，口衔核桃，谦和拱立，作礼拜状，孔子遂叹"晋知礼已甚！"旋车而返，留下车辙约 20 厘米深。如今昔日车辙已为水泥路面所覆盖。现有"孔子回车处"碑，据明文学家王世贞《适晋纪行》记载，应为明万历泽州太守山东人冯瑗重立。书中记载："隆庆四年（1570 年）六月，过大江，北道齐鲁，历汴抵卫，发宁郭驿（现焦作辖），三十里抵清化镇（现焦作辖）……韶驿……发，道有祠，刻石崖表曰'孔子回车处'。"

在天井关村，村人介绍在街道的中心有一石猴，不知何时何人将石猴首级割去，村中人称"石猴石猴没有头"，此猴是路标。见石猴时便有一岔路，往西去阳城，北走达晋城，古代客商以此为标识。我们前行果然见到无头石猴，西侧有一岔道，显然是村民说的去阳城之路了。我们直行到了村北，见有一大庙为玉皇庙。庙西侧山的最高处有一千年古槐，冠盖如云。守庙的一老者告诉我们，解放前村里共有三座大庙，其中规模最大的为孔子文庙。并说古时相传天下文庙有两座半，一座在曲阜，一座在这里，北京的文庙因为仅修了一半便停下了，所以属于半座。这里的文庙又是一座唯一不在京师，不在州县，面向东方的文庙。我们听后，不禁愕然，便萌发一探究竟的心愿。据碑刻记载，清代康熙二十年（1681年）太子少师，袭封衍圣公大宗主举事之员，督理林庙家务的孔衍梅所撰写的《回车庙碑记》记载："（该庙）盖汉时夫子十九代孙孔显建也。孔显，字元世，东汉人，遭党事禁锢。追灵帝即位，建宁二年（169年），征拜设郎，补洛阳令。思夫子有临河之叹，为之立庙于太行天井关，……"如果其言不虚，则天井关之文庙创建时间比山东曲阜文庙仅晚一年。

据各个时代碑刻记载，天井关文庙元、明、清屡建屡毁，但屡毁屡建，不相断也。1943年，侵华日军占领此地，日军小头目稻谷米将天井关文庙付之一炬，用其残砖碎瓦修筑了炮台，世代名胜，毁于一旦。现在天井关千年古槐处仍残存着日军炮台，成为侵华日军罪行的铁证。

老者建议我们从村东沿小路下到山底，前行可到河底村，然后从那里出山到泽州，直至上党。我们走出天井关村，已是红日西沉，明月微露，远山黛色，氤氲笼罩，险关若显，雄姿岿然。我们怀着遗憾和惆怅的心情，继续朝前走去。

对大学生参加普查工作的几点思考

许昌市文物局　李　彩

在文物普查田野调查阶段，河南省许昌市就如何有效利用社会优势力量开展田野调查工作进行了积极探索，确定了与许昌学院历史文化与旅游学院合作，利用暑假公开招募历史专业在校大学生以社会实践的形式参与许昌城区文物普查的工作方案。许多大学生踊跃报名，经过层层筛选，8名德才兼备的大学生入选。2008年7月7日至8月10日，大学生普查队分两组分别对魏都区、东城区展开了认真细致地调查，共发现登记文物线索156

条，其中魏都区 57 条，东城区 99 条，大学生参与许昌城区文物普查取得了良好成效。

首先，大学生参加文物普查为许昌文物普查工作注入了活力，增添了力量。田野文物调查是文物普查的中心环节和关键阶段，此次文物普查田野调查的时间紧，任务重，科技含量高，工作要求严，调查数据采集的真实性、完整性，直接关系到普查成果的质量以至于整个普查工作的成败。一个县区内单靠文物部门一支由几名文物专业人员组成的普查队的力量远远不够，必须广泛动员社会力量参与普查，但从普查工作实际来看，一般群众只能提供部分线索，真正加入到普查的行列来则既不能保证时间，也不能保证质量，且很难将其组织起来，而抓住大学暑期放假的有利时机，发动历史专业大学生参与文物普查田野调查工作，就有较强的可行性。历史专业大学生本身就具有较高的文物专业知识基础，加上大学生思维活跃，精力旺盛，接受能力强，经过短期培训后能够迅速地掌握普查的各种标准和规范，熟练使用 GPS、数码相机、测距仪等高科技产品，能够适应并承担文物普查田野调查工作任务。

在参与许昌城区田野调查过程中，大学生普查队严格按照"宜宽不宜严"的普查原则和每个自然村都要进行普查的要求，4 人一组骑自行车分别深入许昌市辖魏都区、东城区的乡村街道，张贴布告、发放彩页、宣传群众、发现线索、采集数据，以饱满的热情和认真细致的态度投入田野文物调查，承担起普查宣传和收集线索工作。许昌城区文物普查队随之有目的的进行实地调查，完成数据采集和整理，从而大大提高了普查工作质量，减少了普查经费支出，加快了普查工作进度。大学生普查队有声有色开展实地调查为许昌文物普查工作注入了活力，增添了力量，成为许昌文物普查的一个独特亮点。

其次，文物普查为大学生尤其是历史专业大学生提供了一个良好的实践平台和机会。"纸上得来终觉浅，绝知此事要躬行"，文物普查为历史专业大学生提供了一个将书本知识与文物实物相结合、相印证的平台。在实地调查工作中，大学生普查队们为发现一处遗址，一个古建筑，一块有价值的石刻碑刻而兴奋不已，也为弄清不同时期的建筑特点、器物特征而查阅资料，热烈讨论，市普查办文物专家及时为他们排疑解难，为他们推荐文物专业书籍，印制文物建筑知识册页，带领他们参观博物馆文物陈列，通过对文物实物的观摩讲解，增强他们将书本知识运用到实践调查的能力。

文物普查为大学生普查队员提供了一个接触社会，进行实际工作的机会，使每一个大学生普查队员在普查实践中真正得到了锻炼和提高。大学生参与许昌城区田野文物调查正值暑假期间，天气炎热，野外工作条件较差，但大学生普查队员们克服了夏季高温、骑车辛苦等困难，每天坚持骑自行车，早出晚归进行调查，在实地调查中，摸索出一套行之有效的文物调查方法，并进行了认真总结：（1）工作要有计划，不能盲目；（2）要依靠团结基层干部群众；（3）要多问、多听、多观察；（4）要加强宣传，防止群众误解；（5）要保持敏感性，不遗漏任何有价值的线索；（6）要不怕辛苦，有物必至；（7）要加强学习，将书本知识和实践知识有机结合起来。文物普查实践锻炼了大学生普查队员的意志，增强了他们的实际工作能力，增长了他们的才干，从另一角度讲，通过普查实践也展现出了当今大学生敢于吃苦，甘于奉献，勇于实践，善于思考的优秀品质。

再者，大学生关注、参与文物普查提高了年轻一代对文化遗产保护的认识。当前，我国正处于从"文物"保护走向"文化遗产"保护的转型进程，文化遗产保护的"外延"不断扩展，文化遗产保护的领域不断扩大，新的文化遗产种类如：工业遗产、乡土建筑、文化景观、文化线路、老字号、近现代优秀建筑、当代遗产等，愈来愈引起人们的注意。第三次全国文物普查是一次文化遗产保护理念的大宣传，为以大学生为代表的年轻一代提供了一个集中发现、认知文化遗产的良好机会，引起了走在时代信息前沿的大学生群体的广泛关注，加深了以大学生为代表的年轻一代对文化遗产保护新理念的认识。吴文臣等许昌学院历史专业8名大学生更是以实际行动参加了文物普查工作，在普查实践中，将新的文化遗产品类纳入普查范围，予以认定登记，发现了英美烟草公司旧址，许昌信义医院旧址、尚门宁门民国建筑等一批新的不可移动文物。

在文物普查过程中，许多关注、支持、参与文物普查的大学生们对当前文化遗产保护形势有了更客观、更清醒的认识。吴文臣等同学在普查实践中对文化遗产保护现状进行了深入思考和总结，提出了要进一步加大宣传力度，提升全社会文化遗产保护意识；加大国家投入力度，拓宽文化遗产保护融资渠道，使一些珍贵文物得到及时有效保护；协调相关部门加强对乡村信教群众在寺庙旧址上新建宗教活动场所的管理，处理好文化遗迹保护与利用的关系等建议。树立资源和财富观念，加强对各类文化遗产的保护管理等切合当前文化遗产保护需要的建议。随着全国范围内文物普查工作的不断深入，越来越多的大学生通过网络等媒体加入到关心支持文物普查的队伍当中，并对当前文化遗产保护与利用问题进行了更多的思考和热烈的争论，在这种思考、争论中，年轻一代对文化遗产保护重要性的认识也有了很大的提高，而这恰是做好文化遗产保护工作最重要的思想基础。

触摸新石器残片

南阳市桐柏县文物普查办公室　李修对　郑大宇

石镰

一脚跨进月河闵岗这片隆起而宽广的黄土地，一下子就从现代迈进了远古。俯身拾起一把石镰的残片，如获至宝，欣喜不已。这把石镰呈黑青色，质地坚硬如铁，背部稍厚，刃部溜薄，有明显磨制和使用过的痕迹，而且依然锋利。一把古人精心磨制的石器，经过五六千年的雨浸风蚀依然不改其锋芒，显示出邃古时代人们在选材制造工具时的刻意追求。

入伏第二天，随同参加第三次全国文物普查骨干培训班学员乘车去野外参观。走进闵岗新石器遗址，我们就被这片古老而神奇的土地震撼了：满地绿莹莹的黄豆秧掩不住黄土中散落的远古时期的大量残片，石镰、石斧、石镞、陶杯、陶罐、陶纺轮等等，件件残片呈现的品性特征印证这里是仰韶文化时期的光辉遗存。这些残片虽经年深月久犁掀耙翻也不曾消弭那个时代的踪迹。拾起残片，凝视良久，感觉仍能触摸到远古平静而有力的脉动，嗅出一丝丝蕴积数千年清幽而温润的气息，脑海里便浮现出刚刚走出茹毛饮血的原始社会、人们依然过着半洞穴、半穴居生活的景象，依稀看到身穿麻衣或兽皮遮盖的人们在田间挥舞石镰收割成熟的黍稷，收获荒原上初兴的农耕文明成果的开心场面……

于是，我们这次有意义的探寻就多了一份见识和感叹，一份惊喜和崇敬。

石斧

一只凝重而又冰冷的石斧，分明是用坚硬的青石精心打磨的棱角分明的原始宝器。

此刻，它寂无声息地躺在我的手掌上。扁平的斧身，磨薄的斧刃，显示出它当年在主人手里是一件顺心如意的家什。一经诞生，它就是先人们用来斩断树枝、砸烂果壳或者敲骨吸髓的重要武器。但是它怎么也不会想到五六千年后的今天会躺在一个对它特别感兴趣的文化人的手掌上，被人仔细的凝视和猜揣，它更不会想到自己会作为宝贵的历史鉴证被人小心翼翼地带回并置于文物展台，让许多好奇的人窥视自己神秘的往昔和历尽沧桑留下的痕迹。

制造和使用它的人，早已化灰成泥，他曾经充满活力的躯体、发达的大脑以及历尽艰辛的故事已经被历史的风尘裹挟而去，却留下这只石斧证明它原来的主人智慧的高超和性格的坚毅。别看这是一只粗重而又简易的石斧，却是我们的先人在艰难岁月经过千百年的思索和探寻，或反复实践或偶尔发现，才有了这把可以帮助人们解决生活难题的难得的宝贝，从此为生存奔忙的先人们就多了一份生活凭依。这从一个侧面，诠释了哲人们宣扬的关于劳动的命题：劳动创造了人类本身，制造工具使人区别于其他动物。

石斧重见天日，是我们从蒙昧走向开化的含辛茹苦的先人留给后世的馈赠和启示！

石镞

这枚制作精良完好无损的石箭镞，仍是用青石打磨的极具杀伤力的一件利器。倘若不是它本身石质坚硬不易毁损，就是由于深埋地下地层保护使它光鲜如新。它锐利无比的形制透着冷冷的萧杀之气，显示出它作为当时最先进的武器无坚不摧的威仪。

早期人类的生存充满着较量。与变幻无常的大自然较量，与嗜血成性的猛兽较量，与贪得无厌的同类较量，改变了他们的习惯思维和行为方式，激起了作为万物灵长的人类的创造热情，在千百次的实践中终于打磨出无比犀利的石箭镞，成为后来的铜箭镞、铁箭镞的祖先，就像后世发明了轻而易举致人死命的枪弹一样。它的诞生，定然是聪明的先人为改变饥肠辘辘的困窘而特意打磨的利器。当初的用途应当是参与狩猎的人们手中的锐利武器，为人们猎取充饥的食物发挥了神奇作用；后来在利益争夺之战中也被派上了用场，显示出远距离射杀敌手的威力，又成为不可调和的生死较量中最厉害的长兵器。

石箭镞的出现，是为摆脱生存困境的先人们的又一伟大发明，是那个时代制造工具所能达到的尖端成果，但是不幸充当了激烈鏖战中防不胜防的追魂夺命的家伙。石箭镞的存在，证明了远古时代的杀戮依然惨烈和悲壮！

骨匕

手握这把七寸长的骨匕，仿佛就握住了先人有力的大手。从直觉判断，这是先人们又一次绞尽脑汁倾尽心力的杰作。虽然分不清这把锋利的切割器的材质是牛骨猪骨，抑或是虎骨豹骨，但是我知道，发明这把骨匕就使我们的先人在割肉切菜时有了得心应手的工具。

那时候，我们的先人虽然早已走出蛮荒时代，但是他们可资凭依的生活用具却是少之又少。学会打磨石器制作器具，标志着我们先人的开化史开始突飞猛进，向着农耕文明跨进了一大步，这也是我们的历史学家给这个时代定名为新石器时期的重要根据。可是，上溯的路啊，如此悠长悠长，近乎遥不可及。

利用兽骨，制造骨匕，应当也是这一时期天才的磨砺。此时，我们的先人大约过着农耕、狩猎并重的生活，农忙时耕种，农闲时打猎，三五成群，挟刀带箭，上山逮野猪，射麋鹿，套野兔，捉猛虎，同打猎同吃肉。猎到野兽，就用骨匕剥皮卸骨，切肉剔骨锋利无比，这种特殊材料制成的工具，自然要比笨拙的石刀好用得多，成为人们获取生活资料的得力帮手。

这把骨匕，无疑是铜铁尚未被利用的远古时代直接辅助生存的利器。

拥有骨匕，就意味着我们的先人拥有了开启幸福生活之门的金钥匙。

陶杯

一只高脚灰陶杯，虽然已经残缺不全，但是它仅有的古老的形制足可以证明当年它在宾主推杯换盏中是个不可或缺的尤物。

杯体的厚重，陶胎的古朴，恰恰说明这只陶杯历史非常悠久。我们的先人初期制陶的工艺还十分简单粗糙，即便如此这只便于饮宴的陶杯也不失为先人们劳动创造的得意之作。先人们学会播种五谷，用谷物酿酒，盛酒的陶壶、陶杯也出现了，人们或豪饮或品啜就有了专用的酒具，成为当时人家必备的待客家什。又过若干年以后，直到有了更漂亮更贵重的铜爵铁樽被王侯官宦之家普遍使用，这种制陶工艺被改进后，制作出了各具形态釉色精致的陶瓷杯，仍然被民间广泛使用。自陶杯诞生之日起，就与我们人类结下了不解之缘！数千年过去了，而我们善饮的人类仍然凭借它的媒介作用，实现了交友增谊沟通无限！

这只凝结着先人智慧的灰陶杯，以及由它延续下来制造的金杯银盏是伴随人们诗意生存的重要器具，也是芸芸众生生生不息最具象征意义的见证。饮食器具的不断改进，就是一部人类进化史的缩影。一只残缺的陶杯，就是一段活着的历史。

陶片

在这片遗存丰厚的新石器遗址上，遗落着难以计数的灰陶片、彩陶片、红陶片、蛋壳陶等等，走遍闵岗，俯拾皆是。仿佛我们的先人就是要用数不尽的陶片来证明他们的真实存在，开辟生存空间的伟大创造就是他们能够拥有的全部生活。

一枚枚灰陶片，看似粗糙，但是它却是一只完整陶罐或者陶钵、陶碗、陶壶、陶盆、陶缸、陶鼎上的重要组成部分。一个个囫囵的器皿早已不复存在，而它仅存的残片依然静静地躺在黄土里，等待后来的人们通过解读它传达的消息了解先人们生存的不易和艰涩。

仔细端详一枚彩陶片，我发现其中隐含着先人内心寄予的神秘信息，那黑白对比鲜明的色彩或许是那浑圆的天体的变形，那描画生动的鱼形纹或许是那阴阳初分天象的记忆，那曲折有力的线条或许是那洪水滔天的抽象记录，那简笔勾勒的图画或许是对田园牧歌生活的依恋。一只只彩陶器皿，成为先人驰骋想象的广阔天地；一道道质朴的线条，就是淳朴的先人天才的演绎！尤其让人感动的是，那一枚枚薄如蛋壳的红陶片竟然出自五六千年前我们的先人之手，他们当时能够达到的制陶工艺水平，真是令我们后人也难以置信！

收集散落的残片，作为心灵的一份珍藏。于是，我的生命里就多了一份追忆和牵挂。

本色

信阳市第三次全国文物普查办公室　花　原

信阳浉河港乡山美水秀，是闻名的茶乡，素有"茶乡明珠"之美誉。也是重要的红色革命根据地，文物普查重点乡之一。而四望山是该乡最偏远、最难走的一个点，村级公路今年才刚刚修通。

我们昨天到的浉河港乡，正在和当地政府商谈进山普查一事时，刚巧遇到了四望山村的村长周家谋，他告诉我们，他家就住在新五师《先锋报社》的旧址里。立刻，我们对眼前这位瘦瘦弱弱的小个子村长产生了几分亲近："我们今天就上山。"在他的带领下顺利完成了新五师师部旧址、李先念旧居、新五师印钞厂旧址、《先锋报》报社旧址等普查任务。

我们今天要去的是另一个普查点——四望山暴动旧址。

浉河港的上游是信阳著名的风景区——南湾水库，这里到处都是水库的河岔，弥漫着水乡特有的柔情。

但水库几天来一直在放水，唯一的一座漫水桥已被水淹没，司机小刘很担心过水桥时保险被淹，那样车就开不了了。碰碰运气吧，但愿今天也平安无事。

过了桥，大家松了口气，车沿着一条依山开辟的弯弯曲曲的小路小心翼翼地向山上开着。

山体的颜色有的是青色的，有的是褐色的，长在山崖的花草用不同的颜色努力的开放着，没有一丝的娇柔做作，给坚硬的大山平添了几分妩媚。沿着山涧一路静静流淌的是清澈的山泉，一切都那样的恬静、自然。

突然，车头冒出了一股烟，保险还是被水淹了，在前不着村后不着店的山上到那去找修车的？犹豫了半天，决定放弃这次进山计划。但周村长一听马上打来电话："你们来几位？我们去接。"用什么接？

一会儿周村长带着村民组长们骑着四辆摩托车笑眯眯的开来了，他们像一股山野的清风吹得我们暖暖洋洋的。

车队"浩浩荡荡"的进山了，我们的刘开国队长笨拙的爬上和他同样粗壮的小组长车上，乐呵呵的说："我们是铁道游击队。"看着陡峭的山坡又有点心虚："车不会大头朝下吧？"

我坐的是一位年轻小组长的摩托车，他叫曾庆山。他告诉我：你们刚才车坏在了上八里，一会就到下八里了。你不用怕，去年冬天下大雪我还骑车到乡里呢。路过一个峡口时又说："这是暴风口，冬天风大的能把人吹得飞起来。"

望着一眼看不到头逶迤的山路，山里人出行真的很困难，当年的新五师和农军是怎么补充给养和装备的？

到周村长家已是 12 点了，我们拿出自己带的干粮时被村长拦下了："就是不认识的人到山里来，每一个山民都会留下吃饭的。"我们只好心悦城服地接受在普查中吃的"水平最高"的一顿饭，而且每位小组长还喝了半斤白酒，望着空了的酒瓶，想：还能带我们上祖师顶吗？

四望山暴动旧址在祖师顶上，是清代的一座石寨遗址，海拔 861 米。1926 年夏，信阳早期的共产党员王伯鲁受党的指示，只身进入四望山，秘密组织四望山农民起义。1926 年10 月中共四望山特别支部在此成立，王伯鲁任书记。1927 年 8 月，农军在王伯鲁率领下正式发动四望山暴动，取得了这场胜利。但 1928 年罗山民团、红枪会和地方武装军分三路进军四望山，王伯鲁被捕，5 月牺牲。这是必查的一处文物点。

周村长说："吃饱了吗？山上没路，要砍出一条来。"他和曾庆山每人找来一把镰刀，用手试试往腰后一别，轻轻说了句："走吧。"

"要砍出一条路来"，这是我们普查中听到的最雷的"语录"了，不免也产生出几分豪迈，带上必需的普查用品，5 位村小组长，5 位普查队员，我们一行 10 人向祖师顶进发了。

走过一块水田，绕过一片茶园，祖师顶赫然立在我们面前。普查队员林芳不禁哼了一句："这是条神奇的天路，带我们走进人间天堂……"

是啊，今天我们去朝圣。

山真的是没路，满山的是树木和缠绕的荆棘，我们 10 个人立即被大山淹没了。周村长和曾庆山挥舞着镰刀不停的砍着，另外几个小组长不知从哪家茶园里摘来的小西瓜，一人抱了两个，说是我们没带水要给我们解渴。还有一位小组长，从骑摩托车接我们到上山，脚上一直穿的是双凉拖鞋，怀里还搂着两颗西瓜，一直笑容满面的跟着，我们叫他"最牛的小组长"。

荆棘防不胜防，常常拉扯着衣服不让走，不小心还会被"咬"上一口。尤其是女同志被树枝抽打的叫苦不迭，干脆把外衣脱下来把脸抱住。还不停地问："怎么没见一只小鸟呢？怪。"

村组长们会时不时的摘些山里的野果子给我们吃，尤其是"八月炸"这种果实在阴历的八月熟透了自己会炸开，所以当地人叫它"八月炸"。掰开青青的外壳，里面的果肉像一条肥肥胖胖的蚕宝宝，身上点缀着几棵发亮的小黑核，吃上去软糯香甜，但不解渴。司机小刘像一只钻山豹，跟着队伍跑来跑去，手里摘了满满一把鲜艳的红豆，他想了又想才问："有首什么诗叫此物最相思？"看着他一脸的憨态大家都逗他："愿你多采撷，此物最相思。"

实在是爬不动了，刚想坐下原地休息，不想身体往下滑，被林芳一把抓住。这时，一位小组长抓起一把镰刀，一刀下去，西瓜四分五裂，每人都能吃到几块带有茶香味的秋西瓜。

其实祖师顶并不在四望山村，而是在胡岗村的龚家湾，因胡岗村的村长有事，所以周村长一口答应下来带我们进山。看着像大山一样厚实的村民，一句感谢的话都说不出来，从这几位汉子身上散发出的热情善良就是老区人民永远不变的本色。信阳市文物普查队永远都不会忘他们的名字：周家谋、曾庆山、周开明、王发福，还有最牛的小组长——曾成。

"还要爬一个小时，抓紧时间，不然下山天就黑了。你们还要往家赶。"周村长说。

我们抖起精神，爬。

终于看到大青石砌的寨墙了。大家忘记了疲劳，先定点、拍照、做记录，再把剩下的西瓜像打鬼子一样全部消灭掉。大家只有一个感觉：爽。

周村长突然说："王伯鲁没有死。"他怕我们不信又肯定地说道："他侄子就在我们四望山，说他叔逃了出来，但不知到哪去了。"

是，王伯鲁永远都活着，我们都相信。

"来，我们大家照张相留个纪念吧。"我们要在烈士留下足迹的地方印上我们的脚印，印在我们的心中。

"啪"，时间永远定格在 2008 年 9 月 12 日。

探秘西华盘古寨

周口市文物考古管理所　杜红磊

盘古开天辟地的传说，家喻户晓，老少皆知。但是有关传说中盘古的遗迹在全国可谓少之又少，而在周口西华县东夏镇的木岗寺村就有盘古寨、盘古墓、盘古庙、盘古井等相关遗迹。"盘古寨"和木岗寺村有什么关联呢？盘古墓、盘古井又是怎么样的？是否真的有盘古遗迹呢？带着这些疑问，周口市文物普查队来到西华木岗寺村一探究竟。

从西华县城向东北驱车约 40 分钟就来到了传说中的"盘古寨"所在地——木岗寺村。寂寂无名的小村坐落在豫东广漠的平原上，东北紧邻大广高速公路。普查队员刚下车就受到村民的热烈欢迎，村支书主动给我们详细讲解木岗寺村有关盘古遗迹的传说。村支书告诉我们，在发黄水以前他们村有护寨沟环绕，沟内打有高高的寨墙，寨有四门，上面均箴有"盘古寨"门额，如今全因黄河水泛滥而毁。另据村民赵广太老先生讲，原来的盘古寨在现在的村东头，寨西是高大的墓岗，就是人们说的盘古墓所在地。因历史上黄河洪水多次泛滥，泥沙在盘古寨外围淤积，寨内地势渐显低洼。人们逐渐搬迁到寨西墓岗之上居住，村庄就以墓岗为名。近代曾有人认为村名带"墓"字不吉利，又更名为木岗寺。这就是现今的木岗寺村，而传闻中古老的"盘古寨"现已成为一片水泽。

普查队员还对村民手中的遗物进行了查看。据说村中有世代相传的盘古开天地的"神斧"，我们对所谓的"神斧"进行了鉴定，应为距今5000年左右的龙山文化时期的石斧，可见盘古寨的历史同中华民族的文明史一样源远流长；据说村中还有村民取土时挖出的老寨门额砖，共三块，每块各模印一字"盘"、"古"、"寨"，应是嵌在寨门上的，经鉴定为宋代的遗物。由此印证了木岗寺村和盘古寨之间的渊源；村内还遗留有一个5个人才能抬动的铁香炉顶，中间题有"赵三秀敬赠"的字样，从纹饰和造型上看当为宋代器物，从功能上看应属当时寺庙所用之物，从它的庞大外观与重量上也看出了当年寺庙的规模。由此可见，远在宋代此地既建有寺院，极有可能即是祭祀盘古的"墓岗寺"。

村西现即遗留有"墓岗寺"的遗址，如今的木岗寺村小学便坐落在它的上面。目前寺内还保存着2块明清时期的残碑。据村内老人讲，墓岗寺建于唐末，建成后寺院占地达百亩之多，寺后有盘古墓、盘古井。在建国前还保留有大殿一座，东西配殿，以及山门等建筑。建国后寺内还存有48块古碑，"文革"时期被毁。村民带普查队员来到传说中的"盘古井"前，井已被历年洪水暴雨冲刷淤满黄土，现仅见一处凹坑。而同样传闻中的盘古墓也在多年的洪水侵袭中埋没，了无踪迹，只有将来做进一步的勘察才能确认。

在村小学西边有三间普通的房屋，是近几年来该村和周边群众自发捐资修建的用来祭祀盘古的地方，村民称之为"庙"。这里不定期的举办"庙会"，众多善男信女顶礼膜拜。

经过考察，对木岗寺村所存的盘古遗迹有了一个明确的认知。鉴于盘古遗迹的罕有性和村中盘古遗物保存的堪忧现状，普查队建议有关部门和有关组织加强村内文物遗存的保护工作，特别是宋代门匾额，作为"盘古寨"悠久历史的实物见证，却已经遭到了损坏，亟待保护。文物部门还应勘探确定出盘古墓、墓岗寺建筑群的范围，为将来恢复盘古墓旧址和墓岗寺的原有规模打好基础。建议清理出盘古井的淤泥，立碑建亭，恢复木岗寺村的护寨沟和护寨墙。盘古寨西距女娲城10公里，东距伏羲太昊陵30公里，一旦论证开发，打造盘古文化的旅游品牌，形成盘古、伏羲、女娲文化相呼应的周口市远古文化旅游区，对推动周口市的旅游业必将产生巨大作用。

为了让历史遗迹再放光辉
——一位文物普查队员手记

周口市平粮台博物馆　李剑文

　　自 2007 年 4 月份以来，我作为一名文物工作者幸运参加了周口市第三次全国文物普查。在这一年零八个月的时间里，我和其他普查队员一起，深入街道、乡村、田野，走访群众，摸排线索，测量数据，汇集信息，使新发现的各类文物点的详情跃然纸上，变成了一张张清晰登记卡，一组组准确的数字，一帧帧精美的照片。截止 2008 年底，周口市新发现古遗址、古建筑、古墓葬、近现代重要史迹等各类不可移动文物点 323 处，复查 335 处。每当谈论起这些成果，我和队员们都按捺不住激动的心情，那一幕幕调查的情景，一副副感人的场面，也在眼前展现开来。

　　记得 2008 年 3 月 11 日上午，市第三次文物普查办公室召开会议，主要布置如何对川汇区进行普查。川汇区是周口市委、市政府所在地，面积 141 平方千米，它包括城区、郊区，普查范围涉猎机关、社区、街道、乡村、田野，情况复杂，难度较大。普查办领导要求以此为示范，总结出经验，推广到全市。会议结束后，市文物普查队、市文物考古管理所、川汇区文物普查队立即联合行动，把 30 人分成 2 个队 10 个小组，划定了每个小组调查的线路和区域，要求严格按照"三不"（不漏乡镇、不漏社区、不漏地块）进行踏查，队员们手拿调查线路图出发了。正值初春，天气初暖乍寒，风还有些刺骨，队员们一步一步走在街道上，走在郊区的田野里，仔细寻找，认真记录，累了休息片刻，手冻红了搓一搓，中午饭推到下午 2 点才吃，返回办公室汇合时已是晚上 8 点了。12 号上午，天空飘起了小雨，队员们顶风冒雨，直到完成当天的任务才停下来。一位年轻的女队员冻感冒了，第二天仍坚持工作。这次普查历时一个星期，行程数百公里，发现了新的不可移动文物点 40 余处。

　　7 月份，我们对全市新发现的文物点进行了汇总，筛选出了一批有价值的各类遗址。其中川汇区沙颍河码头遗址很有代表性，普查队决定对此进行再调查。16 日上午，太阳像个大火球挂在天空，地面气温高达 40 摄氏度，队员们每人带瓶矿泉水，跨上自行车出发了。到达河岸后，发现码头遗址的底部浸泡在水里，男队员们立即甩掉外衣，纷纷跳进河水。在仔细测量各种数据的过程中，一位队员的脚被划破了，鲜血直流，大家劝他上岸休息，他却笑笑说"没事，把数据测量好再上去"。队员们硬是把他拉到了岸上。经过三个小时的工作，队员们对遗址进行了详细记录，并鉴定了其年代。该码头建于明代隆庆年间，当时周家口（今周口）商业繁荣，水路交通发达，官方修建了三座码头，这座码头由于位居要道，历代修葺加固，得以完好保存。

7月20日上午11时，市普查办公室接到郸城县白马镇群众打来的热线电话，在该镇的东街发现了"新四军游击队整训旧址"。队员们一听都非常振奋，个个争先恐后。汽车到达郸城县城时已是12点30分了，是停下来吃中午饭还是继续往前走？当队长征求大家的意见时，队员们异口同声地说"到达目的地再吃饭"。白马镇位于郸城县的东北方向，与安徽省交界，也是离县城最远的一个镇，由于地理位置偏僻，路面时有损坏，下午2点才赶到，队员们匆匆地吃口饭便投入了工作。我们一边找街道的老人进行座谈，一边对"旧址"进行GPS定位，测量长、宽、高及其他数据，推算建筑年代，分析建筑风格，为弄清楚雕饰图案，队长找来梯子亲自爬到不同位置进行察看。烈日下，汗水顺着队员们的脸颊滴落顾不上擦一把，衣服被汗水浸透了顾不上休息片刻，直到调查清楚，大家才坐下来喝口矿泉水。"旧址"为两座相邻的不同年代的建筑，一座为清末时期，一座为民国时期，均为硬山式建筑，都配有精美的雕饰图案。据知情老人讲，1938年11月2日，彭雪枫率领新四军游击支队在此整训，整训的内容是：政治教育，军事训练，学习抗日民族统一战线政策。当时影响很大，广大群众纷纷要求参军，这次整训为建立豫皖苏抗日根据地奠定了坚实的基础。

12月3日上午，西华县普查队提供一条线索，在该县逍遥镇发现了一处古遗址，需要市普查队作进一步的鉴定。正直隆冬，天气阴冷，队员们急忙穿好棉衣，准备出发。突然，一位队员的手机响了，就听电话那端传来焦急的声音："孩子病了，发起了高烧，你请个假赶快回来吧！"队长在旁边听到后，劝他回家照看孩子，这位队员却坚定地摇摇头。他在电话里简单安排妻子几句便和大家一起坐上了普查车。到现场后，他第一个跳下车，与大家一起寻找遗址。经调查，该遗址长约650米，宽约380米，时代跨越元、明、清，并在遗址上采集到了黑釉、青釉、酱釉等瓷片，专家初步判断此处为柴城遗址。这一发现，为寻找柴窑遗址提供了线索。

普查开展一年多来，队员们大部分时间都在野外工作，无论是严冬酷暑，还是刮风下雨，始终坚持在文物普查的第一线。队员们团结协作，克服困难，不仅锻炼了工作能力，提高了业务水平，还锤炼了思想，升华了人格。

为了第三次全国文物普查

——记河南省沁阳市文物普查队员辛中山

沁阳市文物局　张红军

　　辛中山，河南省沁阳市文物工作队职工，一名普通的第三次全国文物普查队队员。他年过半百，头发斑白，患有高血压和冠心病。他家距单位40多里，每天靠自行车上下班。然而，就是如此的年岁，如此的身体，自第三次全国文物普查工作开展以来，他和其他普查队员一道，不管严寒酷暑，刮风下雨，每天起早摸黑，钻胡同，奔田野，登高山，下谷底，不怕脏和险，耐得苦和累，为沁阳市第三次全国文物普查工作的顺利开展和阶段性任务的圆满完成做出了突出的贡献，受到了上级主管部门和领导的充分肯定和赞扬。

　　为了第三次全国文物普查，风雪无阻。记得2007年寒冬的一天早晨，鹅毛般大雪铺满了大地，中山同志为了按时到达单位，他5点钟就起床，简单吃了点早餐，正准备推车出门，老伴劝他说："雪下这么大，你身体又不好，向单位请个假就别去了。"听后他对老伴说："雪不隔人，决不能因我一个人而影响了全市文物普查工作的进度。"说罢，他便匆忙骑车向单位赶去。由于雪大路滑，稍一骑快，就会连人带车摔倒在地。一次一次地摔倒，一次一次地爬起来。眼镜弄丢了，膝盖摔痛了，他全然不顾。就这样，一路上，他也不知摔倒了多少次，终于提前10分钟赶到了单位，又开始了一天紧张的普查工作。

　　为了第三次全国文物普查，夜以继日。第三次全国文物普查工作进入第二阶段实地调查和信息数据登录、数据资料采集、整理工作后，为确保普查资料、信息及普查成果的真实、完整和科学，沁阳市普查办在严格按照国家第三次全国文物普查方案及相关标准、相关规范进行操作的同时，要求普查队员尽可能做到当天普查的文物，当天完成普查资料的整理和信息数据的登录工作。由于中山同志在普查中负责对文物点的测量、填表和绘图工作，受野外环境等条件的限制，在普查现场大多完成的只是草表和草图，几乎所有正规表格和图纸是在夜间加班完成，经常一熬就是大半夜。老伴怕他的身体受不了，陪伴他、为他做夜宵成了老伴夜间的"加班"工作。2008年4月18日，身体原本就不太好的老伴因经常陪他熬夜病倒住进了医院，同志们劝他留在医院照顾老伴，他却说，医院有医生和护士呢！于是将老伴留在病房，他照常和大家一起下乡进行普查。晚上，他去医院陪伴老伴时，还不忘带着白天的普查材料，一边照顾老伴，一边对普查资料进行认真整理。

　　为了第三次全国文物普查，风餐露宿。沁阳是河南省文物大县（市）之一，文物点多面广，不少处在偏远乡村、深山老林。为了完成对分布在那里的文物的普查工作，中山和其他普查队员经常身背干粮，风餐露宿，有时在外一呆就是好几天。饥啃方便面，渴喝山泉水，夜宿山野成了他们的家常便饭。2007 年 8 月，按照沁阳市第三次全国文物普查工作实施方案，将对河南省重点文物保护单位神农山古建群进行复查。由于神农山古建群远在市区西北 50 多里的神农山上，神农坛、二仙庙、云阳寺和塔林、临川寺、伏羲殿等文物点较多，如果每天按正常上下班时间上下山工作，完成对神农山古建群的复查工作至少需要 8 到 10 天，既耽误时间，又浪费资金。为了节约时间和经费，中山和其他三名普查队员携带普查工具，外加每人一箱方便面（40 包），吃住在山上。白天，中山和同志们爬高上低，攀岩走壁，测量、绘图、拓印……二仙庙、伏羲殿等建筑一座接一座，汗水使他们一个个变成了水人似的。晚上，同志们有的去乘凉、有的去休息了，可中山同志还在山庙里借助昏暗的灯光，一一整理白天的复查资料。蚊虫的叮咬加上汗水的浸渍，使他全身布满了毒疮疙瘩。在中山和大家的共同努力下，仅用 5 天时间就圆满完成了对神农山古建群所有建筑的复查工作。

为了第三次全国文物普查，带病工作。由于每天超强度的普查工作，再加上身体素质、天气、普查环境等因素的影响，头疼脑热现象在普查队员中经常发生。然而，为了不影响普查工作的正常开展，确保普查的质量和进度，小病吃点药，大病打一针，大家始终坚持"轻伤不下火线"。2008 年 12 月 3 日下午 3 时许，中山同志正在和大家一起对新发现的文物点沁阳市万中玉帝庙进行调查测量时，忽觉一阵心慌，之后，隐约感到胸口发疼，头冒虚汗，浑身发冷。同志们见此情景，纷纷劝他赶快去医院看看。但中山同志为了尽快完成对玉帝庙的调查和测绘，对"老毛病"置之不理，咬着牙，忍住疼，仍坚持工作。直到下午 5 时玉帝庙的普查全面结束时，中山同志再也无法忍受胸口的疼痛被同志们送进了医院，医生诊断为劳累过度导致冠心病复发。住院期间，躺在病床上的中山同志仍不忘普查工作，住院的第二天，他就让同事将普查资料给他送到医院，利用输液间隙，趴在病床上，以画板为桌，填表、绘图……对同志们调查、测绘的材料一一进行认真的整理。按常规，如此严重的病情，至少住院治疗 10 到 15 天，可中山同志却在病情稍微好转的第 5 天就坚持要出院。没办法，医生只好给他开了些药让他带回去吃，并叮嘱他谨防过度疲劳。然而，出院后的中山同志却忘掉了自己的病，仍和以前一样，为了普查拼命工作，只不过在他下乡所带的物品中，多了一些装着药的纸袋子、小瓶子。

为了第三次全国文物普查，歌"舞"斗志。第三次全国文物普查作为国情国力调查的重要组成部分和我国文化遗产保护的重要基础工作，时间紧，任务重，需要全体文物普查工作者不仅要付出艰苦的劳动和辛勤的汗水，还要养成胜不骄、败不馁的工作作风，因为全国文物普查毕竟是第三次了，有时付出了，未必一定就有收获。为了鼓舞和激励文物普查队员的斗志和工作热情，中山同志还在辛苦劳作之余，结合工作实际和自己的亲身体会，精心创作了文物普查队队歌——《我们是文物普查队队员》。歌词写道："我们是文物普查队队员，使命在肩，重任在肩。祖国的信任是我们骄傲，党的关怀给我们力量无限。沿着那崎岖羊肠坂道，解读着祖辈先贤古老文明。攀登在陡峭的悬崖绝壁，感悟着华夏的辉煌灿烂。山顶上曾有我们工作的地方，峡谷回荡着胜利凯旋。为揭开多年的古老文化，努力向前！……"歌词充分表达了文物普查队员对文物事业的热爱和不畏艰辛、全身心投入文物普查工作的无私奉献精神。在 2008 年 5 月 6 日召开的河南省第三次全国文物普查现场交流会上，沁阳市的 20 名文物普查队员满怀激情为与会代表演唱了这首文物工作者自己的歌，受到与会代表的高度评价和赞扬。河南省文物局局长陈爱兰在《创新——来源于基层、来自于实践》一文中，称此歌为"一首发自肺腑的文物普查队之歌"。文中写道："辛中山，一位普通的文物普查队员。今年 4 月，我曾在沁阳市的文物普查现场见到过他，看上去，他并不年轻，身体也不算强壮，但在繁忙的普查工作之余，坚持为辛勤的文物工作者搞些创作，抒发基层文物普查队员的情怀，充分表明了对文物事业的忠诚和挚爱。也许，与名曲名段相比，这首歌没有华丽的词藻，没有优美的旋律。但是，它是广大文物普查队员发自肺腑的心声，它给大家带来了力量！我们相信，这首歌会伴着文物普查的逐步深入而传遍中原大地，将随同普查资料的整理归档一同成为祖国珍贵的文化遗产！"

南漳夹马寨造纸作坊今昔

襄樊市博物馆（襄樊市文物普查办公室）　范文强

　　从南漳县城经较为曲折的盘山公路，在距离板桥镇约 8 公里的道路左侧，有一条刚好一车宽的石子路，顺路下到谷底，即可见小河流水潺潺，沿河边前行 50 米，眼前突遇一座高山挡道，山前积水成潭，潭水平如镜面，清澈见底，如恰逢秋季，则有四周树木倒映，色彩纷呈，只缘身临仙境，景色不下著名的九寨沟。这里就因潭前高山建有一座山寨称夹马寨而得名。

　　穿过潭水，只见崖壁间有一个天然并经人工修凿的山洞，水顺洞而流。钻过山洞，顿时豁然开朗，前面一片较小的山间谷地，青山绿水，独居古屋，宛如世外桃源。而紧依河岸，一座采用传统工艺的造纸作坊就展现在了我们眼前，这些在展现大自然造化的同时，还向我们传递着人类文明的信息。夹马寨造纸作坊虽是普查新点，但因保存较为完好、具有较强的代表性，于 2007 年被批准公布为湖北省重点文物保护单位，也是唯一获此称号的造纸作坊。

　　南漳有着悠久的造纸历史，原始工艺造纸业曾经是南漳的重要支柱产业，特别是清朝时期，更是达到南漳造纸的高峰。曾经分布在南漳 187 条河流沿岸的数以百计的造纸作坊大多兴建于这一时期，夹马寨造纸作坊就是其中之一。

　　夹马寨造纸作坊位于南漳板桥山区深深的峡谷底，两岸群山巍峨，连峰渡脉，秀俊挺拔，山上多杂林植被，造纸所需的毛竹丛生。芒种节气上山选择将要生出枝叶的毛竹砍伐，砍伐后第二年又长出新笋，原材料可以说是取之不尽。

　　南漳境内水资源丰富，古有"四十八大泉，七十二河堰"之称，漳河是南漳第二大河。作坊紧临漳河上游的支流——夹马寨河，河道狭窄，河水清澈，卵石、岩石清晰可见，滩瀑之声清脆悦耳，充足的雨量、较大的落差给造纸作坊带来成本极低的动力。

　　南漳西高东低形成三级台地，便于拦水筑坝引水。这里大量的石灰岩可生产出优质的石灰。被誉为"水果之王"的猕猴桃树（当地人称羊桃）的根破皮后极有黏性，可作为天然的植物胶，可以说南漳造纸业还是相当"环保"的。

　　历史变动所带来的迁徙使南漳具有高超的造纸技艺。据当地村民王位安（王家后人）介绍，太平天国起义期间的 1853 年，咸宁王氏为躲避战乱携技艺到此，具备造纸所需全部条件的板桥夹马寨深深吸引住了王家祖辈，于是在此兴建造纸作坊谋生，经过王高明—王功成—王位贤—王朝岳四代人的努力，王家拥有了四处造纸作坊，并以此发家成为当地大户。

目前夹马寨造纸作坊仅一处尚存，由拦水坝、引水渠、造纸房屋、晾晒房屋、储麻场、淘洗池、腐化料池等组成。其在造纸车间上游300米处拦筑过水坝将水位抬高进入引水渠，利用高差水流动力冲击水车运转带动碓子锤击腐烂的毛竹，打成粉絮后倒入水槽搅拌成为纸浆，用竹帘放入到水槽里将纸浆均匀地捞起，厚薄由匠人手法控制，轻荡则薄，重荡则厚，随着水的流失，帘子的表面便形成了一层很薄的纤维，将帘子反扣于板上便做成一张纸，就这样一张一张周而复始的叠上去，当达到数千张以后，用木制工具吊车压干后进晾晒车间晒干，这些工序都必须靠手工完成。据板桥文化站站长陈忠诚介绍，造纸手艺共有72道工序，从烧石灰开始到上山砍毛竹、捆竹、运竹、兑石灰浸泡、淘洗后砍成段、碓打、浸池、添加植物胶、抄纸、压纸、晾晒整纸、切纸、包装为成品，约需近1年时间。

据明代宋应星《天工开物》记载，盛唐时鬼神事繁，以纸钱代焚帛，故造此者名曰火纸。火纸的称谓一直沿用至今，现多为清明时节寄托哀思所用。夹马寨造纸作坊里生产出来的火纸，因其不变形、不褪色、不易熄灭、一吹即燃的特点曾畅销湖北、河南等地。随着上世纪90年代广西利用蔗糖废料机器造纸后，南漳原始工艺造纸业遭到重创，因手工造纸价格较高而销量锐减，大部分作坊已被拆除并仍在迅速消亡中，曾使王家富甲一方的夹马寨造纸作坊目前也已停产，只有作坊旁长年堆积形成的石灰山仿佛诉说着造纸作坊当年的辉煌。

集物质文化和非物质文化于一身的夹马寨造纸作坊虽已停产，但保存相对完好，如略加整修即可投入生产，其修复后不仅可以作为人们了解和欣赏传统造纸工艺的旅游景点，还可传承竹纸制作技艺并获取一定的经济收益，再结合周围的自然风景和其他文物景点，这里可成为南漳旅游的一个亮点。

"三普"轶事

沙洋县文物管理所　唐国俊

作为一方精神家园的守护者，我们这些长期坚守在本土田野文物阵地的文保卫士经过几轮培训之后，担当起沙洋县第三次全国文物普查田野调查的任务，田野调查不仅是一个文物实体找寻的过程，更是对我们心灵深处追本溯源的一次探访，正如"三普"宣言：寻找的不仅是记忆……守望共同的精神家园。身负重任和使命，我们这支六人组普查队开赴到本县普查阵地前沿，开始了我们的"找寻"之旅，我们的故事也是从这里开始的……

人被狗咬，死的却是狗

田野调查没几天，伟哥被狗咬了。伟哥，我们普查队成员之一，真名周伟，陕西人，正宗的西北大学考古系科班出身，只因他体格健壮，精力充沛，我们送他一个颇有侮辱嫌疑的雅号"伟哥"，伟哥很乐意别人这样叫他，他说没想到上大学时的雅号在这里得到延续。伟哥的文博知识丰富，也是一个电脑高手，在我们普查队主要负责文物实体的辨认、文物点的文字描述和电脑绘图的任务。

伟哥很怕狗。他说他以前在家乡被狗咬过一次，腿骨都露出来了，所以到现在都处在"一朝被狗咬，十年怕狗叫"的警觉状态。可我们田野作业要经常深入到村庄的屋前屋后，偏偏村子里的狗又特多，狗见到我们这些不速之客表现的是非常不友好，有狂吠的，有低吼偷袭的，有穷追群攻的，搞的我们大家是提心吊胆，以至于上级领导来看望我们问，有什么困难需要解决的？我们大家一致建议，希望领导给我们配发打狗棍。领导笑着说，这个要求太高了，你们自行解决吧。当我们再次出门的时候，每个人手上就多了一样装备——木棍，以防狗患，但偏偏还是有意外发生。

记得那天是9月25日，当我们按图索骥来到一余姓农户家里调查其院内一战国时期的古墓葬时，一条小杂毛哈巴狗从屋内冲出来朝我们乱叫，样子很是嚣张，我们一挥木棍小家伙就倏地的一下逃进屋里趴着不动，老余说，他就会吓人咧。我们也料定这小家伙胆子没有它的块头大，不会咋的。当我们结束作业走到院外，突然院内一声惨叫，等我们跑进院子一看，伟哥的小腿正在流血，伟哥咬牙切齿地说，转来取水瓶，被偷袭了。老余见状忙安慰说，没事的，前几天村里的狗统一打了疫苗的，并忙推出自家摩托车把伟哥送到村诊所，老余不住的给伟哥赔小心，说以前没见它伤过人啊，是不是口音不对，狗东西欺侮外乡人咧。

第二天我们出门的时候，大家都劝伟哥在家养伤，伟哥说一点小伤不碍事的，再说现在大家分工具体，一个萝卜一个坑，少一个人资料采集就有困难，说着拿着仪器跟我们一起出发。当我们再次经过老余家门时，老余拉住我们讲，他家的狗死了，昨天咬了人后，不吃不喝，晚上口吐白沫断了气。咋回事咧？狗咬人，人没咋的，狗却死了，这样的事我们都头回听说，莫非伟哥有特异功能。每当再有狗对我们图谋不轨，我们就指着狗说，找死啊，我们有伟哥咧，说完捧腹大笑。后来伟哥很诡秘的跟我们讲，第一次咬他的狗结局也是死了的。我们都说伟哥是牛人，鼓励他去挑战吉尼斯记录，只是伟哥的话是真是假我们却无从考证。

看到土包就喊"冢子"

我们这支普查队伍，除了朱队和伟哥具备文博专业水准，其余的都是半路出家，但大家都很用心和虚心学习，单从辨认墓冢方面的知识大家就跟着学了不少，例如从封土的颜色、封土表层的遗物、周围相关环境及封土大小等多方面的专业常识判断是否属古墓葬。

沙洋县境内地下文物丰富，古墓葬居多，素有"楚文化地下宝库"之称，光县域内纪山镇和十里铺镇的有封土堆古墓葬就有500多座，纪山楚墓群和十里铺镇古墓群分别为国家重点文物保护单位、湖北省重点文物保护单位，这里属亚热带季风气候，温度适宜，由于地处汉江之滨，所以水产养殖业发达，到处是鱼堰及貌似古墓封土状的堰台子，这给我们田野调查增加了很大的工作量，远看似一座墓冢，走近一瞧才知道是推挖鱼堰形成的土包，当地人称为堰台子，这里的堰台子至少有上百个，有人说这样一个个查得费多大的劲啊。朱队说，宁可错杀一千也不要放过一个，因为这里的古墓葬分布密集，谁都不敢保证哪一个不是墓冢，劝大家还是耐心点确认不误，做到文物登录一个都不能少。朱队身先士卒，我们也不肯落后，但每当远远的发现一个土包，我们这些学艺不精的土专家就惊呼"冢子"，说着大家就朝土包奔去。

千万别死机

这是一件很伤脑筋的事。按照普查要求，每个墓群必须利用 GPS 定位仪采集其总体面积和中心点数据，我们这个普查队装备了 2 部定位仪，不知是产品质量问题，还是其他什么原因，偶尔会出现死机现象。

当我们在纪山镇展开调查的时候，仅墓地就有 30 多个，最大的有 30 多万个平方米，往往一个墓地环绕跑下来，就气喘吁吁、汗流浃背。碰到杂草和荆棘密布的墓地，衣服和手都被挂破，很是狼狈。但最要命的是好不容易翻山越岭跑了一大半，一看仪器黑屏死机了，恨的操作人员一屁股坐下来直骂，龟儿子，什么破玩意，迟不死，早不死，快跑完了你死了。但牢骚归牢骚，歇口气后，又很快站起来重新再跑，所以每每我们在采集墓地面积数据时都会祈祷，老祖宗保佑千万别死机。后来还是精明的伟哥把问题解决了，他建议再测墓地面积的时候，同时开 2 部定位仪，总有一部不会死机，呵呵，这倒是个万全之策。

时间过得真快啊，不知不觉 100 多个日子很快过去了，我们终于啃下了本县普查任务的两块硬骨头，结束了纪山镇和十里铺镇的野外调查，这里的每一个山岗、林地、河道……留下我们深深的足迹、辛勤的汗水和一路欢歌笑语，大家的共同感受是，苦并快乐着。

文物普查手记三则

蕲春县博物馆　张寿来

一

经过四个小时的长途跋涉，此次所要普查的古建筑白云观已隐约的展现在我们的眼帘，我们愈发地感到嗓子眼里在冒火，每向上攀登一步，都要付出很大的代价。忽然，山涯边出现了一眼叮咚作响的山泉，我们分队的一行人喜出望外的连忙跑过去，大口大口地喝起来，

清冽甘甜的泉水一下子甜进了我们的五脏六腑，令人觉得仿佛是在吮吸着母亲的乳汁。是啊，大地——母亲，您袒露着博大的胸襟，哺育着我们这个生生不息的古老而又伟大的民族！

饱饮山泉，我们一口气登上了海拔 1180 米的仙人台主峰。这里地处鄂皖交界，是大别山的余脉。古建筑白云观位于仙人台的主峰之南。这里三面凌空陡峭，壁立万仞。庙就建在崖顶一块约 450 平方米的椭圆形平台上，只有北面山梁上有一条 50 余厘米宽，可供一人过往的险径直达平台。大有腾空欲飞之势。该庙坐西北，面东南，建筑面积约 60 余平方米。其始建年代传说建于东晋，但未见文字记载，仅庙前碑文载有清康熙二十年及乾隆四十六年均进行过两次重修，由此可见该庙应建于清代以前。该建筑的奇妙独特之处在于，一是整个建筑皆为石质仿木结构，即石墙、石梁架、石瓦。门的正面为四立柱牌坊式，通高 6.1 米。全部建筑有十几根粗大的石抬梁立柱都在七八吨上下，在这突兀的险峰之上，真不知古人是如何搬运来的，难道是神来之石?! 奇妙之二是尽管庙外一年四季呼啸的山风不绝于耳，有时连飞鸟都难于驻足，而宽敞的庙门自早到晚大开着，庙内的灯火却燃点自如，连一点跳跃都不曾有过，一时令人困惑不解。后来我们在对该建筑提取资料测绘时终于揭开了奥秘：白云观的庙门整整向东斜置 32 度。这一独特的现象，除开体现了古人很强的风水意识外，我更叹服先贤们高超的建筑艺术成就以及掌握和运用自然的杰出科学水准。面对先人们留给我们这些博大精深的文化遗产，作为一代文物工作者，此时我更加感到肩上所担负的责任是多么重大。

做完了全部资料，我们几个人如释重负。此时，我站在主峰之巅，鄂皖大地连绵起伏的峻秀山峦像千军万马向眼前涌来。我仿佛置身在虚无缥缈的仙境之中。面对头上似乎伸

手可触的蔚蓝色的苍穹和脚下涌动着的浩瀚无垠的大地，我情不自禁地默诵起了白云观庙门前的那副饱经岁月沧桑的石刻对联"眼光俯视大干界，心地高悬第一峰"。此时此刻，我的心境如同千百年来的善男信女一样，从这副对联中得到了不尽的人生感悟……

二

今天，我们的普查线路是从武穴市的界岭出发，终点是蕲春县田河老街。这是一处十几里长的山冲，两边的山丘绵延起伏，中间是一条古老的水溪贯穿全程。这样优越的自然环境，应该是古人选择生活居住的理想栖息地。

一大早，我们小分队的四个人都瞪大着眼睛，边走边寻觅，谁都不敢大意。可从早晨到下午，却一无所获。按照这一带的地理自然环境，我们怎么也不相信没有古人的聚落遗址。可再有三四里地就要走到尽头了，大家的心里都有一种说不出的焦急和惆怅。尽管早过了用午餐的时间，但每个人袋子里预备的干粮丝毫未动，谁也没有这个胃口。

大家又默默地走了一里多路，当经过一处当地人俗称黄犬嘴的小台地时，我的脚下忽然被什么东西绊了一下，回头一看，一只粗长的鼎足就躺在那里，真可谓"踏破铁鞋无觅处，得来全不费工夫"。几乎就在同时，其他三名队员在另外两处地方也有发现。"有啦！有啦！找到啦！找到啦！"我们那男女多声部的激越高亢的欢呼声，久久地回荡在空旷的山谷中……此情此景，我们的情绪绝不亚于哥伦布当年发现了新大陆。

我们的一阵狂欢惊呼，顿时引来了一群在田间耕作的农民朋友。他们时而看看脚下这片熟悉的耕地，又好奇地打量着我们手里拾得的各种陶片标本，然后又七嘴八舌地问着他们心中一个又一个谜团。于是，普查队员们又一一地向他们讲解，并宣传耕种时如何保护古文化遗址的常识。一位年过七旬的老者听得如醉如痴，并向几个孙子辈的年轻人感叹道："伢仔们，要读书啊！书中自有黄金屋，书中自有天和地哟……"

农民朋友渐渐散去后，按照科学的程序，我们分头认真地对三处遗址作完三大记录，并运用GPS进行卫星精确定位。做完这一切，夕阳早已经西下了，黑夜急剧地从天幕中拉了下来。

黑暗中有人提议：晚上回去每人都要喝四两有劲的"二锅头"。此言一发，立即得到大家的响应。

此时，我们每个人的自我感觉就像是几名子夜凯旋的将军。

三

我躺在桂花坑村委会的一间客房里，辗转难以成眠，倒不是因为明天一大早就要攀登海拔1200余米的三角山而惧怕。而是下午桂花坑村的陈书记向我们介绍三角山的峡谷秀川及二十几处名胜古迹。如单就遍布主峰的十几处宋至清代的摩崖石刻"唯天在上"、"呼吸通天"、"仰天俯察"、"若登天然"、"摘星"、"问天"、"第一峰"……这些石刻内容令我总也挥之不去。还有建于太平天国时的高大古城寨，大革命时期红军设的交通站、被服厂旧址等等。以至这一多半夜，思绪就象是一只欢快的鸟，一直在这座神奇的大山中飞翔……

再看睡在我对面的老同事老李，他一走上床，只叮咛我一声："老张，早点睡，明天还要爬几十里山路呢。"话音刚落几分钟，便响起了如雷的鼾声。在这宁静的山村深夜，老李要不是近在咫尺，听到这声音，我一定认为这儿卧着一只猛虎。

不知不觉中，屋外的第一声鸡鸣清晰的传到了我的枕边。几乎就在同时，如雷的鼾声哑然而止，老李一个鲤鱼打挺地坐了起来，"嘶"的一下划亮了一根火柴，我看见他凑近手表看了一下，然后扔掉火柴，自言自语："哟，才三点。"话音刚落，鼾声又紧锣密鼓地响了起来。

约摸过了半个小时，他又猛地坐起来，"嘶"的一声划亮一根火柴，看看表，嘴里呢喃一句什么，又躺下了，过了一会，他又重复着刚才的动作。

我的头脑终于沉了下来，迷迷糊糊地进入了梦乡。当一觉醒来，一缕橘红色的晨曦悄悄地从窗外爬进了屋里。老李的床铺上空荡荡的，再看放在一边桌上的工作包也不见了。我连忙披衣下床。穿鞋的时候，无意中看见在老李床边的地面上似乎有几条黑黝黝的虫子在爬，我小心翼翼地走过去一看，原来是他昨夜划过的几根火柴棒，我数了数，一共四根。我刚一转过身，又看见了桌子上放着一张纸条，上面写道：

老张，你有神经衰弱失眠的毛病，昨夜一准没睡好。我先走了，你再多睡一会。中午我们在三角山主峰见。老李　即日

我目视着字条好一会，一种说不出的真挚情意油然而生。我和老李同事快二十年了。论年岁他快六十了，比我整大九岁。这次文物普查队名单开始本没有他，是他再三请缨，最后才补上的。我曾私下里劝他莫参加这次普查，他动情地说："老张啊，我和你们大家在一起工作的这场盛宴大餐就要散席了。人生短暂得就像天上的一颗流星，来也匆匆，去也匆匆。我现在有效的工作时间是以'天'为单位计算，总想抓紧分秒时间做点有意义的事，将来给大家伙多留点工作纪念。"听着这朴实的话语，我心里更产生了一种敬意。

简单地洗漱一番后，用过早餐，我急忙挎上工作包及干粮袋，朝着大山深处大步匆匆地追赶着老李。一路上，由老李昨天晚上不时的擦亮火柴看手表的一幕幕，进而又想到在全国第三次文物普查中，又有多少个老李在紧盯着那滴哒嘀哒的时钟啊……

家谱里的普查线索

随州市博物馆考古队　后加升

"太好了！你的家谱帮我们解决了大问题。"当我从村民傅经伦手中接过陈旧泛黄的老版《傅氏宗谱》，兴奋的几乎要跳起来，数码相机"咔嚓咔嚓"拍个不停。

事情要追溯到2008年10月下旬，我带领随州市第三次全国文物普查队，在完成大洪山区的艰苦调查任务之后，即奉命转赴广水市。大洪山是随州文物普查田野调查第一站，队员们在深山丛林里披荆斩棘，仔细搜索，虽然被山蚂蟥咬得遍体鳞伤，但众多新发现使大家积累了丰富的工作经验。

10月25日，在广水李店乡红卫村响堂塆，我们发现塆前水塘边有2个圆形汉白玉石墩和1块无字大石碑。石墩周缘刻着精细的卷云纹，一看便知是非同一般的石雕。村民告诉我们，这些石雕是"文革"时从塆西50米坡地上抬来的。

在老乡的引导下，我们来到那片坡地。只见坡地北倚山陵，南临河畈，避风向阳，视野开阔。广水河在其东侧卷个大回弯后向南流去。坡地草丛中四散着10余尊大型石雕动物，计有大象、马、狮、獬豸等，或站或坐或蹲或卧在方形石座上，姿态万千。这不是王侯将陵墓神道两侧常见的石像生吗？这在随枣走廊地区可是首次发现啊。惊喜之余，我们马不停蹄地拍照、测量、定位记录。

这批石像生均用汉白玉雕制而成，而广水当地又不出产这种石材。据现年80岁的村民李世范老人讲，岗地中心原有封土大墓，石像生排列神道两旁，还有两个石人相对而立。"文革"期间将墓冢挖平，并将大部分石动物头部砸掉。其北部傅家山下还曾挖出过石板墓。老人小时候听前辈讲，墓旁原建有房子，叫傅家享堂，并有来自大悟的傅姓守墓人。由于其东不远处是京广铁路，"日寇"占领时拆毁了墓上建筑。

根据老乡的描述、地形地貌和石像生判断，这里应是一处将相级别的陵园，其时代不会超出明清。广水历史上名人辈出，明朝的杨涟影响最大，但姓氏明显对不上号。虽然应山县志上也有傅姓名宦，却没写明归葬何处。墓主身份一时无法厘清。

由于田野调查时间紧，任务重，我只好将这一发现上报湖北省文物局普查办，并以《李店发现明清石雕群》为新闻标题，将发现经过刊登在《随州日报》头版，以期社会民众提供线索，查明墓主身份。

12月7日，随州电视台的记者朋友打电话告诉我，有一位广水关庙镇天子岗村民傅经伦找到电视台，说从他的家谱中查到墓主身份，并嘱我赶紧与之联系。12月12日，普查队开赴关庙镇，在镇政府干部的引领下，我们直奔傅经伦家中。

真是踏破铁鞋无觅处，得来全不费工夫。傅经伦不仅是一位族中长辈，而且喜欢读书看报。当他从报上看到我写的新闻通讯时，便找出家谱对照，原来那儿正是他傅氏祖先明代"三部侍郎"傅凤翱的陵园所在地！

根据《傅氏宗谱》记载，傅凤翱字德辉，广水关庙天子岗人，明武宗正德十一年（1516）举人，明世宗嘉靖二年（1523年）进士第十名，初为上蔡县令，继擢监察御史，政绩斐然，仕至工、户、兵三部侍郎，执掌京营戎政，山西御寇立有军功。按察江西，巡抚甘肃，"风采卓然"，官声甚佳。史称翱"孝友仕厚，居乡有信义，临事阔达通敏"。率赠右都御史，葬于五珠咀傅家山，与其父傅楫同陵。地方官奉旨在应山县城为翱建"三部亚卿"牌坊，其墓前华表坊碑巍然，至日寇占领时期被拆毁。

至此，一本家谱不仅帮我们解决了普查发现的难题，还提供了其他傅氏历史名人的重要线索，弥补了史志记载的不足。我的新闻续稿《李店石像生墓墓主为明代傅凤翱》也在随州日报上发表。同时，对陵园的保护规划也列入随州市文物部门的议事日程。

智上白岩寨

——湖北省恩施市沙地乡白岩寨调查记

恩施市文物管理所　刘清华

"远看是悬崖公路，近看是远古栈道，过细一问，原来是天造奇观。"你知道这是哪里吗？它就是恩施白岩寨。

白岩寨位于恩施市沙地乡集镇后面，现属秋木村和花被村，一山突兀，万丈绝壁。清时，白莲教起义在山上屯兵集粮，现山上洞里有清兵封洞的建筑遗迹和兵器等，属第三次全国文物普查对象，须进行现场察看和定点定位。

9月10日早上9点，我们文物普查专班一行4人，乘车来到白岩寨脚下孟家小院，村民们在忙早活，我们找到原乡供销社退休干部、61岁的向荣吉老人，请求他为我们带路，向老爽快地答应了，说："我20多年没上去了，等我刨两碗饭，就去。"

向老手拿一把大镰刀，身穿一件黄色军装服，头戴一顶半新草帽，走在前面，我们紧跟其后。进入山林，小道已被生长的树林和杂草掩没，向老在前用镰刀砍路，不一会就进入了深林里，走着走着，只听得向老"哎哟"一声，我们忙问，原来向老一刀尖把裤子砍破了，脚膝上被砍破了大拇指甲大一块皮。我们忙说："向老，如果找不到路了，我们就回去，下次再来。"向老说："不怕，我再找找，我们走上野猪跑的路了，你们在这里休息，我在前面把路探好了，喊你们，你们再来。"过了约半个多小时，向老叫我们跟着他砍的路前去。他正勾腰站在悬崖处，手斤一棵小树，我们脚蹬岩壳，左手抓草，右手捉着向老手中的树梢，慢慢地上了白岩。

我们上到的是白岩寨的半山"栈道"。向老指着右边一座石柱山，说："那山叫一支笔，山体似笔杆，山头岩石堆积似笔头。在晴空万里时，从这里可以看到恩施城宝塔的塔顶。"我们个个兴高采烈，兴奋不已，拿着相机、摄影机忙个不停。我看见向老也是抑制不住内心的喜悦，但脸上表情仍比较凝重，他知道我们每前进一步，意味着向惊险近了一步，而且不能回头。只见他顾不得和我们一起高兴，迅速转身向前而去。

白岩寨的神奇，是在于它万丈绝壁中的一条奇道，粗看是一条在建的乡村公路，文化学者第一感知是一条远古的栈道。在"栈道"上还有上还有一个传说是过去白莲教春米的碓窝，是人工雕凿。向老说："这是自然形成的一个奇观，它在悬崖的同一个水平线上，由于多年的自然风化，岩石脱落，逐渐形成了现在的道。一支笔上也有这么一条道，只是人还不能在上面走。为什么这样神奇，只有地质专家考证后，才能给出真正正确的答案。"我仔细观察，发现岩体是薄砖形层状，道上布满岩石颗粒，有很多松动的石块，路面上细砂处，有很多漩涡虫窝，排列规范整齐。我猜想，这条道大概是因为逐年风化，从外到里，岩石逐步脱落，经过了不知多少年就形成今天这个样。

原以为绝壁和道路是直线形的，走着走着，看不到后面了，才知道是弧形环绕的。在转弯处，是山水冲刷、山石滚落的泥石坡地，这里的道呈"S"形，也是最危险之处。向老已在一个"S"形路前等着，砍了一棵树，搭在弯道上。我是最后一个过的，顾不上我是个大男人，也顾不了自己的形象，手脚并用，小心翼翼地爬行而过，屁股都不敢翘高了，不然，一挨到石壁，心一慌，就有"下山"的危险。

这条道最宽处不足3米，最窄处仅有只能踩上一只脚，向老扛着前面用过的那棵树，谨慎地过了最险处，然后搭好树。说："这里，你们千万要小心，下面是'凹'形悬崖，只有一棵小树横生，树苊上有草，一只脚踩在上面，背靠里坐着，慢慢蹭过来，不要看下面。"

岩壁上留满了用墨水写下的游览留言，有很多是当地文化乡土人才的优秀诗作，如孟庆忠（多次获得国家奖杯奖章，《我也要唱支山歌给党听》收入《红色记忆》一书）、王在光等，有很多是感悟人生和爱情表白以及称赞白岩寨风光的。有的是站立、勾腰、仰身或蹲体而作，而最绝的是如孟庆忠一样，从家里扛着楼梯，临壁而作。

我们走了一里多路，过了四个"S"形道路。向老"失踪"了好久后，又从前面回来了。说："看来只有从原路返回，前面下山的小路被草木遮掩了，我转去喝口水着，看从泉水那里能不能下去。"向老喝完水后，又回来了，说："不行，下去不了，我脚打闪得很。"我们困住了？要不要打求救电话！不行，还是得下去。我们安静地休息了一会，同时不忘测量一下位置，一看，是东经 109°46′30.5″，北纬 30°20′50.4″，海拔 1406 米。

向老说："原来回去的路，是从这里上到山顶，然后回到我家后面。山顶有个山洞，是过去白莲教躲藏和藏粮草兵器的地方，清兵到了后，就有条石砌封了洞口，里面的人就被闷死了。曾有掏飞虎屎的，进过洞，看到尸骨累累，吓得调头就跑了。现在山顶上是野猪窝地，不敢上去了。"

上山容易下山难，我们艰难地攀越岩坎、树林，终于走上了回去的大路。附近的村民知道我们刚从白岩寨下来时，无不称赞地说："你们真是很哟，一般的人是不敢上去的。上世纪 80 年代，沙地乡的所有小学春游时，学校都组织到上面去玩。现在，每年春节，吃饭后，家里的客人都在上面去玩。今年春节雪大，没有人上去。"

白岩寨是个不去就遗憾，想去不敢去，去了还想去的地方，是一个感悟人生、体验人文历史和体会奇妙大自然的地方。这是一次惊险的文物调查，也是一次贸然地探险行动。

文物普查的苦与乐

神农架林区文物管理所   王本友

2008 年 6 月，神农架林区普查办、神农架林区文体局决定借"三普"之机，重新考察一下文化线路川鄂古盐道。川鄂古盐道：西起渝东（原川东）巫溪县宁厂镇古盐厂，东至鄂北谷城县城关镇汉江南河交汇处的隔路嘴码头，东西途径湖北、重庆两省市，九县市，全程 800 多公里。为考察川鄂古盐道，我们考察队一行五人，从 6 月 16 日至 7 月 7 日，历经 21 天，驱车行程 3400 多公里，重要路线徒步考察 86 公里。在渝东考察途中，为了驱车能尽量贴近古盐道原路，我们考察队国道省道干线路不走，走乡村路；水泥路柏油路不走，走黄泥巴路。增加了吃苦头的机会。在出发前，因对渝东道路糟糕程度估计不足，考察队只带了一台底盘较低的东风雪铁龙，这又给考察埋下了难度。6 月 19～21 日，恰逢渝东三天暴雨天气，为赶路赶时间，考察队冒着倾盆大雨在稀泥巴路上推车前行。巫溪到大昌 50 多公里路，考察队冒雨开车足足走了两天。在翻太阳垭时，车子打滑上不去，司机在车上把握方向，其余四人就下车推车。推车时，汽车轮胎飞转，甩起一坨坨稀泥，打在了考察队员的脸上、头上、身上，可车子不但没有前进，反而倒退了几米。车子没前进反倒退，大家有些泄气了，就在这时，当地的两辆摩托车路过，一辆摩托车上还带了个人，他们仨都是年轻有力的男子汉。我们就请他们帮忙推车，在他们三个男子汉的全力支持下，车子终于被推上了太阳垭山岭。车子上了山岭，我们忘了先前的辛苦和一切，乐了。正在大伙乐不可支时，一个摩托车司机惊叫说："我的鞋呢？"大家一看他的一双扶得泥巴鼓鼓的脚板，又乐了。原来，摩托车司机脚上穿的解放鞋，在帮我们推车时，陷进稀泥巴，掉了。看到此景，连他本人在内都哈哈大笑了。

川鄂古盐道最为险峻的路段，是川鄂（现渝鄂）交界处从重庆市巫山县当阳乡到湖北省神农架林区九湖乡这段60华里山路。古盐道顺着当阳河东西两岸岸边上，河越走越小，路越走越陡。6月23日上午9点，考察队从当阳出发，下午4：30才到茅坡客栈。茅坡客栈是古盐道上的一个重要客栈，从这里朝南向下走30华里到达巫山县当阳乡，朝北向上爬15公里就到神农架的九湖乡。据茅坡客栈现住户主杨大生介绍，过去盐背子到巫溪宁厂背盐，必须在这里住宿一夜。因为前不巴村，后不着店。茅坡客栈现属重庆市巫山县当阳乡里河村8社管辖。

6月24日晨，在茅坡客栈户主杨大生家吃过早饭后，8点钟离开茅坡客栈，沿里河东西两岸由南向北在原川鄂古盐道上爬行，因山体陡峭，河沟深切，不能走着前进，只能脚手并用爬着走。前进时我们特意记了个数，离开茅坡客栈后，我们反复过水达7次，歇息7次，花去了4个小时才前进了9公里，到达一线天。在一线天又歇息10分钟，补充了点水和干粮，再继续前进，冒着生命危险，攀越过了川鄂古盐道上神秘传奇的最险峻路段——阎王鼻子鬼门关，到达进入神农架九湖乡的最后一个险阻——五登子岩。上五登子岩顶，估摸还有20米左右时，我身体硬是觉得再也坚持不下去了，这时我偷窥了走在我前头的一位考察队员——原文体局主管文物的副局长向长春同志。他刚好走完最后几步上了顶，但他没有显得特别高兴，脸上只露出一丝苦笑，并重重叹了一口气，不大的声音说道："哎，终于爬上来了！"。从他脸上露出的苦笑，我看出一个个爬得并不轻松，都在超越生命的极限。这哪是考察，这是在拼命。向局长只比我小一岁，他能上去，我也能上去，我准备稍站直一点，喘口气再走。就在这时，走在我后面的小秦上来了，说了声："还有几步就到了，王所长，我给你搭把力"。他说着用一只手顶着我撅起的屁股往前推，他这一推，好像给了我无穷无尽的力量，只几秒钟，我就飞快的登上了五登子岩山顶。登上山顶后，别提有多快乐了，以前的一切酸甜苦辣都被忘得一干二净。

平时下乡普查，也是一走就是几个小时的山路。到2008年底，我一共穿烂两双单鞋、两双棉皮鞋，工作是苦多乐少，而且补助也没有兑现，心里很不是滋味，但一想到普查工作中，新发现的两件可备选国家一级文物的文物，五六处不可移动文物拟申报省级文物保护单位，川鄂古盐道拟申报全国重点文物保护单位，心里又是美滋滋的，不愿去回忆什么苦不苦，去纠缠什么补助不补助。

2008年12月29日，湖北省文化厅副厅长、省文物局局长沈海宁在全省文物局长会议上总结2008年湖北省第三次文物普查工作时指出："这次普查工作中，我省在注重传统文物类别的基础上，加大对乡土建筑、工业建筑、文物线路以及特色文化资源的普查力度。

目前，已发现一大批相关重要遗存如南漳的山寨、民居及造纸作坊，黄石的近代工业遗迹，神农架的川鄂古盐道，崇阳的古堰群，石首的新石器时代的城址群，武汉的抗日抗战遗存等，填补了省内或当地该类文物的空白，进一步提升了我省文物资源大省地位。"

　　听到省局领导在全省总结报告中的肯定，哪还想得起普查工作的苦呢！心里只有快乐，只有温暖。自己想，真幸运，能赶上第三次全国文物普查。

百年老屋　魅力新现

——湘潭惊现充满民俗风情的古建筑李柳染堂

湘潭市文物管理处　罗强武

在悠悠千年的古城湘潭，隐藏着一座"养在深闺人未知"，有些类似于大名鼎鼎，游客如织的全国重点文物保护单位乔家大院的百年老屋。她静娴地躺卧在美丽的湘江岸边，以其古色古香的建筑，原汁原味的风貌，娓娓地在向世人诉说着一段尘封已久的历史往事。

近日，在第三次全国文物普查工作中，湘潭市文物管理处会同规划设计院对湘潭河西旧城进行调查，惊喜地发现了一座保存完好、充满民俗风情，极具参观游览和文物考古价值的古建筑——李柳染堂，逐步揭开了其神秘的面纱。

这座集防火、透光、排水等多种功能为一体的百年住宅位于风光旖旎的湘江窑湾沿江西路 505 号。长度 50 余米，宽度 30 余米。分上下两层，原为三进三开间，最后一进被龙卷风所毁。此屋坐西北朝东南，后倚湘江，前临老街，宅周绿草青葱，土木结构，青砖墙，小青瓦，建筑面积 360 平方米（不含后坪），前后两进左右有横屋相连。房子四周墙及一、二进隔墙用青砖砌成，白灰粉墙。房子四面是用石灰粉刷好的青砖墙，站在相邻的高处，远望古宅被风火墙包围的三个"人"字形瓦面，形成三座前后排列并连在一块的建筑群。房子四周墙上没开一扇窗，只有前后墙的中部各开了一扇大门，门框是麻石做的，门板为厚木板。从正门进入房内，迎面是宽大的厅堂两侧用木板隔成，数间厢房。楼上的布局与楼下大同小异。醒目位置雕栏相望，完好如初的竹板粉墙上，建房时绘制的松鹤图、凤凰牡丹等清晰可见。

尽管没有窗户，但屋中的天井，以及构造独特的透光式屋顶，为这座庞大的老屋提供了充足的光线和通风。

此屋大门正右侧一块刻有"李柳染堂墙"五个大字的花岗岩大石碑镶嵌在老屋的墙角之中，沿着老屋西面一条麻石铺成的小路，穿过一片郁郁葱葱的菜地就到了景色秀丽的湘江窑湾古码头。湖南科技大学历史系教授研究表明：窑湾码头可称湘江最古老的码头之一。晋朝，陶侃驻节湘潭时，在今市中心城区的窑湾一带就有成片的房屋出现，沿江就建有码头运米运菜。到宋朝元符元年（1098 年），县治出洛口迁至今城正街后，城内兴建官衙，商贾争相进城开埠设店，而离县城沿江上游约 4 公里的窑湾却日渐繁华，从而遗留下来这一古码头。

据了解，此房建于清朝道光六年，建房者为来自青山桥的经营钱庄生意李氏兄弟。那时长沙尚未开埠，湘潭一直都是湖南省的主要商业中心，在交通不发达的古代，水运是最重要的运输手段。湘潭地处涓水、涟水与湘江中游的汇合处构成了一座湘江流域的重要河港城市。加之湘潭东面不远有渌水自江西西部冲开罗霄山脉注入湘江，与涟水构成十字形的河谷走廊，成为浙赣经湖南往黔滇的陆路通道。其次，在洞庭湖地区未围垦开发之前，湘潭地域的农副产品比较丰富，极易进入流通领域。李柳染堂建成年间，各省商人相继云集湘潭，他们"各擅一业，吉安商人擅钱庄，山西商人擅汇票，临江商人擅药材，建昌商人擅锡箔，福建商人擅烟草，江苏商人经营绸布，四川商人经营丹漆，江南商人经营酒酱，北五省商人经营裘褐、汾酒、葵扇、槟榔，均以湘潭为一大销场，每岁输出银不下三百万"。李柳染堂主要经营谷米生意，建有仓储多间，每间储谷 500～600 石，每日通过湘江古码头运来运去，由此可见"帆樯蚁集连二十里，廛市日增蔚为都市"，"街市三层，长十五里，总长四十五里，约有铺子五千四百家，每天获纯利五六百万"的"天下第一壮县"（《中国城市百科丛书·湘潭市》）。

民国三十三年（1944 年），此屋历经日本帝国主义狂轰滥炸而得以基本完整保存下来，仅仅靠江边一处被日军飞机炸坏后又按原样恢复。

正是这一极具文物考古价值的百年老屋却长期以来尘封在窑湾大片旧城危房中，而未能得到足够的重视。只是几家拍摄古装及近代影视剧的制片商独具慧眼看中此屋，琼瑶名片《六个梦》在此老屋拍过几组镜头。电视剧《月有阴晴圆缺人有悲欢离合》以及《少年毛泽东》都以此屋作为片中主要场景。

目前，有关部门已着手前期准备工作，拟将李柳染堂申报为省级重点文物保护单位。

古井的自述

新晃县文物管理所　王时一

新晃县文化馆　舒精华

都快入冬了，井坎边的一丛五星香还在那里悄然的开放着，虽然有点没精打采，虽然只有指甲那么一顶点儿大的朵，可它毕竟还是给这枯瘦的暮秋添了一点色彩呀，而我呢？只是一座一无所用，被人遗忘、被人遗气的孤独的古井……

"踏——踏——踏——"

什么声音？是脚步声吗？是为我而来的吗？这脚步是那么的沉重，沉重中似乎又带有几许惊喜。嗯，近了，更近了，终于停在井台上。我紧张得心都快跳出井口了。想：是哪家又要建楼房，要填平我来做屋基？还是高速公路要从这里经过，嫌我挡道了呢？莫非我的生命真的已经走到了尽头？我曾经的朝气，曾经的辉煌难道就这样被人类文明的脚步践踏成飞扬的尘土，被无情的岁月吞噬了吗？

咦，不对，从这一行人的眼神中，好像是对我颇有兴致。一个个用手轻轻地摸摸井沿，又细心地掂量着井台上已剥离的青石板。紧接着就听到一个声音对着井底大声喊道："喂！古井，您好！我们是新晃县第三次文物普查队队员。久仰大名，我们是特地来拜访您的咧！"声音在井壁间久久回荡着，回荡着。刹那间，久违的激动之情一下子驱走了我所有的孤独，所有的哀怨。

接下来，我很认真地听到了他们的对话。"据说，这古井是清末年间修建的，算是新晃县最古老的一口井了。"有个看似很有学问的调查队员如是说。

"这一条条深浅不一的绳槽就像一段段记载柳寨祖祖辈辈女人生活的文字呢！"另一位队员一边用手指丈量着最深的那条勒槽一边说道。

话音刚落，另一个声音又传到了井底："我还听说，这座古井当年的名气可大着呢！一是因为水质甘甜，口感特别好；二是因为发得好水，大概是象征取发子发孙的寓意吧。据说柳寨的一些媳妇就是冲着这口古井嫁过来的呢！"

对话被一阵工具的撞击声代替了，一个个从挂包里拿出一些器材和工具，有的在给我拍照，有的在看着我绘图，还有的在本子上记录着什么……

想不到这几位来客对我的了解还真不少啊！是啊，想当年，我的人气真的是很旺呢！寨民们把我当作神一样供奉着。每年二三月间，德高望重的族长总会领着他的寨民来彻底地淘一次井。因为正值莺飞草长的时节，也是水虫开始猖獗的时候。族长会根据古井需要整修和清理的情况来筹备经费和安排人员，有钱的出钱，有力的出力。筹备工作落定后，就选一个"泰安"日子开始淘井了。所谓淘井就是把一年来井底积淀的淤泥全部清理干净，然后再在井底撒上一层石灰消毒。对于井台上的杂草，他们也更是一根都不会放过。井台上的青石板只要稍有破损，他们都会取来新石板换上。更有意思的是，当这一切都做好后，他们就会开始唱井戏。寨民们认为淘井惊动了井神，唱井戏就是为了给古井安神，以庇佑寨民在新的一年里健康、富足。

记得有一年，大湘西一连四个月没下过一滴雨，河床一天天变浅，方圆百里的河塘都干枯了，只有我的水源依旧。于是，附近几个村寨的媳妇姑娘们都跑到我这里来挑水。听说有一个姑娘来这里挑了几次水后，就留在柳寨做媳妇了。她说她是因为我这口井才留下的，有意思吧！

经历这场大旱后，寨民们便开始流传着这样一种说法，说柳寨古井发得好，既甘甜养人，又能旺子旺孙。于是，附近村寨好些人家都拜我为孩子的寄妈，以求他们的孩子快快长大成人。每逢年初三，做父母的还会带着刀头肉和香、纸来拜祭我呢。

转眼间，百多年过去了。一样的天空，一样的月色，一样的蛙声，一样的虫鸣，却再也听不到那一样清脆悦耳的水桶的晃动声了。时代变迁了，寨民们家家户户都装上了自来水，我这口古井仿佛成了多余的存在……

"队长，测定好了，井深……井口直径……GPS 定位是：经度 xxx 度，纬度 xxx 度。"

"是否准确？"队长一脸严肃地问道。

"完全准确！"队员铿锵地回答。

"那好。天色不早了，我们也该向古井作别了。"队长对他的队友们说完，然后转过身对着井口深情地道："古井，一百多年来，你记载着柳寨人民祖祖辈辈的信仰和兴衰。你就像一位慈祥的母亲，用你甜美的乳汁哺育着一代又一代儿女。你不仅为你的儿女们提供了生命的源泉，还陶冶了他们无私奉献的品格。人们会记得你，我们还会将你作为一笔文化遗产永远保存起来，让后人铭记。"深情的道别声再一次在井壁回荡，久久不曾散去。

我还怨言什么？我还悲哀什么？寨民们的进步和发展，不正是作为伟大母亲的我最大的心愿吗？

平凡的人生，不平凡的创举

——记新晃县文物管所所长王时一的先进事迹

新晃县文化馆　舒精华

新晃文物管理所　潘隽

有的人，喜欢把昨日的光环戴在头顶向世人展示，于是，被岁月的风雨剥蚀了；有的人，喜欢把昨日的光环尘封在功劳簿上向自己展示，于是趴在上面睡着了；有的人，却习惯于将昨日的光环时时"刷新"，于是点燃了生命的激情。

——题记

翻开怀化地区和湖南省的第二次文物普查史册及有关史料，在 1992 年的大事记一栏中，你会看到这样的记载：1987 年，王时一同志首次发现的湖南省旧石器遗址，填补了湖南省旧石器遗址的空白。因为贡献突出，分别被授予省、地一等奖。

也许是王时一今生注定就与文物事业有不解的情缘吧。第二次文物普查结束后，王时一回到了原工作岗位。后因工作需要调到县旅游外事侨务局。一晃二十多年过去了，王时一却始终是"身在曹营心在汉",一直对文物事业情有独钟,一直激情满怀地关注和支持着新晃县的文物事业。其间,王时一发表文物、民俗、文化遗产等方面的论文、散文二十余件。这些积淀为他调任文管所所长以及在第三次文物普查中取得的非凡成绩奠定了坚实的基础。

新晃县作为国家级贫困县,自然条件差,经济十分落后,加之文物专业人才欠缺,文物工作一直处于滞后状态。第三次文物普查早已于2007年就在全国铺开,而新晃文管所却因组织结构和活动经费的问题,普查工作一直无从着手。对此,新晃县委、县政府引起了高度重视。经组织多方考察,于2008年8月下旬,将王时一从旅游外事侨务局调任文管所所长,并立下了"军令状"——在第三次文物普查的考场上,必须交一份满意的答卷。

时间紧,任务重,接受"军令状"的第二天,王时一就走马上任了。当他用那把锈蚀的钥匙好不容易启开了文管所办公室门的那一刹那,他愣住了:两张上世纪60年代的破桌椅上面,铺满了足有半厘米厚的灰尘。桌上的电话机根本看不清外壳的颜色,电话线被老鼠咬成满桌子的胶屑。室内线路老化,横七竖八地牵拉在半空,灯管不知哪儿去了,门窗玻璃破损不堪。墙角、门后,蜘蛛家族们,有的在安营扎寨,有的在繁殖后代……

面对眼前的惨状,他立即给自己下了一道金箍咒:他对自己说,没有任何借口,9月25日晚上12点前,必须把办公室安顿好。9月26日8点30分,文管所全体队员必须准时上班。

他还在当天的工作日志上写道:如果把文物普查工作比作担水的话,那么,队员就是担水的水桶,而硬件设施和一切工作制度就是水桶上的箍,没有箍,桶就会散架,桶都散了架还怎么担回来水呢?为了尽快把水担回来,他拿出尚未给女儿汇出的5000元学费,带领队员紧锣密鼓忙碌了整整一天,两天时间,文管所办公室——旧貌换了新颜。9月26日,新晃文管所终于改写了一直以来不在办公室上班的历史。

"桶"箍好了,接下来就是出去"担水"了。"担水"得下乡啊。不动则已,一动就得开支,经费问题又一次摆在了王时一面前。为了文物工作不再处于被动,他死缠烂打,从半路"劫"来了侄子去报名学驾照的学费。这一天是2008年10月22日,队员们都清楚地记得,他的侄子更是"刻骨铭心"。

从这一天开始,不管是天晴还是下雨,每天都有一片片躬身行走的身影投影在舞水河畔,投影在荒郊野岭;从这一天开始,不管是上班日还是节假日,总有一串串脚印重叠在一座座荒草凄凄的古墓旁,重叠在沉思了千年的古营盘上……作为新晃县文物普查领导小组的副组长,王时一一直把全国第三次文物普查当成当前一切工作的重中之重,他不允许任何私事拖文物普查的后腿,而且在文物普查工作中,他不仅注重效益,更注重质量。他不允许自己和队员出现丝毫的差错,特别是在GPS定位过程中。

那是一个冬雨蒙蒙的傍晚,王时一领着他的队员正在为波洲暮山坪的古建筑进行文字描述和GPS定位,突然接到堂弟不幸去世的消息。带着惊愕的心情,他还是和队员一道把GPS测定做完了才坐摩托车赶夜路回家。回到乡下老家已是深夜11点多。哀悼过堂弟,他躺在床头的时候,东边天已开始发白了。迷迷糊糊打了个盹,凄惨的哭丧声把他惊醒了。睁开眼，他想到的是队员们在等着他，今天有几个点的古遗址等着去复查呢。带着对堂弟英年早逝的哀痛，冒着雨雪，王时一又骑着摩托车匆匆赶回了县城。

当他来到办公室，看到摆在办公桌上的昨天的 GPS 测定记录，他傻眼了，有两个经度和纬度数据已被雨水淋湿，一片模糊。

"好像是纬度 27°13′109″，经度 109°38′41″吧。"一个队员说。

"估算一下得了，就算有误差，也不会多大，应该没关系吧。"另一个队员说。

不行，在文物普查的字典里，没有"好像"和"误差"这两个词。刹那间，两个队员读懂了王时一的目光，于是，这支特殊的寻踪队伍又一次来到了波洲暮山坪古建筑的院坝中。重新测定的结果，纬度 27°23′09″，经度 109°18′41″。从这毫厘的误差中，队员们终于读懂了王时一对工作的那份责任心。在重新测定回城的拖拉机上，王时一靠在队员的肩上睡着了。是啊，他太需要睡一个饱觉了。

为了赶速度，王时一和他的队员，白天在风雨中奔忙，晚上还得在灯光下加班整理资料。有人说，文管所办公室的灯光，从来都没有在晚上亮过。如今，它透过玻璃窗，与月光交叠在一起，与风雨交融在一起，那是一道难得看到的风景呢！

在短短两个月中，王时一同志从零开始，从一张"大白卷"开始，用他的生命激情和他无私奉献的人格魅力感化着他的队员。激情的力量是不可低估的，于是，一夜之间，一度名存实亡的新晃县文管所有了生机。王时一不仅自己刻苦钻研文物普查业务知识，还积极组织县内普查队员参加文物普查培训学习，让普查队员很快掌握了考古绘图、文物修复、考古照相、文字描述、GPS 测定等专业技术。付出总会有收获。通过紧锣密鼓的全国第三次文物普查中，县文物普查队在新晃境风舞水沿岸及侗苗村寨，发现古建筑 26 栋，古堡 2 处，古井 4 座，古墓 13 处，古碑刻 5 块，复查古遗址 7 处，悬棺 1 处。并且都按照湖南省文物普查范本的要求进行了对照、照相、绘图、文字描述及 GPS 定位。

寻踪之旅还很遥远，王时一的团队跟别的普查队伍一样，他们的脚步还在继续，我们期待着他还会有喜人的创举。

寻找悬棺

新晃县文物管理所　王时一

"悬棺"是葬俗中的神秘现象，为什么要将死者葬在悬崖之上，这是值得研究的文化现象。对于这种神秘的悬棺，以前只是在电视上、画册里看到过。没想到在这次普查中，居然在新晃找到了悬棺。

通过举办全县文物普查培训班和利用赶集的机会开展文物普查宣传工作的活动，大湾罗乡党支部书记王修池、组长王庭峰，步行几十里山路来到县文物普查办公室汇报说向家地村的悬崖上发现不知年代的棺木。当听说有人在新晃县域内存在悬棺，文物普查领导小组很快作出了寻找悬棺的方案。方案确定以后，我们做了一系列的准备工作，如准备绳、铲、刀、锄、野外帐篷、防伤用药、GPS、照相机、指南针、摄影机等必要工具。

第二天一大早，我便与八个普查队员一路翻山越岭走了近四个小时，终于到达了向家地村，村民们非常热情。一早就已经把午餐做好，待我们吃过饭后，两位村干又带着我们从满是刺丛小道走了约五华里，四周杳无人烟，更别说哪有棺木的影子了。

此时，有些队员产生了怀疑的念头：这个消息真的可靠吗？可是队员们的雄心很大，一个个都有着一种"不到黄河心不死，到了黄河心才甘"的信念。正当普查队员们谈笑风生的时候，组长黄庭峰大声说："找到了！你们看！"我们顺着他指的方向看去，大家都怔住了：一座悬崖上矗立眼前，堵住了前行的道路，再往他手指的方向仔细一看，只见悬崖半山腰的地方，暴露出一个凹穴处。他接着说："悬棺就在里面！"队员们上下一瞧，个个都傻眼了，上下左右全是万丈悬崖，怎么上得去，下得来呢？当地的村干部和同往看热闹的群众，因为担心我们文物普查队员的人身安全，都再三劝说："别上去了，太危险啦！"

作为领队的我，虽然两腿都在不停的打着颤，但面对我的队员，我还是得硬着头皮，拿出一副不找到悬棺不收兵的气魄。村干部们见我们一个个信心十足，只好带着我们从左侧绕道而上，终于爬到了悬棺处的顶峰上。站在顶峰远眺，万众小山尽收眼底。再往山峰脚下一看，天呀！万丈深谷中的一张大嘴，就像要吞下半个地球似的。这时，多数人的腿脚都颤抖起来了，大脑与心灵的教量，真是难解难分。是继续留下来揭开悬棺之谜呢，还是打道回城？有的队员纷纷议论，如果回去，那我们今天不就白跑了？

最后，我拿出了小时候与父亲打猎的勇气，对普查队员们说："这样吧，为了安全起见，你们都在上面拉绳，由我一个人下去，普查设备用绳索吊放下去。我做好照相、文字描述、GPS 测定和指南针等工作后，就将身体捆好，拉绳三下为暗号，那时你们就把我拉上来！"一席话，感动了队员以及在场的村干部。此时，报名下去的人蜂拥而上，就是最胆小的小卿也积极报了名。

悬棺探险虽然不能与战场上的枪林弹雨相提并论，但在构建和谐社会的太平生活中，的确要有点胆识和不怕苦、不怕死的工作精神。

通过讨论最后决定，由我与村干王庭峰、普查队技术员小潘三人下去，其余的人在峰顶打桩、放绳索、拉绳索。由于自己身为领队，又有过第二次全国文物普查的工作经历，爬过悬崖，也钻过山洞，理所当然应该我先下。其次是放小潘，最后再放村干王庭峰下去。其时，王庭峰年近六十岁，但由于他对此项工作非常执著，死活都要求下去带路，我们就只好依了他。

　　我们三人下到悬崖凹穴处后，竟然没有看到棺木。这时王庭峰走过来说："是这样的，过去当地有人争风水，说这里是活龙口，有一地理先生说在这里葬了死者，今后子孙就会做大官、发大财。1980 年，他就动员他家族人，从上面吊东西下来，把原来的棺木盖住了。不信？你们等一下，我把土层弄开，你们就看到了。"

　　于是，王庭峰就用手将泥土爬开，果然，露出了古老棺木盖面。下层有六棺，上层有五棺，初步考证该悬崖已有一千多年的历史。悬棺有三种葬法，一是利用悬崖上天然凹窊将棺木放进的葬法。二是在悬崖上钻出凹穴，将棺木放入。三是在悬崖上钻孔放进木桩，然后将棺木平放在木桩上。向家地悬棺是利用了最原始悬棺葬法，是我国西南中部特有的民族习俗葬法。

　　天色已近黄昏，上面的人见我们还没上去，一个个急成了热锅上的蚂蚁呼叫声此伏彼起，一声声在山谷回荡着……

　　回到向家地村委会后，已是晚上 9 点，普查队员们一个个像打了兴奋剂，没有一点疲惫的感觉，仍沉醉在一片热烈的气氛中。此时，没有下去的队员一个个叹气说："可惜不要我下去，不然，我也可以一饱眼福哟！"还有的队员甚至一直把羡慕的眼光投向我们三个。

　　这就是我们文物普查队员寻找悬棺的乐趣！朋友，想加入我们的队伍吗？

广东省

旧城改造中发现的童话城堡

汕头市文化广电新闻出版局文物科　苏华展

　　美丽的汕头是一个濒海城市，一向有"百年商埠"之誉，半个多世纪前，许许多多的潮汕人到海外谋生、发展，在海外发迹的潮商，到晚年时，大多数会选择叶落归根，回到故土潮汕平原，实现衣锦荣归的梦想，当然这种夙愿的标志就是建起一座甚至一群中西结合式的标志性建筑物，位于汕头市外马路与公园路交界处的香园就是其中具有代表性一处。

　　说起存在于汕头市老市区已近 1 个世纪的香园，但许多地道的汕头人对她并不是很熟悉。直到 2007 年香园所在片区被划为旧城改造的第二工程区域，才有网友对其艺术、历史价值加以发掘，对所处境况提出质疑。汕头市文化部门获悉情况后，非常重视，立即派人赶赴现场进行勘察。

　　香园是一座别墅式建筑，始建于 20 世纪 30 年代，为一潮籍华侨出资所建，后因日本入侵，战事吃紧，形势动荡，香园的主人怕树大招风，空置了此外庭园。解放后该园曾为市抽纱公司的办公用地，现该楼仍留有大量抽纱公司时期的门牌和办公桌。事隔八十年之后，"香园"几经周折，产权现为一李姓华侨所有，并托管给一位蔡姓女士，其一楼由蔡女士开起了幼儿园，二楼闲置，近些年香园因年久失修，一层墙体略有残损，幼儿园外迁，至今，一座近百年的充满异国风情的城堡就座落在汕头中心城区水泥森林式的建筑群中，与侯祥麟院士的故居"镇园"正好隔街相望。

　　时值盛夏，笔者来到汕头外马路与公园路交界处，根据字迹斑驳的"六一幼儿园"路标指向，找到了香园狭小的入口，穿过一道铁门，再经过七八米长的一段通道，绕过一个拐弯，忽然豁然开朗，映入眼帘的便有一处小广场，广场北面有一处两层的西洋式建筑物，其外表藤蔓缠绕，荫翳之气扑面而至，满壁绿色透出夏日的丝丝凉意。这是一座两层建筑，外观古朴典雅，一面面 2 米高的窗楹外雕刻着罗马式的花岗岩立体连枝花饰，窗户以法国进口的彩色玻璃拼缀而成，间以绿色藤蔓映衬，在感受别西洋墅式外观的大气派和精雕细琢的工艺之余，仿佛步入一个童话世界。

　　进入建筑主体大门，是香园的前厅，一层高约 5 米，门楣以铁花装饰，地面铺满五颜六色的琉璃砖，虽时经近百年，却罕见缺损。后厅设有一双层楼梯，分东西各一道，楼梯中部平台后墙，尚有"文革"时间所留标语，笔迹清晰，犹如昨日所书。至二层，中心部位为一方形天井，天井上方层顶约 6 米，有排列整齐天窗数十个，置身回廊，觉开阔明亮，毫末可辨，与现代广厦无异。天井南面有一大厅，深 10 米，宽 8 米，遍铺彩色地砖，式样不同于第一层，而保存更为完好，虽经沧桑，色彩仍艳丽如新。大厅两侧各有耳房 4 间，各处门板、隔墙皆西洋式样木雕，工艺精湛，时代气息浓烈。大厅四周有半环形封闭式走廊，阳光透过宽敞的彩色窗玻，将室内映衬成一个色彩斑斓的世界，却也多了一份静谧。天井北面即为后楼，虽为室内空间，墙壁、柱体上的浮雕仍然考究细腻，每处房间外皆迂廊曲折，石雕木刻保存完好，蔚为壮观。

香园只是汕头同一时期的一处别墅式建筑物之一，却也有着独具的特色：一是地理位置隐蔽。虽然香园置身于市区外马路与公园路交界的繁华地带，但距路边尚有几十米，楼层不高，且入口狭小，不易惹人眼球，以至于在汕头居住几十年的人也对它不甚了解，这为其较好的保存提供了良好的外部环境。二是所有权属私人所有，历史上曾作为办公场所和幼儿园，皆不属于破坏性用地，为其保存提供了有利的内部环境，同时期建筑保存较好的无过其右者。三是风格独特，工艺考究。无论外观墙体的雕塑、窗花的用料，或是内部地板砖的选择和铺设，布局的合理，皆显寓繁华于淡雅、平和而精致的艺术审美。四是别墅式风味浓厚。同时期其他代表性建筑几乎无一例外的采用临街而建，独有此处不但前设露天广场，且选用曲径通幽式的别墅式置建。五是具有较高的时代艺术研究价值。该园内外雕饰保存较完好，且工艺精良，对研究上世纪二三十年代建筑特色具有较实物参考价值。

顺德文物普查的工作体会

佛山市顺德博物馆　胡志辉

2007 年 9 月国务院第三次全国文物普查会议召开后，按照广东省的总体部署和规划，我们顺德制定了科学规范、切实可靠的普查工作方案，积极明确了普查工作的任务。同时，作为全省文物普查的工作试点地区，率先开展工作，在机构组建、动员宣传、培训学习、设备配置等方面都做了充分的准备，领导高度重视，工作切实落实。

参加这次第三次全国文物普查，感慨诸多，总结几点肤浅体会，见诸笔端。

一是相当有幸。我作为一名开展这次文物普查的队员，能有幸参加这次全国文物普查浩大的工程，与其说是光荣，不如说是有幸。它让我从不知柱檩为何物到能慢慢地和古建筑对话，慢慢也读懂了古建筑所带来的大量信息，真是有幸。

二是相当兴奋。普查工作要深入社区、村庄，这些村庄有很多都是坐落在郊区的小山岭、小堤围上，进村的道路是一道斜坡，车子进不去。记得那天是走到龙江镇堤坝边上的麻祖岗那个地方，那里刚好的左滩的一段堤围的边上，两侧一边是大大的内河涌，一边是凸凹的进村小路。我们顺着进村的坡路查看，忽然在西侧的一个鱼塘边上看到一片比较奇特的地形，也在地上发现出现很多白色的贝壳，敏感告诉我们，这里可能有发现，于是跟同事一路查看。果然，在这片黑黑的鱼塘边上，发现了许多陶片，掏出我们背包中的小刀，挖了一下，就发现有许多陶片，仔细观察不禁大喜；这些陶片有绳纹有素面，有红陶有灰陶，有夹沙有泥质的，而且以红色陶片为多，土中还挖了一块巴掌大的是石头，一头断裂，一头呈弧状铲形，还有崩裂的小块缺口，哈哈，这可能是磨制的石器啊！我们顿时兴奋起来，分头在地面上寻找，细看之下才发现，地面上碎陶片随处可见：这是一处文化遗址确信无疑！随后和同事们顺着断崖的边缘，一路寻找遗址的范围。经过将情况报请上级部门，由省考古所详细勘察，这里龙江的麻祖岗的区域都是遗址范围，是顺德文物考古历史上的一次重大发现。在这里龙江左滩麻祖岗发现的是石器晚期贝丘文化遗址，在当地左滩村麻祖岗附近，采集到的都是大批商周时期的陶器残片、石器和千年蚝壳片，出土古物与佛山河宕遗址同属一个考古学文化。可以推断，商周时期的早期阶段已有居民在顺德活动，并以海洋食物为主食。这一次的重大发现，将顺德的人类历史提前了1000多年。

三是相当感动。在普查工作中，我为居民的文保意识而感动。普查工作四要素"访""记""摄""绘"中，除了绘图相对独立在办公室完成外，访问、记录、拍照都要和居民打交道。我曾坐在矮平屋里，听老人说古宅的来历；也曾爬上高楼，敲开居民家的门，俯拍珍贵每一个镜头；更多的是敲门而入古宅，老妪或老伯热情地向你如数家珍介绍当年小巷民居的往事。记得调查龙江时，一位84岁的李伯伯给我留下了深刻的印象。他家存有祖宗遗留下来的族谱，但是家里的大部分亲戚家属都移居海外或到广州等外地工作，行动不便，而且族谱存放与几公里外的乡间祖屋里。得知我们是开展文物普查，主动邀请我们到其祖屋查看，并把胞兄、胞弟一同召集起来，将家里的历史渊源告诉我们，同时也讲当地新华西村的历史古线索——详细告知，以便我们更好的放开工作。一名年迈的普通热心市民对"文物"二字的尊重和敬畏，以及对顺德开展历史文化工作建设的支持，确实让我感动。

体会之下更多感触。中国是个文物大国，我们广东虽然不算是个文物大省，但是文物的保护工作却是很重视，很领先。我们顺德的文物虽然不多，但是当地一直都很重视，实际情况却是如此。单就顺德大良街道的清晖园、西山庙古建筑来说，每一处都可让你感叹半天。这里由有保存完整大量的木雕、石雕和砖雕的，完整地串起了岭南文化的发展脉络；也有珍贵的工业遗址——顺德糖厂。该厂由捷克斯可达工厂连工包料于1934年筹建，位于佛山市顺德区大良沙头，是广东省最早的一批工业化制糖工厂，是广东糖业发展演变的缩影，是研究广东近现代工业发展史的珍贵文物。厂房基本结构仍保留完好，早期从捷克进口的机器虽已老化，但是部分仍能生产运作。这一发现，国家、省市的领导都亲临查看，为之感触。同时也使我对岭南顺德的发展史有一个清晰的认识。我惊叹于先民的智力和财力，更对先民对故乡的向心力深为感动。这位都为后人留下了精美绝伦的文化遗产。我真的希望这每一处文化遗址都能完完整整的被保护起来。

我们的工作还没有完成，沿途各个镇街、各个居委、各个村庄还未普查完毕，目前只是刚刚开始。但这刚刚开始就收获的巨大发现，结合已经知道的石器晚期贝丘文化遗址——龙江左滩麻祖岗，近代工业遗产——顺德糖厂，众多保存完整、数不胜数的——顺德祠堂，如此密集的文化遗址，使我们确信，这里的文化底蕴一定十分丰厚。新的发现令人精神振奋，我们几个同事的辛苦就非常值得，从工作中获得了不一般的快乐。文物普查在继续，工作的乐趣在继续……

参加普查的体会

台山市文化广电新闻出版局文物股　　陈羽琳

2008 年 6 月，我大学毕业后参加全国第三次文物普查工作。加入文物普查队使我得到非常宝贵的经验，开拓我的眼界，丰富我的知识。在文物普查工作中，我体会到历史是捉不着的，但其在世间万物上都留下了痕迹，而这些痕迹一直在等待着有心人的发现。

在参加工作之前，我对文物的认识仅停留在书本上的文字介绍。亲历文物普查后，我对文物有了深一层的认知。作为全国著名的侨乡，台山市拥有许多具有价值的文物点，很多地方很多事物给予我惊叹、感触以及深思。记忆就如电影般一幕一幕地播放，印象特别深刻的是下面三个颇具特色的地方。

位于水步镇荔枝塘村委会的福安里，这是一条典型的岭南民居村落，被农田包围着，西依开平的谭江。从东边村口的门楼进去，呈现眼前的是平坦的水泥地堂和排列整齐的晚清建筑风格民居。每间民居均是花岗岩石地基、青砖墙体、硬山屋顶，墙上的灰雕栩栩如生。村里仍保留着古祠堂，书室，古道，石桥，小溪，老榕树，码头遗址。村里的民风很朴素，人们在地堂上劈柴，在江边洗衣服，在田野上干活，在房屋旁边喂鸡犬，一切都那么自然那么和谐。

在村尾矗立着一座远近闻名的碉楼，福安楼（俗称侧楼）。该楼建于民国时期，由青砖和钢筋水泥建成，楼高五层。福安楼设有窄小的门窗和长方形枪眼，顶部有女儿墙和瞭望台。据村民介绍，该楼初建时为六层，最顶层是玻璃的，用来安装探照灯，后来由于碉楼倾斜，为安全起见拆除。经专业人士的测量福安楼的倾斜度是 8.2 度，这比举世闻名的意大利比萨斜塔还要倾斜 0.2 度。据专家分析，造成碉楼倾斜的主要原因是沿江附近土质松软，碉楼建在松软的冲积土层上，施工时基础没有处理好，再加上碉楼旁边又有一条小水沟长年流经此地，使得碉楼向水沟方向倾斜。

初次走近这座碉楼的确令人很惊叹，感觉上它快要塌下来，事实上它仍然牢牢立着。当我的手触摸到碉楼的墙壁之时，我感到它不是一座死物，而是一个见证了福安里百年沧桑的老人。岁月流逝，沧海桑田，这位老人依旧默默守护着福安里。

第二个地方是位于川岛镇（以前属于广海镇）的鸡罩山上的烽火台遗址。当我们的车驶到鸡罩山下时，我抬头望上去，根本无法清楚看到烽火台的遗址。

由于没有路可通往山上，我们一行人决定自行"开辟"道路。满山的杂草树木，形状各异的石头，崎岖不平的山坡，每一步都走得不容易。我们普查队每一位成员都没有被面前的困难吓怕，在丛林中艰难前行，手被树木刺破了皮，衣服和鞋子也擦破。尽管天气寒冷，我们也累得满头大汗。那种恶劣的环境非三言两语能够形容，仿佛去到原始森林，到处都有危险。我缺乏爬山的经验，一路上跌到几次，但其他队员一直细心照顾我，要越过倾斜度很大的巨石之时，他们都会拉我一把，这种团结互助的精神让我感动，也增加我的信心和勇气。

经过一个多小时的艰辛路程，终于到达了鸡罩山顶。站在高高的山顶上，凉风扑面而来，已经忘记了沿途的艰苦，放眼望去是连绵的山脉以及一望无际的大海，海边的房屋就如一排排小盒子。我第一次体会到"一览众山小"的感觉。

烽火台的原貌已经荡然无存了，只有一个石堆，东北角处崩裂较明显。根据资料记载该烽火台建于明洪武十七年（1384 年）。"石筑台高 5 米，台顶炉膛、挡风墙砖砌"，石堆的间隙长满杂草。我们先做好拍照，卫星定位，画图，记录等工作。这时，我联想到烽火台在古代的重要作用。"烽火"是古代边防报警的两种信号，白天放烟叫"烽"，夜间举火叫"燧"。烽火台是古代重要军事防御设施，古人通过在台里点燃烟火来传递重要消息。

我们在交错相叠的石堆中发现其中一块石头上刻着"GPS"字样，原来早在我们之前，就有人在此测量定位。这期间，又相隔了多少年，我们不得而知，也许我们是第二批到过此遗址的人。站在多少有些沧桑感的刻石旁重新测绘，一种触摸历史的感觉油然而生。

第三个地方是位于斗山镇美塘村的陈宜禧故居。陈宜禧对台山人民来说并不陌生，他爱国爱乡的感人故事家喻户晓，他为了中国第一条民办铁路——新宁铁路的修建劳碌奔波，至今仍传为佳话。

现今的美塘村保留着几栋青砖墙民居，没有奢华的装饰，外墙布满青苔，只有几户人家居住，他们都是陈宜禧家族的后人。许多人都慕名来到此处，希望亲身感受陈宜禧故居的气息，缅怀新宁铁路曾经带给台山人民的繁荣。

清朝末年，清政府的统治已摇摇欲坠。这时候回国的陈宜禧看到家乡交通闭塞，导致人们的思想和生活落后，他下定决心要在家乡修建一条铁路。陈宜禧提出一个简短有力的口号："以中国人之资本，筑中国人之铁路"。他花尽心血，排除万难，终于修建了贯穿台山南北，与江门、新会相通，全长 133 公里的新宁铁路。可以想象当时还留着大辫子穿着大襟衫的人们是怎样惊奇地驻望响着汽笛的远处。新宁铁路曾经给台山许多乡镇带来繁华。

走在美塘村的小巷上，我看到后排几间空置的房屋已经有了一定程度的损毁，天面和墙体倒塌，铁门窗生锈，玻璃破碎，令人不禁唏嘘。日寇侵华，进入珠三角后，新宁铁路受到日军飞机几十次猛烈轰炸。每次轰炸后全民出动，用最短时间填平路基，铺好枕木，恢复交通。1938 年，国民党政府下令限年底前破坏铁路，于是人们忍痛拆大江桥和冲篓桥。1940 年政府再下命令限 5 天内把路基彻底破坏，新宁铁路完全被摧毁了。对于陈宜禧的晚年，有很多传说，其中一种是他在新宁铁路被摧毁后，精神崩溃，郁郁寡欢度过晚年。

参加文物普查的工作半年多，我有机会走遍台山各镇的文物点，看到家乡的大好河山，我内心既激动又感动。通过实地普查和翻阅大量资料，我更加热爱台山的文化历史。同时我衷心感激我们普查队其他成员对我的关爱，他们毫不吝啬地传授宝贵知识给我，提升我对文物的认知。我非常希望自己有机会做下去，做得更好，为我们家乡的文物保护作出自己最大的努力。

塘尾古村游记

东莞市东坑文化广播电视服务中心　刘慧君

那天是个风和日丽的日子，我与东莞市第三次文物普查工作人员来到了塘尾古村在一个不起眼的入口找到了进村的路，视觉顿时充满了古色古香，我刹那间有了回到过去的感动！白色的麻石官道上，铺上了一层层绿的青苔；一间间由红砖绿瓦堆砌而成的屋子错落在一条条小巷里；平静的鱼塘水面上游着几条快活的小鱼儿。

塘尾古村又称莲溪，坐落于东莞市石排镇塘尾村内。它依自然村山势缓坡而建，以古围墙为界，全围（东莞地区称村落为"围"，靠近池塘的显著地段为"围面"）总面积为39565 平方米，现存古民居约 268 座，21 座祠堂，19 座书屋，10 眼古井，4 个围门，28

座炮楼。村内拥有大批独具岭南特色的明清建筑，保留着大量精美的石雕、木雕和灰雕，是岭南明清村落社会生活的一个缩影。

塘尾古村始建于南宋末年，距今已有近800年的历史了。据李氏族谱记载，宋末李栎囚遭权贵排挤，只身从东莞白马逃来塘尾，被黎姓人家收留并配与女儿，经历了元、明、清六百年的发展，李氏逐渐兴旺，至光绪年间达到了鼎盛，人口增至了1000多人口。

再看塘尾古巷道，它虽井字形网状布局，主要巷道有南北走向的直巷道，它呈井字形网状布局，主要巷道有南北走向的直巷7条，东西走的横巷4条。在这些红石道中，有一条麻石官道分外突出。听本村的老年人讲：那是在清末光绪年间，由塘尾富绅李植宗改建部分红石巷而成，官道全部用长约120厘米，宽约30厘米的花岗岩石条铺设，路面不但平坦，而且路基坚固，横穿围面，从东门出围，往南可通达当时的石排镇南社火车站；由北门出围直达当时通往石龙的渡口，总长度近10公里，现仅存围内的300余半了。

光阴冉冉，如今已没有人能看到塘尾古村的风光与繁华了。穿梭在拥挤的巷道中，紧锁房门的老宅在阳光的照射下显得尤为苍老，爬满青苔的墙像似向来往的游人述说过去的故事。在古巷中，不时能看见一些古村旧时的印记。在一间老宅上，一把清代铜锁深深地引起了我的注意。横扣的铁荃，精致造工的门扣，再加上十字的钥匙孔，如此简单的防盗设施不禁让人反思当今社会的复杂。在我凝注于老巷细说的故事中时，两个小孩向我们走来。年纪比较小的女孩扯着小男孩的衣角怯怯的看着我们，而小男孩却不停地把小女孩往前推。估计他们应该是兄妹吧，看到我们的照相机在拍摄就好奇地走过来了，但又不敢与我们这些陌生人接触。这不禁让我回想起那天真的童年。在这个纯朴的古村里，一砖一瓦，一草一木，一人一物都让人有种返璞归真的感觉……

又绕过两条古巷道，眼前出现了一座偌大的建筑，这便是古村里最大的家祠李氏宗祠。我们沿着灰砖围墙与宗祠右壁形成的不算窄挤的巷道前行几十米左转，就到了大宗祠正门前。这座始建于明成化年间（1465～1487年）的公祠，历代都进行过修葺，至今保存完好。祠堂坐东向西，为五开间三进院落布局，抬梁与穿斗混合梁架结构，硬山顶。三进皆为镬耳山墙，首进，中进为船形脊，后进为夔形脊，三进屋脊皆为有两只左右对称的琉璃鳌鱼。五开间祠堂在东莞是为数不多的。整个宗祠造型端庄稳重，灰砖墙壁，绿色琉璃瓦屋面，古朴里透生机，堂皇中显气派。

宗祠首进的大门上方左右高悬着两个大红灯笼，把黑底金字堂匾映衬得厚重而光鲜。大门两边的一副对联是"柱史家声远，名贤世泽长"。前廊的四根浅紫色立柱与下壁唇自然协调，稳稳地撑托起琉璃瓦屋面。由于宗祠大门是紧锁着的，我们没法进去，只好站在宗祠大门前感受其恢弘的气势。

离开李氏宗祠，走进一座民宅，里面放着一些陈旧的农用工具。泛白簸箕、生锈的镰刀、残旧的竹箩……都是旧时生活的缩影，静静地表达着历史。古宅旁边有一口看似荒废的古井，我们试图在这古井上寻找更多的过往的故事。正巧一名妇人捧着一盆衣服走过，我便上前问她这口古井是否还能用？那阿姨看到我们的相机，便很高兴地告诉我们："可以啊，除了洗菜淘米，烧开水泡茶比自来水还好呢！"她还说，村中现有10口古井的井水基本上都没有被污染，大多数都是可以饮用，只是这些年有了自来水，村民们就很少用它们做饭了。这些按一定规律分布在古村各处的古井，甘甜的井水几百年来一直像母亲的乳汁滋育着古村的一代代子孙，巷道里的供共使用，民居、家祠天井内的供私家使用……听着老妇阿姨的诉说，不禁想亲口喝一口这古井的"佳酿"。我们连续看了好几眼古井，所有井壁都是用青砖砌筑，井口的圆筒高出地面约50厘米则全部用整块红石（清末时采用花岗岩石）挖空而成。大多数高出地面的井口都被汲水的人抚摸或井绳磨损，缺口大多呈不规则状态：有的像笔架、有的像半月、有的像粗砺的锯齿……无不彰显着岁月的沧桑。

岁月在这里驻足，历史在这里凝固，而中华民族优秀的传统文化却仍在这里流淌。广东省东莞市石排镇塘尾古村是一条沉睡于繁嚣都市中的巨龙，在这里可寻获纯朴宁静的乡土风情，可探索源远流长的历史文化，可发掘遗失已久的古迹。生活在闹市中的我们，不妨抛下繁忙都市的枷锁，到这里品味一下古村带来的岭南文化大餐吧。

文物普查日记（节选）

中山市博物馆　黄健恒

2008 年 9 月 17 日　星期三　晴

进入博物馆一个多月了，终于开始分组下乡普查，第一站是小榄镇，同行的还有领队 G 和队员 Y。怀着满腔的热情与兴奋的心情，来到小榄镇的文化站，文化站的工作人员给予了热情的招待。我们三人被安排住在文化站的招待所，环境很好，邻近桂州水道，景色怡人。景色虽美，但是不能平复我的紧张心情，下乡普查对于我来说，意味着工作的正式开始，由于对普查的陌生，难免会产生惴惴不安的心理。要做好文物普查工作，还需要在日后的工作中不断摸索，总结经验。

小榄镇是一个历史文化底蕴浓厚的镇区，加之城市化程度高，速度快，由于历史的原因和经济发展的需要，不可移动文物遗存不多。不可移动文物的抢救，保存工作需要我们做前期的调查铺垫，没有调查谈何保护，摆在眼前的工作是艰巨的，我们必须做好。

2008 年 10 月 22 日　　星期三　晴

一个多月过去了，小榄镇的野外普查工作已经结束，现在是资料整理阶段。回顾过去的一个多月时间里，调查了一百多条线索，获益良多，从过去不知斗拱、枕檐为何物，到现在能描述建筑的形制结构，从过去对工作没有把握，到现在已经基本掌握调查的方法，能够独立完成调查表，我有了很大的进步，可惜还存在丢三落四的情况，给整个团队带来了麻烦，深感内疚。

在小榄镇为数不多的不可移动文物里，仆射何公祠给我留下深刻的印象，雕梁画栋，棕色的古老梁柱仍然屹立不倒，没有徐娘半老的可叹，却有扑鼻而来的历史清香。该祠堂始建于清同治十二年，是小榄何氏九、十两房为崇祀其先祖——北宋状元、尚书右仆射、观文殿大学士何桌（字文缜）而建，民国四年重修。原为三进各三间，现仅存后两座。虽然祠堂改建较多，但是风韵犹在。抬梁瓜柱，雕花斗拱，鳌鱼托脚，历尽沧桑至今仍保存良好，确实难得。期待着修缮翻新后的仆射何公祠。

2008 年 10 月 31 日　　星期五　晴

全国文物普查基本上每二十年一次，现在是全国第三次文物普查。很荣幸地能参加这样神圣的工作，这份工作的意义是我坚持到最后的原动力。当初参加工作，并不知道文物普查为何物，只求两顿温饱，减轻家庭负担，直到现在明白普查的意义，才感到自己是光荣，责任重大，到了最后，也许不会留下我的名字，但是在中山市的大街小巷里会留有我的足迹。也许二十年后，第四次全国文物普查的时候，我能跟我的孩子骄傲地说："你老子当年也曾搞过文物普查呢。"

2008 年 11 月 1 日　　星期六　晴

想起了菊花会副理事长李尚仁先生的那次会面。李尚仁，人称"小榄通"，他对小榄的历史，人文故事了如指掌。李先生如此熟悉小榄的情况，除了兴趣作为支撑外，还在于他的毅力，在他的身上能深刻领会到一句话，没有调查就没有发言权。每一次提问，他都能给你详尽的答案，并引经据典。小榄通名不虚传。惭愧的是，我对小榄的认识是如此肤浅，以至于提出的问题没有上升到一个高度，更有甚之的情况是没有问题可问。对小榄镇调查得不够深入当然没有发言权了，连问的权利也不会有。

2008 年 11 月 21 日　星期五　晴

早上突然受到任务，要去三乡白石，看一座古墓。同行的有三名领队，还有白石村的向导以及三乡镇文化站的工作人员。

加林山不算很高，要爬上古墓的所在地也够累的，山路崎岖，砂石枯叶遍地，稍一分神便要摔跟斗。无暇欣赏加林山的美景，一行人只想尽快一睹古墓的芳容。

好不容易到了目的地。都以为是徐加林墓，乍一看，连墓碑都没有，只有后土上的"徐府"二字能确知墓主人姓徐。至于是否徐加林的墓有待考证。墓的规模在中山范围内是罕见的，依山势八级而上，墓碑处已坍塌，还保留有石狮以及石文笔，墓壁用弧形的麻石板砌筑，相当有特色。

调查完毕，心情轻松，一下子便到山脚。从山脚往山上看还能看见徐氏墓的位置，这是才惊叹加林山的青山绿水如此迷人。

Z 领队开摩托车搭我下山，摩托车刹车不灵，车差点冲下悬崖，幸亏 Z 领队把身一侧车便倒下，否则两人将会成为为文物普查牺牲的第一、第二人。我只受了点皮外伤，擦破了皮，不知道 Z 领队伤到没有，希望没有。回想看看，我们还真是"拼了命"的干活，我们不是新时代最可爱的人，但是也算得上可敬可佩的人了吧。

2009 年 1 月 15 日　星期四　晴

自从加林山一役之后，本人对爬山产生了一点抵触心理，总是怀疑自己上了山就下不了。今天要爬的山是茅湾村的五指山，寻找防空洞。从爬山的难度上来看，如果说加林山是个小学生，那么五指山就是个高中生，没有路上山，只能穿过树丛，迎坡蹒跚而上。坡很陡，要抓着树往上攀，有点像攀岩的架势。同行的 G 领队，也是一步一滑的上山，树上还长着刺，手很容易被扎破。看见 G 领队也如此奋勇上山，我岂能怠慢，加快了脚步。

兜兜转转，寻寻觅觅，终于找到了防空洞的其中一个洞口。合影留念，有种劫后余生的感觉。防空洞长约 140 余米，内有三个分洞。防空洞内漆黑一遍，虽然采用先进的测距仪，但是仍然给我们测量带来的极大的不便。要一个人拿着手电，照着另外一个人绘草图，还要沿途做几好记号，以免重复测量，影响数据。好不容易才完成防空洞的测量工作，来到另外一个出口。发现只能爬上一个陡坡才有路。上山不容易，下山也难，人与人之间不敢靠得太近，怕发生多米诺骨牌这样的悲剧。最后下来一看，手上扎了好几个洞，还留着血，小腿也刮伤了。看着血，也自嘲一句"我也曾为文普工作洒过热血，只差抛头颅了"。

文化苦旅

中山市博物馆　高雅蓝

很早之前，就已拜读过余秋雨先生的《文化苦旅》，书是读懂了，但文中自然山水与人文山水融为一体的意境却是直至我成为第三次全国文物普查队当中一员后才有所领悟的。

中山古称香山，国内唯一一个以伟人名字命名的城市，是一个有故事的地方。她的发展史，既是一部革命史，也是一部移民史。她孕育了伟大的革命先行者孙中山先生，也出过了第一个跨出国门的留学生——容闳，而时至今日，仍有 30 多万中山华侨侨居于近 80 个国家和地区。可以说，她是国父的故乡，也是当之无愧的华侨之乡，于是，当我们穿梭在这个城市的街巷之间，近身观察文物建筑时，它们不是普通的砖砖瓦瓦堆砌而成的物体，而是沉浸在多元文化下不可再生的文物资源。

如果，你只是一个普通的路人，就像当初刚加入普查队的我，这些承载千古旧梦的文物建筑或许只是你眼中一抹残旧的风景，你不会明白，为何要费尽心思对它们进行测量、调查及记录，但只有你明白这位文物背后的故事，了解到它们的一砖一瓦，所有泥土凝聚的都是当时劳动人民的智慧和汗水，你才能感受它们沉重的历史气息，从而肃而起敬。如同华侨建筑，它本身不是一句在中西文化交融下的产生的典型风格建筑就能概括，他背后记载的更是主人离乡别井后，在异国他乡为生活打拼所经历的点点甜酸苦辣。如同语言体系，南朗话，张家边话、石岐话等错综复杂的方言俚语都是香山社会多元文化的一种表现，它是中山文化发展的活化石，印证着多民族结合的过程。

文物普查是一场文化苦旅，用眼睛注视各种风景，感受各个文物的历史脉搏及呼吸，所以苦的并不止是风雨兼程，更是心志，是对文物作为民族文化的遗脉不可挽回的繁华落尽现状的忧心忡忡。

社会在变革，历史在前进，都是不可阻挡的社会趋势，但是在调查当中，屡屡令我们喟叹不已的是随着时间的流逝，文物日趋毁损的现实，如同一个帝国，走过繁荣与昌盛后渐渐没落的背影。多年风雨侵蚀，当然会令它们曾经灿烂的文明不再辉煌，但是真正能抹杀它们历史尊严的，不是自然，而是人们的冷淡及漠视。

冷清的家门，寥落的庭落，往日衣香鬓影云集之地，因无人照料，如今大多空置；残缺的木雕檐板，污黑的壁画，以往权贵之家的高院大宅，大多成为出租屋。当我们目视这一切时，颇有些"旧时王谢堂前燕，飞入寻常百姓家"的感伤。这些代表着一个民族的魂，氤氲出浓浓的人文情怀的文物遗产，如今却被置于一个尴尬的历史地位。

或许，你要说，文物代表的只是过去完成式的文化符号，会喜、怒、嗔、怨的只是人。对它们多加关注是为何？但是作为一种不可再生的文物资源，它的价值本就不在物质，更多的是精神，它保留的是当年的技术工艺，印证的是古代文化曾经走过的脚步。一个城市的内蕴，不能只靠发达的经济、矗立的摩天大楼，古色古香的文物遗产更能添丝丝意味深长的魅力。

从事文物普查工作以来，在烈阳下，在寒风中，我们走街串巷的身影不变。观察的是文物古迹，磨炼的是心境，使我更懂得生命的真谛。再叱咤风云的人物，死后不过黄土一捧；曾车水马龙的大宅，繁华过后也会落得门可罗雀的下场。生命本身便是短暂，时空才是永恒。只有保持"宁静致远，淡泊明志"的信条，才能更懂得欣赏我们优秀的文物资源，了解到它们背后几百甚至千年厚重的文化积淀。

文物普查是一项神圣的使命，我们甘心兢兢业业的在这个卑微而光荣的岗位上，扮演优秀文化遗产"护花使者"的角色，如果你也怀有相同的历史激情，愿意以你的眼睛、你的手笔记载这个城市曾经的文明、源远流长的岁月风光，就让我们一起踏上这场文化苦旅，相约在中山，相约在每个有故事的地方……

文物普查随笔

中山市博物馆　高健雄

新年将至，在不知不觉的工作和生活中，我已经进入中山市博物馆将近 5 个月了，在这 5 个月的时光里，我几乎每天都从事着第三次全国文物普查的工作，这是我大学毕业后的第一份正式稳定的工作，可谓是任重而道远。

在刚进博物馆没有多长的时间，没有经过正式培训的我就踏上了第三次全国文物普查的征途。工作刚开始，我所在的小组在领队的带领下，对我市南区的部分村落进行田野调查。当然，我在这里所说的文物普查，指的是对不可移动文物的普查，即对我市现有古遗址、古墓葬、古建筑、石窟寺及石刻和近现代重要史迹及代表性建筑的普查。

每天的文物普查工作是十分充实的，一般是上午进行田野调查，下午进行文物点电子表格的电脑录入，也有全天候地进行田野调查，由领队开车分组到各镇区进行普查，中午基本不作太多的休息，午餐也是在路边小店随便吃上几口，然后进行加班加点的作业，晚上留在镇区过夜，直到周末才休息。毕竟对于每个文物普查员来说，第三次全国文物普查就是国家安排下来的工作，是我们的义务，然而对我而言，这就是一个让我增长见闻，提高个人综合素质的好工作。

第一天南区的文物普查工作，也就是我"开眼看世界"的第一天，我参与到南区沙涌村华侨医院旧址、教忠街民居、荔香街民居、南宝大街民居、沙涌学校旧址以及环城公社会堂旧址的普查工作，分别用 GPS 对文物点进行地理位置的测量、定点和截图；利用指南针进行坐向的测定；利用测距仪和米尺测量文物点的长宽高，计算出面积；运用专业的照相机对文物点的整体和局部进行拍摄；在有条件的情况下进行文物点的标本采集；对了解该文物点的人进行一个简单的访谈记录；最后就是普查的重中之重，对文物点进行一个填表记录。

根据领队对该文物点进行一个初步的分类后，我开始了对文物点进行一个填表登记。首先就是记下该建筑的门牌号码，假如是古遗址、古墓葬、石窟寺及石刻的话，就要预先从文物志，镇志和村志等资料中查找，另外就是询问当地人；然后就是对文物点具体的修建年代进行调查，我们可以从建筑的碑记，当地人的口述，以及就是从建筑的结构及风格来推断其始建年代等；通过当地人口中及村志等资料了解文物点的所有权及使用权，这样我们才能更好地了解文物点的历史；接着就是对文物点进行一个简介，对其结构体系、围护体系、设备体系进行一个描述，也就是对建筑的结构、布局、装饰进行一个描述，再给该文物点进行一个简单的价值评定；最后对该文物点的保存现状以及其损毁原因进行一个简单的描述；对该文物点周围的自然环境和人文环境进行描写。

以上的这些操作都不是当初的我力所能及的。在南区经过大概两个星期的普查，我开始慢慢地掌握了一定的普查标准和填表的尺度。在领队的安排下，我们这个小组开始从南区转移到了黄圃镇进行文物普查。黄圃镇的文物点主要以古建筑为主，镇上的古建筑与我国古建筑的设计和布局十分相像，十分注意与周围的自然风景的结合，使建筑美和自热美和谐地融为一体。

把建筑的美，即人工的美与自然美，自然风景的美联系起来，将人的情感赋予自然当中，再以自然美与艺术美来陶冶人的精神，以满足精神的审美，这是我国古建筑布局造景的重要审美特征。建筑与风景是相得益彰、相映生辉的。建筑得自然风景而立，而自然风景显得建筑更富神趣。建筑若缺少林木荫盖之润饰，便显得孤立而单调，自然风景中若无建筑的装点，就没有神韵。另外，建筑周围若山水秀丽，林木茂密。就会造成禽兽出没，鸟语花香的世界，增加生趣之美。黄圃镇的古建筑十分注意同自然美的融合，像鳌山村北极殿、鳌山村北约大庙，以及新建起来的报恩禅寺等庙宇的建筑都是与自然风景结合的典范。

其实我觉得，对不可移动文物普查后，最重要的就是该如何对其进行一个保护。然而保护的最好方法，我觉得就是和旅游结合在一起，把文物点和周边环境发展为一个旅游区，就是让人们更多地对文物点进行一个了解，才能明白文物点的稀有和珍贵。当然，该旅游区的建立是以当地的文物资源和社会经济发展水平所决定的，因为旅游区的建立需要有相应的文物资源作为支撑，而旅游区的设计又与本地的文物资源息息相关。可以说，旅游区的定位是从文物资源支撑上来体现旅游区的价值。

身为一个文物普查员的我会继续努力的做好这份工作，贡献出自己应有的力量，顺利完成第三次全国文物普查。

广西壮族自治区

一个队员的普查周记

玉林市博物馆 李义凡

元月 7 日 周三 晴冷

因为昨天已通知区文化体育局，市"三普"办主任、市文化局张副局长前往指导工作，我们一行人到达樟木镇政府时，当地分管领导和有关人员早已等候。简单几句话后，向导就带我们直奔目的地——樟木镇罗冲村。

车行 3 公里到达村委所在地。当地村干部很配合"三普"工作，两个人带路前往。经过 4 公里多的崎岖山间小路，到达一小平坡。必须步行了。走下长长的山坡，又经过一小村庄，又走上山坡、跳过小河，手足并用爬山，历经 40 多分钟，终于到达古墓。手不知何时被割破了，一点感觉都没有。

此墓是当地陈姓村民的祖墓。此前查阅地方志，没有此公的记载。可贵之处在于此墓石像生（鼓、翁仲、马、柱各 1 对）和封诰碑同时存在，足以说明墓葬规格等级和形制。应该说此前本地还没有发现过这样完整形态的古墓。

随行的电视台和日报社记者在现场进行了采访。

——检查队员的工作记录，确认他们按规范记录了相关内容，才返回圩镇。吃中饭时已是 14 点多了。

元月 8 日 周四 晴冷

今天继续在罗冲村普查。还是由村干部带路，先调查当地有名的"乡约庙"。对于此庙，我先前已有所了解：它既是明朝乡村管理制度的一个实证，也和当地革命斗争史有关。所以我指定进行调查，收集材料供以后进一步研究。

乡约庙调查结束后，和村干部闲谈，说到了蓝靛制造业遗迹。村干部表示还有沤蓝池存在。心中一阵狂喜：这是重要发现呀！我忙追问相关情况。年老村干部把知道的情况一一说了，还相互印证。罗冲历史上（至少到民国后期还存在）有几个自然村制蓝，还存在着蓝靛交易市场——蓝圩，也因此有相关地名如蓝圩桥、蓝圩圳（河）、蓝冲等。

村干部带我们实地调查了一处遗迹——上樟自然村之梅子冲蓝坑。从村委坐车前行一段路，然后步行约 14 分钟才到达目的地。在现场，可看出 7 个坑，其中 4 个可测量直径和残高。这些坑边上都种了青竹，坡度也有些陡，只能小心的滑下去测量。结果弄得衣服都是泥，只能拍打一下就算了。

回程路上，老者还指认了当年他亲眼看到的制蓝场场景，也一一指认当年的蓝靛交易场及另外两处沤蓝池所在地。对于这些过去存在、现在已烟消云散的旧址，就让拍照人员拍照存档吧。

今天还考察了"万福堂"、"那君寺"及对一只石狗拍照存档。

元月 9 日　周五　晴冷

今天气温低，最低温度才有 7 度。在北方来说没有什么，但就玉林来说，已是严寒了。但是天晴，利于进入山区普查，所以还是照计划进行。可恨正常道路正在修路，只能绕道另一个县的双凤镇才能进入目的地樟木镇六答村。路上单程因此多了 50 公里，时间多花 1 小时。因为普查队员都无人识路，所以请家在目的地的一个镇干部和文化站长作向导。

车行 50 公里后，开始进入山区道路。山路弯弯，车速不能快，但风景不错。从双凤镇到六答村的道路是真正的山区小路，崎岖不平且坡陡沟深，令人害怕。估计才 10 公里的路途，就走了约 40 分钟。

村委边上有"四帝堂"，部分建筑尚为旧物，就建筑风格判断，年代当为清中晚期。庙存残碑一方"重建四帝堂题名记"，可惜落款部份不存。脊梁上文字模糊，看不清楚。庙主持人送简介资料给我，那就回去再补记吧。趁工作人员在忙着记录测量拍照等，我和当地老者攀谈起来，话题往蓝靛制造谈。这是我有意识的话题，也是前期工作了解后确定的重点。

据现年 77 岁的黎广盛老人介绍（他当年就经历过制蓝业）：六答村当年有 8 处制蓝作坊，每处叫 1 册，1 册有 32 个制蓝池。具体做法是割蓝茎放在池里沤 24 小时（夏天。其他季节时间要稍长），然后捞去茎叶等，加入发好的石灰，搅拌 30 分钟（关键要起红泡沫），再把所有的渣捞尽，然后让液体流到三合土过滤池过滤，结晶即成蓝靛。对于老人的介绍，我们很是受用，追问还有没有"蓝"这种植物存在。老人很肯定的回答是还有一两株吧。兴奋之余，也顾不了那么多规矩了，烦请老人带我们去找。老人二话不说，带着我们出发。跑了几处地方，又在路上问了其他老人，终于找到一丛蓝。所谓青出于蓝而胜于蓝，我们可是第一次真正认识"蓝"了。让拍照人员多拍几张相片作为档案。一番奔波之后，时间已是 12 点 30 分了，肚子也有点饿了，但还是让老人先带我们去看一下制蓝场遗址。

13点多，匆匆吃了请村干部代做的中饭，就奔向制蓝场遗址。按照工作分工，队员们各自忙碌开来。根据老人介绍，此处遗址包括两部分，一部分是制蓝场地，另一部分是办公场所。现场测量，制蓝场分布面积约300平方米，办公用房基址面积（约70平方米）。制蓝场轮廓很清楚，池分4行，每行8个池，两池间还有一个直径45厘米的小浅池（放石灰用）。中间两行池低，外侧两行池高。每行之间有小水沟，每池面向水沟面都开孔以便通排水。大小池规格统一，大池径在2.2至2.3米之间，小池则为1.3米。每行池相距约65厘米，同行两池之间相距30厘米。因为久已荒芜，所以这个制蓝场内能看出痕迹的池只有20多个，轮廓完全清楚的则只有12个。

对于这样的普查对象，我自然明白其分量。不单让文字记录人员记录，我自已更要亲自记录，对于绘图及照相也要一一落实。临近结束，检查了绘图人员的图样，结果是不符合要求。当即批评了绘图人员，要求其马上更改补充。这是开展普查以来，我第一次用严厉的口气批评队员。过后，自已也觉得可能有些过火了。但这是为了工作，但愿大家都能理解。

回程路上，家在当地的镇干部又介绍了另外两处制蓝场地（其中一处叫熟鸡田），可惜都不存在了。连续工作及奔波，大家昏昏沉沉的，懒得说话，80公里路程都闭目养神。回到玉林城区，已是下午4点半过了。

今天来回路程180公里，途中时间5小时。

元月12日　周一　晴冷

今天，安排一处近途的地点普查。先复查一处文物保护点（庞奶庙），再调查一处玉林最早进士的墓。

对于复查的庞奶庙，由于比较简单，由他们按要求做就行了。我还是找一些老人了解情况。聊了半小时多，又查看了当地的姓氏族谱，没有什么收获，只能拍一些族谱资料作为参考。

这个南宋进士墓也真奇怪，附葬在其父墓里。不管怎么说，也是地方名人。详细记录了墓碑及其他碑文内容及周围环境，让人测量绘图照相。

回到城区，已是下午3点多了。和往日一样，还得处理好一些相关事务。分管局领导张副局长找去探讨如何调动"三普"领导小组成员单位积极性的问题，至下班时间才结束。

元月13日　周二　晴冷

今天最低气温也是7度，人体感觉冷。尽管这样，我还是要按既定方针带队员进入山区调查。就算是呼吸一下山区清新空气吧。

　　与前几天相同，今天也必须绕道才能进入目的地——樟木镇石龙村。路程稍近，但来回还是有 170 公里，耗时也要 4 个多小时。"三普办"张主任也一同进山了解情况。

　　一路颠簸到达村委时，村支书梁永祥等早已等候。一一问完不可移动文物六大类，支书都是回答没有，或者是过去有，但现在不存在了。又问有关 20 世纪文化遗产类遗存物，结果还是没有。不过，这也在我意料之中，因为我查过地方志：此村建村迟，没有产生过有名历史人物，村落分散，人口少。我转而问有关蓝靛制造。这可问对了。村支书特意请来的王姓村兽医打开了话匣子：民国时期，石龙村农民大概有一半人家（约 70 多户）从事蓝靛业。制出蓝后挑到六笪圩交易。最终经南流江船埠水运到广州湾（湛江）。在 20 世纪 50 年代时在石冲口、黑水塘口、蓝地、曲江水、白梅冲口、蓝青（此处规模最大，有数百平方米）等地都发现有制蓝池。只是现在多已泯灭，估计很难找得到了。

　　对于老人介绍的情况，我自然要一一核实，反正老人也很热心带路。王老伯带着我们走了大约一公里多山路去看他所说可能存在的制蓝池，结果是有所失望——被水库水淹了，看不到痕迹。只能拍照存档。饭后，老人又带我们到"蓝地"这个田垌去看制蓝池，结果还真看到半圈制蓝池圈沿。这是在该村唯一看到的制蓝产业遗迹。尽管如此，我们还是细致地记录、拍照存档。

　　王老伯热情邀请我们再去看他所说神奇的"三奇"（古响水井、古树、奇石）。尽管累了，但为了不放过任何线索，还是继续走吧。走下山坳、跨过小河、跳过水沟、爬上山腰，先后看了所谓的古响水井、古树。可是井不古也不响，树还算古老。只是我们不懂此树，只能拍照并采集标本回去请人鉴定。车爬上山坡时，一不小心就搁到石头上了，动弹不得，只能靠我们 3 个男队员推动。车行数公里，又步行山路 1 公里多才到了老人所说的"朝天狮圣境"。庙为新建，不属普查范围。风景还不错，特别是梯田景色，不亚于桂北的龙胜梯田。

　　回程路上，一不小心，后车轮滑落路边，怎样转方向盘都无效。最后还是几个人抬起车身，才解决问题。本身都累了，又受惊了两次，路上人人无话，都打盹了。回到玉林城区，已下午 6 点半过，华灯初上了。

　　饭后一量体温，证实是发烧了。难怪上午老婆和我通电话时就说我声音发抖、回来路上感觉身发冷呢。考虑到明天还要出发，就到附近诊所打点滴并吃药。烧退了，明天就带着药出发，算是我为"三普"发烧吧。

我的普查队长

重庆市南岸区文物管理所　冷　静

　　我的普查队长，是我们文物管理所的戴所长，今年50多岁了，她在文物保护岗位上已30余年，在重庆文博系统中颇有名气。2008年，55岁的她本应退休，由于文物普查工作的需要，加上领导的挽留，她选择了留下，继续投身于第三次全国文物普查工作。

　　2007年，按照重庆市"三普"办的要求，我区的文物普查田野调查工作正式启动。区里成立了文物普查队，她担任队长。普查队要走街窜巷、跋山涉水，拉网式的对地面、地下文物进行调查，每个队员要双脚去丈量，用双眼去发现。常常一天步行二三十公里，累了就靠着大树小憩一会儿，饿了只能吃一些早上出门时准备的锅盔（小麦面做的饼，重庆人叫"锅盔"），一些年轻同志都感觉到相当疲惫。同事们都担心她的身体受不了，都关切地对她说："戴队长，你年纪大了，身体又不好，野外的事情让我们年轻人去做，你在办公室把一下质量关就行了。"然而，她却斩钉截铁地回答："我比你们要熟悉地理位置，怕你们找不到，再说我不能搞特殊，艰苦的事情不能都留给你们做，大家都应该是一样的。"几句朴实的回答让大家越来越觉得，我们的戴队长是那么的可亲、那么的坚强。其实，大家都知道，长年的野外工作让她已经患上了严重的关节炎，每到下雨天，那叫个疼啊！她都忍着，我们看得出来，她忍得很辛苦。

　　2009年4月的一天，我们普查队5个人在对一处叫刘家花园的文物点进行复查。按照分工，大家有的丈量、有的测坐标、有的画图。大家都没有注意到在拍照的戴队长。为了能更全面的把文物建筑拍下来，戴队长登上了一个两米多高的平台进行拍摄。由于刚刚下过雨，台阶上面又长满的青苔。"砰"的一声，戴队长滑倒了，从两米多高的台阶上摔了下来。大家急忙跑过去，扶起戴队长，这才发现了她伤痕累累的手和她搂在怀中那安然无恙的相机。"相机坏没坏？没坏的话再照几张。"戴队长起身之后说的第一句话，让大家感动得说不话来。同事们让她马上去医院做一个检查，可她拒绝了，坚持将这个点的数据测量记录完毕之后，才一瘸一拐地带领大家往回赶。一检查她的脚踝骨裂了，第二天肿得比馒头还大，大家去看望她，一位同事问她："戴队长，你不去保护相机，也许你的脚就不会受伤。"戴队长听了，语重心长的说："现在文物保护条件比以前好多了，国家还配备了这么好的相机。这是我们手里的宝贝。腿断了，也不能让相机被摔坏啊！"她说话使对我们身边的这位老前辈产生由衷的敬佩。

戴队长的举动体现了一代文物工作者对事业的热爱，对文化遗产保护的责任感，深深地影响着同事们，感染着身边的每一个人。大家工作的劲头更足了，工作态度更认真了，我们区里田野调查工作很快就要完成了，我们将加倍努力，认真完成每一处文物点的数据采集，优质、高效地完成我区的文物普查工作，用实际行动向老一代文物工作者学习。

"三普"工作日记一篇

蒲江县文物保护管理所　龙　腾

2008 年 9 月 10 日（戊子年八月十一）　阴

　　今天去光明乡官帽山村普查。官帽山海拔 865 米，"高耸峻拔"，与眉山市及丹棱县地界毗连。登上山顶，可以望见峨眉山金顶。此去普查队员 4 人，李文科、周国龙、彭伟、龙腾，另加农民向导余宇生。

　　桑塔纳小车开到官帽山山麓停下，我们下车，穿茂林，踏荒草，几经周折，在荒山上找到被乾隆《蒲江县志》称为"蒲南第一名刹"的崇佛寺遗址。我们在遗址内发现建于明成化元年（1465 年）的和尚石塔、正德十六年（1521 年）石刻花瓶，嘉靖二十四年（1545 年）圆雕罗汉石像等 13 件石刻文物，都是"二普"未曾登记的。

　　在山的西北坡，发现了建筑宏伟的李何氏墓。李何氏享年 94 岁，因独工修建一座雨洞石平桥和一条 5 公里长石板路而名垂后世。墓建于民国十二年（1923 年），墓前石碑 4 重檐 6 柱 5 开间，高 4.2、宽 5、厚 0.8 米，雕刻着精美的人物、花卉。

　　我们正在山上寻访，忽然天降大雨，突来的骤雨，不但打湿了山上的草木，影响了工作，还使得山路泥泞溜滑。雨过后，在陡峭的山道上，普查了人员们还要下来在后面推汽车上坡，小路上，普查队员连连摔跤。一次一位队员摔倒时，后脑碰在石板上，"呼"的一声，差点造成事故。

　　队员们奔走在崎岖小路上，先后调查了观音岩、龙岩摩崖造像，均为清代所造。在黄栗坡新发现向代墓群，有清代墓碑 7 通，逐一测量、登记。鞋上沾满稀泥，草木上雨水打湿裤足。

　　复查向山向氏墓群时，墓群全在荆棘茅草丛中，队员们得挥动随带的长柄砍刀，披荆斩棘，才能接近古墓和墓碑，进行测量。人人的手都被荆棘挂伤出血，衣服也被撕破，才终于找到"二普"时登记的"皇明故始祖"向平等人 8 通墓碑。

　　光明乡是地震老震区，《元史》卷 36，文宗本纪："邛州有二井，宋旧名曰金凤、茅池。天历初（1328 年）九月，地震，盐水涌溢。"金凤井就在官帽山山下。1975 年 9 月 3 日，官帽山山坡地底下怪声不断，农民急忙迁徙，后来一声巨响，势如天崩地裂，山上垮塌一千多立方土石。1984 年 7 月 24 日，官帽山再次滑坡，断层长 1200 米，宽 150 米，毁耕地 300 余亩，森林 30 亩（1992 年版《蒲江县志》）。今年受 5 月 12 日汶川大地震影响，听农民说，官帽山村 4 队佘岩地裂，裂缝宽达一米，长 200 余米，很危险。但是佘岩上有摩崖造像和古墓群，应该上去普查。队员们不惧艰险，走上佘岩。经考察佘岩摩崖造像两龛，系清代所造观音。佘氏古墓群，现存墓碑 8 通，墓志铭介绍，佘氏原籍江南徽州府西关外二十六里。佘庭福、崔氏于嘉靖八年（1529 年）迁居湖广长沙府湘乡县正南街。后裔于隆庆六年（1572 年）迁居四川嘉定府乐山县南三十里插花山。天启二年（1622 年）佘恭、彭氏迁居蒲江县南关外十五里官帽山，开垦田地。佘恭、彭氏墓及碑，至今犹存，碑文风化。其子孙乾隆、嘉庆、道光、咸丰、光绪年间碑刻文字尚存。我们逐一测量，登记。官帽山位于蒲江—新津断裂带与丹棱县石桥场断裂带交接处，是一个活动性断裂。我们看到佘岩山坡上右墓墓碑，有的已倾斜，呈将倒伏状。县、乡政府已动员危险地区居住农民及早搬迁。我们在山下一户已迁离的农户废宅旁发现一座佘万璋墓，咸丰四年（1854 年）立碑，由特授四川成都府城守军功千总佘安帮题写。楷书相当工整。向氏、佘氏均自明代就居住在蒲江。足证张献忠杀光了四川居民，清代湖广填四川，四川全是清代移民之说，不符合实际。

今天上午 8 点过下乡普查，下午 6 点钟，才在金河谷吃午饭。这时间，城里的人正是吃晚饭的时候了。大家虽然又累又饿，历经艰险，但是今天调查了 9 个文物点（其中复查 1 个，新发现 8 个），工作有进展，大家心情是愉快的。

一位令人尊敬的编外普查员

北川羌族自治县文物管理所　吴晓红

　　第三次全国文物普查工作在华夏大地科学有序地展开了，我们北川羌族自治县也不例外。为了把这次普查任务完成好，摸清我县文物家底，更好地保护和利用，我们充分利用广播、电视等宣传工具对文物普查的目的和意义进行了广泛的宣传，收到了良好的效果。广大人民群众积极支持和参与普查工作，陈家坝乡龙湾村四组村民王继尧就是其中的一位。

　　王继尧今年 64 岁，平日里在乡场镇上做点小生意。由于他自幼生活在陈家坝，对家乡的各方面情况了如指掌，加之他对文物古迹有着特殊的爱好，所以当地人称他"文物迷"。自打从电视台上看到有关文物普查的宣传报道之后，他就打电话和我们联系并主动请缨，要配合我们搞好陈家坝乡的文物普查工作。

2008 年 4 月，当普查组来到陈家坝乡，王继尧老人不顾家人的反对，放下自家的生意不管，立即加入到文物普查行列中，成了我们的编外普查员。从此，我们的普查队伍中就多了一位头发花白，面容清瘦的长者——王继尧，走在我们的队伍中是格外引人注目。

由于是山区县，交通不便，还有很多乡村不通公路，加之文物点的分布又广，尤其是一些古庙宇，大多位于山顶或山腰，普查这些文物点只能依靠步行，普查工作的难度可想而知。四月初，春寒料峭，风吹在脸上，让人感觉到有些寒意。那天，我们的普查目标是老母顶东狱宫，王继尧老人带着大家走在崎岖的山道上。望着那被烟雾笼罩的老母顶，要走几个小时呢，我们不禁有点却步了。但普查任务让我们不能退却，只能前行。再看看走在队伍最前面的老人，风吹动着他那稀疏而花白的头发，有些显得单薄的身躯。普查组领导心痛了，考虑到老人年纪大了，几十里的山路太辛苦，就对老人说："王大爷，今天你就不要去了，路太远，太辛苦，我们自己去吧。"老人回过头来说："没关系，老母顶东狱宫每年我都要去几趟呢！我对这里的情况熟悉，我给你们带路省得你们走岔路，那就苦了你们这些文物保护的同志了，我可忍不得这个心啊！"想想也在理，拗不过老人，普查组领导只得答应了老人继续为我们带路。于是大家以老人为榜样，互相鼓励着，努力前行。经过三个多小时的攀登，终于，我们气喘吁吁地到达了老母顶，看到了气势雄伟的东狱宫，我们无比欣喜。尔后，我们顺利地完成了东狱宫的普查任务。

在陈家坝乡普查的十多天里，老人利用人熟地熟的优势，不仅事先和各村、社的负责人联系，为我们普查工作给予大力支持。一路上，还如数家珍般给我们介绍自己所知道的文物点，讲一些有关的轶闻趣事，给我们的普查工作带来了方便和乐趣，也赢得了大家的尊敬。我们不仅完成了 6 处文物点的复查任务，更重要的是还新发现了 15 处文物点，其中有极富民族特色的经典之作——"花房子"；有红军长征过北川使用过的红军接待站旧址——"母家大院"；还有罕见的全石砌庙宇——"五通庙"；奇特的石龙坪——"石龙"……这些新发现让我们感觉到无比欣喜。但老人自己家的生意却给耽误了，为此，老伴和他吵了好几次，我们也感到十分歉意，普查组的领导执意要给老人一些经济补偿。老人一口回绝："如果要钱，我就不会和你们去了。能为我们陈家坝的文物普查工作做点事，尽一点微薄之力，是我老头子的荣幸！"看着老人坚决的模样，听着老人无私的话语，对老人的敬重之情在我们普查人员心底涌动。

我们相信，在全国各地的文物普查路上，还有很多像王继尧老人这样令人尊敬的编外普查员，有了他们的支持与帮助，我们的文物普查工作一定能取得更加辉煌的成果。

后记：在当今物欲横流的社会中，还有老人这样无私奉献的人，怎能不令人敬佩呢！从陈家坝乡普查归来，我怀着对王继尧老人的无比尊敬之情写下了这篇文章。正当我准备将老人的事迹向外宣传时，"5.12"汶川大地震突袭，作为极重灾区的我们把工作重点转移到抗震救灾中。后来，我打听到王继尧老人幸存下来了，但他的老伴遇难了，他强忍着失去亲人的悲痛，又投入到地震中受损的文物保护单位观音堂的修复工作中，整天忘我地奔忙着。

一次刻骨铭心的文物普查

江油市文物保护管理所　刘术云　张　敏

江油是李白故里、四川省历史文化名城，地面、地下和馆藏文物丰富。有 2 处全国重点文物保护单位，7 处省级文物保护单位，12 处市（县）级文物保护单位和 200 多处重要文物点。这些文物分布在 40 个乡镇，2719 平方公里的土地上。作为文物工作者，国家部署第三次全国文物普查，特别高兴，因为此举可以进一步摸清家底，有利于保护。我们制定了文物普查方案，对全所同志进行了培训，于 2008 年 3 月正式拉开了全市文物普查帷幕。

正当我们在九岭镇进行文物普查时，"5.12"特大地震发生了。我们在第一时间冒着生命危险对全市灾损文物情况进行调查、拍照。特别是国家文物局单霁翔局长在 5 月 20 日就来到江油，指导抗震救灾和慰问文物工作者，给了我们极大鼓舞。为了将灾情与普查相结合，不因地震而使文物普查工作滞后。所经历的一次文物普查同地震一样惊心动魄，令人刻骨铭心、终身难忘。我们在两天时间里完成了过去 4 天才能完成的工作量，深入到海拔 2000 多米无人区对全国重点文物保护单位老君山硝洞遗址进行普查，冒着生命危险在悬崖峭壁上攀爬。如果稍有闪失，也许就可以加入烈士的行列。

中国古代道家通过"炼丹术"，发现硝、硫磺和木炭的混合物能够燃烧爆炸，由此诞生了中国古代四大发明之一的火药。古代黑色火药的三种成分为硫磺、硝石和木炭。"硝"是火药的主要原料，颜白似雪，大量出产在四川、甘肃一带。13 世纪时，火药传入阿拉伯。火药和用火药制作的大炮，轰开了人类通向文明之路。

2003 年 11 月，江油为开发旅游，寻找新的经济增长点，邀请文物、文史、地质方面的专家和新闻媒体对老君山硝洞进行了科学考察，发现在这里拥有中国规模最大的硝洞遗址群。2004 年 10 月，四川省文物局破例直接将老君山硝洞遗址群申报为第六批全国重点文物保护单位；中央电视台"走进科学"栏目以"寻找火药的故乡"为题播出 40 多分钟的电视片，各大媒体相继报道，老君山硝洞遗址引起海内外专家、学者关注。

2006 年 5 月，老君山硝洞遗址被国务院核准公布为第六批全国重点文物保护单位；江油又成功注册为"火药之乡"；6 月 6 日，我们从成都金沙遗址领回了由国家文物局制发的印有"太阳神鸟"的国保单位标志牌匾。

任何一种资源，都应造福于人类。当前，文物资源的社会经济价值、政治文化价值受到人们的高度重视，在促进地方经济社会快速发展过程中，文物资源正以它独有的魅力，扮演着重要角色。一个文物保护单位在被列入世界遗产名录后，其历史价值、科学价值、艺术价值得到了相应提升，同时，其旅游经济价值、政治文化价值也随之得到提升。世界遗产地的旅游业发展要明显高于一般文物保护单位，对地方社会经济文化发展的作用也必然大大高于一般文物保护单位。江油市委、市政府在打造李白文化旅游精品，创建著名旅游目的地的同时，高瞻远瞩地将打造火药文化进行互补，思考硝洞遗址是否可以申报世界文化遗产，形成旅游大品牌，进一步明确其历史、文化和科学价值，找准硝洞遗址的市场定位及利用方向，同时为编制老君山硝洞遗址文物保护规划收集资料，决定请国内顶级专家考察硝洞。2006年9月，国际古迹遗址理事会副主席郭旃、中国社科院考古所边疆考古中心主任、研究员王仁湘等专家曾对老君山遗址进行考察。郭旃先生在考察后兴奋地说：硝洞数量之多，为世界罕见，令人震撼。全世界现在只有秘鲁在申报火药发明地，没想到在中国西部有如此规模大的硝洞遗址群，这是我国近几年来所发现的重大工业文明遗址，是先辈们为我们留下的一笔巨大财富。"四大发明"是中国人的骄傲，火药发明权决不能被外国人抢去。江油发现的硝洞，为进一步研究火药发明在中国提供了实物佐证，填补了火药研究的空白，并对多学科研究都具有重要价值。

专家们根据史料记载和现场考察认为：老君山制硝历史应早于清乾隆年间，因在清代早期，大小金川曾发生长达数十年叛乱，老君山的硝有可能用于朝廷平叛。战争过后，朝廷才将硝洞封死，避免民间制硝。

古遗址专家同时指出，老君山硝洞遗址列入中国申报世界文化遗产预备名单，目前还存在困难，因为中国每年仅有2个项目向世界文化遗产委员会申报。明文规定：只能申报一个自然遗产和一个文化遗产。现在中国申遗预备名单已有30多个项目。如排队就要等上15年。但是，因火药发明在世界上有特殊性和突出性，且硝洞遗址具有真实性、历史性和完整性，如果江油市委、市政府有信心、有热情、有立法、有规划、有保护机构、有经费、有承担保护历史文化遗址的义务，对于申报世界文化遗产还是有一定希望。

老君山硝洞遗址是江油最响亮的文化旅游品牌，是江油人民最宝贵的财富，牵动了各级领导的心。为了尽快弄清老君山硝洞遗址地震损失情况，并彻底普查老君山还隐藏了多少个硝洞的秘密。我们在一方面进行全市灾后文物维修的情况下，决定用两天时间对古硝洞进行普查。

由于硝洞地理位置特殊，处在绝壁悬崖上，许多地方根本没有路，加之山体大面积滑坡，许多路段连马都无法行走，所有食品、水只能靠人背肩扛，每位普查队员必须需配备4名民工。要对分布在海拔2000米左右、悬崖峭壁、地势险要、荆棘丛生、方圆50公里无人烟、无水、无食品供给的朝阳洞及烟子洞进行了普查。所里成立了由张敏所长任组长、李晓副所长任副组长，业务主任王亚平、普查员刘洁、尹隆芒等为成员的老君山硝洞遗址普查小组。我们组织了 10 多名身强力壮的民工搬运食物、水、棉袄、发电机，整个普查过程的艰难可谓难以言表。

金秋十月，层林尽染。早晨 6 点，我们一行就从海拔 800 多米的老君山宾馆出发，怀着担忧、探秘的心情走入了李白在《寻雍尊师》所描述的"群峭碧摩天，逍遥不计年。拨云寻古道，倚树听流泉"的诗意里。远山云锁雾罩，苍茫的大山靠我们一步一步地丈量。走在羊肠小道上，走在悬崖峭壁边，时时心惊胆战，腿脚发软，毛骨悚然。跳沟跃涧，只能抓着野藤枝蔓，一步一步艰难地挪动着双脚，有许多地方只能依靠民工搭好的便桥通过。天上突然下着淅淅细雨，我们在密林里穿梭，根本无法撑伞，身上分不清是汗水还是雨水，衣服湿了又干，干了又湿。走了一个多小时，才走了十分之一的路程。数十人踩过的道路十分泥泞，有时一脚踩下去泥浆会喷涌而出，溅满全身。在树林中穿梭，身上的衣服经常被荆棘挂破，手上、脸上、脚上也时常会被树枝挂伤。就这样，4 个多小时后，我们终于走到一个稍为安全的悬崖下，大家已十分疲惫，腹中也十分饥饿，身上的衣服基本湿透了。我们用树枝升起一堆火，就在火边吃点馒头，喝些矿泉水。稍作休息后，又出发了。走了 8 个多小时才到达海拔 2000 多米的朝阳洞山顶上。大家身上拴着保险绳，爬上用绳索做成的 80 多米高的简易梯，在晃荡中下到朝阳洞口。洞深达 3、4 公里，在洞内走了一两个小时，个个都疲惫不堪。硝洞内，大量炼硝遗存，古代炼硝留下的硝渣、废料等堆积如山，人工开采痕迹清晰，硝的矿脉存在。洞内水源充足，制硝水池、灶台、输水设施等工艺流程都保存完好。随后，大家顾不得休息，开始工作。陆续对烟子洞、仙女洞、犀牛洞等硝洞遗址进行调查，结论是地震没有对硝洞造成破坏，还新发现了一个硝洞。大家都感到十分高兴，神清气爽，仿佛忘掉了疲劳，觉得不虚此行。

高处不胜寒，洞中温度在摄氏 7℃左右，我们身穿棉袄，简单地吃了点方便面。晚上睡觉时，不仅要忍受蚊叮虫咬，还要忍受寒冷和寂寞。发电机的轰鸣声使人根本无法入睡。这时手机就成为摆设，我们完全与世隔绝。

第二天，我们普查队员每人都砍了根拐杖，根据身体和年龄状态分两批陆续下山。经过一夜的雨水冲刷，道路更加泥泞难行，山路陡峭，下山的路更加艰险。我们挂着拐杖，几乎是连滚带爬，才到达了山下。下山最快的 6 个小时，最慢的达 9 个小时。到达集合点时，每个人的衣服几乎没有干净的地方，浑身上下都是汗斑、泥浆，连脚都麻木了。在这次普查中，每名队员平均每人跌跤在 3 次以上，全都成了泥人儿，有的脸被树枝挂伤，有的腿被蜂蜇，有的衣服、鞋子都走掉了。令人庆幸的是，大家都安全返回，出色地完成了普查任务。

这次文物普查，虽然险象环生，但让我们受益匪浅，更明白作为文物工作者，保护历史文化遗产的重要责任。我们坚信，在文物普查中，只要充分发扬抗震救灾精神，任何困难都能够战胜和克服。经历了汶川大地震的洗礼，我们一定会向人民交出一份满意的答卷。

2008 横断山脉穿行记

甘孜州文物局　　吴洪华

　　进入 9 月，美丽的情歌城已是千层碧绿、万顷金黄。这样一个五彩斑斓的季节，由故宫博物院、四川省考古研究院和中央电视台联合组织的横断山脉藏传佛教寺庙文化和考古调查工作组在甘孜藏区南线开始了长达 24 天的考察。甘孜州文化局作为协作单位，积极协助配合，我有幸加入其中并全程参与了考察。按照考察计划，围绕甘孜州南路各县文物资源概况，结合第三次全国文物普查工作实际，整个调查路线历经康定、雅江、理塘、稻城、乡城、得荣等县，主要对古民居、古墓葬、古遗址、藏传佛教壁画，以及过去文物普查中忽略有价值的文物点进行了考察。考察期间，考察队克服高原气候多变，交通条件差等具体困难，进乡入村，广泛收集文物线索，或许是这收获的季节赋予了我们前所未有的运气，这次考察取得了重大收获。整个考察历时 24 天，行程 2000 余公里，新发现文物点100 余处，国宝级文物 2 件，明代珍贵壁画 4 处，重大价值古遗址 1 处。丰厚的考察成果昭示着康藏南线藏传佛教寺庙文化和民族考古的辉煌，三江流域这片亟待开垦的美丽的处女地在 5000 年的沧桑岁月中创造出了光辉灿烂的地域文化。

　　作为一名文物工作人员，跟随专家们进驻川藏南线实地考察，这对于我来说无疑是一个绝好的学习机会。然而面对甘孜藏区博大精深、浩如烟海的民族文化内涵，作为生长在这块土地上的子孙，除了溢满心中的骄傲和自豪，唯有用一颗执著的心去聆听，去感受，去发现，去传承，去保护，将康巴古文化这幅秀美神奇的画卷完整而清晰地展现出来，让后世子孙在感叹康巴 5000 年古文明发展的同时，用自己的智慧共同续写甘孜州更为辉煌的篇章。

　　2008 穿越横断山脉考察，不仅是一次考察之旅，也是一次心灵之旅，其中在木雅的考察经历更让我难以忘记。

　　过去，"木雅"地区所涵盖的地理范围在我的脑海里一直比较混淆。直到踏上这片土地，"木雅"神奇的底蕴令我折服，一种超凡的魅力吸引了我，当我真正走进"木雅"的时候，才真正体会到木雅文化的博大精深以及光辉灿烂的古文明。翻开地图，我才明白木雅地区包括贡嘎山周围的康定县折多山以西、道孚县以南、雅江县以东、九龙县以北一带地区。从语言的角度划分，木雅地区又分为东部和西部两个语区。其中，分布在九龙县的湾坝乡、洪坝乡所操的语言自称为"木勒"，属木雅语东部方言区；而分布在九龙县的汤古乡、康定县的沙德乡、贡嘎山乡、普沙绒乡、朋布西乡、甲根坝乡和雅江县的祝桑乡所操的语言自称为"木雅"，属西部方言区。东部方言区受汉文化和彝文化的影响较大，而西部方言区受藏文化的影响则显得更加明显。

9月17日，我跟随"2008穿越横断山脉寺庙壁画考察组"开始了艰难的考察之旅。第一站是康定折西地区即木雅西部方言区。在康定县旅游文化局刘洪局长的陪同下，我们来到了瓦泽乡居里寺，这座依山傍水的寺庙经过长年风雨的洗礼，巍然屹立于青山绿水之中，隽永而空灵，稳健而沧桑，让人神清气爽，惬意之极。在寺庙主持的带领下进入大殿，内墙的过道一片黑暗，昏暗的电筒光引领着我们的视线，在充满神秘而幽深禅意的氛围里，我们一行满怀敬仰的情致，在斑驳脱落的墙面上看到了依稀残存的壁画。虽然经历了岁月沧桑的洗礼，但壁画里的菩萨形象依然生动逼真。透过古老的城墙，在斑驳脱落的壁画里，我仿佛看到了博大精深的佛教文化清晰而艰深的步履，我们的考察就这样拉开了序幕。从9月17日至26日，我们一行辗转折西各乡寺庙，重点考察了寺庙和经堂里的壁画。所有壁画有着极为丰富的题材，包罗万象，其中以宗教题材和世俗生活题材为多数。宗教题材包括佛、度母、菩萨、金刚等高僧与大师，以中央本尊像为主，在其上方表现空界，描绘诸佛和菩萨，下方表现凡界，描绘空行、护法和僧侣。明代壁画突出大红和深蓝，颜色单一，天空的色彩变化不大，但描绘相当细致。清代壁画色彩丰富，有着表现天空的祥云，且色彩层次感强。人物刻画细致鲜明，形态各异，本尊佛像气宇轩昂，护法神像凶猛慑人，度母仪态娟美。各寺庙和经堂内的柱子为木刻浮雕，色彩艳丽，独具特色。天花板也描绘有各种图案，有象征吉祥的五彩雀鸟，有祈求五谷丰登的器皿和粮食，有保佑六畜兴旺的牲畜画像，也有各色各样的彩纹图案。通过对这些经堂壁画的实地考察，故宫博物院罗文华教授断定折西地区的大小寺庙和私人家的经堂内一定存在着很多古壁画而不为人知。由于这次考察时间紧迫，没有料到这次考察能够取得如此显赫的成果，考察队当即决定分成两组，第一组由罗文华教授带队赶赴白玉嘎托寺，第二组则由故宫博物院徐斌博士带队继续深入康定折西地区，着重探寻古壁画。

在故宫博物院徐斌博士的带领下，我们这一组在沙德乡呆了整整10天。这10天真是天公作美，本应该秋雨绵绵的季节，却在那10天时间里阳光灿烂。无论是蜿蜒崎岖的山路、肃穆庄严的寺庙还是独具特色的民居，都有我们停留的足迹。高远的蓝天，心醉的气息，金秋的暖风，我们在大自然的宽容与温馨之中尽情沐浴。风景宜人的折西地区用特殊的方式款待着我们这群远道而来的客人。可能是我们一心向佛的虔诚和执著感动了菩萨，使我们无论走到哪里都罩着吉祥幸运的光环。

10天的考察，我们的足迹遍布折西的寺庙和村寨，探寻木雅古壁画的计划进展得很顺利，收获颇丰。这一成绩当然还要归功于古瓦寺的曲吉建才活佛。曲吉活佛德高望重，深受当地群众爱戴，他既是活佛也是藏区知名的建筑专家，特别是对藏式建筑有很深的造诣。因为当时曲吉活佛一直在外，我们只能通过电话联系，在他的帮助下，我们掌握了折西地区寺庙和经堂古壁画分布的第一手资料。对于这样一位一直致力于保护本地藏传佛教寺庙文物的活佛，我们满怀着敬意与感激。原以为不能与曲吉活佛见面会成为这次考察活动的遗憾，谁知在此后的行程中，我们居然在凉山州的木里县见到了这位活佛，在异地意外地相见，除了心底的那份敬意和感激外，还油然而生出浓浓的乡情。

这次考察，我们对甲根坝乡、朋布西乡、沙德乡、普沙绒乡和贡嘎山乡进行了调查，共行程 500 余公里，走访了古瓦寺、日库寺和贡嘎寺等 20 余处寺庙和经堂，发现清代、明代壁画共计 15 处，其中明代珍贵壁画 4 处，18 函大藏经书一部。另外，在康定县高尔寺还发现了极其珍贵的明永乐八年（1410 年）南京刊印的红字《甘珠尔》，这是西藏历史上第一部刊印的大藏经，而此前发现的均为抄本，这部大藏经的装饰图案和扉画都代表了十五世纪初藏传佛教艺术风格的特点。同时在高尔寺中还保存了一函藏文写经，其护经板和扉画与甲根坝乡发现的写经特征相近，而且此经护经板更加精美，据考证大约成型于 15～16 世纪之间。据罗文华教授分析，两处发现同样风格的藏文写经说明这两种佛经都是同一个时代、同一个文化区域的作品。这些发现，无论是精妙绝伦的木雅古壁画，还是珍贵无比的经书，无不昭示着木雅地区藏传佛教寺庙文化的辉煌。

在折西考察的 10 天时间，虽然只是漫长岁月里短短一瞬，然而正是在这短暂的瞬间里使我感受到了木雅地区独特的民族文化和浓浓的乡土风情。勤劳、善良、智慧的木雅藏族人民创造了如此独具魅力的木雅文化，足以令我们自豪和欣慰。

朋布西乡日头村那座高高耸立的八角古雕用自己挺拔伟岸的气质向世人证明着木雅藏族精湛的建筑艺术，致使在漫长的 800 多年沧桑岁月的磨砺后，依然坚如磐石；传统和现代相结合的"累石为室"的民居建筑特点，明显保留着党项文化的遗影，这无疑为追溯木雅藏族文化，罩上了一层神秘而绚丽多姿的色彩；自织的木雅服饰也别有风韵，其宽大、粗犷的特点，粗氆氇缝制的百褶裙加上红绿相间的发辫，再配以象牙圈和红珊瑚，更加彰显出木雅妇女的勤劳和柔美；尤其木雅藏传佛教寺庙文化里精美绝伦的古壁画，把木雅文化经历历史长河洗礼后的真实面貌展现给我们，使我们在匆匆忙忙的攀缘之后得以享受到古壁画赐予的美感，让我们从中体悟到其中蕴含着的宁静与魅力。

文物调查散记

遵义市务川仡佬族苗族自治县文物管理所　邹进杨

9月20日　晴，晨有雾　田村湾里组

湾里是一个三面环山的村寨，寨内数十颗古柏苍劲青翠。寨前，一座小巧的木构廊桥架于顺寨而下的小水沟之上。水沟并不宽，绕行几米亦可过，这座不知建于何时的桥，当地人称之为"凉桥"。"凉"就是歇凉休息的意思，可见这座桥的功用，不在通途，而在方便路人休憩。

"节用爱人"碑就竖立在凉桥的西桥头，碑高240、宽97厘米，竖刻行书"节用爱人"4字。碑立于民国四年（1916年），为田村坝乡绅纪念民国婺川县首任县长杨德滋之德政而立。"节用爱人"出自《论语·学而》"道千乘之国，敬事而信，节用而爱人，使民以时。"据当地村民说，这位县长当政时勤俭节约，不乱摊乱派，执政数年，从不扰民。以碑证闻，看来这位杨县长确实是有德政的。

进入村寨，时已近午，正当农家饭时。村民争相邀请我们吃饭，推辞了几家，最后还是拗不过一位农家大嫂的盛情，一行三人在大嫂家吃了午饭。大嫂家的饭菜虽不丰盛，却很可口，极有辣味，让我吃得滋味十足。

湾里是古代务川到播州的必经之路，民国时期尚有商铺、旅馆四、五家。湾里人家都姓田，自称为宋代思州土司田佑恭的后代。据明·嘉靖《思南府志》记载，田佑恭，宋人，思州蕃部长首领，宋大观元年（1107年）率地内附北宋朝廷，被封为思州刺史。"思播田杨，两广岑黄"，思州是贵州有名的土司，曾几何时，思州土司拥有黔北、黔东南大部及铜仁地区，占据贵州半壁地区，贵州行省的建立，就是缘起于对思州土司的改土归流。田佑恭武功卓著，死后敕赠少师思国公，临终谆谆告诫子孙要"唯忠唯孝，唯仁唯义，唯惠唯养"。

这里每户人家的门前屋后总是干干净净的，收拾得整整齐齐。这种干净、整齐给人视觉上一种朴实美的享受，让人觉得这里的人们很善良，很真诚。当我们走动在寨子里时，更真切地感受到了湾里人家的和善、友好。当我弯腰想喝一口井水时，一位老人连忙告诉我那口井的水不能喝；村民们总是围着我们说他们的老故事、老事物；我们需要到实地去

看看时，他们就连忙推出一个熟悉的人带我们去……每个人的语气都洋溢着热情，每个人的笑容都充满着真诚，我被感动了，这样的文物调查是幸福的。

晚上，当我在电脑上整理白天拍摄的照片，看到"节用爱人"碑前村民们焚化纸钱的灰烬时，我顿然明白，湾里人的与人为善、助人为乐，原来都来自那碑的潜移默化。那碑前的灰烬，与其说是表现了村民心中对碑的一种敬畏，毋宁说是村民对碑上所刻"节用"、"爱人"这种生活信念的坚持。

什么是文物的价值？我想，这就是了。

9月23日　丰乐镇官坝村

从牛塘进入官坝，摩托车行约一小时；从官坝弃车步行到莲台山，走了三个多小时。并不是我想象中的耸立群山之巅，老远就能看见山坳里一座平台上突兀而起的两个小山峰，小山峰上好像还有建筑，带路的村民告诉我们，那就是莲台山。他说，上莲台山只有两条路，我们这边一条，对面一条。说是两条路，其实北边这条路，也就是我们走的这条路，大部分是在半山的石崖上凿出来的，惊险得很，给我们带路的村民却如履平地。终于走上了莲台山，在残破的大殿围墙内，当地人用水泥砖重新修建了一座房子。房子里有石碑一通，碑上记载莲台山寺庙修建于明洪武年间。仔细认读，才发觉我口中的"灵台山"实际是莲台山。确实，这地势、这山形，更像莲台。

以山为莲台，当可证佛法永恒，我想。

那突兀而起的两个小山峰，依崖而起，一名弥勒峰、上建弥勒庙，一名释迦峰、上建释迦庙。弥勒庙仅残留东壁，释迦庙保存较为完好，两庙均为砖木结构。山峰虽小，攀爬却艰难得很。用以上下的铁索早已不在，脚下是壁立千仞的悬崖，爬上山峰，往下一看，顿生晕眩。释迦庙不大，长2、宽2米，就建在山顶的一块大石上，两步之外，就是断崖，山风吹来，身体摇摇欲坠，悚然而栗。很想拍一张释迦庙的近景，看来是办不到了。

下到峰脚，犹自心惊。稍作休息，赶紧寻找其他遗迹。首先发现一座修建于清咸丰年间的师徒合葬僧墓，随后陆续又发现石碑九通，这些碑有"求子"、"求福"、"求寿"的，也有记"善果"、记"官府证庙产"的，均立于清道光至光绪年间，绵延一百余年，可见当时莲台山的热闹。带路的村民告诉我，莲台山是破"四旧"时毁的，以前这里还有佛堂、僧房、玉皇阁、梓潼阁、灵宫殿、山王庙等。我问他，现在还有人到这儿来吗？他说每年赶观音会都有人来。

闻言怅然有所思。莲台山如此艰险、偏僻，但佛教徒却依然不辞辛苦来这儿礼佛、求佛，真是无远不显虔，无险不显诚。我不得不佩服佛教文化的强大。由此可见当一种文化如果还有较多需求群体的时候，那它一定不会消亡。我们有很多的文化遗产，正是由于随着社会的发展，文化环境的变迁，缺失了对这种文化的需求群体，从而面临着消亡的境地。文化遗产的发展是一个动态的过程，在历史的进程中，文化遗产总是被社会所取舍，这是文化发展的自然规律，也是社会的进步。我们所要做的，是让那些即将被人们所遗忘的文化消失的慢一些，再慢一些。

"消失"这个词让我想起20世纪60年代发起的那场破"四旧"运动，那是一场人为的以"积极"消除"旧思想、旧文化、旧风俗、旧习惯"为革命目的的运动。破"四旧"给中国文化带来的这场浩劫，使许多文物古迹遭受了毁灭性的破坏，像如此偏僻的莲台山都无法幸免，可见那场运动的普及程度。那场运动不仅破除了许多"四旧"实实在在的本体，而且还破除了人们心里对这些所谓"四旧"的眷恋和与之相联系的根。因为，我们在调查中经常听到这样一种声音："哪样文物噢，我们这儿好像冇得。"

"文物？有哪样用啊？""文物有哪样调查的嘛！"相比我们一天走七八个小时山路的身体疲惫来说，这种声音穿透我们的躯体更让人心灵疲惫。

心如莲花，在暗夜悄然开放。

苗乡"三普"的排头兵

——记松桃苗族自治县"三普"办公室主任吴家永

松桃苗族自治县文物管理所　吴国瑜

吴家永，一个普通的苗家汉子，却有一张烈日晒不黑，霜风吹不皱的脸，这让跟随他一年多来出没于大山旷野的文物普查队员们感到很诧异，也很羡慕，工作闲暇之余，大家纷纷聚拢来向他讨教护肤养颜秘方。每当这时，吴家永就扬起白净的脸笑笑，说，秘方就是少抬头怨天，多低头看地，心里想着工作，眼睛盯着文物。于是众人便高喊一声"得令"，笑着回到各自的岗位。

身为松桃苗族自治县文体广电局局长兼县文物"三普"办公室主任的吴家永，不仅处处为文物普查工作排忧解难，还亲自投身到具体的田野调查工作中去。当队员们称他是"三普"工作的"后勤部长"和优秀的"前锋队员"时，吴家永总是说，自己是"三普"队里的一名排头兵。

一

贵州省松桃苗族自治县位于黔、湘、渝三省、市结合部，是一个有着3400平方公里国土面积的大县，全县境内有海拔不足 200 米的山谷，也有海拔 2480 多米的高山，强烈的地面高差，造就了地表的崎岖不平，徒步翻越一道普通的山梁，往往需要一、两天。在这样的环境中开展文物普查工作，绝大多数情况下只能是以步代车了。吴家永除了有重要的工作安排抽不开身而外，他都要与文物普查队员一起下乡，他说，我这个文体广电局局长要做到对全县的文化资源了如指掌，参与文物普查工作是一个好机会。车陷进泥沙里，他与队员一起推，搞古建筑测量，他争着往高处爬。2008 年 4 月下旬的一天，"三普"队正在一个偏远乡镇的大山深处考察古商道遗址，天空突然电闪雷鸣，紧接着下起了倾盆大雨，山上山下一时雾气弥漫，能见度不足 20 米。吴局长一边赶紧把身上的衣裳脱下来，将 GPS、照相机等设备紧紧地裹起来，一边招呼大家不要乱跑，也不要靠近大树，自己则摸索着向前探路，凭着记忆，终于找到了先前遇见过的石壁，他把设备放在石壁上的洞穴内，然后把大家带到石壁前避雨，所有的人浑身都已湿透，高山冷风吹来，让人感到阵阵寒意，由于吴家永已把外衣脱下来用来包裹设备，雨水打在他的身上，他的身子明显在颤抖，嘴唇也有些发乌。一个队员说，吴局长，我们回去吧。吴家永抹了一下脸上的雨水说，这山里的雨来得快去得也一定快，说不定一会儿就要停了，我们好不容易到这儿来，还是把工作做完再走吧。大约 40 分钟后，雨停下来了。队员们在吴家永的带领下，坚持干工作，直到完成任务才下山。普查队回到乡政府所在地，已是深夜 11 点多钟。

吴家永常常对队员们说，搞一次全县范围内的文物普查不容易，要细致，不要有遗漏，要有耐心，不能急于求成，把文物"三普"工作做好，不仅是上级的要求，也是我们摸清家底以图发展的需要。为此，他要求每一个队员都要能够正确使用设备，独立开展工作。不仅如此，他还自当表率，虚心向队员们学习如何使用 GPS，如何作图和进行文字描述。有时为了一个细微的误差数据，他会和别人争得面红耳赤；为了弄清楚一个遗址的确切年代，他常常要去查阅大量的资料。在他的带动下，普查队的其他队员都养成了对工作一丝不苟的习惯，遇到问题，不乱下结论，一定要弄个水落石出。

二

吴家永凭多年的工作经验知道，在现代条件下，仅靠人员的苦干、蛮干，工作是达不到高效率的。在第三次文物普查启动之初，他就召开文体广电局行政会议，提出要给文物普查队配备相应的设备。在他的坚持下，局班子决定抽调 1 辆车作为文物普查专用车，并从单位本来就短缺的办公经费中拨出 1.5 万元，作为工作启动经费，用于购置台式电脑、打印机、照相机、专用文件柜、皮尺，以及车辆油费。由于经费及时到位，普查工作得以在启动阶段就能全面铺开并有效推进。

松桃是一个老、少、边、穷县份，财政是吃饭财政，一位记者曾说松桃干部职工领的是"裸体工资"。为了争取领导及相关部门对文物普查工作的理解和支持，吴家永同志亲自起草报告，编制预算，找机会向领导汇报，向相关部门解释，用他的话来说，就是腿跑短了，嘴讲干了，人跑瘦了。在他的全力争取下，县财政在经费极度紧张的情况下，拨出5万元，作为2008年文物普查的专项经费，并于当年4月份全数到位。

在经费有了保障之后，从业人员的素质和干劲对工作完成的质量起着关键作用。吴家永对文物普查队提出要求，凡是上级组织的相关培训一定要派人参加，凡是参加培训的人员一定要达到培训要求。他通过整合文体广电系统人才力量，抽调能画、能写、会摄影的专业人员，组织了一支基本上人人都能独立开展工作的普查队伍。

文物普查主要是田野作业，三伏天必须顶烈日冒酷暑，十冬腊月少不了要沐风霜浸严寒。普查队里有个别同志曾一度不安心工作，蒙生了要调离岗位的念头。吴家永对这个思想苗头高度重视，多次找这位同志谈心，反复做思想工作，在得知该同志因家庭经济负担过重，租房屋有困难的情况后，吴家永建议局工会开展向困难职工献爱心活动，还亲自托熟人在城郊为该同志找到一处租金相对较低的住房。吴家永这种用心做事，以情留人的做法，稳定了队伍的情绪，他本人也赢得了队员的尊重与信赖。

2008年年底，县文体广电部门公开招聘了20多名事业编制人员，其中有新闻采访人员，有基层文化站人员。在一次局班子会上，吴家永建议将一部分理论基础较扎实，实际操作能力较强的新聘人员轮批编入文物"三普"工作队当中去，作为见习队员参与普查，跟班学习，以此增强文物普查队伍的突击力量，并借此机会锻炼出一支能吃苦、肯干事、会干事的文化工作队伍。他的建议得到了班子其他成员的一致赞同，相关工作安排正在逐步落实当中。

通过普查队员的辛勤工作，一些原来弄错弄漏的文物数据得到更正和补充，一批新的文物点被陆续发现，全县的文物普查工作得到了稳步推进。

新春伊始，吴家永已带领他的文物普查队活跃在苗乡的山山水水之间。他说，作为一名排头兵，他会一直走在队伍的前面。

云南省

南方丝绸古道

保山市隆阳区文物管理所　刘义马

　　中国陆地上有两条丝绸之路，一条是西汉时博望侯张骞历尽艰辛走出来的，当然开辟这条著名的北方丝绸之路的不单单是他一个人的脚步，他只是一个历史的代表；另外一条，它的形成时间肯定要比北方丝绸之路早的多，当张骞的使者到大夏（今阿富汗）时已经见到了蜀布和筇竹杖，惊诧之后的追根溯源，方知早已有一条从巴蜀逶迤而来的民间"走私通道"直达缅甸和印度，后来的历史把这一条民间通道称之为南方丝绸古道。

　　北方丝绸之路因为紧扣着中原王朝的命脉或者因为它的开辟者，于是它响亮的声名塞满了中国的对外贸易史。南方丝绸古道因为那些躲躲闪闪的走私者，它的声名也就在历史书上隐隐约约。一条是官方的丝绸古道，一条是民间的丝绸古道，自然古道之上的跋涉者身份也是不同的，前者留下些随风飘散的车痕辙迹，后者留下的是一些时光无法销毁的印在石头上的马蹄窝。所以前者活在了中学历史课本上，后者却永远的存活于民间。

　　南方丝绸古道曾被历史学者划分为了三段，即四川至大理保山段，保山至腾冲段和腾冲至缅甸印度段。我很荣幸，我出生在了高黎贡山脚下，古道就活在了我的身边，仿佛是一部神秘的家谱，让人总想去窥探一下祖先的足迹。

　　我第一次被古道震撼，那是在兰津古渡。古道老了，渡口也老了。但兰津古渡却曾是古西南丝绸之路上澜沧江的一个重要渡口，坐落在保山境内的罗岷山与大理境内的博南山之间。罗岷山和博南山若离若合，水流湍急的澜沧江在两山之间一啸而过，留下一些劈山破岩的气势。我去的时候，江两岸地段的古道并未完全荒废，它仍然是两岸百姓往来的必经之路。就在被称为"鸟道云梯"的梯云路，我们还遇到了吆喝着几匹马匹的小两口，悠远的吆喝声回荡在寂寞的古道上。扣住我们这些古道凭吊者心弦的是那壁立千仞的摩崖石刻和霁虹桥遗址。保山至腾冲段的古道被称为"永昌道"，兰津古渡是永昌道起始的端点。霁虹桥是古道在这里打的一个逗号，被反复凿刻的摩崖，像是一张宣泄情感的白纸。

　　古道被激活在马蹄声中后，中原王朝的势力也就沿着古道延伸而来，遥远的官家文人嘶哑的唱到："汉德广，开不宾；度博南，越兰津……"马背上不但驮来了丝绸与瓷器，还驮来中原文化。气势磅礴的中原文化经过一年又一年的渲染，终于画成了一幅新的版图，彩云下的滇西厚土也就成了历代兵家必争之地。旌摇旗动的古道上，走来了武侯南征的大军，走来了平息边乱的邓子龙。属于处女地的保山迎接了太多的贬官戍卒，容纳了太多的流刑罪徒。一个迤西状元杨升庵和一首《邮壁诗》，就把一条翻山越岭的古道写得凄凄惨惨。

我还想说的是跋涉古道的艰辛，徐霞客是我国古代的大旅行家，他的视界应该是开阔的。他从这条古道上跋涉而来时，遇到了多少艰难险阻，我没有去考证，但从他匆忙的笔触里，我猜测出了他跋山涉水的艰辛。他把一个缺水的"水寨"，古道上的一个驿站，匆忙地写成了"入滇第一胜"。我数十次的到了水寨，丝毫看不出它"胜"在哪里。于是我就臆想，在一个夕阳下的黄昏，大旅行家带着疲惫和困顿在蓦然的一举首之间看见了几缕炊烟，看到了几户人家。看着一个人对残羹冷炙的狼吞虎咽，我想到的他曾经的饥饿，看着大旅行家"柳暗花明又一村"的感觉，我想到的他的艰辛。可喜的是，大旅行家把他的脚步坚持走向了这条古道的更深远之处。

在全国第三次文物普查工作中，我有机会和同事叩访了保山境内的几段古道。

其中，板桥关坡至牛角关一段的石砌古道是保存得最有特色的一段。铺陈在古道上的石头，被马蹄磨得光滑，被时光淘洗得纹络清晰，像是石头中蕴藏了些线条，线条又飘逸的勾勒出了些山水图案。就是这样一块块像是从奇石馆里选出来的石头密密匝匝的排列了近两公里，让我禁不住地一次一次趴下身去摩挲着留着马蹄印的古道，仿佛是要从石头上聆听那遥远的马蹄声。

而少有人探寻的汉庄青岗坝至杨柳乌头塘的古道，可以说是一段被历史尘封的古道，担任我们向导的青岗村副支书告诉我们，已经很少有人来寻找这条古道了，村里也只有曾经的赶马人才能说得清，走得通。后来，经过我们的脚步检验，这一段古道也并不难走。可能是这段古道留下了太多摄人心魄的可怕传说，所以让很多人望而却步了。劫人钱财的土匪，毒人性命的乌头，成堆的白骨，这一段古道留下了太多的悲歌。我们在雨雾中平安地走完了这一段古道，看到了很多美丽的风景，最长的一连串马蹄窝足足有 11 个，最深的一个为 13 厘米，像是一串散落的珍珠。

古道是寂寞荒凉的，自从 1938 年中印缅公路通车后，它就从一条交通要道的位置逐渐地退让下来，把运输的重任交给了公路。现在，高速公路已经走出国门，呼啸的火车也即将出去，南方丝绸古道已经实现了涅槃，保山已经成了走向南亚的一个桥头堡。而它那被历史的车轮碾碎的躯体，只能镶嵌在一个节日的名字中，发挥着旅游的作用。可在这样一个繁杂的时代，又有多少人愿意放弃逸乐去寻找一条已经荒废的古道？

古道，南方丝绸古道，一条历史的古道，一条活在民间的古道，我愿做一块古道上的石头，怀抱一个马蹄窝，熬过一遍沧海桑田。

盛世话普查
——第三次全国文物普查有感

楚雄州文化局文物科　施文辉

根据国务院的部署，第三次全国文物普查自 2007 年 6 月开始，到 2011 年 12 月结束，为期四年。与前两次普查相比，此次普查规模大、涵盖内容众多。其中信息网络、数码相机、GPS 卫星定位仪等现代科技手段运用，普查成果将会更加丰富、真实。另一方面，自上世纪 90 年代以来，国际社会对文化遗产保护的理念不断进步，让我们对文化遗产的认知与 80 年代有了很大不同，出现了很多新概念，比如 20 世纪文化遗产、乡土建筑、文化景观、文化线路、工业遗产、水下文化遗产等等。这些概念都是在前两次文物普查中不太清晰的。在新的概念下，文化遗产的统计又会有哪些变化？作为一名长期从事文物保护工作的文物工作者，参加具有重大历史意义的第三次全国文物普查工作，为文化遗产保护工作再谱华章，真是兴奋之至，也为自己工作和生活的时代而骄傲。不禁把自己普查伊始的体会跃于纸上，借以记录普查工作的感受。

培训

文物普查工作规模大、要求高、涵盖内容众多，其中信息网络、数码相机、GPS 卫星定位仪、卫星遥感等现代科技手段运用，是第三次全国文物普查工作最耀眼的特色之一。为圆满完成我州的普查任务，让全州文物普查骨干准确掌握普查的技术规范、标准和在普查工作中充分运用现代科技技术的能力，4 月 21 日至 28 日，州人民政府在禄丰举办了为期七天的"全州第三次全国文物普查动员暨普查骨干培训班"，这是建国以来我州文物博物系统规格最高，培训人员最多的培训会。在培训会期间，大家共同学习了国家文物局统一制作的文物普查技术规范和标准，同时到省级历史文化名村——练象关进行了普查实习。特别是给十个县市文管所统一配发了笔记本电脑、GPS 卫星定位仪、尼康 D80 数码相机、双面打印机等普查必备设备，极大地改善了基层文物部门的设施设备。全州广大文物博物工作者第一次聚集一堂，相互交流学习。很多培训人员表示：过去我们一穷二白，现在是鸟枪换炮，一定要运用科技新手段，圆满完成第三次全国文物普查工作任务。

新发现

全州文物普查队员在对已公布的各级重点文物保护单位进行复查的同时，新发现了不少文物价值极高，藏在深山人未识，几乎湮灭于现代文明的不可移动文物。

元谋江边龙街渡口对岸，发现了1936年红军为掩护渡江依山而筑的战壕，这是全国都属罕见的重大发现，与原已公布的红军标语、红军渡口相互印证，自成体系，是难得的红色旅游和革命传统教育基地。另外，在红军标语附近的金沙江江边的一块不起眼的天然石头上，发现民国三十年（公元1941年）的水文观测石，在不到0.3平方米的稍微平整的石面上，刻有海拔高程、刻石时间、观测点编号、观测和刻石部门等丰富内容，特别令人惊奇的是其海拔高程与卫星定位仪所测的数据相差无几。在这块再普通不过的石头，反映了先辈们勤俭办事和严谨的工作作风，要知道当时可是全凭手工测量操作，而且正是抗日战争最艰苦的时期。

在间距不到100米的永仁永定河上，横跨三座风格迥异的桥梁，中间一座是南丝路古道清乾隆年间的双孔平身石桥；一座是民国时期，为运送抗战物资，连接四川西昌至云南祥云的西祥公路的单孔石桥，一直是大姚进入永仁县城的比经之路，至今仍再使用，试想七十年前的应急石桥，今天仍能承受三四十吨重型卡车通过，不得不为造桥的先辈们的工程质量和先见之明所折服；一座是南永二级公路的新桥。正可谓：三桥横卧永定河滨，见证多少世事沧桑，留与后人说。

更为有趣的是姚安光禄塔脚村，高土司后裔的一大富人家，在清朝末年时期，家境殷实，为了显摆显摆富足，花巨资在房屋的山墙、后墙及院心四周的阶壁上镶嵌了大量的精美砖雕，上雕有十二生肖、梅兰竹菊、寓意福禄寿禧的飞禽瑞兽，可称为当时最豪华的民间装修。可惜好景不长，1936年，红军二六军团长征过姚安前夕，为避免被认为是土豪劣绅遭批斗，连夜用草泥灰把所有砖雕覆盖。可能是当时被吓怕了，还是世道不宁，这一遮盖就是七十多年，就是后世子孙也不知道，一直到了2000年姚安"1.15"地震，部分草泥灰脱落，才部分显露出来，出于好奇，主人又经慢慢清理，才完全露出全貌。又通过文物普查队员调查登记，才搞清"庐山真面目"。经专家考证，如此大面积，精美的砖雕运用在普通民居中，在云南省尚属首次发现

在第三次全国文物普查过程中，几乎每天都有新发现，这样的例子不胜枚举，甚至是你不经意的一瞥，就有可能是惊世骇俗的重大发现，只不过你是否能静下心来，是否做个有心人，尽最大可能挖掘、复原其蕴含着的，丰富的历史文化信息。

感悟

这次文物普查自今年5月转入实地开展田野普查。文物普查队员头顶烈日，风餐露

宿，或走村串寨、或翻山越岭、甚至是人迹罕至的荒山野岭，辛苦程度自然不言而喻，然大家依然精神抖擞。在对古驿道和古遗址调查时，他们戏称自己是寻找历史的人，"穿新靴，走老路"。在进行红军长征线路调查时，他们又是"重走长征路"。遇有重大的新发现，所有的辛苦都被精美的不可移动文物所吸引，又纷纷投入普查数据的采集中，或进行卫星定位、或进行测量、或进行绘图、或进行照相、或进行走访、或查找文献资料。每一项不可移动文物的发现，可以说就发现了一段鲜为人知的历史故事，在它的背后，凝结了我们文物普查队员的心血和汗水，正是全州文物博物工作人员的辛勤劳作，也才有"要祭祖，到元谋；要观塔，到大姚；看恐龙，到禄丰；拜佛祖，到姚安；谒帝王，到狮山"等我州各具特色的历史文化文物的发现和挖掘。今天的历史必将记录我们功在当代，利在千秋，平凡而又神圣的使命。

历史的脉络要靠文字记述，实物佐证。国家级重点文物保护单位龙华寺就是很好的例子。我们的先辈们也可能是为了节约材料，也可能是被更早的技艺所折服，不能超越古人，更有可能无法克隆如此精美的技艺，他们在修复历遭火毁的龙华寺时，可以说是"废物利用"，只要还能用的残砖断瓦，砖雕、石雕，经过完美组合，全部利用。比较完整的记录了龙华寺从明清至民国的历史建筑信息，这是书本不能记述的，这就是我们看到的部分构件为什么漆黑如乌墨的原因。歪打正着，正是这样巧妙的修复，国家文物局评审专家到实地查看时，一连说了几个太精美了，一个地方居然可以看到不同朝代、不同时期的砖雕、石雕，全国少有。为龙华寺 2006 年申报国家级重点文物保护单位成功奠定了坚实的基础。而古人修复龙华寺的歪打正着，竟与我们今天的文物维修"修旧如旧，不改变文物原貌"，"尽量使用原有材料，最大限度记录历史信息"的原则暗合，不禁令人肃然；也不禁要检讨少数文物维修过程中不遵守维修原则、肆意破坏文物原貌、无依据地造假文物等破坏性的保护行为。思之令人汗颜，难道我们就古人都不如，何况还有许多法律、法规明文规定。

青春，在文物普查工作中闪光；
生命，在文化遗产保护事业中燃烧

——记云南省楚雄州文物普查业务办
副主任、州普查队队长王国付

楚雄州博物馆 张家华

他是一个常常为了工作而忘却疲倦的人，他是一个在文物普查工作中能舍小家顾大家的人，他是一个了文化遗产保护事业甘洒热血的人，他就是我们的普查队长——楚雄州文物管理所副所长、楚雄州文物普查业务办副主任、楚雄州第三次全国文物普查工作队队长王国付同志。

自从2007年9月份以来，作为主持全州文物管理工作的州文管所副所长，王国付就全身心地扑在普查工作上。因为州文管所人手紧，加之普查工作专业性很强，所以，他几乎承担全部州级文物普查工作的组织事宜和材料处理工作。尤其是2008年4月州普查业务办公室成立之前，筹备全州普查电视电话会议、拟写领导讲话稿、制定全州普查工作实施方案和普查工作计划、敦促政府成立普查机构、组织普查队伍、编制经费预算和使用计划、开展业务培训等等工作，几乎全靠他一个人料理。在那段时间里，他不仅放弃了所有节假日的休息，还经常加班加点处理各种普查事务。他白天跑政府、跑财政局、跑文化局等相关部门，晚上拟写各种普查文件、普查制度、普查信息。每天当别人已经回到家端起热腾腾的饭菜与家人亲密团聚时，他还在办公室里奋笔疾书、整理材料、熟悉理解相关普查标准和规范；当别人已经进入甜美的梦乡时，他还经常在电脑前、书堆里制作普查文件、查寻有关文物历史信息……一段时间下来，他那本来就近视的眼睛更加不好，眼镜度数一再增加；他那本来就不算强壮的身体更加瘦弱，体重总在往下掉……

自古忠孝难两全。王国付为了文物普查工作，经常是舍小家顾大家，对家人、亲戚的愧疚之处很多很多。2008年3月的一天下午，妻子不幸宫外孕大出血，被送往医院抢救。他刚把妻子送入手术室，手机就响了，是财政局要一份详细的2008年全州普查经费开支预算表，当天必须上报。事关全州文物普查工作，很急，很重要，王国付顾不上还在手术室里的妻子，立即赶回办公室，用了一个多小时的时间赶出了预算，送到了州财政局。等回到医院，妻子的手术已做完，医生护士已经将她移至病床上输液治疗。确认妻子已经脱离生命危险，王国付请来侄女照顾，自己又急忙跑回办公室继续处理各种文物普查工作事宜。就这样，妻子住了11天的院，可王国付却一天假也没请，天天都在加班加点处理各种普查工作，只是晚上才到医院陪陪妻子。即使是这样，他还每天要带大量的文物普查材料去医院，一边陪护一边处理。

2008年10月9日，一个风雨交加的夜晚，王国付的哥哥从200多公里外的山区农村急匆匆地打来电话说，父亲病重多日，怕影响儿子的工作一直没告诉他，现在要送来城里抢救，但长途客车票早已售完，希望他能找一辆车并亲自回家接一下病重的父亲。可10月10日普查办要举行一个全州普查业务培训会，王国付是主持兼主讲，不参加肯定要影响培训会质量。所以，他没有回家，只是通过朋友联系上开客车的司机，哀求他无论如何也要把自己的父亲从乡下带到城里来。10月10日晚，病重多日的父亲经过两百多公里的山路颠簸，来到城里已是不省人事，幸亏抢救及时，才算保住了生命。看着父亲骨瘦如柴、面黄体弱的样子，王国付的眼泪吧嗒吧嗒就掉下来。可老父十分理解自己的儿子，使尽全身力量对儿子说：不怕，不怕，工作要紧……

　　2008年11月2日，王国付的老家——楚雄市西舍路乡发生了历史上罕见的泥石流灾害，24人死亡，42人失踪，一万多人受灾。遇难的群众中有很多是他的亲戚，他自己家的田地也滑坡损毁大半。领导、同事、同学、朋友都向他表示慰问，并建议他回去老家看看灾情，帮帮亲人。他何尝不想这样啊，那片养育他多年的土地和那些抚育他成人成才的父老乡亲是他时常魂牵梦绕的呀！可是他不能回去呀，因为当时正紧锣密鼓地进行双柏县古脊椎动物化石点普查，作为全州最熟悉古脊椎动物化石分布和埋藏状况的他实在是缺不得的呀！否则，普查工作的进度和质量都要大打折扣的呀！所以，他强忍住心头的痛，只是拼凑了500元钱带回老家，并打电话告诉家人和亲戚、朋友：不要悲伤，不要难过，要坚强，要相信党和政府，要相信以后会更好……

　　王国付8岁的女儿，上小学二年级。面对眼花瞭乱、充满诱惑的玩具和学习辅导材料，懂事的女儿对他说："爸爸，我什么都可以不要，不乱花你的钱。但你有钱以后，一定得给我买个英语点读机，那东西真的好呢！我太想要了！"做爸爸的他当场就答应了，可是直到现在，他也没实现他对女儿的承诺，因为他的钱经常贴在文物普查工作上了：自己掏钱买普查用具，自己掏钱印制普查材料，自己掏钱接待前来上报普查材料的县（市）普查队员、文管所长。甚至到了乡下指导田野调查工作，他还自己请基层普查队员吃饭、住宿。他总是对基层普查队员说：你们很辛苦，你们的工资比我还低，你们比我更不容易……

　　作为具体主持全州文物普查业务工作的普查业务办副主任和普查队长，他既是一名合格的指挥员，还是一名优秀的普查员。在室内，他统筹全州文物普查工作，制定相关普查制度，统一全州文物普查规范、有序组织全州各项文物普查事宜。他的辛勤工作和熟练的业务技能让其他领导、同事倍感轻松和幸福，让全州普查工作有条不紊地推进。他不仅运筹帷幄于州府，他还多次带领到普查业务办、州普查队的同志到各县（市）基层去指导、督查业务工作，每到一处耐心细致地给普查队员讲解普查标准和规范，指导他们认定和登录各类别文物，教会他们测绘文物位置图和平面图，教会他们熟练掌握普查软件的操作使用，切实帮助各县（市）文物普查工作起好步，把好关，避免他们少走弯路，不走错路；他与基层普查队员同吃同住，一起爬沟过坎，一起走村串户；遇到有车坐时，他总是把舒适的位置让给他人；遇上泥泞不平之路，他总是带头下车搬移石头、铺盖茅草、推车前行。他的爱岗敬业、他的平易近人深得基层同志的爱戴，大家都亲切地称他为"老王"。其实他并不老，只有35岁，还是青春年华呢！

　　楚雄州的第三次全国文物普查工作，进展十分顺利，鼓舞人心的普查喜讯接二连三。楚雄州的普查成绩，云南省文物局给予了高度赞扬，在广西南宁举办"全国南方八省（区）冬季轮训会议上也被广大同行所注目。这些成绩的取得，和我们的普查队长——王国付同志的爱岗敬业、无私奉献精神是分不开的。正是他对文物普查工作的坚定责任感和使命感、强烈的敬业精神和奉献精神激励和影响着全州广大文化普查工作者不断迈出新步伐，以满腔的热忱和必胜的信心，将我们的文物普查工作事业不断推向前进！

我们为有这样的普查队长而光荣！

我们为有这样的文化遗产保护工作者而自豪！

艰难而又快乐的一天

——第三次全国文物普查龙潭诸葛营野外调查纪实

永仁县文物管理所　夏继芬

又是一个秋高气爽的日子，普查队员乘坐着包租的面包车又出发了，今天的目的地是维的乡阿者尼村委会辖区的龙潭诸葛营。过了维的水库，车子驶进颠簸的乡间土路，不时遇到凹凸积水的路坑，队员们都要下车捡石块塞车铺坑，男队员要挨着推车，车轱辘打滑，一不小心，溅得一身泥浆，进度异常缓慢。电话联系了阿者尼村的小学老师为我们准备中午饭，热情的老师们到村里买来了鸡，给我们做了可口的一顿午餐，黑板上还写着朴实的欢迎标语，热心的老师还在村子里为我们联系好了向导。老师们的友情让我们感动不已。

要到的地方很远，遗址分布面广，为了在天黑以前赶回村庄，一出门，向导就在前面迈开大步急走，普查人员一路小跑紧跟，沿着溪边羊肠小道，穿过绿油油的庄稼地，绕过无数道山弯，奔过清澈如镜的水库边。一路上，植被好，景色很美，不知名的小鸟迎来送往地重复鸣唱着悦耳的歌，可是，普查员们却无法驻足欣赏美景，聆听鸟语。才抵达山脚，一位队员就体力不支，呼吸困难，只好原路返回。

龙潭营分布在马蹄形状的连绵山峰顶上，根本无路可言，为了节省时间，向导引我们爬最捷径的山坡。山很陡，迎面几乎成平行线，普查人员只能抓住树枝和山草往上爬，树林茂密，枝上还有藤蔓缠绕，只能低头躬身，不得不手脚并用，踩在金色的松针落叶上，脚易打滑，稍不留意，一个苍蝇搓脚，就跟大山接吻了。爬呀爬，山还是那么高，总也到不了尽头，队员们一个个累得气喘吁吁，心跳如捣鼓，可是，为了避免露宿山野，向导一刻也不歇脚，队员们怕跟丢了，也只得咬牙紧跟。费尽千辛万苦，终于爬上山顶，首先看到的是石砌的长墙像长蛇盘旋在波峰山脊上，山坡的另一面是万丈深渊，深不见底的幽谷高深莫测，战战兢兢地往下探身，都会觉得脚底悬空，仿佛有双无形的大手随时都有可能拽住你的双腿直往下坠，脚心酥酥的，头晕心悸得不敢直视，立即退离崖边。

　　今天我们真正体会到了"无限风光在险峰"，放眼望去，苍穹下，群峰竞驰，从脚下无限延伸，峰峦叠嶂，浩淼无边。站立于顶端，任凭秋风抚动着发丝，仰望蓝天，白云如梭，幻化莫测，已辨不清云动还是山动。那伟岸无比的壮美雄姿，摄人心魄的磅礴气势，令人心荡的开阔，使人有如置身于天地之间，渺小与伟大，人生顿悟，心灵受到了洗礼，队员们忘记了刚才的艰辛，唱的大声唱，喊的大声喊，忙着在怪石险峰处留影。沿着坡峰攀越，穿过密林和几道夹石缝隙，突然出现一个糕形怪石，在石面上有一个石盆，内有半池水，旁边一块长方形石面上镌有"老鸦洗脸处"，向导告诉我们，这盆水一年四季都一样，不溢不枯，沾来洗脸可美容。往前是两道最高最险的山峰，远看形似少女饱满的乳房，峰巅的一块竖石上刻着"双乳峰"。队员们目不转睛，颤悠悠地从嶙峋怪石之间小心翼翼地攀扶着，一寸一寸往前挪，艰难地越过了老鸦洗脸崖，攀过了双乳峰，山峰渐有平缓，石头少了，长墙也由石砌变为土筑，墙体长满了绿色的苔藓，像一条卧龙匍匐在密林丛中。沿着残墙而行到达龙潭垭口，有小块平地，边上立有一块龙纹碑，队员们席地而坐，补充一点干粮，然后在向导的带领下到山的阴面寻找龙潭，一路上密密麻麻地长着一种叫做荨麻的植物，全身是绒刺，扎得队员们痛痒难耐，好不容易爬下半山坡约50米处才看到一个山泉，只见深潭澄碧，苔藻浮面，泉边立有牌坊，正中和左边两块为人面龙纹石刻，右边一块为文字。泉的周围树木参天，蕨类丛生，树干上、地面上长满了发髻般的苔藓，我们仿佛走进了原始森林。高大的树木遮天蔽日，蓝天被分割成零星碎片，阳光经过几层过滤，星星点点的洒到地面，空气湿润异常，喝了一些泉水，做好拍摄和GPS定位等数据采集工作后另辟溪路返回垭口，往西南行50米，看到一个天然小湖，四周森林碧绿如染，婆娑的树影倒映在水中，傍晚的湖水没有一丝波纹，寂静地折射出黝黑发亮的光，湖边有一块石刻，题为"天鹅湖"。向导引着我们向土墙西端走，到达长麻地梁子垭口，这时土墙又变为石墙，向导告诉我们诸葛营墙，到此只寻了一半，这时太阳快要落山了，必须尽快返回，赶紧收录了相关的普查数据，这时普查队员是又累又饿，双腿直打颤，回路又全部是下坡，若有不慎就是一个仰面朝天，滑下坡背脊搓掉大块皮。但是，没有退路，向导在前面快步奔，队员在后面小跑紧跟，很快的天色越来越暗，山路变得模糊不清，向导加快步速，后面的普查队员顾不得路况，扯着树枝只管往山下冲，为了减轻心里负担，边冲边高声地吼叫，终于在临近黑夜的时刻到达向导的家。

　　上车后，队员们疲惫地靠在座椅上，只有车灯一路默默地照射在回家的路上。直到晚上10点钟，队员们才吃到晚饭。谈到一天中所遇到的险情和美景，没有人抱怨辛苦，只有深深地感慨，有的说"我来自农村，自从参加工作以来第一次走过这样的路"，有的说"也许这辈子只有这一次机会能到这个地方"，还有人说"看到这样壮观的古迹，值！"……

绽放在文物普查一线上的玫瑰

永仁县文物普查员　华光丽

永仁县是金沙江畔一个地处川滇之交的小县，但是古今文明的脚步并没有遗忘了这个小角落，特别是金沙江流域的古文化早已渗透了这块土地。永仁县虽然成立了两个编制的文物管理所的架子，实际上至今还只有一名文物专业工作者，就是担任我县第三次全国文物普查的副组长、领队夏继芬老师。平时我和她交往不深，只感觉她是一个不起眼的、沉默寡言的人。通过参加这次文物普查工作，我渐渐的对她有了了解，其实她是一个非常透明的人，心里想什么就说什么，对每个普查员的不足之处直截了当地指出来，从不拐弯抹角浪费时间。随着了解的加深，越来越觉得她很了不起，别看她年近五旬，身材瘦小，额头已爬上了三四道皱纹，可是走起山路来，健步如飞，比年轻人都强，特别是对待工作不仅专业，还极其敬业，是一个坚韧、勇敢、自强的女性。在文物普查的一路历程上，年长的尊称她夏老师，年轻的亲切地叫她夏姐或夏姨。作为唯一的文物专业人士，她掌握全县许多的野外文物线索，大多数文物点她都曾经亲临过现场，写过不少介绍文章，使我们这次普查可以直奔主题，少走弯路。在整个普查工作中，任务最繁重的就数她了，职务虽然小，担子却重，责任也大。由于专业工作她最在行，工作量也最重，计划经费开支、规划普查路线、调整出行时间、联系交通工具、携带普查器材、落实队员食宿、野外作业分工、工作任务分配、安全问题等都是要她操心的事。她承担的摄影工作最是辛苦，常常要比别人多走许多路，抱着"不入虎穴，焉得虎子"的信念，为了选择最好的拍摄方位，寻找最佳角度，甚至爬坡上坎，攀崖越壑，过河涉溪，经历很多险境。作为领队，队员们都看着她，她没有退让的余地，因为她是普查组里的主心骨，普查工作离了谁都可以进行，离她不行，她的业务技术比较全面，测量、绘图、照相、电脑录入、GPS操作等都行，那个普查员临时有事请假或轮休，她就顶上去，把工作承担下来。工作时间她总是第一个到，最后一个走，所有普查员偶尔有请假间歇的时候，而她从普查一开始就一天不落地工作到现在，总是精力充沛，好像充足了电似的，带着组员们翻山越岭，走村串户，搞调查访问，采集数据，长时间的野外生活的磨砺，把她变得灰头土脸，面目沧桑。风尘仆仆地归来后，又一头扎进文字堆里，填制文档，写心得笔记，报送信息，还要详细查阅组员们的文档，对不满意、不详实的文字介绍提出来反复修改，工作到忘我的地步，常常过了下班时间都不知道回家，好几次竟被值班人员误锁在办公楼内。其实，无论坐办公室还是下乡，她每天的工作都很辛苦。作为一个普通的女人，她也知道累，就因为她怀着一颗执著敬业的心，无论多苦多累，在几个月的普查工作中，一直保持饱满的精神状态，为队员们做出了表率。在追逐汽车、洋房、美容等享乐生活已经成为许多人的价值取向的今天，她的勤勉、吃苦和不谙世事是非常难能可贵的。不能否认这个奔走在山路上，穿林海，涉溪流，翻山越岭如履平地的女人，拥有着动人的美丽，如同一片蓝天上没有两缕相同的云一样，世上女人的美丽绝非只要一个定义，她的美丽不在容貌和年龄，但这个女人的美丽是美在骨子里的，美在她的勤奋行为中，美在每一个果断的行动里，美在每一个刚毅表情上，美在每一个矫健的身影里……她是一朵绽放在文物普查一线上的玫瑰。

无怨的青春

——记白刊宁同志第三次全国文物普查工作先进事迹

红河州文物管理所　白成明

"朦朦的天刚亮，离别父母离别亲人，高山河谷有你的足迹，无人知道你的名字，走村串寨不怕艰难，为了发掘祖国瑰宝，风雨兼程，任重而道远，你把洪水洒在了红土地，把一生献给了文物事业。"这首由白刊宁作词的第三次全国文物普查宣传歌曲《无怨的青春》，真实地写照了以白刊宁同志为代表的云南省红河州文物普查人对文物普查工作勤勤恳恳、兢兢业业，始终以饱满的热情，求真务实的工作作风，把全部精力投入到第三次全国文物普查工作之中。

2007年9月，白刊宁正式担任红河州文物管理所所长不到半年，全国第三次全国文物普查工作就全面开展，白刊宁敏锐地意识到第三次全国文物普查是一次重大的国情国力调查，是加强和改善文化遗产保护的重要基础性工作，文物普查工作事关社会主义先进文化建设，事关国家文化安全。作为一名基层的文物普查工作者，要以对国家、民族和对历史、未来负责的态度，以饱满的热情，求真务实的工作作风，把全部精力投入到第三次全国文物普查工作之中，确保普查工作顺利开展。

但是文物普查工作涉及面广，工作技术要求含量高，红河州地域广阔，辖13个县市，其中有6个边疆民族县，7个国家、云南省的贫困县；红河州历史悠久，文物资源丰富，初步掌握的不可移动文物有近2000处，普查工作任务十分艰巨。面对诸多的困难，白刊宁根据自己对全州文物工作的熟悉和了解，结合全州普查工作实际，作了深入细致的分析研究，找出制约文物普查工作的关键问题，有针对性地采取措施，使红河州的文物普查工作稳步推进，初获成效。

一　协调落实普查经费，促进普查工作顺利开展

白刊宁深知普查经费不落实到位，一切都是空谈，虽然国务院、省政府、州政府明确规定普查工作经费要列入当地财政预算。但红河州部分县市的普查经费至 2008 年上半年仍不到位，有的仅仅是象征性地拨了经费一点经费，给红河州的文物普查工作增加了很大的压力和困难。文物普查第一阶段工作完成后，大部分县文物普查经费已告罄，无法开展第二阶段野外调查工作，严重的影响了红河州普查工作进度和调查覆盖率。白刊宁看在眼里，急在心里，他一是向上级领导实事求是的汇报情况，争取上级领导的关注和支持；二是积极主动的深入到各县了解具体情况，向当地领导宣传、汇报普查工作的重要性及中央、省、州的文件精神。仅 2008 年上半年，他到全州 13 个县市协调经费 20 多次，经过他反复协调，各县、市的普查经费终于有了收获。至 2008 年 9 月底，全州普查经费到位171.2 万元，其中：省补 38 万、州级 30 万，13 个县市 103.2 万，经费到位率 100%，保证了红河州普查工作的有效开展。

二　组建普查工作机构，确保普查工作有序进行

有了普查经费还要有人来具体干，在普查工作开展之初，红河州普查工作由于职责不够明确，开展不顺，形成了有的事情重复做，有的事情无人管的局面。白刊宁凭着"责任在身、当仁不让"的责任心，把这一情况向领导作了汇报，并提出建议，要求普查业务工作由州文管所全面负责，经红河州普查办领导研究，同意了他的请求。白刊宁根据上级的决定，立即召开了全所职工会，根据《全国第三次文物普查工作方案》及组建相关工作机构的要求，结合红河州的实际，经反复讨论，成立了由他任组长的红河州文物普查业务组、技术指导组、宣传信息组，并制定了各组的工作职责，人员作了明确的分工，责任到人。工作机构的完善，为文物普查工作奠定了较好的组织基础。

三　开展普查培训，使普查工作科学规范

白刊宁清楚要让普查队员能干事，会干事，就必须提高专业技能，工作才能做好。第三次文物普查与前两次不同，一是要求技术含量高，要使用现代科技器材，二是普查面广，普查工作要深入到全州 13 个县市的每个自然村。三是涉及人员多，要由各县市文化局、文管所、134 个文化站及部分相关单位人员组成普查队，而由基层抽调的普查员大部分没有接触过文物工作，根据这一状况，为了使普查员提高普查队员的业务知识、工作技

能，把普查工作当中遇到的普遍问题和难点，集中加以解决，在 2008 年中，他多方争取经费 20 余万元，组织开展了 4 次较大规模的培训工作，培训普查队员 385 人次。一是针对普查队员对普查的范围、规范和标准了解不深，举办《红河州第三次全国文物普查普查员培训班》；二是针对普查队员古建筑知识薄弱的状况，举办了《红河州文物干部古建筑知识培训班》；三是针对普查队员对普查器材使用不熟练，举办了《红河州文物普查器材培训班》；四是针对基层各县、市对上报普查信息不规范、不及时的情况，举办《红河州文物普查宣传信息员培训班》。

在培训工作中，白刊宁以科学发展观作指导，树立创新意识，探索一些新的培训工作方式，他结合红河州普查工作中遇到的实际难点，亲自编写通俗易懂的教材，请经验丰富的专家、工程师现场授课，争取企业经费赞助，使普查培训获得了较好的实效。

四 开展田野调查指导，确保普查项目科学真实

在红河州文物普查进入田野调查阶段，白刊宁积极参加组织专业人员对基层各县、市的田野调查工作进行指导。他根据多年来掌握的全州不可移动文物分布情况，组织全州普查队员采用全面开展拉网式调查和重点实施两头并进的方式进行。

所谓"拉网式"摸底调查就是由全州 134 个乡镇文化站在县普查办和乡镇政府的领导组织下，对本辖区内的每个自然村进行文物普查宣传和对不可移动文物的调查、登记，并上报、州县市普查办，他再组织州文管所专业人员进行认真的筛选，按普查标准进行确认；通过"拉网式"摸底调查，全州初步摸底调查出的不可移动文物项目为 2065 项，为下一步开展有针对性的"重点实施"提供了线索和依据。

重点实施就是以各县市文管所为主的普查队，对确定摸底调查项目进行野外实地勘查、测量、绘图、登录普查调查表格。自文物普查第二阶段工作开始以来，白刊宁及红河州文管所的技术指导组的工作重点就以指导 13 个县市的野外调查工作为主，先后安排 13 个技术指导组小组、70 多人次、230 个工作日，到 13 个县市参与实地调查、测量、登记、数据输入等工作，指导修改调查表 100 余份。全年为普查工作出动车辆 30 多台次，行程 2 万多公里，有效地促进了各县市普查工作的正常开展。他先后 30 余次带领技术指导组深入 13 个县、市偏僻山村开展调查，在他的指导下，至 2008 年年底，红河州完成野外实地调查 578 项其中复查 232 项，新发现 346 项，完成了文物普查的近 1/4，调查项目数是云南省最多的地州之一。在调查中，发现了蒙自冷泉仙人洞遗址、个旧莫贾山悬棺墓、开远小龙潭"人祖庙"等重要文物点。普查中，白刊宁以严谨、求实的科学态度，开展文物普查田野工作，他组织专业人员对泸西石洞村、逸圃青铜墓地、蒙自冷泉仙人洞遗址、个旧莫贾山悬棺墓、姻粉村古生物化石产地，红河思陀土司司署、元阳六蓬"哈尼坟"等新发现项目进行科学考证，确保新发现项目的真实。

　　红河州的第三次全国文物普查工作，在白刊宁组织、指导和协调努力下，至 2008 年 12 月 31 日，全州 1 个州、13 个县、市均召开了文物普查领导小组会议；州、县两级普查办人员合计 64 人，一线普查队员合计 222 人。州、县两级共到位 2008 年度文物普查经费 171.2 万元，其中国家、省级财政到位 38 万元，共有州级到位 30 万元，13 个县、市级到位 103.2 万元，经费到位率均为 100%。全州 13 个县、市均启动了实地文物调查，调查启动率为 100%，共调查登记不可移动文物 578 处，其中新发现 346 处，复查 232 处。

　　白刊宁虽然文凭不高，但他时刻以能者为师，以智者为师，有一股学习、学习、再学习的精神，终于成为硕果累累的文物专家、副研究馆员；他有一股彝家汉子"麻佩服"（不服输）的气魄和干劲，在 20 多年的文物工作中，他不怕苦、不怕累，跋山涉水，深入基层，走村串寨，走遍了红河州 13 个市县的 100 余个乡镇，摸清和掌握了红河州少数民族文物和保存状况，为抢救、保护红河州民族文化资源作出了重大的贡献；他热爱文物事业，具有强烈的事业心和责任感，敢挑重担，他良好的职业道德和无私奉献的精神得到同事们一至认可，不管是自己在生病住院，还是父亲病重要去世，心中想的都是单位工作和文物普查工作，思专业人员所想，做专业人员所需，从没放下手中的工作。"我这一生，就只有一个爱好，就是爱文物、爱文物工作，把青春献给文物事业，我无怨无悔。"这是白刊宁常说的一句话，他是这样说的，也是这样做的。

重要发现亲历记

——大理州首次发现旧石器遗址

大理州文物管理所　杨长城

　　2008 年 8 至 9 月，受怒江州兰坪县交通局的委托，由云南省考古研究所主持、大理州文物管理所、剑川县文物管理所、怒江州兰坪县文物管理所参加的剑（川）、兰（坪）公路扩建工程考古调查组，在剑川公路沿线进行文物调查时，于 2008 年 8 月 27 日，在剑川县甸南镇合江村西北桃源河北岸，发现了象鼻洞旧石器时代遗址。这是大理州首次发现旧石器时代遗址，也是大理州第三次全国文物普查中的重要发现。

　　象鼻洞遗址位于大理州剑川县甸南镇合江村委会合江自然村北约 1 公里处（合江村因桃源河与海尾河交汇而得名，两河汇合后称黑惠江，属澜沧江支流）桃源河北岸，合江村北山缓坡台地上。洞口处高于桃源河河面约 20 多米，海拔 2233 米。遗址可分为象鼻洞内堆积和洞口下方桃源河二级阶地堆积两个部分。象鼻洞系石灰岩溶蚀而成，洞口朝向为南偏东 30 度，洞口高约 7、宽约 10.5 米，洞穴进深约 16.3 米，洞内面积约 100 平方米左右，有文化堆积的面积约为 50 平方米，其他地方为裸露的基岩。经初步勘探，洞内文化层为褐色砂砾层和黄褐色砂砾层，两个文化层的厚度分别为 20 厘米和 35 厘米，出土石制品、化石及炭屑等文化遗物。洞口下方桃源河二级阶地上近千平方米的区域内出土和采集了大量石制品，经初步勘探，河流阶地上的文化层为褐红色含砂砾坡积层及红色含砂砾黏土层，坡积层厚度为 20 厘米左右，黏土层厚度大于 50 厘米（未见底）。

本次调查、勘探共采集和出土了砍砸器、刮削器、石锤、石核、石片等 60 多件石制品。遗址阶地部分仅出土了石制品，但在遗址洞穴部分出土了少量牙齿化石和大量碎骨化石，初步鉴定有鹿、羊、牛、鸟类等种类。化石石化较深，比较破碎，风化程度中等。部分化石有啮齿类啃咬的痕迹。

此外，在遗址文化层中还发现有少量炭屑和火烧过的石灰岩石等可能是古人类用火留下的遗迹。

从出土文物、文化层堆积和周边环境初步分析，象鼻洞旧石器遗址的年代应为旧石器时代中晚期。在同一个遗址内既有洞穴堆积又有露天阶地堆积，这在云南省旧石器遗址中较为少见。象鼻洞旧石器遗址是大理州境内首次发现的旧石器遗址，它的发现将大理州有人类活动的历史推到了至少一万年以前。象鼻洞遗址是近年来云南省考古工作者继景洪橄榄坝、沧源农克硝洞、兰坪玉水坪旧石器遗址之后在澜沧江流域发现的又一处重要的旧石器遗址，它的发现不仅对了解当时古人类生活方式和文化提供了十分宝贵材料，对澜沧江流域史前文化的对比研究也具有十分重要的意义。

象鼻洞遗址的发现，填补了大理州旧石器时代遗址的空白，是大理州史前考古的重要突破，是大理州继大理银梭岛新石器时代遗址考古（距今 5000 多年）、剑川海门口遗址考古（距今 4000 多年）之后，取得的重大的成果，象鼻洞旧石器时代遗址的发现又把大理州的人类历史上推了五六千年，使大理州的历史成为有万年之久的文化大州。象鼻洞遗址的发现，将为大理州的文化、旅游事业尤其是剑川海门口系列旅游发挥重要作用。

象鼻洞旧石器时代遗址的发现是把公路、铁路、水库、电站等大型基本建设文物调查与第三次全国文物普查结合起来，利用专家的力量和专业特长，指导基层文物工作者进行文物普查中结出的硕果，也是我从事文物工作 20 多年亲身体验和经历的最重要的发现。作为文物工作者，就是在一次次的失望与挫折中，凭着顽强与坚韧一步步走来；在一次次的苦苦探索与发现中，解开一个个历史谜案……这就是文物工作者默默无闻，辛勤耕耘，无私奉献的精神动力，正因为我们的努力与付出，才构建起古人与今人对话的平台，这就是一名普通文物工作者无悔的一生！

文物普查之美

昌都左贡县文化局　王金全

文物是文化的积沉，西藏地理位置特殊，千百年来，以佛教文化为主线的各种文化在这里交融荟萃。左贡县地处西藏东南，是名副其实的香格里拉之地，梅里雪山的北山矗立在其碧土乡境内。茶马易市的马帮长期跋涉于这片热土，留下许多倩美的文化积淀；从古至今，各地虔诚的僧侣、教民和旅游参观者每年都大批量地从左贡去朝圣梅里雪山，途中镌刻了大量的石刻画像；文成公主因自身的魅力在所经的左贡之地流传着各种神奇的传说；大量的玛尼石诉说着千年的期盼，还有各种石棺墓，充满活力的建筑绘画、雕刻与神奇的西藏佛学都催人奋进，让人仿佛读懂了当年政治、经济、文化的现状。鞠躬于左贡丰富的文物之地，沐浴着高原的阳光，穿梭于古树林木之间进行文物普查，总有一种美的享受。

探索古建之美

雪山点缀林海，牛羊装饰草原，勤劳聪慧的左贡县人民在改造自然的同时也创造了一个又一个的奇迹，耸立在左贡县东坝乡的古代富商古民宅、田妥镇古代高官之古民宅和一些古寺庙的建筑都像一首激扬的诗、优美的曲、大师的画一样让人的心情愉悦，给人以视觉上的享受。

东坝富商民宅东始建于清末民初，据说当时善于交易的东坝马帮活跃于云南、四川一带。军阀混乱的旧中国民不聊生。一个偶然的机会，马帮头领旺堆罗布突然发现了旧识的四名（江师、久师、甄师、哲师）能工巧匠因债务而沦落为阶下囚。出于友情，旺堆罗布用钱从国民党官员手中赎回了四名能工巧匠，并带回到东坝。能工巧匠非常感激，决定将自己的技艺传给东坝工匠，并给主人修建了一座集雕刻、绘画于一身的民居，这就是最早的东坝民居——西然古宅。西然古民宅的建设，结束了在左贡一带光用斧子建筑的历史，能工巧匠使用的刨子、锯子等先进木工工具开始昌都流传使用。

东坝古宅位于东坝乡军拥村，建筑面积约 360 平方米，整体构造为三层，带有典型的古代汉式做法，包括木作、石作、灰作、土作等。古宅窗体雕刻精细，花纹精美，装饰精美华丽，绘画线条流畅，色泽鲜艳，每一点、线都折射出精品之美。东坝古宅壁画毁于"文革"期间，现留有极少的画痕，但原有的气势宏大、建造华美仍可见一斑。

左贡县田妥古民宅更是霸气十足，田妥邓达古宅雄立于邓达村心，几百年来，饱经风霜，但其官式气概有增不减，经久不衰。普查时细细品味古民宅建筑、雕刻、绘画艺术，探究当时的人文、社会环境，真是美不胜收。

感受古墓之魅力

自古以来，热情好客的藏族人民海纳四海宾朋。在文化交流的过程中，留下了许多历史的痕迹。如田妥寺等留下的清朝驻军赠匾，至今还述说着西藏是祖国领土一部分的有力事实，还有东坝乡摩崖石刻上的汉文题词……但最引人注目的还是分布在左贡县茶马古道的古墓葬。

左贡县古墓葬分为两种：一种是石棺墓，一种是石丘墓。2008 年，左贡县普查发现的古墓葬群有 2 处，每处约有 20 个墓葬。石棺墓藏匿于茂密的原始森林之中，依山向水，周围分布着大小不一的十几座石棺墓，有些由于多年的风化、雨蚀，有些石棺墓已经露出地面，有些才露出尖尖头。在众多的古墓群中，有两座石棺墓规模最大，并成圆锥形雄立于两棵参天古松之间，墓身布满了台鲜类草本植物和古松上下落的绿缦。整个石棺墓地的选择，遵循着阴阳风水之说，在其附近的原始森林中，有一块狭长的地带，据说约在元代时，这里曾有 80 户人家居住，后来因官吏开采附近山崖上的矿藏，80 户人家基本摧残置死，不过在当地，从修路找出的草木灰和两处长满苔藓的巨大玛尼石堆可以看出民间传说的真实性。石棺墓的东边有一条清澈的小溪从海拔 5000 多米的山上滚滚流下（当地海拔为 2000 多米），巨大的玉曲河从约 500 米处的山脚下绕道而过。置身于此墓葬群之间，感受古代中华民族各民族间文化交流和西藏墓葬的独特魅力，有一种催人奋进，投身西藏文物普查的急迫感。

石丘墓是在左贡县新发现一种埋葬方式，至今我们还未弄清其文化渊源。在我们普查队到达纯牧业的美玉草原时，发现了这一奇特的墓葬方式。对石丘墓的探索还有待深入，普查只是将线索呈现给来者。

在同一时间欣赏不同时代之石刻文化

也许是一种宗教信仰，也许是对未来美好生活的期盼，在西藏有村落的地方，就有玛尼石堆，有些规模庞大，有些狭小。规模的大小主要是与村落的大小和居住时代的久远有关。在左贡县县部分村落里，有巨大的玛尼石堆，石堆里散布着大量不同时代的石刻，有线刻、有浮雕；有各种图像（如各种菩萨、兽类等），也有各种字体，文字线条不一，总体是远时代的美观大方，近代却相差甚远。

在茶马古道沿线，除了玛尼石堆处，还分布着数量众多的摩崖石刻。左贡的摩崖石刻选材很有讲究，主要雕刻在一种类似汉白玉的大石块上，石刻内容有各种象形图案（如类似面具的图案）、佛像、菩萨像、梵文和经文。但不论是玛尼石堆还是摩崖石刻都从古代延伸至现代，细细寻找不同时代的石刻，欣赏不同时代的文化，顿感古人文化造诣的深厚。

西藏文物普查中还有数各种独特的美，只有亲身体验，全身心参与普查的人员才能享受这一视觉和心灵的强烈感受。

风雨朝阳观

陕西省文物局　范仲兴

2009年4月15日早晨，我们按计划参与普查省级文物保护单位——位于陕西省商洛市镇安县木王镇月坪村的朝阳观。

由于只有一辆普桑车，商洛市文物局杨科长带领于书记、时婷为第一组先出发。普查组长方先振带着刘军民、井瑜和我作为第二组后上山。9点10分，我们来到了朝阳观所在的龙头山山脚下。

早上的天气不错，山头上坐着的天空穿着一身薄薄的白纱裙，恰似灯下的新娘，楚楚动人。方先振把车放在山脚下一所小学的操场上，锁好车门的声音，已经被我远远的甩在后面。

面前的山，我是熟悉的，它的气质、秉性、软硬、刚柔都了然于心。但是，即将普查的朝阳观还很陌生。我急切地想见到这位朋友，想知道在历史的深空它有多么闪亮。而我与它之间的距离，是山的高度，用普查队员的话说是"海拔"。朝阳观就座落在山顶上，仰面望去，直插云霄。

通向朝阳观的路是一条比羊肠小道还要精致的小路，青草丛中，十几米开外，你不知道它通向何处。这种神秘感和当地百姓对我们的感觉其实是一样的，他们习以为常的老庙、老坟，这几天突然有几个外地人在打听，甚至惊异地发现多年没有人烧香的老坟，突然人气骤增，一群人又是照像、又是测量、又是登记、又是调查……

我喜欢这种神秘感。某种意义上讲，那是我前进的动力，可以令我消除疲惫，软化艰险。早上出发忘记带上一条毛巾擦汗，这让一向办事要求精准的我十分沮丧，汗水湿透了衣背没有关系，问题是它会浸湿眼睛，使你没有办法看清向上的道路，用袖子几经擦拭之后，眼皮便发红了，有些疼痛。摄影包越发显得巨大而沉重，平时随身怎么带怎么舒服，而今走在陡峭的山路上怎么带怎么不舒服了，我不知道零距离接触朝阳观还要多少时间。

好在一路上有刚刚探出脑袋的不知名的磨菇羞涩地迎接我们。我奇怪地想，它们会不会变成小矮人？山花无比灿烂，红的、黄的、紫的、蓝的、橙的，应有尽有。在山风中，在阳光下，在我们普查队员的眼里，它们风情万种，宛如少女怀春。也许就在此时，全国有多少支队伍穿行在春色秀美的山林中，普查各地珍贵的文物，而这些山花，可以为他们浪漫一程。

一个小时以后，我仰面高声呼喊，山腰里终于有了第一组的回应，尽管那声音来得缥缈，且无法判断距离，但毕竟给了我巨大的信心，我快赶上他们了。魂牵梦绕的朝阳观，离我越来越近了。

我登山的习惯是大步慢走，这与许多人不同，歇脚的次数却很少，这种办法是效率较高，常常让人感觉我走得并不快，却就是跟不上。普查文物，拼的不光是责任心，有时也拼点体力和技术，即使是登山这种在高楼林立的城市里没有任何作用的技术。终于在大约山的四分之三高处，我赶上了第一组。

于书记和杨科长满头大汗，他们的年龄较大，都50挂了零头，登山对他们来说是个有难度的活儿。时婷虽是80后女生，但在柏油路、水泥路上溜达惯了，登起山来也并不比两位领导轻松自如。尽管如此，一路上气喘嘘嘘的欢声笑语却此起彼伏，这令我十分钦佩他们的革命乐观主义精神。

我和时婷终于第一个到达了峰顶。天空多了些云彩，阳光变成了零零散散的光柱，空气中弥漫着只可意会的香味，蝴蝶大摇大摆地你追我逐。朝阳观就蓦然耸立在我们眼前。

我的心情在"山高人为峰"的诗情画意里显得格外敞亮。远远望去，大地的曲线和质感，如同女人没什么两样，毛茸茸的山峰就象女人的乳房一样，温柔而曼妙，某一处整整齐齐的树木，恰似少女刘海一样精巧，让人回味村里的小芳。蝶影迷人眼，鸟鸣山更幽。这不是牵强，而是真实。静静的朝阳观被翠竹和古木环抱，安详而静谧。

后面的成员也都先后赶上来了。他们顾不上擦汗，眼前的情景令他们兴奋不已。但我不知道，他们如何形容那远远近近的山，还有那整整齐齐的树。

朝阳观的道士十分热情，仔细介绍了观里的情况。一看时间，快下午一点，又急急忙忙给我们准备了中午饭。这是我平生第一次吃斋饭，其他队员或许也是第一次。理论上说与吃其他任何饭食没什么不同，但是心情却大相径庭。

吃得慢的还没有放下筷子，吃得快的已经开始干活了。有的测量尺寸，有的记录，有的绘制草图，有的摄影照像，各有分工，协同作战，忙得不亦乐乎，大到朝阳观的整体布局，小到碑文记录，都要仔仔细细地普查，丝毫没有马虎之心。

大约是我们工作投入，一点也没注意天气的变化，一片巨大的云块从东北方向朝阳观这边压来，远处不时传来雷声。朝阳观主体普查结束后，又转到后山对几处古墓葬进行普查。这时，雷声越来越近，山风越来越急。队员们感到大雨即将来临。假如这时我们下山，也许就不会有后来的事情发生。所有队员依然继续认真普查，一个小时后，山上的普查活动终于结束了。我们告别了朝阳观的道士后一头钻入了下山的林中。

雨已经开始下了。雨点是白色的，蚕豆般大小。风没有方向地乱吹，树木东倒西歪。我们的衣服、裤子鼓鼓的，迎风的时候，需要用力顶住，因为，另一侧就是悬崖。在这个问题上大家的态度是一致的，不想在这山头上添一座或几座坟墓。但是，必须承认，本来就小的路，在山风中仿佛消失了，脚下更滑，路更难走，强有力地挑战着大家的身心。

我们继续向下走，准确地说是往下滑。雨点打在头上明显有点疼，这是我没有想到的。几分钟过后，冰雹成功地砸到我们的头上，有点疼，有点痒，甚至像针灸。队员们有点急，但并不乱。冰雹越下越密实，漫山遍野"冰糖"般晶莹剔透。不一会儿，大家说话的声调都是命令式的，仿佛一下都成了"统帅"。

有人说，不要回头看，当心冰雹砸着眼睛了！

有人说，这里滑，要当心！

有人说，我前面找找山洞，马上回来！

有人说，保护好普查资料和器材！

有人说，坚持一下，也许一会儿冰雹就停了！

……

这些声音，混杂在风雨雷电、冰雹倾泻的怒吼声中，微弱而坚强。

我们七人手拉手，一步一动向下、再向下滑动。指头般大小的冰雹继续倾泻而来，雨水在泥土的感动中飞流而下，刚刚吐绿的新木象醉汉一样找不到依靠摇曳不止，我们再也看不到雨雾中的山花了，就像它们难以察觉我们一样，因为我们满身都是泥水"保护色"。我们的身体所有能见人和不能见人的地方都被风雨光顾过，并且它们还在顽强地浸入。其实，当时的天气只是在文物普查中的偶遇。但相对于国家的田野文物，这是家常便饭，在历史的长河中，这样的风雨不知经历了多少。它们普遍严重风化，石头变得像面包一样松软，字迹难以辩认，历史信息正被这风雨淹没，也许经年以后，我们很难再见到他们的真容。

我在风雨中显得焦急而又凄凉。而这些，是我坐在局机关办公室里想象不到的。

想到这里，我陡然觉得心头一暖，甚至想感谢这些风雨，让我的思想更加深刻了一些，更加历史了一些，更加文化了一些，更加民族了一些。爱因斯坦曾说，不要努力成为一个成功的人，要努力成为一个有价值的人。在面对我们民族的历史和文化，我们国家的文化遗产保护行动正在和风雨抢时间，而我此时正在风雨中穿行。我感到我的行动与国家的需要相吻合，这让我觉得普查是无比幸福的事情。

我的思绪走远了，并不知道冰雹在什么时候停止的，尽管风雨依然很大。其实，经历了冰雹，风雨又算得了什么呢？作为一名机关干部，第一次参加文物普查，就有了如此深刻的经历，我会用一生珍藏。

回到木王镇上，天已经黑了。那一夜，我们吃的是滚烫的砂锅，还喝了一点老乡家的烧酒，队员之间彼此说了许多肝胆相照的话。

我只记得风雨朝阳观。

踏遍青山为普查

——记咸阳市文物普查队队长岳起同志

淳化县博物馆　王　谦

在文化底蕴深厚，素有"天然历史博物馆"的古都咸阳，有着这样一位痴情于文物普查工作的中年汉子，仅短短的几个月时间，将全市三原县、渭城区、淳化县、武功县、杨凌区、秦都区六县区的田野文物普查工作全部完成，经陕西省文物普查办专家组验收，均取得优秀的好成绩。这个心系全市文物普查的人就是咸阳市文物局副助理调研员、咸阳市考古研究所所长、市文物普查队队长岳起同志。

队长岳起同志，参加普查工作以后，充分发挥自己丰富的文博知识和组织管理经验，做了大量的基础工作，深受领导和同志们的好评和赞扬。

一　勇当普查先锋，创出成功经验

2008 年 9 月份，在金秋送爽，粮果飘香的季节里，乘北京奥运会、残奥会成的举办之际，淳化县第三次全国文物普查工作拉开了帷幕。普查队员进行了较大的裁员和调整，又是由省表改填国表的第一个县区。由于队员来自不同单位，填表业务不熟，田野和群众经验不足，是普查工作面临的最大困难。

为了解决这一难题，使队员的普查业务素质很快提高，顺利地全面开展工作，岳起同志首先请熟悉本县文物情况的业务干部介绍该县的文物分布规律，提出了重视"三边"的要求，即把普查重点放在河边，沟边，塬边；对省表和国表进行比较、归纳总结，进行填表培训，注意数据、图纸、照片的导出、导入问题。要求填国表时把省表的部分内容填进去，如墓葬形状尺寸信息，标本的描述、尺寸。自然环境、人文环境等应按省表的规范详细填写，这样比国表内容更仔细、具体，包含的信息量更丰富。并填写出样表，供各分队参考。磨刀不误砍柴功，虽经过几天的战前准备工作，却在实际的普查填表中获得了令人满意的效果，深受省专家组的赞扬，在全省予以推广。

二　勇于负担，忘我工作

作为普查队的领导，岳起同志很注意在行动上给队员带头，在生活上关心队员，调动大家的积极性，共同努力搞好工作。

队员们到各乡镇工作，白天跑田野普查，晚上还要整理资料，工作很辛苦。岳起同志主动坚持和队员一样深入到普查工作第一线，和队员一同爬沟上山、登记信息、采集标本、忍耐饥渴、克服病魔、解决实际问题。普查工作接近尾声，岳起同志对7个队的表格进行预检，他都利用晚上或雨天，为了不影响队员的田野工作，他自己甘愿吃苦。为了搞清楚每个文物点的文化内涵，提高普查重大发现率，岳起同志阅读了大量的历史文献，如《史记》《汉书》《水经注》、《关中胜迹图志》、《三辅黄图》及有关州县志。尽量使自己成为一位心中有数的组织者，为了对一些重大发现及时找到历史根据，尽快做出科学论证，连夜有时甚至通宵达旦地查阅有关资料，以便总结指导工作。在淳化县普查期间，正值国庆七天假期，队员在庆贺"神七"成功发射之际，岳队长耐心地做队员的思想工作，并以身作则，身先士卒，毅然放弃了和家人团圆的机会，当机立断，决定带头抓紧雨过天晴跑田野。在他这种精神的感召下，队员没有一人有怨言，欣然投入到普查工作中去，正是由于他这种忘我工作，甘于奉献的精神，才使该县普查工作进行得非常顺利，圆满完成了各项工作任务。

三 同甘共苦，成果显著

淳化县位于泾渭谷地向黄土高原过渡地带。面积965平方公里，辖5镇10乡，204个行政村。这次普查共发现文物点197处，含子目324处。新发现85处文物点，其中古遗址24处，墓葬6处，城堡24座，古树（树园）23处，近现代革命旧址1处，其他7处。普查文物点增长43%，填写表格203份，行政村踏查率100%，自然村踏查率98%，重大发现4处。皇城村汉唐城堡遗址，《淳化县志》记载："唐武德元年，分云阳县北部立石门县。武德三年，于石门县置泉州，领石门、温秀两县。贞观元年废泉州，改石门县置云阳县。"岳起同志根据地理环境及其遗迹遗物和史料分析，为唐时石门县遗址。解决了困扰该县石门故县城址无着落的问题。为研究该地域文化、政治、经济中心的变迁提供了新的资料。小池建筑遗址，《淳化县志·宫殿第九》载"灵波殿《述异志》：甘泉宫南有昆明池，中有灵波殿七间，皆以杜为柱，风来自香"。岳起同志多次亲临遗址实际考察，并同普查队员反复论证，本次普查新发现的小池汉代宫殿建筑遗址，位置合适。据考证，昆明池确在小池村，该建筑遗址必与灵波殿有关系，为汉代重要的宫殿遗址，对研究淳化地区汉代离宫提供了重要的实物依据。还发现了卜家乡南辛庄商周聚落遗址。方里魏村汉代宫殿建筑遗址等。这些重大发现，经过陕西省文保中心专家论证，同意申报省级和国家级重点文物保护单位，这些成绩的取得，包含着普查队队长岳起同志夜以继日，忘我工作的心血。岳队长以他那质朴、率真的为人，过硬的业务本领，有方的组织管理能力，带领咸阳市文物普查队，吃苦耐劳，努力工作，取得个个县区优秀的好成果，得到了省普查办领导专家的认可和高度评价。

佛坪县大河坝镇山寨印记

勉县博物馆　周晓勇

　　在初冬的季节里，我参加了佛坪县全国第三次文物普查工作。其间，经过了三个重要的节日：冬至日、圣诞节、元旦节；历经了数个冬阳高照的晴天，和个别狂风乍起的、雨雪霏霏的阴天；看到了透明度很好的天，清澈度很好的水，和植被茂密的山……但留给我记忆最深刻的，是那些在河、沟、道边高峰峻岭之上的山寨遗址。那威严的片石垒砌的山门，那高耸挺拔的石墙，像哨所的士兵站立在我的脑海里，叫我久久难以忘怀。那种登山时的肉体的、精神的刻骨铭心的体验，叫我至今难以抹去。

　　从大河坝镇镇政府向东南望去是一列连绵起伏的山峦，西南也是。中间是山间谷地，谷地上有京昆高速公路立交桥，上面是川流不息的车辆。在东南的那一列山峰中，最高的、圆台形山顶上的就是大河坝镇五四村的擂鼓台寨遗址。

　　刚到镇上安住了半天，第二天一大早天麻麻亮，文化站负责人黄涛便领着村文书梁清贵、村管助理王元琦和我们普查队的三位老师便如约吃过早餐上了路。8点20分，冬日的朝阳把镇政府西南的天空映得红彤彤一片，风吹在手上已经冻意很浓了。我们一行说说笑笑地沿村道向擂鼓台寨所在的高山方向走去。

　　走到村南口，越过马家河，跨过东向沟边台地。盘旋而上很快就到了的山腰坡地平缓处的一户农家院子前。院子里晾晒着枣皮，窗子里伸出的铁管冒着煤烟，房的灰瓦上是一层银色的霜。人都走到院子里了，听到屋里有人烤火却静静地没有人出来招呼。大声地喊几声，才出来了几个端着碗吃早饭的人，连忙招呼进屋烤火吃饭。悠然自得的生活，着实令人羡慕。互相说了几句寒暄的话后，我们便抓紧时间，继续上路。走了不多一会儿，坡越来越陡了，我的步幅越来越小了，气开始粗了，浑身热得像着了火，头上热气冒得象蒸馒头的锅。在叉道口，两位憨憨的老年夫妻，佝偻着背，一边拾柴火，一边怔怔地看着我们。

　　"老人家，到山顶上怎么走？"两人同时用手指着，嘴里发出"啊、啊、啊……"的声音。我听不出来，但通过眼神和动作可知，它的意思是说："走这边，那边的路不好走。"看看外乡来的人，很有新奇的感觉，又很热情，虽然是一对聋哑老人。

　　领队老梁拿了一把镰刀，蹲下来抽了几口烟解了一下馋后，摁灭烟头，望望高高的山顶，便领着我们继续前进。走到山梁上杂草灌木丛生的毛地，发现前面已无路可走，或者说此路已多年没人走变成了毛路。老梁拿了刀劈了起来，我们艰难地前行，刺挂、枝挡、脸被树叶扫，每走一步路就会体会到"披荆斩棘、开山辟路"的艰辛。两位女队员老张、小马在老梁的后面跟着，我在后面抢拍着镜头。想为这历史的一刻留些什么。文化专干和村助理背着行李紧跟在我的后面。因为人年轻，看上去个个红光满面，精神焕发。

鲁迅先生说：世上本来没有路，走的人多了也便成了路。我要说：山上本来没有路，用刀砍一砍便会形成一条路。这便是走毛路留给我们的启示。

从树枝树叶中依稀可见山寨整齐的石墙，像长城的堡垒高高的耸立在迎面的山顶上。经过一番努力，我们一行终于从西北面垮倒的墙基上爬上了城堡的制高点。举目远眺、振臂高呼，大有"会当凌绝顶，一览众山小"的豪迈。再看看石块垒砌而成的宽厚的墙基，高耸挺拔的墙体，心中不觉感叹：人的力量真是伟大。石头从哪里来？怎么搬运上来？路怎么走？就现在而言，也是一件困难的事，更何况是在当年。

寨子主体的基础基本上呈正方形分布，向南的基础还有两圈。北临悬崖，南面山脊。南面还有两道石门。南面是寨子的正门方向，若有来敌侵犯，必要层层设防和死守。存留的墙上有方孔，可能是瞭望用的或者是射击用的。传说上面以前还有擂鼓一面。据此两点可推断，这个遗址具有军事和通信两大功能。围墙内还留存有三块石碑和一尊弥勒佛石造像。三块石碑保存基本完好，从碑上文字的内容看，记载了历史上的造神事件。药王、雷神、弥尊同奉于一个庙宇之内，兴事的经过以及捐资的人名单等。这体现了当地人实用主义的观念和宽容的心态。只要有用管他是哪路神仙，哪教哪派神仙，都可以在擂鼓抬山寨被废弃后重新发挥一点作用，于山的高峰和上天沟通，独享这方领地。

登上山顶已是正午12点多，温暖的太阳悬挂在南面的天空上。随行的人员在少事休息后，就开始了常规工作，照相、抄录碑文、测量登记需要的数据、绘制位置平面示意图。经过近一个半小时的工作事情终于办完了。返回的时候，怀着激动的心情，在山寨石门边照了几张照片——《美女与石门》（小马与石门，老张与石门），《普查队与石门》。那种岩石的阳刚与人的肉体的柔弱，那种岩石的永恒与人生的短暂易逝定格交融起来。

回去的路和来时刚好相反，领队们从南边石门的山脊方向找路走。走过的路边的草中有一摊水，泥路上有野猪的蹄印，松树的皮也被擦去了半拉，新新的上面还有些新泥。原来这里是野猪的乐园。唉！生命原来是很顽强的，即使是这人认为是艰苦之地。

沿山脊走了一段较平缓的路，便到了坡陡路滑步履艰难的下坡路。可以概括为：腰颤抖，腿发抖，膝盖是转轴，扯的肌肉钻心得痛，连跑带滑往下溜。我浑身又热了上来，只得脱了衣服放在包里，找了个棍做拐杖边走还边牵心着得把白净瘦弱女子小马拉扶拉扶，怕把她摔着，被困难吓着。拍点照吧，没普查谁会来这里呢？于我们每人大概一生中就这一次吧。这是我的心态。在苦中坚持住，挺住。我给自已不断的打气。领队的已下坡了，队上的两位女队员走走歇歇，在没有路的陡度超过四十五度的坡上往下溜。那种把脚，腿拧的感觉让人心颤，尽管比上坡少了些喘。

走了如此陡的山路，是我自普查以来的独有体验。从这样陡的路都走了下来，其余的路还怕什么。听说还有太平寨什么的，那里的路该不会如此的毛和陡吧。我心中猜测着琢磨着。走下山路已经是下午4点25分了。圆圆的冬阳已经斜挂在西南边的天空上了。

登完擂鼓台山寨后，给身体留下的汗臭、灰尘和腰腿的扭痛经过洗澡、睡眠，稍许有些好转。隔了一天乡上的赵镇长说愿和我们一起上一趟太平寨。一是没去过，想见识见识，二是本镇经济格局将随引水入渭工程的建设，有所调整，看看是否可以把它搞成一个旅游景点。

早早起来吃过早饭，从镇上驱车往北走6公里下车，迎面来了一位叫"老支"的人，一看便知是向导，和赵镇长带的随行一阵寒暄后，我们便登上了西边的山路。这天，冬日的阳光特别灿烂美丽，空气的透明度特别好。湛蓝湛蓝的天空，舒卷着几缕白云。子午河像一条白玉带，自北向南蜿蜒而下。从东边的阳坡登山，身披灿烂的阳光，脚踩干酥的土地。厚厚的落叶满山遍野都是，踩在上面软乎乎的、滑滑的。用棍子刨，用手扒，沿着原来走过的路，徒步盘山而行。都很惬意！攀爬了不一会儿，我浑身热得像水沸腾了一样，头发上热气腾腾，身上汗流浃背，大汗淋漓像洗桑拿一样。肺喘得像要炸了，心跳声像擂鼓一样，连自己的耳朵都听得清清楚楚。揭开毛衣，身上热得汗湿一片。头顶的太阳照在皮肤上暖融融的，但风吹过来依然有寒意。这是多么的有趣啊！老支走在前面，赵镇长紧随其后，我走走停停看看后面的两位女队员是否掉队。她们看上去很累，走走歇歇、歇歇走走。我在前面和赵镇长一起歇息的时候，赵说背风的地方好透汗。一方面要透汗，一方面要背风，看起来赵镇长上山也挺有经验的。行程已一个半小时左右了，赵镇长说有一半路了。看看山上明晃晃的两根高压电线杆和整齐的石墙，心里一阵喜悦。不就还有一半路了吗？路再远也没有脚走的远啊！胜利马上就会来到。看看山下，重峦如涛，河沟如带，白云如棉团轻纱。一幅大自然的画卷阔然于胸，怎么不叫人快哉！

又经过了半个多小时的攀爬，终于到了平坦的山岭上，到背风处透透汗，看到近百米的毛坡心里没有一点畏难情绪。擂鼓台寨那么陡的山都上了，还怕这个！快到山顶的时候映入眼帘的是一道石门。用片石垒砌而成，门宽1.5米，墙高2米，进深4米，独列列地挺立在那里，仿佛是一个威武的战士。进入门内是一片杂草丛生的世界，草都高过了人。要看完石头垒砌的墙，沿墙走一圈，观察一下它的形状，很难，但是还得这么做。

太平寨石墙呈长方形分布，南北宽约30米，东西长约70米。北临悬崖，只有南面有唯一的一条路可以沿山岭走。想想当日修寨的艰辛，感叹古人之伟力，不胜唏嘘！举目远眺，一种凌然欲飞的感觉，不觉充溢心头。在铁器时代，人们聚集为伙，要传递信息何其难也，要运送物资何其难也，但集体的力量终究是伟大的。这是农业文明时代的山寨留给我们的思考。

做完日常性的工作，我们一行沿原路下山，顺着山梁向西面的木耳沟走去，那里还有复查点呢。看看时间，已近中午1点。西面阴坡里的阳光并不均匀，但我的心里却一片阳光灿烂，感受到的快乐和收获早已把所受的苦和累赶到九霄云外去了。在如此阳光的一天里，登如此高的山寨，在我参加普查文物的日子里，这又是一种有生以来独到的体验。

今天已是春节的第三天了，离普查的日子已过去近一个月了，回想那登山寨的一幕幕，我只能写下以上的一些印记。那些可意会而不可言传的东西，就让它永久地酵在我的记忆里吧。

探寻长城的基石
——来自文物普查工作的成果

嘉峪关长城保护研究所　俞春荣

嘉峪关是明代万里长城的重要关隘，以其雄伟壮观的气势誉满世界，曾被赞为"最美丽的东方古城堡"。嘉峪关关城墙体高达10.7米，为黄土夯筑，只是在墙的顶部和城台周围加筑了青砖。当初修建嘉峪关的材料也是沿用"因地制宜，就地取材"的方法，嘉峪关关城的西面分布着大量的粘结度很高的黏土，这些都是夯筑墙体和烧制砖瓦的原料。

在关城的东闸门、朝宗门、光化门、柔远门、嘉峪关门几个门洞里都铺着质地精良的花岗岩条石，随着岁月的变迁，历史的足迹和车辙，使沧桑的颜容和斑驳的身躯成为其写真。那么，这些条石的原产地在哪里？这个问题一直萦绕在每一个为长城而工作的人。书籍的答案寥寥几笔，"这些条石来源于祁连南山或嘉峪关黑山"，一个"或"字困扰了我们的思维，苦于一直没有物证来告诉我们，究竟的答案是什么？

全国第三次文物普查工作的启动，使我们有了一个需要在工作中解答的疑惑机会。黑山地区文物遗存的普查安排在气候最好的8月份，这里远离市区，黑山腹地距市区约40公里。在做完黑山岩画专项调查之后，我们的任务就是探寻这里是否有古代的砖瓦烧造遗址和石料场遗址，寻找古代文明的印迹。

秋后的黑山是多彩的，天空一片湛蓝，散布在戈壁砾石中的骆驼刺、红柳、野玫瑰长势很好，绿枝头上间或还挂着几颗红彤彤的果实，在微风的吹动下，摇曳着不算婀娜的身子，好像是在告诉我们这里的世界并不孤寂，而是充满生机和丰盈的。

我们背负行囊，在砾石间行进。黑山磨子沟海拔1883米，为东西走向，沟深约15公里。沟口的洪水冲击扇很宽阔，点点散落着很多白色石头，到处都是，远看宛如正在啃食青草的羊群。进沟一里多，山体呈灰白色，山势愈加险峻，沟底尽是跌落下来的巨石，大的有十来吨，小的也半吨有余。我们的眼睛在寻觅着需要探寻的"猎物"，每看到一块异样的石头，思维就快速运转一下，在史料中迅速求证。在巨大的石面上攀爬着、前进着，汗水恣意的流淌，手脚被砾石的尖锋无情的划破，但我们终有发现，一处经过人为开凿和切割的石头进入我们的眼帘。这些石头大小不一，人为翻动的痕迹很明显。看起来形状相对正规一点的石头都有人工开凿的印迹，石头的两端有明显的楔形凿痕，深度约10厘米，中间则是一条宽约5厘米的长条形凿痕，这是古代石匠们将巨石分成若干小石块的方法。有的石头上还有密密麻麻的线形凿刻纹，好像是一块没有打制完的磨盘或碾子。还在一块石头上发现了古藏文，刻写的很精致，兴奋之余为其做了测量、拍照和拓片。在石头底下找到了几条印痕十分明显的凹形石槽，手感很光滑，这应该是长期拉运石料而形成的。在发现了这些珍贵的半成品石料后，我们又找到了用巨石搭建的简易住处，但没有任何的遗物。在石料场的东面，发现一口已经废弃的水井，经测量深约3米，井口直径1.5米，里面还有水。近半天时间的寻访，我们的收获出乎原来的想象，设想中的情节都得到了印证，大面积人为堆积的没有完成凿刻的石料，简易的住所，生活井水……使我们断定这就是一处古代的石料场。答案是需要求证的，我们采集了一块最普通的石块，和嘉峪关关城门洞里的条石从石质上、颜色上做了比对，答案是肯定的：嘉峪关关城所用的条石就是来自于黑山磨子沟。肯定的答案给了我们工作的信心和力量，我们将朝着下一个命题而努力前行，破解另一道需要求证的历史心结。

艰苦的劳动，终有所得，这才是我们梦寐以求的。感谢第三次文物普查工作，使我们探寻到了铺就"万里长城——嘉峪关"的长城基石。

行进在高山山之巅
——嘉峪关市文殊山北麓文物普查手记

嘉峪关市文物景区管委会长城保护研究所　王鹏强

嘉峪关市第三次文物普查田野调查工作自2008年4月下旬启动以来，普查队员迎风沙、战烈日、冒酷暑，翻山越岭，追逐着夕阳的步履，用双脚丈量着嘉峪关的山山水水，寻觅有关人类文明的历史印痕。

从春暖花开的人间四月天到炎热的七月，普查队员一路携手走来，有跋涉的艰辛，有收获的喜悦……这其中，有关文殊山北麓普查的经历，注定将留在普查队员的记忆深处。

文殊山在元代以前本名嘉峪山，是祁连山北麓坡地的一条支脉，由东南向西北逶迤蜿蜒，盘卧于嘉峪关市与肃南裕固族自治县祁丰区之间。属肃南裕固族自治县祁丰区管辖文殊山南麓，沟壑深幽，林泉秀美，寺庙林立，风景甚佳，著名的文殊山石窟坐落于此。而行政区划属嘉峪关市文殊镇地域的文殊山北麓，则山石壁立，草木稀疏，山势险峻而洪荒。较之南麓石窟叠列、梵音袅袅的现状，北麓除了烽燧遗址，是否有零星石窟及造像遗存的诱惑和疑问，是开展文殊山北麓调查的缘起，而嘉峪关市第三次全国文物普查野外到达率百分之百的要求，注定了普查队员与文殊山的此次邂逅相逢。

文殊镇作为普查队练兵和初试"牛刀"的第一个调查单元，文殊山北麓是普查队需要攻克的最后一个堡垒。从 4 月 26 日起，普查组便背上行囊，从文殊山口自东而西，踏上了文殊山北麓调查的行程。山路陡峭崎岖，车很难通行，在文殊山调查的十多天里，我们的"战旗"吉普车，大部分时间只能寂寞地停留在山脚，每天在夕霞晚照中静候我们的归期。

队员们口袋拮据，几个大饼，几袋榨菜，一壶浓茶，便是登山的全部给养。背负行囊，头顶烈日徒步攀行，苦是每个队员的共同感受。骄阳似火，烤炙着荒芜的沟岔和原野，长长的山脊上，几个小黑点如蚂蚁般缓缓的蠕动，是我们在文殊山北麓调查时最富有诗意的剪影。

山路难行，在布满沙砾石的陡峭山坡，深一脚，浅一脚，进一步，退两步，手脚并用地行进，汗水常常湿透衣衫，衣服常常沾满泥土。肌肤上与蚊虫、山石、野刺亲密接触后的道道肿痕，在汗水的浸润下，疼痒难耐。半途停下来休息，汗水从额头流向颈部，湿透全身。尽管如此，队员们没有放弃，在互相鼓励、打趣、戏谑中，相携着继续攀爬，没有人轻言放弃，没有人半途而废。

行进中只要能发现文物遗存点，一路的辛劳便忘却脑后，队员们纷纷加快了脚步，欢呼着奔向文物遗存点。定名、断代、测量、绘图、打点、拍照、文字描述，每个人干得有声有色。忙完后坐在山头小憩，听着山风，看着山石滚落，心头的一份欣喜，一丝充实便肆意在笑容里绽放，下山或奔向下一个目标时也顿觉精力充沛。

攀登上山而一无所获，长长的一声叹息，大家常常静默地望着来时的山路，一任山风吹拂着额头的汗珠，几分伤感、几分落寞，失望挂在每个人的脸上，下山时便无精打采，了无欢笑。

普查是艰苦的，也是快乐的。常常因为发现不了文化遗存点而苦闷，常常为找到文化遗存点而欣然。伫立山巅之上，点一支香烟，仰望蓝天之上洁白的流云，鸟瞰山南、山北的胜景，这份惬意岂非普查的乐趣？工作间隙讲讲段子，侃侃大山，说说笑话，互相戏谑挖苦，极尽斗嘴之能事，普查队员个个参与其中，不亦乐乎？翻山越沟，爬高就低，新发现、复查完一个文物点后的激动和如释重负，这份收获的喜悦有谁能分享？

不敢妄谈崇高，作为一名文物工作者，自封为普查组领队的我和其他三名队员一样，每个人都知道自己的使命和职责所在。文物普查是一种良心工作，在人迹罕至的文殊山巅，少一处新发现、少采集一些标本、少拍一张照片、少打一个 GPS 点谁人能知？哪个能晓？只是，我们不想在年长时被第四次、第五次的文物普查队员所轻视和嘲笑；不愿在今后的文物保护和研究中，因我们的工作的差错而自责。

非常荣幸，工作十几年后能赶上第三次文物普查，让我有机缘踏遍嘉峪关的山山水水。感谢第三次文物普查，让我有机会行走在文殊山北麓的山巅，追寻文明的历史印痕，感受这片土地的前世今生。感谢文殊山北麓的调查经历，让我锻炼了意志，提高了工作技能，增长了见识。

与山同行

——嘉峪关市黑山磨子沟岩画调查手记

嘉峪关文物景区长城研究所 许海军

这几天在黑山腹地进行岩画普查，让我的生物钟都有了变化。白天穿行在一座座山峰、一条条沟壑之中，晚上连做梦也攀爬在山峦之间，沉思在岩画之前，崖壁上狩猎、舞蹈的场景时隐时现，生活好像被带进了远古时代。普查队员像一个个探索者，行走在黑山这座巨大的画廊之中，寻找这片土地上曾经生活过的先民的遗迹，感受着他们的生活，体味着他们的心境，以期能有穿越时空的交流，或得到某种启迪、某种精神的沟通。

2008 年 8 月 14 日清晨，天朗气清，我们按调查计划向黑山的磨子沟进发了。我曾在 2003 年春天来过一次时，这次也算是故地"重游"吧！

磨子沟位于嘉峪关市峪泉镇黄草营村西面的黑山东南麓一段起伏较大的山峦之间，相比前几天调查黑山的那几个沟都要大，都要深，因产磨子石而出名。汽车到达黄草营村西面的戈壁滩后，一路缓坡颠簸而上，行进约半小时后就到达磨子沟沟口。进入沟内约 400 多米处，我们看到了这里的第一幅岩画，一人手持弓箭站立图。图像凿刻而成，比例得当，形象逼真。看到它，我突然想起这几天正进行的奥运会射箭比赛项目的图标与此非常相像，只不过那个图标太程式化，没有这种古朴厚拙的韵味。测量登记完之后，我们继续前行，在一面山体的拐弯处我们看到了磨子沟内最大的一片岩画区。这处岩画分刻在两块黑色的巨石上面，两块石块相错平行摆列。右面的岩画凿刻有人、牛、马、羊、骆驼、大雁等图案，画面栩栩如生，形态各异，表现了一幅宏大的狩猎场景。左面岩石的内容有两部分，右下角为四人舞蹈图，下面两人被山洪冲下的沙石掩埋，已不是我 5 年前看到的样子了。这面岩画的主要部分刻了两首打油诗，其中一首藏头诗较有意思，解析出来是这样的："有以（一）君子来看山，看了前山看后山，我问君子多少山，山前山后都是山"。诗很有趣地说出了黑山峰峦林立的情景，就像我们这几天攀爬黑山的经历，念出这首诗后大家都会心一笑。

再往前走，由于山洪冲下的石块将路挡住，汽车已无法通过，后面的调查我们只能步行了。大家背负好各自的调查工具和饮水在山谷两侧的崖壁下继续前行。在另一面山体的拐弯处，我们复查了两处岩画，一处是线刻的花卉图案；另一处是摹刻的骑士图。画中的骏马马首高昂，挺拔雄健，骑士直身端坐马上，威风凛凛，在他后面还有一只后期凿刻的毛驴，慢步行进，略显失意。

为了将这条沟内的岩画调查的更加全面，并希望在原有的基础上有所发现，我们决定深入沟内，进行彻底搜寻。深入沟内的情况确实与外面看到的不一样，这里崖壁的颜色逐渐开始由黑色变土黄色，山谷内散落着大量巨石。第一次来时，我曾见过刻有一只喜鹊和一个花瓶的大石块，上面还留下工匠姓名和凿刻时间，像是民国时期。这次我没有找到，可能被洪水冲下的沙石掩埋了。不过在另一块巨石上，我们新发现了三个线刻的少数民族文字，大家辨认出是藏文，文字内容还不清楚，我们做了拍照、测量、拓片等工作，回去后再进行研究。相信这些文字的发现，对研究黑山地区早期游牧民族的生活状况，会提供新的素材。另外，在这片区域的许多石头上，我们发现有明显的凿刻、打磨的痕迹，还遗存有许多半成品的石料，从周围环境来看应是一处采石场遗址。这个意外的发现让大家十分惊喜，为了进一步弄清这片采石场的遗存情况，确认它是否与嘉峪关关城的修建有一定的关系，我们继续向山谷深处探寻。

后面的这段山谷蜿蜒崎岖，两侧石山高耸入云，崖壁之上怪石嶙峋，陡险异常。土黄色的岩石经过风化后，有的像石林，有的像蜂窝，还有的像石像洞窟，非常别致。路越来越险，石头越来越大，前面不远处的山谷被巨石拦阻，好像已到了沟底，等我们攀爬上巨石，曲折的山谷后又豁然开朗，眼前的石头更多、更大，一间房大的巨石随处可见。我们在这儿发现了一条陡峭的运石槽，已被磨的溜光；还有两处石头垒砌的居住址，比较简陋，里面没有发现遗存的物件；在一处积水池里还存有不少山水。这些遗迹的发现，为确认这处采石场提供了更多的证据。但我们希望能找到一点石刻文字的愿望有点落空，不过，大家并不气馁，继续沿着蜿蜒的山谷行进，与山同行在这一线天地间，抒发着自己的梦想和希望，回味着调查的苦涩和欢乐。

又向山谷内前行了许久，没有太多发现，有的只是一些难得的风景和大家以苦为乐的欢笑。走到一段布满莉梅树的山谷时，已过中午，大家都饥肠辘辘，再也走不动了，可山谷却越走越宽，还没有到尽头的迹象。我们决定休息片刻后返回。虽然回去的路还很漫长，很艰辛，可我们已有心理准备，既然选择了这条路就要走出去，不管艰难与险阻，我行走，我快乐。

无言的感动

嘉峪关文物景区　苏建国

在我平凡的生命里，一件小事就会让我感动，当身体不适，心情郁闷的时候，总有朋友在身边陪伴。当听到他用暖暖的声音说，加油啊，你能行的，我的心底就会产生无言的感动。

在今年 4 月开始的文物普查野外调查工作中，我被朋友间的情义所深深感动。

那是普查中郁闷的一天，我前一天晚上着了凉，有些发热，四肢乏力，所以显得有些无精打采，上车前匆匆吃了几粒感冒胶囊就开车到新城镇境内的柳条墩去做调查。路途的遥远和颠簸，让我感到胃里十分难受，我强忍着驱车前行，大概还有一半路的时候，因为前面无路可走无法前行了。下车后，我坐在车的阴影里休息，王鹏强递过来水壶，喝了几口热水，我感觉好些了，为了不耽误调查工作，我立即和大家一起步行去目的地。夏日的戈壁滩，火红的太阳炙烤着大地，脚下的沙砾都被太阳晒得滚烫，空气热得让人透不过气来，举目四望，在茫茫戈壁上竟然没有一个荫凉的地方，我十分懊悔跟着他们一起步行了，这会儿就是呆在车里也好啊。然而，当我不经意间看到和我一起步行的队员脸上的汗珠子和被汗水打湿的衬衫，我就为自己的想法感到可耻。一路上，三个伙伴对我十分关心，许海军不时递过来一块湿毛巾叫我擦擦汗；牛海鹏递过来水壶，让我喝口水；王鹏强替我背着行李。就这样，我们一起步行到达柳条墩展开调查并在下午完成了调查。

在这一天里，三个伙伴的关心和鼓励，让我在病痛和炎热中坚持了下来。当我无精打采、脚下发软时，王鹏强会鼓励我说：你加油啊！没事，我们大家等你。当我想打退堂鼓时，许海军会在一旁说：兄弟，加油，我们是一个集体，我们不会扔下你，我们等你。当我心情郁闷时，牛海鹏会鼓励我说：我们不会抛弃任何一个人，我们是一个完整的小集体，因为我们普查队只有四个人。这平凡的举动，普通的言语让我感动。无需更多的言语，我将把这份感动和经历深深地藏在心底。

每一次深深的感动都会让我更加珍惜所拥有的一切，这也许是彼此之间相互提醒、相互关怀和给予。

在进行野外调查的时候，天气因素对我们工作的开展影响很大，有时艳阳高照，有时狂风大作，有时更是雷电交加。有一天，我们在黑山里开展调查，正在测量烽燧时，西面刚才还晴朗的天空，突然涌起了一大块乌云并响起了阵阵雷声，眼看一场大雨在即。正在这时，王鹏强的手机响了，王鹏强接起电话，原来是俞所长打来的，俞所长看到雷阵雨将至，十分关心普查队员的安全，所以就打电话提醒大家天在打雷要小心，不要站在高处，早点收工，不要让雨淋着。听到这个消息，我首先愣了一下，然后开玩笑说，听见没，领导还想着我们呢。紧接着王鹏强说，这就是以人为本，领导做到实处了啊，同志们，加油干，还有一个烽燧，干完了再回。大家听了心里暖洋洋的，鼓足了干劲，在大雨来临之前完成了两座烽燧的测量任务。驱车赶回市区的路上，已经是雷电交加，大雨磅礴。坐在暖融融的车里，大家七嘴八舌地评论着这场大雨，我全神贯注地把着方向盘没有多说话，心里却生出了许多的感动。

无言的感动，让我学会在被别人关心、帮助的时候去关爱、去给予、去帮助别人；让我和朋友之间永远保持着那种和谐友善、亲密真挚的联系，保持着深层的感情交流与沟通；让我的内心变得丰富而宽敞，使我面对每一轮崭新的日出都能赢得一个全新的自我。

上黄草沟墩普查记

嘉峪关文物景区　牛海鹏

普查组在对石关峡口南墩进行调查时，发现西边远处两座山梁交汇的豁口处好像有一座烽火台，翻阅"二普"资料未查到，当天因为天阴下雷阵雨，在调查完石关峡口墩台后乘车返回单位，没能去成。我们决定等天气转好以后一定去探个究竟。

7月22日，天气晴朗，大家在经过一番准备后，坐车从嘉峪关市区出发，沿312国道西行到大草滩水库，转向北顺着水库东堤的戈壁石头路颠簸行驶，大草滩水库像一面镜子镶嵌在黑山脚下的茫茫戈壁上，水面上鱼影点点，几只水鸟在空中展翅翱翔。在戈壁滩上，有水的地方，都会被滋润出勃勃生机。车行到无路可走的地方停下来。我们下车，带上水和测量工具沿着干涸的水库底部向目标所在的山头进发，干涸库底的淤泥被太阳晒成土黄色翘起的片片鱼鳞，规则有序的排列着，远处大片红色的山体，色彩炫目，和湛蓝的湖水相映衬煞是好看。

过大草滩水库库底，登上水库边上的矮山梁，确定方位后，开始登山。因为没有路，只能沿着山洪冲击的山沟手脚并用，蜿蜒而上，特别难走的地方大家相互帮扶着登上山顶。山上有上世纪五六十年代修的战备路，沿着路向目标靠近，走到近前才发现根本不是烽火台，是一个伪装的很好的一个军事碉堡，碉堡外全部用石块垒砌，远看就像是一座石块垒筑的烽火台。

坐在碉堡上休息，看看四周，北边黑山山势峥嵘，沟壑纵横，石关峡就在脚下，有一览众山小的感觉；东边嘉峪关市区高楼林立，酒钢厂区烟雾缭绕；南边远处祁连山白雪皑皑，壁立千仞，文殊山虎踞其下，近处东来西往的车忙碌穿梭于高速公路之上，五墩山墩清晰可见，大草滩水库烟波浩淼；西边三墩山墩挺立在远处山梁上，近处的山头上也有一个像烽火台一样的东西，在给碉堡定位后，我们沿着山顶的战备路向西进发。

路还算平整，绕行在山梁上，路两边的山石经风吹日晒雨淋，碎裂成片状，好像一本本古书堆放在那里，几千年没有人翻看过，任凭岁月荏苒。大家继续前行，经过一番跋涉，登上烽火台所在的山梁，走近看确实是一座烽火台，由于年久失修，风雨侵蚀，墩台基本垮塌，墩残高1.3米，底部呈方形，宽4米，墩台中空，内径2米，东侧有1米宽的豁口，周围散布典型的黑陶片。在墩台的南侧21米和西南侧70米处的山体边上，分布着两座烟燧，直径4米，残高1米左右，底部有放烽火烧剩的灰烬层。经查资料《重修肃州新志》，确认此墩台为上黄草沟墩，为监测四道股形沟和交河沟来犯之敌，连接石关峡以南墩台和石关峡西北墩台的报警烽燧，系参将何淮添筑。

墩台北侧有较开阔的演练场，站在演练场向东北望去，远远的从石关峡口能看见黄草营村阡陌纵横，东南西北四面通达，当初墩台选址的人一定是踏遍了黑山南麓的所有山头，才将墩台选址于此，随着普查工作的推进，普查数量的增加和积累，前人对墩台的选址，对地形的掌控和利用越是让人佩服不已。

追寻远古的足迹

平凉市崆峒区广播电影电视局　杨　焱

我们生活在崆峒大地上的人们从何而来？最早的先祖们如何生存？这片土地从何时开始孕育人类又如何繁衍生息至今？

现代的人们也许在忙碌中早已将这些本来饶有趣味颇有意义的话题都已淡忘，然而了解历史，追溯先祖，探索远古是我们无可推卸的责任。"不管是春温秋肃，还是大喜悦大悲愤，最后总得要闭一闭眼睛，平一平心跳，回归于历史的冷漠，理性的严峻"。怀着这种情感和天生强烈的好奇心，我跟随全国第三次文物普查崆峒区普查小组队工作人员一起，经历了一场追寻远古足迹的探寻发现。

平常不过的黄土梯田的埂子上，鲜艳的红色一角裸露在人们的视线里，轻轻挖去周围土层，一个红陶钵！属于仰韶文化时期，敛口、圆唇、腹下斜收，小平底，泥质红陶，素面。虽已破损，但它给了我许多惊喜，这是新石器时代早期人们的生活用具！这证明了在这个古文化遗址上，就曾有我们的先祖繁衍生息。而更让我感到意外的是：想象中的远古文明竟就在我们的足间指边，平日里被我们不经意地忽略。

接下来我随着普查小组的工作人员在这座山的各个角落看到了无数散落地或半掩地碎片，他们称它为陶片。有红陶、灰陶，有加沙、细泥，引人注目的是这些陶片上的纹饰，有篮纹、蜂窝纹、绳纹和方格几何纹等，划纹、弦纹、绳纹和附加堆纹等纹饰。新石器时代人们的生活用具为陶质，精美的彩陶也是仰韶文化独具魅力的特征，我们的祖先在5000千年前就已懂得欣赏美，并在实用的基础上创造美，这看似普通的碎瓦残片竟是"文明的碎片"！

在半山腰，工作人员发现了房屋的房基遗迹，这是以农业为主的仰韶文化时期的村落，房屋大多20到30平方米，有长方形、圆形。他们的房屋均向阳、避风、近水源。周围有散落的石器、骨器，用于农耕的生产工具石斧、石刀、石铲被打磨的极为光滑锋利。在半山坡，我们还发现了较大的灰坑，越往后期，灰坑的体积越大，堆积层越厚，显示了当时生产力更加发达。这便是仰韶文化后期人们的居住、储藏或做他用的地方。

这些遗址的发现和发掘，证明了五六千年以前，这依山傍水的崆峒大地曾是我们先祖生活的美好家园。我们的先民在这里点燃了崆峒文明的第一堆篝火，孕育了崆峒文化。今天的考古工作者们顶着骄阳烈日、迎风冒雨，整日翻山越岭、钻沟爬坡所开展的全国第三次文物普查工作，使得一个个古文化遗址、遗迹重现，也让我们重温了先民们从愚昧走向文明的历史，从这一点来说普查工作也显得意义重大。更令人感慨的是这次文物普查中，为提高时效性和相关标本数据采集的真实性、完整性，充分运用了信息网络、GPS定位系统等科技手段，用现代高科技去追寻远古足迹，二者同时在不同的舞台上展现着自己的魅力，演绎着人类智慧的飞跃。

我的普查情怀

平凉市崆峒区博物馆　祁玉成

也许冥冥之中注定了我与文物工作有着不解之缘，自幼喜好这行的我幸运地在全国第三次文物普查开始前夕，被组织上调到我们平凉市崆峒区博物馆工作。

我所供职和居住的崆峒区，因人文始祖轩辕黄帝问道于天下道教第一山——崆峒山而得名。考古发现，在远古约公元前10万年，崆峒区境内原始社会人群就繁衍生息，发掘出土旧石器时代遗址及其层位的打制石器和动物化石，三皇五帝、夏、商时代崆峒大地先民繁盛。自北周武帝元年，即公元527年建县，迄今已有1480余年，是个历史悠久，文化氛围浓厚的西北小城。崆峒区文物数量大、精品多，辖区内有400多处古文化遗址，这使我们参与第三次全国文物普查的人员倍感责任重大，同时也显示出这次普查意义非凡。

2008年3月20日，是一个令人难忘的日子。抽调的包括我在内的5名文物工作人员组成的普查小组正式开始了我们神圣的普查工作。真正参与普查工作后，我才发现这远远比我想象中艰辛的多。翻山越岭、钻沟爬洼便是每天的工作。许多地方车根本到不了，我们只能徒步行走几十里山路。在第一天的普查中，我们根据1987年普查的记录，又向当地的老乡求证后，开始向遗址进发，徒步行走3个多小时后，才发现山路相像，走错了，只好又退回原路，重新寻找。在那座山里，我们从早上8点开始探索到下午4点终于找到遗址，兴奋之情难以言表。又花了 2 个小时进行标本采集、数据整理、GPS 定位、照相等工作。等各项工作完成后，大家才把绷紧的神经放松，这时才发现，肚子已饿的空瘪瘪，脚上也磨出了大泡，坐在地梗子上实在起不来了。在随后的普查中，这样的经历不止一两次，习惯了的队员们现在已不觉得这是辛苦了。我只觉得当"柳暗花明"遗址古迹一个个重现时，心中的欣喜真把我们都带回了童年。在这样毫无人工雕饰的纯自然的、人烟稀少的黄土大山里，我们之间没有了现代人常有的猜忌、是非，有的只是相互关怀，团结协作，共同为着一个单纯而执著的目标，那就是寻找。站在这样一个曾经生活着万年前的先辈的大山上，我倾听着远古的声音，任思绪飞扬。眼前并不完全自然的山水，看那残破的陶罐、尖底瓶、钵等上破落下来的陶片，这些文明的碎片，在向我们诉说着先人的生活，我的脑海中仿佛浮现了先人们用智慧同大自然作斗争代代繁衍的却是，而更令人惊叹的是在这样艰苦的生活中他们还不忘修饰生活、欣赏美，你看那器物上精美的花纹，简单的线条勾勒着他们憧憬美好生活的愿望。"就在这看似平常的伫立瞬间，人、历史、自然浑浊地交融在一起！"而在有了这样的伫立之后，我顿觉神清目明，天地开阔，那一点疲惫又算得了什么呢？

在这次普查过程中还有许许多多令人难忘让人感动的事迹。有一次，当我们崆峒区第三次全国文物普查小组在草峰镇草滩村杨管寨社进行田野普查时，有一位 60 多岁时村民骑着自行车到山地里寻找我们，在山顶等了 2 个多小时，才与我们相遇。老人热情地邀请我们到他家喝水休息，他告诉我们，20 多年前，崆峒区进行全国第二次文物普查的时候，他就是领路人，这次听到全国第三次文物普查开始了，就盼着我们，我们终于到了草峰镇，他非常激动，他想看看是不是还能见到原来的普查人员。他告诉我们这次他还有一件更重要的事情，他在种地的时候发现了一件东西，他觉得是文物，此次他便想捐赠给博物馆。经过辨认，老人捐赠的为"陶拍"，为新石器时代制陶工具。泥质红陶，一端椭圆，一端齐平，背部为桥形把手，饰有挑刺圆点纹，腹部弧形微隆，下部磨光，长 8.8 厘米，宽分别为 6.9、5.6 厘米，高 5 厘米。此拍是研究仰韶文化的重要实物资料。老人说，将文物捐赠给博物馆收藏他最放心，也是文物最好的出路。他的话让我们极为感动。

在普查中，我们还获得了意外收获。普查到崆峒镇时，村民反映，在 2007 年 7 月 26 日崆峒镇发现青铜器狻猊铜炉时，还有一件文物出土，狻猊铜炉经国家专家修复，认定该青铜器属于全国罕见，而那流落在外的文物又是什么呢，它又在哪呢了？我们普查队员觉得责任重大，立即报案，我们同干公安人员一同调查，经过顺藤摸瓜地查找，终于找到流失的文物。经崆峒区博物馆专业人员初步鉴定，这件文物是明龙纹铜贯耳瓶。铜瓶直口，长直颈，双贯耳，圆肩，扁鼓腹，圈足外撇；纹饰浅浮雕，颈上部为回纹，颈中部为一龙戏珠，颈下部为水波、山、云纹，肩部为莲瓣纹，腹部为双龙戏双珠，圈足为水波纹。

我庆幸自己能参与全国第三次文物普查，我也为我们这个团队所取得的成果而倍感自豪，我更为群众能支持文物工作而充满感激。

民和文物普查田野调查随记

民和回族土族自治县博物馆　柳英发

严寒不期而来，坐在办公桌前，冲一杯浓茶，那茶香和着水汽扑鼻而来；而窗外又是另一番景象：漫天飘洒的雪花伴着风的节奏跳起不同的舞蹈，时而是雄浑的蒙古舞，时而是动感十足的现代舞，时而是姿态优美的芭蕾舞……随风起舞的雪花似乎融进了面前的茶香中，那袅袅的水汽慢慢勾勒成一幅图景，将我的思绪带进艰辛与欢乐并存、付出与收获同在的"三普"梦幻曲中。

犹记得7月初，在省文物主管部门和县委县政府的大力支持下，在社会发展局的直接领导下，积极筹备经费，成立"三普"办公室和"三普"普查队。社发局领导和普查队在省级文物保护单位——川口镇山城遗址开展第三次全国文物普查田野调查试点工作，拉开了民和县文物普查田野调查工作的序幕。

普查队一行四人，各有分工。李晓东副馆长负责拍摄全景、文化堆积层、标本照片，张德荣馆员负责文字描述工作，喇子英同志负责 GPS 测点工作，柳英发同志负责采集标本和绘制图纸工作。

民和县的复查不可移动文物点有660处，再加上新发现不可移动文物可能要达到900多处，而田野调查工作要在2009年年底完成，此项工作任务重、时间紧。

普查队一行四人，早上，伴随着第一道曙光上山，下午，拖着疲惫的身躯披着夕阳的余晖下坡。每到一处，四人就紧张工作。为了拍摄出效果最好的全景照片，挑选最佳的拍摄角度，李晓东副馆长不辞辛苦、翻山越岭，常常从这座山爬到另一座山；张德荣馆员为了更好地描述出文化遗存点的自然环境和人文环境，那肥胖的身躯出现在文化遗存点的每一处，还时时抽出时间指导喇子英和柳英发两位新同志；作为新人，刚刚接触文博工作，工作热情高涨，喇子英同志为了准确定点测点，走的路最多，为了缓解路途中的寂寞，边走边唱，自娱自乐，让人纳闷："她那瘦小的身躯为何蕴藏着那么多的能量？"柳英发同志为了采集标本，眼睛成了"探照灯"，像个工兵一样，在地上密密搜索，不放过任何一处可能发现标本的地方。

调查旅途中，有苦有乐，四人的心情时时发生着微妙的变化。四人有时为发现新的不可移动文物而欢呼雀跃；有时为找到文化堆积层而高声叫喊；有时在某一处遗址上苦苦寻找标本却不得而闷闷不乐；有时为某一处遗址的被盗而怒气冲天；有时在某一处遗址上发现盗坑中被打碎的陶器而遗憾惋惜。

稍有余暇，四人聚在一起，有说有笑，谈论"三普"中的心得，这个时候，两位老同志就指导两位新同志，如何采集标本，如何识别标本，马家窑类型有何特征、马厂类型有何特点……

犹记得 12 月 13 日那天，早上天空放晴，万里无云，不知是谁说道："今天是个好日子！"谁料，坐车到了头目庄，天突然变了脸，阴沉沉的，等四人走到头目庄村时，天空飘起了小雪，落在脸上，凉丝丝的，四人笑着说："老天爷看我们辛苦，派他的仙女们来看望我们。"四人说笑着前往头目庄墓群，等爬到半坡时，老天似乎憋了一口气，想要把一冬天的雪下完似的，风也来凑热闹，那雪花扑面而来，打在脸上，隐隐生痛。

到了墓群，那雪下得更大了，为了不空手而归，四人赶紧张罗起来，测点的测点、拍摄的拍摄、采集标本的采集标本，怎料天公是跟我们对着干上了，副馆长李晓东为了抢在更大的雪来临之前，不顾路面高低不平，跑到另一座山的半腰去照相，双颊冻得通红；张德荣馆员为了看清周围的自然环境和人文环境，边走边写，双手冻得通红，连钢笔都拿不住了；喇子英同志不怕脚下打滑，认真测点，测南点时脚下一滑，坐了土飞机，浑身是土，冷得瑟瑟发抖；柳英发同志不畏严寒，为了采集标本，手脚并用，拨开被大雪掩盖的地面寻找标本，双手沾满了泥土。

推开窗户，一股清新的冷风迎面而来，顿时，将我的美梦惊醒。回过身，眼望着办公室里马家窑类型、马厂类型、齐家文化、辛店文化、唐汪式等文化类型的陶片静静的躺在地上，心中充满了喜悦。

是啊，经过几个月的不辞艰苦、跋山涉水，普查队完成了民和县的川口镇、核桃庄乡、李二堡镇、塘尔垣乡四个乡镇的不可移动文物田野调查工作。共登记不可移动文物157 处，复查登记不可移动文物 102 处，登记新发现不可移动文物 38 处，登记消失不可移动文物 17 处。

"三普"田野调查的确辛苦，但每个人又都有着特别的收获：首先，能够参加国家对文物的全面调查这一千载难逢的事情，本身就是值得每个人永久记忆的；其次，对于新人来说是一次难得的学习机会，零距离接触，更加真实、更加全面地了解民和的文化遗存，为以后的工作提供了极大的便利；第三，野外工作有着和城市里工作完全不同的感觉，蔚蓝的天空、洁白的云彩、壮美的山河、纯朴的民风……这一切都是在现代都市里恐怕永远都没法感受到的。

拉甘过青铜时代墓地的发现

——青海省乐都县瞿坛镇普查手记

乐都县文物管理所　权永英

2008 年 8 月 12 日，普查队员们决定去瞿昙镇普查。8 点 30 分我们准时从县城出发，汽车沿乐化公路行驶了约一小时便到了瞿昙镇石坡村。夏天的石坡村，简直是一幅色彩艳丽的油彩画。高原的阳光特别的灿烂，树木成阴，郁郁葱葱，鲜嫩的青草，油光墨绿，映得天空仿佛也充满了悦目的绿色。夏天，又是鲜花盛开的季节，各种色彩纷繁的野花，镶嵌在绿绸一样的青草中间，编织成一幅非常美丽的图案。远处山坡上勤劳的藏族同胞放开嗓门唱着青海民歌——花儿。到处充满着盎盎生机，诗情画意。

一下车，我们走到路旁农田里劳动的老乡身边，向他们说明来意，老乡们对我们的访问似乎很感兴趣，立刻围拢上来，向我们介绍了他们所知道的一些情况。从老乡介绍的情况中，我们得知在石坡村北名为拉甘过（藏语）的山坡上，也许有我们想找的文物点。如果这个情况属实，那么我们将发现一处古文化遗存。每到这时，队员们顿觉精力充沛。

我们顺着老乡所指的道路来到了拉甘过山南侧山脚下，又沿着一条布满砂石的崎岖山道向上攀登。经过半个多小时的行进，终于到了老乡们所指的地方。于是所有队员就仔细的查找，突然队员小马高兴地大喊"快来看，这是什么？"呈现在眼前的一切使我们兴奋不已，她在田间小道边的断崖处发现了几小块陶片，经专家吴恒祥老师断定和调查，这是一处面积约 10600 平方米，青铜时代的古墓葬。据采集标本的特征分析是一处辛店时期的文化遗存。拉甘过墓地以往未见著录，本次调查为新发现。尽管这座距今已有 3000 多年的古墓地，由于农田基本建设被平整为农田，以至于整个墓地被农田覆盖，但是它永远也覆盖不了我们的老祖先在这块美丽而肥沃的土地上辛勤劳作和繁衍生息而留下的丰富多彩的古文化遗存。

我们都忘记了刚刚爬山时的疲劳，根据自己所承担的普查任务开始工作，采集信息、拍摄照片、打 GPS 测点、采集标本和绘制草图，不到一个小时，既紧张又精细地完成了自己的工作。不知不觉已到了午饭时间，大家席地而坐，从自己的背包里拿出大饼、榨菜和矿泉水津津有味地吃了起来。望着眼前一片片农田，茂密的小麦在微风吹拂下折起层层波浪，油菜田里，叶绿花黄，蜂蝶翩翩起舞，空气中弥散着醉人心田的清香。此时此刻，每个队员也如守望农田而企盼丰收的农民般无法抑制内心的激动，浑身充满惬意。

吃过午饭，队长吴恒祥老师说："大家一鼓作气，继续向下一个目标出发。"看着队友们哪一张张被紫外线照射而发红的脸，我无法用语言来表达我们那份因收获而感到喜悦的心情。我深信，就凭我们每个队员不怕苦、不怕累的这股干劲，在以后的"三普"工作中一定会取得更大的收获。

一位老文物工作者的一天
——记青海省乐都县文物普查队员吴恒祥同志

乐都县文物管理所　马索非亚

乐都县广播电视台　许成林

说起吴恒祥同志，青海省文博界的同仁没有不知道他的，这位四川大学历史系考古专业毕业的高材生，曾参加了第二次全国文物普查工作，足迹踏遍了青海的山山洼洼，在基层一干就是三十年。如今，他已两鬓斑白，瘦小的身躯显得格外单薄。可是，镜片后面一双犀利的眼睛，显得格外精神饱满，仿佛有一颗永不衰老的心，同志们平时亲切地称他"老吴"。

在青藏高原呆过的人都知道，高原的天，恰似孩童的脸，说变就变。

10月的早晨，天空还飘着零星的雪花，寒冷的西北风迎面刮过来，脸上隐隐作痛。离上班时间还有二十几分钟，老吴背着一个偌大的背包和一架专业相机，出现在单位门口。普查队员一行五人，约定8点钟在单位集合。今天普查的对象是乐都县南山地区的城台乡，这里山大沟深，交通不便。到了目的地，老吴要带着普查队员徒步上山，刚一下车大家不由得打了一个哆嗦，把脖子缩进了棉衣衣领，拽一拽帽子以免调皮的雪花钻进身体，"哈！你就像那冬天里的一把火，熊熊火焰温暖了我……"一位队员打趣地唱了起来，"大家快一点，互相照顾好了！"老吴在前面边走边喊。文物普查有时就和探险没什么区别，随时都存在危险，有时候根本没有上山的路，要靠普查队员的双脚踩出一条路来，才能到达目的地。在荒山野岭中地质环境非常复杂，还要密切注意脚下的每一寸土地，也许你的一不留神就会使先人们留下的文化遗迹从你眼前流逝，这就意味着普查工作留下了死角。"一处文化遗迹从我们眼前流逝，就会是终身憾事。"老吴曾如是说。于是队员们顶着风雪，一步一滑地慢慢行进着，都不说话，似乎在与先祖心神交流，因为根据老吴三十多年的工作经验判断这一带应该有墓地存在。然而，两个多小时过去了，从山脚下爬到了山顶，大家却一无所获。"大家不要气馁，我分析这一带一定有东西！"老吴干劲十足地在给大家打气。

快到中午了，风雪骤停，太阳出来了。站在山顶，大家这才看清楚这个山头有多大，回头看看自己爬过的地方，茫茫一片。

"大家都过来！"老吴已经站在最高处向大家招手，有点体力不支的队员们气喘吁吁的围到了吴老师身边，"大家看这座山的形状，我们现在已经走远了，墓地应该在下面，回去往右走！"在老吴的带领下，队员们鼓足了干劲，继续前进。雪化了，地上很湿滑。正当队员们有些心灰意冷的时候，老吴眼前一亮："快来！看这是什么！"他手里拿着一片被雪水淋湿了的彩陶片，脸上绽放出笑容，如孩童般灿烂。

经过进一步考察，这果然是一个墓地，后来被命名为"弥啦山城墓地"，北低南高呈阶梯形，地表种植大量柠条，面积约13000平方米，根据地表暴露瓮、罐、盆、钵、碗等陶器残片标本的特征分析，属于新石器时代马家窑马厂类型的文化及青铜时代的辛店和卡约文化，距今已有四千多年的千年历史了。

中午两点，烈日下，一个头戴太阳帽，穿一件红色羊毛衫的人，站在高处观望，过了许久，他来到山下普查队员们中间，开始认真地讲解起来。

原来，他就是早上还穿着大棉衣的老吴，在给大家分析"龙骨"的有关情况，通过和当地老乡的交谈，大家得知，沿着这条山沟，穿过马家坟注，继续向前，再过一条羊肠小道，就可以看见一座高山，遥望可见山腰悬崖处的"龙骨"洞了。只是山路难走，悬崖陡峭，危险性相当大。山沟里有时根本就没有路，大约走了半个多小时，大家的步伐显得有点疲惫，忽听"啊！蛇！"大家的心被一声惊叫给揪了起来，"别动！"有人马上喊了一声，老吴上前一看，笑了："没事，是蛇蜕！"虚惊一场！老吴再次给队员们强调了"注意安全"，要大家走的紧凑一点，不要分散了，相互有个照应。好不容易过了马家坟注，前面就是红土山了，绕过去的路是个"羊肠小道"，有一段路还必须经过悬崖边。老吴考虑到大家的安全说："前面的路有点不好走，我们分成两组，一组继续跟我前进，另一组留在原地。"

老吴领着年龄最小的"小不点儿"和一个有爬山经验的队员，带上必要的设备轻装上路了。路上大家小心翼翼，因为脚下的路太难走了。来到悬崖边老吴先行带路，这时候的普查人员都在"爬行"，也许小腿肚也在打颤吧。忽然听见"轰"的一声，老吴脚下的一块石头掉下了悬崖，"吴老师！"吓得两个队员赶紧喊了起来，急切地想知道老吴是否还好。"哎，你们小心点，我没事！"大家提起的心又都放回了原位。大家提心吊胆的"爬"过了这段最难走的路，后来才听老吴讲，当时他已经感觉到脚下不对劲，凭着经验，紧跳了一步，脚下的石头就已挪了位置。

"龙骨"洞终于出现在眼前了，在对面这座高山的峭壁处大家看到了"龙骨"洞，稍作休整后我们向山上爬去。这是一座红土山，山体坚硬且夹杂着沙粒，而表面却风化出薄薄的一层沙土，所以上山要非常小心。"小不点儿"爬上去一步又滑下来半步，再爬再滑，再滑在爬，不由得埋怨满腹了："吴老师，我不上了。""没事的，你别踩突出的地方，挑那些凹下去的部位做支撑点，就不滑了。"再看看老吴，背着设备已经钻进了洞口。经过一番考察，老吴认为这个洞里曾经可能出现过许多"龙骨"，但是由于当地老百姓认为"龙骨"能治病，所以争相采挖，用作药引子，全给挖光了。现在这个洞里已经找不到"龙骨"了，只留下了"龙骨洞"这个名字，大家不免有些惋惜。

下午4点，老吴带着我们来到了城台乡叶家沟，目的是复查"红麻嘴遗址"。这里居民都住在远处山顶上，而且非常分散，人烟稀少。据"二普"资料记载，"红麻嘴遗址"就在这一带，但是却没找到"保护标志"，给复查工作带来了极大的不便，所以大家只好分头行动，仔细查找每一个小山包和每一处土坡断崖，就连一个小洞也不放过。然而，一个多钟头过去了，队员们一无所获，加之温差变化太大，中午只吃了一块干馍，有的队员已经体力不支了，老吴看在眼里，疼在心里，就叫大伙儿坐下来休息一下。这时候"小不点儿"凑近老吴说："吴老师，昨天你脚上长的水泡好了没有啊？""唉，你这一说呀，我的脚也有点痛。"说着，老吴脱下了鞋袜，看到昨天他脚上磨出的水泡已经磨破了，今天长出的几个水泡又连在一起了，老吴对大家笑着说："哈哈！原来我的脚上多长了二两肉。"我虽然跟着打哈哈，心里却有一种说不出的滋味。

后来我们好不容易找到了一位老乡，一打听才知道我们就在遗址附近，这地方叫西台村的上滩，不远处就是下滩，红麻嘴就位于上滩和下滩中间的台地上。找到遗址后，老吴要求队员们各就各位，认真做好测量、登记工作，不得有丝毫的松懈，随后又提醒大家说："下午的天凉，都穿好棉衣，这是今天的最后一个点，复查完了我们就可以打道回府了。"通过测量发现，这是一个面积约有15500平方米的遗址。

18：30左右，我们回到了县城，我想回到家就可以洗个热水澡了，却发现老吴下车后向着与他家相反的方向走去，忽听一位队员喊道："哎，吴老师，你家不在这边吗？怎么往那边走啊？"老吴这才说道："哦，你嫂子病了，大夫说必须住院，可我腾不出身来，她大字不识一个，娃娃们又都在外地，也不知道现在怎么样了，我得去看看。"

看着在朔风夜幕中消失的瘦小身影，我不禁感慨万千。回忆起刚参加工作时面对简陋的工作条件和枯燥的工作生活，老吴对心生退意的我所说的话，犹在耳旁："从事文物工作，就要学会吃苦，不是你选择此生，是此生选择了你。"此刻我真正理解了这句话的含义。虽然我用拙劣的笔墨记述了老吴一天平凡的工作，相信在老吴的感召下我会用自己的一生书写乐都文博事业的光辉篇章。

街灯阑珊，明天又是一个艳阳天……

乐都县第三次全国文物文物普查工作随笔

乐都县文物管理所 郭 红

乐都县第三次全国文物文物普查田野调查工作自 2008 年 7 月份正式启动以来，共调查了 138 处文物点，其中新发现 64 处，复查 74 处。在历时 4 个多月的调查工作中，队员们跋山涉水，不辞辛劳，逐乡逐村展开地毯式的调查工作，力求地上地下各种历史遗迹不被遗漏。

野外工作一般都比较辛苦，而我们所调查的文化遗存大多在交通不便的偏远山区，很多地方队员们都是徒步行走好几个小时，即使这样，有时还不一定找到我们调查的文物点，虽然辛苦、劳累，但队员们仍热情饱满，干劲十足，每找到一处文物点，大家都激动得几乎是欢呼雀跃，然后大家各司其职：用 GPS 测点，准确测出文物点的经度、纬度和海拔，记录文物点的面貌，然后看文物点所处的地形，所在地区的气象特点，自然环境和人文环境是怎样，文物点保护得是否完好等，需要我们队员们做出详细的记录。做完记录后，又开始下一个文物点的寻找。

这次的文物普查工作中，真得有点感慨万千的感觉，我们这组共有 5 名队员，普遍年龄都大，负责照相的辛文毅大姐有病在身，但她却毫无怨言，仍然和我们一道上山下洼，有时甚至为了照好一张相片，还要走很远的路选取角度，工作极为认真，令我们感动不已；还有一位老大姐，已是五十多岁的人了，和我们一道爬山涉水，她主动承担起走访当地群众的工作，做到资料详实，准确无误，使我们普查队少走了许多弯路。普查队的每个成员都恪尽职守、兢兢业业，令我无比的钦佩和感动。

在这次普查当中，我们在下营藏族乡下祝家村的山坳里发现的祖坟滩墓地值得一提，祖坟滩墓地在四面环山的小盆地里。北面为缓山，山背后为水菜沟，南面翻越山岭为羊圈沟，西山背面是巴藏沟，东为祝家庄村。南北长 43 米，东西宽 37 米，面积约为 1591 平方米，基本呈长方形。墓冢前有 2 通大小不同的石碑，根据较大石碑上模糊的字迹辨认，上款为"乾隆四十年五月陆任宁夏洪广营守备"，中书"皇清诰封武毅将军先考祝翁讳洪德墓，皇清诰封五品宜人先妣祝母王太君墓"，是祝洪德后人在咸丰年间所立，石碑正面边缘上雕有花纹。两座墓冢四周竖有界桩标志，界桩高低不等，刻有吉祥语"光泽永照"，"龙光德垂"，界桩大小共计 11 个。该墓地以往未有著录，本次调查系新发现。

　　这一阶段的普查工作充实而难忘，我们这些平凡普通的文物工作者，不计名利和报酬，不计艰苦和挫折，为文物事业全心全意投入与执著付出，亲身感受他们为人处世的心的感悟，带给我的是心灵的震撼，这将使我在以后的人生道路上会越走越远。

红岗遗址普查记事

西吉钱币博物馆　苏正喜

1月5日普查，我提前查阅资料，做了充分准备，是开展普查工作以来，最难忘的一天。因为，它是宋夏著名战役——好水川之战主战场"红岗遗址"。

这天清早，天公不作美，下起了鹅毛大雪，气温在零下21摄氏度，真是"北风其喈，雨雪其霏。"7点整普查组四人就赶到单位，队长还说："瑞雪兆丰年，好事，老天爷也向我们问好。"7点20分，我们从单位出发，直奔西吉县兴隆镇单民村、姚杜村、陈田玉村三交界处的"红岗遗址"。对好水之战古战场"红岗遗址"的普查，普查组特别重视，因为它面积大，地形复杂，又是西夏王李元昊采取诱敌深入的战术，以左、右、后三面包抄的"口袋"战术大败宋军，宋军大将任福、桑择、朱观、武英、王珪战死疆场，死伤士兵10300余人。好水川之战为西夏统一西北奠定了基础，在现存西夏遗迹中，除西夏王陵之外，又是一个重要遗迹。

"红岗遗址"是好水川之战的主战场，当时两军的指挥部设在哪里？现存遗址还有什么证据？死伤那么多士兵，遗骸何从？带着一连串的问号，我们开始正式普查。下车后，我看看表已是8点过一刻，车就停在了约一百万平方公里的好水川古战场，"红岗遗址"是好水川古战场中心，是一座一眼望不到顶的高山，我们4人收拾好测量工具便开始向"红岗遗址"进发。天气过于寒冷，走出不到半公里，从口里呼出的热气，便和脖子里的围巾结在一起。四人中还有一位女同志，挺着怀孕几个月的大肚子，穿戴较厚，走起路来十分艰难。我还是初次来这里，边走边观察，感到十分新奇，该遗址东西走向，气势雄伟，北、西、南一马平川，宽约6公里。为了尽快完成今天工作任务，队长让我们先歇歇脚，他在就近村庄找来一位马姓小伙子带路。我拿出配发的数码照相机，从不同方向拍了几张照片，大家建议分两组前进。为了得到真实资料和数据，我主动建议和队长从山沟往上攀，其他三名同志从较平坦处攀登。大家同意我的建议，踏着积雪又开始行进。

9点半钟，我俩到了山脚下，整理了一下东西，扎了扎鞋带，我猛往起抬头时，发现队长望我笑，我也笑他，但双方都不知笑什么，相互指对方，原来脖子到头顶结成一个冰柱，浑身是雪，活像田野里的稻草人。当我和队长行至山脚下一个深沟处时，迎面是一道6米左右高的悬崖，崖面全是横七竖八的骨头，我俩手拉手靠近山崖，搬出几根骨头，通过仔细确认，是人马尸骨骸；前方不到 5 米处，山洪冲下来一堆圆鼓鼓死人头颅，已被积雪半掩半现，我用手里的木棍，往开撬了撬，真恐惧，五官悬空，好像瞪圆眼睛向人发问什么，使人毛骨索然；其中两具人头，还插着几个箭头。真不敢相信，一千年左右的战事，骨骸还依然撒落荒野，孤魂野鬼谁人问津，我急急忙忙拿出相机拍了两张照片，心想"要是原封不动带回去多好啊！但无能为力"，只好取出两枚箭头，装进准备好的塑料袋里，多好的普查资料，太珍贵了！装好东西再往上看，山顶部什么也看不到，进入眼帘的只是一道深沟和断崖峭壁；再向左右仔细观察，我俩才发现，原来是一道至上而下的战壕，掩体依然存在，只是战壕被洪水冲成一道深沟。爬到半沟壕时，队长年轻当过兵，我已四肢无力，行走十分艰难，队长让我再鼓鼓劲。说话间，我看看表已是 13 点 40 分，口渴极了，想起吃喝，但为了减负，原准备好的干粮、水都放在车里，这时真悔恨莫及。想倒回去，山又陡又滑，无法返回。这时，衣服由于里面出汗，外面冷，已结成冰块，又潮又湿，走不动，只好求救队长拖我行进。行至山腰多半处，突然出现意外，一个大水洞，挡住了行路，我先爬上去看了看，一眼望不到底，边沿上只能放下两只脚，我俩站在边沿，我站在靠崖处，队长紧挨我。这时，我俩即怕塌下去，又怕滑下去，我搬了一疙瘩土块往洞里一丢，只听见嗡嗡的风声，听不见土块的落地声。这时，我心里翻江倒海：今天，还能回去吗？左右悬崖，前进不得，后退不成，怎么办呢？打手机又没信号，由于沟深，呼叫外面队员，又听不见，也看不见。在万般无奈的情况下，选择了我当梯子，让队长想办法往上爬。爬上一节，我用手中的木棒往上顶一顶，费尽九牛二虎之力，总算爬了上去。但我又胖东西又多，无法上去，队长离我太远，天又继续下着，心急如焚。急中生智，我俩脱掉外衣，脱下内衣，解下裤带，结成一条长绳，先把所有东西拉上去。再把我拉上去，这个地方，我俩整整用了近两小时。上去后又怕又渴，没办法，只好抓把雪，放进口里解解渴，那个后怕真无法形容。

16 点 20 分，我们终于到达山顶，找到我们预先打问好的普查点。这个城堡位置很特别，在山顶必较平缓的部位，瞭望东、南、西、北，都一目了然，城堡周围三道护城战壕，完好无损，最外一道足有 6 米深，堡内中央指挥台三层，每层往进缩 1 米，四方形，层高各 1 米，很有特点。我站在中央，拿出 GPS 测海拔高度是 2152 米，紧接拍照。剩下是仗量城堡面积和绘图，我俩等他们三人，但他们未能上来，只好由我俩来完成，但又未带尺子，这时，我俩想了个好办法，割下山顶的野柠条，结成一条长绳，量完后拿回家再量，这个工作做得很顺利。待完成工作之后，我已成一摊稀泥，坐在雪地长长出了几口气！经过普查，很多事实证明和史料记载一样，此地，此景，勾唤起我很多联想：忆想当年，宋夏两军对峙，元昊大军设伏好水川，震天的擂鼓声、战马的嘶叫声、惨烈厮杀、惊天地、泣鬼神、遮天蔽日，声声震撼。而如今，这里平静如水，只有寒风飒飒，枯草萧萧！历史就是这样，被岁月时光烙上深深的印记！

今天，文物普查工作虽然艰苦，但它是对那段历史的真实记录，是对诸多英灵化作泥土的真实记载，战争成为历史，是历史就是永恒的！亲临好水川之战古遗址普查，作为一名文物工作者可遇而不可求！也算是一种盛世机遇！

20 点 43 分才回到家中，下车时，队长还开玩笑地说："我们今天的工作，也是新的战斗。"

记我身边的"三普"

彭阳县文管所 陈凤娟

作为一名文物工作者，我已经从事文物工作二十余年了。从刚开始的不了解、没兴趣，到现在成为一名老干部，这二十多年的工作，点点滴滴，有许多让人难以忘怀的人和事，然而其中最令我印象深刻的，便是第三次文物普查。

由于工作原因，我并未参加第一、二次文物普查。在多年的工作学习中，我对地方文物有较多的接触，但是借助"三普"的广范围、强力度，我又重新地了解了地方文化遗产，真正彻底地深入到文物工作中。

我所在的彭阳县，位于贫穷落后的西海固地区。这里人均收入低，环境贫瘠，资源匮乏，然而这里却有丰富的文化遗产和文物古迹。从三万年前左右的岭儿旧石器遗址，到红军长征毛泽东同志的宿地，彭阳县的文物遗址可谓不胜枚举。馆藏文物 2000 余件，高居固原六县之首。然而在过去的工作中，实地的考察学习比较少，造成对文物工作的了解不够深入，对全县范围内的文物不能够完全、详尽地统计，而第三次文物普查，正是提供了一个到实地去、透彻全面地考察文物的契机，使我县的文物工作得到了极大的促进，同时，我也在第三次文物普查中学习到了许多东西，这是平常在办公室中所不能学习到的。

迄今为止，"三普"工作在我县已经开展近一年了。在这一年的实地普查中，令人深刻铭记的事情很多，同时，我们也遭遇到了许多的困难。

黄土高原的地形沟壑纵横，而山区的交通也极不便利，从而使普查工作的进度受到很大的阻力。在考察到彭阳县冯庄乡小园子村时，有"一步二十里"的说法，即若不能找到捷径，有时需要绕几十里远的距离。大多数遗址往往在深山中，地形复杂，山势陡峭，爬山时随时都有掉落的危险，徒步走在沟底寻找遗址时，两旁悬崖上常常有土块滚落，时时都可能塌陷。而在进行实地普查时，常常遇到蛇虫等毒物，非常危险。

秋天多雨水，山区里基本上全部是土路，逢大雨时便泥泞不能通行，这时候我与同事们只能徒步行走；冬天气温往往在零下十几度，户外寒风凛冽，我们一行五人，分别进行测量、记录，有时手完全冻僵，但仍然坚持工作。

　　在这样的条件下，我们相继新发现了多处新石器时代遗址、墓葬、古堡和烽燧。其中在城阳乡阳平村祁家梁新石器时代遗址中发现的一片彩陶，说明在新石器时代彭阳县文化已有长足发展，这对探究古人类在彭阳县的生存状况，提升彭阳县文化知名度，有极大的意义。此外，在新发现的新石器时代遗址中，发现大量陶片，从迄今的普查状况来看，彭阳县各乡镇都有新石器时代遗址，新石器文化在彭阳县的发展由此可窥一斑。古城镇东海子发现的宋代的"那之湫"石碑，证明了古代君王的祭祀场所——朝那湫确在彭阳；新发现的用于军事防御的古堡、烽燧，说明了彭阳县在古代的军事地位，也具有较高的价值。

　　在对已发现的遗址的复查中，我们对这些文物遗址的现状进行了详细记录，并对重要文物遗址，如无量山石窟、璎珞宝塔和各处古城址进行保护修复，派专人看管；在一些旧遗址的复查中，我们也发现了新的文物。复查中国最早的长城——战国秦长城时，在古城乡川口村发现王大户战国墓葬，在草庙乡张街村发现战国墓，并出土了车马饰、铜牌饰、铜剑和大量的马牛羊的颅骨。同时对于彭阳县各乡镇进行文物法的宣传，加强群众的文保意识，并联合当地派出所，加大对一些盗卖文物，损坏文物遗址的不法分子的打击力度，有效地保护了文化遗产。

　　在第三次全国文物普查中，我们共普查了156处遗址，彭阳县西南部的普查工作已经初步完成。在这156处的遗址中，新发现遗址93处，包含新石器时代遗址、墓葬、古堡、烽燧、窖子、窑址、寺庙等，极大地促进了彭阳县文物事业的发展。

　　"三普"使我充分认识到，搞文物工作，一定要到实地去，坚持科学的态度，实事求是，严谨认真，争取对每一件文物都能够有翔实的记录。同时对待文物工作，要充满热情，克服困难，尽到一个文物工作者应尽的责任。我年已近五十，文物事业伴随了我的大半生，能够在工作生涯的最后阶段参与到"三普"中，是我最庆幸的事情，也希望彭阳县文物事业，能够在"三普"之后得到更多的发展，使这座文化古城，真正为大家所知。

脚量博州山水　情系文物古迹

博尔塔拉蒙古自治州博物馆　王晓红

今天新疆博尔塔拉蒙古自治州文物普查队的同志们又整装出发了。看着他们憔悴、黝黑被无情的阳光暴晒的脱了皮的"花脸"，看着他们疲惫不堪的身影，我不由得从内心深处产生出一丝敬意。

2008年4月8日，我州举办了第三次全国文物普查启动仪式及培训班开班典礼，这标志着我州第三次全国文物普查工作已全面展开。从建立领导机构、工作队伍，到全州文物系统总动员；从文物普查内容、普查重点、普查方法，普查目标的测定到普查经费的落实，普查设备的发放以及相关单位的职责安排，一切工作都在按照国务院"三普"工作的通知要求紧张而有序地进行着。

新疆博州，这块古"丝绸之路"北道必经之地，先民们在这里游牧狩猎，繁衍生息，创造了五彩斑斓的世界，留下了各民族多彩的文化。海拔2000多米的阿拉套山脚下，冰雪还没有完全融化，草原显得幽远而宁静，"早穿皮袄午穿纱"的气候考验着工作在这里的"三普"队员们。中午艳阳高照，热浪逼人，酷暑难耐，草原的蚊虫叮贯了牲畜，叮起人来更凶更狠，它们毫不留情地将毒针刺进普查队员的体内，留下红肿，痒痛难忍的大包、小包。"草原的天，孩子的脸，一天三变"，晴朗的天空一瞬间便乌云滚滚，一阵咆哮的雷声响过之后，闪电便撕碎了浓重的乌云，滂沱大雨铺天盖地压下来，横扫着草原。转眼间，大雨变成了花生豆大小的冰雹，直泻而下。半小时功夫，草地上就铺满了几厘米厚银子般闪闪发光的冰豆，脚踩在冰豆上，瑟瑟地作响。随着太阳的复出，冰豆变成了冰水，慢慢地渗透着普查队员的身体，尽管单薄夏衣已换成厚厚的秋装，但还是冷，冷得令人发抖。

夏季的隔壁荒漠，天热得发了狂，近40度的高温，像锅炉一样灼热烫人，普查队员们甚至找不到一处躲避太阳暴晒的地方，高原紫外线的辐射竟然把黄皮肤的城市人染成了"非洲黑人"。

虽然气候条件恶劣，但是铁打的工作时间绝不动摇，早上9点出发，晚上10点归家。绘图、文字记录、照相、摄影、GPS定位、范围面积测定，地毯似的踏查，每天都在重复地进行。没有时间照顾年迈的父母，没有时间照顾幼小的儿女，妻子、丈夫都变成了"陌生人"。所谓的"家"就是今天借用别人的宿舍挤一宿，明天所有男女队员和衣而卧在同一个蒙古包里。用冰冷刺骨的山间溪水，凑合着洗把脸，几天不洗脚，那实在是正常不过的事。馕（新疆维吾尔族烤制的面饼）、咸菜、矿泉水成了普查队员们一成不变的午餐。

文物重于一切的信念，支撑着这群特殊的战士，默默地打拼在自己的战场上，为共和国的文物事业奉献着一切。经过"三普"队员们的不懈努力，精河县的艾比湖湿地自然保护区内，分别发现了清代驿站和驿道遗址，这是全疆迄今发现的唯一一处保存较为完整的清代驿道，对研究清代交通、邮驿史提供了重要的实物资料。在驿站遗址附近采集到了石叶，石片及刮削器等细石器标本，这是目前博州境内发现的唯一一处细石器遗址点，专家推断，这一发现，至少可将博州的历史前推三千至五千年。

在赛里木湖沿岸和四周的山前洪积扇及山间沟谷台地上新发现了大量的古墓葬及其他的古代文化遗存，并采集到马鞍形石磨盘、清代钱币等标本。

阿拉山口一批现代重要史迹及代表性建筑被纳入普查登记范围。

博乐市发现了我州早期人类劳动生产、生活居住的聚落遗址和大量古代墓葬，并采集到夹砂红、灰陶器残片以及青、红色残砖等实物。

阿拉套山南坡发现了新疆较少见的胡须墓和大量的古墓葬。

温泉县发现了古代游牧文化聚落遗址和公元前后萨满教的祭祀遗址以及大量古墓葬、古岩画等文物遗迹，墓葬数量之多令人称奇。

"彩虹总在风雨后"这句脍炙人口的歌词，是对博州"三普"队员工作的总结，硕果累累的"三普"进度汇总表、2008 年小岛康誉集体奖，是对博州"三普"队员们最好的报答。我用手中的笔记录下的短短片段，根本无法叙述完博州"三普"队员们的艰辛。我只能向这些战斗在"三普"战线上的战友们致敬！在心理默默地为他们祝福，祝福他们在取得辉煌成绩的同时，平安、健康、幸福。

塔河第一桥（外一篇）

农一师宣传部文化局　谷水清　闫军伟

新疆塔里木河是中国最长的内陆河，而位于塔里木河上游的农一师阿拉尔市的塔里木河大桥，便是这条国内最长的内陆河的第一座大桥。

塔里木河阿拉尔钢筋砼交通大桥，于 1980 年开始修建，1982 年 10 月 1 日竣工通车，运行近 30 年来，为农一师阿拉尔市工农业和经济发展发挥了不可估量的作用，尤其对阿拉尔市 5 个团场、胜利水库管理站及塔里木河南岸农牧民等单位共计 12 余万职工群众，提供了可靠的出行保证。同时，该大桥也是阿和（阿拉尔市—和田市）公路、阿图（阿拉尔市—农三师图木舒克市）公路、阿沙（阿拉尔市—沙雅县）公路的交通枢纽。

塔里木河阿拉尔钢筋砼交通大桥，全长 1600 米，共分 80 跨，每跨 20 米。桥墩采用钻孔灌注钢筋混凝土桩，河床以下 28 米，设计冲刷深度 11 米，桥面宽 9 米，可供双车队对驶。

塔里木河系多沙游荡性河流，主流摆动剧烈，俗称"无缰野马"，实测最大洪峰达2500 立方米每秒以上。1980 年 5 月 20 日，塔里木大桥建设工程刚开工还不到两月，洪峰却提前到来，塔里木河水位暴涨，致使大桥建设一期工程未能按计划完成；1981 年 5 月 5日，洪水又较 1980 年提前 20 天到来，连续两年的枯水期，不能充分利用，导致施工进度缓慢，增加了重重困难。当年 12 月，塔里木河主流封冻，水位壅高 30 厘米，桥下路堤全线漫溢，道路被淹，被水冲垮缺口 30 多米，造成施工道路中断，严重地影响了施工进度计划，但全体大桥建设者没有泄气，他们积极采取有效的措施，改进施工工艺，重新制定施工计划；他们斗酷暑、战严寒，加班加点，昼夜奋战，终于按期保质顺利完成了塔里木河大桥的建设。

在这之前，塔里木河两岸的职工群众通行全靠摆渡。20 世纪 50 年代末，当地曾两次修建过简易的木桥，但均为当年搭建，当年或次年夏季洪峰到来，即被冲垮。为此，有不少军垦儿女的生命被肆虐的河水吞噬。

"一桥飞架南北，天堑变通途"，塔里木河阿拉尔钢筋砼交通大桥的建成通车，不仅方便了阿拉尔市居住在塔河两岸的职工群众的交通出行，而且也成为阿拉尔市一道亮丽的风景线，直到今日，凡是到农一师阿拉尔市观光旅游的客人，都要到塔里木河阿拉尔大桥前拍照留影。

军垦文物——塔南总干渠跨和田河配套工程

阿拉尔市是中共中央、国务院于 2002 年 9 月 17 日正式批准设立的自治区直辖县级市。地处天山南麓，塔克拉玛干大沙漠北缘，阿克苏河与和田河、叶尔羌河交汇处的塔里木河上游，维吾尔语意为"绿色的岛屿"。这里水土资源充沛、光照时间长、气候宜人，适宜各类农作物的栽培和种植。灌溉水源主要引自阿克苏河和塔里木河，已建有多浪、胜利、上游三大平原水库，担负着下游 120 多万亩耕地的灌溉，兼顾发电、水产养殖、旅游等综合利用。得天独厚的自然条件和依靠科技进步，使阿拉尔市成为全国重要的细绒棉和最大的长绒棉生产基地以及新疆特色农副产品转化增值的示范基地。

塔南总干渠跨和田河配套工程，位于阿拉尔市塔南总干渠 13 公里处，西距上游水库13.2 公里，东距胜利水库 9 公里，距塔里木河汇入口 11 公里，是塔南总干渠的重要配套工程，是上游水库向胜利水库输水的咽喉要道。

和田河配套交叉工程有五大部分组成，包括洞身长 280 米的跨和田河涵洞工程、1000米长的和田河河道整治工程、水闸枢纽工程、230 米长的交通桥工程和 2500 米长的渠道工程。该项工程总投资 8237 万元，1995 年 5 月工程正式开工，1996 年 6 月提前通水运行。

和田河是季节性河流，每年除 7～9 月汛期河道有水之外，其余时间河道断流。工程修建前，每年在洪水过后，拦河堵坝，借用了 3.2 公里长的天然河床输水，洪水到来，土坝被冲毁，上游水库向胜利水库的供水中断，胜利水库被迫改引和田河洪水。由于引和田河水含沙量大，造成引水渠道严重淤积，渠道引水困难，导致晚秋农作物经常受旱减产。此外，因为胜利水库常年引和田河洪水，每年高达 100 万立方的泥沙致使水库淤积日趋严重，水库有效库容逐渐减少，冬春灌的脱碱洗盐水不足，来年土地盐碱地含盐量高，农作物失产面积加大。

当年，塔南总干渠跨和田河配套工程时，施工条件十分艰苦：夏季，戈壁荒滩，烈日炎炎，气温高达 40 摄氏度；冬季，寒风凛冽，天寒地冻，气温最低降到零下 25 摄氏度。但工程建设者没有一个叫苦，没有一个退缩，经过近千名建设者，夜以继日，加班加点，一年多的艰苦奋战，该项水利配套交叉工程顺利建成并投入运行。

塔南总干渠跨和田河配套工程运行 13 年来，为农一师阿拉尔市的工农业和经济发展发挥了坚实的保障作用。它不仅保证了塔南灌区供水不再受和田河的干扰，灌溉用水有了保障，还可增加灌溉面积 3751 公顷，改善灌溉面积 2.98 万公顷，而且减少胜利水库的库容淤积，延长了水库的使用寿命，减少了利用天然河道输水产生的损失。此外，和田河工程建起了交通桥，保证在汛期东西两岸交通再不会中断，方便了职工群众外出旅行。

今天的塔南总干渠跨和田河配套工程，已经成为塔克拉玛干大沙漠深渊的一道非常亮丽的景观，吸引着疆内外的大批游客来此观光旅游。

塔里木河阿拉尔大桥和塔南总干渠跨和田河配套工程，镌刻着 359 旅传人屯垦戍边的烙印，也是 359 旅传人屯垦戍边的历史见证；它诠释了 359 旅三代军垦儿女屯垦戍边的艰难历程和丰功伟绩，同时也分别是农一师阿拉尔市针对全国第三次文物普查活动中的重点军垦文物之一。